Teitelboim

PABLO NERUDA

Volodia Teitelboim

PABLO NERUDA

Ein Lebensweg

Deutsch
von Wilhelm Plackmeyer

Aufbau-Verlag

Titel der spanischen Originalausgabe

Neruda

ISBN 3-351-00532-6

1. Auflage 1987
© Aufbau-Verlag Berlin und Weimar 1986 (deutsche Übersetzung)
Alle deutschsprachigen Rechte Aufbau-Verlag Berlin und Weimar
© Volodia Teitelboim 1984
Einbandgestaltung Margot Prust
Offizin Andersen Nexö Leipzig Betriebsteil Hildburghausen
Printed in the German Democratic Republic
Lizenznummer 301. 120/172/87
Bestellnummer 613 373 0
01580

ERSTER TEIL

Aus dem Regen in den Krieg

I

Kind des Grenzlands

Besuch bei der Mutter

Mit einer gewissen inneren Spannung betreten wir das halb zerstörte Haus. Ich werde zum Betrachter des Betrachtenden. Neruda begegnet der – zum größten Teil unbekannten – Geschichte seiner Mutter, die wenige Wochen nach seiner Geburt gestorben ist. Ich will diese Szene sehen, auf irgendeine Weise mitfühlen. Ich weiß um die Entfernung zwischen dem Ich und der dritten Person. Die erste Person fühlt. Die dritte ist am anderen Pol oder kreist um einen neutralen Punkt. Ich ahne das Gegensätzliche zwischen dem zitternden Innern des Mannes, der nach der Mutter fragt, und dem ernsten, gesammelten Äußeren, dieser scheinbaren Ruhe des stattlichen älteren Herrn, der soeben im Auto eingetroffen ist, des Waisenknaben von einst, der jetzt eine namhafte Persönlichkeit ist.

Eilfertig findet sich eine alte Nachbarin ein, die die Verstorbene gekannt hat. Sie weiß nicht recht, wie sie den berühmten Mann behandeln soll, der Erinnerungen sucht, Beschreibungen, Sätze, Anekdoten, kurzum alles, was sich auf seine Mutter bezieht, deren er sich nicht entsinnen kann. Sie geht fort und kommt nach wenigen Minuten zurück, in der Hand eine sepiafarbene Fotografie, eher eine Daguerreotypie. Da ist sie, Rosa Neftalí Basoalto. Sie gibt das Bild dem Wartenden.

Zum erstenmal hat er eine Fotografie seiner Mutter vor sich.

Seine Gesprächspartnerin ist Lehrerin und erklärt ihm, dies sei das einzige Bild, das man von ihr kenne. Jahre später, 1980, wurde es reproduziert, als Illustration für ein

Buch, das den Titel *Der unsichtbare Fluß* (El río invisible)* bekam, eine Sammlung seiner Poesie und Prosa aus früher und frühester Jugend.

Darin widmet er ihr zwei Gedichte. »Mond«: »Als ich geboren war, schied meine Mutter dahin / mit der Heiligkeit einer armen Seele. / Ihr Körper war durchsichtig. Sie hatte / unter dem Fleisch ein sternenartiges Leuchten. / Sie starb. Und ich war geboren. / Deshalb trage ich / einen unsichtbaren Fluß in den Adern, / einen unbesiegbaren Dämmerungsgesang, / der mein Lachen entzündet und gefrieren läßt.«

Das zweite nennt er »Bescheidene Verse, damit meine Mutter ruhe«: »Meine Mutter, ich komme zu spät, dich zu küssen / und damit du mich segnest mit deinen reinen Händen; / schon verlosch dein lichter Schritt / und kehrte zur Erde zurück. / Wenig begehrtest du auf dieser Welt, meine Mutter. / Vielleicht ist diese Handvoll feuchter Veilchen / zuviel in deinen sanften Händen, / die nichts begehrten.«

Zweifellos naive Erstlingspoesie, doch ehrlich und aufrichtig. Es ist nicht der erste Versuch eines Gesprächs mit seiner Mutter. Neu ist, daß er diesen imaginären Dialog jetzt schriftlich festhält.

Die Fotografie zeigt sie in nahezu voller Größe. Er denkt an die Verwüstung, die sie so bald dahinraffte, dem Vergessen anheimgab. Lange, wortlos betrachtet er dieses Bild und reicht es sodann Matilde. Nach einigen Minuten gibt sie es mir. Begierig schaue ich es an. Auf der Rückseite steht, in verblichener, sorgfältiger Schönschrift von früher: »Neftalí Basoalto Opazo de Reyes, Mutter von Pablo Neruda«. Sie war es, die das Kind nach der Geburt Neftalí nannte. Ich studiere ihre Züge. Betrachte aus dem Augenwinkel den Sohn. Mühelos läßt sich Ähnlichkeit entdecken. Der gleiche Gesichtsschnitt. Ein Bogen ungleicher Augenbrauen über schweren Lidern und kleinen Augen – man gewahrt einen gewissen fragenden Zug oder einen Anflug von Bosheit. Die Nase stark hervorspringend, im Profil gewölbt, Nase der

---

* Die Werke, die nicht in deutscher Übersetzung vorliegen, erscheinen mit Angabe des Originaltitels.

Menschen vom Land, die den Wechsel der Jahreszeiten riechen und – wie ihr Sohn sagen würde – versteckte Vogelnester entdecken. Deutet nichts darauf hin, daß diese Frau in den Abgrund schaute oder fühlte, daß sie am Rand des Grabes stand? Wir wissen es nicht. Sie scheint voller Lebenskraft zu sein. Auch macht sie nicht den Eindruck, als verberge sie hinter ihrer Miene, was sie fühlt. Aber in ihrem Blick ist etwas Träumerisches oder Kränkliches. Diesem Antlitz sieht man den Kampf an. Der Mund ist groß, ihre Lippen sprechen, wenn nicht von Sinnlichkeit, so wenigstens von Liebe zum Leben. Das Kinn steht vor, doch nicht übertrieben. An den Ohren hängt langer Schmuck, rund, dunkel, wie reife Sauerkirschen. Eine sorgfältige, phantasievolle Frisur, der Mode der Zeit entsprechend, gewelltes Haar, das leicht in die breite Stirn fällt. Eine silberne Brosche hebt sich von dem dunklen Hintergrund, dem Kleid, ab, das Anzeichen bevorstehender Trauer sein könnte, wäre nicht der kokette Spitzenbesatz an den Ärmeln. Die große Hand ruht auf der schmalen Lehne des mit gepunztem Leder bezogenen Stuhles. Man sieht eine hochgewachsene, schmächtige Frau, die in den fotografischen Wunderkasten schaut, um ihre Physiognomie in dieser Sekunde für alle Zeit festhalten zu lassen. Wahrscheinlich ahnt oder fürchtet sie, daß ihr Leben nach Tagen oder gar nur Stunden bemessen ist. Dies ist vielleicht die letzte Botschaft, die sie der Welt und ihrem Sohn hinterläßt, möglicherweise denkt sie dabei an einen Ausspruch des heiligen Augustins, den sie in einem in der Kirche entliehenen Buch gelesen und bezeichnenderweise unterstrichen hat: »Die Ewigkeit ist nichts anderes als völliger Selbstbesitz in einem einzigen Augenblick.«

Dieses Gesicht mit seinem wachsamen Ausdruck mutet an wie das eines Menschen, der leidenschaftlich am Leben hängt. Und dennoch ist ein furchtsames Flackern in diesem Duell zwischen Licht und Schatten auf dem vergilbten Karton.

Neruda nimmt wiederum die Fotografie. Er verspürt das Bedürfnis, sich das Bild einzuprägen. Er will wissen, ob sie ruhig und gelassen oder ängstlich dreinschaut. Gewiß hat er beides entdeckt.

Offenbar ist das Foto in diesem Haus gemacht worden, in dem Zimmer, in dem wir uns befinden. Schon damals, im Jahre 1904, sind Flecken von Nässe und schlecht abgebundenem Kalk an den Wänden. Vom Mobiliar ist nicht mehr zu sehen als das Stück Stuhllehne.

Wir gehen hinaus in den kleinen Hof, in dem sie stundenlang las, mitunter zum Himmel aufblickte, ob es regnen würde, ab und zu die Pflanzen goß, die jetzt noch in buntem Durcheinander hier wachsen. Die Freundin seiner Mutter, die wie ein Virgil den Dichter durch den kleinen Umkreis von Rosa Neftalí führt, berichtet ihm mit Bedacht und so, als unterstreiche sie es dick, daß jene Bücher las. Sie betont: Sie liebte Gedichte und vertiefte sich in sie, so daß sie ganz woanders war.

Neruda versucht geraume Weile, das innere Bild dieser Frau zusammenzusetzen. Er fragt mehrere Male nach ihrem Charakter und ihren Liebhabereien. Nach Wörtern und Wendungen, die sie gern gebrauchte. Wer noch könnte ihm von ihr erzählen? Er braucht diese Fotografie. Die Nachbarin schenkt sie ihm. Wer, wenn nicht er, sollte sie aufbewahren? Gerührt betrachtet er das anspruchslose Milieu. Streift durch das verwahrloste, staubige Landhaus, in dem er geboren wurde. Ein rostiger Schlüssel, der ihm Zugang zu seinem Ursprung verschafft. Schlüsseldieb, da er den Schlüssel nicht mitnehmen kann, wird er ihn in der Tasche der Erinnerung aufbewahren. Darin steckt alles, was von der mütterlichen Quelle geblieben ist. Es ist wenig. Doch daß sie regen Verkehr mit dem gedruckten Buchstaben pflegte, erfüllt ihn mit Freude.

Diese Nachbarin berichtet Dinge, die er zum Teil kennt. Zu Beginn ihrer Laufbahn war sie Dorfschullehrerin. Im Jahre 1900 kam sie als Unterstufenlehrerin an die Höhere Mädchenschule Nummer zwei von Parral. Sie war nicht mehr jung, als sie heiratete. Als Rosa Neftalí Basoalto 1903 die Ehe mit José del Carmen Reyes schloß, war sie nach damaligem Verständnis bereits eine alte Jungfer. Der Heiratszug hatte sie stehenlassen. Und sie hatte die Hoffnung fast aufgegeben, als sie plötzlich – auf den letzten Waggon aufsprang.

Aber es kam sie teuer zu stehen. Sie war achtunddreißig Jahre alt. Als Tochter von Buenaventura Basoalto und Tomasa Opazo wurde sie 1865 geboren. Das Ehepaar, durch den Tod so bald auseinandergerissen, bezog das Haus, das wir jetzt besuchen, in der Calle San Diego, zwischen der Calle Unión und der Calle Urrutia.

Sie bekam ihren Sohn, nachdem sie das neununddreißigste Lebensjahr vollendet hatte. Das auf ihrem Totenschein, Nr. 1454, angegebene Sterbedatum folgt fast unmittelbar: Zwei Monate und zwei Tage nach der Geburt ihres Kindes – 14. September 1904.

Matilde sagt gar nichts. Ich mache einen Rundgang durch den Innenhof, er muß noch genauso aussehen wie an jenem weit zurückliegenden 12. Juli 1904, als dieses Kind zur Welt kam, dessen Geburt der schwindsüchtigen Mutter das Leben kostete. Den Gnadenstoß hat ihr wahrscheinlich das Kindbettfieber gegeben, das damals nahezu ebenso viele Frauen hinwegraffte wie die Tuberkulose. Das Nebeneinander von Tod und Geburt waren gewöhnliche Ereignisse in jener Zeit und dem Milieu.

2

Abschied von Parral

Als die Mutter stirbt, nimmt der Großvater väterlicherseits, José Ángel Reyes Hermosilla, das Kind zu sich. Versorgt wird es von seiner Stiefgroßmutter, Encarnación Parada, der zweiten Frau des Großvaters, der sie um 1885 geheiratet hat. Der Vater des Kindes entstammte der ersten Ehe. Doña Encarna suchte unter den Frauen des Gutes eine junge stillende Frau. Sie wählte als Amme María Luisa Leiva, die Frau von Estanislao León. Ihre Brüste hatten Milch genug. Sie reichte für das eigene und für das fremde Kind. Die kleine Halbwaise gedieh gut, auch wenn sie ein wenig kränklich war.

Nicht nur das Land war fruchtbar. Nerudas Großvater

väterlicherseits hatte vierzehn anerkannte Kinder. Man weiß nicht, wie viele uneheliche Kinder er hatte und ob er das Recht der ersten Nacht in Anspruch nahm. Denn ihm gehörte das, freilich unansehnliche, Landgut Belén. Mit seiner ersten Frau, Natalia Morales Hermosilla, hatte er einen einzigen Sohn, José del Carmen, den Vater des Kindes, das die Mutter verloren hatte. Die anderen dreizehn hatte er mit Encarnación Parada. Einige trugen biblische Namen: Abdías, Amós, Oseas, Joel . . .

Während der langen Tage von Belén redete der Großvater schlicht und zärtlich mit dem Knaben. Gern verfiel er in Predigerton. Der Knabe lauschte ihm, ohne zu verstehen.

»Abdías heißt so, weil ich nicht wollte, daß er hochmütig wird und sich über Mißgeschicke und Kümmernisse seiner Brüder freut.

Amós habe ich deinen Onkel genannt, weil ich nicht wollte, daß er ein Stadtmensch wird, er sollte ein kluger Hirt werden, der weiß, daß Pferde nicht über Felsgestein galoppieren und das Meer nicht mit Ochsen gepflügt wird.

Zu Oseas war Gott strenger. Geh hin und nimm ein Hurenweib«, sagte der Großvater und las in der Heiligen Schrift, mit heftiger Gebärde und mit dem Zeigefinger nach vorn weisend: »Ein Hurenweib.« – »Was ist das, Großvater?« – »Eine Frau von üblem Lebenswandel, die sich mit Männern abgibt, mit denen sie nicht verheiratet ist. Und das Gebot lautet, die Kinder sollen mit ihrer Mutter schimpfen, ihr wegen der Dinge, die sie treibt, gram sein. Gott droht ihr, sie nackt und bloß zu machen, sie in eine Wüste, ein dürres Land zu verwandeln, und du weißt, daß dürres Land verdurstet.«

»Und Onkel Joel, Großvater, warum heißt der so?«

»Um die Trunkenbolde zu wecken, und es gibt viele Trunkenbolde auf dieser Erde. Wacht auf, ihr Trunkenbolde, und weint. Seufzen sollt ihr alle, die ihr euch voll Weines laufen laßt. Denn ich werde ihn euch von eurem Mund wegnehmen. Mein Weinstock ist nicht dazu da, euch närrisch zu machen. So spricht Joel in der Schrift.« Der Großvater las mit Begeisterung, so als rezitierte er: »Fürchtet euch nicht, ihr Tiere auf dem Felde, denn die Auen in der Steppe sollen grünen . . .« Der Großvater erreichte ein biblisches Alter. Er starb nach seinem Sohn José del Carmen, im Jahre 1939.

Der junge Witwer hatte nicht das Zeug zum Unternehmer. Die paar Weinstöcke, die den köstlichen Wein der Gegend lieferten, reichten nicht, ihm aus der Not zu helfen. Doch er war ein arbeitsamer Mann. Während des einen Jahres an der Seite seiner Frau war sein Beruf nicht »Ehemann einer Lehrerin« gewesen, obwohl er mit einer zerbrechlichen Lehrerin verheiratet war. Beide verstanden es mit Geschick, die anfallenden Ausgaben zu bestreiten. In Chile war aber der Lehrerberuf einer der am schlechtesten bezahlten. Mitunter wurde erst nach Monaten Gehalt gezahlt.

Das 20. Jahrhundert hatte dem Land nicht Glück gebracht und den Unbemittelten nicht Wohlstand. Das Jahr 1904 bot das Bild einer geschichtslosen Zeit, wenn man von Nachrichten über Erdbeben sowie über Unterdrückungsmaßnahmen gegen die Arbeiter in den Großstädten und im Norden absah.

Don José del Carmen gehörte einer Familie armer, stolzer Edelleute an, in einem Land, in dem das *Don* sogar vor den Namen desjenigen gesetzt wird, der kein Geld hat, dem aber Achtung gebührt. Allein steht er mit dem Neugeborenen da. Er wird ihn der Obhut seines bessergestellten Vaters anvertrauen und sich selber der Legion von Chilenen anschließen, die arbeitssuchend durchs Land ziehen. Er überquert die Kordilleren in der Hoffnung, daß es ihm in Argentinien wirtschaftlich besser gehen werde. Er kommt zurück mit leeren Händen. Ein Chilene, zum Vagabunden geworden. Soll er in den Norden gehen wie so viele Menschen, dem Ruf der Werber folgend, die auf den Marktplätzen Verträge abschließen und dabei den Salpeter als das neue Goldene Vlies rühmen? Er ist ein Mann des Grüns, der Mitte. Mehr als nach Norden richtet er den Blick nach Süden. Die Wüste lockt ihn nicht. Er mag Wälder und Regen. Damals schienen Reisen von hundert Kilometern endlos. Er fährt zweihundert, dreihundert Kilometer nach Süden. Aus dem ruinierten Kleinbauern wird auf geradem Weg ein Arbeiter, Beweis moralischer Stärke und vorurteilsfreien Sinnes, ein Arbeiter beim Bau des Staudamms von Talcahuano.

Er trägt sein Leid ohne Tränen. Erzählt niemandem von seinem Schmerz. Aber er findet Freude am Reisen. Entfernungen zurücklegen, Entfernungen ... Immer wieder sagt man ihm, das Gelobte Land sei in der Salpeterwüste. Doch sein Blick gilt dem gegenüberliegenden Horizont, dem alten Araukanien, dem des mehr als dreihundert Jahre währenden Krieges zwischen spanischen Konquistadoren und Mapuche-Indios. Jetzt heißt es Neu-Araukanien, ein befriedetes Land. Wie man in den Vereinigten Staaten vom Fernen Westen spricht, so spricht man hier von La Frontera, der Grenze. Denn soeben hat man den Jahrhundertkonflikt beendet – mit einem Machtwort, gesprochen von Kanonen neuester Bauart. Aus dem festangestellten Staudammbauer wird ein Wanderarbeiter, er kommt nach Temuco auf einem Pferdewagen, der den Postkutschen gleicht, wie sie immer mehr in Wildwestfilmen auftauchen. Hier entdeckt er eine erst jüngst gegründete Siedlung. Eines Tages holt er seinen kleinen Sohn und nimmt ihn mit. Das Gepäck ist leicht. Eine Fotografie trägt er bei sich, mit einer Angabe auf der Rückseite: »Neftalí Reyes Basoalto. Villa Prat. 13. Oktober 1906.«

Es ist ein pummliger Knabe, zwei Jahre alt, mit traurigem Blick. Eine Art weißer Umhang oder großes Lätzchen fällt ihm über Schultern und Brust. Ein gefälteltes hellgraues Kleidchen mit gestärkten Manschetten reicht ihm bis über die Knie. Darunter eine schwarze Hose und Schuhe mit Knöpfen an den Seiten. Wie seine Mutter auf dem Foto, so hat auch er die linke Hand auf dem dunkel glänzenden Stuhl mit den geschwungenen Beinen. Die Kleidung deutet darauf hin, daß man den Kleinen, obwohl das Foto im Frühling gemacht worden ist, sorgsam warm anzieht, damit es ihm nicht so wie seiner Mutter ergeht.

Die andere Fotografie ist in Parral geblieben. Seine Frau hat mitunter Gedichte geschrieben. Doch nie hat er einen Vers von ihr gefunden. Wenn sie welche geschrieben hat, sind sie gewiß verlorengegangen. Was den Witwer nicht kümmert. Poesie ist etwas für schwärmerische Frauen.

Mitgenommen jedoch hat der Vater eine amtliche Urkunde des Bistums Linares. »Ich bestätige, daß Band 39 des Taufregisters auf Seite 269 unter Nr. 1033 folgende Eintragung enthält: ›In der Pfarrei von San José in Parral wurde am sechsundzwanzigsten September neunzehnhundertundvier im Alter von zwei Monaten zwölf Tagen Ricardo Eliecer getauft rechtmäßiger Sohn von José del Carmen Reyes und Rosa Neftalí Basoalto die Taufe wurde vorgenommen von Pater San Martín Taufzeugen waren Manuel Ijidio Basoalto und Beatriz Basoalto was ich hiermit beurkunde. José Manuel Ortega.‹« Darunter Namenszug des Gemeindepriesters und Siegel. Vorher schon, am 1. August 1904, war er unter dem Namen Eliecer Neftalí Reyes Basoalto standesamtlich gemeldet worden.

Das war der Abschied von Parral.

3
Wiedersehen

Ich begleite ihn, als er in seinen Heimatort zurückkehrt – nach so langer Zeit, mit dem Ruhm auf der Schulter. Dennoch erlebe ich keine Apotheose. Seinen Weg säumen nicht begeisterte Menschenmengen, die den Helden hochleben lassen. Außer Verwandten einige wenige Freunde, die unvermeidlichen Provinzpoeten, die in einen Klub mit altersschwachen Sesseln und gräulicher Atmosphäre einladen, niemand ist außer sich über die Ankunft dieses aus Parral gebürtigen Mannes, der, wie ein auf effektvolle Wendungen bedachter Journalist sagt, die Welt erobert hat. Nahezu Gleichgültigkeit. Und ein wenig Aggressivität: Ärger bei den alten Gutsherren, der ungebildeten Winzeraristokratie.

Ergänzend erwähnt sei ein Umstand, der erklärt, warum der Dichter halb geringschätzig, halb feindselig empfangen wird. Nämlich nicht nur, weil Poesie sie nicht interessiert und Literatur ihnen einerlei ist, sondern weil sie den politischen Standort ihres Landsmannes verabscheuen.

Pablo sagt zu mir: »Noch nie habe ich so viele Fliegen auf einem Haufen gesehen.« Er ist aber den armen Menschen dankbar, die ihn als Landsmann anerkennen und die stolz auf ihn sind.

Abends werden im Club Social ein paar Flaschen entkorkt, wahrscheinlich aus der Familie jener Moste, die sein Vater pflegte.

Wir quartieren uns bei seinem Onkel José Ángel Reyes Parada ein. Das ist ein Mann mit edlem kreolischem Aussehen, hellbraun, dichter Schnauzbart, die Miene bäuerliche Würde ausstrahlend. Er wie auch seine Frau bewirten den Neffen, dessen Ehefrau und den sie begleitenden Politiker in liebenswürdiger, ja liebevoller Gastfreundschaft, wie sie sich als von Herzen kommende Höflichkeit auf dem Land erhalten hat. »Ich bin Landwirt bei ›Los Álamos‹«, erklärt er, als präsentierte er seine Visitenkarte. Sein zweiter Stolz ist seine Fruchtbarkeit. »Ich habe neun Söhne und dreizehn Enkel.« Seine Frau, eine Schönheit, Matilde Mora, pflichtet freudig bei. »Pablos Vater war der einzige Reyes Morales der Familie«, erläutert er. »Wir anderen heißen alle Reyes Parada. Als die Mutter des Jungen starb«, er meint Neruda, »holten wir ihn zu uns. Meine Mutter hat ihn großgezogen. Wir wohnten in der Calle Libertad. Ich habe mit ihm gespielt, bis er sechs Jahre war. Tageweise war er bei seinem Großvater väterlicherseits in einem Ort in der Nähe von Parral, der an Christus gemahnt – Belén, die Krippe.« Pablo hört ihm verwundert zu. Dieser Onkel, José Ángel Reyes Parada, nur vier oder fünf Jahre älter als er, erzählt Dinge, die für ihn neu sind. Jetzt schlußfolgert er vielleicht, daß er im Alter von sechs Jahren nach Temuco kam. Der Onkel ist ein Mann, der mit Tieren arbeitet. Der Neffe, der, als er wenig älter als zwanzig war, in *Der Bewohner und seine Hoffnung* einen kleinen, von den Russen beeinflußten Roman schrieb, in dem Pferdediebe dahinsprengten, die brutale Liebschaften und Streitereien hatten, denkt an Viehdiebstahl und argwöhnt, daß der Onkel, der so mühelos die Kordilleren überquert, vielleicht ab und an die heikle, harte Kunst des Schmugglers betreibt. Er beobachtet den Spielgefährten aus Kindertagen.

Er mustert ihn, als machte er eine Blutuntersuchung. Möglicherweise hat er gefunden, was er schon lange gesucht hat.

Nur der jüngste Sohn der Familie, ein Vetter von Pablo, der um die Zwanzig ist und dem Dichter aus den Tagen der *Morgen- und Abenddämmerungen* oder der *Zwanzig Liebesgedichte* ähnlich sieht, zeigt sich anmutig verwirrt ob der Anwesenheit dieses so bekannten und so schlichten Verwandten, und er weiß nicht recht, wie er sich gegen ihn verhalten soll; der aber scherzt und ist so ganz ohne Dünkel, so daß der Vetter immer wieder lachen muß und nach der fremden Welt fragt, in der jener umhergereist ist.

Am Morgen des nächsten Tages gibt es eine Art Entschädigung. Wir gehen ins Mädchenlyzeum von Parral. Sämtliche Schülerinnen sind im Schulhof angetreten, dann ziehen sie in die Turnhalle, um dem Herrn mit Halbglatze zuzuhören, der aus ebendiesem Landstrich stammt und Liebes- und andere Gedichte schreibt.

Stets habe ich an Neruda bewundert, wie er einer Situation gerecht zu werden versteht. Er holt ein Bändchen aus der Tasche. Liest zwanzig Minuten lang Gedichte, die allen verständlich sind und den Jugendlichen ins Herz dringen.

Dante Alighieri hat, im Leben verfolgt, aus seiner Heimatstadt verbannt, nie nach Florenz zurückkehren dürfen. Als er tot war, nahm die Stadt den Ruhm für sich in Anspruch, die Wiege des Verfassers der *Göttlichen Komödie* zu sein. Andere Städte Italiens machten ihr diesen Ruhm streitig. Parral hingegen schien sich nicht zu erregen, weil in seinen Mauern ein Mann geboren worden war, der das Volk teilte. Matilde lächelte. Ich hatte ein wenig von angewandter Politwissenschaft gelernt.

Jahre später erlebte ich, wie der Dichter zurückgefordert wurde. Man erklärte ihn zum Propheten seines Landes. Dazu bedurfte es eines politischen Wandels, mußte Parral einen sozialistischen Bürgermeister bekommen, Enrique Astorga, Besitzer des Landgutes »La Florida«. An jenem Sonntag, dem 26. November 1967, vermischte sich Öl mit Essig, der Tag mit der Nacht, und es gab zwei Veranstaltungen, an denen der ganze Ort teilnahm – den Offiziellen Rodeo und die Ernennung Pablo Nerudas zum Ehrenbürger von Parral, eine Auszeichnung, die der Stadtrat zum erstenmal vornahm. Alles strömte herbei. Im Grunde hatte der Feiertag schon am Tag zuvor begonnen, am Sonnabend. Landvolk zu Pferde, Sattelzeug nach chilenischer Art, zünftige Ponchos, Feuerwehrleute in roter Uniform und mit Stahlhelm, Pfadfinder, Schulen, das Rote Kreuz, Lehrer, Journalisten, Gewerkschaften, katholische Priester, Manager. Auch die Bauern, die keine Pferde hatten. Kurzum, ein Aufmarsch von Herren und Knechten, Fußgängern und Berittenen. Es war heiß, und er wurde angeführt von dem Dichter, der sich mit heller Schirmmütze und dunkler Brille gegen die Sonne schützte. An seiner Seite ging Matilde und unterhielt sich mit der Frau des Bürgermeisters, Jimena Pereira.

»Wie ist denn die Einigung darüber zustande gekommen, ihn zum Ehrenbürger zu ernennen?« frage ich. »Einstimmig«, erwidert der Bürgermeister. Das Stadttheater von Parral ist zum Bersten voll. Enrique Astorga, von Hause aus Landwirt, Sozialist, hager, das Haar vorzeitig ergraut, Liebhaber schöner Frauen, scheint sich auch für die Poesie begeistern zu können. Die Geschichte von Parral, so sagt er, sei zweihundert Jahre alt. Und diese ganze Zeit über habe das Ehrenbuch auf einen Namen gewartet – Pablo Neruda. »Es fällt einem Menschen des Tieflands schwer, von einem Menschen der höchsten Bergesgipfel zu sprechen«, fügt er hinzu. »Doch das Gefühl hat keine Statur, und hier ist das Volk – sie sind aus den Armenvierteln der Stadt gekommen, aus den Siedlungen, von den Feldern, die Kinder, unser chilenisches Landvolk.«

Neruda wollte Augenblicke der Anerkennung nie allein erleben. Seine Geburtstage waren Massenveranstaltungen. Zur Feier seiner runden Geburtstage lud er Freunde aus aller Welt ein. Auch bei jener Gelegenheit organisierte er ein Treffen großen Stils. Stets bewunderte ich seine Selbstverständlichkeit, wenn er mit Telefonaten, Telegrammen und Briefen zu Festakten, Mittagessen, Feiern Personen, die fünf-, zehn-, zwanzigtausend Kilometer weit weg waren, einlud, und zwar so, wie man einen Nachbarn oder jemanden aus derselben Stadt zum Essen einlädt. Das Verblüffendste war, daß die aus weiter Ferne Eingeladenen meist kamen. Diesmal war es ein Feiertag für die Frauen und Mädchen von Parral, einerlei, ob arm oder reich, für Ortsansässige und Fremde, manche aus fernen Ländern, wie Anatoli Tschernigow, Mitglied des Zentralkomitees der Kommunistischen Partei der Sowjetunion, Igor Rybalkin, wissenschaftlicher Mitarbeiter am Lateinamerikainstitut in Moskau, und Georgi Shejeko, Abgeordneter des Obersten Sowjets. Beim Mittagessen am Sonntag, dem Sechsundzwanzigsten, an den Thermalquellen von Catillo waren auch Gäste aus Rumänien anwesend, unter ihnen Stefan Andrej, der spätere Außenminister seines Landes, und Michail Florescu. Alles vermischt sich zu einer Art Strudel – die Welt, das Dorf, die Sprachen, der Gläserklang –, und dennoch ist die schüchterne Bitte eines Lehrers vom Knabengymnasium und Schatzmeisters des Rodeo-Ausschusses zu vernehmen, der die verehrten Gäste ersucht, ein paar Grußworte an die Kinder zu schreiben. Neruda säubert vor sich den Tisch, setzt die Brille auf, zückt seinen mit grüner Tinte gefüllten Federhalter und schreibt: »Parral, den 25. November 1967. An die Jungen vom Gymnasium. Guten Tag! Das Wichtigste im Leben sind die Guten Tage! Sie vereinen die Menschen und vermitteln Hoffnung. Die Hoffnung unserer kleinen Leben und der fremden Leben, die MEHR ZÄHLEN, die alles zählen. Wir leben, um wir selbst zu sein, und außerdem, um die anderen zu verstehen, die anderen, die wichtiger sind als wir! GUTEN TAG!«

Francisco Coloane mißt über einen Meter achtzig. Er richtet sich in seiner ganzen gigantischen Größe auf, mit seinem Löwenkopf und seinen erschrockenen Kinderaugen. Er ist schon Träger des Nationalpreises für Literatur und spricht als Präsident des Chilenischen Schriftstellerverbands. Seine Stimme hat etwas Donnerartiges, wird aber gemildert durch sein auf der Zunge liegendes Herz. In seiner Prosa und in seiner Redekunst, der er sich mit der Wonne des Autodidakten hingibt, verbergen sich Poesie, Naturelemente. Ein Bild Nerudas hat es ihm angetan. Jenes, das vom »elektrischen

Avellanobaum« spricht. Er werde die Wälder des Südens nicht mehr anschauen können, ohne auf den magnetischen Glanz des Baums zu stoßen, jenes Blitzesleuchten, das er vordem nicht besessen. Der Dichter habe einen Blick, der jungfräuliche Stoffe vergewaltige und Funken sprühe und Feuerschein ausbreite. Der »elektrische Avellanobaum« habe seine Blätter schon in Musik und Ballett abgeworfen, in Folklore-Weise und Theater. Der Redner ist ein wenig überschwenglich. Doch da ist etwas, was ihn gänzlich aus dem Häuschen geraten läßt. Die Dame des Hauses. Er erfindet einen Traum, um ihn ihr zu erzählen. »Als Kind träumte ich von einer Frau. Und das waren Sie.« Miguel Otero Silva, der ihm zuhört, ruft: »Schuft, meinen Traum zu stehlen!«

Denn an diesem Tag, da ihm seine Heimatstadt, die ihn erst nicht hatte kennen wollen und sich zierte, nach einem halben Jahrhundert ein entschädigendes Lächeln schenkt, ist aus Caracas sein alter Gefährte, der Romancier Miguel Otero Silva gekommen. Man stellt ihn auf der Theaterbühne als venezolanischen Senator und Verleger der Zeitung *El Nacional* vor, weit wichtiger bei der Zusammenkunft ist jedoch seine Freundschaft mit dem Dichter, von dem er dem Publikum manche unveröffentlichte Anekdote erzählt.

Abends ein typisch chilenisches geselliges Beisammensein beim Bürgermeister. Er rezitiert María Maluenda. Parral ist wie ausgewechselt: Der neue Dichter – ein junger Poet, und nicht etwa ein schlechter, Alberto Rubio. Der Direktor der Öffentlichen Dienste trägt ein Akrostichon vor – »Für Neruda von Parral«. Er ist kein Stegreifdichter. In den Zeitungen der Provinz hat er schon etliche biographische Artikel über den Dichter veröffentlicht.

Neruda nimmt es humorvoll und philosophisch hin, daß man ihn »parralisieren« will. Er meint, die Stadt habe ihn diesmal zwar liebevoll empfangen, kenne ihn aber nicht genug. Letztlich habe sich sein Leben in anderen Gegenden abgespielt. Aber in Parral, daran erinnert er, sei das Grab seiner Mutter, und die Familie Reyes wächst weiter. »Bis jetzt freilich«, stellt er augenzwinkernd fest, »ist noch kein zweiter Dichter aus ihr hervorgegangen.«

Das Haus, das wir besucht haben, wurde später durch ein Erdbeben zerstört. Ich weiß nicht, ob man es wieder aufgebaut hat.

Wenn Neruda nach Parral gefragt wird, nimmt seine Antwort – ganz ohne Prahlerei – die Atmosphäre eines Gedichtes aus *Aufenthalt auf Erden* an: »Nur wenig weiß ich noch. Als kleines Kind schon ging ich von hier fort.« Er sagt es am prasselnden Feuer, über dem ein kreolischer Asado geröstet wird. Diese Erinnerung an seine Kindheit hat, so wie das erste Staunen, da er, ein Kind noch, den Viadukt von Malleco sah, als Hintergrund eine Cueca. »Ihr habt mich wieder aufgenommen, wie einen verlorenen Sohn.«

4
Eine Stadt an der Grenze

Zwei Jahre nach dem Tod der Mutter Nerudas heiratet José del Carmen Reyes Trinidad Candia Marverde. Der zweite Familienname ist poetisch. Manche meinen, richtig heiße es Malverde. Doch an ihr ist nichts Böses. Es ist die siebenmal gute »Mamadre« des Dichters. Sie heißt in der Tat Marverde und stammt aus Parral, aber sie hat auch Beziehungen zu Temuco, wo Dutzende ihrer Verwandten wohnen.

Wie kommt es, daß diese Schicksale sich miteinander verbinden? Das geht auf einen gewissen Carlos Masson zurück, Sohn amerikanischer, in Chile ansässiger Eltern, der in Parral Geschäfte betrieb und José del Carmen Reyes' Freund und Gevatter war. In Parral lernte er ein junges Mädchen kennen, Micaela Candia Marverde, und heiratete sie. Parral bot einem Unternehmer kein weites Betätigungsfeld. Vermutlich im Jahre 1903 siedelte er nach Temuco über, jenem im Entstehen begriffenen Ort, wo alles für die Zukunft geöffnet zu sein schien: Menschen kamen, um die freie Fläche zu besiedeln, die durch jüngste Rodung des Urwalds und die Vertreibung der Ureinwohner entstanden war, und schon war der Beginn der Eisenbahnstrecke verlegt. Er machte eine Bäckerei auf, dicht am Bahnhof ein Hotel. Micaela brachte ihre Schwester Trinidad mit nach Temuco. Masson hatte seinen Gevatter in Parral nicht vergessen. Und als er erfuhr, daß der verwitwet war und zu allem Übel keine feste Arbeit hatte, schlug er ihm vor, nach Temuco zu kommen und bei ihm in der Bäckerei zu arbeiten. José del Carmen, mittellos, in arger Bedrängnis, ging nach Temuco. Und dort geschah etwas ganz und gar nicht Überraschendes: Er heiratete die Schwägerin seines Gevatters. Ricardo Neftalí blieb bei seinen Großeltern, in Parral oder in Belén. Man weiß nicht genau, wann der Vater seinen Sohn nach Temuco holte. Alles scheint darauf hinzudeuten, daß es nicht nach 1910 war. Etliche Male kehrte das Kind in den Sommerferien zu seinen Großeltern zurück. Carlos Masson verkaufte schließlich die Bäckerei in Temuco, in der Calle Matta, Ecke Calle Lautaro, an seinen Gevatter José del Carmen. Später ging sie in den Besitz von Raul Reyes Toledo über, einem Neffen des Dichters.

Ist Temuco eine Stadt oder ein Militärlager, das jüngst in eine Ortschaft umgewandelt wurde? Erst 1887 sind die beiden Provinzen Malleco und Cautín geschaffen worden, um die weiße Herrschaft in den letzten Zufluchtsstätten der Eingeborenenvölker zu festigen. Nach Cautín wird der Kleine in einer Zeit kommen, die der Kolonisation unmittelbar folgte. Die in Santiago sitzende Zentralgewalt hat die Gefahren noch nicht vergessen. Nicht nur die von den Indios drohende. Das Unternehmen von Orélie-Antoine I., jenem verrückten Franzosen, der sich zum König von Araukanien hatte krönen lassen, stellt vielleicht mehr dar als eine groteske, harmlose Wahnsinnstat. Schließlich hatte Napoleon III. Maximilian auf den mexikanischen Thron gesetzt. Es ist die Zeit der Eroberungen und Eisenbahnen. Francisco Kindermann beauftragt den Verwalter seines Gutes in Santo Tomás, den Mapuches sämtliches brauchbares Gelände abzukaufen. Zu jener Zeit ist ein Kollege des künftigen Neruda, Vicente Pérez Rosales, verbraucht und entkräftet vom kalifornischen Goldfieber, getrieben vom aufkommenden Abenteuergeist, als Kolonisationsagent für den Raum Europa

tätig. Er wird deutsche Arbeiter und Handwerker herüber-
holen. Doch ein Gebiet zwischen Concepción und dem Golf
von Reloncaví ist noch außer Kontrolle. Araukanien. Die
Politiker der Unabhängigkeit werden die Mapuches als Sym-
bole der Befreiung preisen. Das gleiche wird Neruda tun,
indem er Caupolicán und Lautaro besingt.

Das Blutbad ist schrecklich gewesen. Der chilenische
Custer, der Oberst Cornelio Saavedra Rodríguez, war Ex-
perte für das gewaltsame Säubern eines Gebietes. Das hinderte ihn nicht, zu verkünden, daß er keinen einzigen Tropfen Blut vergossen hätte und allen, »zivilisierten Indios und
Chilenen«, Gutes zuteil geworden wäre. Er nahm die Eroberungen im Jahre 1868 wieder auf, nachdem er sich am
Krieg gegen Spanien beteiligt hatte. Mit Feuer und Schwert
drang er ins Land der Ureinwohner ein und hatte ihnen, als
die Eroberungen 1870 wiederum eingestellt wurden,
1 160 000 Hektar fruchtbaren Boden entrissen. Wie der spanische Konquistador errichtete sein chilenischer Nacheiferer
dort Forts, die zu Ortschaften wurden. Mulchén, Negrete,
Angol, Collipulli, Lebu, Cañete, Toltén. Manche von ihnen
erlebten eine Auferstehung. Ihr erstes Leben hatte sich zur
Zeit der spanischen Kolonisation abgespielt. Die Feuer des
Krieges erloschen nicht in La Frontera. Das weiße Heer erlitt
Niederlagen und Katastrophen. Die Kämpfe von Coipue,
Traiguén, Centinela, Curaco und Collipulli waren die praktische Schule für die Führer, die später im Pazifik-Konflikt
mit Peru und Bolivien das Kommando haben sollten.

Davor und unmittelbar danach führten sie einen Vernich-
tungskrieg gegen die Araukaner. Der dauerte – mit Unter-
brechungen – mehr als drei Jahrhunderte.

Wenn im 16. Jahrhundert am Hof von Madrid jemand
nicht gut gelitten war oder in Ungnade zu fallen drohte, sagte
man zu ihm: »Hütet Euch, man schickt Euch sonst nach
Chile.« Chile war der abgelegenste Fleck der Welt. Lope
de Vega nannte es damals das »letzte Thule«. Dieses indianische Flandern regte zur »Araucana« an, die 1569 erschien.
Juan de Guzmán, ein Orakel jener Zeit, bezeichnete Ercilla
als neuen Homer. In seinem »Haus der Erinnerung« (Casa de

la memoria) sagte Vicente Espinel: »Des wackeren Arau-
kaners kühne Tat / schildert Don Alonso de Ercilla mit seiner Hand, / mit ihr wirft er ihn nieder und hebt er ihn auf, /
er siegt und ehrt siegend den Araukaner.« Im Prolog zur zweiten Ausgabe sagt Ercilla, »die Araukaner verdienen alles,
denn seit mehr als dreißig Jahren sind sie unwandelbaren
Sinnes, ohne daß ihnen je die Waffen aus der Hand gefallen
wären«. In diese Gegend kommt das Kind, als die langen
Auseinandersetzungen gerade ein Ende gefunden haben.
Temuco ist damals ein Dorf. Neruda erinnert sich, daß eben
die ersten Häuser gebaut wurden und Grund und Boden an
die Menschen, so wie sie kamen, verteilt wurde. Ringsum
erstreckte sich Wald- und Steppenland, in dem die Mapuche-
Indios lebten.

Als er den Nobelpreis erhielt, fragte ihn die französische
Zeitschrift *L'Express* unter anderem nach seiner ersten
Schule. Die Antwort ist eine Milieuschilderung. Ja, er sei in
die öffentliche Schule gegangen. Seine Schulkameraden hatten deutsche, englische, französische, norwegische, sephar-
ditische und natürlich chilenische, genauer spanische Namen.
Trotzdem hatte diese entstehende Gesellschaft ihre Beson-
derheiten: In jener Anfangsphase war es eine Welt ohne
Kasten. Wir waren alle gleich, versichert Neruda. Zur Herausbildung der Klassen kam es später, als manche reich zu
werden begannen. Damals war, seiner Meinung nach, Temuco eine Art große Volksrepublik, in der alle Arbeit hatten. Es gab keine Großgrundbesitzer, keine Großeigentümer.
Als man Neruda nach den Indios fragt, erwidert er, daß sie
völlig abgesondert lebten. Die Mapuches waren Ende vergangenen Jahrhunderts aus ihren Ländern vertrieben worden
und nicht in Temuco selbst ansässig, sondern in dem umliegenden Land. Eine Hütte hier, die nächste mehrere Kilometer weiter. In die Stadt kamen sie, um ihre Produkte
zu verkaufen, Wolle, Eier, Gewebe, Lämmer. Abends kehrten sie in ihre Hütten zurück. Der Mann zu Pferde, die Frau
zu Fuß. Es gab keine Verständigung mit ihnen. »Wir konnten ihre Sprache nicht, abgesehen von ein paar Wörtern, sie
nicht Spanisch, das sie auch heute noch kaum sprechen.«

Der Journalist, über diese Auskünfte offenbar verwundert, bleibt bei dem Thema und weist ihn darauf hin, daß seine Gedichte trotzdem von der Gegenwart der Indios geprägt sind. »So ist es«, erwidert Neruda. »Ich habe etwas für die Geschichte übrig, die ein wenig das Gewissen des Volkes ist. In Temuco hat die größte Schlacht von Araukanien stattgefunden. Die spanischen Konquistadoren suchten Gold, Gold, Gold. Doch bei den araukanischen Indios konnten sie keines kriegen, nicht nur, weil diese arm waren, sondern weil sich kein Indio-Volk in Amerika den Spaniern so ungestüm widersetzt hat. Das ist eine allzu sehr in Vergessenheit geratene Tatsache.«

Bei meinem letzten Gespräch mit Neruda ging es auch um die Indios. Er meinte, Chiles Regierungen hätten die Wahrheit stets verschwiegen. Sie hätten sogar versucht, die Zahl der Indios herabzusetzen, hätten behauptet, es gäbe nur noch fünfzig- bis sechzigtausend, dabei wären es in Wirklichkeit eine halbe Million oder mehr. Sie bildeten eine ethnische Minderheit, hätten ihre eigene Sprache, eine, wie er fände, der schönsten der Welt, ihre Traditionen, ihre Kultur.

5

Die Mamadre

Er hat oft gesagt, daß die Hauptperson seiner Kindheit der Regen war; im Süden hört man überall, daß dort die Städte zwei Zeiten haben, die der Eisenbahn und den Winter.

Morast personifizierte den dunklen Feind, den Menschenfresser, der das Gehen auf den ungepflasterten Straßen schwer machte. Hauptrohstoff war das Holz. Wald gab es überall, so wie Bretterstapel, Sägemühlen, Zimmerleute, die mit Blattsäge und Langhobel umgingen. Sägemehlwolken trugen den Geruch frischgeschlagener Bäume durch die Luft. Die Holzhäuser waren geräumig und primitiv. Ihre Zinkdächer konnten nicht gänzlich verhindern, daß es durchregnete. Wenn der Regen für Neruda das Klavier seiner

Kindheit war, so waren die Tropfen, die durch das Dach drangen und in Eimer, Waschschüsseln, Krüge, Nachtgeschirre und Spucknäpfe fielen, die Taste, die einen zur Verzweiflung trieb. Es gab gar nicht so viele Gefäße, um alle Tropfen aufzufangen. Man installierte unglaubliche Behälter. Die eintönige, unablässige Tropfenartillerie mußte genau ins Ziel treffen, wenn man keine Überschwemmung im Haus haben wollte.

Es gab noch ein Gespenst, ein rotes Gespenst, das den Ort bedrohte und ihn fast immer im Dunkeln überfiel – das Feuer. Des Nachts erwachte alles entsetzt von einem Schrei: Feuer! Der aus Holzhäusern bestehende Ort war beinahe so brennbar wie Petroleum. Solches Unglück pflegte ganze Häuserzeilen im Nu zu verschlingen. Freiwillige Feuerwehrleute versuchten zusammen mit der ganzen Bevölkerung, den gierigen Flammen Einhalt zu gebieten. Ewiger Regen und häufige Feuersbrünste malten das Panorama seiner Kindheit. Der Junge schaute sich alles an. Am meisten ängstigte ihn Feuer, wenn der Vater nicht zu Hause schlief. Der hatte eine Anstellung bei der Eisenbahn gefunden, sagen wir, dank dem Hotel der Masson Candia, das ein Treffpunkt der Eisenbahner war. Dort hatte sich José del Carmen Reyes mit ein paar Beamten des Unternehmens angefreundet, und die verhalfen ihm zu der Stelle.

Meist schlief er im Zug. Gegen Ende seines Lebens war er Lokführer. Nicht auf Personenzügen, sondern auf Güterzügen, solchen, die Kies und Sand beförderten, Material zur Befestigung der Holzschwellen der Gleisanlagen, die dem ständigen Angriff der sintflutartigen Regenfälle ausgesetzt waren. Seine Schicht dauerte Tage. Der Zug war das zweite oder gar erste Zuhause seines Vaters. Er hatte einen ganzen Waggon zum Schlafen. Das größte Glück für Neruda in seiner Kindheit war, wenn der Vater ihn in dem Güterzug mitnahm und er mehrere Tage inmitten des Urwaldes verbringen, Blumen, den Skarabäus, das Leben des Waldes entdecken konnte. Wir waren wie arbeitslose Wanderer, erinnert er sich. So erkundete er die Natur, die Bäche, die Berge. Er wußte damals nicht, daß er bei diesen Fahrten mit seinem Vater in dem Güterzug Stoff für seine Poesie sammelte. Wenn er in der Nacht losfuhr und sich zum Schlafen niederlegte, in dem Waggon, in dem er zusammen mit seinem Vater herrschte, vermißte er *seine* Mutter, denn er brauchte Zärtlichkeit, und der Vater gab sie ihm nicht. Dafür überschüttete ihn *die* Mutter damit, das heißt die Stiefmutter, seine Mamadre. Nie mochte er das Wort *madrastra*, Stiefmutter. Für ihn war sie die Zärtlichkeit, etwas wahrhaft Wunderbares. Vielleicht um die böse Stiefmutter im Märchen zu verdrängen und aus Liebe zu dieser liebevollen Frau erfand er das Wort *mamadre*. Ihr widmete er mit sieben oder acht Jahren seinen ersten dichterischen Versuch. Und er las ihn seinen Eltern vor, ohne zu merken, daß sie beschäftigt waren. Der Vater fragte ihn: »Wo hast du das abgeschrieben?« So erlebte ich zum erstenmal, erinnerte er sich später, achtlose Literaturkritik. Doña Trinidad übte keine Kritik. Das brachte sie nicht übers Herz. Der Junge merkte es. Und deshalb sagte er nie Stiefmutter zu dieser Frau, die er für den Schutzengel seiner Kindheit hielt. Fleiß und Sanftmut, bäuerlicher Sinn für Humor, tätige, unermüdliche Güte – das sind die Eigenschaften, die ihr der dankbare Stiefsohn bescheinigt.

Später, als er zehn Jahre alt war, schrieb er Doña Trinidad zum Geburtstag eine Widmung, in der er krampfhaft den Dichter hervorzukehren sucht: »Aus einer Landschaft goldener Winkel / erwählt ich / als Geschenk für Dich, liebe Mama, / diese bescheidene Karte. / Neftalí.« *Neftalí* reimte sich auf *escogí* (erwählt ich). Das genügte dem künftigen Dichter fürs erste. Als er reifer geworden, hob sich das Niveau. »O gütige Mamadre – nie brauchte ich Stiefmutter sagen«, heißt es in dem Gedicht, das er ihr widmet. Für ihn war sie ». . . gekleidet mit einem armseligen dunklen Lumpen, die Güte, die nützliche Redlichkeit: die des Wassers und des Mehls«. Sie war Synonym für das Brot, das man aß, für den Kampf gegen den Winter, gegen die Tropfen, die das Haus zu überfluten drohten. Sie war die gütige Verteilerin des armseligen Bißchens, damit alle, die auf ihre schlichte Mütterlichkeit angewiesen waren, sich über Wasser halten konnten. Und sie tat es mit einer Gebärde, »als wärst du dabei, / einen Diamantenstrom / zu verteilen«. Er sah, daß sie, wie damals bei den einfachen Frauen jener Gegend üblich, klappernde Holzschuhe trug, und sie war bemüht, nicht viel Lärm damit zu machen, und tat dennoch alles, um Windschäden, dem Einsturz des Daches, dem Umfallen der Mauern vorzubeugen. Der Wind mit seinen Pumas heulte, und da kam Doña Trinidad Marverde, »sanft wie die scheue Kühle / der Sonne in diesen Sturmregionen, / eine schwache kleine Lampe«, um ihnen den Weg zu weisen. Das Nerudasche Symbol ist klar: Die Mutter verwandelte sich in Brot für die Kinder. In Brot, das verteilt wird, so wie sie den Mehlsack zerschnitten hat, um daraus die Unterhosen seiner Kindheit zu nähen. Sie tat, was Frauen jahrhundertelang getan haben: kochen, waschen, bügeln, das fieberkranke Kind pflegen. Den Samen in ein Stück Land legen, Leben säen und in den Kindern die Haltung zum Leben säen. Alles tat sie still. Es kam aus ihrem Innern. Es war ihre Pflicht, ihre mütterliche Berufung. Und deshalb ging die Mamadre, als die Kinder groß waren und auf eigenen Füßen standen, »hin zu dem kleinen Sarg, / in dem sie ein erstes Mal müßig war, / unter dem harten Regen Temucos«.

6

Der barsche Vater

Versierte Neruda-Kenner haben auf den Gegensatz zwischen den Bildern der Mamadre und des Vaters hingewiesen. Andere gehen noch weiter und beziehen in die Interpretation Geschichte und Psychoanalyse ein. Wenn sie von Diego de Almagro sprechen, von den räuberischen Konquistadoren, die über unbekanntes Land herfallen, um es physisch in Besitz zu nehmen, dann ist bestimmt einer dabei, der die Taten des alten spanischen Schweinehirten mit der Vergewaltigung der Mutter vergleicht, sie in ein tellurisches Symbol umsetzt. Und sie kommen zu dem Schluß, daß Neruda das Bild des Vaters unbewußt mit der Vision vom gewalttätigen Konquistador in Beziehung bringt.

Diese Interpretationen stützen sich auf aus dem Zusammenhang herausgelöste Wendungen, die dem Bild eine gewisse Wahrscheinlichkeit geben können, gehen aber doch so weit, daß die Wahrheit zerstört wird. Das Verhältnis zum Vater war vielschichtiger: Eine Mischung aus Angst und Zärtlichkeit, von Distanziertheit und Ehrfurcht. Tatsächlich spricht er vor allem in *Memorial von Isla Negra* vom barschen Vater. Dessen Art sich anzukündigen war typisch und berufsbedingt – der Pfiff der Lokomotive. Doch dann erbebte die Tür. Wenn der Vater eintrat, »schüttelte sich / das Haus, / die erschrockenen Türen / schlugen sich mit trocknem / Pistolenschuß, / die Treppenstufen seufzten, / und eine laute Stimme / erhob Beschuldigungen, feindselig«. Das ist das finstere Gesicht des Vaters, sein nächtliches Antlitz.

In der nächsten Strophe sagt der Dichter unverschlüsselt: »Dennoch, es war Tag.« Er sieht ihn in seiner ganzen Rechtschaffenheit als Kapitän des Zuges, auf den Beinen, kaum daß der Tag anbricht. Gleich nach Sonnenaufgang erkennt man seinen Bart, die Eisenbahnsignalflaggen, die Laternen an den Stationen, die Kohle für die Maschine. Sein Vater war Eisenbahner. »Der Eisenbahner ist Seemann an Land / und zu den kleinen meerlosen Häfen / – Dörfer im Wald – / läuft der Zug, was er kann.«

Der harte Mann war herzlich, hatte gern Freunde am Tisch. Dort triumphierte die Brüderlichkeit. Trinksprüche, Klirren schwerer Gläser, funkelnder Wein. Erzählt wird, daß, wenn kein Tischgenosse zum zweiten Frühstück oder zum Mittagessen da war, er sich vors Haus stellte und den ersten besten Passanten einlud, um bei Speise und Trank Unterhaltung zu haben. Der Sohn hatte von seinem Vater diesen Brauch geerbt, der vielleicht von Vorvätergenerationen herrührte. Er konnte sich nicht vorstellen, allein am Tisch zu sitzen. Er wollte immer, daß sich bei Tisch »männliche Freundschaft« und »das volle Glas« vereinten.

Wir sprachen von Ehrfurcht. Neruda bewunderte und bedauerte den Vater ob seines schweren Berufes. Dessen ganzes Leben bestand – wie das vieler Menschen – aus nach Hause kommen, in aller Frühe wieder aufstehen und hastig davoneilen und sich in einer Art ständigem Dienst verbrauchen, und »an einem Tag mit stärkerem Regen als an anderen Tagen, / bestieg der Zugführer José del Carmen Reyes / den Zug des Todes und ist bis zur Stunde / nicht wiedergekehrt.«

7
Ich weiß nicht, wie und wann

Natürlich barg das Kind in sich den Mann. Tanten dürfen, wie es sprichwörtlich ist, die Kindheit ihrer Neffen in Erinnerung rufen. Das Kind, so sagten sie, sah schwach aus, hatte aber eine eiserne Gesundheit. Seine ersten Gedichte brachten ihm Prügel ein. Aber diese verhinderten nicht, daß er dorthin gelangte, wohin er wollte.

1910 kommt er auf das Gymnasium von Temuco. Sein Banknachbar, Gilberto Concha Riffo, ist vier Jahre älter als er, was in diesem Alter viel bedeutet. Das Gefühl, in der Schule der Kleine zu sein – zu einer Zeit, da die Bestimmungen für die Einschulung nicht so streng waren –, schlug bei ihm später in das Gefühl um, der Kleinste zu sein. »Ich, der immer der Jüngste war, bin jetzt sechzig«, sagte er mit funkensprühendem melancholischem Lächeln an dem Tag zu mir, da er die Sechzig vollendete.

Doch der Große tut weder dem Kleinsten noch sonst jemandem etwas zuleide, Gilberto ist still, nicht wie ein Stein, sondern wie ein Baum, etwa ein Coihué-Baum. Er kommt aus dem kleinen Ort Almagro bei Nueva Imperial. Seine Familie besitzt eine Mühle. Während des Unterrichts ist das Sprechen verboten. Um so besser für Gilberto. Doch der kleine Reyes paßt überhaupt nicht auf. Mit den Gedanken ist er bei dem Güterzug, bei den Käfern des Waldes, den kleinen Eiern des Rebhuhns, bei der Schlangenmutter und bei dem Messerhelden Monje, einem Eisenbahner mit einer großen Narbe im Gesicht und Kollegen des Vaters; der ist sein Freund und nimmt ihn mit, versteckte Nester und die Geheimnisse des Urwaldes zu entdecken. Zum Glück hat er in der Rechenstunde ein kariertes Heft zur Hand, und so malt er statt Zahlen das, was ihm just in den Sinn kommt. Er zieht mit schwarzem Bleistift einen dünnen Strich und sagt zu seinem Nachbarn: »Gilberto, nimm mal das Haar von dem Blatt weg.« Der Knabe versucht, das Heft zu säubern. Ricardo lacht. Nach der Schule gehen sie die kotigen Straßen entlang. Sie bummeln und schauen sich alles an. Wenn sie zu Reyes nach Hause kommen, halb erfroren und mitunter durchnäßt, läßt Doña Trinidad sie sich trocknen und umziehen. Bereitet ihnen einen Imbiß. Höflich entschuldigt sie sich bei Gilberto. Sie kann ihm nur schwarzen Kaffee vorsetzen, weil Ricardo ihn mit Milch trinken muß. Und diese reiche nicht für sie beide, erklärt sie. Der Knabe Ricardo sei so schwächlich.

Gilberto wird sich später Juvencio Valle nennen, Ricardo Eliecer Reyes – Pablo Neruda; beide Dichter stammen aus dem Süden, beide sind Träger des chilenischen Nationalpreises für Literatur. Man kann sagen, daß sie von Anfang an Freunde waren. Juvencio ist ein verschwiegener, aber nicht schweigsamer Mann. Seine Stimme erhebt er vor allem, wenn es gilt, die Gerechtigkeit zu verteidigen. Dann schwillt sie zum Donner an, und er selber wird zum Giganten. Es ist eine Art zu leben. Immer wenn es heißt für Wahrheit und Würde eintreten, und zwar nicht im eigenen, sondern in aller Interesse, gehört Juvencio, der fast stumme Gilberto, der mit Eliecer Ricardo die Schulbank gedrückt hat, zu den Würdigsten. Er, der auf den Scherz mit dem Haar auf dem Heft des Kindes hereinfiel, das im Unterricht malte, weil es an die Abenteuer mit dem Güterzug dachte. Als beide erwachsene Männer waren, taufte er, Neruda, seinen Freund um, indem er dessen Schriftstellerpseudonym ein wenig abänderte, ihn Juvencio Silencio oder Silencio Valle nannte.

Neruda, schon im reifen Alter, pflegte auf eine obligatorische Frage zu antworten, daß er nicht wüßte, wie die Poesie zu ihm gekommen wäre. »Ich weiß nicht, weiß nicht, woher sie kam . . . Ich weiß weder wie noch wann.« Juvencio Valle, der Dichter und Gefährte seiner Kindheit, sein Kamerad bei Spielen und Streichen, wußte wahrscheinlich nicht, daß er selber Dichter war oder werden würde, sehr gut hingegen wußte er, daß dieser vier Jahre jüngere Knabe einer war. Schnell hatte er dafür charakteristische Anzeichen an dem stillen, schmächtigen Jungen entdeckt, der so in sich gekehrt und melancholisch wirkte, der in seinem Blick aber etwas hatte, was das ganze Gegenteil von Trägheit und Gleichgültigkeit war. Er staunte, wie intensiv jener alles erlebte, was ihn umgab. Ihn verwunderten dessen kleine, stets dreist geöffneten Augen. Auch mich haben sie immer verblüfft. Das Phänomen der weit geöffneten Augen hat seine eigene Bedeutung. Einmal fragte ich ihn, gewiß recht naiv: »Wie hast du in so viele Geheimnisse eindringen können, in die Geheimnisse der Bäume, der Vögel, der Steine, des ganzen Naturreichs?« Er war sechzig, als er mir die folgende Antwort gab: »Das ist *eine* Art des Schauens.« Wird man mit dieser Art des Schauens geboren? Gewiß, wenn man davon ausgeht, was der Mann Juvencio Valle an dem Knaben Neftalí Ricardo Reyes wahrnimmt. Aber es kommt auch darauf an, das Schauen zu bilden. Eine gewisse Achtung vor der Materie, ein tiefes, begründetes Interesse für die Dinge, ihre äußere Struktur, ihre Farbe, ihre Form, für das Aufdecken ihres Innenlebens. Ich erinnere mich, daß Vicente Huidobro behauptete, die Steine hätten ein Inneres. Neruda entdeckte das Gesicht und das Innere der Dinge.

Diese Eigenheit, das Innenleben der Gegenstände zu beobachten, die zugleich ein Hang war, das Innere des Menschen zu erkunden, muß von einem äußeren Zeichen begleitet sein, das den Boten ankündigt. Was ist ein Dichter für einen Knaben, der so jung an Jahren ist wie er? Vielleicht ein Mann mit Umhang und breitkrempigem Hut, wie ihn die Künstler des vergangenen Jahrhunderts in Europa trugen. Juvencio erinnert sich, wie sie einmal nach der Schule durch die Straßen von Temuco gingen und auf dem gegenüberliegenden Trottoir einen merkwürdigen Herrn sahen, der angezogen war wie eine Gestalt in der Oper *La Bohème*, und er sagte: »Was für ein komischer Kerl!« Pablo schaute ihn würdevoll an und erklärte ihm in kategorischem, schwer zu vergessendem Ton, daß sie einen Menschen vor sich hätten, der einen bewundernswerten Beruf ausübte: Das ist ein Dichter! Hinzugefügt werden muß, daß er dessen Glorienschein nicht erahnte, sondern eher an ein bekanntes Wesen dachte. Es war sein Onkel Orlando Masson, Direktor der Zeitung *La Mañana*.

Die Selbsterkenntnis, Dichter zu sein, stellt sich bei Neruda früh ein, bei Juvencio später, der betont, »die Poesie wird zweifellos mit dem Menschen geboren. Diese unerklärliche Glut kommt mit uns, untergebracht in unserer menschlichen Hülle. Meine Bekanntschaft mit Neruda reicht bis in die Kindheit zurück, und schon damals, als noch kein sichtbares Zeichen auf den gewaltigen künftigen Dichter hindeutete, ahnte ich in ihm eine besondere Individualität, ein kaum wahrnehmbares Vibrieren, eine Miene, die nur ihm gehörte und die ihn anders machte. Eine Atmosphäre, für den gewöhnlichen Blick nicht existent, für mich aber voll wirksam und real. Ich glaube, das war Poesie. Ich ließ viele andere Knaben unbeachtet, näherte mich ihm und wurde sein Freund. Sein geheimnisvolles inneres Leuchten zog mich an seine Seite und bewirkte, daß ich mich in seiner Gesellschaft wohl fühlte. Während unsere Schulkameraden um uns her liefen, sprangen und lärmten, verbrachten wir den Tag mit dem Beobachten der kleinen Dinge der Welt, eines Blattes, eines Insektes, irgendeiner Linie. In dieser schönen Freundschaft war still die Poesie am Werke.«

Sowohl Neruda als auch Juvencio schreiben später, ohne es eigentlich vorzuhaben, eine psychologische Studie über den Dichter als Kind, eine Arbeit über Literatur und Kunst als Kompensation einer Kindheit, die spürte, daß sie in der Welt der physischen Zuständigkeit unterlegen war. Juvencio verwirft die Auffassung vom beinahe unnormalen Dichterkind, das nichts von Spiel und Übermut der Kindheit habe wissen wollen. Er sagt ganz eindeutig: »Wir waren keine ernsten, nachdenklichen Kinder. Unsere Kindheit war natürlich. Wir waren übermütig und überschwenglich.« Doch nie siegten sie, wenn es darum ging, am lautesten zu schreien, und beim Laufen »überholten uns sogar die Lahmen. So blieb uns nichts anderes übrig, als auf unserer Sonderparzelle Zuflucht zu suchen, diesem wunderbaren Universum der Träume, und da waren wir, weil immer die ersten, unangefochtene Meister.«

Neruda teilt diese Gedanken über die Kindheit. Beim Eichelkrieg, an dem er sich immer beteiligte, verlor er auch immer. Denn er schaute zu, wie die Eichel anmutig daherflog, sah den grünen, glänzenden Bogen – ein Wunder der Natur. Und während dieses staunenden Schauens traf ihn die Eichel am Kopf, nicht als Kunstwerk, sondern als Geschoß. Und wer solchen Aufprall nicht selber verspürt hat, weiß nicht, wie schmerzhaft er sein kann.

8

Ein Traum?

Ihm war, als hätte er es geträumt. Ein Kindertraum? Er wußte nicht genau, wie alt er damals war. Diesmal ging es nicht im Güterzug auf Reisen, sondern im Nachtzug. Ein Ereignis. Er aß Huhn und Roulade wie viele Fahrgäste. Seinen Vater kannten alle Eisenbahner. Der Lokomotivführer, der Zugführer. Er hörte sie miteinander sprechen. Er ging hinaus, eine Flasche Wein zu holen. Man fragte ihn. Nein, sie fuhren nicht nach Santiago. Auch nicht nach Concepción. Im Grunde wußte er nicht, wohin sie fuhren. Aber der Vater hatte eine dringende Angelegenheit zu erledigen. Er fand es schön im Zug, auch wenn die dritte Klasse weder grünen noch roten Samt, sondern gar keinen hatte. Er freute sich über das Rattern, über das schlaftrunkene Dröhnen der Schwellen, den Zug, der in einem fort »Eliecer Ricardo, Eliecer Ricardo, Eliecer Ricardo . . .« sagte. Die Freunde seines Vaters rauchten »Joutard«. Er sah es Abend werden und das Land verschwinden. Als die Nacht alle Bilder der Außenwelt ausgelöscht hatte, konzentrierte er sich auf das, was im Waggon geschah. Jemand, ein Blinder, stimmte einen Tango an. Einer der Freunde seines Vaters wollte dazu pfeifen. Er wurde schläfrig. »Das kommt davon, daß du nicht ans Reisen gewöhnt bist«, erklärt der Pfeifer. »Doch«, sagt der Knabe stolz, »ich reise immer.« Sein Vater bestätigt es. »Er ist mein Kumpel auf dem Güterzug. Eisenbahnersohn, vorbelastet«, fügt er hinzu. Es tut ihm leid, daß sein Sonntagsanzug Falten bekommen hat, aber er ist ein Reisekind. Er muß wach bleiben. Er haucht die Fensterscheibe an, daß sie beschlägt, und schreibt dann in den kondensierten Wasserdampf seine Initialen. Er hat früher als andere Kinder lesen gelernt. Wieder haucht er die Scheiben an. Der Vater sagt: »Wir sind gleich da.«

Seine Nasenflügel weiten sich. Er verspürt Feuchte am Mund. Sind es die Nerven? Er brennt darauf auszusteigen. »Wer holt uns am Bahnhof ab?« fragt er. »Niemand«, lautet die Antwort des Vaters. Er blickt durch die Lichter zum Bahnsteig hinüber. Doch, ein alter Bekannter erwartet sie, der Regen. Es gießt in San Rosendo. Eine Menschenmenge auf dieser kalten, ungeschützten Bahnstation, durch die aber viele Gleise verlaufen und wo sie auf den Zug nach Santiago warten müssen, verzieht sich in ein kleines Restaurant, in dem es belegte Brote zum Mitnehmen und Schnellgerichte gibt. Doch sein Vater führt ihn nicht ins Restaurant. Außerdem hat er keinen Hunger. Er hat nur das Bedürfnis nach Schlaf, Schlaf innerhalb dieses Traumes, den er träumt, des Traumes von der Reise aus dem Regen in den Regen, zu nächtlicher Stunde. Durchnäßt gehen sie ein paar Straßen weit, die ihm sehr lang vorkommen. Aber wieso? Wo er sein Lebtag im Regen gegangen ist. Vielleicht weil er müde ist und friert und seine Schuhe durchgeweicht sind. Vor einer Tür bleibt der Vater stehen. Eine matte Lampe beleuchtet ein Schild mit weißen Buchstaben auf schwarzem Grund: PENSION. Er ist erstaunt, als der Vater einen Schlüssel aus der Tasche zieht und diese Tür aufschließt, als wäre er zu Hause oder beträte ein Haus, das ihm gehört. Eine große Frau mit hellen Augen erscheint, um den Hals hat sie einen Schal gewickelt. Sie ist jünger als seine Mutter. Statt den

Knaben zu begrüßen, faßt sie sein Hemd an und sagt: »Er ist ja ganz naß.« – »Wie ein Vögelchen«, brummt der Vater, der sich vor der großen Frau nur leicht verbeugt hat. Die streichelt den Hals des Jungen, fährt ihm mit der Hand über den nassen Kopf, den Körper. »Komm, ich gebe dir trockene Sachen«, sagt sie und nimmt ihn bei der Hand. Sie läßt ihn sich auf einen Stuhl setzen, nackt. Dann wickelt sie ihn in ein Laken. Kommt mit einem Nachthemd zurück. Er will es nicht anziehen. »Das ist ein Frauennachthemd«, wendet er ein. »Sei nicht albern«, sagt sie tadelnd. Sie spricht ein klares, hartes, wohlklingendes Spanisch, das ihn verwundert. Er fragt sich, wieso er, wo er doch nackt ist, darauf achtet, wie die Frau spricht, die sich abmüht, ihm das Nachthemd über den Kopf zu ziehen. Das Schwierigste ist, seine Arme in die Ärmel zu kriegen. Sie steckt sie mit Gewalt hinein, als wollte sie ihm die Ohren abreißen. Er sträubt sich wild, doch es ist ein Rückzugsgefecht. Er stellt seinen Widerstand ein, als sie sagt, daß diese Nachthemden *sowohl kleine Jungen als auch kleine Mädchen* tragen. *Kleine Jungen und kleine Mädchen.* Warum sagt sie nicht einfach Jungen und Mädchen?

Dann nimmt sie ihn bei der Hand und führt ihn in ein Nachbarzimmer. Der Papa kommt hinterher. Zwei Betten stehen darin. In einem schläft ein winziges Mädchen, viel kleiner als er. Sie hat genauso ein Nachthemd an wie das, das die Frau, die so merkwürdig spricht, ihm soeben gewaltsam übergezogen hat. Das Mädchen hat lange Wimpern. In dem großen Bett sieht sie aus wie ein schwarzköpfiges Vögelchen in einem weißen Käfig. Nur das Gesicht ist zu sehen und der Schulteransatz. Im Schlaf kaut es am Laken. Eine Hand ruht draußen. Der Regen trommelt ans Fenster. Man hört, wie gebieterisch an die Tür geklopft wird. Die Frau geht öffnen. Das kleine Mädchen hat abgeknabberte Fingernägel. Er will sich nicht in das Bett legen. Es dauert geraume Weile, ehe die Frau zurückkommt.

Der Knabe nutzt ihre Abwesenheit, um zu seinem Vater zu sagen: »Sie spricht gar nicht wie eine Chilenin.« Er erwidert: »Sie ist Katalanin.«

Katalanin? Was mag das sein – eine Katalanin?

Als die Frau ins feuchte Zimmer zurückkommt, sagt sie zu ihm: »Heute nacht wirst du im selben Zimmer wie dein Schwesterchen schlafen. Du mußt sie sehr liebhaben.«

Er schaut seinen Vater an. Der sagt nichts. Weicht seinem Blick aus. Doch am nächsten Tag reisen sie zu dritt – mit dem Schwesterchen – nach Temuco. Ständig fragte er sich: War es ein Traum? Aber nie fragte er das seinen Vater, seine Mamadre und erst recht nicht Laurita.

9
Kinderfreundschaften

Als er sechzig Jahre alt wurde, erinnerte er sich, daß er die Woche zuvor alte Schulkameraden aus dem Gymnasium von Temuco zu sich nach Santiago zum Mittagessen eingeladen hatte: Alejandro Serani, Vicente Cid und Alberto Aracena. Es waren nicht die drei Musketiere, aber sie waren zusammen im Süden aufgewachsen und zusammen auf die Universität gekommen. Wenn Serani nicht gewesen wäre, gesteht der Dichter, hätte ich das Abitur nie geschafft, er hat mir mit seinem großen Kopf immer die Algebra-Aufgaben gelöst, denn ich habe das Einmaleins nie begreifen können. Die Algebra birgt Stoff zum Überlegen. Eine gewisse abstrakte Logik, die zu seiner fleischlichen, irdischen Poesie nicht paßt und sich mit der Welt der Zahlen nicht verträgt.

Als er nach einem halben Jahrhundert mit diesen Schulkameraden aus Temuco zusammentraf, bemerkte er unweigerlich das Werk der Zeit, die jedem einen anderen Lebenslauf geschrieben hatte. Doch es wurde ein frohes Wiedersehen, fast so froh wie jener Tag, an dem sie im Jahre 1918 in Temuco einen Fußballklub gründeten, der so klein war, daß sie ihn *Clusito* nannten.

Ein anderer Freund aus Temuco, der Schriftsteller Diego Muñoz, erinnert sich, daß er ihn kennenlernte, als sie beide Schüler im ersten Jahr des Gymnasiums waren. Diego, Internatsschüler, war im Ersten Jahr B, Neruda, Externer, im

Ersten Jahr A. Er hat ihn als sehr schmächtig und sehr ernst in Erinnerung, mit abwesendem Blick, als einen, der zum Turnunterricht zu spät kam. Aus Pablos zartem Gesicht, aus der Entrücktheit schließt Diego, daß er schon damals ein Dichter war. Vielleicht gab es noch manch andere Hinweise. Der schwächliche Dichter spürte die magnetische Wirkung des Abenteuers. Sie verirrten sich in der Escalerilla, wo bartlose Schüler ihre Ehre mit bloßer Faust wiederherzustellen pflegten. Sie besuchten den Río Cautín, stahlen Obst im Schulgarten, fuhren Eisenbahn, durchstreiften die umliegenden Felder und kannten den Ñielol-Berg wie ihre Hosentasche. Dort, so sagten sie, machten sie Schularbeiten. In Wirklichkeit suchten sie Pflanzen und Insekten für ihre Sammlungen.

Der Landstrich, in dem sie aufwuchsen, mit seinen Hauptgestalten, dem Regen und dem Schlamm, brachte in Nerudas Generation Dichter hervor, die seine Schulkameraden waren. So Norberto Pinilla, der, ein noch schlechterer Sportler als er, Fußball spielte wie jeder andere von ihnen, später Spanischlehrer war, am Pädagogischen Institut arbeitete und über chilenische Literatur und Dichtung schrieb. Der andere Dichter und Schulkamerad war ein Knabe mit hagerem, länglichem Gesicht – Gerardo Seguel. Sohn eines evangelischen Pastors, wurde er Volksschullehrer und schrieb später, in Santiago, Gedichte über den Río Toltén. Er war einer der ersten kommunistischen Intellektuellen des Landes, Mitglied des Zentralkomitees, und hat verschiedene Arbeiten veröffentlicht, in denen er die Wurzeln der chilenischen Literatur bei den alten Chronisten der Kolonialzeit sucht; eine über Ercilla, eine andere über Pineda y Bascuñán. Auch ein Gedichtband von ihm ist gedruckt worden, *Wacher Horizont* (Horizonte despierto). Während der Diktatur von González Videla wurde er von einem Lastwagen überfahren. Einmal reisten die drei jugendlichen Reiter nach Pillanlelbún.

Der erste Dichter

Es heißt, Neruda habe früh angefangen zu lesen, sei dafür aber ein langsamer und schlechter Rechner gewesen. Die Legende entstellt wahrscheinlich die Tatsachen. González Vera sagt, daß, wenn man dem kleinen Neruda ein Buch verkehrt herum gab, er es fließend las. Außerdem habe er blitzschnell alle möglichen Summen addiert, ohne daß ihn kümmerte, ob das Ergebnis stimmte. Addieren – vielleicht, multiplizieren – nein. Man erzählt, wie er bei der Durchsicht von Papieren in Isla Negra, die Brille auf der Nasenspitze, seine Schwester fragt: »Laurita, sag mal, wieviel ist fünf mal acht?« Laurita Reyes schaut ihn mitleidig an, wie einen begriffsstutzigen Schüler der Technischen Schule, wo sie Inspektorin ist, schüttelt den Kopf über einen, der sie schon x-mal dasselbe gefragt hat, und erwidert mit grundgütiger Resignation: »Mein Gott, Pablo! Vierzig.« Diese Anekdote zeigt, daß, wenn Neruda schon nicht multiplizieren konnte und ihm jegliches mathematische Talent fehlte, er doch immer jemanden zur Seite hatte, der diese Lücke füllen konnte. Taschenrechner benutzte man noch nicht. Der Dichter hätte das Problem vielleicht gelöst, indem er einen mit Musik erworben hätte. Denn die Musik seiner Dichtung hat sich mit der Zeit als höchst leistungsfähig erwiesen, sie hat Geld und Gut multipliziert.

Eine schon erwähnte geheimnisvolle Gestalt, sein Onkel Orlando Masson, der erste Dichter, den er in seinem Leben kennenlernte, war auch der erste gesellschaftspolitische Kämpfer, dem er begegnete. In seiner Kindheit bewunderte er diesen als vollkommenen Menschen. Das war ein Rebell. Er gab eine Zeitung heraus, in der er für Gerechtigkeit focht und Unrecht anprangerte. Ungerechte beim Namen nannte. Die Antwort war der letzte Brand, den Neruda in Temuco erlebte – das Sprachrohr der Gerechtigkeit brannte ab. Brände in der Stadt waren meist Brandstiftungen. Da hoffte ein zahlungsunfähiger Bankrotteur, seinen Schulden zu entkommen, indem er das Geschäft ansteckte, oder das Unglück entsprang der Rachsucht Mächtiger, die sich verunglimpft fühlten, wie es bei dem Brand der Fall war, der *La Mañana* in Schutt und Asche legte. Das Feuer entstand immer im Schutze der Nacht, damit das Gesicht des Schuldigen unerkannt blieb.

Der Jüngling spürte das Unglück wie eine Wunde am eigenen Leib. In dieser Zeitung hatte er seinen ersten Artikel und seine Erstlingsgedichte veröffentlicht. Dort ahmte er die Setzer nach, beschmierte sich die Finger mit Druckerschwärze und lernte den scharfen, sauren Geruch von Antimon kennen. Das Ende der Druckerei schmerzte ihn auch deshalb, weil deren aufrührerischer Besitzer den ersten, in der ganzen Südregion je erschienenen Gedichtband herausgegeben hatte. Das Thema war das gleiche, das später seinen Neffen bewegen sollte. Der Titel lautete *Araukanerblüten* (Flores de Arauco). Direkte, rebellische Dichtung. In Indien hörte er später ähnliche Dichter, die auf der Straße einen Singsang oder einen Monolog vortrugen. Jahre danach erlebte er das auch in der Sowjetunion, wo Deklamieren eine Leidenschaft und eine Kunst ist, bei der der Dichter zugleich als Sänger auftritt. Sein Onkel hatte ein leidenschaftliches Publikum. Wenn der Junge eines seiner eindrucksvollsten Gedichte vortragen sollte, »Der Bettler«, zerriß man ihm zu Hause eigens dazu die Kleidung. Danach nähte man sie wieder, flickte sie notfalls, wenn ein anderes sehr erfolgreiches Gedicht vorgetragen werden sollte, »Der Künstler«. In diesem Fall brauchte nicht mit letzter Sorgfalt genäht zu werden. Und wenn die Zeit nicht reichte, war es auch nicht schlimm, denn der große Dichterumhang verdeckte alles. Der Onkel fördert die Ambitionen des schmächtigen gelblichen Neffen, der sich als Schriftsteller herausstaffiert und an seinem dreizehnten Geburtstag einen Artikel mit dem Titel »Enthusiasmus und Ausdauer« verfaßt, den Ton und positive Absicht als Leitartikel brauchbar machen. Stolz veröffentlicht ihn der Onkel. »Um in der Begeisterung ausdauernd zu sein, muß man die Erfahrungen der Menschheit und ihrer großen historischen Gestalten nutzen.«

Außer dem dichterischen Onkel scheint niemand für beachtenswert zu halten, was der angehende Jüngling schreibt. Im Familienkreis ist er weiterhin Neftalí Ricardo Eliecer Reyes. Er hat den Spitznamen »El Canilla«, Beinknochen, vielleicht weil er zu dieser Zeit dünn ist wie Ghandis Bein, ausgehungert, blaß, der Blick abwesend. Das war der dauerhafteste Spitzname. Und von den drei Taufnamen, die er hatte, bevorzugte man immer den biblischen, Neftalí, dem Buch der Bücher entnommen, so wie die Namen seiner Onkel väterlicherseits – Amós, Oseas, Joel und Abdías.

II

Der Strauß

Neruda sagt, daß er Buffalo Bill nicht mag, weil der die Indianer tötet, daß er ihn aber als guten Rennreiter bewundert. Er verschlingt Bücher zu Hunderten, wie er es auch später als junger Mann in der Einsamkeit des Fernen Ostens tun wird. In Temuco springt er willkürlich von Abenteuerbüchern zu Vargas Vila. Und um das Chaos auf die Spitze zu treiben, von Strindberg zu Felipe Trigo, von dem gequälten Skandinavier zu dem damals als pikant bezeichneten Spanier; von dem hochintellektuellen Enzyklopädisten Diderot zu dem Wanderer durch Rußland und seine Steppen, dem Darsteller der Allerärmsten und Revolutionär Maxim Gorki. Er ist erschüttert von Jean Valjeans Mißgeschicken, von Cosettes Leid und Marius' Liebe in den *Elenden*. Er seufzt – ein Romantiker von dreizehn Jahren – mit Bernardin de Saint Pierre. Es war überwältigend, ein Festschmaus: »Der Sack voll menschlicher Weisheit war geplatzt und lief in der Nacht von Temuco aus. Ich las und vergaß darüber Schlafen und Essen.«

Er war ein Strauß, der Bücher verschlang. Er verschlang, was ihm an Gedrucktem unter die Finger kam. Natürlich Salgari und Jules Verne. Danach sämtliche Bücher, die sein Onkel Orlando Masson im Hause hatte. Sodann die der Gymnasiumsbibliothek. *Don Quijote* las er in einer Ausgabe, die Juvencio Valle ihm geschenkt hatte. Von dem Dichter Ernesto Torrealba, seinem Französischlehrer, bekam er bisweilen Anleitung für seine Lektüre. Dieser war ein begeisterter Freund der russischen Literatur. Er lieh ihm mehrere Bücher von Gorki. Er gab ihm auch einen Hinweis, besser gesagt, einen Rat: »Wenn du schreiben willst, dann lies nicht nur ›Kastilisches‹, sonst kommst du von der Pädagogik nicht los.« Er verschaffte ihm Rimbaud und Baudelaire. Der Junge las nicht nur französische Literatur, sondern auch englische. Gern übertrug er Gedichte aus beiden Sprachen. Ein paar Gedichte, die er aus dem Englischen übersetzt hatte, zeigte er einmal seinem Lehrer. Der schaute ihn stumm und verdrossen an. Neruda zerriß das Papier. Der Lehrer aber ging daran, das Blatt wieder zusammenzusetzen. Noch bevor er mit diesem Puzzle fertig war, hatte der Junge das Gedicht schon wieder aufgeschrieben. Er hatte sich einen Stempel mit dem Namen Neftalí Reyes machen lassen, und mit diesem versah er die Blätter, auf die er Gedichte von Verlaine, Sully Proudhomme (er rezitierte auswendig auf französisch »Die zerbrochene Vase« [La Vase brisée]) und Paul Fort schrieb, im Original oder als eigene Übersetzung. Das war eine Art des Lernens. So begann er, sich in europäischer Dichtkunst zu schulen.

12

Ein Knabe klopft an Gabrielas Tür

Eine meiner zartesten, liebenswertesten Bekannten war Laurita Rodig. Stets eine aktive Revolutionärin. Malerin, Bildhauerin, wollte sie in meiner Jugend eines Tages ein Bild von mir malen, ja sie hatte sogar vor, meinen Kopf zu modellieren. Skeptisch gegenüber der ganzen Sache, glaubte ich, daß nichts daraus werden würde, doch ging ich nach Feierabend gern in ihr Atelier in der Calle Monjitas, wo wir lange Sitzungen bei hochinteressanten Gesprächen hatten. Sie war eng mit Gabriela Mistral befreundet. Hatte mit ihr zusammen in Magallanes und Temuco gelebt und sie eine Zeitlang auf deren Mexiko-Reise begleitet. Ihr, der Bildhauerin, widmete die Dichterin in ihrem Buch *Trostlosigkeit* (Desolación) das Gedicht »Dem Denker von Rodin«. (»Das Kinn auf die harte Hand gestützt, / wird der Denker von neuem gewahr, / daß er vom Fleisch der Grube ist.«)

Von der Reise nach Mexiko zurückgekehrt, wo sie Kontakt zu den Wandmalern fand, zu Rivera, Orozco, Siqueiros, und beeinflußt von dieser Erfahrung und überzeugt, daß dies die Art Malerei wäre, wie sie in jener Zeit not tat, malte Laura Rodig an eine Buchhandlung auf der Calle Moneda ein großes Wandgemälde. Darauf waren chilenische Schriftsteller zu sehen, die nach ihrer Ansicht bedeutendsten aus Vergangenheit und Gegenwart jener Jahre. Neruda natürlich an hervorragender Stelle, im Vordergrund; so wie er damals aussah, ein Mann von dreißig. Viel später, bei den Sitzungen, fragte ich sie, während sie skizzierte, nach bestimmten Episoden, die sie selber miterlebt hatte. Sie sprach mit viel Feingefühl eine schöne, gepflegte Sprache, und nichts schien ihr fremder zu sein als prahlerisches Erzählen. Als sie mit Gabriela Mistral in Temuco lebte, gehörte es, so berichtete sie, zu ihren Pflichten, die Besucher zu filtern, die zur Direktorin des Gymnasiums wollten. Seit 1914, das heißt, seit in einem Literaturwettbewerb in Santiago die *Sonette vom Tod* (Los sonetos de la muerte) preisgekrönt worden waren, mußte jene, *malgré elle*, als oberste Priesterin und Spenderin literarischer Gnaden walten. Schwärme oder Rudel von fast ausnahmslos jungen Dichtern und Dichterinnen liefen ihr nämlich mit Gedichten das Haus ein, um von der Meisterin geweiht zu werden. Da sie fast alle Schüler des Gymnasiums waren, wurden sie von ihr mütterlich empfangen. Sie hörte sie an, fragte sie das und jenes und warf einen Blick auf ihre Verse. Eines Tages kam ein kleiner Junge mit olivfarbenem Gesicht und fragte Laurita nach der Direktorin. Sie sagte ihm, daß jene nicht da wäre. Er wartete drei Stunden, ohne ein Wort mit der freundlichen Sekretärin zu wechseln, die damals wenig älter als zwanzig gewesen sein mußte und eine schüchterne Empfangsdame war. Der Dichter und seine Kunst schlichen tief betrübt davon. Doch da der Junge nicht zur Herde derer gehörte, die sich geschlagen geben, kam er am nächsten Tag wieder, ängstlich, das Heft stets in der Hand. Ja, Gabriela wäre zu Hause, könnte ihn aber an dem Tag nicht empfangen, weil sie sich krank fühlte, Migräne hätte. Der grüngelbe Junge konnte trotz seiner Befangenheit nicht verhindern, daß man seiner Miene die Enttäuschung ansah. Liebenswürdig fragte ihn Laurita: »Aber was wollen Sie denn, junger Mann? Bitte sagen Sie es doch mir!« – »Ich habe hier ein paar Gedichte«, murmelte stammelnd das Jüngelchen. Laurita Rodig dachte bei sich: Es wird das Übliche sein. So eine Szene habe ich schon oft erlebt. Da sie aber immer nett war und dem schmächtigen Jungen die Verbitterung anmerkte, sagte sie freundlich: »Können Sie sie mir nicht hierlassen? Sie wird sie sich ansehen, wenn sie Zeit hat.« – »Ja, das kann ich«, erwiderte der Junge. »Aber ich muß auf jeden Fall mit ihr sprechen. Ich möchte ihre Meinung hören.« – »Gut, dann gedulden Sie sich. Kommen Sie in ein paar Stunden wieder. Es kann sein, daß . . .«

Nach Ablauf der Zeit klopfte der Junge wieder an die Tür. Und sah vor sich die Frau, die die Poesie verkörperte. Er machte eine tiefe Verbeugung, für ihn etwas ganz Ungewohntes. Und sie stieg von ihrem unsichtbaren Thron herab. Behandelte ihn wie eine liebevolle Mutter. Sie sagte: »Ich habe mich zurechtgemacht, um Sie zu empfangen. Ich war krank, doch dann fing ich an, Ihre Gedichte zu lesen, und ich fühlte mich zunehmend besser, denn ich habe die Gewißheit gewonnen, daß ich es hier mit einem wahren Dichter zu tun habe.« Dann fügte sie hinzu: »Das habe ich bisher noch zu niemandem gesagt.«

Diese Freundschaft ist nie in die Brüche gegangen.

Viele Jahrzehnte später, als Gabriela Mistral schon tot war, sangen bei einem Besuch Nerudas in der Universidad del Norte in Antofagasta kleine Mädchen aus Volksschulen und Lyzeen. Sein Freund, der Dichter aus Antofagasta, Andrés Sabella, fragte das Mädchen, dem Pablo über den Kopf gestrichen hatte: »Singst du für Chiles größten Dichter?« – »Nein«, antwortete die Kleine, »für Señor Neruda, der größte Dichter von Chile ist Gabriela Mistral.« Neruda lachte, strei-

chelte das kleine Mädchen noch einmal und sagte zu Sabella:
»Ich werde es ›der Alten‹ im Tal Josaphat erzählen. Die wird
sich freuen!«

13
Dichter und Stotterer

Ganze Hefte füllte er, indem er mit klarer Schönschrift seine
Gedichte hineinschrieb. Das dichtende Kind Neftalí Reyes
war Mitarbeiter der Santiagoer Zeitschrift *Corre Vuela*, das
war keine literarische Publikation, sondern ein weit ver-
breitetes Masseninformationsblatt mit Unterhaltungsteil.
Dazu gehörte auch die Rubrik »Chilenische Muse«, in der
Provinzdichtung ihre Heimstatt hatte. Neruda schickt ihr
seine Gedichte. Siebzehn werden abgedruckt. Er ist Anfän-
ger, entschlossen, nicht unveröffentlicht zu bleiben. Er sendet Beiträge an verschiedene Blätter. Seit der Kindheit ist
er eifriger Teilnehmer an literarischen Wettbewerben. Gedichte von ihm erscheinen in kleinen Schülerzeitschriften, in
Cultural aus Valdivia, *Siempre* aus Valparaíso, *Los Ratos
Ilustrados*, die Schüler des Knabengymnasiums von Chillán,
sofern sie können, in Druck geben.

Worüber aber schrieb er? Was für eine Idee verfolgte er
beim Dichten? Was las er damals?

José Santos González Vera erzählt in seinem Buch *Als ich
ein Junge war* (Cuando era muchacho), daß Neruda, als er
ihn zum erstenmal in Temuco sah, ein Buch von Jean Grave
unter dem Arm trug, *Sterbende Gesellschaft und Anarchie*
(La Sociedad Moribunda y la Anarquía). Der schmächtige
Dichter glaubte, die Welt, in der er lebte, wäre falsch ein-
gerichtet und man müßte sie verändern, indem man mit einem
großen NEIN begänne. Mit sechzehn Jahren fühlte er sich
als Anarchist. Das Buch hatte ihn so begeistert, daß er Jean
Grave übersetzte.

Alsbald offenbart sich ein weiteres Charakteristikum seiner Persönlichkeit. Er wird, das ist sein Wille, nie ein Dichter werden, der der Welt den Rücken kehrt. In ihm ist das

unwiderstehliche Bestreben, sich mit anderen zu vereinigen, es äußert sich bei ihm schon in frühester Jugend. Wenn er sich als Kind an der Gründung eines der winzigen Fußballklubs beteiligt, so bemüht er sich später, Dichtergesellschaften ins Leben zu rufen, wie das Literarische Athenäum von Temuco. Als im Jahre 1920 Gabriela Mistral zur Direktorin des Lyzeums der Stadt ernannt wird, verleiht ihr der schmächtige Präsident des Athenäums, ärmlich und dunkel gekleidet, halb befangen noch in der »überaus schlechten Sprachbeherrschung«, die für die Einwohner der Gegend charakteristisch ist, stammelnd und stotternd den Titel eines Ehrenmitglieds des Athenäums. Der Junge ist schüchtern. Er wagt kaum, das Wort an diese große Frau in dem langen, strengen Kleid zu richten, die nicht nur aus dem Schnee von Punta Arenas kommt, sondern auch die Aureole der Poesie trägt. Er findet, ihr Gesicht gleicht dem des Bremsers Monje, nur daß der Narben hat. Sie ist eine typische Chilenin aus dem Volk, die ihn mit grünlichen Augen freundlich anschaut und ihm, die von Lehrer Torrealba gezogene Furche verbreiternd, von Tolstoi, Dostojewski, Tschechow erzählt und ihm Bücher der Russen leiht, sie hinterlassen in ihm einen unauslöschlichen Eindruck.

Die Russen bieten ihm nicht nur Literatur, sie lehren ihn auch, wie er schreiben und wie er die Gesellschaft sehen soll, in der er lebt. Sie lehren ihn die Klage von allem hören, was ihn umgibt. Ergebnis: Mit vierzehn Jahren ist er ein sozialer Dichter. Mit fünfzehn betätigt er sich als Agent und Korrespondent der Zeitschrift *Claridad* des Gymnasiums von Temuco. Dabei macht er eine Erfahrung, die in der kollektiven Sensibilität seiner Generation und der Generationen nach ihm wiederkehrt: Die Schülerunruhen der jeweiligen Zeit als politische Feuertaufe. Bald schon behandelt der Dichter, der in *Claridad*, der Zeitschrift der revolutionären Jugend jener Jahre, Gedichte veröffentlicht, die eine Offenbarung sind, brennende Themen und verfaßt heftige »Schmähschriften«, die auf der ersten Seite erscheinen.

14

Der Junge und die Pianos

Als der erste Weltkrieg ausbricht, liest der Junge Zeitungen und interessiert sich für das, was in der Welt vorgeht. Am Gymnasium bilden sich zwei Parteien, »Alliierte« und »Deutsche«. Durch die kleine, im Entstehen begriffene Stadt, in der es deutsche, französische, englische und andere Ansiedler gibt, verläuft ein tiefer Schnitt. Etliche Jugendliche ausländischer Herkunft schlagen sich für das Vaterland ihrer Eltern.

Er war zehn Jahre alt und sein Krieg immer noch der gegen undichte Stellen im Dach. Er empfand den Regen als Komplizen seines Schreibens. Rundweg. Einmal hat er gesagt: »Zum Schreiben brauchte ich den über die Dächer fliegenden Regen.« Er bedurfte auch des Klangs der fallenden Tropfen, dieses armseligen, durchnäßten Pianos seiner Kindheit. Er erschrak, wenn der Zug seines Vaters seufzte und so sein Eintreffen an der Station Temuco ankündigte. Er träumte auch von einem richtigen Piano. Er hoffte, daß eines ins Haus käme, nicht nur des »Status« der Achtbarkeit wegen, den es einbrachte, wenn es hieß, »sie haben ein Piano«, sondern auch, damit er hören konnte, wie seine Tanten im Takt des Regens seinen Lieblingswalzer, »Über den Wellen«, spielten. Nie ist ein Piano ins Haus gekommen, kein Steinway noch irgendein anderes. Dasjenige, das immer kam, pünktlich und ohne daß es gekauft zu werden brauchte, war das Piano der durchs Dach dringenden Tropfen, das über lange Monate immer nach der gleichen Partitur spielte. Der Junge hatte herausgefunden, daß, wenn der Regen in das Sammelsurium verschiedener, auf die kritischen Stellen des Hauses verteilter Töpfe fiel, jeder einzelne Tropfen eine andere Melodie erzeugte. Nein, der Regen war nicht eintönig, er war Hintergrundmusik, die den Dichter begleitete, als er seine ersten Gedichte schrieb, und auch später hat der Regen seine Poesie benetzt und ihr seinen Rhythmus verliehen.

Ein Neruda-Forscher behauptet, daß der Dichter in seinen ersten Gedichten den Regen verdammte und dessen Geschöpf, den Schlamm, der die Straßen wie ein Sumpf überzog. Und so wie ein skeptischer, ernüchterter Eça de Queiroz von seinem Vaterland sagte, Portugal habe etwas Gutes, und zwar den Süd-Expreß, der nach Paris fährt, fand Neruda an Temuco nur eines schön, nämlich daß *sie* dort wohnte, *sie*, das Mädchen, in das er verliebt zu sein glaubte. Haben wir Verständnis dafür, daß sein Verhältnis zum Regen ein widersprüchliches, ein Haß-Liebe-Verhältnis war.

Ein Professor verdeutlicht den Konflikt Neruda—Regen mit einem Bild, auf dem er den Jüngling zusammengekrümmt auf der Steinbank an einer Tür sitzen und mit finsterer Miene den fallenden Regen beobachten sieht. Zweifellos ist es so gewesen. Doch zugleich bevölkern seine Poesie Anspielungen auf diesen unvermeidlichen Gefährten seiner Kindheit, ohne den die durchweichte Erde seiner Kindheit unvorstellbar wäre.

15
Der Geburtstag des Bruders

Ist die Gabe des Dichtens im genetischen Kode enthalten? Wenn ja, dann steckt der voller Geheimnisse. Der Vater hielt nichts von Poesie. Nie fand er sich damit ab, daß er einen Dichter als Sohn hatte. Er wollte, daß der einen seriösen akademischen Beruf ergriffe. Er verachtete Bohemiens, Clowns, auch wenn sie traurig waren; er mochte weder Verrückte noch Müßiggänger. Wahrscheinlich wollte er aber ebensowenig, daß sein Sohn Eisenbahner würde, eine Tätigkeit, für die er ihn ganz und gar nicht geeignet fand. Er hätte gewollt, daß der Sohn Arzt oder Zahnarzt, Ingenieur, Rechtsanwalt oder Lehrer würde, aber Dichter – nie. Das war kein Beruf. Er malte sich aus, wie ein Gewerkschaftskollege, ein Lokomotivführer oder Heizer, ihn lächelnd als Vater eines Dichters vorstellen würde. Er würde vor Scham vergehen. Oft tadelte er den Knaben, weil der sich dem häßlichen Laster hingab, allein zu sein und Gedichte zu schreiben, was er Verschen machen nannte. Er strafte ihn hart. Und daher rührt das Pseudonym Pablo Neruda, das der Dichter sich später zulegte, hauptsächlich, damit sein Vater nichts von der Schmach erführe, einen dichtenden Sohn zu haben.

Von Doña Rosa Neftalí Basoalto hat er vielleicht das Interesse fürs Lesen, eine gewisse Feinsinnigkeit geerbt. Manches deutet darauf hin, bewiesen ist es nicht. Und der genetische Kode ist nicht so simpel.

Seine Schwester Laura hatte nichts mit Dichtkunst und Literatur im Sinn. Aber Pablo war ihr Bruder, und sie vergötterte ihn, so wie sie ihren jüngeren Bruder Rodolfo vergötterte. Lauritas schwesterliche Liebe harmonierte nicht mit dem falschen Ton der Ehrfurcht. Sie war eine kleine, zarte Frau mit Adlernase, aufs wildeste selbständig, die bei jeglichem Angriff gegen ihren Bruder die scharfen Krallen zu zeigen wußte und die, da keiner Schmeichelei fähig, ihm auch die Wahrheit ins Gesicht sagte. Nein, er war einfach ihr Bruder. Ruhm und Ehre dieser Welt beeindruckten sie nicht. Sie liebte ihn so, wie sie Rodolfo liebte. Als Vertreter des Familienclans träumte sie davon, die getrennten Brüder zu vereinen. Wozu diese Distanz? Das Leben hatte zwischen ihnen einen Graben aufgeworfen, sie sehr verschiedene Wege geführt. Für Laurita war Pablo der ältere Bruder. Und das genügte. Rodolfo – der jüngere Bruder, und das reichte aus, um ihn genauso zu lieben, gemäß dem Stammesgesetz der Reyes'.

Die Brüder sahen sich fast nie. Neruda mochte Rodolfo. Er sah in ihm ein natürliches Produkt seiner eigenen Sippe, mit vielerlei Berufen und keinerlei Erfolg, aber mit einer Leidenschaft für die Frauen, ein Zug, auf den Pablo stolz war. Am Ende schaffte es Rodolfo, als städtischer Angestellter vernünftig zu werden. Als er pensioniert wurde, gründete er einen kleinen Laden in La Granja, wo ich ihn immer wieder sah, wenn ich in meiner Eigenschaft als Parlamentarier durch den Ort kam. Pablo äußerte sich mir gegenüber zu den wiederholten Heiraten seines Bruders mit einer gewissen Bewunderung. »Fast wie Rodolfo Valentino«, sagte ich zu ihm. »Nein, dieser Rodolfo ist viel einfacher«, hielt er mir entgegen und zog eine Braue in die Höhe. Der jüngere Bruder, sehr von sich eingenommen, sträubte sich beharrlich, dem älteren zu huldigen.

Eines Morgens stellte mir Neruda in Los Guindos einen stillen Mann von chilenisch-spanischem Aussehen vor, mit angenehmen Zügen, natürlichem Gebaren. »Mein Bruder Rodolfo«, sagte er. Ich merkte, daß die Szene nicht mit Ausrufen verwirrt werden durfte. Und so beschränkte ich mich darauf, ihm die Hand zu geben und ein obligatorisches »Sehr erfreut« zu murmeln. Damit ließ ich sie allein. Sie unterhielten sich eine Weile im Garten, beide stehend, und schon bald ging Rodolfo davon.

Vor Freude strahlend über die Annäherung der Brüder, die zweifellos vornehmlich auf sie zurückging und ihr lebenslanger Wunschtraum war, verkündete mir Laurita einige Zeit später, die Hand am Mundwinkel, als offenbare sie ein Staatsgeheimnis, daß bei Pablo in Los Guindos Rodolfos Geburtstag gefeiert werde.

Nie habe ich den Dichter so um Einzelheiten und um das Gesamte einer Festlichkeit besorgt gesehen wie bei dieser angekündigten Gelegenheit. Es sollte – auf Rodolfos ausdrücklichen Wunsch, wie mir Laurita sagte – nicht abends, sondern mittags gefeiert werden. Der große Nerudasche Tisch stand am Anfang des Parks, neben dem Haus, wie in einem Tschechowschen Theaterstück. Es heißt, Neruda habe als Kind gern Wasser aus bunten Gläsern getrunken. Diesmal sollten die blauen, karmesinroten und blattgrünen mexikanischen Gläser leuchten, nicht aber, um Wasser daraus zu trinken, sondern Wein. Neruda selbst stellte sie hin. Er kümmerte sich ums Geschirr. Machte einen Gang durch den Park, um Blumen zu pflücken, die er dann auf dem Tisch verteilte. Er legte welche vor jedes Besteck und schuf so einen Kontrast zwischen dem Metall der Messer und der Zartheit der Stiefmütterchen und der Rosen. Es war Frühling und ein herrlicher Tag, herrlich, weil so schön und weil Tag des großen Wiedersehens. Die Geburtstagsfeier sollte um eins beginnen. Unter Pablos Freunden, die die Mehrzahl der Gäste bildeten, herrschte eine gewisse wohlwollende Erwartung, der ehrliche Wunsch, diese Wiedervereinigung der beiden Brüder zu erleben. Die Uhr schlug eins. Die Minuten zogen sich in die Länge, und wir alle schrieben die kleine Unpünktlichkeit dem klassischen usus chilensis des Ein-wenig-Zuspätkommens zu. Es wurde halb zwei, und er kam nicht. Laurita war die Spannung anzusehen, ihren großen Augen die Unruhe. Einige von uns ergingen sich im Park und sprachen von etwas anderem, um sich die Zeit des Wartens zu vertreiben. Zwei Uhr. Neruda als vollkommener Gastgeber legte hier und da letzte Hand an. Um drei gab er sich geschlagen, ohne seine Niederlage zu verkünden. Er klatschte in die Hände und lud zu Tisch, um den Geburtstag seines Bruders in dessen Abwesenheit zu feiern. Gewiß war ihm das Herz schwer. Die Idee des Festmahls war gescheitert. Er sagte nur schulterzuckend: »Dieser Rodolfo . . .« Da sprang Laurita wie eine Tigerin auf und schrie mit schriller Stimme: »Wieso dieser Rodolfo! Er ist immer klüger gewesen als du. Als Kind warst du ein Döskopf . . .«

Die mexikanischen Gläser wurden schnell geleert. Die Stimmung schien so wie immer zu sein. Der Dichter unterhielt sich ganz ungezwungen. Nur Laurita konnte ihre Enttäuschung nicht verbergen.

16

Weihe

Ich habe schon des öfteren erzählt, wie ich zwei dicke, unverschlossene Umschläge auf dem langen Tisch in Isla Negra entdeckte. Es war ganz still im Haus, Siestazeit an einem Wintersonntag. Neugierig untersuchte ich ihren Inhalt. Hefte von Laurita, in denen sie ihre Schulaufgaben gemacht hatte. Aber auf der Rückseite Gedichte in anderer Schrift, in der des Dichters, kaum verändert, obwohl mehr als vier Jahrzehnte darüber hingegangen waren. Es waren Gedichte des Knaben, des Jünglings. Er selber sagt, daß sein erstes Gedicht aus ein paar halbgereimten Worten bestand. Diese Schulheftseiten enthielten auch ein unvermeidliches »Notturno«, das noch vor seinem vierzehnten Lebensjahr erschienen war. Natürlich ahnte man den künftigen Dichter.

In der Zeitung seines Onkels Orlando Masson, die von »so rohen, brutalen Leuten« gelesen wird, reimt der Knabe Neftalí Reyes Herz auf Schmerz, Liebe auf Triebe, Sonne auf Wonne. Keine große Dichtung, obwohl sie – für eine so pragmatische Stadt – Gewagtes birgt.

Was die Zeitschrift *Corre Vuela* aus Santiago am 20. Oktober und 25. Dezember 1918 und am 5. und 12. Februar 1919 veröffentlicht, sind keine Kunstwerke, ihr Wert besteht darin, daß sie die pränatale Epoche des Dichters repräsentieren.

Einmal, das heißt im Prolog zu *Der Bewohner und seine Hoffnung*, sagte er, daß er eine dramatische Auffassung vom Leben habe.

Mit fünfzehn Jahren schreibt der Dichter in freien Versen »Die einfachen Minuten«. Die Frage ist, ob er bereits den uruguayischen Dichter Carlos Sabat Ercasty gelesen hat. Danach kehrt er zum Reim zurück.

Befriedigt es ihn, daß er bei den Blumenfestspielen von Cauquenes, in der Nähe seines Heimatortes Parral, seinen ersten literarischen Preis, einen äußerst bescheidenen dritten Preis, für das Gedicht »Ideale Kommunion« erhält? Der Jury gehörten an: Aníbal Jara, Domingo Melfi und Alberto Méndez Bravo. Die beiden ersten werden mit der Zeit berühmte Journalisten. Und Melfi ein Chile-Forscher, nachdenklich und mit einem Hang zum Philosophieren. Bald bricht die Periode der kleinen, aufeinanderfolgenden Lorbeeren an, und im Jahre 1920 gewinnt er beim Dichterwettstreit auf dem Frühlingsfest von Temuco den Ersten Preis.

Man sagt, und das zu Recht, daß der Hintergrund der Poesie Nerudas autobiographisch ist. In dem Gedicht »Aus meinem Schülerleben« klingt dies frühreif an. Im Unterricht zerstreut, hört er Frauenstimmen und entwirft soziale Rebellionen. Fürs erste sind es Ahnungen. »Das Weinen der Betrübten« ist eine Selbstdarstellung. Das immer und immer wiederkehrende Thema: »Ich träumte von dir eines Abends . . .«

Der Dichter ist sich bewußt, daß Poesie sein Leben sein kann. Neruda hat von Kind an eine Vorliebe dafür, seine Geburtstage und die seiner Verwandten und Freunde mit Gedichten zu feiern. »Vor sechzehn Jahren«, schreibt er in seinem »Autobiographischen Gefühl«, »wurde ich geboren in einer staubigen / Stadt, weiß und fern, mir noch immer unbekannt.« Dies ist eine der ersten Anspielungen auf Parral in seiner Poesie. Der Sinn für persönliche Selbstbestätigung erwacht sehr früh. »Ah, ich erinnere mich, daß ich als Zehnjähriger allen Fährnissen zum Trotz, / die mich auf dem langen Weg besiegen konnten, meine Bahn entwarf.« Und welches waren die Sehnsüchte in jener Zeit? Eine Frau zu lieben und ein Buch zu schreiben. Er gesteht seine Niederlage mit einem Schuß Selbstironie ein: »Ich habe nicht gesiegt, denn das Buch liegt als Manuskript vor, und ich habe nicht eine geliebt, sondern fünf oder sechs.«

In den Heften seiner Schwester werden zwei Buchprojekte erwähnt, ihre Titel – *Sonderbare Inseln* und *Unnütze Strapazen*. Sie wurden nie veröffentlicht, aber einige der Gedichte gingen in *Morgen- und Abenddämmerungen* ein, sein erstes, im August 1923 erschienenes Werk.

Das Jahr 1920 ist in Chile nicht nur eine Zeit heftiger politischer und sozialer Unruhen, die im Zusammenhang stehen mit der Wahl eines gewaltigen Demagogen, Arturo Alessandri Palmas, zum Präsidenten der Republik. Es ist nicht nur das Jahr, das die stürmische Studentengeneration tauft, zu der Neruda gehört. Es ist auch das Jahr, in dem der Name des Dichters, Pablo Neruda, entsteht. Das geschieht im Oktober. Er mußte, wie es heißt, der Aufsicht des Poesie hassenden Drachens entrinnen, jenes Lokführers, der, mißtrauisch und aufdringlich, seine Studien überwachte. Es durfte nichts mehr unter dem Namen Neftalí Reyes veröffentlicht werden. Das erste Gedicht, das er mit dem Namen Pablo Neruda zeichnet, ist »Verlorene Liebe«: »Mein Sehnen verfolgt die Geliebte / in friedlichen oder aufgewühlten

Flußbetten, / und es schüttelt sich unter ihrem Blick / wie die Bäume im Wind.«

Der Knabe wohnt immer noch in Temuco, doch sein Vetter Rudecindo Ortega Masson, damals Student in Santiago, hat Gedichte von ihm mit in die Hauptstadt genommen und kündigt ihm an, daß eine Auswahl davon in *Claridad* erscheinen wird. Wenn sie nicht anonym veröffentlicht werden sollen, muß er als Dichter unbedingt ein Pseudonym haben.

Raul Silva Castro organisierte die Veröffentlichung, ihr vorangestellt war eine Anmerkung, unterzeichnet mit Fernando Ossorio, nach der Gestalt von Pío Baroja aus dem Roman *Weg der Vollkommenheit* (Camino de Perfección). »Aus Temuco kommt zu uns«, stand da geschrieben, »eine Verheißung, bemerkenswert und geprägt von vielleicht uraltem Leid. Sie wird binnen kurzem in dieser Stadt sein.«

Im Kampf mit dem Vater, in dem er die Berufung gegen diejenigen verteidigt, die sich ihr in den Weg stellen wollen, stößt er in dem Gedicht aus den schwesterlichen Heften, »Das Gymnasium«, einen Schrei der Rebellion aus: »Mein ganzes armes Leben lang im trostlosen Käfig, meine Jugend dahin . . . Doch gleichviel, voran!, denn morgen oder übermorgen / werde ich zum Bourgeois wie irgendein Advokat, / wie irgendein Doktorchen, mit Brille und Gehrock, / verschlossen die Wege zum Neumond . . . / Zum Teufel, und im Leben wie in einem Magazin / muß ein Dichter zuerst Zahnarzt sein!« Das nächste Gedicht erhält einen ähnlichen Titel, »Norm der Rebellion«: »Ein Baum mit Flügeln sein . . . sie mit geöffneten Flügeln dem Wind übergeben.«

Er schrieb nicht nur in die Hefte seiner Schwester, er tat es auch auf Kopfbogen der Zeitung *La Mañana* seines Onkels Orlando. Seither unterschreibt er nur mit Pablo Neruda.

Seine Schwester Laura Reyes Candia besitzt noch ein anderes der von Pablo Neruda unterzeichneten, handgeschriebenen Hefte, mit dem Titel des geplanten Buches *Helios*. Von Kind an fügte er Gedichten gern eine Zeichnung, später ein Gemälde hinzu. Er selber pflegte ländliche Titelseiten zu entwerfen.

»Bauernhände«, veröffentlicht 1920 in der Zeitschrift *Selva*

Austral von Temuco, ist nicht, wie behauptet wurde, das erste Gedicht, in dem man die gesellschaftliche Zielsetzung des Dichters erkennt, wohl aber ist es eines, in dem sie deutlich Gestalt annimmt.

Das Thema reiht sich neben ein anderes wesentliches Anliegen, die Liebe, die flüchtige Liebe. »Immer wenn ich dich, Liebe, in Händen halte, weiß ich nicht, wie du kommst und wie du gehst.«

In dem Gedicht, das er unverblümt »Das Vergnügen« nennt, wird der Dichter später die neuen Erfahrungen des jungen Mannes mit nackter Offenheit schildern. »Wie eine ruhende Furche spürte ich deinen Körper sich öffnen, / um die höchste Opfergabe meines Seins zu empfangen / . . . Fühlen . . . Beben und, o Fleisch, Versinken, Versinken, Versinken, / so wie die Sonne am Abend.«

17
Prosaist notgedrungen?

Obwohl er nie begeistert von seiner Prosa sprach, schrieb er welche vom ersten bis zum letzten Augenblick. Noch kurz vor seinem Tod diktierte er die Schlußseiten von *Ich bekenne, ich habe gelebt.* Er schrieb Zeitungsprosa, Plakatprosa und höhere Prosa.

Man kann seinen Werdegang nicht verfolgen, ohne sich näher mit dieser aufsteigenden Linie zu befassen, die seine Poesie und auch seine Prosa bilden.

Ein anfängliches Leitmotiv Nerudascher Prosa ist der Antiprovinzialismus, Rebellion gegen das mittelmäßige Milieu. Der Fünfzehnjährige liest Azorín von hinten nach vorn. Er verabscheut graue Ortschaften, die er allzu trostlos findet. Tadelt außerdem oberflächliche Literatur, Metaphern, die so nichtssagend sind wie Zwangsumlaufmünzen; er macht sich lustig über das »Lob der heroischen Rasse, die blutroten Copihue-Blüten und die undurchdringlichen Wälder«.

Er kritisiert die »Vornehmen, die allabendlich auf der

Plaza promenieren«. Er verpaßt ihnen Prädikate wie leichtfertig, gewöhnlich, mehr oder weniger geschmacklose Angeber. Die wirklich *Vornehmen* sind für ihn diejenigen, die arbeiten, schreiben, lesen, ihre Würde in einsamen Träumen wahren. Dieser Artikel ist bissig, schmeckt nach Melodrama oder Feuilleton. Ein persönlicher, konkreter Umstand hat ihn ausgelöst: Er wehrt sich dagegen, ausgeschlossen zu werden, weil sein Vater Arbeiter gewesen, Lokführer ist, nicht zu den Reichen gehört. Als ob er die offizielle Welt herausfordern will, proklamiert er sich offen als Dichter. Und so kleidet er sich: Er trägt einen weiten schwarzen Umhang. Er ist verliebt in ein Mädchen – der Gesellschaft. Ihre Familie lehnt ihn ab, weil er ein *roto* ist, ein Angehöriger der unteren Bevölkerungsschicht. Außerdem geben sie ihm einen lächerlichen Spitznamen, sie nennen ihn *el Jote*. Wenn es Edgar Allan Poes poetischer *Rabe* wäre, würde er den Vergleich vielleicht noch angehen lassen. Doch *el Jote* ist eine Beleidigung, auf die er mit einer Heftigkeit reagiert, wie sie immer charakteristisch für ihn sein wird. Das Thema taucht in den folgenden Artikeln wieder auf. »Wie hassen wir, wie haßt du, junger, starker Leser, der du diese Zeilen liest, jene Gleichgültigen, Selbstsüchtigen, die niemandes Leiden anschauen, die giftig unter ihre Trauerregenschirme schlüpfen, während der Winter sich in Regengüssen austobt . . .« Er geniert sich nicht zu verkünden, daß »die lodernde Flamme des Geschlechts, die Lust bereits entdeckt sind und wie das einfachste, wunderbarste Ding ihn lokken . . .« Aber er verurteilt den lüsternen Philister, den frömmelnden Heuchler, der nicht kommt, um den Tanz, sondern um die Beine der russischen Ballerinen zu sehen.

Er ist fünfzehn, sechzehn Jahre alt und proklamiert sich schrill zum Rebellen. In seinen »Stadtglossen« postuliert er unter dem Titel »Beamter« ohne Umschweife den Klassenkampf. »Wir nennen es«, sagt er, »Ausbeutung, Kapital, Unrecht. Die Zeitungen, die du in der Straßenbahn eilig liest, nennen es Ordnung, Recht, Vaterland und so weiter. Vielleicht kommst du dir schwach vor. Nein. Hier stehen wir, die wir nicht mehr allein sind, die wir wie du sind und wie du ausgebeutet und leidend, aber Rebellen.« Das heißt, dieser Dichter der Liebe wurde vom Teufel Politik versucht, und was noch schlimmer ist, von revolutionärer Politik seit seiner Jugend.

Mitunter geht von seiner Sprache ein Geruch aus, in dem sich Anarchistisches und Poetisches mischen. Er spricht für die »Ausgebeuteten aller Fabriken des Universums«.

Er zieht das Idol des kriegerischen Vaterlands ins Lächerliche. Fordert zu täglicher Rebellion auf. Schreibt einen jener in *Claridad* erscheinenden Aufrufe, die fast immer von jungen Anarcho-Syndikalisten unter den Studenten stammen, sie begrüßen die Oktoberrevolution als Beginn einer neuen Zeit. In seinen *Memoiren* erinnert sich Neruda, daß er, in Santiago angekommen, sogleich Anschluß an die anarcho-syndikalistische Studentenbewegung fand. Um seine Prosastücke zu unterzeichnen, benutzt er verschiedene Pseudonyme. Manchmal unterzeichnet er mit Lorenzo Rivas. Seine Schmähschrift *Elende* unterschreibt er mit Saschka, nach dem Saschka Sheguljow von Leonid Andrejew.

Der junge Prosaist Neruda beginnt mit hitzigem Aufrührertum. Als zeitgemäßer Studentenjournalist wird er vom ersten Artikel an seine polemischen Krallen zeigen.

II
Junger Mann der Dämmerung

18

Die verrückten zwanziger Jahre

Neruda lebt immer noch in Temuco. Er geht das sechste Jahr
aufs humanistische Gymnasium. Es gibt Dinge, die ihn er-
schüttern.

Junge politische Verfolgte jener Zeit suchen Zuflucht in
den entlegensten Provinzen. Unter ihnen der Schriftsteller
González Vera, ein gemäßigter Anarchist, er kommt im Juli
1920 nach Temuco, wenige Tage nach dem Anschlag auf die
Studentenföderation in Santiago. Der Flüchtling war interessiert, jenen angehenden Autor von Temuco kennenzulernen,
der in *Claridad* zündende Poesie und Prosa veröffentlichte.
Kaum angelangt, ging er zum Gymnasium und erwartete
ihn vor dem Tor. In seinen Augen zwei kleine dunkle Punkte,
sein Gesicht scharf wie ein Schwert. Er wirkte physisch ungemein schwach, ließ aber einen entschlossenen Sinn erkennen. Er sprach wenig, sein Lächeln war schmerzerfüllt und
herzlich. Abends promenierten sie unter mancherlei Gesprächen im kleinen Nachbarort Padre Las Casas.

Später arbeitete González Vera als Chronist bei der Zeitung in Valdivia und traf bei den abendlichen Zusammenkünften von *Claridad* in der Studentenföderation seinen
Freund mit den scharfen Zügen.

Nach dem schrecklichen Anschlag galt es, sich neu zu
organisieren. Der Anschlag war das Thema in den Versammlungen. Da loderte alles Feuer der Generation des Jahres
1920, zu deren überragendem Dichter Neruda werden sollte.
Jugendliche Leser der Enzyklopädisten, von Proudhon, En-
thusiasten der russischen Revolution, Kriegsgegner entdeckten, daß ihr am Rand der Welt gelegenes schmales Land

nichts mit Gerechtigkeit und Achtung der Menschenwürde des Arbeiters im Sinn hatte. Es war eine Generation der Versammlungen, des ständigen Debattierens, politische Diskussion vermischte sich mit literarischem Engagement und dem vagen Wunsch nach einer neuen Kultur. Während der langen Zusammenkünfte, die sich bis in die frühen Morgenstunden zu erstrecken pflegten, gab es leidenschaftliche Streitgespräche, in denen die Ideen aufeinanderprallten. Wie bei Studentenversammlungen üblich, verschmolz der Redner nicht immer die Wirklichkeit mit dem romantischen Beweisgrund. Als Pablo Neruda nach Santiago kam, war er sechzehn Jahre alt und ging beinahe sofort zur Studentenföderation. Er war geblendet. Die besten Redner waren Juan Gandulfo, dem er sein erstes veröffentlichtes Buch widmet, *Morgen- und Abenddämmerungen*, Pedro León Ugalde, Santiago Labarca, Eugenio González Rojas, González Vera, Rubén Azócar und viele andere.

Da waren auch Oscar Schnake, Daniel Schweitzer, der Dichter Roberto Meza Fuentes. Zeiten obligatorischer Boheme, in denen man schlechten Tabak rauchte, leidenschaftlich Billard spielte, »Milch mit Paraffin« trank, auf Kredit lebte, indem man Uhren oder Kleidungsstücke in der »Reichen Tante«, dem damaligen chilenischen Leihhaus, versetzte oder auf Pump in der Mensa aß und trank.

Wenn ich mit Pablo über jene Zeit spreche und ihn nach Juan Gandulfo frage und warum er ihm sein erstes Buch gewidmet habe, macht er eine Verlegenheitsgeste. Er hatte das Zeug zum Vollblutpolitiker, sagt er. Ich habe nie wieder so einen Pamphletisten gesehen. Wenn er länger gelebt hätte, wer weiß, vielleicht hätte er eine politische Entwicklung genommen, aber das ist eine Unbekannte. Der elektrisierende Tribun kam am 27. Dezember 1931 bei einem Autounfall ums Leben, als er nach Viña del Mar unterwegs war. Er war sechsunddreißig Jahre alt, und Neruda erhielt die Nachricht im Fernen Osten. Der charismatische Studentenführer der Generation von 1920 war gestorben, auf der Gefällstrecke bei Zapata, etwa zweihundert Meter von der ebenen Strecke nach Casablanca entfernt.

Die Jahre 1920, 1921, 1922, Nerudas gesamte Universi-
tätszeit, stehen im Zeichen der Krise, die den Salpeterbergbau
lahmgelegt, die Zahl der Arbeitslosen vervielfacht, die Unzufriedenheit der Werktätigen erhöht hat, ein Klima, das
auch die Studenten der Universidad de Chile umgibt. Sie
gebrauchten nicht gern den Ausdruck »Politik«. Sie bevor-
zugten einen anderen, von dem auf Schritt und Tritt die Rede
war und der in allen Streitgesprächen auftauchte. Das war
die »soziale Frage«. Das Los der Arbeiterklasse, die von der
etablierten Macht nur als unwissende Masse angesehen
wurde, dazu geboren, ausgebeutet zu werden. So wie Gómez
Rojas und danach Neruda die Dichter jener Generation
waren, verkörperte Juan Gandulfo den Politiker. Für die
denkenden Wohlhabenden war er der Feind alles Achtbaren,
der Ordnung, des Vaterlands, des Eigentums, der Religion
und der Moral. Er war der anarchistische Verräter, der sich
dem »peruanischen Gold« verkauft hatte. Immer brauchen
sie ein »Gold«, dem sich der verkauft, der die Rechtmäßig-
keit des Systems in Frage stellt. Als Ladislao Errázuriz, Besitzer großer Weinberge, angesichts der Krise, die den Kes-
sel zum Platzen zu bringen drohte, einen *casus belli* an der
Grenze zu Peru und Bolivien erfand, die Armee in den Norden schickte und mehrere Truppenkontingente einberief,
reagierte Juan Gandulfo mit einem lapidaren Wort: »Lüge!«
Dieses einzige Wort brachte ihm etliche Monate Gefängnis
ein. Neruda pflegte, wie wir wissen, in *Claridad* Pamphlete
zu schreiben, doch meist wurden diese von Gandulfo verfaßt, unter dem Pseudonym Juan Guerra. Er besaß die Rhe-
torik jener Zeit, und eine lebhafte Beredsamkeit entflammte
ihn. »Immer die Jugend! Das Land ist wohlgesonnen, der
Augenblick einzigartig!« sagte er in der Nummer 14 von
Claridad. Er war klein, scheinbar schwächlich, neun Jahre
älter als Neruda. Und das ist im gegebenen Fall ein erheblicher Unterschied. Der Schriftsteller Manuel Rojas, ein
Wanderarbeiter und mit jener Generation verbunden,
meinte, Gandulfos vorherrschender Zug sei die Kühnheit
gewesen.

Nicht alle waren Tribune, doch alle teilten das 1918 unter

dem Eindruck der Bewegung für die Universitätsreform von Córdoba entstandene Prinzip. Das Motto lautete: »Annäherung an den Arbeiter, um, eins mit ihm in Wort und Tat, ein Werk sozialer Gerechtigkeit zu vollbringen.« Das wurde als revolutionäres, unpatriotisches Verhalten getadelt. Diese Jugendlichen begingen noch andere Verbrechen. Sie gründeten die Volksuniversität Lastarria. Das Pädagogik-Zentrum eröffnete das erste Abendgymnasium. Im Juni 1920 fügten sie dem weitere Vergehen hinzu. Die Studentenkonvention erklärte bei der Diskussion der »sozialen Frage« und der »internationalen Lage«, daß »die Interessen des einzelnen, der Familie und des Vaterlands den hohen Idealen der Gerechtigkeit und der Menschenverbrüderung untergeordnet werden müssen«. Das war ketzerisch und unanständig. Im Senat erklärte ein ehrenwertes Mitglied, daß die Verfechter solcher Ideen »im Gefängnis alt werden und sterben sollten«.

19
Unamuno und die Aktionäre des Patriotismus

Die Ereignisse überschlugen sich und brachten das Gefäß der Erlesenen zum Überlaufen, die eifrig an der Aufführung eines Schwankes arbeiteten, *Don Ladislaos Krieg*, in ihm ging es um Wahlmanöver, die den Sieg des falschen Kandidaten der Liberalen Allianz, Arturo Alessandris, verhindern sollten, diesem Kandidaten sagte auch die konservative Propaganda – etwas ganz Neues – nach, er wäre gekauft, und zwar nicht nur mit dem Gold Perus, sondern auch mit dem Gold Moskaus, ganz abgesehen davon, daß er dem brutalen, geheimnisumwitterten, fernen Iwan dem Schrecklichen nacheiferte. Präsident Juan Luis Sanfuentes und sein Kriegsminister Ladislao Errázuriz ordneten Mobilmachung an. Am 18. Juni 1920 traf sich die Studentenföderation zu einer Sondersitzung, um die von den Kriegsvorbereitungen ausgehende Gefahr zu erörtern. Am nächsten Tag zog am Sitz der Föderation, Ahumada Nummer 73, eine Menge vorbei, mit Rufen wie »Hoch lebe der Krieg!« und »Auf nach Lima!«. Sie fallen über Santiago Labarca und Juan Gandulfo her. Sodann zerstören sie die Druckerei »Numen« und vernichten die Originale eines Romans von José Santos González Vera, *Die Mietskaserne* (El Conventillo). Julio Valente, einer der Teilhaber der Druckerei, wurde sechs Monate lang eingesperrt. Da die Zeitungen nichts darüber bringen wollten, ließ die Studentenföderation ihre Beschlüsse und Pamphlete auf Handzettel drucken, Studenten und Arbeiter verteilten diese an Passanten und wurden dafür verprügelt und verhaftet. Am nächsten Tag, dem 21. Juli, erfolgte gegen dreizehn Uhr dreißig der Überfall auf den Studentenklub. Und sie tobten sich aus: Sie warfen die Möbel auf die Straße und verbrannten, was sie drinnen vorfanden.

Wie sechzehn Jahre später im Fall García Lorcas, mußte die Poesie einen besonderen Tribut entrichten. Der Studentenführer und Dichter José Domingo Rojas wurde zusammen mit Arbeitern und Studenten ins Gefängnis gebracht. Dort schlugen und folterten sie den Dichter in einer Weise, daß er den Verstand verlor. In die Casa de Orates überführt, wurde er schließlich am 25. September ermordet. Er war ein Dichter von außergewöhnlichem Temperament, er kam ums Leben, als er sein Werk gerade erst begonnen hatte.

Don Miguel de Unamuno schickte am 26. Juli aus Salamanca eine Protest- und Solidaritätsbotschaft, die ihre Gültigkeit nicht verloren hat: »Ordnung! Ordnung! schreien die Aktionäre des Patriotismus, Pharisäer wie jene, die Jesus Christus als Volksfeind ans Kreuz schlagen ließen. Sie werden auf das Autoritätsprinzip zurückkommen, damit man nicht sieht, daß Zivilisation auf dem eigentlichen Ziel der Autorität beruht und daß dieses eigentliche Ziel Gerechtigkeit ist. Hier wie dort. Denn dort, in jenem großmütigen, edlen Chile, wo sich das Blut Valdivias und Caupolicáns und nicht wenig von meinem baskischen Blut mischt, hat eine pseudoaristokratische, plutokratische Oligarchie, die ihren Schatz dicht am Altar und im Schutz der Kaserne verborgen hält, eure schwarze Legende begründet, die Legende vom imperialistischen, preußenähnlichen Chile, das sich in Guano und Salpeter wälzt.

Und die sprechen von Vaterland! Die! Die Aktionäre des Patriotismus! Für sie ist das Vaterland ein Unternehmen oder eine Hypothek der Schuldner. Und die Landlosen sind die Vaterlandslosen, die, die untertage am Werke sind, in dunklen Stollen, ohne das Licht der Sonne zu sehen, die über allen scheint. Ich habe gehört, daß man sie anklagt, sich dem peruanischen Silber verkauft zu haben. Man konnte nichts Arglistigeres ersinnen. Es ist so wie überall. Diese Aktionäre des Patriotismus erklären jegliche Haltung mit nichts anderem als mit Geld, ihrem einzigen Gott.

Berufspatrioten! Hurrapatrioten! Befehlshaber, die eine Druckerei überfallen. Ich habe die Liste derer gesehen, die an Überfall und Plünderung beteiligt waren, und ich habe gehört, daß, wie es heißt, einer ›Rennfahrer und Sportsmann‹ war. Ich weiß da nicht Bescheid, aber Sportsmann bedeutet doch, daß einer faul ist und wenig oder keinen Grips hat. Und ich sehe, daß die meisten dieser Angreifer Studenten waren. Keine studierfreudigen natürlich. Studenten des Hurrapatriotismus!

Ich kenne diese traurigen Studenten, Welpen der plutokratischen Oligarchie, der Aktionäre des Patriotismus. Ich kenne diese Studenten. Es sind die gleichen, die hier als ›ehrenamtliche Polizisten‹ fungieren und die sich eines Tages als ›ehrenamtliche Henker‹ zur Verfügung stellen, um das Autoritäts- und Ordnungsprinzip durchzusetzen, indem sie dessen Ziel, die Gerechtigkeit, henken. Die gegenwärtige Zeit ist eine Zeit härtester Prüfung, der Agonie und des Schmerzes, wie Geburt sie bedingt. Geburt weltweiter menschlicher Tätigkeit, der Gerechtigkeit unter den Völkern. Der militaristische, plutokratische Imperialismus leistet auf seinen letzten Bastionen Widerstand und überfällt Druckereien. Sein Haß gilt der Intelligenz. In Sakristeien und Fahnenzimmern spricht man das Wort Intellektueller mit fingierter Verachtung und mit zusammengebissenen Zähnen aus. Mit einer Verachtung, hinter der sich der Neid und die Wut der Ohnmacht verbergen.

Mit Kartenspiel oder Roulette zum Zeitvertreib, die Könige und Aktionäre des Patriotismus und die Berufshelden. Zumindest hierzulande (in Spanien) ist dies der Despotismus, wie er in ganz Europa herrscht; entfalten können sich nur Glücksspiel, gemeinste Pornographie, Liebedienerei vor den Mächtigen und schmutzige Geschäfte.

Über den Ozean, Grab von so vielen und Wiege von noch mehr Hoffnungen, hinweg reiche ich euch eine zitternde, warme Hand . . .«

20

Pensionen und Mietskasernen

Für einen toten Dichter ein neuer Dichter. Gómez Rojas war ein dramatisches, man könnte sagen, tragisches Talent. Und eine gewaltige Kraft. Er war der Dichter für eine romantische, anarchische Jugend. Sein Tod verursachte ihr kalte Schauder. Blieb sie ohne Stimme, die sie aus voller Kehle gesungen hatte, aus einem edlen Herzen heraus, das tief atmete und klar sprach, schön, aber nicht prächtig?

Als brächten Generationen und Völker, die sagen müssen, was sie fühlen, in ihrem Schoß die Persönlichkeiten hervor, die ihnen Stimme zu verleihen vermögen, so war offenkundig, daß der neue Dichter erschien, der für alle sprechen würde. In einem von der Studentenföderation veranstalteten Wettbewerb traf die Jury am 14. Oktober 1921 ihre Entscheidung. Das Gedicht wurde am folgenden Tag in der Zeitschrift *Claridad* veröffentlicht, und Tausende von Jugendlichen lernten es auswendig. Es ist »Das Lied des Festes«:

Heute, wo die reife Erde sich krümmt
unter staubigem, heftigem Beben,
sind unsere jungen Seelen gebläht
wie eines Schiffes Segel im Wind. (W. P.)*

---

* Die deutschen Fassungen der mit W. P. gekennzeichneten Gedichte stammen vom Übersetzer, alle übrigen Gedichte werden in der Nachdichtung von Erich Arendt wiedergegeben.

In dem autobiographischen Pentateuch *Memorial von Isla Negra* spricht Neruda viele Jahre später unter der Überschrift »1921« von dem Ereignis: »Das Lied des Festes ... Oktober, / Preis / des Frühlings: / ein Pierrot mit weitreichender Stimme, die / meine Dichtung zum Wahn hin entbindet / und ich, feine Schneide / eines schwarzen Degens zwischen Jasmin und Masken / noch immer streng einsam gehend, / die Menge teilend mit des Südens melancholischem / Wind, unter den Narrenschellen / und der Serpentinen Flug.«

Die Jugend hatte ihren Dichter. Die Gedichte, die danach kommen sollten, zahlreich, wie ein nie versiegender Wasserfall, würden klar wie nie zuvor sagen, daß das Land einen Dichter hatte, der sich mit seiner alten Buchbeschafferin in Temuco, Gabriela Mistral, messen konnte.

Wohin der Dichter auch kam, überall mußte er das »Lied des Festes« rezitieren. So wie es ihm später mit seinem »Farewell« erging. Neruda fand das langweilig. Gern las er nur, was er jüngst geschrieben hatte. Sehr ungern wiederholte er etwas.

Als wir einmal eine Wallfahrt zum Geburtshaus des Dichters machten, standen im Hintergrund unserer Gespräche stets Wiederentdeckungen, weit zurückliegende Erlebnisse, Personen, Häuser, Pensionen, Plätze. Wir sprachen von allem und jedem. Manchmal über Literatur, gewöhnlich über Politik, und obwohl ich nicht vorhatte, etwas Biographisches über den Dichter zu schreiben, ergab sich in irgendeinem Zusammenhang unweigerlich die Frage nach Episoden, von denen ich gehört hatte oder die in der reichhaltigen Literatur über Neruda erwähnt worden waren. Plötzlich sagte er zu mir: »Sieh mal, das ist das Haus in der Calle Padura.« – »Aber das ist doch die Calle del Club Hípico ...« – »Früher hieß sie Padura. Viel hübscher. Hier habe ich 1922 gewohnt.« Ich glaube, es sind die Tage, in denen er *Morgen- und Abenddämmerungen* schrieb. Er wohnte fast so wie eine Gestalt von Gorki. Das Haus war nämlich eine Mietskaserne. Seine Freunde trafen sich dort. Er besaß nichts weiter als ein eisernes Bett, einen Eingeborenenponcho, einen Nachttisch mit Kerzenhalter, dessen Kerze für die Poesie angezündet und für die Unterhaltung gelöscht wurde. Natürlich, sie waren achtzehn, zwanzig Jahre alt. Es fiel ihnen nicht so schwer, auf dem Ziegelsteinfußboden zu schlafen. Einer, der Vornehmste, Orlando Oyarzún, wollte Kaufmann werden, um seine Freunde aus der Armut, aus diesen schlecht gekalkten Wänden herauszuholen. Er wollte Kapitalist werden, ein Traum, den kein anderer aus der Truppe Nerudas teilte. Orlando konnte damals ruhig schlafen, zugedeckt mit der Titelseite von *El Mercurio*. Das Haus lag unweit der Plaza Manuel Rodríguez, im alten, schon halb zerfallenen Santiago aus dem 19. Jahrhundert, und hatte daher eine gewisse angenehme Atmosphäre, die freilich oft vom nächtlichen Lärm dieser Schwadroneure gestört wurde.

21

Maruri-Straße, die Dämmerungen

Neruda hat einmal gesagt, daß er sämtliche Zahlen vergessen könnte; seine Hausnummer, seine Telefonnummer; aber nie würde er eine bestimmte Adresse vergessen: Maruri 513. Das Haus der »Dämmerungen von Maruri«. Ich habe, als ich aus der Provinz kam, um an der Universidad de Chile Jura zu studieren, auch in der unvermeidlichen Calle Maruri gewohnt. Einer Straße der Armen und der mittellosen Studenten. Ich wohnte dort zehn Jahre nach Neruda. Die Straße hatte sich nicht im mindesten verändert. Sie verläuft parallel zur Calle Independencia, am Nordufer des Río Mapocho, und nähert sich dem damals Las Hornillas genannten wüsten Viertel, in dem Gangstertum und Prostitution herrschten. Man fragte sich (*Morgen- und Abenddämmerungen* war ein Gedichtband): Und hier soll Poesie sein? Ja, hier, am unpoetischsten Ort der Welt, entsteht Poesie durch Wirken des Poeten. So entstand (als Lentissimo): »Der Abend auf die Dächer sinkt und sinkt ... Wer hieß ihn kommen gleich Vogelschwingen?« Hier schrieb er ein Gedicht, das ich immer noch in vielen Stimmen höre: »Der Herbstschmetterling flattert hierhin, flattert dorthin und entschwindet.« Und die geheimnisvolle Bedeutung des Wortes *saudade,* »dieses süßen Wortes von unklaren Düften«. Er ahnt sie bei Eça de Queiroz. »Hör, Nachbar, kennst du den Sinn dieses weißen Wortes, das wie ein Fisch entschlüpft?«

Eine dieser Elendspensionen befand sich in der Calle Maruri. Einer grauen Straße, in der es nach Gas roch, nach altem Ziegelstein und Zichorienkaffee, den der Dichter als erstes wahrnahm, als er im März des Jahres 1921 in Santiago ankam und aus dem Nachtzug stieg. Er selber spricht von den ausnahmslos häßlichen Häusern, in denen Unbekannte und Wanzen hausten. Die Welt wurde noch schmutziger, noch dunkler und trister, wenn Herbst und Winter die Blätter von den Bäumen rissen und diese nackt und trostlos dastanden.

Doch der Dichter sieht, was andere nicht sehen. Er empfindet auf besondere Weise. Er hat entdeckt, was keiner davor und keiner danach entdeckt hat: Daß es in jener Armenstraße die ungewöhnlichsten Dämmerstunden gibt. Die Erleuchteten nehmen Erscheinungen der Madonna oder des Herrn wahr. Neruda bewunderte die strahlenden Sonnenuntergänge, die mit raschen Lichtreflexen, mit Lichtspielen, sein Zimmer in der traurigen Straße besuchten und binnen weniger Minuten darin erloschen. War für ihn, wie für die Impressionisten, das Licht eine poetische Substanz? Oder waren es Fakirserleuchtungen? In jener Studentenpension in der Calle Maruri ruft er sich ins Gedächtnis, daß er ein Leben »des ständigen Hungerns« geführt hat, »ich schrieb viel mehr als vordem, aß aber viel weniger«. Als hätte er die Hungertheorie stützen wollen, die besagt, daß hungrige Dichter mehr und besser schreiben.

Als ich dann in der Calle Maruri wohnte, sah ich jeden Morgen um acht eine hübsche Studentin mit Baskenmütze in den Bus steigen, sie studierte Geschichte am Pädagogischen Institut und würde später Salvador Allende heiraten. Man mußte akrobatische Verrenkungen machen. Wir fuhren, so gut es ging, in schäbigen Bussen zur Avenida España, wo die

Studenten des Pädagogischen Instituts ausstiegen. Die klapprigen Fahrzeuge wurden allgemein *Gondeln* genannt. Ein ungerechtfertigter Sieg der Poesie, denn Santiago ist nie ein Venedig gewesen und wird nie eines sein, ebensowenig wie die Alameda ein Canale Grande. So wie Byron ein Jahrhundert früher die Schönheit der Rialto-Brücke entdeckte, spürte Neruda den verborgenen Zauber der Dämmerstunden der Calle Maruri auf.

Später gingen wir zusammen in das zwischen Pädagogischem Institut und Hauptbahnhof gelegene Viertel. Zu dem Haus in der Calle García Reyes 25. Rückblickend betrachtet, war unten der Obststand von Doña Delmira, der guten Freundin. Oben waren die zu jener Zeit Unzertrennlichen. Tomás Lago und Neruda hatten begonnen, das Buch eines ihrer damaligen Lieblingsschriftsteller, Joseph Conrads, zu übersetzen, *Der Nigger von der »Narzissus«.* Dieses Schiff hat den Hafen nie erreicht.

Die Truppe war so arm, daß Neruda eines Morgens auf der Straße, in der Art François Villons, eine gewaltige Schmährede gegen die Entbehrungen, das Elend und das traurige Los der Dichter vom Stapel ließ, das sie zu himmelschreiender Not verurteilte. Tomás Lago schloß sich der Schimpfkanonade an. Orlando aber, der künftige Finanzier, der, ohne einen Centavo in der Tasche zu haben, die Börsennachrichten im *Mercurio* las, übertönte mit seiner Stentorstimme die anderen und richtete ermunternde Worte an sie. »Keine Sorge, Kinder, das wird anders. Dafür habe ich ein Gefühl.« Die anderen glaubten nicht an das Gefühl. Doch der Zauberer Orlando hatte Vertrauen zu Hexereien und Geschäften. Er las die Zukunft aus der Glaskugel oder auf der Seite mit den Börsenberichten.

22

Warum Neruda?

In einem Brief an seine Schwester Laura schreibt er: »Ich habe die Gewohnheit nicht verloren, alle Tage zu essen.« Daß er diesem Brauch nachkommen konnte, dafür gab es keinerlei Gewähr. Dichtung und Hunger war in seinem Bekanntenkreis ein geläufiges Thema.

Als er nach Santiago kam, war er ein ehrgeiziger, aber unterernährter junger Mann. Das im Jahre 1921 preisgekrönte Gedicht, »Lied des Festes«, konnte er nicht selber vortragen. Das tat derjenige, der damals eine Art Diktator der Literaturpreisausschreiben und Gewinner nahezu aller Wettbewerbe dieser Art war, Roberto Meza Fuentes. Außerdem hatte er Lust, es vorzutragen. Das Pseudonym des Autors, der den Wettbewerb gewonnen hatte, lautete Saschka Sheguljow. Als aber der Umschlag geöffnet wurde, fand man darin ein anderes Pseudonym, Pablo Neruda. Die Frage, warum er diesen Namen angenommen habe, hat man ihm tausendmal gestellt. Sie verfolgte ihn bis zum Überdruß. Der Dichter erinnerte daran, daß ein großer tschechischer Schriftsteller, zugleich meisterhafter Chronist, Egon Erwin Kisch, sicherlich auch von patriotischer Neugier bewogen und verlockt von dem Rätsel darüber, warum er einen tschechischen Familiennamen angenommen habe, ihn in allen Städten der Welt, in denen er ihn je traf – im Spanischen Krieg, während der Nazi-Herrschaft in seinem mexikanischen Exil, nach der Befreiung in Prag –, danach zu fragen pflegte. In Prag führte er ihn zum Haus Jan Nerudas auf der Kleinseite und bat ihn: »Nun sag mir endlich die Wahrheit. Ich bin alt, und ich verfolge dich seit langem.« An einem Tag, an dem Neruda – so wie der Prager Kafka – vor seinem Vater mehr Angst als sonst hatte, beschloß er, vierzehnjährig, sich einen *nom de plume* zuzulegen, just aus Furcht vor seinem Erzeuger. Der war nicht Metzger wie der Franz Kafkas. Doch die Verse waren schuld, daß Neftalí in Mathematik schlechte Noten bekam. Der Eisenbahner, ein, so sein Sohn, trefflicher

Mann, hegte eine höllische Abneigung gegen die Dichter, er sah nicht ein, wozu sie gut sein sollten. Und da mußte ihm das Unglück widerfahren, einen Sohn zu haben, der zu dieser Sippschaft gehörte. Das war fast noch schlimmer, als wenn der ein Verbrecher gewesen wäre. Er wollte, daß sein Sohn zu den nützlichen Menschen gehörte. Er dachte wie die ärmeren, aus dem Bauernstand hervorgegangenen Mittelschichten, die ihre Kinder gern in der Gesellschaft aufsteigen sahen. Da der Vater weder Land noch Geld besaß, gab es für den Knaben, wollte er im Leben vorankommen, nur einen Weg, nämlich zu studieren und einen einträglichen, achtbaren Titel zu erwerben. Deshalb verbrannte er am Ende dessen Bücher und Hefte, in die er Gedichte schrieb. Der Junge fürchtete aber, sein Vater könnte merken, daß er von der unseligen, schandbaren Berufung nicht gelassen hatte, und als er eines Tages ein Gedicht zur Veröffentlichung wegschicken, aber nicht entdeckt werden wollte, weil der Name Neftalí Reyes als dessen Verfasser die maßlose Wut des cholerischen Urhebers seiner Tage entfesselt hätte, fielen ihm die Seiten einer Zeitschrift in die Hand, auf denen eine Erzählung stand, unterzeichnet mit Jan Neruda. Das Wort Neruda fand er klangvoll. Der Name Pablo gefiel ihm. Er dachte, es wäre ein Ausweg für einige wenige Monate. Fünfunddreißig Jahre später, in denen er sich völlig an seine neue Identität gewöhnt und seinen ursprünglichen Namen sogar aus unwillkürlichen Reaktionen und aus dem Unterbewußtseinsgedächtnis getilgt hatte, legalisierte er diesen Pablo Neruda, der den Neftalí Reyes auf der Geburtsurkunde verdrängte und auslöschte. Jetzt hatte er einen fiktiven Namen, der dem Vater verheimlichen konnte, daß er der verächtlichen Gewohnheit immer noch anhing. Einer der Gründe für diese Heimlichtuerei bestand darin, daß er den geringfügigen monatlichen Zuschuß des Vaters nicht entbehren konnte.

Der arme Student aus der Provinz setzte gewöhnlich alles daran, eine Tante oder irgendeinen Verwandten ausfindig zu machen, die eine Pension in Santiago hatten. Die waren billig. Im allgemeinen hatten diese Wohnstätten zwei Merkmale: Flöhe und schlechtes Essen. Der Dichter kommt zu dem Schluß, daß eine ganze Generation von Kommilitonen, hungernd und am Rande der Erschöpfung, in diesen Pensionen gewohnt hat.

23
Der Student

Da er studieren mußte und sein künftiger Beruf ihm die Verbindung zur Poesie erleichtern sollte, ließ er sich für das Fach Französisch einschreiben. Damals war das Französische als Hauptfremdsprache in Lateinamerika noch nicht vom Englischen verdrängt. Außerdem hatte es den Nimbus, die Sprache der Kultur zu sein. Französisch zu verstehen bedeutete, Baudelaire, Rimbaud, Mallarmé, Apollinaire im Original lesen zu können. Das Studium diente ihm dazu, sie gierig zu verschlingen. Er studierte die vier obligatorischen Jahre. Aber er erhielt nie einen akademischen Titel. Nach seinen eigenen Worten ist das politische Leben der Universität schuld daran, das, wie wir gesehen haben, von atemberaubender Intensität war. Ebenso das literarische Leben. An den Abenden übermütiger Boheme trank man, tauschte aber auch poetische Entdeckungen aus und rezitierte neue Dichter. Die Welt stand am Anfang. Der Junge war neunzehn.

Die Universitätsjahre waren entscheidende Jahre. In meinem Exilsbesitz befindet sich, vor der Verbrennung von Büchern und gefährlichen Schriften bewahrt und unterzeichnet von Pablo Neruda, ein maschinegeschriebenes Dokument, in dem er Erinnerungen an seine Studentenjahre und politischen Aktivitäten in der Jugendzeit skizziert hat. Vielleicht ist es nützlich, den Wortlaut wiederzugeben, so wie er auf dem Papier mit dem Nerudaschen Exlibris-Fisch steht:

»Isla Negra, April 1973
An einem Tag des Jahres 1923 schritt durch die Tür des alten Pädagogischen Instituts der damalige Präsident der Republik, Don Arturo Alessandri Palma. Wir Studenten,

die wir dort in Grüppchen beieinanderstanden, entboten ihm keinen respektvollen Gruß. Wir sahen ihn einfach neugierig und wortlos an. Die Wahrheit war, daß wir ihn nicht als unseren Freund betrachteten.

Der alte Löwe von Tarapacá schüttelte symbolisch Mähne und Stock und beschimpfte uns als respektlos und unverschämt. Wir reagierten wieder nicht, und er ging alsbald weiter, zwischen seiner Entrüstung und seinem Stock.

Ein halbes Jahrhundert ist vergangen, und jetzt kommt ein Compañero Präsident zu euch, eine erste Meisterklasse zu halten, sich in Wissen, Verstand und Leben der Studenten und Lehrer zu mischen.

Auch unser Präsident, unsere Studenten, unser Leben haben sich verändert.

Trotzdem laufen meine Erinnerungen liebevoll durch die alte Universitätsschule, in der ich Freundschaft kennenlernte, Liebe, den Sinn des Volkskampfes, das heißt, es waren Lehrjahre für das Bewußtsein und das Leben.

Aus jener Schule und meinen jeweiligen armseligen Studentenbehausungen gingen meine ersten Bücher in die Druckereien, *Morgen- und Abenddämmerungen* im Jahre 1923 und *Zwanzig Gedichte*, das im nächsten Jahr, 1974, fünfzig Jahre alt wird.

Poesie, rasende Neugier, Verschlingen sämtlicher Bücher, jugendliches Berauschtsein, weil man andere Menschen gefunden hat, die die gleichen Träume träumen wie wir, die Straßen Echaurren, República, Avenida España mit lauter Pensionen für junge Leute, die Dichter Cifuentes Sepúlveda, Romeo Murga, Eusebio Ibar, Víctor Barberis, aus dem Leben verschwunden, aber nicht aus der Poesie, die unruhigen Straßen, in denen das Eindrucksvolle am Abend ein jäher Windstoß war, ein Duft von Geißblatt oder Flieder. Jene vergnüglichen Liebschaften, wollüstig und flüchtig, all das bildete mein Dasein.

Unsere ernsthaftesten Schritte lenkten wir zur Studentenföderation in der Calle Agustinas. Vor der Arbeiterföderation, wenige Türen weiter, sah ich im Vorübergehen so manches Mal den wichtigsten Mann der Arbeiterklasse dieses

Jahrhunderts, Don Luis Emilio Recabarren – in Weste und Hemdsärmeln.

Diese Erinnerungen mögen ein Gruß sein zur Eröffnung des akademischen Jahres 1973, die Sie heute morgen feierlich begehen.

Und da sich alles geändert hat und weil die revolutionäre Umgestaltung, an deren Spitze Präsident Allende steht, auch Tat des Volkes und der Universität ist, meine ich, daß jene Jahre ein notwendiges Vorspiel zu dem waren, was wir erreicht haben und noch erreichen werden: vor allem Verantwortung, Kampfgeist, Festigkeit in bezug auf unsere Pflichten und auf die Großzügigkeit der Kultur, die jetzt in unserem Land große historische Perspektiven eröffnet.

Einen brüderlichen Gruß an den Vizerektor Ruiz und an den Meisterdozenten Allende sowie an Sie alle, die Sie meine alten und zugleich neuen Compañeros sind.

Pablo Neruda«

Das Dokument hat seine Bedeutung. Es ist eine Wiederbegegnung in seinem letzten Lebensjahr mit der Studentenzeit. Alles fügt sich in das Panorama jener Zeit, an dessen entgegengesetzten Enden Arturo Alessandri Palma, der bürgerliche Führer, und Luis Emilio Recabarren, der wichtigste chilenische Arbeiterführer im 20. Jahrhundert, stehen. Die Gegenwart wird politisch und sozial von einem Mann repräsentiert, der nicht nur ein Mann seiner Epoche, sondern zu einer die Zeiten überdauernden Gestalt geworden ist, Salvador Allende.

Doch dieses Dokument beschwört auch sein Studentenleben herauf, die Straßen um das alte Pädagogische Institut, den Schatten der rauchenden Pensionen, die Namen der Dichter seiner Generation. Es erwähnt die Liebschaften und spricht von dem leidenschaftlichen politischen Engagement. Einige wenige Türen von der Studentenföderation entfernt ist das Lokal der Arbeiterföderation. In der chilenischen Geschichte dieses Jahrhunderts hat die räumliche Nähe Symbolwert.

Neruda ging fast täglich in die Calle Agustinas zur Studentenföderation, deren Sprachrohr die Zeitschrift *Claridad* war, für die er natürlich ehrenamtlich arbeitete. Jenes war das Lokal, auf das der Überfall verübt wurde. In Chile sind Organisationen des Volkes oft das Ziel für Anschläge, Zerstörungen, Brandstiftungen gewesen, wie ja auch die Zeitung seines Onkels Orlando in Temuco eines Nachts durch Brandanschlag binnen weniger Minuten vernichtet wurde. Von den Überfällen, die auf tragische Weise von sich reden machten, leben – außer dem Blutbad in der Schule Santa María von Iquique, 1907 – insbesondere zwei in der allgemeinen Erinnerung fort: der Brand in der Arbeiterföderation von Punta Arenas, bei dem viele Arbeiter von den Schaffarmen Patagoniens verbrannten, und der Überfall auf die Studentenföderation von Chile, am 21. Juli 1920. Beide unglücklichen Ereignisse liegen zeitlich dicht zusammen. Sie gehen auf ein und denselben Anstifter zurück, auf eine regressive Welle. Es sind blasse Vorboten der Verheerung, die Chile in ein Meer von Blut tauchen soll, noch ehe ein halbes Jahr seit dem Tag vergangen ist, da der Dichter diese Zeilen schrieb.

24
Freundschaft und Boheme

Er betonte immer, daß Freundschaft ein guter Kontinent für Dichter sei. »Ich habe von Freundschaft die Auffassung des Mannes aus dem Süden. Nie habe ich Freunde verloren. Nur der Tod hat sie mir genommen.« Der Tod hat ihm in der Tat viele Freunde geraubt. Die Namen derer, die starben, ließ er in die Stützbalken der Bar »Alberto Rojas Jiménez« seines Hauses in Isla Negra einritzen. Eines Tages hörte ich ihn langsam den Namen Camilo José Cela buchstabieren. Neruda meinte, das wäre der richtige Platz, einst an ihn zu denken, inmitten buntbemalter Flaschen, einheimischer und ausländischer Weine und Liköre, damit die Überlebenden, wenn sie wie in einem Café an den kleinen runden Tischen säßen, tränken und sich unterhielten, vielleicht den Blick einmal auf die in das harte Holz geritzten Namen richteten und dabei flüchtig der einstigen Träger gedächten.

Doch nicht nur der Tod nahm ihm Freunde. Auch die Komplikationen des Lebens. Der Krieg der Leidenschaften entriß ihm gewaltsam Freunde. Seine zweite Scheidung zum Beispiel, das Ende seiner Verbindung mit Delia del Carril, das die Nerudasche Welt zweiteilte, machte ihm langjährige Freunde zum Feind. Kurz zuvor hatte er gesagt: »Da gehe ich mit Tomás Lago, ohne je von Büchern zu sprechen, durch die Straßen von Santiago, wie vor vierunddreißig Jahren. Wir haben gemeinsam das Buch *Ringe* veröffentlicht, in dem seine Seiten einzigartige Dichtung enthalten.« Er machte Schluß mit Tomás Lago. Der Neruda-Clan wurde vom Bürgerkrieg erschüttert, der infolge der Trennung erklärt worden war.

Aber sein Begriff von Freundschaft auf südliche Art war echt. Ich lernte Alejandro Serani viele Jahre später als demokratischen Politiker, Rechtsanwalt in Santiago kennen. Neruda sagte einmal: »Ich hätte nie und nimmer das Gymnasium geschafft, wenn Sascha nicht gewesen wäre.« So nannte er Alejandro. Auf dem Gymnasium hatten sie zusammen englische Dichter übersetzt. Mathematik war bekanntlich Neftalís Alptraum und Todfeind. Sascha half ihm. Und am Río Cautín hatten sie sich ein hübsches Plätzchen zum Lernen ausgesucht. Serani wollte das Gymnasiumssystem fortsetzen: fünfundvierzig Minuten Unterricht, fünfzehn Minuten Pause. Neftalí hielt das umgekehrte Verhältnis für besser. Sascha gab nicht nach, Neftalí mußte Algebra und Geometrie lernen. Die Stunde wurde zur Qual. Neftalís Blick wanderte zum Wasser, zu den Blumen am Ufer. In der Pause suchten sie sich glatte, flache Steine, die sie dicht über die Wasseroberfläche sausen ließen, so daß sie eintauchten und gleich wieder auftauchten und dabei kleine Fontänen erzeugten.

Das Freundschaftsduo harmonierte. Sie spielten Häuschen vertauschen. Im fünften Jahr des Gymnasiums wurde Neftalí zum Präsidenten des Athenäums gewählt, Sascha zum Sekretär. In der Schülervereinigung war dieser Präsident und jener Sekretär. Am Ende des sechsten Jahres drohten die Abschlußprüfungen, mit denen die Universitätsreife erworben werden mußte, zur unüberwindlichen chinesischen Mauer zu werden. Und der Drache, der die Mauer bewachte und ihn nicht hinüberlassen wollte, war die Mathematik. Wenn Sascha ihm half, dann eigentlich mit Wissen des Rektors, Marco Aurelio Leteliers, der vielleicht in dem für Gleichungen und Theoreme unempfänglichen Knaben einen unsichtbaren Halo wahrnahm, der nicht eben Zahlen, wohl aber Buchstaben beleuchtete.

Seine erste Bleibe in Santiago, in der Avenida España, teilte der Dichter mit seinem Freund Sascha. Sie war verhältnismäßig anständig, aber sehr teuer für den Dichter. Außerdem hatte die Wirtin Polizistenmanieren. Sie überwachte die Freunde und vor allem die Freundinnen. Sie steckte ihre Nase in all ihr Tun und Lassen, ihr Kommen und Gehen. Verärgert zog Pablo zusammen mit Rubén Azócar und Tomás Lago in eine – freiere und billigere – Mietskaserne. Aber da das Leben bisweilen schlechtes Theater ist, begab es sich, daß Don José del Carmen nach Santiago kam, um sich operieren zu lassen. Und da waren sie gezwungen, eine kleine Komödie zu spielen: Der gute Sascha zog für ein paar Tage in die Mietskaserne, und der Dichter bezog für die Zeit, die sich der Vater in der Hauptstadt aufhielt, abermals Quartier in dem weniger ungesunden Haus in der Avenida España.

Der Freundschaften zwischen Kommilitonen, Schriftstellern und Künstlern wurden es immer mehr. Treffpunkt waren alsbald bestimmte Kneipen, wie »El Hércules«, »El Jote«, »El Venezia«, auch Gaststätten mit gehobenem Niveau, wie die deutschen Klubs in der Calle Esmeralda und der Calle San Pablo und die »Posada del Corregidor«. Sie wurden Stammgäste im Kabarett der plattnasigen Inés und später im »Zeppelin«. In jener Zeit trafen sich die Dichter Alberto Rojas Jiménez, Ángel Cruchaga, Rosamel del Valle, Gerardo Seguel, Homero Arce und Rubén Azócar, die Maler Armando Lira, Julio Ortiz de Zárate, Isaías Cabezón, Israel Roa, Paschin, der Karikaturist Víctor Bianchi, der zwanzig

Jahre später, in den Tagen der Verfolgung durch González Videla, Neruda beim Überqueren der Kordilleren behilflich sein würde. Zu der Gesellschaft gehörten außerdem seine guten Freunde Orlando Oyarzún und die unverbesserlichen Bohemiens und Journalisten Antonio Rocco del Campo und Renato Monestier. Sie sangen in Sprachen, die sie kannten oder nicht kannten. Und inmitten der Gläser und des wenig harmonischen Chorgesangs die Poesie. Jemand zog ein Buch hervor und sagte ein paar Worte über den Autor. Bei diesen Zusammenkünften fielen in Chile zum erstenmal die Namen Marcel Proust und James Joyce. Später, als Neruda gefragt wurde, was für Einflüsse auf ihn gewirkt hätten, antwortete er: »Von einem wird nie gesprochen, dabei ist er für mich sehr bedeutsam gewesen, der Einfluß Prousts.« Er übersetzte damals ein paar Gedichte von Joyce ins Spanische.

Diese Männerfreundschaft hat er nie aufgegeben. In der Calle Maruri und in der Calle García Reyes war Tomás sein Zimmergefährte. Aber immer herrschte zwischen ihnen ein achtungsvoller Umgangston, der sich unter anderem darin äußerte, daß sie einander nie duzten. Oft haben wir sie sagen hören: »Pablo, haben Sie . . .«, »Tomás, würden Sie . . .« Dieses chilenische Sie ist ewas Merkwürdiges. Früher sagten Ehegatten stets Sie zueinander. Viele Paare tun das auch heute noch. Selbstverständlich siezten die Kinder ihre Eltern, eine Sitte, die jetzt völlig verschwunden ist. Zu der Zeit war es sogar üblich, daß die Eltern ihre Kinder siezten.

Diego Muñoz erzählt, daß er einmal beauftragt war, die Wände des künftigen Kabaretts »Zeppelin« zu gestalten. Der Vertrag sah eine halb verschrobene, halb alkoholische Form der Bezahlung vor: fünftausend Pesos in Scheinen und fünftausend Pesos in Getränken zum Selbstkostenpreis. Der Wandmaler und seine Freunde mußten als Lohn fünfundzwanzigtausend Flaschen Bier oder gleichwertige Lebensmittel annehmen. Die Mitglieder der Truppe brauchten viele Monate keinen Durst zu leiden. Diego Muñoz selbst berichtet, daß die plattnasige Inés, die Inhaberin des Kabaretts, diese Truppe sehr mochte und sie ihre Jugendpatrouille nannte. Sie hatten Kredit bei ihr. Auf der Bühne sang ein junges Mädchen, sie hatte nur ein Auge und verdeckte die leere Höhle mit den Haaren. Sie hielten sich an den Krug »Clery«, eine Mischung aus Weißwein und Obststücken. Fand sich einmal ein spendierfreudiger Gast, wurde Wein aufgetischt. Und es wurde getanzt. Neruda tanzte nicht.

25
Er entschwand im Fluge

Eines Tages um die Mittagszeit, im stets von Menschen wimmelnden Vestibül des Hauptgebäudes der Universidad de Chile, trat Rojas Jiménez auf mich zu. Zu jener Stunde konnte keine Nadel zu Boden fallen, denn die Studenten trafen Vorbereitungen zu einem Ausflug, der sie aus der Stadt hinausführen und dessen Motto natürlich nicht Alkoholverzicht sein sollte. Rojas Jiménez bat mich um Geld, damit er seinen Anteil bezahlen könne. »Leider habe ich nicht einen Centavo«, erwiderte ich. Ich hatte selber Lust mitzufahren, konnte aber nicht. Er hatte Lust mitzufahren, und er fuhr mit. Er fuhr immer mit, zumal wenn er vermutete, daß es hoch hergehen würde. Er war ein feinsinniger, kluger Dichter. Über Jahre hinweg konnte ich ein kleines Juwel von ihm nicht vergessen, ich zitiere es aus dem Kopf und sicher falsch: »Deine Worte sind klein. Trotzdem liebe ich deine Worte. In ihnen ist so viel von dir, daß sie nicht erst eines tiefen Sinnes bedürfen, um mich mit Freude zu erfüllen.« Zum Schluß hieß es, daß diese Worte um ihn herumflatterten wie Schmetterlinge um eine Lampe. So flatterte er durchs Leben, und so verzehrte er sich, geblendet vom Licht, das er nicht steuern konnte, und in unersättlichem Durst. In gewisser Weise gehört er zu einer tragischen Generation. Zusammen mit Aliro Oyarzún, dem Bruder Orlandos und Autor des *Gelben Schiffes* (El barco amarillo).

Der größte Bohemien unter diesen Bohemiens war Alberto Rojas Jiménez. Ich lernte ihn zehn Jahre später kennen. Er brachte wie ein Zauberer Verrücktheiten, tolle Ideen und Papiervögel hervor. Er schrieb Gedichte, die immer schön waren und die immer wieder erscheinen – wie das Bild eines Talents, das von der Boheme zerstört wurde, so wie sie ihn tötete, allzu früh. Ich erinnere mich, wie er in den dreißiger Jahren zu Studentenfesten in den Palast der Schönen Künste kam. Jemand bat ihn dann, etwas zu sagen, eine Provokation zu starten oder von seinem Leben in Paris oder seinem Freund Neruda zu erzählen. Da stellte er sich auf den Tisch und erklärte sich dazu bereit – unter einer Bedingung: Zuerst mußte man ihm eine Flasche bringen.

Einmal war er in der »Posada del Corregidor«, er aß und trank und hatte kein Geld zum Bezahlen. Da ließ er als Pfand Mantel und Jacke zurück. Mitten im Winter, im strömenden Regen trat er hinaus und zog sich eine Lungenentzündung zu. Der ausgezehrte Organismus überstand es nicht, und wenige Tage darauf lag er aufgebahrt im Hause seiner Schwester, im Viertel Quinta Normal, wo sich die Freunde einfanden. Kurz bevor man zum Friedhof aufbrach, kam ein Mann, den die anderen nicht kannten, und betrachtete lange das Gesicht des Verstorbenen. Danach sprang er zu jedermanns Verblüffung wie ein Zirkusakrobat auf die andere Seite des Sarges und ging wortlos davon. Vielleicht löste er eine Wette ein oder erfüllte ein Vermächtnis. Das Begräbnis verlief im selben Ton. Selten hat es in Santiago so geregnet. Der Leichenzug überquerte zu Fuß einen Río Mapocho, der im Begriff war, über die Ufer zu treten. Vicente Huidobro schritt bleich unter einem Regenschirm dahin, von dem sich Sturzbäche ergossen. Auf dem Rückweg kehrten etliche der Freunde im »Sorgenbrecher« ein. Einige schrieben an Pablo, damals Konsul in Spanien, und teilten ihm das Geschehene mit. Neruda erhielt den Brief in Barcelona, er ging in die Kathedrale Santa María del Mar und zündete Kerzen an, zum Gedenken an seinen Freund. Und er antwortete, indem er sein Gedicht »Alberto Rojas Jiménez naht im Fluge« per Post nach Chile sandte.

Rojas Jiménez war ganz anders als Pablo, die Ungezwungenheit in Person, ein hedonistisches, stets aufgeregtes Wesen, Weinverehrer, Epikureer an allen Tagen und Bohemien in allen Nächten und an jedem Morgen. Er hatte etwas, was es in der Gruppe wenig gab: einen Saufengel, die Grazie eines Schauspielers, die Fähigkeit, alles zum vergnüglichen Schauspiel zu machen, Kommunikationsgabe, große Beliebtheit. Er war das ganze Gegenteil des melancholischen Neruda von damals. Und die fröhlich-teuflische Seite Rojas Jiménez' zog ihn zweifellos an und machte ihm zugleich ein wenig Angst. Wenn wir Nerudas Gedichte aus dieser Zeit lesen, *Morgen- und Abenddämmerungen, Zwanzig Liebesgedichte, Der begeisterte Schleuderer,* begegnen wir einem schwermütigen Mann, für den aber dionysische Lebensfreude auch etwas Verlockendes hat. Vielleicht stammte aus Temuco seine Gepflogenheit, Essen und Trinken mit anderen zu teilen. Rojas Jiménez war sein Versucher, verhieß ihm die Freuden des Himmels und der Hölle, forderte ihn auf, dem Vergnügen furchtlos grünes Licht zu geben. Orlando Oyarzún fragt sich, ob Nerudas Entschluß, sein Pädagogik-Studium aufzugeben und sich gänzlich der Literatur zu widmen, nicht in starkem Maße auf Rojas Jiménez' Einfluß zurückgeht. Wahrscheinlich war er einer der Faktoren, die ihn bewogen, diesen Entschluß zu fassen. Keinesfalls jedoch der einzige und gewiß nicht der wichtigste.

Ein anderes Mitglied der fröhlichen Gesellschaft war der Maler Abelardo Bustamante, mit Künstlernamen Paschin, der von Paris träumte. Durch einen merkwürdigen Zufall, wie sie im Leben bisweilen vorkommen, fiel ihm eines Tages eine Fahrkarte erster Klasse auf einem englischen Schiff zu, das nach London fahren sollte. Er bot seinem Freund Orlando Oyarzún an, die Erste-Klasse-Fahrkarte in zwei Karten dritter Klasse umzutauschen und mit ihm gemeinsam nach Europa zu reisen. Nachdem dieser das Angebot angenommen, besuchte er Rojas Jiménez, der ihn unter Aufbietung aller seiner Betörungskünste beschwor, die Fahrkarte ihm abzutreten. Und er wußte dafür hundert zu Herzen gehende Gründe anzuführen. Der gute Orlando ließ sich breitschlagen. Alle fuhren nach Valparaíso, auch Neruda und Tomás Lago, das nach Europa reisende Freundespaar zu verabschieden. Zoilo Escobar wirkte als Virgil, damit sie die Geheimnisse der Hafennacht kennenlernten. Sie hatten keine Bleibe, fanden aber Unterkunft bei dem Journalisten Novoa, der ihnen Matratzen und zum Zudecken Zeitungen zur Verfügung stellte. Am nächsten Morgen fand sich die Gruppe bei der Schiffahrtsgesellschaft ein, um die Fahrkarte in zwei zu teilen. Der englische Agent verlor sein Phlegma, als er ein so verrücktes Begehren vernahm. Inmitten einer Schlange verzweifelter Passagiere setzte er sich mit der Provinzbehörde in Verbindung. Rojas Jiménez hatte mit ein paar Blicken das Szenarium des großen Büroraums erfaßt, der lag im ersten Stock und ging auf die Plaza Sotomayor hinaus, und brachte nun vor dem Angestellten ein überzeugendes Argument vor: »Wenn Sie mir diese Gefälligkeit verweigern, kehre ich nicht lebend nach Santiago zurück, ich schwöre Ihnen, ich springe von diesem Balkon hinab.« Mittags halb zwei nahmen die beiden Reisenden vom Deck des Schiffes aus Abschied von ihren Freunden.

Rojas Jiménez war klein, ein Schönling, wie Neruda sagte, mit einem Profil wie Rodolfo Valentino in einer Zeit, da der Mythos vom »südamerikanischen Liebhaber« Furore machte und dieser zum Prototyp wurde. Stets war er von Frauen umlagert, während er den schönen Gleichgültigen hervorkehrte. Er schrieb bemerkenswerte Gedichte wie »Brief Ozean« (Carta Océano). Von jener Reise, die ihm Paschin geschenkt und Orlando großzügig überlassen hatte, handelt ein kurzes, geistsprühendes Buch, *Chilenen in Paris* (Chilenos en París). Vielleicht hatte er von da Unamunos Papiervögel mitgebracht, die er in sämtlichen Bars, wo er verkehrte, faltete und treffsicher losfliegen ließ. Seine nächtlichen Kneipentouren pflegten im Gefängnis zu enden, von dort sandte er illustrierte Botschaften, in denen er Geld, Hilfe und Freiheit forderte.

Der fromme Versuch, die verlorene Seele eines großen Sünders zu retten, der zur tiefsten aller Höllen verdammt war, spricht davon, wie Neruda sich nach dem Tod von Freunden berufen fühlte, etwas für deren Erlösung zu tun. María de la Luz Uribe, die 1964 mit Neruda arbeitete, hat ihn von jener Kerze reden hören, die er dreißig Jahre zuvor in der Kirche Santa María del Mar angezündet hatte. Ihr Bruder Armando Uribe, Dichter mit hohen Ansprüchen an sich selber, Katholik mit klarem Blick und Verstand, zündete nie Kerzen an, weder große noch kleine, stand aber lange Zeit Neruda sehr nahe und folgte ihm ins Exil.

26

Pablo de Rokha

Die Tage des Darbens, an denen sie nicht mal so viel hatten, daß sie einen Bettler zum Singen anregen konnten, wurden länger, als Chile auf der Landkarte war. Als der Vater erfuhr, daß er das Studium aufgegeben hatte, entzog er ihm wutentbrannt den monatlichen Zuschuß. Heimlich schickte ihm die Mamadre durch Laurita ein bißchen Geld, alles, was sie aufbringen konnte. Ihr schrieb er und nannte sie Coneja, Koneka, Conekita oder Laura Coneja und dazu: »Ich bin nicht in einem Alter, wo ich nicht alle Tage essen müßte.« Die mageren Postanweisungen reichten für einen Seufzer. Sie aßen nur einen Tag um den anderen, und sie wurden zu Quevedoschen oder Cervantesschen Figuren, zu studentischen Schelmen, die halbverhungert in ein Restaurant im ersten Häuserblock der Calle San Antonio gingen, das sie mit kreolischer Dreistigkeit »Die Chinesen aus Tokio« nannten. War der Kellner nicht in Sicht, verschlangen sie heimlich das auf dem Tisch stehende Brot, das sie mit Salz, Öl und Pfeffer aus der Menage bestrichen. Der glückliche Kellner tauchte fast nie auf. Mehrere Tage hintereinander wiederholten sie die Operation. Eines Tages schließlich trat er an ihren Tisch. Er war ein Chinese, und mit den üblichen Entstellungen des Spanischen sagte er zu ihnen: »Sie werden nicht bedient.« – »Warum nicht?« – »Weil Sie alles Öl aufessen.«

Einen guten Teil des Tages brachten sie mit Überlegungen zu, wie sie den Magen besänftigen könnten. Einmal betonte

Neruda, eine Braue in die Höhe ziehend, seine führende Rolle als Finanzier. »Wenn dieser Kopf nicht wäre«, sagte er und wies auf den seinen, »würden wir nie was zu essen haben. Ich bedenke und besorge alles. Aber Sie, Tomás, tragen kaum dazu bei.« Tomás Lago hatte auch seinen Stolz und erwiderte: »Ein feiner Kopf! Wo Ihnen weiter nichts einfällt, als mich alle Tage zu Rudecindo Ortega zu schicken, damit ich ihn um fünf Pesos bitte, oder zu Orlandillo, damit er ein paar Bücher im Antiquariat verkauft.«

In dieser von Hunger und Not geprägten Situation gerieten die jungen Dichter leicht in den Geruch von Gaunern und Falschspielern. Mitunter sahen sie wie Bettler aus und mußten jemanden anpumpen. Nachts gingen sie zu mitleidigen öffentlichen Frauen. Sie machten den Eindruck von Müßiggängern und Landstreichern. Tag für Tag hieß es den Hunger stillen, und das mußten sie schaffen, ohne Geld in der Tasche zu haben. Sie stellten den in der Geschichte beileibe nicht unbekannten Typ dar, der, oft mit Gewalt, Student und Schelm vereint, ohne natürliche Voraussetzungen für dieses uralte Gewerbe zu haben. Wenn Don Quijote sagt, es gebe keinen größeren Sieg als den über sich selbst, dann trifft auch zu, daß es sehr schwer ist, alle Tage über den Hunger zu siegen. Lazarillo de Tormes und Guzmán de Alfarache waren für sie echte Kollegen. In dieser Situation trat einer auf, zehn Jahre älter, autoritär und schon erfahrener in der schwierigen Kunst, ohne das nötige Kleingeld zu leben und zu essen, er machte sich, ohne sie nach ihrer Meinung zu fragen und ohne demokratische Wahl, zum Anführer der Truppe. Er war ein Dichter, der ein umfangmäßig gewaltiges Buch veröffentlicht hatte, das plötzlich zum Stein des Anstoßes und zur Zielscheibe höhnischer Kritik geworden war. In seinem Leben nahm die Antinomie Poesie – Geld großen Raum ein. Dieses Leben bestand ganz aus pathetischer Not, die nur sehr selten, wenn er Gelegenheit dazu hatte, von wilden Sauf- und Freßgelagen unterbrochen wurde. Jeden Morgen mußte er hin und her überlegen, wie er den Tag über den Hunger stillen könnte. Er ging von Tür zu Tür und bot seine Bücher an. Er versuchte sich auch im Verkauf von

Pflügen, landwirtschaftlichen Maschinen. So reiste er über Land und trachtete, die Eitelkeit stinkreicher Großgrundbesitzer zu kitzeln, damit sie ihm Gemälde berühmter Meister abkauften, die todsicher gefälscht waren. Positiver und negativer Held in der täglichen Schlacht – das macht ihn zum Abenteurer, der die verschiedensten Situationen und Zustände erlebt. Der dreißigjährige Dichter verbindet sich mit den zwanzigjährigen, weil Poesie, Entbehrungen, die Notwendigkeit, im Leben irgendwie zurechtzukommen, sie zueinander führt. Der Mann mit den breiten Schultern und mit Koteletten, die für die Oper *Carmen* wie geschaffen wären (sein Gesicht könnte das eines spanischen Konquistadors sein), hat den schaukelnden Gang eines Bären oder Orang-Utans. Sein Ton ist herrisch, unerbittlich, er befiehlt, wenn er die Jungen ihre Pflicht tun heißt, nämlich Geld zu leihen, Bücher zu verkaufen, kleine Betrügereien zu begehen. Es gibt ganz bestimmte Punkte, wo man einen Bücherfreund antreffen kann, ein argloses Wesen oder eine mitfühlende Seele. Die Lauferei erhält dergestalt mehr System, sie wird markiert durch Verstöße gegen die bürgerliche Moral und durch literarische Miszellen. Sie sind arm, aber nicht dumm. Der geographische Rahmen ihres schnell wechselnden Glücks ist die Stadt Santiago. Jeder Tag eine Reise, viele Reisen durch verschiedenste Straßen und soziale Milieus, um die knurrenden leeren Gedärme zu beruhigen. Erfolg stellt sich selten ein. Es gibt viele abschlägige Antworten und beschämende Situationen. Pablo und seine Altersgefährten leiden darunter. Von Almosen zu leben und für Brot zu kriechen ist hart, ist, als hätte man keine Selbstachtung. Es ist die Aufhebung ihrer Menschenwürde. Und am Ende finden sie das alles widerwärtig, obwohl sie versuchen, das Leben höchst naturalistisch und vorurteilsfrei zu sehen. Dieses Leben riecht nach verfaulten Eiern. Sie wollen die Verbindung lösen. Doch dazu müssen sie gegen die Diktatur des Kapos aufbegehren. Sie haben Angst. Sind mutlos. Zittern vor seiner gewaltigen Stimme und seinen Drohungen. Um die Ketten zu sprengen, planen sie einen Aufstand. Treffpunkt ist das Restaurant »Hércules«. Der Despot kommt zur gewohnten Zeit. Und sie kehren mit leeren Händen zurück. Sie werden sich kraftlos entschuldigen und dafür Beschimpfungen ernten. Die Verschwörer sind entschlossen, ihm entgegenzutreten, den schändlichen Jochriemen ein für allemal zu zerreißen. Als er von ihnen Rechenschaft über ihre Aufträge verlangt, erwidern sie, daß sie keinen Centavo erhalten haben. Er beschimpft sie. Die Flut von Schmähungen macht sie kleinlaut. Sie sind nicht fähig gewesen aufzutrumpfen, wie sie es sich vorgenommen. Sie sind verbittert, wütend auf sich selber, dann reagieren sie und folgen ihm zur Toilette. Dort, inmitten der dem Ort anhaftenden Gerüche, erheben sie unter Geschrei das Banner der Unabhängigkeit. Als erster schwenkt es Tomás Lago. Ihm tut es Diego nach. Sie wollen über den verblüfften Chef herfallen. Der Teufel brüllt, aber er speit kein Feuer. Man nimmt nicht Schwefel-, sondern Uringestank wahr. Der Aufstand weitet sich auf die ganze Truppe aus. Neruda sagt etwas. Es war eine Szene, die er für alle Zeit in Erinnerung behielt. Er betrachtete sie, natürlich aus der zeitlichen Distanz, amüsiert und lächelnd, betonte aber, daß es ein befreiender Akt war.

Dieser Chef der Hungerleider, ein Mann der Extreme, maßlos unverschämt, ist eine höchst komplizierte Gestalt in der chilenischen Literatur. Sein Wunschtraum war, sie zu seinen Jüngern zu machen, eine Schulmeisterrolle in der Poesie zu spielen. Was er an eigener Poesie schuf, war eine Art formlose Masse, verworren, zäh, mit Flüchen durchsetzt, ketzerisch, seltsam. Das bereits veröffentlichte Buch, *Die Seufzer* (Los gemidos), dessen Gewicht manche auf mehrere Kilo schätzten, war übersteigert, doch seine Verworrenheit hatte Größe. Sie vermittelte seine Mutlosigkeit, einen illusionslosen Blick. Er war ein Vorrevolutionär. Für ihn spricht, daß er nie ein Nachrevolutionär war. Er war nicht zum Asketentum geboren. Er liebte das Leben mit aller Kraft, aber das Leben wurde für ihn immer wieder zu Kummer und Last. Er hingegen schrieb Frechheiten. Es fehlte ihm nicht an Humor, und den teilte er in großen Mengen aus, ätzend, schwarz. Der verfluchten Notwendigkeit, das tägliche Brot für seine schwächliche Frau und die sich alljährlich vergrößernde Kinderschar zu beschaffen, dem erbarmungslosen Leben konnte er nicht mit der Gelassenheit des Satten entgegentreten. Er war die Vorderseite des Höflings, dennoch mußte er sich zwingen, zu dem eventuellen Käufer des im Selbstverlag erschienenen Buches, des apokryphen Gemäldes, zu dem unfreiwilligen Darlehensgeber freundlich zu sein, und das gefiel ihm gar nicht.

Sein ganzes Leben war Unsicherheit und Risiko. Es ohrfeigte ihn, und er ohrfeigte es nach Kräften, indem er ihm in seinen Büchern die schlimmsten Dinge sagte und es dabei sterblich liebte. Der gescheiterte Organisator der Hungerpoeten hat den Aufstand im »Hércules« nie verziehen. Nicht nur aus, sagen wir, ökonomischen Gründen, sondern vor allem aus literarischen. Immer wieder attackierte er die Gruppe. Schrieb gegen Neruda, aggressiv und bissig, nicht Seiten, ganze Bücher. *Neruda und ich* (Neruda y yo) ist die Krönung der literarischen Konkurrenz, die – als Evangelium – bis zur Obszönität getrieben wurde. Die Sarkasmen fanden kein Ende. Mitunter war der Autor witzig, komisch, ein Satiriker. Im Grunde war er ein großer tragischer Dichter. So tragisch, daß er sich eines Tages das Leben nahm, als ihn dünkte, in der Welt wäre kein Platz für ihn.

Aber er kämpfte nicht für die Abwertung des Menschen. Er war kein Nacheiferer von Meister Cabra. Wie er auch nicht dazu geboren war, Anführer einer Gaunervereinigung zu sein. Er war Opfer des Irrglaubens, er könnte in dem Land, in der Welt, in der er sich bewegte, von der Poesie leben, könnte sein tägliches Brot dank mittelalterlichen Machwerken oder erschlichenen Centavos essen. Mitunter nahm er die Pose des Raufbolds an, doch war die Zeit der Haudegen längst vorbei. Das Leben zwang ihn, Pläne zu schmieden, zum Schwindler zu werden, Betrügereien zu ersinnen, indes war er nie ein echter Draufgänger, einer von jenen, die von Natur aus amoralisch und vom Temperament her unsensibel sind. Nein, wenn sein Magen knurrte, reagierte er mit übertriebenen Gebärden. In seiner Unzufriedenheit war er bisweilen beeindruckend oder beklagenswert, für Augenblicke phantastisch.

Er war der hartnäckigste, lästigste Feind, den Neruda je gehabt hat, der große, Quevedo ähnliche Dichter, mit seiner Neigung zu heftigen Angriffen und wütenden Ausfällen, seinem vernichtenden, düsteren Karikiergeschick, der hyperbolische Schmäher, der Mann, der sehnlich die größte Revolution herbeiwünschte, vielleicht, um seiner eigenen Hoffnungslosigkeit abzuhelfen, der, sobald er auftauchte, Schläge austeilte, wo er nur konnte, echten oder vermeintlichen Undank erntete, aus Pablo Neruda sein schwarzes Schaf machte und auf das Herz von dessen Poesie zielte. Nur wußte er nicht, daß diese Poesie ein gepanzertes Herz hatte.

27
Das Mädchen von Temuco

In seinen *Memoiren* und vor allem in seinem dichterischen Werk gibt Neruda Momente seines Liebes- und Gefühlslebens wieder. Diese sind wie Theaterscheinwerfer, die einen geheimen, weiten Bereich flüchtig beleuchten, halb verdeckte nächtliche Gebiete oder solche, die im Dickicht der Intimsphäre des Dichters verborgen waren.

Einmal hat er ein frühes erotisches Erlebnis, als zwei kleine Mädchen dem erschrockenen Kind unter die Kleidung fassen, um hinter ein Rätsel zu kommen. Schon etwas älter, ist er eines Abends auf der abgeernteten Feldflur, als eine Frau im Schutze der Dunkelheit neben ihn auf die Erde gleitet. Nach dem Rausch geht die Fremde, eingehüllt in die Finsternis, davon. Und er bleibt zurück, ohne zu wissen, wer seine Komplizin bei dem wunderbaren Abenteuer war. Der Dichter, das heißt der Mann genießt die jäh zuschlagende körperliche Anziehung so oft, daß er es nicht mehr zählen kann. Manche Verhältnisse sind kurz und stark. Manche Liebschaften scheinen anfangs etwas Endgültiges zu sein. Und manche große Liebe endet als tiefe Abneigung.

Ein untreuer Ehemann, der seine eifersüchtige Frau beschwichtigen will, sagt zu ihr: »Keine Sorge, meine Liebe.

Du bist die Kathedrale. Die anderen sind nur Kapellen.«

Neruda hatte viele Kapellen und mehrere Kathedralen. Kathedralen, die untergetaucht waren im Wasser seiner Poesie und die langsam wieder an die Oberfläche kamen.

Meteoriten furchen schüchtern den Himmel des angehenden Dichters. Wie ein Funke fliegt der Name Blanca darüber hin. Der Dichter spielte die Rolle seines edlen Kollegen Cyrano de Bergerac. Roxana hieß Blanca Wilson und war Tochter eines Schmiedes in Temuco. Ein Freund Pablos war in sie verliebt. Er wollte es ihr sagen, wagte aber nicht, ihr ein mündliches Geständnis zu machen. Auch hatte er kein Handbuch für Verliebte, um daraus den entsprechenden Brief abzuschreiben, wohl aber einen Freund, von dem es hieß, er wäre Dichter und könnte demzufolge überzeugende Liebeserklärungen schreiben. Neruda war nicht nur ein guter Freund seiner Freunde, er steckte auch zu gern seine Nase in fremde Herzensangelegenheiten. Er verfaßte die Briefe und ließ unter dem Namen des anderen seinen Gefühlen freien Lauf. Er versetzte sich in dessen Lage und empfand die glühenden Geständnisse, die er Blanca Wilson machte, als seine eigenen. Die war verblüfft. Und sie bezweifelte – vielleicht, weil sie etwas ahnte oder weil sie den vermeintlich briefschreibenden Verehrer kannte –, daß er der wahre Autor der Episteln war, in denen sie etwas Ungewöhnliches spürte.

Neruda erzählt, daß sie ihn eines Tages fragte, ob er die Briefe schriebe. »Ich wagte nicht, meine Werke zu verleugnen, und bejahte ganz verwirrt. Da gab sie mir eine Quitte, die ich natürlich nicht aß, sondern wie einen Schatz aufbewahrte. Nachdem mein Freund dergestalt aus dem Herzen des Mädchens verdrängt war, schrieb ich ihr weiter Liebesbriefe und bekam dafür Quitten.«

Als Kind verliebte er sich, ohne daß die Betroffenen es merkten. Und über viele, viele Jahre hinweg hielt der Dichter die Erinnerung an die platonische Liebe wach. Eines Tages, schon im reiferen Alter, gedachte er ihrer, mit treuherziger Anmut, denn er bezog sich auf ein Gefühl aus Kindertagen:

Als meine Schwester sie eingeladen hatte
und ich ging, ihr die Tür zu öffnen,
trat ein die Sonne, traten ein Sterne,
traten zwei Weizenzöpfe herein
und ein Paar unendliche Augen. (W. P.)

Diese Fixierung in der Kindheit gab ihm Huldigungen
ein, von denen die Frau, Gegenstand solcher Hochachtung,
nichts wußte. Der Dichter bringt im geräumigen Vestibül seines Hauses in Isla Negra eine geschnitzte Galionsfigur an,
die er auf den Namen jenes fünfzehnjährigen, von Deutschen
abstammenden Mädchens tauft. Das Gedicht, das ihrer gedenkt, hat als Titel eine Frage: »Wo mag Guillermina sein?«
Ein paar Journalisten, die dieses Gedicht gelesen haben,
beschließen, Nachforschungen anzustellen, um die Unbekannte aufzuspüren. Sie finden eine überraschte Großmutter
und Witwe, mit zwei erwachsenen Söhnen, die nicht verhehlen kann, wie erstaunt sie über die Nachricht ist, daß man
ihr ein Gedicht gewidmet habe. Ihre Antwort vermittelt ein
köstliches Bild aus jener Zeit. »Es gibt so viele Guillerminas!
Ich habe ihn nur ein paarmal in der Nähe unseres Hauses
gesehen, aber wir haben nie miteinander gesprochen . . .«
Dann ein bezaubernder Schluß: »Damals flirtete man so . . .«
Die platonische Liebe sollte nicht lange dauern. Sein Herz
würde den blühenden Mädchen zuweilen untreu werden
und sich blühenden Frauen zuwenden oder solchen, die
schon Frucht getragen haben. Er verliebte sich in »die
Witwe«. Amalia Alviso Escalona stand nach dem Tod ihres
Mannes allein mit zwei kleinen Kindern. Sie war Tochter
eines Amerikaners und einer Chilenin. Nach Meinung derer,
die sie kannten, eine wunderbar sinnliche Frau. Nerudas
Herz scheint ein gutes Erinnerungsvermögen zu haben. Seine
Schwester Laura, die in Temuco wohnte, bekam von Pablo
Briefe aus Santiago, Java, Colombo, Rangun, Buenos Aires,
Madrid, Paris, und in allen erkundigte er sich nach »der
Witwe«, der schönen Witwe, die aus einer wohlhabenden
Kaufmannsfamilie stammte und für ihn unerreichbar war.
Alles deutete darauf hin, daß sie die unverhohlene Bewunde-

rung des jungen Mannes mit dunklem Eisenbahnerumhang und breitkrempigem schwarzem Hut aus anderer Zeit nie erwidert hat.

Es gibt Beweise dafür, daß der Dichter von früher Jugend an nicht lupenrein monogam war. Er blickte auch woandershin, und obwohl Melancholiker, lachte er in Gesellschaft. Sind die *Zwanzig Liebesgedichte* nur zwei Mädchen gewidmet? Gewöhnlich wird angenommen, es gehe nur um Terusa und Albertina. Doch plötzlich, viele Jahre später, bringt der Dichter, von Erinnerung überwältigt, Licht in das Ganze. »In Puerto Saavedra roch es nach Meer und nach Geißblatt. Hinter jedem Haus gab es Gärten mit Lauben, die Kletterpflanzen durchdufteten die Einsamkeit dieser durchsichtigen Tage. Dort überraschten mich auch die unverhofften schwarzen Augen von María Parodi. Wir tauschten Zettelchen aus, die so oft zusammengefaltet waren, daß sie in der Hand verschwanden. Später schrieb ich für sie die Nummer 19 meiner *Zwanzig Liebesgedichte*. Puerto Saavedra, seine Molen, seine Kiefern und sein unerschöpfliches Möwengeflatter sind auch im ganzen übrigen Buch.

Aber ich merke, daß ich unbedeutende Dinge berichtet habe. Diese Kellergeschosse und diese Bücher und diese schwarzen Augen hat vielleicht längst der Wind verweht.«

Danach traten die drei Bombals auf den Plan. María Luisa und ihre Zwillingsschwestern. In den Sommerferien tauchten sie plötzlich in Temuco auf und versetzten den Ort in Aufruhr. Sie waren hübsch, hatten Stirnlocken oder Frisuren à la garçonne und kleideten sich nach Pariser oder hauptstädtischer Mode. Ein Mordsspaß war es für sie, wenn sie als Ausländerinnen angesehen wurden und sich wie übergeschnappte, leichtsinnige Frauenzimmer gebärdeten. Sie hatten Pablo in Santiago kennengelernt ... Wenn sie in Temuco zu ihm wollten, klopften sie bei ihm zu Hause an. Meist öffnete ihnen Doña Trinidad mit ihrem biederen Gesicht, sie entsetzte sich vor diesen übel beleumundeten fremden Mädchen und sagte deshalb immer, wie aus der Pistole geschossen: »Er ist nicht da.« Sie wollte ihn vor dem Teufel in Frauengestalt bewahren.

Dann gingen die drei, während sie sich totlachten, davon und setzten sich auf die Plaza von Temuco. Und da trieben sie allerlei Verrücktheiten, daß die Provinzler aufmerksam wurden. Sie aßen Eis, tanzten Charleston, rezitierten laut, bis plötzlich der Erwartete erschien, vielleicht war er in eine von ihnen, Loreto, ein wenig verliebt. Nach vielen Jahren besuchte Neruda sie eines Tages zusammen mit Matilde in Viña del Mar. Loreto hatte einen Gehirntumor. Pablo ging allein zu ihr hinein. Er versuchte, sie aufzuheitern, indem er an die Szenen auf der Plaza in Temuco erinnerte. Niedergeschmettert kam er heraus. Sie ist kurz darauf gestorben.

Trotzdem ist seine große Provinzliebe Terusa. So nennt er sie in *Memorial von Isla Negra*. Der Dichter hat sie als heiter und leuchtend in Erinnerung. Ein weiteres kleines Detail: Was für ein hübsches Kind! Sie hatte jenes Etwas, das Verliebte entdecken. Und in diesem besonderen Fall auch die anderen. Oder waren alle in sie verliebt? Im Jahre 1920 wurde sie zur Königin des Frühlingsfestes von Temuco gewählt. Neruda war der Dichter der preisgekrönten, zu Ehren der Herrin verfaßten Verse. Die Poesie brachte sie einander näher. Sie wurde für ihn zur Muse, mit der Wirkung einer Pumpe, die das Wasser poetischer Inspiration und zuweilen verliebter Prosa ansteigen ließ. »Frau, in diesen Augenblicken liebe ich dich, ohne dich zu lieben . . . doch deine Liebe ruht tiefer, jenseits meiner selbst. Bewundertes Gefäß, das den süßesten Wein an meine Lippen geführt, Gefäß der Liebe«, sagt er ihr in »Jenes Rettungsboot«.

Jünglingsliebe in einer Zeit, die Keuschheitsgürtel gebrauchte. Wir sind noch weit von der sexuellen Revolution entfernt. Mädchen müssen ihre Jungfräulichkeit bewahren, und die Angst vor Schwangerschaft wirkt lähmend. Der junge Mann läßt es in dem Prosastück *Es konnte diese Seite* (Pudo esta página) durchblicken: »Das Begehren spült wie eine Welle über den Horizont unseres Lebens. Und stirbt wie eine Welle. Das ist das Drama . . ., daß es damals nirgends, nirgends eine Blumenkrone für mein Bienenherz gibt, daß es nie ein Nest für mein Wandervogelherz gibt und daß ich nie die Flöte finde, die mein Schäfermund braucht.«

Reiz des Verschleierns, Zwang zur Heimlichkeit? Um das Verhältnis vor den Augen der Welt zu verbergen, nennt er selbst sich Paolo. Es ist der erste Schritt auf dem Weg zum endgültigen Pseudonym. Er entnimmt es dem Italienischen, und der vermittelnde Agent heißt d'Annunzio. »Und als ich ging, habe ich deinen Namen und meinen Namen in den feuchten Sand geschrieben.« Es war eine große, breite Inschrift, so:

> PAOLO
>
> TERESA

Er weist auf etwas hin: Die Inschrift am Strand von Puerto Saavedra »war viel schöner als diese«.

Dieser Paolo, den er zu dem spanischen Pablo macht, inspiriert sich an einem in rasender Liebe entbrannten Paar. Einst durchstreifte ich in Rimini die Gegend, die den Rahmen für diese Leidenschaft gebildet hat. Ein aus dieser Stadt Gebürtiger hat sich in die Zeit Mussolinis versetzt und beschreibt in *Amarcord* mit magischem Blick sein eigenes Erleben. Es ist der Traumjüngling mit Namen Federico Fellini. Wie unser Dichter schildert er das wilde, verzweiflungsvolle und zugleich jubelnde Erwachen seiner erotischen Träume. Neruda jedoch neigt damals dazu, sich mit den klassischen Figuren zu identifizieren. In »Ivresse« ist er Paolo und sie Francesca:

Heut, da Paolos Leidenschaft tanzt in meinem Körper
und von lustvollem Traum mein Herz trunken bebt,
heut, da die Wonne ich kenne, frei zu sein und allein
wie einer unendlichen Margarite Pistill;
komm, o Frau – Fleisch und Traum –, und bezaubere mich
ein wenig,
komm und leere deine Pokale voll Sonne auf meinem Weg,
daß erzittern in meinem gelben Schiff deine Brüste, irr
und trunken vor Jugend, die der köstlichste Wein ist.

(W. P.)

Das Duo ist literarische Umsetzung dessen, was der junge Mann wahr machen will, wobei er das Duo als Prototyp nimmt. Es war eine Stunde, da er Bücher imitierte. Er kopierte sie im Leben. Er wollte die Liebe empfinden, wie seine tragischen Vorbilder sie empfunden hatten. Dennoch war es nicht reine, literarische Exaltiertheit. Auch der Körper verlangte danach, die sengende Glut in den Adern, in denen er ureigenes, kein geliehenes Feuer spürte. Natürlich konnte ihre Bindung dem Verhältnis des italienischen Liebespaars aus dem 13. Jahrhundert nicht tatsächlich ähneln oder gleichen. Sie waren übrigens so alt wie Romeo und Julia – in einem vom Regen aufgeweichten, baufälligen Temuco, das nicht gerade Verona war. Obwohl der Dichter in weiten Horizonten träumte, vermochte er die Shakespearesche Leidenschaft doch nicht bis ins letzte nachzuvollziehen. Beides war für ihn komplementär und wahr.

Das Gleichnis von Paolo Malatesta und Francesca da Polentani hat er nicht der *Göttlichen Komödie* entnommen, wo die Verschwägerten sich bereits in schuldbeladener Liebe verzehren und daher zu höllischen Strafen verdammt sind, sondern Gabriele d'Annunzios *Gesang von Blut und Lust*. Dieser exhibitionistische d'Annunzio interessierte Gabriela Mistral in ihrer Anfangsphase so sehr, daß sie seinen Vornamen als Vornamen ihres Pseudonyms übernahm, als Zunamen wählte sie den Familiennamen des französischen Dichters Frédéric Mistral. Damals war auch Neruda fasziniert von dem großen Komödianten.

28

Frauen und ihnen geltende Gedichte

Ein Heer von Kritikern, Akademikern, Professoren gelehrter und minder gelehrter Universitäten, Dilettanten, Exegeten, Strukturalisten oder Impressionisten, Kartenzeichnern, Geographen der Poesie, die wie Taucher auf den Grund ihrer Unterwassergeheimnisse hinabsteigen oder wie die Champollions in Ägypten die Inschrift von Rosetten entziffern, erforscht das Alphabet und fertigt eine Art Seekarte oder Luftaufnahme an, um Punkt für Punkt die Rätsel von Nerudas Atlas und Sprache zu lösen. Etwas haben diese hartnäckigen Eindringlinge und Ergründer der Tiefenzonen erreicht. Obwohl der Untergrund seiner Poesie immer noch größtenteils Terra incognita ist, haben sie doch zuvor unbekannte Ursprünge gefunden, indem sie Inspiratorinnen, die im Schatten lebten, ins Licht rückten, ihre Gesichter und Namen enthüllten und feststellten, welches die Muse dieses oder jenes Gedichts war.

In den *Zwanzig Liebesgedichten* inspiriert Terusa die Nummer 3 (»Ach, deine Stimme voller Geheimnis färbt die Liebe und beugt / im widerhallenden und sterbenden Abend sie nieder!«), die Nummer 4 (»Es zerschellt und versinkt deiner Küsse Fülle, / bestürmt an der Pforte des Sommerwinds.«), die Nummer 7 (»In die Abende gebeugt, werf ich die Netze meiner Schwermut aus / nach deinen ozeanischen Augen.«), die Nummer 8 (»Weiße Biene, honigtrunken summst in meiner Seele du . . . / Leben wirst du, Schlanke, Schweigsame, mit der Zeit von neuem. / O Schweigsame!«), die Nummer 11 (»O Seelenqual, die du mit Messerstößen mir die Brust durchschnittst, / Zeit ist's, anderen Wegen zu folgen, wo sie nicht lächelt.«), die Nummer 12 (»Mit deinem Fernsein du höhlst den Horizont. / Immer und ewig wie die Woge auf der Flucht.«), die Nummer 14 (»Was an den Kirschbäumen der Frühling vollbringt, / will ich bewirken an dir.«), die Nummer 17 (»Lampen begrabend, sinne ich in der Tiefe der Einsamkeit. / Wer bist du nur, wer?«).

Vásquez León ist nicht der wirkliche Familienname des jungen Mädchens. Auch nicht León Vásquez. Sie verbrachte mit ihrer Familie den Sommer in Puerto Saavedra, das einen ausgedehnten melancholischen Strand hat, eine Atmosphäre unendlicher Einsamkeit. Auch die Familie Reyes weilte dort in der Sommerfrische, meist bei den Pachecos. Der Knabe erfand zahllose Namen (er verstand sich von jeher meisterhaft aufs Umtaufen): Terusa, Marisol. Betrachten wir den Namen Marisol. Für den jungen Mann mit düsterem Herzen hatte sie die magnetische Wirkung des Andersseins, »den fröhlichen Leib«. Sie war der »dunkle Falter von Süße und endgültig wie das Kornfeld, die Sonne, der Mohn und die Flut«.

Man beachte: Eine andere Jugendliebe wird er nicht Marisol, sondern Marisombra nennen. Die Kunst des Namengebens hat bei ihm immer ihren Sinn.

Er schreibt für Terusa Gedichte, die viele Jahre lang unveröffentlicht geblieben oder in *Morgen- und Abenddämmerungen* und den *Begeisterten Schleuderer* eingegangen sind, etliche gehören zu den *Zwanzig Liebesgedichten.* Sie ist die Frau des »Liedes der Verzweiflung«.

»Sie war Land an meinem Weg ... in der Stunde des Kusses war ein jeder Mund und Traube ... Gott wird ihr sagen, wie sehr ich sie liebe.« Ihr ist das unvollendete Gedicht »Geschichte des wahnsinnigen Fürsten« gewidmet. »Vom Lieben, ohne geliebt zu werden, war der Fürst wahnsinnig geworden.« Zum *Album Teresa 1923* gehören »Flußhafen«, »Wenn ich dran denke, daß du sterben mußt.«

Wenn ich dran denke, daß du sterben mußt,
möchte ich niemals davongehen
und allezeit bleiben!
Warum wirst du sterben? Wie wirst du sterben?
Man wird die Augen dir schließen, die Hände dir falten,
wie man sie faltete bei meiner Mutter, als sie gestorben,
und kommen wird die Reise, die tiefe Reise,
die du nicht kennst und die ich nicht kenne,
weil du mich geliebt hast. (W. P.)

Die fixe Idee vom Tod der Mutter wird auf Teresa übertragen. Eine Art, den Tod zu überlisten oder zu besiegen, ist vielleicht die völlige Hingabe. »Laß mich dich besitzen, damit du in mir fortdauerst ... verbrenn dich, damit du mich erhellst.« Sie ist die Frau, die ihn zu »Freundin, stirb nicht«, »Strand des Südens« und mehreren Gedichten der *Morgen- und Abenddämmerungen* anregt. An sie denkt der Dichter im *Begeisterten Schleuderer*, in dem er sich mit der Nacht und dem Begehren auseinandersetzt. »Es ist wie die steigende Flut, wenn sie ihren / trauernden Blick in mich bohrt.« Er hat ihren Namen in die Stämme des Waldes geritzt. Wird zum entfesselten Wind . . . Sie ist da, ihm alles zu geben. Und er ist da, sie zu behalten, zu begehren und zu empfangen. »Füll dich ganz mit mir. / Begehre mich, schöpf mich aus, opfere mich. / Fordre mich. Ergreife mich, behalte mich, verschweige mich.« Dies geht dem »Lied des Mannes und der Frau« voraus. »Du empfängst mich wie den Wind die Kerze. Ich empfange dich wie die Furche den Samen.« Das Schlußgedicht besingt die kosmische Allgegenwart des Begehrens in allen Lebewesen und allen Lebensaltern.

Es ist wahr, meine Geliebte, meine Schwester, es ist wahr!
Wie die grauen Tiere, die auf den Wiesen weiden
und auf den Wiesen sich lieben, wie die grauen Tiere!
Wie die trunkenen Geschlechter, die die Erde haben be-
    bevölkert,
sich tötend und liebend, wie die trunkenen Geschlechter!
                                    (W. P.)

Als Neruda fünfzig wurde, sagte er vor einem begierig lauschenden Publikum: »Ich habe Ihnen eine Erklärung für jedes einzelne meiner Liebesgedichte versprochen. Ich hatte dabei vergessen, daß Jahre darüber hingegangen sind. Nicht, daß ich jemanden vergessen hätte, aber wenn ich es recht bedenke: Was hätten Sie von Namen, die ich Ihnen nennen würde? Was hätten Sie von zwei schwarzen Zöpfen zu einer bestimmten Dämmerstunde? Was hätten Sie von großen Augen im Regen, im August? Was kann ich Ihnen von meinem Herzen erzählen, was Sie nicht schon wüßten? . . . Lassen Sie es mich unverblümt sagen. Ich habe nie ein Liebeswort gesprochen, das nicht ehrlich gewesen wäre, noch hätte ich ein Gedicht ohne Wahrheit schreiben können.«

In den *Zwanzig Liebesgedichten* sind zwei grundlegende Liebeserlebnisse des Dichters enthalten, die Liebe seiner Provinzjugend und die, die er später im Labyrinth der Hauptstadt entdeckt. Das Mädchen von Temuco und das Mädchen von Santiago.

Das Mädchen von Temuco erhält einen nicht sonderlich ori-
ginellen Namen, *muñeca*, Kleine. Die Flüsse singen in ihr.
Sie hat eine Hüfte aus Dunkelheit. Er beschwört sie inmitten
der Meereslandschaft herauf. »O Pinienweiten, Tosen zer-
brandender Wogen . . .« Im Gedicht Nummer 4 ist das Szenarium »voll Gewittersturm ein Morgen im Herzen des Sommers«. Der Dichter hat einen besonderen Begriff von der
Verlorenen Zeit, der sich nicht mit der Proustschen deckt:

Auch diese Dämmerung ist uns verloren.
Während die blaue Nacht hernieder auf die Welt sank,
sah niemand uns an diesem Abend Hand in Hand.

Sie gehört zur Natur des Südens, zum Erlebnis des Meeres
und zum Leid des Scheidens:

Ich sagte, den Pinien gleich
und den Masten sängest du im Wind.
Schweigsam und groß wie sie bist du.
Und wie die Seefahrt machst du unversehens traurig.

Terusa wird ohne ihr Zutun mit einem Gedicht, Nummer 16, in Zusammenhang gebracht, das einen literarischen
Skandal auslöste. Doch davon später, denn es ist mit einer
Situation verbunden, in die ich persönlich verwickelt war.
Das Mädchen von Temuco ist behende und dunkel, das
ganze Gegenteil des Dichters, der nichts Sportliches hat, in
sich gekehrt ist und ein Mädchen verfolgt, das mit der Sonne
spielt. Er gleitet in den Schatten und ist sich des Kontrasts
bewußt:

Mädchen behende und dunkel, nichts treibt mich zu dir.
Alles entfernt mich von dir, wie der hohe Mittag.
Du bist die überschäumende Jugend der Biene,
die Trunkenheit der Woge, der Ähre Kraft.

Das Gesetz von den einander anziehenden Gegensätzen wirkt:

Dennoch sucht dich mein verdüstertes Herz,
und ich liebe deinen fröhlichen Leib, deine Stimme munter
  und zart.

Terusa ist die Adressatin des berühmten Gedichtes Nummer 20, das auf Grund seiner Beliebtheit in der Hit-Parade Tausender von Rezitatoren enthalten ist:

Ich könnte die wehmütigsten Verse schreiben in dieser
  Nacht.
Schreiben zum Beispiel: ›Gestirnt ist die Nacht,
und es beben vor Kälte und fern die blauen Gestirne.‹

Der Schluß, der Abschied ist zu einem klassischen Text geworden:

Ich liebe sie nicht mehr, gewiß, oder lieb ich sie dennoch?
Wie kurz ist die Liebe und wie lang das Vergessen.

Weil in Nächten wie dieser ich sie in den Armen hielt,
gibt meine Seele keine Ruh, daß sie sie verloren.

Obwohl dies der Schmerzen letzter, den sie zugefügt, ist
und diese die letzten Verse, die ich schreibe für sie.

Er lebte in Santiago und konnte Terusa nicht vergessen, die ihn auch noch zu einem anderen, oft rezitierten Gedicht inspiriert hatte. »Die Molen des ›Liedes der Verzweiflung‹«, sagte der fünfzigjährige Dichter, »sind die alten Molen von Carahue und von Bajo Imperial. Es sind die verfallenen Bohlen und die stummelartigen Pfähle, an die der breite Fluß schlägt ... Liebe und Erinnerung drangen auf mich ein, da ich an Deck jener winzigen Dampfer lag, die die Strecke zwischen Carahue und Puerto Saavedra befahren. Akkordeonklänge ertönten an einer Stelle des Schiffes. Diese Akkordeons füge ich nicht als Literatur ein: Ich hörte sie zum erstenmal am Río Imperial ...«

Aus Santiago schreibt er ihr zwischen 1922 und 1924 viele Briefe. Sie werfen Streiflichter sowohl auf den Beginn des Verhältnisses als auch auf dessen Probleme. »Weißt Du noch, die Abende dort im Kinematographen, als wir uns lang anschauten? Wir redeten noch nicht miteinander, aber Du machtest mich damals schon glücklich.« Glückliche Zeiten, als wir das Kino Kinematograph nannten. Wenige Tage später: »Herbst, und Du immer schön und heiter, wie in jenem Frühling, als ich Dich lieben lernte.«

Im folgenden Jahr konzentriert er sich auf das Beschreiben seiner Einsamkeit, die er anfallsartig erlebt. In Stunden schwarzen Trübsinns, »wie herrlich, wie schön ist es, aus der Ferne Briefe von der geliebten Frau zu bekommen, von Dir, und das Leben wieder zu lieben und sich wieder freuen zu können!« Zwei Tage hintereinander Regen in Santiago erfüllen ihn mit Sehnsucht nach dem immerwährenden Regen von Temuco. »Hab mich lieb, Kleine.« Als wäre er stolz auf seine düstere Stimmung, sagt er ihr: »Mein Reich ist größer als Deines. Du bist Königin des Frühlings, während ich König des Herbstes und des Winters bin.« Er schickt ihr ein Foto von sich und seinem Zimmer, seinem Lieblingseckchen. »Es ist Nacht, und ich bin gerade nach Hause gekommen. Was gäbe ich nicht, um in dieser Sternennacht bei Dir zu sein! Was tust Du? Ich arbeite. Ich schicke Dir ein sehr schlechtes Foto. Magst Du es? Es ist nicht gut gelungen. Ob Du mir mal schreibst? Liebst Du mich? Bis morgen. Einen Kuß. Zwei. Drei. Vier. Noch einen.«

Er zeichnet für sie ein laufendes Männchen, Pepe, dem er aufträgt, ihr einen Sack voll inniger Grüße zu bringen. Er schickt es ihr als Sklaven. Ist eifersüchtig. Sagt ihr, daß Pepe ein vorzüglicher Tänzer sei. »Pepe kann am Sonntag des Internationalen Tennisklubs mühelos jeden Grünschnabel ersetzen, der Dich unter dem Vorwand, Shimmy zu tanzen, in die Arme nehmen möchte.«

Außer der geographischen Entfernung trennt sie noch etwas anderes. Der soziale Unterschied. Er ist zwanzig Jahre alt und fragt seine »hübsche Kleine«: »Sag mal, hast Du je an diese Dinge gedacht, die in meinem Herzen wie ein Hammer klopfen? Hast Du je Deinen *Fräuleinkopf* verlassen, um ein wenig die Einsamkeit dieses Jungen zu bedauern, der Dich liebt?«

Fräuleinkopf. In einem anderen Brief aus dem Jahre 1924 fügt er hinzu: »Und so weit sind wir voneinander entfernt, nicht wahr, Terusa? Wir entfernen uns voneinander, nicht wahr? Oder scheint mir das nur so?«

Aus einem der letzten Briefe spricht die gleiche tiefe Betrübtheit wie aus Gedicht Nummer 20 oder aus dem »Lied der Verzweiflung«. »Nein, ich kann Dir nicht mehr schreiben. Ich habe ein Leid, das mir die Kehle oder das Herz zusammenschnürt. Meine Andalusierin, ist alles aus? Sag nein, nein, nein.«

Wahrscheinlich sagt die Andalusierin (er nennt sie so, weil sie sich bei einem Fest einmal als solche verkleidet hatte) nicht nein, aber sie sagt auch nicht ja, was eine Art ist, nein zu sagen oder, wenigstens, durchblicken zu lassen, daß sie Angst hat. Bald werden wir sehen, warum. Viele Jahre später fragt er sich am Anfang von *Der Mond im Labyrinth*, im Abschnitt »Liebschaften: Terusa I«:

> Und wie ruht, und wo
> jene
> alte Liebe?
> Ist sie
> ein Vogelgrab, ein Tropfen nun
> schwarzen Quarzes,
> ein Stück
> regenzernagtes Holz?

Die Frage ist von Trübsal getränkt. Was mag übrig sein von jenem Leib, der wie der Mond glänzte, von dieser Hand, die alle Transparenz aufrechthielt, den Augen, versteint wie die Erze der Nacht? Er fragt nach dem Tod der Liebe, forscht nach dem Mädchen seiner Träume. »Die Liebe, die Liebe, / wo geht sie hin, um zu sterben? / Zu den abgelegenen / Kornböden, / am Fuß der Rosenbüsche, die starben.« Wieviel todtrauriges Zartgefühl in diesem suchenden Bedauern, das die Einsamkeit des jungen Mannes gebrochen hat! Sie ist vergangen wie ein »großes ausgestreutes Veilchen«, doch er kann die Küsse nicht vergessen, »die aufklommen auf der Haut«. Sie war auch der »schwarze Funken des ersten Schmerzes«, »des ersten Abgrunds maulbeerfarbener Vogel«, seltsamer- oder bezeichnenderweise ohne Alkoven, weil diese Liebe wahrscheinlich zwischen Mandelbäumen, »entflammenden Pollen«, »ländlichem Ginster«, in der »Heimat der geheimnisvollen Moose« stattfand, wie der Dichter flüstert.

Er beschwört sie als die Frau, die aus dem Panorama entstanden ist, aufgetaucht aus der Selva, dem »Reich der Wurzeln, mit Minzenschimmer, Mähne der Farne, feuchtem Schambein«. Er entstand durch ihre Liebe. Spürte Terusa mit ihrer Liebe, entblättert auf seine dürstende Haut. Selten nur habe ich Gedichte auf entschwundene Liebe gelesen, die so von Treue erfüllt sind. »Terusa, unauslöschbar selbst im Vergessen«.

Sie sahen sich in Temuco und Puerto Saavedra während der Ferien. Vielleicht ist sie auch einmal nach Santiago gereist. Sie war anders geworden. Er bat sie, sich noch einmal ins Gras zu setzen. »Jetzt will mir scheinen, daß dein Haupt sich verwandelt hat . . . Wo sind deine Augen? Warum setzt du diesen schmalen Blick auf, mich anzusehen, ob ich derselbe bin? . . . Was geschah mit deinen halboffnen Händen und ihrem Jasmingeleucht?«

Er fleht sie an zurückzukehren. Unmöglich. Er bittet sie, wieder so zu sein wie früher, zurückzukehren »ans Geißblatt des Balkons«, auf ihren »Amberstuhl im Mond«. Unmöglich. Er bittet sie, das strahlende Bildnis zu sein und ihn mit dessen Reglosigkeit anzublicken, bis der Knabe, der sie geliebt hat, sie wieder ansieht, auf daß er sich selber entdeckt, so wie er in ihrem Herzen geliebt ward, damals.

Die erwähnten Bilder haben eine Rolle gespielt. Wir sehen eine Momentaufnahme, die ein Fotograf von der Plaza in Temuco gemacht hat, darauf sitzt sie neben ihrer Mutter und ihrem Stiefvater. Das Bild stammt aus der Zeit des Verhältnisses mit Neruda. Terusa hatte wirklich kohlschwarzes, glänzendes Haar, große Augen mit Magneten, und es ging etwas Tänzerisches von ihr aus, gleichsam Ausstrahlung eines dem Frohsinn zugetanen Herzens.

Der Dichter spricht von »reinen ausgestreckten Körpern«.

Gewiß empfand er sie so, als ginge von ihr ein »genitales Strömen« aus. Sie war die Schönheit, die zwischen den Zügen des Winters stand. Auf einer einsamen Landkarte bezeichnete sie die Hauptstation des Staunens, die erste große Liebe.

30

Ein Vogelgrab

Seit jenem stürmischen Idyll sind mehr als sechzig Jahre vergangen. Zeit genug, um frühere Tabus fallenzulassen. Archive werden geöffnet. Fast alle Hauptakteure sind tot. Die neuen Generationen sehen in jener Liebesgeschichte einen Teil der Familienchronik, die immer mehr sichtbar wurde und an Umfang gewann, je mehr der Ruhm des verliebten Jünglings von einst wuchs, und sie brachen das Schweigen und sprachen allmählich von Tante Teresas Liebe ganz natürlich, nicht ohne Stolz, und verurteilten die gesellschaftlichen Vorurteile jener Zeit.

Als ich 1971 in der Botschaft Chiles in Paris logierte, stellte Neruda mir lächelnd und mit einer Geste, die auf alte, tabu gewesene Geschichten anspielte, einen Mann in den Vierzigern vor, der, von freundlichem Wesen, angesehener Wirtschaftsfachmann, Angestellter der Zentralbank, zu der Finanzdelegation gehörte, die von Präsident Allende entsandt worden war, um mit dem Club von Paris über Umschuldungen zu verhandeln. Als Botschafter leitete Neruda diese Delegation, was er halb amüsiert, halb resigniert tat, man erinnere sich, daß er mit Zahlen auf dem Kriegsfuß stand. Hier nur soviel: Er hatte von der technischen Seite der Angelegenheit überhaupt keine Ahnung, auch wenn er sie politisch voll und ganz durchschaute.

Zu denen, die in der Lage waren, zwischen den Riffen aus astronomischen Zahlen zu navigieren, gehörte jener Wirtschaftsfachmann, den Neruda mir, sehr ökonomisch, als Neffen von Teresa Vásquez vorstellte. Der Angesprochene lächelte über seine Verwandtschaft vierten Grades, und aus dem wenigen, was er sagte, konnte ich entnehmen, daß jene Liebschaft zur Legende geworden und in der Familie kein Thema mehr, das mit Schweigen übergangen werden müßte.

Später wurde eine Nichte deutlicher. Sie schrieb am 15. August 1982 einen klärenden Brief über Pablo Nerudas ersten »Flirt« an die Beilage *Buen Domingo*.

Wie beiläufig schon erwähnt, ist der legale Name seiner – chronologisch gesehen – Geliebten Nummer eins nicht Teresa Vásquez, sondern Teresa León Bettiens, so wie der legale Name des Dichters erst im reiferen Alter Pablo Neruda wurde. Ausschlaggebend war kein literarischer Grund, sondern Teresas zweite Ehe. Die Kinder sollten den Namen des neuen Ehemannes der Mutter tragen. Die Familie gehörte, sagen wir, zur »Gesellschaft von Temuco«, einer Stadt, die ihren Charakter einer »Volksdemokratie«, in der alle gleich waren, wie Neruda es von der halb wilden Stadt seiner Kindheit behauptete, offenbar schnell verloren hatte.

Die Stadt, ehemals Festung, bildete Klassen im Eiltempo heraus. Die Familie Reyes stand unten, außerhalb der »Gesellschaft«, die Familie León stand oben, innerhalb der »Gesellschaft«. Die Nichte Rosa León Muller, zur Zeit, da sie die klärende Notiz verfaßt, stellvertretende Direktorin an der »École Noël« von San Miguel in Santiago, hellt die Rolle auf, die der soziale Druck bei dem Bruch zwischen Pablo und Teresa spielte. »Den Grund hat mir meine Tante oft auseinandergesetzt, der Bruch war auch in der Familie häufiges Gesprächsthema. Er geht auf den offenen Widerstand ihrer Eltern zurück, die meinten, er wäre ein junger Mann obskurer Herkunft, über dessen Familie man nichts wußte und der in der dortigen Gesellschaft niemandem bekannt war. Deshalb erlaubte man ihr nicht, ein Verhältnis mit diesem jungen Mann zu haben. Ja mehr noch, sie gaben ihm einen Spitznamen, *el Jote*, weil er einen Umhang und einen breitkrempigen Hut trug . . .«

El Jote war ein beleidigender, geringschätziger Spitzname für Eisenbahner, Dichter, Künstler. Manche Voltaireianer und Freidenker nannten so auch die katholischen Priester. Doch der Dichter bekam ihn, eben weil er Dichter war und obendrein arm. Zweifellos hat das Vorurteil seine Wirkung auf sie nicht verfehlt. Doch wie es scheint, ist aus seinem Leben das Bild der ersten Liebe nie verschwunden, so als überdauere es »die Treulosigkeit des ungeheuren Vergessens«. Und so wie Teresa in der Erinnerung des Dichters glänzte, zwischen seiner blassen Kindheit und der Welt, war Pablo Teil von Teresas Leben, die Liebe, deren Verlust sie vielleicht schmerzte. Späte Reue, als sie den Stern des Jungen steigen sah? Wir wissen es nicht. Aber sie hob jedes Papier, jedes Bild auf, das sie in jene nach Orangenblüten duftende Zeit versetzte. Immer wieder betrachtete sie, mit den großen Augen, die der Dichter so oft gepriesen hatte, die Alben voller Fotos und die mit anderen Pseudonymen unterschriebenen Briefe eines Jungen, der seine Identität nicht nur vor seinem den dichtenden Sohn ablehnenden Vater verbergen mußte, sondern auch vor den Angehörigen seiner Geliebten, die keinen Jote-Bewerber duldeten. Die Nichte erinnert sich an das Album. Ledergebunden, die Seiten aus dickem Karton, rosa, grün, gelb. An einer Stelle, viereckig mit Tinte umrandet, eine in den Strand von Puerto Saavedra gekritzelte Inschrift: »Ich ging durch den Sand und schrieb deinen Namen und meinen, Paolo und Teresa«.

Sie war, um die Wahrheit zu sagen, gar nicht so brav und dem Stammesgesetz nicht so sehr verhaftet. Dies offenbart, als Detail, ein Bild: die Fotografie, auf der sie als Mapuche-Frau verkleidet ist. Die Andalusierin mochte noch angehen, sie gehörte zur Mériméeschen Exotik. Die Mapuche-Frau aber war mehr als ein Zeichen schlechten Geschmacks, das war Verrat am Gesetz der weißen Rasse. Die Tracht der feindlichen Indio-Frau anzulegen, auf der Stirn araukanische Diademe zu tragen war gleichbedeutend mit einem Hinüberwechseln ins gegnerische Lager. Es war eine charakteristische Trotzgeste, so wie auch die Liebe zu dem Dichter eine Herausforderung an ihre Klasse war. War die vielleicht zu gewagt, viel ernster als das Mapuche-Kostüm an nur einem Tag? Gewiß.

Diese Liebe, die der Dichter in die Weltliteratur hineingetragen hat und deren Schauplatz jene Gegend war, in der

»das Wasser unaufhörlich blinzelte«, hatte bei ihr wohl eine Wunde hinterlassen. Wie sonst sollte man es erklären, daß sie, eine schöne, heitere Frau, für die »die Glocken von Cautín läuteten« und die Bewerber im Überfluß hatte, lange Jahre unverheiratet blieb?

Erst ein Vierteljahrhundert nach dem Ende jenes Verhältnisses heiratete sie einen Mann, der zwanzig Jahre jünger war als sie, einen Schreibmaschinenmechaniker. Mit fünfundvierzig war ihr Königinnenglanz noch nicht verblaßt. Sie war und blieb immer schön. Teresa, die Schöne, starb kurz vor Neruda, 1972, bei ihrer Nichte, in Santiago, Calle San Nicolás.

Jene Zeilen aus *Der Mond im Labyrinth*, die noch dramatischer die Ronsardische Tradition der Verse auf die schöne Helena aufgreifen (Sehnsucht nach verlorener Schönheit), sind kein Klagelied für die verschwundene Angebetete oder darauf, daß die Zeit sie häßlich gemacht hat, sondern auf eine gekappte Liebe. Es ist ein Gesang auf die leidende Asche des Herzens von einst. Leidenschaften werden nicht auf dem Friedhof begraben, sondern in einem Vogelgrab, in einem Tropfen schwarzen Quarzes, in einem Stück regenzernagten Holzes. Da werden sie der Zeit trotzen.

31
Das Mädchen von Santiago

Seit vierzig Jahren schaue ich sie an, offen und heimlich, und stelle mir die absurde Frage, auf die die alte Wahrheit Antwort gibt, daß nämlich Beweggründe des Herzens mit Vernunft nicht zu fassen sind. Außerdem, warum soll ich gewisse Vorlieben des Dichters beurteilen?

Die Periode Marisombra kam, die Santiagoer Liebe, verkörpert in Albertina Rosa Azócar.

Ich lernte sie kennen, als das Verhältnis schon zu Ende war. Neruda kehrte aus dem Orient zurück, mit seiner ersten Frau, María Antonieta Agenaar, und Albertina war da, bei den Zusammenkünften, still, gleichsam abwesend, mit Augen, die zu schlafen schienen. Ich vermute, sie sah alles. Später dann, während der langen Herrschaft der Hormiga, gehörte sie, treu und sehr schweigsam, zu dem Kreis, der eine dazumal glänzende Delia del Carril umgab. Niemand sprach dort in den dreißiger und vierziger Jahren von der tiefen Liebesbeziehung, die sie an den Herrn des Hauses gebunden hatte. Dieses Stillschweigen in dem Milieu, in dem über alles gesprochen wurde und das Thema Leidenschaften das beliebteste war, hatte zur Folge, daß ich, ein Namenloser, der erst später zu dem Freundeskreis gestoßen war, lange Zeit nichts von der berühmten Liebe ahnte, die diese so schweigsame Frau mit dem Dichter vereint hatte, von dessen *Zwanzig Liebesgedichten* ich manche auswendig konnte, ohne zu vermuten, daß eine der Musen, die ihn dazu inspiriert hatten, in meiner Nähe lebte und bisweilen mit mir plauderte, freundlich, leise, ganz zwanglos.

Später kamen die Forscher, die Späher, die Aufbrecher bereits geschlossener Schlafzimmer, die zurückblickenden Liebespolizisten. Und ich erfuhr, daß meine wortkarge Nachbarin das Mädchen mit der grauen Baskenmütze war, von Millionen, auch von mir, rezitiert, ohne daß wir sie mit einer Person identifiziert hätten.

Sie war ein Jahr älter als Pablo, und als sie sich begegneten, Französischstudenten am Pädagogischen Institut, war noch keiner von beiden zwanzig.

Nachdem ich das erfahren hatte, betrachtete ich sie mit anderen Augen. Das also war sie! Was mich anfangs unwahrscheinlich gedünkt hatte, hielt ich später für einleuchtend. Ich schaute sie an, schätzte in unwürdiger Weise die Verheerungen ab, die der große Feind, die Zeit, angerichtet hatte. Für einen Neruda, der verschreckt war durch die körperlichen und sozialen Hindernisse bei Marisol, einem Mädchen, für das die Liebe wahrscheinlich ein kompliziertes Spiel war und das immer, wie die Welle, entfloh, war die Liebe in Santiago auch problematisch, doch sie schloß Fülle ein. Ja, neben mir steht diejenige, die die sanfte, schmerzstillende Albertina zu sein scheint. Sie ist (ich kann das Gedicht immer noch auswendig)

Frauenleib, lichtweiße Hügel, Schenkelweiße,
in deinem Hang, dich hinzugeben, gleichst du der Welt.
Mein ungeschlachter Bauernleib, er höhlt dich aus
und sprengt das Kind aus Erdentiefen.

Albertina Azócar Soto hat ein Dämmerungsantlitz. Neruda liebte nicht nur die Dämmerstunden der Maruri-Straße. Mitten in angeregter, lockerer Unterhaltung mit einem Pablo, der, der Vergangenheit den Rücken zugewandt, Albertina bewußt nicht anschaut, pflegt sie, ich wiederhole, ein paar Worte mit mir zu wechseln. Ich merke, daß der Dichter mit der ungezwungenen Phantasie streng realistisch ist. Jetzt, da ich es weiß, vergleiche ich ständig die Verse, die er ihr gewidmet, mit dem Modell, das sie inspiriert hat. Ja, »Schweigsame, o meine Freundin . . . einsam . . .« Denn Albertina ist psychisch so. Einer der schönsten Gesänge auf die Stille, zugleich Bild der lakonischen Liebe, ist zweifellos das immer wieder durchstöberte »Gedicht 15«, »Ich liebe dich, wenn du schweigst . . .«

Da alle Dinge von meiner Seele erfüllt,
trittst du, meiner Seele voll, aus den Dingen hervor.
Traumschmetterling, du gleichst meiner Seele
und gleichst dem Schwermut-Wort.

Beinahe eine Innen-Fotografie. Der Dichter ist es, der das Wort ergreift. Die Initiative zu sprechen gehört ihm. Doch er spricht für sie. »Und ich schau meine Worte von fern. / Sie gehören mehr dir als mir.«

Sie hat weiße Hände, sanft wie Trauben. Auch die Furchtsame, die Dürstende, die, die bereit ist, auf daß er mit Kreuzen von Feuer ihres »Leibes weißen Atlas« zeichnet. Er erzählt ihr Geschichten, damit sie nicht traurig ist. Er erzählt ihr von einem Schwan. Sie gibt sich hin, und er will sie rühmen. »Singen, erglühen, entrinnen wie ein Glockenturm in eines Narren Hand.«

Albertina Rosa Azócar ist stets in der Nerudaschen Gesellschaft, ebenso wie ihr Bruder Rubén. Ein anderer Stammgast, von allen gern gelitten, ist ein Dichter im fortgeschrittenen Alter, freundlich, von wahrhaft sanften Umgangsformen, der sein Schweigen nur bei bacchischen Festlichkeiten bricht oder wenn es darum geht, auf einen Freund ein Loblied zu singen. Dann strömt aus ihm, der den Blick stets gesenkt hält, die kurzsichtigen Augen halb geschlossen, eine pantheistische, religiöse und profane Beredsamkeit hervor. Es ist ein großer chilenischer Dichter, der in einer Etappe seines Lebens mystisch inspirierte Gedichte geschrieben hat, vielleicht weil er die Frauen, in die er sich verliebte, zu unerreichbaren Göttinnen machte. Als Generationsgefährte von Ángel Cruchaga Santa María habe ich des öfteren Vicente Huidobro, in dessen Palast die jungen Dichter des Jahrgangs zehn zusammenzukommen pflegten, sagen hören, daß Angelito – so nannte er ihn – in seine damalige Frau, die stolze Manuelita Portales, mystisch verliebt wäre. Jetzt liebte er, sicher nicht ohne eucharistische Leidenschaft, diejenige, die die Liebe eines anderen großen Dichters gewesen war. Es vergingen nur wenige Jahre, ehe sie heirateten. Trotz allem heiratete Marisombra – so wie Marisol – erst geraume Zeit nach dem Ende ihres Verhältnisses mit Neruda. War da etwas, ein Bodensatz, eine Spur, ein Zeichen, eine Hoffnung, was sie vor diesem Schritt so lange zögern ließ? Pablo schien sich über diese späte Hochzeit der zwei reifen Menschen zu freuen, die seinem Herzen sehr nahestanden. Als Neruda den Nationalpreis für Literatur erhält, tritt er einen Teil an Ángel Cruchaga ab.

Dieser stammte aus einer verarmten, streng katholischen Adelsfamilie. Mittellose Gesellschaft pflegt bei der Bürokratie Zuflucht zu suchen. Lange und ohne Erfolg hatte er administrative Ämter bekleidet, die nichts mit seiner Berufung zu tun hatten. Nach und nach verband er Bürokratie und Liebhaberei: Er wurde Leiter des Hauses der Kultur von Nuñoa. Er hatte das Gesicht eines gutmütigen Bischofs und war der geborene Romantiker, der ein Jahrhundert früher hätte leben sollen. Sein erstes Buch, *Die gebundenen Hände* (Las manos juntas), ist im Grunde eine Elegie. Dazu angeregt wurde er durch den Tod eines Mädchens, das er liebte und das von einer erschütternden Melancholie gewesen war. Außerdem ist er eine Dulderseele, fähig, die Schönheit im menschlichen Leid zu entdecken. Obwohl ihn auch Luzifer lockt, ist das Thema des im folgenden Jahr erschienenen Buches Hiob, »Heiliger des Misthaufens, furchtbarer Heiliger, dein steinernes Gebrüll in das Ewige hinein ist ein bebender Turm des Entsetzens. Mit deinem Büßerhemd hat sich die Hölle parfümiert!« Er verfaßt ein Warngedicht: »Mache mich wie den Blinden, o Herr. Er sieht nicht die Panoramen der Welt, doch in seinem Reich setzt er dich wieder ein.« Gott strafte ihn wie Hiob. Er bekam eine Netzhautentzündung, die, verschlimmert durch Diabetes, zu fortschreitender Erblindung führte. *Goldmasten* (Los mastiles de oro), *Die unsichtbare Stadt* (La ciudad invisible), *Der verlassene Scheiterhaufen* (La hoguera abandonada) geben Zeugnis von einem Dichter mit einem lebhaften Innenleben. In einem Artikel, den Neruda im November 1927 aus Madras schickt, spricht er von düsteren, samtgefütterten Fischen, von singenden Fischen und spielt damit auf unseren Dichter an. Dieser ist, so sein Urteil, ein Fisch, der Ángel Cruchaga verschlungen hat, ein sintflutlicher, aus fernsten Zeiten stammender Fisch. Bevor er im Herzen Albertinas seine Nachfolge antrat, aber nachdem ihr Verhältnis bereits in die Brüche gegangen war, schickt Neruda im Februar 1931 aus Batavia, Java, eine »Einführung in Ángel Cruchagas Dichtkunst«, die als Prolog zu dessen Buch *Eifer des Herzens* (Afán del corazón) dient. Es sind zwei Seiten wesentlichster Prosa, Schwester der Poesie der ersten Bände von *Aufenthalt auf Erden*. Sie beginnen mit einer Erklärung, die Neruda im weiteren nicht fortsetzt. »Dem, der mit dem gesunden Gemüt eines Bösewichts flucht, und dem, der mit tiefem Gefühl weint, bleibt das Haus der Dichtermusen nicht verschlossen. Ausgeschlossen aber ist jener, der lacht.« Nein, die Musendamen sind nicht immer mit traurigem Organdy geschmückte Frauen. Derselbe Neruda lachte später bisweilen in seinen Gedichten. *Extravaganzenbrevier* ist Beweis dafür, daß derjenige, der lacht, nicht immer dazu verdammt ist, außerhalb des Hauses der Musen zu bleiben. Doch dieser kurze Text taucht Ángels Reich in grelles Licht. »Cruchagas lebenden und dahingeschiedenen Frauen war eine titanische Todesneigung eigen, sie haben ihr Dasein so rein durchlebt, mit so ernst an die Brust gelegten Händen, in solch wohlgestalter Untergangshaltung, hinter einer Unzahl von Kirchenfenstern, in einem so ruhevollen Vergehen des Leibes, daß sie eher Wasserpflanzen, feuchte und reglose Blütenstände zu sein scheinen.«

Er registriert ein Zeichen, das ankündigt, es werde etwas geschehen, so daß sich eine gewisse Verbindung zwischen beiden Geschichten wiederherstellt. Und es schließt jenes kryptisch anmutende Sendschreiben mit einem rätselhaften Absatz, den spätere Ereignisse faßlicher machen: »Und unter den mannigfachen mystischen Zeichen eines so grenzenlos trauervollen Werkes spüre ich, wie seine ruhige und oftmalige Berührung auf meinen Umkreis mit unendlicher Macht einwirkt.«

Die ruhige und oftmalige Berührung kam von Albertina.

Die beiden schienen sehr verschieden zu sein, aber etwas einte sie. Der Ehemann war, wie Neruda sagt, mitunter »außerirdisch und sublunarisch«. Er verkehrte mit Kometen, Himmelserscheinungen, hatte »einen Geruch nach Himmel«, konnte aber nicht ohne die Erde leben. Und die Erde – »verkommene Schmuckgegenstände, wie verschlissene dicke Teppiche, gelb welkende Rosen, alte Anschriften« –, die verschaffte ihm die Frau, »die weiblich laue«. Sie war für Augenblicke ein »anmutiger und wunderbarer Kasten« für den einstigen Liebhaber gewesen und war es jetzt für den Ehemann, beide von der Zunft der Dichter. Wenn man bedenkt, was sie für eine glanzvolle Erfahrung hatte, dann zeigte sie eine unbezwingbare Neigung zur Zurückhaltung, die eines Tages mit einem Donnerschlag zu Ende ging.

32

Ein sonderbarer Geheimnisverräter

1975 veröffentlichte Sergio Fernández Larraín in Spanien einen Band mit den Briefen, die Pablo Neruda in der Zeit ihres Verhältnisses an Albertina geschrieben hatte. Das Ereignis entfesselte einen Sturm. Nicht nur, weil man durch die falsche Tür, die der Geheimnisse, in das Privatleben und einen fünfzig Jahre lang der Öffentlichkeit nicht zugänglichen Bereich eindrang, sondern auch, weil derjenige, der dies tat, am wenigsten dazu berufen war. Denn Fernández Larraín hatte 1954 eine Art polizeilichen Geheimbericht herausgebracht, darin bezeichnete er Neruda als ungemein gefährlichen Agenten jenes teuflischen Spinngewebes, das sich unheilvoll über die ganze Welt ausbreiten will, des Kommunismus.

Neruda war nie ein Leisetreter. Dem Feind pflegte er rücksichtslos und undiplomatisch zu antworten. Und er gab ihm, was er verdiente. Am 12. Oktober 1954 erschien in *El Siglo* auf der ersten Seite ein Brandartikel unter der Überschrift »Señor Fernández Larraín wird die Geschichte nicht ändern«.

Es ist ein ganz anderer Text als der, den er Ángel Cruchaga Santa María widmet. Es ist direkte, funktionale, strafende, anprangernde Prosa. Sie ist bisher verborgen gewesen. Hier seien zumindest einige bezeichnende Abschnitte wiedergegeben: »Es handelt sich, nach den erschienenen Auszügen zu urteilen, um einen langen Schundroman, um üble, monarcho-faschistische Denkart, die Fernández Larraín charakterisiert.

Wenn es nun nur um seine Vorliebe fürs Fabulieren ginge, würde mich das nicht weiter kümmern. Aber mit dieser Lügengeschichte werden Drohung, Verleumdung und der Krieg gegen Chiles Freiheiten, gegen die Würde der Chilenen fortgesetzt.

Die US-Monopole haben zeitweise Guatemala geschluckt. Der blutigen Operation ging eine hartnäckige antikommunistische Kampagne voraus. Die Fernández Larraín von Mittelamerika wurden mit Broschüren, später mit Flugzeugen bewaffnet, die ihre Geschütze abfeuerten und das amerikanische Antlitz mit Blut besudelten.

Sie haben Señor Fernández Larraín nicht deshalb ausgewählt, weil er für Katakomben steht, für mittelalterliche Schatten, sondern wegen eines bestimmten Vorfalls in der Geschichte.

Es existiert nämlich in der nationalen Geschichte eine Urkunde von Vaterlandsverrätern, unterschrieben am 9. Februar 1817 von einer Gruppe Abtrünniger, die ›als einzigen Herrn Ferdinand VII. anerkennen, unter dessen Herrschaft diese Untertanen glücklich leben‹ und ›sich erbötig machen, mit ihrem Leben und Vermögen und ohne jeglichen Vorbehalt die Rechte des Königs zu schützen‹, mit der Bitte, ›Stolz und Übermut der Aufständischen der anderen Seite nach Recht und Gesetz zu strafen‹.

Diese Aufständischen waren O'Higgins, die Carreras, Manuel Rodríguez, Camilo Henríquez, Juan Egaña, die Väter unseres chilenischen Vaterlandes. Sie gingen den Weg in die Gefängnisse, über die furchtbaren Kordilleren, nach Mendoza.

Einer der Verräter war der Marquis de Larraín.

Nach hundertsiebenunddreißig Jahren fordert ein Larraín, diesmal Fernández, Gefängnis, Kordillere, Konzentrationslagerinseln, Stacheldraht und Peitsche für die Patrioten. Kein Wunder.

Señor Fernández Larraín war Anhänger Hitlers, ist ein Schüler des Caudillo, bewundert diesen kleinen provisorischen Schakal, Castillo Armas geheißen. Was Wunder, daß er gegen die Universidad de Chile und ihren Rektor ist, gegen die Universitätsinstitute, gegen Stiftungen der Dichtkunst und gegen einfache Chilenen, Lehrer, Arbeiter, gegen alle jene, die mehr Würde, mehr Freiheit, weniger Lumpen für unser Vaterland wollen . . .«

Ein erschwerender Umstand: Fernández Larraín hatte sich auf hinterlistige Weise in den Besitz der Briefe gebracht. Albertina, achtzigjährig, von kerngesundem Aussehen, ganz anders als mit zwanzig, da Neruda in seinen Briefen immer wieder beunruhigt und besorgt nach ihren Krankheiten fragte, berichtet mit scheinbar unerschütterlicher Miene, was mit den Briefen des Dichters passiert ist. Sie hatte sie länger als ein halbes Jahrhundert aufgehoben, genauer gesagt, tief vergraben, sie hatte sie vor jedem, namentlich vor ihrem Mann, verborgen. Dazu gehörten Mut, Verschwiegenheit und Gespür beim Auswählen der Verstecke, und sie wurden in all der Zeit nicht entdeckt. Als ihr Verdienst muß gelten, daß sie diesen gefährlichen Papieren Wert beimaß und sie nicht zerriß, wie es so oft mit kompromittierenden Dokumenten geschieht. Sie bewahrte sie wie einen Heiligenknochen auf. Unter der Hülle aus Schweigen lag Talent zu Geheimhaltung und Schutz der vergrabenen Schätze.

Als die »Affäre« durch die von Sergio Fernández Larraín veröffentlichten Briefe platzte und sie gerichtlich gegen ihn vorging, wurde sie von Journalisten bestürmt. Sie antwortete in ihrer gelassenen Art, das Gesicht von tiefen Falten gefurcht, die ihr im Alter eine frappierende Ähnlichkeit mit ihrem Bruder Rubén verliehen, »dem Mannsgesicht«.

»Ich wohnte mit Ángel, meinem Mann, auf einem Grundstück in La Reina, wo ich alle meine Sachen hatte. Als Ángel starb, konnte ich dort nicht bleiben.« Sie bekam eine kleine Witwenrente von der Kasse und durch den Literatur-Nationalpreis ihres Mannes. Sie kehrte damals in die Stadt zurück, alle ihre Habe nahm sie mit in die neue Wohnung. Ein Neffe ihres Mannes, Fernando de la Lastra, machte ihr bei jedem Besuch ehrlose Vorschläge. Wollen Sie mir nicht ein paar von diesen Büchern verkaufen? Was wollen Sie damit machen? Er wühlte, schnüffelte, witterte wie ein Spürhund, als suchte er etwas, was er nicht benennen wollte. Ein paar Bücher verkaufte sie ihm. Und eines Tages – heureka! – entdeckte er die Schachtel, in der Albertina Nerudas Briefe aufbewahrte. Aufmerksam und besorgt bedauerte er, daß die Schachtel so ramponiert, von der Zeit arg mitgenommen wäre, und er machte sich erbötig, die Briefe zu ordnen und in einem festen Behältnis aufzubewahren, das vor dem Angriff der papierfressenden Motten sicher wäre. Mit dem

Fund unterm Arm zog er ab. Noch einmal kam er. Er zeigte ihr die geordneten und katalogisierten Briefe und ging abermals mit seiner wertvollen Last davon. Danach hat seine Tante ihn nie wieder gesehen. Zu jener Zeit begann sie in einem Blumengeschäft zu arbeiten, das Delia Solimano gehörte, der Schwester eines Freundes von Neruda, Manuels, des *gran cacciatore*, wie der Dichter ihn nannte. In Ligurien geboren, aus Santa Margherita und Portofino stammend, waren sie als Kinder über Ekuador aus Italien gekommen. Manuel befaßte sich mit dem An- und Verkauf von Autos. Einmal beschaffte er auch eines für den Dichter. Delia war später in erster Ehe mit einem italienischen Kaufmann verheiratet. Dieser richtete einen Sodawasser-Verkauf in der Calle Agustinas ein, in dem sie als Kassiererin arbeitete. Dorthin lud mich Vicente Huidobro so um das Jahr 1933 allabendlich ein, wir verzehrten eine Kleinigkeit, und das ermöglichte ihm, sich der Kassiererin zu nähern und ihr, während er ihr das Geld hinschob, zum tausendstenmal zu sagen, daß sie die Schönste von ganz Santiago wäre. Sie hielt den Kopf gesenkt wie jemand, der dem Regen lauscht, und strich mit berufsmäßiger, abweisender Miene das Geld ein. Sie hatte eine Tochter. Später löste sie ihre Ehe, heiratete Tomás Lago und machte einen Blumenladen auf. Albertina, schon verwitwet, fing bei ihr an. Als sie eines Tages bestellte Rosensträuße und eine Sendung Nelken zurechtmachte, betrat ein Freund den Laden und fragte sie: »Besitzt du Briefe, aus denen hervorgeht, daß Pablo sie dir geschrieben hat?« Sie bejahte. Beunruhigt rief sie Fernando an und fragte ihn, was es damit auf sich hätte. »Gar nichts«, gab er ihr zur Antwort. »Ich habe sie nur meinem Chef gezeigt.« Der Neffe war aus dem Verkehr verschwunden, und der nun in Delia Solimanos Garten auftauchte, war Sergio Fernández Larraín. Er war sehr nett zu Albertina und sagte ihr, daß er etwas Wichtiges mit ihr bereden müßte. Sie bestellte ihn zu sich nach Hause, da sie glaubte, er wollte mit ihr über Ángel sprechen. Zu ihrer Überraschung kam er mit Nerudas Briefen. Albertina fragte ihn, woher er die hätte. »Ihr Neffe hat sie mir gegen ein paar Kandelaber überlassen«, lautete die Antwort.

»Er wollte keinen Streit«, fügt Albertina hinzu. »Und er sagte mir, daß er sie auf jeden Fall veröffentlichen und ein sehr hübsches Vorwort dazu schreiben würde.« Er bettelte ziemlich lange. Zwei- oder dreimal kam er zu ebendiesem Zweck zu ihr, bis Albertina ihn schließlich ermächtigte, die Briefe zu publizieren.

In einem anläßlich des zehnten Todestages von Neruda in der Madrider Zeitung *ABC* am 23. September 1983 erschienenen Interview wird sie von der Journalistin Mónica Guzmán gefragt, ob er so etwas wie Prozente gezahlt habe. »Absolut nichts, ein einziges Buch hat er mir geschenkt.«

Acht oder zehn Monate nach der Veröffentlichung strengte sie mit zwei Anwälten einen Prozeß gegen Sergio Fernández Larraín an, der dann zur Rückgabe der Briefe verurteilt wurde; freilich nachdem er sie veröffentlicht hatte.

Warum hatte Albertina ihn ermächtigt? Vielleicht wollte sie das Geheimnis nicht mit ins Grab nehmen? Vielleicht wollte sie, die schon alt war, noch die Freude erleben, daß man ihrer als des Mädchens mit der grauen Baskenmütze gedachte, das sie als Zwanzigjährige gewesen war und das zu Gedichten inspiriert hatte, die es mit romantischem Halo in die Nachwelt projizieren sollten?

Dieser so grimmige politische Feind Nerudas und seiner Ideen, ein reicher Großgrundbesitzer aus Melipilla, war am 25. August 1939 in einen Putsch gegen die Volksfront verwickelt, der scheiterte. Er hatte sich am »Ariostazo« beteiligt, einer von General Ariosto Herrera geleiteten Verschwörung. Drei Jahre nach dem Putsch in Afrika hatte dieser der chilenische Franco sein und die verfassungsmäßige Regierung unter dem Radikalen Pedro Aguirre Cerda stürzen wollen. Fernández Larraín hatte eine Vorliebe für sämtliche Francos der Welt. Er gehörte allen antikommunistischen Ligen in seiner Reichweite an. Er produzierte sich als kriegerischer Deputierter und danach als Senator für die Konservative Partei. Er war Botschafter in Spanien zur Zeit des Caudillos, und dort sah er seinen Traum beinahe verwirklicht. Franco beweinte er an dessen Todestag als einen der Größten des 20. Jahrhunderts.

Wie erklärt sich dann dieses gesetzwidrige, gegen alle Normen und Gepflogenheiten verstoßende Bestreben, in den Besitz von Briefen zu gelangen, die nicht ihm gehörten und durch deren Veröffentlichung er einen aufsehenerregenden Skandal auslöste? Ausgerechnet von Briefen dieses Gegners, den er als unerwünscht beschimpft und der seinerseits ihn, als Antwort darauf, mit seiner kraftvollsten Prosa politisch und moralisch disqualifiziert hatte?

Bestimmt waren es vielfältige Gründe, Triebfedern, psychische Motive, Interessen, Leidenschaften und Ambitionen, die diese Persönlichkeit in, wie es scheint, so widersprüchliche Richtungen bewegten.

Ein gewisses Schwindelgefühl angesichts der Menschen, die er als Vertreter des Abgrunds hinstellte? Es gibt Menschen, die fühlen sich unwiderstehlich angezogen von denen, die sie öffentlich verteufeln, und das treibt sie dazu, bei Personen, die sie selber der schlimmsten Verbrechen bezichtigen, nach einem Geheimleben zu suchen. Ist das der Tribut, den der Feind dem entrichtet, der besitzt, was sie, die reich an Geld sind, nicht besitzen, aber gern hätten?

Ja, hätten. Denn des kleinen Feudalherrn aus Melipilla Wunschtraum war es von jeher, als Intellektueller, als Schriftsteller zu gelten. Mangels eigenen Talents beschloß er, auf das Talent anderer zurückzugreifen. Zu diesem Zweck bediente er sich bald des Geldes, bald des Betruges. Wenn es im Spanien dieses Jahrhunderts eine Persönlichkeit gegeben hat, die sich von der seinen abhebt, dann ist das Miguel de Unamuno. Nun gut, er hatte sich Briefe des Autors der *Agonie des Christentums* (La agonía del cristianismo) verschafft und diese mit einem eigenen Vorwort veröffentlicht, damit war er im Besitz einer Eintrittskarte für die Welt der Literatur, auch wenn er bei diesem Eintritt geliehene Sachen trug.

Fernández Larraín gibt 1975 in Spanien ein Buch mit den Briefen Pablo Nerudas an Albertina Rosa heraus, 1978 erscheinen in Santiago, bei Andrés Bello, die *Liebesbriefe von Gabriela Mistral*, »Einleitung, Auswahl, Bildmaterial und Anmerkungen von Sergio Fernández Larraín«. Eine Art

Manie. Das Buch enthält einen Brief Gabriela Mistrals an Alfredo Videla Pineda und außerdem achtunddreißig Briefe an den Dichter Manuel Magallanes Moure. Diese Briefe stellen einen unersetzlichen Wert dar. Vornehmlich die an Magallanes gerichteten sind ein verborgener Schatz und dazu angetan, die Auffassung über Gabriela Mistrals Innenleben zu revidieren.

Diese fremden Briefe, die es dem Herausgeber ermöglichten, Mitglied der Chilenischen Sprachakademie zu werden, sind hinsichtlich ihres literarischen und biographischen Gehalts mehr wert, als sie wiegen. Sie sind ein kostbares Material zum Kennenlernen der inneren Welt derer, die sie geschrieben haben. Sie vervollständigen Bilder, rücken Vorstellungen gerade.

Am Ende verkaufte Albertina Rosa die Briefe. Nachdem sie Fernández Larraíns Händen entwunden waren, ließ sie sie im Keller der Auslandsbank von Spanien in Santiago deponieren. Als der Präsident der Bank, Francisco Fernández Ordóñez, nach Chile kam, um einer Generalversammlung der Aktionäre vorzusitzen, willigte Albertina Rosa ein, die hundertfünfzehn Briefe und siebzehn Gedichte sowie mehrere Fotografien aus jener Zeit zu verkaufen. Da das Geld die Poesie nicht verachten darf, veranstaltete die Kulturstiftung der Auslandsbank zu Nerudas zehntem Todestag eine Ausstellung all dessen, was sie vom Dichter besaß. Danach brachte sie alles in ihre wohlbehüteten Tresorräume zurück.

33
Liebe und Poesie

Nerudas Briefe an Albertina Rosa sind eine einzigartige Ergänzung seines literarischen Werkes jener Tage. Sie sind unlöslich mit seiner Poesie verbunden, mit *Morgen- und Abenddämmerungen, Der begeisterte Schleuderer, Zwanzig Liebesgedichte* und mit dem ersten Teil von *Aufenthalt auf Erden*. Sie sind ein Gemälde seiner Gefühle, beinahe ein intimes Tagebuch seiner Wirrnisse und Probleme, ein Verzeichnis seiner Absichten und außerdem ein Bild seiner Zeit und seiner Umgebung.

Das Verhältnis Pablo – Albertina entstand, als der Unterricht sie im selben Raum zusammenführte und sie sich auf den Korridoren des in der Alameda, Ecke Cumming gelegenen alten Gebäudes des Pädagogischen Instituts ergingen. Neruda kam aus der Provinz Cautín, Albertina stammte auch aus einer Regen- und Mapuche-Gegend, sie war ebenfalls Südländerin, aus Arauco gebürtig und durch ihre Familie mit dem Lehrerberuf verbunden; diese wohnte in Lota Alto, nahe der Kohlebergwerke, die Baldomero Lillo zu *Untertage* (Subterra) anregten. In ihren Zügen und noch mehr in denen ihres Bruders Rubén war etwas, was indianisches Blut verriet.

Vormittags und nachmittags Unterricht. Französische Literatur und Grammatik, Latein, Psychologie. Das Unglück kommt, als ein Jahr später die Universität in Concepción ein Französischstudium eröffnet und der Vater sie dorthin schickt, wo sie weniger weit von zu Hause entfernt ist. Eine sehr schmerzliche Trennung für den Dichter.

Was für ein Bild vermittelt sie von ihrem Geliebten sechzig Jahre nach der Romanze? »Pablo war ein Jahr jünger als ich. Er deklamierte Gedichte in einem eintönigen Singsang. Er war sehr schlank und schweigsam und begleitete mich immer zu der Pension, in der ich mit meinem Bruder wohnte.«

Wie lange waren sie zusammen? »Ich glaube, ein Jahr, vielleicht etwas länger. Wenn wir in die Ferien fuhren, nahmen wir denselben Zug. In San Rosendo trennten wir uns. Ich fuhr weiter nach Concepción und er nach Temuco. Damals hatten wir Ferien im September, einen ganzen Monat, und im Dezember.«

Sie blieb zwei Jahre am Pädagogischen Institut von Santiago und Pablo vier, das heißt, er absolvierte das gesamte Studium. Die Entfernung von Santiago nach Concepción, fünfhundert Kilometer, war für Neruda riesig, er schrieb verzweifelte Briefe. War der Abstand für Albertina größer oder kleiner? Sie antwortete immer spät, schlecht oder gar nicht.

Die Familie beherrschte sie auf tyrannische Weise. Ihr Vater, Ambrosio Azócar Peña, und die Mutter, Juana Soto Rodríguez, waren beide Lehrer. Auch sie würde Lehrerin werden. In einem seiner Briefe gibt Neruda die Schuld an ihren lapidaren Briefen dem Lehrerinkomplex. Alle in der Familie sind Lehrer. Die drei Brüder und die drei Schwestern. Der älteste der Brüder heißt Víctor. Danach kommt Rubén, der Verfasser von *Die Tür* (La puerta) und *Menschen auf der Insel* (Gente en la isla). Der kleinste der Brüder, Augusto, stirbt jung. Von den Schwestern ist die erste Etelvina. Dann kommt Adelina, die dritte ist Albertina. Jeder Name mit gleicher Endung. Bei Rubén zu Hause sah ich an einem Sonntagabend alle lebenden Geschwister beisammen. Sie machten den Eindruck eines starken Geschlechts.

Unterrichtsbeginn in Chile war im März. In den letzten Sommertagen fuhren wir jungen Leute aus der Provinz, die wir einst nach Santiago gegangen waren, um zu studieren, in der dritten Klasse eines Zuges, der mit seinen Rädern auf den Gleisen die uns mit Familie und Jugend verbindende Nabelschnur zerschnitt.

Der 18. April 1921 gilt als der Tag, da Amors Pfeil traf. Läßt sich das so genau sagen? Wird der *coup de foudre* durch den kosmischen Kalender angezeigt oder durch ein mathematisches Gesetz der Konstellation? Die genauen Liebesdaten gehören wahrscheinlich zur Legende *a posteriori*, zu den Geschichten, die später den Dichter umgeben werden. Soweit es sich um Daten handelt, wollen wir uns auf die Briefe stützen, auch wenn viele von ihnen nicht datiert sind und keine Ortsangaben enthalten.

Die spanische Auslandsbank spricht von hundertfünfzehn Briefen, Fernández Larraín bezieht sich auf hundertelf Liebesbriefe. Neruda hat sie überall dort geschrieben, wo er während jener Periode weilte, Temuco, Puerto Saavedra, Santiago, Valparaíso, Ancud, Colombo und so weiter. Der Briefwechsel dauerte sogar weit länger als das eigentliche Verhältnis. Der erste Brief wurde 1921 verfaßt. Der letzte elf Jahre später, am 11. Juni 1932. Meist sind es handschriftliche Briefe. Maschinengeschriebene bilden eine große Ausnahme. So zum Beispiel der vom 11. April 1925, der auf der Schreibmaschine des Dichters Augusto Winter geschrieben wurde. Ein guter Teil von Nerudas Briefen ist versehen mit Zeichnungen, sogar mit Selbstbildnissen, Grundrissen der Häuser, in denen er wohnt, Skizzen seines Zimmers. Er liebt Papier von unterschiedlichster Farbe. Er versucht rote Tinte, blaue, schwarze, lackfarbene, im reifen Alter bevorzugt er grüne Tinte. Es heißt, ein Regenbogen als Tintenfaß wäre ihm gerade recht gewesen.

Der junge Mann hat einen Hang zur Selbstbeobachtung. Er versucht, sich selber zu erkennen, ohne darüber, wie es scheint, zum Bewunderer seiner selbst zu werden. In den Ferienmonaten schreibt er eine Unzahl von Briefen, sie bleiben fast alle unbeantwortet.

Mit der Zeit verliert der Dichter den Überblick darüber, welche Gedichte der Liebe von Temuco und welche der Liebe von Santiago gewidmet waren. Als er fünfzig wurde, behauptete er, von den *Zwanzig Liebesgedichten* wären für Marisol die 3, 4, 6, 8, 9, 10, 12, 16, 19 und 20. Und für Marisombra – beinahe salomonisch – die übrigen zehn. Er schreibt die »graue Baskenmütze« Marisol zu, und in Briefen setzt er sie später Marisombra auf. Emir Rodríguez Monegal spricht in *Der reglose Reisende* (El viajero inmóvil) von der Ära der Baskenmützen. Vielleicht haben beide eine getragen. Oder ob der Dichter aus seinen beiden Heldinnen eine einzige macht?

Aber das »Gedicht 15« ist, wie gesagt, unverwechselbar Albertina. Neruda hatte es im November 1923 in La Serena veröffentlicht, in der Zeitschrift *Vendimia*, unter dem Titel »Gedichte von ihrem Schweigen«. Es enthält eine Variante, die der Dichter später ausläßt:

Ich werde dich nicht unterbrechen, damit du lange
    schweigst
und alles mein sei, dein Schweigen – ihres.
Wie schwiegst du früher, als du noch kleiner warst?
Lagen so deine Hände auf der Brust?

Wenn du es mir nicht sagst, muß ich danach
deinen Bruder fragen, den Dichter, der in Mexiko weilt.
(W. P.)

Im Januar 1924 veröffentlicht es die Santiagoer Zeitschrift *Zig Zag* mit einigen Änderungen. Ich habe den Eindruck, daß »Gedicht 2«, »In seine sterbliche Flamme«, eine spätere Schöpfung, die ursprüngliche Version ersetzte, die der Dichter in der ersten Ausgabe veröffentlicht hatte. Sein Aufbau ist anders, obwohl die Person zu erkennen ist: »Schweigsame, o meine Freundin . . .« In »Gedicht 5« spürt er, daß er für sie spricht. »Und ich schau meine Worte von fern. Sie gehören mehr dir als mir.«

»Gedicht 7« handelt von der Angst vor dem Geheimnis ihrer Augen, und er argwöhnt, ein Unglück werde aus ihnen hervorgehen. »Du aber hütest einzig Finsternisse, Frau, so fern und mein. Zuweilen taucht aus deinem Blick des Erschreckens Küste.«

»O Seelenqual, die du mit Messerstößen mir die Brust zerschnittst, / Zeit ist's, anderen Wegen zu folgen, so sie nicht lächelt.«

»Gedicht 13« ist eine Variante von »Gedicht 1« – der Körper der Frau. Er besingt sie mit Freudentönen, aber »habe ich einmal den eisigen und verwegensten Gipfel erklommen, / wie eine nächtliche Blüte schließt sich mein Herz«.

»Niemandem, seit ich dich liebe, bist du gleich«, sagt er ihr in »Gedicht 14«. Es ist die Gabe, die Frau aus Fleisch und Blut, die gewöhnliche, unverbildete, zur einzigartigen umzugestalten, zu der zu machen, die »Tag für Tag mit dem Licht des Weltalls« spielt.

Die Unbekannte aus der Nummer 17, »Wer bist du nur, wer?«, zu bestimmen war dem Dichter nie beschieden. »Ich liebe, was mir nicht gehört. So fern bist du«, lautet die Klage in »Gedicht 18«.

Die Gedichte wurden in Studentenpensionen zwischen der Calle Brasil und dem Hauptbahnhof geschrieben, ausnahmsweise auch in der Nähe der Station Mapocho, im Rausch einer schwierigen Leidenschaft, in der der Dichter die Liebe über alles stellt und nahezu ausschließlich das geschriebene und gesprochene Wort einbringt.

Zwanzig Liebesgedichte ist in Lateinamerika das von Verliebten am meisten gebrauchte und mißbrauchte Buch. Es wurde zu einer Art Helfer derjenigen, die das Bedürfnis hatten, sich zu erklären, und die, oft ohne den Autor zu nennen, zu diesen Versen Nerudas als Verführungswerkzeug griffen. Den Dichter freute das. Er sah darin eine Rechtfertigung seiner Poesie. Als man Albertina fragte, welche von den ihr gewidmeten Gedichten ihrer Meinung nach die besten wären, antwortete sie ausweichend und kurz: »Am bekanntesten ist das Gedicht ›Schweigen‹ geworden. Er hat mehrere für mich gemacht, aber ich weiß nicht mehr, welche. Das ist schon so lange her . . .«

Neruda liebte sie aus all den Gründen, weshalb ein Mann eine Frau lieben kann, aber auch, weil sie Motiv, Vorwand und Sprungbrett für den poetischen Sprung war. Er ist ein junger Mann, im Vollbesitz seiner Kräfte. Er muß diese doppelte Vertrauenswürdigkeit zum Ausdruck bringen, mit seiner Botschaft die Sterne erreichen, in einem Gedicht, das auch für die Leidenschaft des trotzigen Jünglings sprechen soll: »In der Nacht, ganz aus eisigen, irrenden Sternen, / ich laß meine Arme kreisen wie zwei wahnsinnige Mühlenflügel.« Das ist das Klima des *Begeisterten Schleuderers*, der im Januar 1933 in Druck gegeben wurde, fast zehn Jahre nach seiner Beendigung. Er veröffentlicht ihn und bezeichnet ihn entschuldigend als »das Dokument einer überschwenglichen, brennenden Jugend«. Albertina liegt einer seiner Seiten als Bild der Frau zugrunde.

Er trug sich mit dem Plan, das Thema als mehrbändigen Zyklus weiterzuentwickeln, wie er es später mit *Aufenthalt auf Erden* getan hat. Der erste sollte *Der begeisterte Schleuderer* heißen. Danach würden weitere folgen: *Die Frau des Schleuderers*, *Die Stadt des Schleuderers*, *Die Trompete in den Wäldern*. Einmal nennt er ihn den *Begeisterten Pfeilschützen*. Er kündigt den Zyklus als große Poesie an, »klein aber im Verhältnis zu der, die denkt«. Albertina ist die Flut. Sie richtet den Blick ihrer trauervollen Augen auf ihn. Er spürt ihren Leib aus weißer, beweglicher Kreide. Sie ist es, die ihn zu dem Ausruf bewegt: »Freundin, stirb nicht!«, das Original steht in einer ersten Version, die später im Buch erheblich verändert erscheinen wird, auf ein paar Kopfbogen der Studentenföderation von Chile.

Das Original gibt er teils Albertina Rosa, teils Terusa.

Es ist eine Tatsache, daß beide Liebschaften eine Zeitlang nebeneinander existierten. Das Santiagoer Verhältnis war intensiver, auch weil erfüllter. Dem Verhältnis zwischen Mann und Frau liegt eine fertige Erfahrung zugrunde. *Der Schleuderer* ist Zeugnis rasender Leidenschaft. Es gibt Augenblicke, in denen er glaubt, Antwort zu finden: »Du bist da, du bist, und ich liebe dich! Ich rufe dich, und du antwortest mir!« All sein Gefühl äußert sich im ehrgeizigen Rahmen des jungen Mannes, der sich in das Universum einfügen, der die Natur an seiner eigenen Natur teilhaben lassen will, der mit seiner Geliebten der gewaltigste Sonnenuntergang am Himmel sein möchte.

Zahlreiche Gedichte wurden unmittelbar nach *Morgen- und Abenddämmerungen* geschrieben. Gewiß sind die meisten verlorengegangen, »für immer«, wie der Dichter sagte. Zwölf bildeten das Buch, das das Licht der Welt erblickte (1. »Ich laß meine Arme kreisen wie zwei wahnsinnige Mühlenflügel«, 2. »Es ist wie ein Rausch«, 3. »Du bist ganz aus leichten, schlanken Wogenschäumen«, 4. »Ich spüre, wie deine Zärtlichkeit sich meiner Haut naht«, 5. »Freundin, stirb nicht!«, 6. »Laß mir ungebunden Hände und Herz«, 7. »Mein Herz! Meine Seele! Wurzel meines schweifenden Durstes«, 8. »Fülle dich ganz mit mir«, 9. »Lied von Mann und Frau«, 10. »Meine Sklavin! Fürchte mich, liebe mich!«, 11. »Durst nach dir quält mich in den begierigen Nächten«, 12. »Es stimmt, meine Geliebte, meine Schwester, es stimmt«). Von diesen Gedichten hat Albertina sieben behalten. Schade ist es um die verlorengegangenen. Neruda erzählte, daß er sie in einem Zustand der Verzückung geschrieben habe. Ein Sternentaumel hatte ihn erfaßt. »Ich war verliebt, und auf den Schleuderer folgten Flüsse, Ströme von Liebesgedichten.«

34

Der Vers ändert sich. Die Frau bleibt dieselbe

Später sagte er, die *Zwanzig Liebesgedichte* seien »die Romanze von Santiago, mit den Studentenstraßen, der Universität und dem Geißblattgeruch guter, geteilter Liebe«. Vordem hatte er festgestellt, daß der Río Imperial, seine Mündung, seine Landschaft, ihm beim Schreiben sehr geholfen habe, so wie die Tatsache des Verliebtseins beim Schreiben helfe, auch wenn es nicht immer die »gute, geteilte Liebe« ist. Im Innern, physisch, verspürte er das Verlangen, seine Leidenschaften in Poesie zu verwandeln, das geographische Milieu, in dem er lebte und in dem sie angesiedelt war. Das ist das Charakteristikum dieses Schöpfers. Er liebte, weil er liebte und weil er davon erzählen wollte. Er mußte es mitteilen. Seine Lebenserfahrung, sein Liebesleid, das erotische Abenteuer – er genießt es als Mann, der er ist; aber gleich danach setzt er es in Poesie um – als Dichter, der er ist. Meist läßt er keinen zeitlichen Zwischenraum zwischen Fühlen und Schreiben. Es sind aufeinanderfolgende Handlungen. Das Papier nimmt nahezu unmittelbar die noch bettwarme Empfindung auf. Er ist auf die Welt gekommen, um zu sagen, was er fühlt und was andere fühlen. Und er tut es mit sonderbarer Schnelligkeit. Diese ständige Bewegung vom Leben hin zum Buchstaben wird bewirken, daß der Buchstabe immer und sofort den Wandel wiedergibt, der sich in seinem Dasein vollzieht, in seinem Körper und in seinem Geist.

Die Liebe zu Albertina soll sich durch mehrere Bücher ziehen.

Jedes von Nerudas Büchern ist anders als das vorhergehende und anders als das kommende, selbst wenn sie, wie die verschiedenen Bände von *Aufenthalt auf Erden*, ein und denselben Titel haben.

Neruda ist ein Dichter, der ständig, von Buch zu Buch, mit sich selber bricht. Den tiefsten Bruch mit der Poesie seiner drei ersten Bände, *Morgen- und Abenddämmerungen*,

Der begeisterte Schleuderer, Zwanzig Liebesgedichte, vollzieht er mit *Versuch des unendlichen Menschen.* Die Poesie
seiner ersten Etappe (es sei immer wieder betont, daß jedes
Buch anders ist) nimmt noch, relativ gesprochen, Anlei-
hen auf – bei einem erneuerten Modernismus und bei der
der ästhetischen Revolution vorausgehenden europäischen
Poesie. Er betrachtete *Versuch des unendlichen Menschen*
als das häßliche Entchen seines Werkes, als das unverständ-
lichste Buch. Als er sechzig wurde, hörte ich ihn in der Nationalbibliothek sagen, daß er es als den eigentlichen Kern
seiner Poesie betrachte. Es sei das am wenigsten gelesene
und untersuchte Buch seines Werkes, es unterscheide sich
grundlegend von den übrigen und gehöre zu seiner wichtigsten Poesie. Er erläuterte diese Behauptung. Bei der Arbeit an jenen Gedichten (es war eines der seltenen Male, da
er von seiner Dichtkunst als von Arbeit sprach, nicht daß
sie keine Arbeit gewesen wäre, das war sie immer, sondern
weil es ihm Spaß machte, sich selber als großen Faulenzer
auszugeben) habe er Einsichten gewonnen, die er vordem
nicht besessen. »Und wenn Wendungen, Klarheit oder Rätsel
irgendwo genau überlegt sind, dann in diesem kleinen, ungemein persönlichen Buch.«

Schon vordem, im Jahre 1961, als er sein Lehramt an der
Fakultät für Philosophie und Erziehung der Universidad de
Chile antrat, hatte er darauf hingewiesen, daß er in jener
Zeit, von Stéphane Mallarmé und Guillaume Apollinaire
beeinflußt, Grammatik und feststehende Normen ignorierte
und in seinen Büchern auf Interpunktion und Großbuchstaben verzichtete. »Man kann«, sagte er, »mein altes Buch
Versuch des unendlichen Menschen noch ohne einen Punkt
und ohne ein Komma sehen.«

Versuch ist die brennende Brücke, mit der nicht nur die
großen Buchstaben, die Punkte und Kommas verbrennen, der
Brand seiner eigenen poetischen Wandlung verschlingt auch
die in jenem Augenblick in seinem Werk dominierenden
literarischen Formen und Konzepte und leitet beschleu-
nigt eine neue Phase ein, die Phase von *Aufenthalt auf
Erden.*

Die Poesie verändert sich. Die Frau bleibt dieselbe. Es ist dieselbe Albertina. In einem Brief bittet er sie, ihm ausführlich zu berichten, was sie getan hat und tut, ob sie Schmerzen habe und woran sie denke. Er stellt sich ihre Schritte vor, während er ihr schreibt, an jenem Dienstagvormittag. Sodann schreibt er für sie ein Gedicht um, das später in *Versuch des unendlichen Menschen* eingehen soll: »Zu seiten meiner selbst, verliebtes Fräulein, / wer, wenn nicht du, ist wie der trunkene Draht / ein Lied ohne Titel?« Hier gibt es Großbuchstaben, Kommas, Fragezeichen. Sie werden verschwinden. Dieses erschien zum erstenmal 1925 in der Zeitschrift *Dinamo* unter dem Titel »Lied für ihr Schicksal«.

Die Adressatin der Gedichte beantwortet diese mit ungnädigem oder ängstlichem Schweigen. Schreibt der Dichter für seine Geliebte, für sich selber und für die Welt? Wenn er nur für seine Geliebte schriebe, wäre die Antwort kein überwältigender Erfolg. Er weiß es. Aber er will, daß sie die Verse kennt, zu denen sie ihn irgendwie inspiriert, und vor allem möchte er von Albertina ein Wort über sein Werk hören, das heißt über sein Leben, über sich selber. Obwohl er sich bewußt ist, daß das Resultat nicht beeindruckend sein und er wahrscheinlich nicht die geringste Antwort erhalten wird, schickt er ihr einen Brief, in dem er ihr sagt: »Ich habe mir die unsägliche Mühe gemacht, diesen Brief für Dich aus meinem nächsten Buch abzuschreiben, um zu erfahren, ob Dich etwas von dem interessiert, was ich für Dich schreibe. Du bringst mir ein Gefühl von Gleichgültigkeit entgegen, das meine Neugier weckt.«

Wenn *Versuch* eine vorübergehende Begegnung ist, dann ist *Aufenthalt auf Erden* die Ankunft in einem anderen Land. Aber vorher wird die Wachstumskrise mit ihrem Erdbeben noch über die Prosa hinwegfegen, über den sogenannten Roman, *Der Bewohner und seine Hoffnung*, und über die Texte der *Ringe*.

Jener stammt aus dem Jahre 1926, ihm vorangestellt ist ein bedeutsamer Prolog, denn darin definiert der zweiundzwanzigjährige Autor sich selber: »Ich habe eine dramatische Auffassung vom Leben, und eine romantische; was nicht zutiefst an meine Sensibilität rührt, geht mich nicht an. Für mich war es sehr schwierig, diese Konstante meines Geistes mit einer mehr oder minder eigenen Ausdrucksweise zu vereinen. In meinem zweiten Buch ›Zwanzig Liebesgedichte und ein Lied der Verzweiflung‹ besaß ich schon etwas von obsiegender Arbeit. Diese Freude, sich selbst zu genügen, können die ausgleicherischen Idioten, die einen Teil unseres literarischen Lebens bilden, nicht kennen. Als Mitbürger bin ich ein ruhiger Mensch, Feind der Gesetze, Regierungen und verfügten Institutionen. Ich hege Abscheu für den Bourgeois, mir gefällt das Leben der Unruhigen und Unzufriedenen, seien es Künstler oder Kriminelle.«

Es ist auch ein Selbstbildnis aus einer Übergangsphase, das einen weiteren Zug dieses jungen Mannes zeigt, der »immer eine Vorliebe für große Ideen« hat. Zweifel und Unsicherheit quälen ihn. Er sucht nach mehr oder weniger eigenem Ausdruck. *Der Bewohner und seine Hoffnung* ist Erzählung und Poesie, auch wenn er betont, daß er nicht die Absicht habe, etwas zu erzählen. Anders als Albertina, »ist Irene dicklich, blond, geschwätzig«. Sie bringt ihn schnell dazu, ihr seine Geschichten zu erzählen. Rivas und der Erzähler sind Pferdediebe. Ihm gefallen Viehdiebe wie Diego Coper, ein hochmütiger Kerl mit stolzer Miene, Gefangener, »wegen ein paar Sachen mit Viehzeug« von der Polizei in Cantalao festgenommen. Als er wieder frei ist, empfängt er sie in seinem Zimmer, während er einen Apfel ißt. Er will ihr alles erzählen, seine Kindheit, die einsamen Tage am Gymnasium. Florencio Rivas hat am Abend zuvor seine Frau Irene getötet. Sie galoppieren zusammen davon. Er fand sie tot auf dem Bett, »wie eine große Meeresnatter, dort in den nächtlichen Schaum geworfen«. »Weh mir, weh dem, der mit seinen Phantomen allein bleiben kann.« Der Schluß lenkt uns auf den melancholischen Neruda jener Zeit. »Jetzt bin ich gegenüber dem Fenster angelehnt, und eine große Traurigkeit durchtränkt die Scheiben. Was ist das? Wo war ich? Hier ist es, daß aus diesem schweigenden Haus ebenfalls der Geruch des Meeres quillt, wie aus einer gewaltigen ozeanischen Muschelschale kommend, und wo ich unbeweglich bin. Es ist Zeit, denn die Einsamkeit beginnt sich mit Ungeheuern zu bevölkern; die Nacht zittert an einem Ende in gefallenen, wüsten Farben, und das Morgengrauen reißt weinend die Augen aus dem Wasser.«

Niemand braucht den Prosaisten Neruda zu bedauern, auch wenn er sich immer als Dichter bezeichnet hat. Prosaist irrtümlicherweise, durch höhere oder niedere Gewalt, pflegte er von sich zu sagen. Doch *Der Bewohner und seine Hoffnung* ist Zeugnis eines Schriftstellers, dem sämtliche literarischen Gattungen Zutritt gewähren. Einmal hörte ich ihn zu einem jungen, sehr begabten Schriftsteller sagen, und es war als Rat gemeint: »Du magst Poesie schreiben, Erzählung, Roman, Essay, doch einem mußt du den Vorzug geben.«

Der Unterschied zwischen der Prosa von *Der Bewohner und seine Hoffnung* und den Prosaschriften der *Ringe* ist deutlich erkennbar, obwohl beide Bücher im selben Jahr erscheinen, 1926. Letztgenanntes ist poetische Prosa. Das erste ist die von einem Dichter geschriebene Erzählung. »Herbst der Schlinggewächse« schmeckt nach Poesie mit anderer typographischer Gestaltung. Ebenso »Imperial im Süden«. »Geheimnisvolles Wollen, beharrlich drängende Masse des Meeres, Meute verurteilt zum Planeten, etwas in dir ist dunkler als die Nacht, tiefer als die Zeit.« Das alles ist so, als wendete man den Blick gen Süden, den Molen von Carahue zu, dem Frühling im August, den Reminiszenzen aus »Provinz der Kindheit«. ». . . vom romantischen Balkon breite ich dich wie einen Fächer aus«. »Oh, der staubige Winter der Erwachsenen, wenn die Mutter und ich im rasenden Sturm zitterten. Überall Regen und Regen, o verschwenderische unerschöpfliche Traurigkeit. Da heulten, klagten die im Wald verlorenen Züge. Da knarrten die von Nacht gepferchten Bretter des Hauses. Der Wind besprang in Pferdesprüngen hordenweis die Fenster, warf alles nieder, was uns umgab . . . Ich war der Verliebte, der die Hand zum Mädchen mit den großen Augen hob, mitten auf gemächlichen Pfaden, in Dämmerungen, in unvergeßlichen Morgen . . . Land der Kindheit, heimlichen Stunden entglitten, das niemand in Augenschein nahm. Gebiet der Einsamkeit, auf Baugerüsten naß von frischen Regengüssen gelegen, dich ersehne ich zu meinem Geschick als Zuflucht der Rückkehr.«

Immer wieder der Regen. »Regen, Freund der Träumer und Verzweifelten, Gefährte der Untätigen und Stubenhokker . . .«

Manche Texte, wie »Traurigkeit« und »Die Geliebte des Leutnants«, durchweht ein Duft, der aus der skandinavischen und russischen Literatur der Zeit kommt.

35
Briefe als Beichte und Ausdruck der Angst

Neruda begann *Aufenthalt auf Erden* zwischen 1925 und 1927, bevor er zum erstenmal ins Ausland ging. Damals war das Leben für ihn sehr hart. Er setzt das Buch im Fernen Osten fort. Während langer Tage quält ihn dort auch weiterhin der Gedanke an Albertina Rosa. Am 18. September 1929 kündigt er ihr in einem Brief an, daß in Spanien binnen kurzem ein neues Werk von ihm erscheinen werde, das vieles für sie enthalte. Und er schickt ihr die ersten vier Verse seines »Madrigal, im Winter geschrieben«:

> Auf dem Grund des tiefen Meeres,
> durch die Nacht aus endlosen Streifen
> fliegt wie ein Renner vorbei
> dein stummer, stummer Name.

Stummer, stummer Name. Rafael Alberti erzählt die Geschichte dieses Buches, das in Spanien herauskommen sollte, aber ein gescheitertes Projekt blieb. Zum erstenmal erschien es am 10. April 1933 in Santiago bei Nascimento, in einer kleinen Auflage von hundert Exemplaren, die numeriert und vom Autor signiert waren.

Aus Ceylon schickt Neruda Albertina auch »Langsame Klage«.

Zu den Ängsten und zu dem Leid der letzten in Chile verlebten Periode seiner Jugend gesellt sich jetzt im Fernen Osten eine ihm fremde, bedrückende Einsamkeit. Es ist das Asien jener Zeit, vor dem Ende der Kolonialherrschaft.

Der Briefverkehr mit Albertina beginnt, als Neruda siebzehn Jahre alt ist. Den letzten Brief, aus Java, schreibt er ihr mit sechsundzwanzig. Und etliche schreibt er ihr nach seiner Rückkehr nach Chile. Sie enthalten die Geschichte einer Leidenschaft, die kaum Erwiderung findet oder die zwei so verschiedene Temperamente berührt, zwei so ungleiche Menschen, daß die Antwort und das Ausbleiben einer solchen den, der sich ganz hingibt, notwendigerweise zur Verzweiflung treibt. Aber darüber hinaus enthalten diese Briefe einen Code mit Zeichen zur Entschlüsselung des jungen Nerudas. Sie sind gleichsam ein Register der Bewegungen seines Geistes, außerdem eine reiche Chronik seiner Daseinsweise.

Zu Brief Nummer eins gehört ein Selbstbildnis, in voller Größe. Da steht der Dichter am Strand von Puerto Saavedra, ohne Umhang, aber mit breitkrempigem Hut und dunklem Anzug, spitz das Gesicht, den Blick in die Ferne gerichtet, die Hände in den Taschen. Ein kleines Abenteuer: »Ich habe ein römisches Kätzchen geklaut, wunderhübsch, ich werde es nach Santiago mitbringen.«

Wie in dem Gedicht von Mallarmé hat der Dichter sämtliche Bücher gelesen, alle Sterne des südlichen Himmels gesehen, hat mit allen seinen Bekannten gesprochen. Auswendig kennt er »den gelben, traurigen Ort«. Noch trauriger, weil sie nicht da ist. Die Entfernung zwischen Temuco und Concepción trennt sie. Das gespannte Verhältnis zur Familie spitzt sich zu. »Alle meine Schreib-, Studien- und Denkvorhaben scheitern. Es geht mir schlecht in der Stadt, zu Hause, überall. Heute um zwölf hatte ich den übermächtigen Wunsch, nach Santiago zurückzukehren und mich aus freien Stücken in meiner Mietskaserne zu vergraben.« Am folgenden Montag will er über Land, zwei Leguas zu Pferd. Inmitten dieses feindseligen Bildes vermißt er sie. Es ist ein im

Sommer geschriebener Brief. Vermutlich im Januar. Er studiert nicht – er wird es im Februar tun. Im März wird er »die teefarbenen Augen der Kleinen sehen. Der bösen Rotznase, die mir in elf Tagen zehn Zeilen schreibt und meine Hausnummer vergißt.«

In Brief drei beschreibt er eine Eisenbahnfahrt, und das ist wie ein Sittengemälde aus jener Zeit. Schwarzfahrer (in Chile hießen sie *pavos)* mußten sich an den unglaublichsten Orten verbergen. »Um Mitternacht versteckten sie mich unter einer Pritsche, dort lag ich frierend fünf Stunden.« Danach ein Eisenbahnwagen dritter Klasse . . . Er lädt sie ein, das wärmende Kohlebecken mit ihm zu teilen, möchte, daß sie mit zwei, drei ihrer ständigen Attribute kommt, die seine Poesie damals von Anfang bis Ende durchziehen, »die schönen, traurigen Augen, ihr Schweigen, das ich so sehr mag«, und, als Krone des Vergnügens, »dein Mund, der meine Küsse braucht«. In den Briefen feiert er etwas dem Schriftsteller Innewohnendes: Entdeckung oder Wiederentdeckung der Wörter. »Jetzt gefällt mir das Wort *manzana* . . . Wenn ich eine Tochter habe, werde ich sie Manzana nennen . . . Wenn sie von Dir wäre, dann würde sie groß und blaß sein wie die länglichen gelben Äpfel, die, in Seidenpapier gewickelt, winters im Haus eingelagert werden.«

Wieder in Santiago, in seinem Zimmer in der Calle Manuel Rodríguez 758, erklärt er, daß sein Hauptleiden die Armut ist. »Jeden Tag muß ich mir Geld beschaffen, um essen zu können. Ich habe meinen Teil gelitten, meine Kleine, und Lust gehabt, mich vor Überdruß und Verzweiflung umzubringen.«

Im Sommer zieht der junge Mann aus der Mietskaserne in die Natur um. Auf dem kleinen Gut Miramar, ein paar Leguas von Temuco entfernt, schildert er echt Ländliches – mit Weizenfeldern, Sonnenuntergängen, Ingwer, Poleo-Sträuchern, Urwald mit Löwen. Abends liegt er unter einem Lorbeerbaum und denkt an sie. All das beschreibt er ihr auf einem Papier, das einem Billett der Juana de Ibarbourou gleicht. Er hat das Wunder vollbracht, sich Tinte zu beschaffen. Er studiert nicht in seinen Lehrbüchern, er ist zufrieden, wenn er seine Büchse in der Hand hält. Er will Sportler sein, Meister im Springen; erfolglos hat er Kugeln verschwendet, um Adler zu treffen, die sich auf die Bäume zu setzen pflegen. Allmorgendlich ist er der Schrecken der Urwaldvögel.

Eine Person betritt und verläßt die Briefe wie das eigene Haus: Rubén Azócar. In Brief elf sagt er ihr, daß er ihr bei ihrem Bruder schreibt, und gibt ihr Anweisungen. ». . . Du kommst mit Rubén mit, freiwillig, oder Du wirst gezwungen; was Du mir von Deiner Gesundheit sagst, macht die Reise dringend erforderlich. Du mußt in den Zug steigen, und wenn alles zusammenbricht. Heute hatte ich eine schmerzliche Auseinandersetzung mit Rubén, ich warf ihm in aller Härte seine Feindseligkeit vor, und ich sagte ihm, um ihn zu einem Entschluß zu bewegen, daß Deine Reise notwendig sei aus Gründen, die ich ihm nicht nennen könnte.« Dieser Absatz zeigt den gebieterischen Charakter des Schreibers. Man braucht kein Graphologe zu sein, um das zu erkennen: Er gibt Anweisungen, du kommst freiwillig, oder du wirst gezwungen, du mußt in den Zug steigen, und wenn alles zusammenbricht . . . Der Dichter war alles andere als willensschwach. Er hatte eine angeborene Neigung dazu, sich durchzusetzen, er besaß das, was man die Gabe des Befehlens nennt, er plante Aktivitäten und Bewegungen. Dieser Zug seiner Persönlichkeit wandelte sich mit der Zeit zu einer mächtigen Triebfeder seiner literarischen Laufbahn. Scheinbar zerfahren, besaß er eine seltene Fähigkeit, Dinge zu bewältigen, persönliche und fremde Bestrebungen zu vereinen. Stets hatte er Pläne, nicht nur in seinem literarischen Schaffen, sondern auch im individuellen oder im gesellschaftlichen Tun. Er war groß im Entwickeln von Initiativen. Und dieses Charakteristikum, das ihm so reiche Frucht eingetragen, kollidierte dennoch mit Albertinas passivem Widerstand, die Anweisungen nicht befolgte; sie brachte es fertig, weder freiwillig zu kommen, noch sich zwingen zu lassen, und es gefiel ihr nicht, daß ihre Welt zusammenbrechen könnte. Ihr häufiges Schweigen und ihre Entschlossenheit, nur das zu tun, was sie für notwendig hielt, hatte etwas Steinernes, Unerschütterliches.

Der Dichter ist beinahe ihre Vorderseite. Fast täglich schreibt er ihr. Er schickt Zeitungen, in denen ein Gedicht über die Abwesende steht: ». . . (die Abwesende bist Du). Du aber – in zehn Tagen ein Brief. Ich liege abends im feuchten Gras und denke an Deine graue Baskenmütze . . . Ich habe mich mit den zahlreichen Mädchen, die ich einst gehabt, zerstritten, so daß ich allein bin wie nie zuvor, und ich wäre glücklicher als nie zuvor, wenn Du bei mir wärst . . . Außerdem werde ich morgen Dir zu Ehren einen vierfarbigen Drachen steigen und am Himmel über Lota Alto fliegen lassen. Du wirst dann, Geliebte, eine lange Botschaft erhalten, eine aus diesen Nächten, zu der Stunde, da das Kreuz des Südens an meinem Fenster vorüberzieht. Morgen schicke ich Dir ein vergnügliches Buch von Tschechow.«

In einem anderen Brief nennt er sie Arabella. Er gibt ihr hundert Namen. Neruda ist der größte Namensgeber, der mir je begegnet ist. Wahrscheinlich rührt diese Manie, Namen, Spitznamen zu erfinden, von seiner Vorstellungskraft her und von dem Umstand, daß er in einer Welt aufgewachsen war, die die sogenannte weiße Zivilisation noch nicht lange kannte, die noch namenlos war, die noch der Weihe durch Namen bedurfte, welche die Eigentümlichkeit von Menschen, Orten, Dingen bezeichneten.

Man weiß nicht, ob auf der Legende oder auf dem durch die Erzählung der Erwachsenen beeinflußten falschen Gedächtnis fußt, was für die früheste Erinnerung im Leben des Dichters gehalten wird. Er schildert eine Szene, da er, sehr klein noch, im Gras auf ein paar Decken sitzt, während vor ihm das Haus brennt – bei einem der verheerenden Brände, die in Temuco an der Tages-, besser, der Nachtordnung waren. Die Szene wiederholt sich im Juli 1923. »Gestern nacht«, schreibt er in einem Brief an Albertina, »hat es hier gebrannt, uns gegenüber. Wir wären beinahe mit abgebrannt. Hohe, schöne Flammen, Wasser, Tränen meiner Mutter. Ich habe mich sehr amüsiert. Danach hat es geregnet . . .« Der gewaltsame, prasselnde Gemeinplatz von den Bränden, der strömende Gemeinplatz vom Regen. »Es regnet fast immer. Ich lasse es wie ein Schlafender über mich ergehen. Wie meine Großmutter neben dem Kohlebecken in einem alten Sessel versunken, denke ich, daß es in der Hölle so regnen muß wie an diesem gesegneten Ort.«

Danach schickt er Albertina ein Bild von Pola Negri mit ein paar Versen und tadelt sie, daß sie ihren »Paul« so vernachlässige. Im folgenden Brief nennt er sie Netocha, nach Dostojewskis Netotschka Neswanowa.

Er ist siebzehn, achtzehn Jahre alt. Zweifel und Qualen martern ihn. Das Leben in Temuco ohne sie dünkt ihn unerträglich. »Bitter sind diese Tage gewesen, meine kleine Albertina. Nervenkrisen oder Sammeln von belanglosen Dingen, allein bin ich unausstehlich. Nachts Schlaflosigkeit, lang, qualvoll. Verzweiflung, Fieber. Vergangene Nacht habe ich zwei lange Romane gelesen. Es tagte schon, da wälzte ich mich immer noch im Bett herum wie ein Kranker. Hier läßt man mich nicht mal morgens schlafen. Meine Familie: dummes, gehässiges Volk. Mein Gott, diese Verlassenheit! Warum hat meine Mutter mich inmitten dieser Steine geboren? Und so erschöpft, wie ich bin, habe ich auch nicht die Kraft, den Zug zu besteigen. Noch vier Tage hier. Ich jammere wie die Weiber, nicht wahr, Señorita Albertina?«

Der Dichter beklagt sich außerdem, weil er von der Frau, der er schreibt, keine Antwort erhält. Er spürt das Ausbleiben ihrer Worte, sagt, er verstehe die traurige Wirklichkeit. »Wer bist Du? Wer bin ich? Was interessiert es Dich schon, was ich tue oder leide? Was bin ich für Dich? Im Grunde Deines Herzens wahrscheinlich – nichts. Ein Dir fremdes Ding, ein Mann, der neben Dir gestikuliert, spricht, kommt und geht.« Die Leidenschaft tötet nicht seinen Sinn für die Realität. Sein Körper ist ganz Leiden, aber aus dem Augenwinkel heraus beobachtet er sie so, wie sie ist, ohne sich täuschen zu lassen.

Hat Neruda, der sich mit dem endgültigen Bruch so lange Zeit gelassen, die Rolle des Dichters übernommen, der den Gegenstand seiner Träume nicht nur besingt, weil er von ihr träumt, sondern weil er das zwingende Bedürfnis verspürt, sich auszudrücken, in Poesie zu verwandeln, was in ihm vorgeht, auch wenn die Quelle seiner Inspiration ihm Leiden bereitet und oft gleichgültig wie ein Stein ist? Er würde blaue Funken aus diesem Stein schlagen. Ihn in Poesie umsetzen. Doch er kann nicht verhindern, daß sich ihm ein Schrei entringt und er mit trauriger Ironie Abschied nimmt. Er wird den Brief einwerfen »in der Hoffnung, daß er verlorengeht. Und wenn Du ihn erhältst, wird er auch verloren sein. Ich habe die Ehre, Dich zu küssen.«

Das Auf und Ab der Liebe dauert lange.

36
Die Ära des wie ein Stör mageren Dichters

In den Tagen von *Morgen- und Abenddämmerungen*, in jenem Gedicht, das dem Geburtstag seiner Schwester gewidmet ist, bedauert er, daß er kein Geschenk für sie hat. Er ist arm an souveräner Armut. »Alles, was ich besitze, trage ich fern von mir. Bisweilen wähne ich sogar meine Seele fern.« Er hat kein Geld für ein Geschenk, aber er wird den 18. April, den Tag, da das Verhältnis mit Albertina anfing, begehen, indem er ihr jenen Namen schenkt, den er wunderbar findet, Netocha, einen, den er am meisten gebraucht. Er sucht verzweifelt, fünfhundert Pesos zu beschaffen, damit sie aus Concepción zu ihm kommen, das heißt, damit er ihr die Fahrt und den Pensionsaufenthalt bezahlen kann.

Er hat das Gefühl, daß es Netocha nicht sonderlich interessiert, was er schreibt. Trotzdem kann er nicht davon lassen, es ihr zu erzählen. Ende Januar teilt er ihr mit, daß er zufrieden ist, »weil ich gestern und vorgestern abend etwas mit Begeisterung geschrieben habe, wo meine Untätigkeit mir doch schon so lange zu schaffen macht. Ich werde diese ganze Zeit jetzt wie wahnsinnig schreiben. Dir ist das einerlei.«

Trotz des ihr vom Dichter verliehenen Namens scheint Netocha sich nicht für russische Literatur zu interessieren, wahrscheinlich interessiert Literatur sie überhaupt nicht. ». . . Du bist ein Faulpelz und hast nie Saschka Sheguljow gelesen, die Geschichte eines mir sehr ähnlichen Banditen. Banditin.«

Als wir einmal an einem sonnigen Morgen durch die alten Stadtviertel seiner Jugend streiften, hielten wir vor der Nummer 330 der Calle Echaurren inne. Neruda hat Albertina in einem Brief die Lageskizze jenes Hauses geschickt, zwischen den Schildern »Lavance« und »Dulcería«. Er freue sich über sein helles, freundliches Zimmer, doch jetzt sei er immer noch traurig, sagt er ihr. Trotz allem spüre er mehr und mehr das Verlangen, ins Ausland zu gehen. An einem Tag klingt der Brief verbittert. Am nächsten optimistisch. »Dein schöner lilafarbener Brief verdient diese Wellensittich-flügelfarbe . . . Studierst Du? Ich bin dabei, die Originale für ein Buch zusammenzustellen, *Zwanzig Liebesgedichte und ein Lied der Verzweiflung.* Da ist viel für meine ferne Kleine drin.« Danach droht er und lenkt ein, jedoch um abermals zu fordern. Er findet die Idee akzeptabel, zum Studium nach Concepción zu gehen, weil sie dort ist, obwohl »die Provinz mich hart ankommt. Wenn wir dieses Jahr, 1924, nicht zusammen verbringen, werden wir uns später, in dem langen Leben, schwerlich je wieder begegnen. Aber wenn wir es nicht schaffen, gehen wir zusammen mit Rubén, in diesem Jahr, später.«

Die Boheme läßt ihn nicht los. Eines Morgens um drei betritt er *El Mercurio.* Am Tisch, an dem die Wirtschafts-annoncen redigiert werden, greift er zu Papier, Feder und Tinte, um ihr zu schreiben, zu gestehen, daß er wie alle Nächte zecht und feiert.

Diesem Mann, der das Sein, das Existieren so leidenschaftlich liebte, war nichts so fremd wie der Gedanke an Selbstmord. Trotzdem stellte der sich in jenen bewegten Jugendjahren für kurze Zeit ein, auch wenn er ihn skeptisch empfing. »Gestern den ganzen Tag in hundsmiserabler Verfassung. Habe voller Grimm daran gedacht, mich umzubringen. Ob es sich lohnen würde? Ob es nicht auch sinnlos wäre? . . . Meine Schwester geht auf und ab und ist neugierig, was ich schreibe. Während sie Äpfel ißt, will sie das Talkumfläschchen öffnen, sie erzählt mir von haarigen Raupen, davon, daß ihr Wein nicht schmeckt; sie ist gegangen.«

Er will reisen, wenn er auch häufig das Ziel wechselt. Rubén weilt damals in Mexiko. Neruda schlägt Albertina vor, dorthin zu gehen. »Wenn die Revolution zu Ende ist, versteht es sich von selbst, daß wir beide nach Mexiko gehen, um uns frei zu lieben, auch wenn wir in Armut leben.« Sodann plant er, nach Deutschland zu gehen, doch aus der Fahrt mit dem Schiff »Adriana« wird nichts. Er gibt ihr liebevolle Schimpfnamen: »meine häßliche Rotznase«, »kleine Kanaille«.

Er revidiert eine illusionäre Meinung von einem Freund, der bald zu seinem Feind wird, »mich entzückt, daß Du mir sagst, Dir gefalle der de Rokha nicht, mir gefällt er auch nicht, er ist mir unsympathisch . . . Ich bin schrecklich eifersüchtig. Du Schuft! Der dreibeinige Tisch sagt mir, daß Du die nicht eben geringe Zahl von drei Männern geliebt hast. Ich eingeschlossen, und ich glaube noch einen anderen Namen zu wissen, aber wer ist der dritte?«

Nerudas Briefe sind so bekannt, wie die Albertinas unbekannt sind. Das bedingt Lücken und Rätsel. Was will er sagen, wenn er schreibt: »Ich bin nicht gänzlich ein Elender, meine geliebte kleine Frau, und sehe das Gute und das Böse, alles Gute und alles Böse, das ich Dir bereitet habe, aber einen großen Teil des Schadens habe ich Dir vorsätzlich zugefügt, um Dich nicht von mir zu trennen, ich habe ihn Dir willentlich zugefügt, um es nicht tun zu müssen, damit Du mir noch lieber würdest.« Was ist der Hintergrund dieses Absatzes? Ein Rätsel! Schwierigkeiten des Briefmonologs!

Vor ihm die Prüfungen, die ihn mit großen Augen ansehen. »Ich habe so gut wie überhaupt nicht studiert, mich beschleicht tödliche Schwäche, absoluter Nihilismus«, schreibt er am 17. März. Es folgt ein Punkt, und dann hat sich sein Gemütszustand völlig gewandelt. »Ich bin so froh, daß wir ein weiteres Jahr unseres Lebens gemeinsam verbringen.«

Diese Freude verfliegt schnell. Er entdeckt an »seiner geliebten Kleinen«, was ihn an anderen am meisten verzweifeln läßt – Gefühlskälte. Da möchte er am liebsten mit dem Kopf gegen die Wand schlagen. Böses Weibsstück, Kröte, Schlange, Spinne (alles zärtliche Bezeichnungen für sie). Offenbar ist sie krank. Von einer Wunde ist die Rede. Er säuft wie ein Loch. »Gestern abend, wieder zu Hause, habe ich Dir geschrieben, ich war mächtig betrunken. Ich hatte keine Lust, den Brief noch mal aufzumachen, und schicke ihn Dir, ohne zu wissen, was drinsteht, erzähl Du es mir.«

Das Verhältnis schleppt sich von Tief zu Tief. Pablo sendet Albertina Rosa einen sonderbaren Neujahrsgruß: ». . . Du wirst für immer vergessen sein, verbannt aus meinem Herzen, auch wenn das für Dich nicht viel bedeutet. Urteil: Weil Du eine schlechte Gefährtin gewesen bist und weil ich mich schmerzlich getäuscht habe, als ich an Deinen Verstand und an Deine Güte glaubte. Möge das neue Jahr Dir Freude bescheren, falls Du jetzt keine hast.«

Kurz darauf ein Purzelbaum – Briefe, in denen er sie bedrängt, den Briefwechsel Albertina–Neruda und danach Netocha–Neruda zurückzufordern. Der »einsame Wurm« reagiert nicht.

Er schreibt aus Valparaíso und bittet sie, unverzüglich zu kommen, weil er ihr so vieles, was sie nicht wisse, ins Ohr zu flüstern habe, sie könne es nur jetzt und dann nie wieder aus seinem Mund vernehmen. Dann kündigt er ihr an, daß er vorhabe, an diesem Abend ihren Namen in den Sand zu schreiben. Er läßt keine Theatereffekte aus. Eines Tages sagt er ihr, daß er seit zehn Uhr blind sei. An einem anderen überschüttet er sie mit mehr Namen als sonst, mein Wurm, Spielzeug, Herzchen, Enzian, Mohnblüte, Biene, Schnecke, häßliche Rotznase, warum streitest Du mit mir? . . . »Du schreibst mir Briefe, so winzig wie Fliegen.«

Neruda weilt in Temuco, schreibt seinen Brief Nummer fünfundsiebzig (die Briefe sind erst später von Wissenschaftlern geordnet und numeriert worden) auf einen Kopfbogen der Zeitung La Mañana und teilt ihr mit, daß er, um ein paar Pesos zu verdienen, zwei Schülern Unterricht erteile. Er klagt über seine Mittellosigkeit. Bittet sie, ihm nicht einfach zu sagen: Ich fühle mich unwohl. Sie soll ihm unverzüglich und in allen Einzelheiten von ihren Schmerzen im Bein schreiben, und er berichtet ihr, daß er Mittel dagegen wisse: intramuskuläre und intravenöse Injektionen. Ihm gefällt das letzte Foto von ihr. Er bewundert den Sonnenschirm über dem schönen Gesicht. »Das Bein kommt mir ein wenig fremd vor, es ist dicker und für mich eine unwiderstehliche Versuchung. Keinerlei Arbeit und kein Stehen, und wenn Deine Großmutter für Señor Amanda und Deine Leute kochen muß.«

Plötzlich bekommt er in der Ferne einen Brief, der ihn glücklich macht. Doch er wirft ihr wiederum das Ausbleiben einer Antwort vor. Es verstimmt ihn. »Es ist, als ob Du in Gedanken woanders bist, während ich mit Dir spreche, oder als ob ich durch eine Wand hindurch mit Dir spreche und Deine Stimme nicht höre. Weil ich eitel bin, habe ich für all das ein feines Empfinden.«

Plötzlich taucht der Titel eines Buches auf, spricht er von der Lektüre jener Zeit, die er für geeignet hält, das Interesse seiner einsilbigen Gesprächspartnerin zu erregen. »Hast Du *Johann Christof* bekommen? Wenn Du Zeit hast zum Lesen, sag mir, was Du davon hältst.«

An einem Montag, einem Fünften, im Sommer, schreibt er ihr aus Temuco und legt dar, wie hartnäckig sie beide sich eine hübsche Halskette aus Mißlichkeiten anfertigen. »... Wenn die Liebe nicht wäre, würde die Halskette ausreichen, einen von uns beiden aufzuhängen.«

Das Verhältnis zur Familie ist denkbar schlecht. »... Ich bin oben in meinem Zimmer geblieben und nicht mal zum Essen runtergegangen. So habe ich mir in meiner Familie den Ruf des Wilden und des schlechten Charakters eingehandelt, den ich wahrscheinlich gar nicht verdiene ... Stets werde ich mit einer Cousine Carlota verglichen, einem verwitweten, sehr melancholischen Mädchen, das hier irgendwo wohnt und sich um niemanden kümmert. Im Grunde ist es so, daß mich Verdruß und Langeweile unwiderstehlich packen, kaum daß ich diesen Ort betrete.« Sodann scherzend: »Ist die Kleine vielleicht traurig? Du darfst nicht abnehmen. Iß, lach, geh spazieren. Hast Du einen Freund?

Oh, das ist unbedingt nötig. Du siehst ja, ich – ohne Freundin, mager wie ein Stör. Liest Du? Soll ich Dir Bücher schikken, Mistkäfer?«

37
Abschied

»Als ich gestern draußen in den Feldern war, sah ich einen Regenbogen. Bald gehe ich in einen Nachbarort, um ein Buch ins reine zu schreiben. Lernst Du fleißig? Das solltest Du. Vergiß es nicht. Schreib mir, noch heute.«

Die Prüfungen sind ein Alpdruck für ihn. »Im Grunde«, so gesteht er, »bin ich in Politischer Ökonomie kein Weiser.« In seinem Besitz sind ein paar Schwarten, die er ab Mitte Februar noch einmal durchgehen will.

Damals, vor allem zu Sommerbeginn, pflegte ein erregter Ruf durch die Provinzen zu fliegen: »Die Ungarn sind da!« Das hieß, daß Zigeuner auf einem nahegelegenen freien Gelände ihre Zelte aufgeschlagen hatten. Neruda, amüsiert und angelockt, wirbelte umher. Kokettierte mit den Zigeunermädchen. Hielt ihnen die Hand hin, damit sie ihm die Zukunft voraussagten. Wie üblich, wurde ihm eine lange, glückliche Reise verheißen, etwas, was er erwartete, und eine Frau. »Zweifellos Du«, erklärt er Albertina, der er von seinem Besuch im Zigeunerlager berichtet. Dort hat man ihm ein Amulett gegeben, das er, ohne es angesehen zu haben, an seiner rechten Seite aufbewahren soll. Es ist eine geheimnisvolle gelbe Wurzel. Der Dichter überzeugt sich von deren Zauberwirkung und sagt, daß er sich in seinem Hundeleben nicht mehr von dieser trennen werde, »denn gleich gestern bekam ich eine Überweisung, auf die ich schon lange gewartet hatte«.

Den Schmeichelwurm, der nichts Schmeichelndes an sich hat, scheinen nur zwei vage Dinge zu kümmern: Kopfschmerzen und der Gedanke an ihn. Er traut diesen Worten nicht sonderlich. »Du ißt nicht, gehst nicht aus, redest nicht, streitest nicht, liest nicht, erholst Dich kein bißchen, bist nicht im Kino gewesen, gehst nicht zur Post, rauchst nicht, lernst kein interessantes Mädchen kennen, Dein Motorradfreund hat Dir nicht geschrieben, niemand hat Dir Klatsch über mich berichtet, Du hast keine Zeitungen gelesen, machst keine Besuche, ist das möglich? Mädchen der Geheimnisse.«

Trifft er in Temuco nicht Marisol? Bisweilen wirkt er weniger trübsinnig. An nebellosen Tagen sieht er die Insel Mocha. Die Köpfe schwarzer Seelöwen und nostalgischer Thunfische tauchen auf. Später kündigt er an, daß er nicht zu den Prüfungen erscheinen wird. Trotzdem findet er jemanden, der noch übler dran ist als er – Albertinas Bruder. »Er hat mehr Pech als ein Pechsieder.« Nach seiner Meinung ist er »krankhaft willensschwach und allzu schüchtern«. Im Grunde will Neruda Rubén beeinflussen, damit der ihm in seinen Beziehungen zu Albertina behilflich ist, denn diese stoßen bei den anderen Familienmitgliedern auf hartnäckigen Widerstand.

Fast beiläufig, als wäre es etwas Belangloses, schreibt er ihr am 9. Januar aus Amunátegui 733, Santiago, daß sein neuestes Buch erschienen ist. »Morgen packe ich es für Dich ein, mal sehen, ob Du es bekommst.« Alles betont nonchalant. Dabei handelt es sich um nichts Geringeres als um *Zwanzig Liebesgedichte und ein Lied der Verzweiflung.* Wieder in Temuco, am 6. Februar, beklagt er sich, daß er keine Briefmarken habe, so daß sich das Abschicken etlicher Briefe verzögert hat. Er fügt ein paar Zeilen hinzu, die Licht in einen ganz anderen Winkel werfen: Er erwähnt »die fatale Tour de Rokhas und Rubéns, die soeben, als letztes Mittel, die Gamaschen verpfändet haben«. Einmal hörte ich, daß jener den anderen in seiner Pension in Temuco zur Begleichung der Rechnung als Pfand zurückgelassen hatte.

Geld, Geld, der Große Diktator, ist die ständige Sorge. Er versucht, auf irgendeine Weise welches zu verdienen. Er ist im kleinen, nationalen Rahmen schon ein bekannter Dichter, aber um sein erstes Buch herauszubringen, muß er sich verschulden und seine Uhr verpfänden. Autorenrechte existieren so gut wie nicht. Er bittet Albertina, offen mit Ru-

bén zu sprechen, »daß er alles tut, um Geld aufzutreiben«.
Sein Plan – Neruda plante immer – ist es, daß sie zu dritt ins
Ausland gehen. Traumbilder, die sich von einem Tag zum
anderen in nichts auflösen. Er aber wird dabeibleiben, bis
die Reise eines Tages Wirklichkeit wird. Sie bewahrt sich
eine Unabhängigkeit, die er ihr zum Vorwurf macht. Zum
Zeitpunkt, da sie sich treffen wollen, geht sie zu einem Stu-
dentenumzug, und er hält ihr sarkastisch vor, daß er sie gesehen habe, »beschwipst und gleichgültig gegen ihren alten
Freund, mit ihren Pensionsfreundinnen inmitten der Luft-
schlangen wandelnd«. Er drängt sie, mit ihm zusammen eine
Reise in den Süden zu machen. Er will sie dafür begeistern,
indem er ihr sagt, er werde ihr sein Leben erzählen, Stückchen für Stückchen, »in der ersten Nacht, da wir zusammen
unter den Sternen von Ancud schlafen«.

Unterdessen kommt es zum Bruch, besonders mit dem
Vater. »Meine Schwester und meine Leute waren bis vor
kurzem hier, ich habe sie in der ganzen Zeit kaum gesehen
und bin auch nicht hingegangen, als sie abreisten, Du wirst
Dir denken können, daß es nun völlig aus ist. Zum Glück
hat meine Mutter mir einen Anzug gekauft, anderenfalls
hättest Du mich als Lumpenbündel vorgefunden. Mein Anzug ist hübsch, gestreift wie ein Zebra.« Er trinkt gewaltig.
»Jetzt bin ich fast allabendlich bei *Besäufnissen*.« Neben das
chilenische Wort *curaderas*, Besäufnisse, malt er zwei Flaschen und ein Glas. Der Rausch steigert sein Empfinden. Als
er ins Zimmer kam, überwältigte ihn die Liebe, er sprang aufs
Bett und gab »dem Bild der fernen Gleichgültigen einen
langen, resoluten Kuß«. In all diesen Briefen steckt ein literarisches Gefühl, das – zwischen zwei Scherzen – den magischen Realismus anzeigt oder das Vermögen, Wunder zu vollbringen, das später ein charakteristisches Moment der lateinamerikanischen Literatur sein soll. »Das ist nun schon mehr
als zwanzig Tage her, aber Du wirst staunen – als Beweis
für das Wunder ist der Kuß am Glas haftengeblieben . . .«

In seinem kleinen Studentenzimmer gibt es mehrere Fotografien von ihr. Er bezeichnet diese als »unentbehrlich«. Er
schickt ihr Zeichnungen, die er »Momentaufnahmen meines

Zimmers« nennt. Neben einer jeden die Erklärung, als wären sie nicht deutlich genug. Bett und Ecke mit Deinem Bild. Krug und Waschschüssel. An den Spiegel malt er ihre Silhouette. Daneben deutet er den Talisman der Zigeuner an. Die Kleiderbürste. Das infolge vielen Schreibens leere Tintenfaß. Die Pfeife. Ein Kinderspielzeug – ein Steckenpferd. Große Tür mit Vorhang.

Klagen, viele Klagen. »Es ist richtig, wenn Du mit dem Gedanken spielst, mich zu vergessen: So taugt meine Gefährtin nicht für mich . . . Es steht ganz und gar schlecht, schlechter, als Du denkst.

Auch ich habe Dir zum neuen Jahr geschrieben, aber einen bitteren Brief, in dem ich mit Dir Schluß mache. Im Grunde bist Du in dieser schlimmen Zeit mein einziger Halt . . . Bei meinem zerrissenen Dasein ist es schwer, der Liebe zu entsagen, zu vergessen, was ich liebe, aber mein Trachten ist es gewesen, daß Du außerhalb des Mißlichen, Unsinnigen bleibst, das ich erlebe . . .«

Wieder einer der seltenen mit Schreibmaschine geschriebenen Briefe. »Ich halte mich für einen großen Maschineschreiber, deshalb schreibe ich Dir auf der Maschine . . . Ich entdecke, daß man auf der Maschine leichter lügt. Allabendlich schreibe, beantworte ich einen Brief auf dieser Maschine von D. Augusto Winter. Jetzt sehe ich, daß ich ›beatworte‹ geschrieben habe, und das betrübt mich.« Ebendieser Brief beginnt mit den Worten: »Albertina, Du bist eine böse Frau. Nie schreibst Du mir.« Er schickt ihr in Gedichte gewickelte Karten. Hofft, daß naturnahes Leben ihm hilft. Jagt im Galopp durch die Berge. Füllt sich die Taschen mit Avellanonüssen und allerlei anderen Wildfrüchten. Am Meer fühlt er sich nicht so wohl. Gewiß ist der Pazifik zu rauh. »Dem Meer«, schreibt er an sie, »brauchst Du nichts zu erzählen, das Meer ist mein Feind. Wenn ich bade, beschimpfe ich es laut, und dann versucht es grimmig, mich zu ertränken und zu peitschen.«

In jenen Tagen schreibt er *Versuch des unendlichen Menschen* und trifft Vorkehrungen für eine Reise nach Chiloé, wo er sich mit Rubén treffen will, der dort eine Anstellung als

Lehrer gefunden hat. Ende Oktober will er nach Ancud fahren. Mitunter schreibt sie ihm gehaltvollere Briefe. Er drängt sie, alles im Stich zu lassen, zu ihm zu kommen und mit ihm zu leben. »Ich möchte nicht, daß sie Dich an dieser schmutzigen Schule dort umbringen, ich will Dich so jung und hübsch, wie ich Dich lieben lernte, und das solltest Du bedenken, damit ich glücklicher werde.« Um diese Vorhaben zu verwirklichen, braucht er Geld. Er teilt ihr mit, daß er gedenke, in ein Filmgeschäft einzusteigen. Er beendet sein Buch, um es in Druck zu geben. Und er ist stolz, Direktor einer kleinen Zeitschrift zu sein, die nächstens erscheint, *Caballo de Bastos*. Er ist ein unverbesserlicher Nachtschwärmer. An manchen Tagen steht er überhaupt nicht auf. Abends um acht schreibt er ihr im Bett Briefe. Endlich hat er von seinem Verleger etwas Geld bekommen und es auf der Stelle ausgegeben. Jetzt besitzt er einen schönen Tisch. »Das Fehlen eines Tisches war der Hauptgrund dafür, daß ich Dir nicht schreiben konnte.« Als sie ihm sagt, daß sie ihm geschrieben habe, Briefe, die er nie bekomme, erwidert er hämisch, alle Briefe kommen an, vor allem solche, die geschrieben werden. Er rühmt ihr das schöne Zimmer, das sie erwarte. Neue Kissen, ein Fußboden aus gelbem Rohr zum Draufsitzen. Eine richtige Schildkröte, die auf den Namen Luca hört und mit der der Dichter sich abendelang unterhält. Vermutlich eine Unterhaltung, in der er ebenso viele Antworten erhält wie im Gespräch mit Albertina. Ihm gefällt das Silberpapier der Zigaretten. Sie schickt ihm einen gemalten Hund. Die Schildkröte ist halbtot vor Eifersucht und frißt vor Wut das Bildhauereibuch von Tótila Albert. Er bittet sie, einem gemeinsamen Freund, Yolando Pino, der in Deutschland studiert, mitzuteilen, daß seine Bücher *Versuch des unendlichen Menschen, Spielkartenschachtel* (Caja de naipes) und *Morgen- und Abenddämmerungen* in Druck sind. Er bittet sie außerdem, ihm seine und seiner deutschen Lieblingsdichter Verse für seine Zeitschrift *Caballo de Bastos* zu schicken, die in zehn Tagen erscheinen soll. Er verabschiedet sich mit einem Kuß und einem Grunzer der Schildkröte.

Am 22. Februar 1926 kündigt er an, daß er nach Ancud fährt. Die Neuigkeit besteht darin, daß außer dem »scheußlichen Rubén« seit zwei Tagen de Rokha dort ist. »Ich habe sie soeben in ihrem schäbigen Hotel verlassen.«

Im nächsten Brief knallt es. In heftigen Worten wirft er ihr vor, daß er seine Briefe nach Santiago zurückbekommt – gemäß dem neuen Postgesetz geöffnet. In Chile hat sich eine Militärdiktatur etabliert, und geöffnete Briefe sind etwas ganz Alltägliches. »Du achtest nicht einmal darauf, daß unsere heimlichen Herzensangelegenheiten nicht in fremde Hände fallen. Ist gut, ich traue Dir vieles zu. Ich vermute, ein gleiches Schicksal haben meine Briefe aus Temuco, Osorno, Puerto Montt. Es ist so, Albertina, die Zeit ist vergangen, und Du bist nicht mehr dieselbe.«

Wenig später ein ganz anderer Ton. Freudestrahlend teilt er ihr mit, daß an dem Tag im Ministerium für Volksbildung der Erlaß unterzeichnet worden ist, der ihn beauftragt, seine Französischstudien (lach mal) in Frankreich zu vervollkommnen. Ein Problem gibt es dabei: er weiß noch nicht, ob er einen Schiffsplatz bekommt. Er bittet sie um ein Profilbild, ein absolutes Profil. Er erklärt ihr, wie es auszusehen hat, mit einer Zeichnung seiner eigenen Silhouette.

38
Die Krise der Boheme

Es war die Zeit der Rezitationsveranstaltungen der Dichter des Pädagogischen Instituts, die im Hauptauditorium der Universidad de Chile stattfanden. Beteiligte waren vor allem Pablo Neruda, Julio Benavides und Víctor Barberis, der später mein Französischlehrer am Gymnasium von Curico war und mir als erster die Gedichte seines Generations- und Studiengefährten offenbarte, des jungen Autors eines Büchleins, *Morgen- und Abenddämmerungen*. Außerdem deklamierte Romeo Maruga, ein Junge, groß und unbeholfen, den die Tuberkulose bald ins Grab bringen sollte.

Der Dichter Neruda war sehr gefragt. In die Mietskaserne, Calle Echaurren 330, kamen Abordnungen von Schülerinnen, die ihn um eine Dichterlesung in ihrer Schule baten. Zuweilen fanden sie ihn auf seiner auf Beinen ruhenden Sprungfedermatratze vor, in einem Zimmer, wo eine Zukkerkiste als Nachttisch diente. Der Dichter war galant. Zu den Bittstellerinnen gehörte auch Laura Arrué, damals Internatsschülerin des Lehrerseminars Nummer eins, die der junge Neruda zu Hause in Peñaflor besuchte, wozu er den Frühzug um acht benutzte. In Malloco stieg er um, und zwar auf einen zweispännigen Pferdewagen. Als Neruda im Jahre 1924 Laura Arrué ein Exemplar der jüngst erschienenen *Zwanzig Liebesgedichte* schenkt, rät er ihr: ». . . versteck es unter der Matratze, daß deine Tanten es nicht erwischen, denn die machen es dir kaputt«. Bevor er in den Orient geht, gibt er ihr das Manuskript von *Versuch des unendlichen Menschen* zur Aufbewahrung.

Später heiratete Laura Arrué Homero Arce, einen Nachfahren araukanischer Indios, klein, dunkelhäutig, von sanftem Wesen und mit großen schwarzen Augen, Postbeamter. Als Homero in den Ruhestand trat, wurde er Nerudas Sekretär und blieb es bis zu seinem Tod. Er schrieb auf der Maschine die meisten Bücher ab, die jener in den letzten zwanzig Jahren seines Lebens verfaßte.

In der Zeit der Danksagungen (*Memorial von Isla Negra*) schrieb Neruda das Gedicht »Arce«:

> Hier danke ich dir noch einmal, weil du gelebt
>   hast
> mein eigenes Leben, als wäre es deins,
> und für die Gaben
> der Freundschaft und der Klarheit,
> und für jenes Geld, das du mir gabst,
> als ich Brot nicht hatte, und für deine Hand
> als meine Hände nicht vorhanden,
> und für alle Mühe,
> aus der meine Dichtung neu zu Leben erstand
> dank deiner emsigen Anmut.

Die Mädchen suchen ihn, aber er ist unzufrieden. Die Stunde kommt, da er glaubt, alles in seinem Leben gerate in eine Krise. Die Boheme war ein Rausch, keine Lösung. Dieses trübe, weingekrönte Reich der Nacht, dieser keuchende Tanz von Mann und Frau bei Tabakrauch, lautem oder gedämpftem Gespräch, »grünem Gelächter des Betrunkenen« mußten ein Ende haben, auch die flüchtige Verbindung mit Prostituierten, die in den Bars erschienen, wo zwischen Flaschen dieser junge Mann saß, der etwas mehr suchte, auch wenn ihn anfangs die »Gespräche nutzloser Verwegenheit« verführten. Nein, er würde letztlich nicht werden wie sein bewunderter Rojas Jiménez ». . . streng verrückt den Rauch / in einem Glas hochhebend / und in einem andern / seine umherschweifende Liebe, / bis er so von Sturz zu Sturz verschwand / als hätte ihn der Wein entführt / in eine immer fernere Gegend«.

Als die Nachricht von dessen Tod eingeht, ist er überzeugt, daß er einem ähnlichen Schicksal entronnen ist. Er gedenkt seiner: »Unter Flaschen von bitterer Farbe, / unter Anisringen hin und Unglück, / die Hände zum Himmel erhoben und klagend, / nahst du im Fluge.«

Er kann auch nicht so sein wie ein anderer seiner geliebten Dichterkumpane, Joaquín Cifuentes Sepúlveda, der sich aus Liebeskummer das Leben genommen hatte. Er erinnert sich an ihn: Er sieht aus wie ein Patriot von 1810, stattlich, blaß, »Herrschergesicht im Regen, auch Husar des Todes«.

Er muß Chile verlassen, auch um diese selbstmörderische Lebensweise zu überwinden. Er ist sich bewußt, daß seine Freunde sich umbringen. Kaum ist er geflüchtet, wird er Elegien für sie schreiben müssen. »Joaquíns Weggang« gehört zum ersten *Aufenthalt*: ». . . von nun an sehe ich ihn hinabstürzen in seinen Tod, / und hinter ihm, fühl ich, wie die Tage der Zeit sich schließen«. Er muß fliehen, was Joaquín nicht geflohen hat, die maßlosen Nächte, seine ständige Blässe und die Gepflogenheiten »seiner widerspenstigen Seele«, die sich gegen die Gesetze des Überlebens sträubt.

Nein, die »Scharfe Maus« verblüfft ihn. Der ist ein Meister im Zechen, ein König im Fluchen, wie ein Apostel des

Weins vermittelt er seinen Schülern die sogenannten Regeln kreolischer »Männlichkeit«. Der Mann ist geboren, um zu saufen, zu huren, dem Etablierten zu trotzen. Er hatte etwas von einem primitiven Anarchisten. Und er zog keine klare Trennungslinie zum Gaunertum hin. Er war der Prediger einer furchterregenden, allumfassenden Brüderlichkeit. Und er redete eine flammensprühende Sprache. Er war der Barde des Schimpfwortes. Nachfolger aller Dreckschleudern der Geschichte, ein Gesetzloser, der Messer und Sätze wie Blitze handhabte, ein Halbanalphabet mit der Weisheit, die von unten kommt, wenn sie wilder, zielloser, individualistischer Negation dient.

In Neruda steckte ein höherer, konstruktiver Wille. Er würde sein Leben nicht so sinnlos vertun. Trotz Hunger und nächtlicher Ausschweifung trachtete er nach schöpferischer Ordnung. Er wußte, daß er ein poetisches Potential besaß, das aus ihm hervorbrach und das er achten mußte, damit es sich möglichst umfassend entfalten konnte. Er fühlte, daß er es als Erbe des Menschengeschlechts mitbekommen hatte, als heimlichen Schatz, den er nicht vergeuden durfte.

Außerdem war die Liebe zu Albertina so schwierig. Die Romanze von Temuco war verflogen. Er wandte Gesicht und Herz verschiedenen Frauen zu. Er hatte Freunde, interessierte sich für die Gesellschaft, aber er kam sich allein vor inmitten der Menge, verloren in den Straßen, in denen er hungrig vagabundierte. Er saß über Büchern. Vor allem wollte er schreiben, »das Erz der Seele auflösen gehen, / bis du der bist, der da liest, / bis das Wasser singt durch deinen Mund«.

39
Der Schmächtige, der wie eine Fabrik arbeitet

Er merkt, daß Dichten soviel ist wie immer weiter geboren werden, ein seltsames, ausweisloses Amt, das er fröhlich sucht. Sein Leben hat »ein zerbrochenes Dach, aber in den

Löchern sind Sterne«. Nein, er ist nicht willens, zugrunde zu gehen. Er wird nicht zugrunde gehen. Er wird sein, trotz aller Kümmernisse.

Sosehr ihn das mit Albertina Erlebte schmerzt, liegen ihm doch vor allem seine Bücher am Herzen. Das Problem ist, einen Verleger zu finden. Carlos George Nascimento wird es sein, der einmal nach seiner ersten Begegnung mit Neruda gefragt wurde. »Ich war damals«, erwiderte er, »ein noch mehr oder weniger neuer Verleger. Ich hatte Eduardo Barrios' *Bruder Esel* (El hermano asno) herausgebracht, und der hatte zu mir gesagt: ›Zu Ihnen wird ein sehr stiller, bescheidener Junge kommen, der das Pseudonym Pablo Neruda benutzt. Aus dem wird mal ein großer Dichter. Der wird eines Tages von sich reden machen. Verlieren Sie ihn nicht aus den Augen . . .‹ Und ich habe ihn nicht aus den Augen verloren. Er hatte was an sich, ich kann es nicht erklären. Er war sehr schmächtig und blaß, redete kaum, war aber immer so gelassen und sicher, daß er mich, ohne daß ich es merkte, überzeugte und ich das Buch sogar so machen mußte, wie er es verlangte, in Großformat und quadratisch, was gar nicht ökonomisch war, weil viel Papier draufging. Aber Sie sehen ja, so schmächtig und still, wie er war, er setzte sich durch.«

Schon als Junge faßt der Dichter literarische Betätigung nicht als abgeschotteten Bereich auf. Die Literatur ist ein Haus mit vielen untereinander verbundenen Zimmern, und er geht von einem zum anderen und hinterläßt in jedem mehr als eine ermutigende Botschaft. Bevor er zwanzig ist, hat er eine umfangreiche Arbeit als Rezensent, um nicht zu sagen als Literaturkritiker, geleistet. In *Claridad* unterzeichnet er mit dem Pseudonym Saschka. So schreibt er einen Artikel, »Die romantische Geschichte von Sascha Pagodin, erzählt von Leonid Andrejew«. Daher sicherlich sein Pseudonym als Autor allgemeinverständlicher Bemerkungen, die immer das Staunen und die Entdeckerfreude eines jungen Mannes widerspiegeln, der ein waches Auge für alle Literaturen hat. Er kommentiert ein Werk, das ihn beeinflußt, Carlos Sabat Ercastys *Gedichte vom Menschen: Bücher vom Herzen, vom*

Wollen, von der Zeit und vom Meer (Poemas del hombre: Libros del corazón, de la voluntad, del tiempo y del mar). Er ist fasziniert von *Trostlosigkeit*, Gabriela Mistrals erstem Buch. Bereits im August 1921 veröffentlicht er in *Juventud* Nummer fünfzehn eine rühmende Rezension der Gedichte Manuel Rojas'. Mit herzlichem Wohlwollen untersucht er den *Turm* (La Torre) von Joaquín Cifuentes Sepúlveda. Im Grunde enthält jede Nummer von *Claridad* etliche Bemerkungen Nerudas über neuerschienene Bücher. In Nummer fünfundneunzig, vom Juli 1923, kommentiert er die Gedichtbände *Die Tür* (La puerta) und Rubén Azócar, *Trunkenes Schiff* (Barco ebrio) von Salvador Reyes, *Auf heitere Art* (Serenamente) von Fernando Mirto und *Das Pfeifen des Clowns* (El silbar del payaso) von Manuel Chávez. Später kommentiert er einen Gedichtband seines Landsmannes Gerardo Seguel. 1924 spricht er über Aliro Oyarzún und Tomás Lago.

Bevor er zweiundzwanzig wird, hat er in der Zeitschrift *Claridad* hundertneun Beiträge veröffentlicht. Außerdem schreibt er für die Literaturbeilagen von *El Mercurio* und *La Nación*, für Zeitschriften wie *Zig-Zag, Atenea, Juventud, Educación, Dínamo, Alí Babá, Renovación, Panorama, Abanico* (Quillota) und *Quimera* (Ancud).

Ein anderes Gebiet, auf dem dieser Mann zu Hause ist, der an das Gesetz der kommunizierenden Röhren glaubt, ist das der Übersetzung.

Ihm liegt vor allem daran, daß die Werke der Großen ins Spanische übersetzt werden. Im März 1923 begrüßt er eine Version seines stets bewunderten Walt Whitman, sie stammt von einem chilenischen Lehrer, der in den USA arbeitet, Torres-Rioseco. Begeistert von Rainer Maria Rilkes *Aufzeichnungen des Malte Laurids Brigge*, übersetzt er selber Fragmente, die im Oktober und November 1926 in *Claridad* erscheinen. Ebenso übersetzt er Texte von Marcel Schwob ins Spanische, *Die schlafende Stadt* und *Der Erdenbrand*.

Er stellt Auswahlbände zusammen und schreibt Vorworte, die er im Laufe seines Lebens mit freigebiger Hand verteilen wird. 1924 veröffentlicht Nascimento *Ausgewählte*

Seiten von Anatole France mit einer von ihm stammenden Einleitung.

Der sich selbst als Faultier Bezeichnende war ein Arbeiter, der Beachtliches leistete.

40
Die Schriftsteller und die Elefanten

Seine vornehmste Pflicht war das Schreiben. Vor allem mußte er sein Werk schaffen. Neruda merkte, daß diese Daseinsweise, bei der er nicht sicher war, ob er täglich etwas zu essen haben würde, trotz aller gegenteiligen romantischen Theorien nicht das geeignetste Klima zur Entfaltung seines Schöpfertums war. Außerdem hatte er sich, so seine Meinung, nicht nur um sich selber zu kümmern, sondern auch um Schicksal und Drama des Schriftstellers im Lande, des von Armut, allgemeinem Unverstandensein und Behördenargwohn Geplagten. Zudem mußte vom Schriftsteller Sinn für Verantwortung und Solidarität verlangt werden. Er würde ihn haben. Es gibt gedruckte Belege für seinen Standpunkt in dieser Frage. Schon am 8. Oktober 1921 veröffentlicht er in *Claridad* einen Artikel mit der Überschrift »Vom intellektuellen Leben in Chile«, in dem er einen chilenischen Schriftsteller heftig kritisiert, der nicht bereit ist, für einen wegen seiner politischen Ansichten entlassenen Lehrer einzutreten, Carlos Vicuña Fuentes.

Neruda war der Kontratyp des Schriftstellers, der die anderen Schriftsteller geringschätzte. Er war für Ansporn und Lob, obwohl er auch auf der Hut war. Im September 1921 erschien in *Juventud* sein Aufruf »An die Dichter Chiles«, in dem er diese aufforderte, für die Befreiung Joaquín Cifuentes Sepúlvedas zu kämpfen, der in Talca eingekerkert war. ». . . Compañeros, die Richter haben ihn eingesperrt, ohne Sonne, Licht und Luft, wegen eines Vergehens, das er nicht begangen hat. Und selbst wenn er es begangen hätte. Er war ein Dichter . . .« Mit Siebzehn erkannte er ihm treuherzig – im Rücken des Strafgesetzbuches – ein Sonderrecht zu. Ein Dichter zu sein wäre, so meinte er, Grund genug, um strafrechtlich nicht zur Verantwortung gezogen zu werden.

So groß war seine Bereitschaft, die Arbeit seiner Kollegen zu schätzen, daß er Schriftsteller rühmte, die ihm sein Lob später mit Vitriol heimzahlten.

In derselben Zeitschrift veröffentlicht er am 16. Dezember 1922 einen sehr positiven Kommentar zu einem Buch monumentalen Formates, *Die Seufzer* (Los gemidos), von Pablo de Rokha, von haargenau demselben rabiaten Barrabas, der später ein wahres Trommelfeuer auf ihn richten wird, unter anderem einen Band, der ausschließlich dazu bestimmt ist, ihn zu schmähen. Im Juni 1924 veröffentlicht Neruda einen Artikel, »Verteidigung Vicente Huidobros«, der zehn Jahre später in aufsehenerregenden Kampagnen gegen ihn zu Felde ziehen soll.

Nach seiner Rückkehr aus Spanien hatte ich ein längeres Gespräch mit ihm, in dem er von der Notwendigkeit sprach, die egozentrischen Tendenzen jener Schriftsteller zu überwinden, die ihre Größe auf der Vernichtung ihrer Konkurrenten aufbauten und dabei das Gebiet der Literatur in etwas Schlimmeres als den Darwinschen Urwald verwandelten. Nein. Literarisches Leben dürfte kein Kampf zwischen Dinosauriern und Glyptodonten, Giraffen und Kanarienvögeln sein. Auch keine Beißerei von Hunden oder ein Pferderennen. Nieder mit der literarischen Ichsucht und den aggressiven Monopolisten der Poesie! Alle Menschen haben ein Recht, auf Erden zu leben, daher wollen wir das weltweite friedliche Nebeneinander der Dichter respektieren. Seien wir wie die Elefanten! schlug er vor. Die sind so groß, und alle haben Platz im Wald. Auf diese Erklärungen, die zur Solidarität der Schriftsteller aufriefen, auf diesen Appell zum Frieden zwischen den Dichtern, kam eine spöttische Antwort: Neruda hätte einen Elefantenkomplex. Er legte seine Gedanken neuerlich sehr ernst dar: »Der Schriftsteller, unbeachtet, von den Marktbedingungen einer harten Zeit an die Wand gedrückt, ist so manches Mal auf den Markt gegangen, um mit seiner Ware am Wettbewerb teilzunehmen, indem er seine Tauben inmitten der schreienden Versammlung fliegen ließ. Ein schwaches Licht zwischen Abenddämmerung und blutigem Morgenschein hielt seine Verzweiflung wach und wollte irgendwie das bedrohliche Schweigen brechen ... Ich bin der erste! rief er. Ich bin der einzige, beteuerte er immer wieder in unaufhörlicher Selbstbeweihräucherung. So blieb er allein. Und die Menschen wurden es überdrüssig, ihn zu hören.«

41
Zu den Inseln

Nach erster, turbulenter, sündiger Jugend war es Zeit, Vernunft anzunehmen. Seine zerstörerischen Gespenster verfolgten ihn: Alberto Rojas Jiménez und Joaquín Cifuentes oder die »Scharfe Maus«. Rubén Azócar war anders. Zwar genauso heiter und humorvoll wie jene (er konnte einen Teller in eine Gitarre verwandeln), doch mit Sinn für Verantwortung im Leben. 1922 legte er sein Staatsexamen ab und erwarb das Diplom eines Lehrers für Spanisch und Philosophie.

Er bekam eine Anstellung im Lyzeum von Ancud. Er brachte Neruda nach Chiloé. »Zu den Inseln! sagten wir.« Im März 1923 fuhr Rubén nach Mexiko, auf Einladung von José Vasconcelos, der auch Gabriela Mistral gewonnen hatte. Großer Abschied in einem Speiserestaurant, einer *cocinería*, wo es nach siedendem Öl roch, in der Calle General Makkenna. Da sie kein Geld hatten, um ihren Verzehr zu bezahlen, hinterließen sie ihre Westen als Pfand. Rubén Azócar fuhr im Mai 1925 nach Chile zurück. Als er durch Callao kam, nahm die peruanische Polizei ihn fest, da er im Verdacht stand, ein Linker zu sein. Einundzwanzig Tage lang saß er in Lima im »Panóptico«. Nach Valparaíso gelangte er mit einem japanischen Schiff, der »Seju-Maru«. Die Passagiere, die um seine jüngsten Erlebnisse wußten, veranstalteten an

Bord eine Geldsammlung, die recht ergiebig ausfiel. Es war fast Mitternacht, als er in Santiago eintraf. Von der Station Mapocho ging er zur Bar »Venecia«, wo sich die Straßen Bandera und San Pablo kreuzen. Er suchte seine Freunde. Fand sie nicht. Ging zu »El Jote«. Setzte die Suche in den gewohnten Bars und Restaurants fort. Die nächtliche Expedition mit dem Ziel, die Heimkehr zu feiern, schlug gänzlich fehl. Über einen so wenig herzlichen Empfang betrübt und enttäuscht, ging er die Bandera entlang. Plötzlich, an der Ecke, wo die Kathedrale steht, sah er Neruda allein daherkommen. Sie gingen ins »Venecia« zurück. Und das Wiedersehen nach mehreren Jahren wurde ein Fest für die beiden Freunde. Später gingen sie zum Parque Forestal, um vierblättrige Kleeblätter zu suchen. Morgens um neun lenkten sie, ganz frisch, ihre Schritte zum Pädagogischen Institut.

Neruda lebte ohne festes Einkommen, obwohl das Echo, das seine *Zwanzig Liebesgedichte* soeben gehabt hatten, ungewöhnlich war. Trotz der Trompetenklänge litt der Dichter unter einem Gefühl der Beklommenheit, da er wußte, daß sein ganzes Lebenssystem in der Krise steckte. Entweder er änderte sich, oder er ging zugrunde. Er war der Meinung, daß eine Etappe seines Daseins zu Ende ging und eine neue, in jeder Hinsicht ernsthaftere beginnen mußte. Um seine Herzensangelegenheiten stand es nicht gut. Und trotz des Erfolges des jüngst erschienenen Buches meinte er, daß er auch in seiner Dichtkunst unbedingt eine Wendung vollziehen müßte.

In diesem Augenblick kam eine Einladung nach Ancud, von Rubén, der dort als Spanischlehrer angestellt war. In Concepción legten sie einen Zwischenaufenthalt ein, den Azócar nutzte, um seine Familie zu besuchen, und Pablo, um Albertina zu sehen. Dort war auch der Dichter des *Turmes*, Joaquín Cifuentes Sepúlveda, der sie feierte, als wären sie Pantagruel und Gargantua. Zweite Zwischenstation – Temuco. Lautstarke Auseinandersetzung zwischen Neruda und seinem Vater. Warum hast du das Studium aufgegeben? Für die ehrliche Antwort hatte Don José del Carmen kein Verständnis. Gar zu schwer fiel es ihm, einen Mann zu verstehen, der von Beruf Dichter sein wollte. Das ging nicht in seinen Kopf.

Später traf sich Neruda mit seinem Freund im Hotel Nilsson in Ancud. Das Blatt hatte sich gewendet. Aus Bettlern waren Krösusse geworden. Sie aßen vom Besten und gedachten der Hungerleidertruppe in Santiago, der sie Muscheln säckeweise schickten. »... Wir warfen / frische Austern in alle Himmelsrichtungen.« Neruda schrieb dort *Der Bewohner und seine Hoffnung.* Er half Rubén, Korrekturbögen zu lesen, die Arbeiten seiner Schüler durchzusehen. Ein paar Tage lang verwandelte er sich in einen gewissenhaften Sekretär. Und des Abends war einer der Hauptmann und der andere der Bakkalaureus, die an entgegengesetzten Punkten des Marktplatzes von Ancud mit schriller Stimme Ritterverse rezitierten.

> Hauptmann Don Gabriel de
> la Luna
> und Bakkalaureus Don Gabriel de
> la Flor
> schlugen sich im Mondenschein
> um den Glanz zweier Augen,
> wie Blumen so rein. (W. P.)

Alicia, die Rubén als dunkelhäutiges Mädchen mit großen Augen in Erinnerung hat, verliebte sich in Pablo. Eines Tages sagte Neruda zu Rubén: »Es wäre gut, wenn ich mit Oxford-Hosen nach Santiago zurückkäme.« Solche Hosen waren modern. Dieser letzte Schrei war noch nicht bis Chiloé gedrungen. Neruda mußte dem Schneider ein Modell aufmalen, unten weit ausgestellt wie Seemannshosen.

Bei der Abschiedsvorstellung im Hotel, zu der sich die Creme des Ortes einfand, etwa hundertfünfzig Personen, geschah etwas, was zeigt, wie sehr sich Dichter und Sterne mißverstehen können. Ein Friseur mit Namen Ojeda, der zugleich Lotterieagent von Concepción war, forderte Rubén Azócar in lästiger Weise auf, das letzte erhältliche Los zu kaufen. Pablo, des allzu nachgiebigen Charakters seines Freundes eingedenk, gab diesem mit Zeichen zu verstehen, er sollte von dieser nutzlosen Ausgabe absehen. Nach mehreren Angeboten machte der Lotterieverkäufer einen letzten Versuch. Rubén schickte sich schon an, das Portemonnaie zu zücken, doch Pablo beschwor ihn, das Geld nicht dergestalt zum Fenster hinauszuwerfen. Daraufhin kauften zwei Veranstaltungsteilnehmer das Los je zur Hälfte.

Am nächsten Morgen um acht bestieg Pablo ein kleines Schiff, die »Caupolicán«, das ihn zum Festland brachte. Mittags erhielt Rubén aus Puerto Montt ein mit Pablo Neruda unterzeichnetes Telegramm. Darin teilte der ihm mit, daß auf das von Ojeda um Mitternacht verkaufte letzte Los der Hauptgewinn der Lotterie gefallen war, ein Vermögen, das, richtig angelegt, den glücklichen Gewinner zeit seines Lebens aller wirtschaftlichen Sorgen entheben könnte. Der Mitteilung beigefügt war die wohl heftigste Selbstbeschimpfung, die der brave Telegraf wiederzugeben vermochte. Danach kamen die beiden Freunde vierzig Jahre lang im Gespräch immer wieder darauf zurück, welche Wende in ihrem Leben eingetreten wäre, wenn Rubén das Los, das er kaufen wollte, was Neruda ihm jedoch ausredete, tatsächlich erworben hätte. Alle möglichen Hypothesen stellten sie auf und ließen ihrer Phantasie freien Lauf. Spekulation über Spekulation. Die Frage lautete: Wäre unser Leben anders verlaufen? Hätten wir aufgehört, wir selber zu sein? Wären wir Millionäre geworden? Wie würdest du dich als satter Bourgeois ausnehmen? Hätten wir die Poesie mit Fußtritten aus unserm Haus gejagt? Phantastereien auf Kosten des Loses, das nicht gekauft worden war. Da beide Optimisten waren, verschlossen sie sich auch nicht dem Trost und der Selbstrechtfertigung. Nein. Es wäre gräßlich und verhängnisvoll gewesen, wenn sie das große Los gewonnen hätten. Soviel wie sich selber aufzugeben. Ihre Auffassung vom Leben, von der Poesie, der Revolution, der Liebe. Sie fanden sich ab, auch weil sie – jenseits aller Mutmaßungen – erfahren hatten, wie es den beiden tatsächlich ergangen war, die in jener Nacht, da Neruda im Hotel Nilsson in Ancud verabschiedet wurde, das Los gekauft hatten. Einer hatte sich kurz danach das Leben genommen, und der andere endete im Gefängnis – wegen Schulden, die er sich infolge ruinöser Investitionen zugezogen hatte, in welche er sich, so meinten die Freunde, ohne jenen unheilvollen Hauptgewinn nicht eingelassen hätte.

42

Die Abreise

Früher hatte er flüchtige Augenblicke der Zufriedenheit erlebt. Mit Zwanzig hatte er vorübergehend das Gefühl, eine gelungene Arbeit geleistet zu haben. Und er sagte es mit einem in Verruf geratenen Wort, für das er eintrat. »Aufrichtigkeit. Mit diesem so schlichten, so altmodischen, so abgegriffenen und vom glänzenden Gefolge, das die Ästhetik erotisch begleitet, so verachteten Wort ist vielleicht mein ständiges Tun definiert.«

Er veröffentlicht in der Zeitung *La Nación* einen Artikel, »Exegese und Einsamkeit«, in dem er den Angestellten und Pädagogen, die ihn persönlich hassen, erklärt, daß er wohl ein unerquicklicher Schüler im Fach Französisch sein mag, daß er aber das schöpferische Abenteuer auf sich genommen habe, die Worte zum Leuchten zu bringen. Er habe dieser einsamen Arbeit genau die Hälfte seines Lebens gewidmet, zehn Jahre Suchens nach einem Ausdruck. Da seien die jüngst erschienenen *Zwanzig Liebesgedichte*. Er habe, als er sie machte, ein wenig gelitten; es seien Gesänge, die er aus seinem Leben genommen habe, aus der Liebe zu einigen Frauen. Ohne Prahlerei stellt er fest, daß er etwas erreicht habe, was einem Sieg gleiche, und errungen habe er es mit Aufrichtigkeit und Willen. Er tut sich nichts auf Disziplin zugute, die er nicht gehabt hat, doch er nennt sich einen »guten Nachdenker«, der schreibt, was ihn beunruhigt. Jetzt hat ihn solch siegreiches Selbstbewußtsein verlassen. Er verspürt die Notwendigkeit, die Schiffe zu verbrennen und die Brücke hinter sich abzureißen. Er wird keines seiner bereits erschie-

nenen Bücher noch mal schreiben. Er wird mit seiner bisherigen Poesie brechen. Und andere Kontinente suchen, Kontinente der Welt wie auch eigener Schöpfung.

Alles treibt ihn zur Abreise.

Eine Epoche seines Lebens geht ihrem Ende entgegen. Er
muß Land und Wasser zwischen diese und sich bringen, Distanz gewinnen. Und da erscheint ein anderer seiner guten
Jugendfreunde, der schon den Reisevirus im Blut hat, Álvaro Hinojosa. Er war 1924 aus den USA zurückgekommen,
doch er träumte nur davon, wieder abzureisen. Seine Schwester Silvia Thayer lernte durch ihn den damals wenig mehr
als zwanzig Jahre alten Dichter kennen, der ihr müde und
unerschütterlich und äußerst wortkarg vorkam, sein Gesichtsausdruck wirkte nahezu gleichgültig. Sie hörte ihn sagen: »Wer hat nur das Reden erfunden?« Sie, schweigsam
und ein wenig naiv, nahm die wohlbekannte Tatsache wahr,
daß der Dichter damals sehr wenig aß, und schrieb das
engelhaft seinen genügsamen, beinahe asketischen Gepflogenheiten zu und nicht dem Geldmangel.

Die Familie Hinojosa wohnte in Valparaíso, Calle Deformes, Ecke Victoria. Zwischen 1925 und 1927 kam
Neruda oft in dieses Haus. Er wollte das Meer sehen. Er
bummelte mit Álvaro über Märkte und Molen, stieg auf die
Hänge am Hafen und berauschte sich am Nachtleben. Als
er in dem Haus seine erste Aufwartung machte, hatte Álvaro,
umsichtig, wie er war, die ganze Familie vorher angewiesen,
das Wort ja nicht an den jungen Gast zu richten, denn der
redete nicht gern. Pablo knüpfte bald darauf ein Gespräch
mit der Mutter an, das mehrere Stunden dauerte. Neugierig
erkundigte sich die Tochter, wovon sie so lange gesprochen
hätten. Und sie erwiderte: »Von Geschäften. Ein bezaubernder Junge.« Und das stimmte. Damals hatten Pablo und Álvaro den Kopf voller kommerzieller Pläne, um aus der Not
herauszukommen, Rockefellers zu werden, und sei es unter-
entwickelte. Wenn sie ihr täglich Brot erst einmal sicher hätten, könnten sie in Ruhe dichten.

Im Juni 1927 verließen beide Freunde die Calle Deformes
2810 in Valparaíso, sie reisten mit dem Zug, der an die

Trans-Anden-Bahn Anschluß hat. Sie würden bis Buenos Aires fahren, wo sie die »Baden« besteigen würden, um über Europa nach Rangun zu gelangen. Nach ihrer Abreise kamen eine Zeitlang an jene Adresse viele Briefe und Telegramme von jungen Mädchen, die verzweifelt nach Pablo fragten. Er hatte seine Abreise fast niemandem angekündigt. Silvia öffnete diese Briefe und Telegramme. Und sie beantwortete, »ich möchte fast sagen, aus Mitleid«, diejenigen, die sie am meisten rührten.

Álvaro blieb nicht lange im Fernen Osten. Er ging in die USA zurück. Dort lernte ich ihn 1938 kennen, er war mit einer amerikanischen Tänzerin verheiratet. Als ich ihn sah, fielen mir alle Geschichten ein, die Neruda von seinem Freund erzählt hatte, der der größte und unverbesserlichste Don Juan sein sollte, den er je gekannt hatte. Ich fragte ihn: »Aber wie ging dieser Casanova zu Werke?« Er sei immer gleich mit der Tür ins Haus gefallen. Da schlenderten sie beide einmal in Paris die Straße entlang, es war bei dem kurzen Zwischenaufenthalt vor der Abreise nach Burma. Er sieht eine Frau, die sein Gefallen erregt. Er tritt auf sie zu und schlägt ihr in einem fürchterlichen Französisch vor, mit ihm zu schlafen. Neunundneunzig von hundert erteilten ihm eine Abfuhr, manche mit Ohrfeigen, doch eine, so seine nicht amtlich beglaubigte Statistik, ging sicher auf seinen Antrag ein. Ich traf ihn also, zehn Jahre nach diesen Beutezügen, vor Anker liegend in einem Appartement in New York, mit seiner scharfen Nase, den hellen Augen von undefinierbarer Farbe unter struppigen, dichten Brauen, er war zum *free lancer* geworden, zum freiberuflich Tätigen, der mit Müh und Not bisweilen ein paar Erzählungen bei einer Zeitschrift unterbrachte, der seinen Lebensunterhalt aber vornehmlich mit Spanisch-Unterricht verdiente.

Verblüfft beobachtete ich ihn und versuchte, an ihm das Bild des Casanovas zu entdecken. Er sagte nichts von seinen europäischen und asiatischen Abenteuern. Er war in gewissem Maße verschwiegen, und das gehörte zu Geheimnis und Legende, die ihn umgaben.

Als Neruda aus dem Krieg in Spanien zurückgekehrt war,

ging ich zu ihm, in eine Wohnung im zweiten Häuserblock der Avenida Vicuña Mackenna, um mit ihm ein Interview zu machen, das ein paar Tage später in *Qué hubo en la semana* erschien, einer Zeitschrift, die damals von seinem guten, edlen Freund Luis Enrique Délano geleitet wurde. Diese Wohnung, in der er mit Delia del Carril gastlich aufgenommen worden war, gehörte Silvia Thayer, von deren Haus er zu seiner Fern-Ost-Reise aufgebrochen war.

Nach dreißigjähriger Trennung begegneten sich Pablo und Álvaro wieder, und zwar bei dem Maler Nemesio Antúnez in Santiago. Sie fielen einander in die Arme und konnten eine Weile kein Wort hervorbringen.

Im gleichen Jahr, 1958, stellte Silvia Thayer Neruda den Puertoricaner Antonio Santaella Blanco vor, der auf einer Rundreise war, um für die Freiheit seines Vaterlands zu werben. Neruda faßte damals den Vorsatz, ein Buch für die Unabhängigkeit Puerto Ricos zu schreiben, das er *Puerto Rico: Reicher Hafen, armer Hafen* nennen würde. Die ersten Gedichte wurden der Keim zu *Heldenepos*. Im Vorwort zu diesem Buch, das 1960 in Havanna erschien, schrieb Neruda: »Ursprünglich sollte dieses Buch von Puerto Rico handeln, seinem qualvollen Kolonialstatus, vom gegenwärtigen Kampf seiner aufständischen Patrioten. Das Buch wuchs sodann mit den hochherzigen Ereignissen in Kuba und spielt im karibischen Raum.«

Nachdem Álvaro Hinojosa tausend verschiedene Berufe ausprobiert hatte, wurde er – unter einem Pseudonym, das Rätsel und Kunstgriff kombinierte und einer Figur von Alexandre Dumas würdig gewesen wäre – Gemäldehändler. So schaffte er es, nach Paris zurückzukehren, mit dem Vorsatz, den Rest seines Lebens in der Stadt seiner Träume, dem Paris von 1927, der verrückten Jahre, seiner amourösen Eroberungen, zu verbringen. Ein kleines Hindernis gab es allerdings. Mehr als vierzig Jahre waren seither vergangen. Paris war älter geworden, hatte sich aber jung gehalten. Er war zwar jünger als Paris, war aber älter geworden. Sein Schluß lautete kategorisch: Paris ist nicht mehr Paris. Es verfiel. Und er reiste wieder ab.

III

Sterben und Werden im Fernen Osten

43

Drängen aus der Ferne

Der Dichter wird schließlich zum Honorarkonsul in Rangun ernannt. Später hatte er das gleiche Amt in Colombo (damals Ceylon), Batavia (Java) und Singapur (Malaysia) inne.

Von allen diesen Orten schreibt er an Albertina. Es existieren aber nur noch die Briefe, die er ihr aus dem heutigen Sri Lanka geschickt hat. Am 17. Dezember 1929 wendet er sich aus Colombo wieder an seine »Niña Netocha«. Die Geschichte scheint sich zu wiederholen: »Ich hatte eigentlich nicht vor, Dir zu schreiben, ehe Du meine früheren Briefe beantwortet hast, aber es ist Nacht, es ist heiß, und ich kann nicht schlafen.« Wie in jenem Zimmer in der Calle Echaurren steht auch jetzt ihr Bild auf dem Nachttisch. Er hat einen Sinn für die künstlerische Ingredienz. Weil er Edelhölzer mag, hat er es in einen Rahmen aus Tamarindenholz gesteckt. Und auf diese Weise blicken ihn die Augen, die, wie er einst geglaubt, ihn nie wiedersehen würden, Tag und Nacht an.

Der Brief hat etwas Endgültiges. Er will ihre Gesellschaft nicht missen, nun, da sie schon eigene Pläne hat. »Denn es wird das letzte Mal in unserm Leben sein, daß wir versuchen zusammenzukommen. Ich werde des Alleinseins allmählich müde, und wenn Du nicht kommst, werde ich versuchen, eine andere zu heiraten. Findest Du das brutal? Nein, brutal wäre es, wenn Du nicht kämst. Du weißt, an dem ›Herrn Konsul‹ hängt eine gewisse kleine gesellschaftliche Stellung, und wie ich mühelos sehen kann, ruft das bei Müttern (die mitunter hübsche Töchter haben) gewisse Erwartungen hervor. Aber denk daran: Ich habe nie eine andere gewollt als Dich.«

Als Albertina ihr Studium an der Universität von Concepción abgeschlossen hatte, fing sie in einer Experimentalschule an. Eines Tages rief der Direktor sie zu sich und schlug ihr vor, nach Brüssel zu gehen und dort die audiovisuelle Lehrmethode von Professor Decroly zu studieren. Bald darauf reiste Albertina Rosa nach Belgien. Dort erhielt sie die Briefe.

Der Konsul, voller Sehnsucht nach ihr, gibt ihr genaue Anweisungen, welches Schiff sie nehmen soll. Sie soll sich an den »Branch Service« wenden, eine Gesellschaft mit Büros in Paris und Marseille. Die Fahrtkosten auf diesen Dampfern betragen etwa tausend chilenische Pesos. »Jeden Tag und jede Stunde eines jeden Tages frage ich mich: Wird sie kommen? Du kannst Dir denken, daß ich über Chile nichts erfahre.«

Am nächsten Tag schickt er ihr einen Luftpostbrief. Noch nie hat ein Flugzeug so viele Küsse befördert, sagt er ihr. Der Ton ist entschieden: Er glaube nicht, daß sie ihr mögliches Glück opfern oder es hinausschieben oder ihm Hindernisse errichten sollten. Er werde sie nicht nach Chile reisen lassen. Sein Plan ist, daß sie zu ihm kommt, auf welche Weise auch immer, selbst wenn sie dafür die Rückfahrkarte nach Chile benutzen müßte, die sie bei der Gesellschaft umtauschen könnte. Ob er ihr etwas vorschlage, was sie als Betrug ansähe? Keine Bange, sagt er. Er wisse ganz genau, was das heiße. Aber wenn sie erst verheiratet wären, werde er an Enrique Molina, den Rektor der Universität von Concepción, schreiben und versuchen, Fahrtkosten und andere Kosten auf Heller und Pfennig zu begleichen. Bei allem läßt er beamtenhaften Scharfsinn walten. Er bittet sie, sie möge, wenn sie auf seine Bitte eingehe, es überraschend tun, auch soll niemand erfahren, daß er sie auf den Gedanken gebracht hat, denn das könnte seiner Karriere schaden. Er hoffe, daß seine Freundin zu ihm kommen werde. Er verlangt es zum x-tenmal, doch sie gehorcht nicht.

Er fragt sie, nachdem er ihr Gedichte aus *Aufenthalt* geschickt hat: »Hast Du gemerkt, daß meine Verse immer wieder für Dich waren?« Dann fügt er einschränkend hinzu: »Bis auf ein paar.« Und zum Schluß: »Die besten gehören Dir.«

Der junge verliebte Konsul geht zu einem Fakir, der sich damit brüstet, den Namen der Frau erraten zu können, die er und die ihn liebe. Er schreibt ihn auf einen Zettel.

Neue Briefe an den folgenden Tagen. Er drängt auf Antwort. Der vom 19. Dezember, der auf einen gewöhnlichen und einen »luftpostalen« folgt, klingt ganz anders: »Ich schreibe Dir, weil ich in diesem Augenblick finde, daß es vielleicht unanständig von mir wäre, Dich in Konflikt mit Deinen ›Pflichten‹ zu bringen. Entschuldige, wenn ich in Deinen *autrement* friedlichen Aufenthalt ein wenig Unruhe gebracht habe. Das will sagen, daß ich Dir mit Vergnügen die Freiheit lasse, zu tun, was Du für das Vernünftigste und für das Dir am meisten Zuträgliche hältst. Auf keinen Fall will ich Dich nötigen, zu mir zu kommen. Ich kann mich nicht in Deine Lage versetzen, und nachdem ich Deinen einzigen Brief zum hundertstenmal gelesen habe, merke ich, daß Du wahrscheinlich nach Chile zurückgehen möchtest. Außerdem müßtest Du ja neben der Reise einen Teil der Mißlichkeiten auf Dich nehmen, deren es in meinem Leben mehr gibt als im Leben anderer Männer. Tu, was Du willst.«

Die Korrespondenz aus jener Zeit trägt deutliche Spuren eines Einsiedlerlebens. Wochenlang spricht er mit keinem Menschen, es sei denn mit dem Diener. An niemandem kann er seine Wut auslassen. »Du weißt«, sagt er zu ihr, »daß ich keinen guten Charakter habe . . .« Und sein Zornesausbruch ist um so heftiger, als er einen eingeschriebenen Brief, den er ihr nach Belgien geschickt hat, zurückbekommt mit dem Vermerk *Parti sans laisser adresse.* Grober Mangel an Verantwortungsgefühl! Die Señorita läßt sich zu keiner Antwort herbei. Er glaubt, vor Wut und Enttäuschung den Verstand zu verlieren. Sein Ton ist streng und entschieden: »Nimm von jedem Plan Abstand, der viel Zeit erfordert. Alles soll jetzt oder nie geschehen.«

Sodann richtet er an Albertina, die schon wieder an der

Universität von Concepción ist, einen Brief, in dem er mit ihr bricht. Es läßt sich denken, in welchem Ton. »Ich wollte Dich, in Erinnerung an unsere Liebe, zu meiner Frau machen . . . Ich möchte außerdem, daß Du Originalbriefe und Dinge von mir, die Du noch hast, vernichtest und mir die Bilder schickst, die ich Dir geschenkt habe. Ich möchte nicht, daß sie Deinen Freunden aus Concepción (ich bin unterrichtet) in die Hände fallen. Insbesondere möchte ich, daß Du mir postwendend das Bild zurückschickst, das ich Dir zweimal per Einschreiben nach Brüssel geschickt habe. Es ist ein Bild, auf dem ich bengalische Tracht anhabe, ich brauche es dringend, und ich bitte Dich um den großen und letzten Gefallen, es mir umgehend zurückzugeben. Leb wohl, Albertina, für immer. Vergiß mich und glaube mir, daß ich nur Dein Glück gewollt habe.«

Das ist wirklich der Bruch. Trotzdem wird er ihr 1932 noch einige Male aus Santiago schreiben. In einem dieser Briefe teilt er ihr mit, was Albertina schon weiß: »Du wirst erfahren haben, daß ich seit Dezember 1931 verheiratet bin. Das Alleinsein, dem Du nicht abhelfen wolltest, war mir immer unerträglicher geworden. Du wirst das verstehen, wenn Du die vielen Jahre der Verbannung bedenkst.« Der folgende Abschnitt läßt so etwas wie eine Hinwendung zur Vergangenheit erkennen. Er zeigt, daß jene Leidenschaft noch nicht ganz gestorben ist. »Ich würde so gern ein wenig Deine Stirn küssen, die Hände streicheln, die ich so geliebt habe, Dir ein wenig von der Freundschaft und Liebe geben, die ich im Herzen immer noch für Dich empfinde.«

Im dritten Absatz ist die Vorsicht zu spüren. »Zeig niemandem diesen Brief. Daß Du mir schreibst, wird auch niemand erfahren.«

Der vierte Absatz enthält in Frageform eine Einladung: »Kannst Du für einen Tag nach Santiago kommen?«

Der Brief vom 15. Mai 1932, wie auch die anderen auf einem Bogen des Außenministeriums, wo er arbeitet, will den Standpunkt des Dichters noch einmal klarmachen, die Umstände, die zum Bruch geführt haben. »Ich will Dich nicht betrüben, aber mir scheint, Du hast einen großen Fehler gemacht. In meinen Telegrammen, meinen Briefen sagte ich Dir doch, daß ich Dich heiraten würde, sobald Du nach Colombo kämst. Albertina, ich besaß schon die Heiratserlaubnis und hatte auch das nötige Geld erbeten . . . Jetzt erzählt mir meine Schwester, ich hätte Dich gebeten, zu mir zu kommen, ohne daß ich Dich heiraten wollte, und Du hättest gesagt: Niemals! Warum lügst Du? Außer der bitteren Einsicht, daß Du mich nicht verstanden hast, habe ich die, daß Du mich verleumdest . . . Aber wie auch immer, vergessen wir das Böse, das wir einander zugefügt haben, und seien wir Freunde, haben wir Hoffnung.«

Es gibt einen letzten Brief, datiert Santiago, 11. Juli 1932. Wirr geht es zu im Herzen eines Verliebten, und manchmal dauert es seine Zeit, ehe ein Bruch endgültig ist. »Ich denke alle Tage an Dich . . . Aber Du bist so undankbar wie früher. Ich kann immer noch nicht begreifen, was in Europa mit Dir vorgegangen ist, ich begreife immer noch nicht, warum Du nicht gekommen bist.«

Ein halbes Jahrhundert später erinnert sie sich in knappen, gelassenen Worten der so lange zurückliegenden Ereignisse: »Pablo hatte mir aus Rangun geschrieben. Er wollte, daß ich zu ihm käme und wir heirateten. Danach fuhr ich nach Paris und nach London, wo ich die Feiertage mit meiner Freundin verbringen wollte. Einige Briefe von Pablo bekam ich mit Verspätung, andere gingen an ihn zurück, und er war sehr wütend darüber.«

Wieder in Concepción, wandte sie das System Decroly im Unterricht an. Die Briefe des Dichters kamen hierher. »Eines Tages hatte der Direktor, der viel auf Moral hielt, ein Typ, der ganz anders war, als man aus seinen Predigten schließen konnte, einen Brief von Pablo geöffnet, und was er sagte, ließ mich aufhorchen. Ich fragte, wie er sich erlauben könnte, einen an mich gerichteten Brief zu öffnen, und verließ die Universität. Ich ging nach Santiago zu meinem Bruder Rubén, der verheiratet war, und dort lernte ich Ángel Cruchaga kennen.«

1983 wird Albertina von einem Journalisten gefragt, ob sie Pablo Neruda geheiratet hätte. Ihre Antwort hinterläßt immer, wie viele ihrer Äußerungen, eine unerklärliche Leere: »Ja. Ich hatte ihn sehr gern, aber es waren andere Zeiten. Ich konnte nicht.« Warum konnte sie nicht?

Kurz darauf, im Jahre 1935, heiratete sie Ángel Cruchaga. Wenn man sie bittet, ein Bild ihres Mannes zu zeichnen, sagt sie trocken: »Er war zehn Jahre älter als ich. Ganz anders als Pablo. Ein eingefleischter Junggeselle, ein sehr feinfühliger Mann, ganz anders als Pablo«, sagt sie noch einmal, »sehr still. Sein Vater war Baske, groß, gut gebaut, blauäugig, mit einem langen Schnurrbart.«

Von allen Namen, mit denen der Dichter sie überschüttet hatte, gefiel Netocha ihr am besten.

Neruda stand von Jabanq', Sumatra und Batavia aus in Briefwechsel mit Ángel Cruchaga. Ironie des Zufalls ist es, daß er in einem Brief aus Batavia, datiert vom 26. Januar 1931, seinem Briefpartner einen merkwürdigen Auftrag gibt: »Ich habe geheiratet. Sei so nett und laß in *Zig-Zag* dieses Bild meiner Frau in guter Form erscheinen. Die haben dort ein Klischee von mir. Ich muß Dir nicht erst sagen, daß ich ihr damit eine Freude machen will. Sie kennt Dich schon sehr gut. Du gehörst hier zur Familie. Bitte schicke zwei Exemplare von Z., wenn es erscheint. Aber denk daran, daß Du möglicherweise den Frieden in einem Haus störst!«

Zwanzig Tage später schickt er ihm wieder einen Brief, in dem er anfragt, ob er jenes Foto seiner Frau schon an *Zig-Zag* geschickt habe, und wiederholt die Bitte, ihm zwei Exemplare der Zeitschrift zu senden. Er legt einen Text über Ángel Cruchagas neuestes Buch bei und bittet diesen, ihm eine Nummer von *Atenea* zukommen zu lassen, in der sein Gedicht »Nächtliche Sammlung« abgedruckt ist.

Ángel Cruchaga und Albertina Azócar heirateten fern von

ihm. Er gratulierte ihnen. Später schlossen sie sich seiner Gruppe an und blieben ihr mehrere Jahre lang treu, bis Matildes öffentliches Erscheinen die Zunft Nerudas einstiger Bräute und Freundinnen sprengte, die sich friedlich um den Thron der alten Königin scharten, die es aber nicht verschmerzen konnten, daß eine jüngere Fremde siegreich in ihren Kreis einbrach. Kurz vor jenem Bruch, am 6. Juli 1944, hatte Neruda aus Michoacán, genauer, von seinem Wohnsitz in Los Guindos, Calle Lynch, ein Sonett an Ángel Cruchaga gesandt und einen Muzo-Schmetterling beigelegt: »Nimm diese beiden morgenfrischen Flügel, / die dich, Ángel, zu sehen hoffen, auf den Wegen / der Städte und des Frühlings, / umgeben von Albertina-Fahnen.«

Jahre später gedenkt er Albertina-Rosauras in *Memorial von Isla Negra*. »Wie ein Sumpf ist die Liebe / . . . dort sanken wir nieder, / uns ergriff tiefe Lust, / . . . O Liebe von Leib zu Leib / ohne ein Wort, / und das feuchte Mehl, das die Wildheit / der Zuckungen bindet.«

Diese Liebe, diese Erschütterung wurden zu einem Teil seines Lebens. Gemütsbewegung, die in der Erinnerung haftete. »Da blieben die zerfetzten Laken.« Rosauras Leben zieht mit dem Wasser, mit der Zeit, so wie für den Dichter die Stadt mit dem Fluß zieht. Er nennt die Zeit jener Liebe, Zahl für Zahl, eins, neun, zwei, drei, 1923. Alle diese Zahlen fallen ins Wasser. Rosaura hatte jene Tage vergessen, »an der Ecke / der Sazié-Straße, oder auf dem kleinen / Paduraplatz, bei der strengduftenden Rose / des Absteigequartiers, das uns unter andere verteilte«.

Es ist eine Liebe armer Studenten. Ein Zimmer, es schaut auf den »winzigen Hof, / der bewahrte die Exkremente / der streunenden Katzen auf«. Die beiden nackt auf dem harten Bett der Außenviertel. Sie schlafen nicht: »Wir bereiteten uns für die Liebe.«

Nach so vielen Jahren sagt ihr der Dichter etwas Schwerwiegendes: »Und vielleicht gab es kein anderes / Feuer in deinem Leben, nur / damals warst du vielleicht wirklich. / Wir entflammten und löschten aus: / und du bliebst zurück im Dunkel: / ich zog weiter die Wege.« Zwischen ihnen derselbe Strom, der trennt, »zum Vergessen einlädt / wie die Zeit«.

Beim Zurückblicken auf sein Verhältnis mit Rosaura betont er: »Uns verlieh die Liebe die alleinige Wichtigkeit.« Danach etwas, was er bei ihr als Mangel an Klarheit betrachtet: »Zwischen den von der Prostitution / beharnten Einrichtungen und den Betrügereien / du wußtest nicht, was beginnen.« Sie brauchten sich auf in der Liebe bis an den Schmerz. Sie lebten, konfrontiert mit ihrer ganzen Essenz, der Mann, die Frau, das Feuer erfindend. Dieses Feuer verlosch langsam, aber gewiß hinterließen die Brandwunden für immer ihre Narben.

Weit zurück liegt die heitere Veranstaltung im Stadttheater an jenem Oktoberabend des Jahres 1921, als sein »Lied des Festes« berühmt wird – das Lied des schmächtigen, leicht entflammbaren, schwarz gekleideten Dichters mit der klagenden Stimme, die die Wagner-Sängerin Blanca Hauser, auch aus Temuco, viele Jahre später durch Sprecherziehung herausbildete.

Neruda sagte mir einmal, daß er Liebe oder weiblicher Schmeichelei nicht widerstehen könnte, erst recht nicht, wenn die Frau ihm gefiele. Eine Haltung, die ganz einem bestimmten Begriff von Männlichkeit entspricht. Der richtige Mann muß auf eine Aufforderung reagieren. Er hatte große Liebschaften, und er hatte Liebeleien, die für ihn niemals bloße Abenteuer waren. So reagierte er seit seiner Studentenzeit, seit der Zeit der quietschenden Straßenbahnen von Santiago, als er zwanzig Jahre alt war und es in der Stadt so viele Mädchen gab wie Wasser im Fluß. Er sieht sie als ins Bett gefallene Geißblattranken, Verkörperungen des Frühlings. »Einmalige Liebschaften, rasch und gierig.« Er mißt diesen Kontakten tiefen Sinn bei: »Ich denke, daß meine Dichtung nicht / auf Einsamkeit nur basiert, sondern auf einem Leib / und immer wieder einem Leib, bei voller Haut des Mondes / und allen Küssen der Erde.«

45

Briefwechsel in der Familie

Zu Nerudas Korrespondenz gehören achtundzwanzig Briefe, die er im Verlaufe mehrerer Lebensabschnitte an seine Schwester geschrieben hat. Sie wurden 1978 in Madrid von *Ediciones Cultura Hispánica del Centro Iberoamericano de Cooperación* herausgebracht, mit einem einleitenden Essay von Hugo Montes. Sie gehören in die familiäre Sphäre. Laurita war, wie man gesehen hat, eine einfache und zugleich komplizierte Frau mit einem ausgeprägten Familiensinn. Ihre Spezialität war es, Verbindung zu nahen und fernen Verwandten zu halten. Gewissenhafte Hüterin der Papiere ihres Bruders seit dessen Gymnasiumsjahren, rettete sie viele Texte des frühen Neruda und bewahrte sie sicher auf. Ihre Sprache war scharf und unverblümt. Jemand konnte ihr entweder gefallen oder mißfallen. Sie meinte, Pablo hätte etwas von seinem Großvater väterlicherseits geerbt, der Verse rezitierte, nicht aber schrieb. Der las die Bibel und konnte ein langes Gedicht von Victor Hugo auswendig, das Andrés Bello übersetzt hatte, »Gebet für alle«. Trotzdem war sie überzeugt, daß er auch von seinem Vater etwas hatte: Die Freude daran, viele Freunde zu haben. Laura Reyes erinnerte sich, daß der Teekessel in der Küche den ganzen Morgen kochte, damit die Eisenbahner frühstücken konnten, die sich zu jeder Stunde einfanden. Der Bruder mochte Laurita. Als er sie einmal halbtot vor Angst antraf, weil ihr ein Tonkrug entzweigegangen war, nahm er die Schuld auf sich.

Ruhm galt ihr überhaupt nichts. Ihren Bruder Pablo bewunderte sie nicht mehr als ihren Bruder Rodolfo, dessen schöne Tenorstimme sie feierte, seine Vorliebe für Opern, besonders für *La Traviata*, aus der er einige Arien sang. Sein Wunschtraum war, Sänger zu werden. Er ließ sich sogar am Nationalkonservatorium immatrikulieren. Aber so wie der Vater dagegen war, daß sein älterer Sohn Dichter würde, wollte er auch nicht, daß der andere Sänger würde. Man stelle sich vor, nicht nur eine Drohne, sondern gleich zwei!

Was die Männer anbelangt, ich sah Laurita immer allein. »Sie ist Witwe«, erklärte mir Pablo. Sie hatte einen Verwandten geheiratet, Ramón Candia Quevedo, Landwirt in Parral. Ein Herzanfall raffte ihn 1941 hinweg. Sie waren keine zwei Jahre verheiratet gewesen. Ihr einziger Sohn war bei der Geburt gestorben. »Man sieht, wir haben wenig Nachkommenschaft«, flüsterte der Dichter. 1938 kam Laurita nach Santiago. Sie war Inspektorin der Technischen Mädchenschule Nummer zwei, an der sie vierundzwanzig Jahre arbeitete. Als sie pensioniert wurde, machte sie eine Europareise und wohnte ein halbes Jahr bei Neruda in Paris, als dieser dort Botschafter war. Sie wollte einen Blick auf das Nachtleben werfen. Und das tat sie. Eigentlich kannte sie dort niemand. Mit einer Freundin, María Maluenda, ging sie zu den »Follies Bergère« und schlug sich eine Nacht in »La Coupole« um die Ohren. Damit hatte sie genug!

Laurita hatte deutliche Kindheitserinnerungen. »Wenn Pablo als Kind krank war und im Bett bleiben mußte, wollte er immer, daß ich zum Fenster raussah. Und dann mußte ich ihm erzählen, was auf der Straße vorging, ohne etwas auszulassen, auch nicht das Belangloseste. Und ich sagte zum Beispiel: ›Da kommt eine Indio-Frau, die Ponchos verkauft, auf der anderen Straßenseite spielen vier kleine Jungen.‹ Mir wurde es manchmal zuviel, aber er wollte unermüdlich wissen, was draußen passierte, und ich mußte wieder Wache stehen und erzählen, erzählen.« Kein unwichtiges Zeugnis. Er brauchte Geschichten und wollte alles wissen, was geschah. Wie eine Ameise legte er Wintervorräte an.

Neruda, der alles andere als zudringlich war, behandelte Laurita immer sehr zartfühlend. Ich habe wohl nie zwei Geschwister mit so unterschiedlichen Interessen gesehen. Sie aber respektierte immer das Tun und Lassen ihres Bruders. Manchmal freilich konnte sie sich ein kritisches Brummen angesichts der Wahl bestimmter Freundschaften nicht verkneifen. »Der gefällt mir nicht«, murmelte sie dann zwischen den Zähnen, ohne zu erklären, warum. Im Grunde fühlte sie sich verpflichtet, über ihren Bruder in einer Art zu wachen, wie es die Mutter getan hatte. Aber sie mußte diese

Pflicht erfüllen, ohne daß er es merkte und ohne zu vergessen, daß das Recht, Irrtümer und Tollheiten des Dichters zu überwachen, eher offiziellen Ehefrauen zustand.

Pablo nannte sie einfach Laurita. Niemals Laura. In seinen Briefen überschüttete er sie mit allen Abwandlungen des Wortes Coneja oder Conejita, Kaninchen, wobei er die Rechtschreibung aufs phantastischste entstellte.

Als er zum Studium nach Santiago geht, beobachtet sie alles mit Argusaugen, was in Temuco geschieht, um es dem in der Ferne Weilenden mitzuteilen. Sie haben einen Kodex von Geheimzeichen, und wenn er nach Personen fragt, benutzt er nur den Anfangsbuchstaben. Er bittet Laurita dringend, ihm alles zu berichten, weil sie es ist, die in Temuco aus dem Fenster schaut. Die Entbehrungen in der Hauptstadt schlagen sich in den Briefen nieder. Er sucht eine Stellung und findet keine. Segundo, das heißt Rudecindo Ortega, »hat sich unmöglich aufgeführt ... Ich will nicht, daß Ihr Euch aufregt, ich bin sicher, daß sie mir was geben. Merk Dir die Adresse: Sr. Ricardo Reyes. Santo Domingo 736, Santiago.«

Er verwünscht im Brief die »idiotischen Schneider, die es schriftlich haben wollen, daß die Bezahlung gewährleistet ist ... Ich kann soviel Geld nicht auf einmal bezahlen.«

Pensionswechsel mit dem ganzen schmutzigen Drum und Dran wird zu einem häufigen Briefthema. In einem Brief vom 27. Oktober 1926 sagt er: »Liebe, hübsche Conejita, seit gestern bin ich ohne Pension.« Er fragt sie nach dem Namen einer Frau, Amalia, der er sein neuestes Buch nicht schicke, weil er glaube, daß es ihr nicht gefallen werde. (Es handelt sich um *Versuch des unendlichen Menschen*.) »Aber trotzdem, wenn Du unbedingt willst, dann sei es drum. Sag mal, kommt sie nie nach Santiago? Ich werde schwerlich nach dem Süden zurückkehren. Ich gedenke sogar, binnen kurzem nach Europa zu gehen. Es wäre schade, wenn ich sie nicht sehen könnte.«

Sein Wunschtraum ist, zu reisen. Er schreibt seiner Schwester, daß er es leid ist, mit seinem Vater zu streiten, und daß er in weniger als einem Monat abreist. Das Problem ist, daß er nur die Fahrkarte hat und sonst nichts. »Was soll ich in Genua essen? Rauch? Mal sehen, ob Du was erreichst.« Er schreibt diesen Brief Mitte Dezember 1926, als seine Adresse lautet: García Reyes 25.

Den nächsten Brief schreibt er ein halbes Jahr später, am 15. Juni 1927, aus Mendoza. Es ist ein spätes, aber unvermeidliches Lebewohl. »Conejita! Sag meinem Vater (nicht meinem Papa, was familiärer und vertrauter geklungen hätte) und meiner Mama, wie sehr ich es bedaure, daß ich sie zum Abschied nicht umarmen konnte, denn ich hatte meine Fahrkarten gelöst, und der Trans-Anden-Expreß sollte jeden Augenblick fahren, es ging freilich erst gestern los. Ich war wirklich traurig und bekümmert, aber ich glaube, diese Trennung wird nicht für lange sein. Bald bin ich wieder da und ziehe Dich an den Ohren. Ricardo.«

46
Wachen und Träumen während der Fahrt

Ricardo-Pablo reist zum erstenmal ins Ausland, ein Grünschnabel, der alles betrachtet und beriecht, mit der Wollust desjenigen, der das Unbekannte in der Welt bewundert.

Im Juli 1927 geht er in Buenos Aires an Bord der »Baden«. Endziel: Rangun. Die Korrespondenz, die er an die Zeitung *La Nación* richtet, ist gleichsam sein Reisetagebuch. Ist er vielleicht der geborene Chronist? So könnte es scheinen, weil sein Blick nicht nur in die Natur des Menschen vordringt, sondern auch in dessen Schlupfwinkel. So wie er lacht, verborgene Seiten entdeckt, sich selber auf die Schippe nimmt, hat er etwas von einem humoristischen Schriftsteller.

Der Atlantik ist groß, Brasilien aber ist riesig, und eines Tages greift die Seele dieses Landes nach dem Schiff im Hafen von Santos, mit seinem Kaffee- und Orangenduft, mit dem Geschrei der Makaken und Königspapageien. Plötzlich strahlende Helle: Als Passagier kommt eine Frau an Bord, deren Gesicht von den Augen beherrscht wird. Eine verdammt hübsche Kreolin! Langsam läßt das Schiff die Küste hinter sich. Seine Freundin Marinech »spricht das liebliche Portugiesisch und verleiht ihrer Spielzeugsprache einen Zauber. Fünfzehn Verliebte bilden einen Kreis um sie.«

Lissabon, Madrid, Paris.

Paris 1927, in der Stunde von Montparnasse. Vier oder fünf Tage und vier oder fünf Nächte im »Domme« und in »La Coupole«, sowie seine Schwester fast ein halbes Jahrhundert später. In den Cafés lauter Argentinier. Es war die Epoche, da der Tango Furore machte.

> Noch immer verblieben Tangos am Boden,
> Schmucknadeln aus kolumbianischen Kirchen,
> Brillen und japanische Zähne,
> Tomaten aus Uruguay,
> irgendeine magre chilenische Leiche,
> alles wurde ausgekehrt,
> aufgewaschen von immensen Wäscherinnen,
> alles hatte für allzeit ein Ende:
> erlesene Asche für die Ertrunkenen,
> die unverständlicherweise hinwogten
> ins natürliche Vergessen der Seine.

Marseilles. Von dort über das Mittelmeer nach Port Said. Afrikanische Palmen, enge, lärmerfüllte Gassen, ungeheure Basare, Märkte mit ranzigem Duft, grün und scharlachfarben. Unvermeidliche literarische Assoziation zu einem Autor, einem damals, aber heute nicht mehr gelesenen, Pierre Loti. Auferstehung der *Entzauberten*. Arabische Frauen mit dem Gesichtsschleier, über dem die Augen funkeln. Sie wirken fremd in der bewegten Umgebung, »wie erdrückt von der Aufgabe, ihr literarisches Prestige zu wahren«, doch bei dem jungen Betrachter erwecken sie, die ihn an Haremsheimlichkeit denken lassen, kaum Neugier, und das versetzt dem Dichter eine Art melancholischen Schock. Er ist in die Welt gezogen mit dem Laster, allenthalben auf Personen aus Büchern zu stoßen, und da sind im Leben die Wasserpfeifenraucher mit dem gesammelten Gesichtsausdruck von Menschen, die ganz gewiß nichts von dem Heiligenschein wissen, mit dem europäische Autoren, die dem Orientkult anhängen, sie umgeben. Eine allgemeine Feststellung: Die Sonne hat als Dekoration das Elend.

Die Sonne ist in Djibouti so gewaltig, daß er die Chronik mit der linken Hand schreiben muß (so sagt er), weil er sich mit der rechten der wie mit Peitschen dreinschlagenden Hitze erwehren muß. In der Bucht fischen somalische Knaben Münzen mit dem Mund. Der Dichter fühlt, daß dieser Hafen ihm gehört, weil hier das Leben seines Kollegen Arthur Rimbaud zerbrach. Aber er erlebt auch eine Szene, die aus *Salammbô* stammen könnte, als er die Straße der Tänzerinnen betritt. Dieser dreiundzwanzigjährige Chilene ist dennoch nicht so trübsinnig wie Flaubert, als dieser Karthago erstehen lassen wollte. Da liegt er plötzlich auf einem Teppich. Zwei nackte Frauen tanzen, mit ganz langsamen Bewegungen, nicht lauter als ein Schatten. Dann bricht die Musik der Armbänder los. Er sagt zu einer etwas auf spanisch. Und hält ihr, von jeglicher Bescheidenheit weit entfernt, einen Vortrag, so tiefsinnig, so eindringlich, daß die kleine Tänzerin die Arme um seinen Hals schlingt, und da weiß er, daß sie Spanisch versteht. »Eine wunderbare Sprache!«

Das Schiff schläft während der Fahrt. Bald erreichen sie Sumatra. Sein Freund Álvaro Rafael Hinojosa »schläft schlaflos, er träumt von Schneiderinnen aus Holland, von Lehrerinnen aus Charlesville, von Erika Pola aus Dresden«. Da schnarchen Annamesen, Chinesen, Matrosen vom Mittelmeer, Neger aus Martinique. Der schlaflose Reisekorrespondent hat Angst, er könnte sie wecken. Deshalb wird er versuchen, nicht von Grammophonen, von Schellen, von Montmartre zu träumen. In dieser Situation ist es das beste, von stillen Frauen zu träumen, von Lulú oder besser von Laura, »deren Stimme man eher las, die eher aus einem Traum stammte«.

Wie es sich für eine Besatzung auf Fahrt mit schlafendem Schiff gehört, kommen sie in ein völlig totes Colombo. Nächtlich, hierarchisch, ohne Alkohol, ohne Lieder. Morgens erwacht die Stadt zum Leben. Er fährt mit einer

Rikscha, gezogen von einem singhalesischen Eingeborenen, wobei ein kinetisches Bild entsteht, das dem eines Straußenrennens gleicht. Dort trifft er auch einen Betel-Verkäufer, der aussieht wie sein Freund Homero Arce. Denn es ist nun einmal so: Wir finden bekannte Gesichter bei vielen Unbekannten, denen wir begegnen, wenn wir durch die Welt reisen.

Als er in Singapur die dritte Schiffsklasse verließ, besaß er kein Geld, um die Fahrt bis zu seinem Platz in Rangun fortzusetzen. Er wandte sich an den chilenischen Konsul mit der Bitte, ihm beim Kauf der Fahrkarte finanziell behilflich zu sein. Der lehnte ab. »Da drohte ich ihm, ich würde in Singapur einen Vortrag über Chile halten«, sagt er mit halbem Lächeln. »Darauf wurde er so eifersüchtig, daß er mir auf der Stelle das Geld lieh.« Und er bestieg das Schiff nach Burma.

47

Einsamkeit in Burma

Der junge Konsul ist zu Hause. Er hat die Atmosphäre der Moskitonetze und feuchten Düfte betreten. Als er seinen Bestimmungsort erreicht hat, wird das Moskitonetz zu etwas so Lebensnotwendigem wie das Essen. Er verspürt übermächtiges Ruhebedürfnis. Das Wasser im Waschbecken ist warm. Tausende von Mücken sirren. Es beginnt für ihn ein Lebensabschnitt, der von Einsamkeit und Verlassenheit charakterisiert sein wird. Einmal war ich auf der Durchreise in Burma. Da wurde mir bewußt, daß der Neruda von *Aufenthalt auf Erden*, den manche als düstere Dichtung ansehen, von klarem, mitunter schmerzlich klarem Realismus geprägt ist. Der Dichter, dem so viel daran gelegen hatte, ins Ausland zu gehen, fiel in ein Loch, in einen tiefen Brunnen, aber er ertrank darin nicht. Er war zu stark.

Als ihm nach tausenderlei Verhandlungen sein Gönner im Außenministerium verschiedene in der ganzen Welt verstreute Städte nannte, wo eventuell ein chilenischer Konsul gebraucht würde, behielt der Dichter in seiner Verblüffung nur einen einzigen Namen, den er nie zuvor gehört hatte: Rangun. Jetzt war er als Konsul in Rangun. Und bereute es vom ersten Augenblick an. Alle vier Monate kam ein Schiff aus Kalkutta mit Hartparaffin und Teekisten, die für Chile bestimmt waren. Dann hatte der Konsul ein paar Tage lang Arbeit, indem er Papiere und Versandverzeichnisse für Tee sowie für ein Petroleumderivat zur Kerzenherstellung stempelte und unterschrieb. Danach wieder vier Monate Warten. Kein Burmese wollte nach Chile. Kein Chilene kam durch Burma.

Der Dichter sprach von der Untätigkeit in jener Zeit, er schaute sich unter anderem Märkte und Tempel an.

Er bemerkte etwas, und das dünkte ihn wundervoll: Ein Land, in dem die Frauen bestimmten, die eleganten Damen der örtlichen Aristokratie, die sich geschwind ihre bunten »Saris« um den Leib schlangen, meist leuchtend goldene oder blaue mit weißen Blüten. Manche von ihnen rauchten große Zigarren. Diese Frauen waren überall. Sie hatten von den englischen Kolonialherren das Wahlrecht erhalten, als englische Suffragetten in den Straßen von London noch darum kämpften und auf dem Trafalgar Square Unruhe stifteten. Ein elendes Land, das unter der Herrschaft des Goldgelbs, der Farbenpracht der großen Zentralpagode und der von dieser herabhängenden Blätter lebte, um den Tempel zu feiern, in dem drei Haare von Buddha in einer Art mit Rubinen und Smaragden gefüllten Amphore aufbewahrt wurden. Dem Mann, der aus einer trüben Gegend kam, in der das Grau kalten Regens dominiert, gingen die Augen über, als er einen orangefarbenen Strom sich über die Stadt ergießen sah, wenn die buddhistischen Mönche auszogen, um sich in den Straßen ihr Essen zu erbetteln.

Das ist die Buntheit von Rangun, eine Vision in Technicolor. Die Stadt war mehr als das Hotel für Weiße und die goldene Pagode, sie reichte hinab in die Straßen der Leprakranken, so wie der Fluß, der aus dem Urwald herabkam, um seinen Weg über die Straße zu nehmen, die schmutzig war, bedeckt mit ausgespienem Betel und gesprenkelt mit Markttänzerinnen. Dort fand der Dichter, am Ufer des Golfes von Martaban, Augenblicksfreundinnen, »Weib für meine Liebe, für mein Bett, / Weib, silberfarbnes, schwarzes, Hure oder keusch, / göttliches, verschlingendes Raubtier, orangen, / gleich was und wie . . .«

Gern sah er zu, wie der Liebeskarren langsam durch die Randbezirke der Stadt fuhr. Ein burmesischer Esel bestimmte das Tempo des sonderbaren, bunten Gefährts. Er transportierte eine Kurtisane mit Schlitzaugen und hoher Frisur, billigen Halsketten und Armreifen, die hinter aufgezogenen Gardinen Vergnügen und eine kleine Fahrt anbot. Er sah weißgekleidete junge und ältere Männer mit schwarzem Regenschirm in der Hand, die hastig mit der Insassin handelseinig wurden. Der eilige Fußgänger stieg in den Karren der Leidenschaft, der Straßen und Wege entlangfuhr. Die Gardinen verdeckten dann im Nu den weiteren Verlauf der intimen Szene. Die Operation wurde mit Zeitgefühl abgewickelt, zum philosophischen Schritt eines Esels mit großen grauen Ohren und feuchten Augen, die für alles Verständnis hatten. Der den erotischen Verkehr beobachtende Dichter trat so manches Mal an das Liebesfahrzeug heran und warf sich in die Flammen.

Er besuchte nicht nur Märkte, sondern auch Tempel. Die Schlangengötter, zusammengerollt wie der Quetzalcóatl der Azteken, die in die Ewigkeit lächelten und den Menschen ins Nichts einluden, riefen bei ihm nur Abscheu hervor.

Die hellste und zugleich leidvollste Seite seines Burma-Aufenthaltes ist Josie Bliss. In einer chilenischen Zeitschrift las ich den »Tango des Witwers«, bevor er in *Aufenthalt auf Erden* erschien. Ich habe einmal gesagt, daß er der erschütterndste aller Tangos ist, die ich je gelesen habe, eine Ketzerei, die richtige Tangokenner natürlich empört. Später habe ich Neruda öfters nach Josie Bliss gefragt, jener burmesischen Eingeborenen mit dem englischen Pseudonym, die in intimer Umgebung ihre westliche Kleidung und ihr angelsächsisches Pseudonym ablegte, um das zu sein, was sie war. Hinter dem Moskitonetz eine weißgekleidete Erscheinung wütender Schönheit, ein Messer in der Hand, bereit, ihn aus

Eifersucht zu töten. Still und heimlich floh er von ihr. Kaum begann das Schiff, den Golf von Bengalen zu durchfurchen, schrieb der fliehende Dichter jenen »Tango des Witwers«, am Tag der Flucht im Jahre 1928.

In Ceylon fehlt sie ihm:

> Und um dich harnen zu hören in der Dunkelheit
> hinten im Haus, als würde ein dünner zitternder
> hartschlägiger silberner Honig
> verschüttet,
> wieviel Mal würde ich diesen Schattenchor hergeben, der
> mir angehört,
> und das Klirren nutzloser Degen, das man in meiner Seele
> vernimmt.

Was bedeutet Alleinsein für Neruda? Was heißt Alleinsein für einen Mann, der immer von Frauen umgeben ist und sie immer sucht? Es ist mangelnde Verbindung mit der Umwelt, fehlende Beziehung zu der fremden Welt, Sich-an-den-Rand-gestellt-Fühlen. Es ist die Zeit, da der englische und holländische Kolonialismus noch jene Länder beherrscht, in denen er lebt. Der Dichter verachtet die Herren aus den stolzen Mutterländern, nimmt Kontakte zu den nationalen Befreiungsbewegungen auf, bleibt aber ein Fremder. Um zu verstehen, worin seine Einsamkeit bestand, tut man gut, die Fluten von *Aufenthalt auf Erden* zu befahren, auch die Briefe aus jener Zeit durchzugehen, vor allem diejenigen, die er an den argentinischen Erzähler Héctor Eandi geschrieben hat. Die meisten der zweiundzwanzig sind aus dem Fernen Osten. Sie bilden eine Briefsammlung, die unentbehrlich ist, wenn man die Motive seiner Ängste verstehen will. »Ich muß Ihnen sagen«, schreibt er an Eandi am 16. Januar 1928 aus Merkara am Golf von Bengalen, »ich fliehe aus Burma und hoffe, für immer. Es geht nicht sehr weit, nach Ceylon, das für Sie weit ist, für mich dieselbe Breite, das gleiche Klima, das gleiche Schicksal. In drei Stunden ist das Schiff in Colombo. Ich komme aus Kalkutta, zwei Monate Leben. Bereiten wir uns also nun auf den Schrecken dieser verlassenen Kolonien vor, trinken wir den ersten Whisky mit Soda oder Chota Pegg auf Ihr Wohl als guter Freund, Eandi. Wüstes Saufen, Hitze, Fieber. Überall Kranke und Alkoholiker. In der Nebenkabine Fieber und Delirium ... Drei Jahre Assam. Man muß die Augen des armen jungen Griechen gesehen haben, man hat Lust, sich alle fünf Minuten ins Meer zu stürzen. *Les femmes soignent ces horribles malades de retour des pays chauds.*« Dieses Bild, mit seinen natürlichen persönlichen Nuancen, hätte sein verehrter sündiger Heiliger schaffen können – Rimbaud. Er giepert nach Zeitungen aus Lateinamerika. Er fühlt sich von Schlafkrankheit befallen, von der Hitze zerrüttet. »Ich schreibe keine Briefe mehr, keine Verse, ich habe Rauch im Herzen.« Er kommt sich kataleptisch vor, geistesabwesend. In dem Zustand wundert er sich über das ewige Aufgeregtsein der Welt. Doch nach seiner Meinung fehlen große Zeichen, übermenschliche Töne, das, was er als »feierliche und uneigennützige Chöre« bezeichnet. Jene Wirklichkeit, wo Religiosität zu Beschaulichkeit, passiv, träge wird, interessiert ihn nicht. Er findet nicht einmal, daß sie etwas Lauteres ist, was ihn wenigstens zum Handeln anregen könnte. Unterwerfung unter den ausländischen Herrn ist für ihn etwas Entsetzliches.

48
Ambitionen und Wünsche

Vier Monate später schreibt er seinem Freund aus Rangun einen Brief, der einen Ansatz zu Selbstkritik im Hinblick auf die im vorigen Brief geäußerte Verzweiflung enthält. Er erkennt, daß er selber diese Gemütsverfassung überwinden muß. Doch es wird ihm schwerfallen. Der erste *Aufenthalt* spiegelt seine depressive Stimmung wider. Neruda kämpft mit sich. Aus diesem Grund dankt er Eandi für die Kopfhoch-Worte, die dieser ihm aus Argentinien schreibt, doch zugleich erklärt er ihm, wo die persönliche Krise, die er durchmacht, ihre Wurzeln hat. Der Brief aus Rangun vom 11. Mai 1928 ist erschütternd beredt: »Ich will jetzt eine wirklich elende Geistesverfassung hinter mir lassen, jetzt, da ich auf Ihren kostbaren, hochherzigen Brief antworte, den ich viele Male mit Vergnügen gelesen habe. Im Verlaufe meines Lebens habe ich mir meine literarische Arbeit allmählich immer schwerer gemacht, habe ich Dinge, die mir lieb und teuer waren, abgestoßen und begraben, so daß ich in kleinlichen Nöten, mit kümmerlichen Gedanken dahinlebe, beeinträchtigt durch jene plötzlichen Verluste, die ich nur sehr langsam ersetze. Ich habe über Ihren Brief nachgedacht, über dessen so freundschaftlichen, würdevollen Sinn, und dabei bin ich mir ganz hilflos und grausam unfähig vorgekommen.

Bisweilen bin ich lange Zeit über so leer, und dann vermag ich nichts zum Ausdruck zu bringen und in meinem Innern nichts zustande zu bringen, und ein heftiger Drang zum Dichten, der unaufhörlich in mir ist, zeigt mir immer ungangbare Wege, so daß ich meine Arbeit zum großen Teil unter Leiden tun muß, da ich mit sicherlich allzu schwacher Kraft ein Gebiet zu besetzen habe, das ein wenig abgelegen ist. Ich spreche nicht von Zweifel oder von verirrten Gedanken, nein, sondern von einem Streben, das nicht befriedigt wird, von einem verbitterten Gewissen. Meine Bücher sind eine Anhäufung von ausweglosen Seelenqualen. Indem Sie, Eandi, sich so verständnisvoll um mich sorgen, kommen Sie mir über das Literarische hinaus näher. Sie berühren mein tiefstes Innere. Ich muß Sie umarmen, Eandi, Ihnen sehr danken.«

Man beachte, daß sein Problem gewissermaßen von einer großen Ambition herrührt. Von der Ambition, das, was ihn umgibt, mit größter literarischer Tiefe auszudrücken. Und sogar noch darüber hinauszugehen. Durch die Poesie muß er, um es mit einem Wort zu sagen, die tiefste Stelle im Persönlichen, Menschlichen erreichen. Und dies soll ein junger Mann von vierundzwanzig Jahren schaffen, der ein »greuliches, einsames, träges Leben« zur Startrampe machen muß, die ihn zwingt zu schreiben, wie vielleicht nie zuvor in der westlichen Dichtkunst geschrieben worden ist, ein Werk zu schreiben, das aus dem Humus von Zerstörungen erwächst, aus der Vernichtung einer auf Elend basierenden Schrekkensherrschaft.

Dieser fremde junge Mann, dieser Konsul ohne wirkliches Gehalt, fühlt sich berufen, jene ganze unstete, verstreute Welt in seiner Dichtung widerzuspiegeln. Sie widerspiegeln heißt in diesem Fall weder sie erklären noch an ihr teilhaben. Den Fernen Osten empfindet er bisweilen als das Menschlich-Unmenschliche. Er fällt vor Heiligen und Gurus nicht auf die Knie. Zu jener Zeit gibt es im Westen Tendenzen, diese zu bewundern. Bald darauf unternimmt Krishnamurti lange Vortragsreisen durch Europa und Amerika. Ich höre ihn in Santiago im Caupolicán sprechen. Er füllt Theater mit neugierigen Menschen, denen etwas fehlt. Sie sind gespannt, ob er ihnen das Wort bringt. Literarische Begeisterung keimt auf. Neruda lebt im Bauch von Asien und kann Zeugnis ablegen so wie Martí von den Vereinigten Staaten. »Auf mich macht es einen seltsamen Eindruck, daß jene Schriftsteller, die eine Vorliebe für das ›Exotische‹ haben, die Tropenregionen des Orients mit inbrünstigen Worten beschreiben. Kein Landstrich eignet sich weniger für lobrednerische oder allegorische Ergüsse. Diese Gebiete erfordern allein *stetiges Kennenlernen und unermüdliche Aufmerksamkeit*. Ein mächtiger Hauch aus Feuer, aus augenblendenden Pflanzenwesen hat den Menschen auf ein winziges Maß reduziert. In Indien ist der Mensch ein Teil der Landschaft, und *es gibt kein Mißverhältnis zwischen ihm und der Natur* wie im heutigen Abendland. Die großen Kulturepochen des Mittleren oder brahmanischen Orients zerstören nicht die Wurzel des Menschen, rauben ihm nicht seine Blütezeit, wie es das Christentum tat; vielmehr erheben sie sich gleich hohen, monumentalen Mauern, ohne enge Beziehung zu den Leiden des Daseins, wohl aber zollen sie dem Geheimnis ringsum einen gewaltigen Tribut . . .«

Aber dieser sich auf Erden Aufhaltende hat noch andere Einwände. Sein ganzes Wesen lehnt Prinzipien ab, nach denen der Mensch seine irdische Existenz wehrlos in einem Kastensystem verbringt, ja sogar zu einem Fatalismus verurteilt ist, den er, Neruda, nicht akzeptieren kann. »Ja, die

Zeit kann nur Idole errichten, und das längst Vergangene ist unmittelbar göttlich. Ursprung und Fortdauer sind gegensätzliche Eigenschaften; das Dasein ist noch in das Spontane, das Schöpferische und Zerstörerische getaucht, während die beständigen Lebenskräfte unbeachtet, ohne Gewalt über Anfang und Ende weiterexistieren. Ohne verlorenzugehen und sich ständig verlierend, kehrt das Dasein zu seinem schöpferischen Ursprung zurück, ›wie ein Tropfen Meerwasser ins Meer zurück‹, sagt die *Katha Upanischad*. Am Göttlichen teilzuhaben, zu jenem unbezwinglichen Tätigsein zurückzufinden – ist dies nicht ein Grund für Unmögliches und für verhängnisvolle dunkle Lehren?«

Der einsame Dichter erhebt nicht den Anspruch, das Geheimnis durchdrungen zu haben. Er weiß, daß ihm viel von dem Rätsel entgeht. Er besitzt nicht die Kunst der Sybillen. In diesen fernöstlichen Gegenden hält die Sphinx ihr Geheimnis unter sieben Siegeln. Doch eines weiß er: Dies ist nicht seine Zivilisation, und etwas in ihr vergewaltigt sein Gewissen als Mensch, der möchte, daß der Mensch aus seinem Aufenthalt auf Erden eine Reise macht, die nicht dadurch gekennzeichnet ist, daß er seine eigene Vernichtung von vornherein hinnimmt. »Es drängt mich nicht, über Indien, Burma und Ceylon zu schreiben, denn viele Ursachen und Gründe bleiben mir verborgen und viele Erscheinungen noch unerklärlich. Alles scheint in Trümmern zu liegen und zu zerfallen, in Wahrheit schließen feste, elementare und lebendige Bindungen diese Erscheinungsformen mit beinahe geheimen, beinahe unvergänglichen Fesseln zusammen.«

Die Alternative war klar und zwingend: Entweder verschlang ihn die düstere Umwelt, oder er schöpfte Kraft aus Schwachheit, ließ sich von der Gefahr ringsum anspornen und wandelte seine eigene Schwäche in schöpferische Energie um. Und er glaubt, es schaffen zu können, wenn er sich für den Kampf entscheidet. Er wird umsetzen, was ihn bedrückt, indem er die unheilvollen, dunklen Elemente zum Rohstoff für seine Dichtung macht. Diese Schlacht schlägt er in dem Werk, das er just schreibt. »Ich habe ein Gedichtbuch beinahe fertig«, vertraut er Eandi an, »*Aufenthalt auf Erden,* und Sie werden sehen, wie ich es schaffe, meinen Ausdruck zu isolieren, indem ich ihn ständig zwischen Gefahren schwanken lasse, und mit welcher festen, gleichmäßigen Substanz ich ständig ein und dieselbe Kraft ausstatte . . .« Sein Buch spiegelt das ihn Umgebende wider. Aber es spielt eine Retterrolle. Mit diesem *Aufenthalt* wird er sein Recht zu leben bezahlen. Er wird überleben. Stilistisch wird ein Spezialist eine unübersehbare Ähnlichkeit zwischen den Gedichten und den Briefen aus dieser Zeit feststellen können.

Er bittet um Hilfe. Er braucht Nahrung aus seinem Amerika. Ein paar Atemzüge in dessen Luft. Und er dankt seinem Briefpartner für die Übersendung eines Exemplars von *Don Segundo Sombra*, der kurz zuvor in Buenos Aires erschienen ist. »Ich habe es voller Gier gelesen«, bekundet er, »und so, als hätte ich mich wieder in die Kleefelder meiner Heimat legen und meinem Großvater und meinen Onkeln zuhören können. Das ist wirklich etwas Großartiges, Natürliches, Bewegendes. Geruch von Weite, Pferden, Menschenleben, alles so unmittelbar beisammen, so fest verbunden.«

Nach diesem Brief flieht er vor der Boshaften, der Katzenartigen. Und gleich darauf verspürt er den Stich der Sehnsucht. (». . . Wieviel von dem Schatten, der in meiner Seele ist, gäbe ich her, um dich wieder zu haben, / und wie bedrohlich scheinen mir die Namen der Monate, / und das Wort Winter, welch düsteren Trommelklang hat es . . .«)

Den folgenden Brief schickt er ab, als er gerade seinen Wohnsitz in Ceylon, Wellawatha, bezogen hat, am 5. Oktober desselben Jahres, 1928. Er sagt seinem Freund, daß er schon wieder ruhig ist und ihm in Muße schreiben kann . . . Nicht ganz in Muße, denn die Probleme, o Gott, hören nicht auf. Und obwohl er die Gottheit anruft, drehen sich seine Sorgen diesmal um das rein Materielle. »Konsuln meiner Kategorie, Wahl- und Honorarkonsuln, haben ein miserables Gehalt, das geringste vom ganzen Personal. Geldmangel hat mich bis heute unendlich leiden lassen, und sogar in diesem Augenblick ist mein Leben voller unedler Konflikte. Ich habe 166 US-Dollar pro Monat, das ist hierzulande das Gehalt eines drittklassigen Verkäufers in einem Geschäft. Und, was noch schlimmer ist, dieses Gehalt hängt von den Einkünften ab, die im Konsulat zusammenkommen, das heißt, wenn in einem Monat nichts nach Chile exportiert wird, bekomme ich auch kein Gehalt. Das ist im Grunde alles so schmerzlich und demütigend; in Burma habe ich manchmal fünf Monate lang kein Gehalt bekommen, das heißt, ich hatte nichts. Und obendrein muß ich alle anfallenden Kosten, für Schreibmaterial, Mobiliar, Porto, Büromiete, selber tragen. Und schlimmer noch: Ich habe keine Freifahrt, so daß ich, wenn ich Ihnen meinen Wunsch nicht in meinem Telegramm mitgeteilt hätte, über dem Gedanken verzweifelt wäre, plötzlich eine Reise antreten zu müssen, ohne die Mittel zum Bezahlen der Fahrt zu haben.

Dank, tausendmal, Eandi, und verzeihen Sie diese unseligen Einzelheiten, die Wahrheit und tägliche Qual sind. Wenn ich regelmäßig mein festes Gehalt hätte, das heißt, wenn ich die Gewißheit hätte, es zu jedem Monatsende zu bekommen, würde es mir wahrscheinlich wenig ausmachen, mein Leben in irgendeinem Winkel, möge es dort warm oder kalt sein, zu verbringen.

Ja, ich, der ich ständig für mein eigenes Leben und das der anderen Ungebundenheit und Bewegung verfochten habe, verspüre jetzt einen beängstigenden Wunsch, mich zu etablieren, mir etwas Festes zu schaffen, in Ruhe zu leben oder zu sterben. Auch möchte ich heiraten, aber bald, am liebsten morgen, und in einer Großstadt leben. Das sind meine einzigen unabänderlichen Wünsche, wahrscheinlich werde ich sie mir nie erfüllen können.«

49
Botschaften von einem Schiffbruch

In Asien kommen ihm wieder Fluchtgedanken wie während der letzten Zeit in Chile. Er ist aber nicht der Mensch zum Davonlaufen. Er klammert sich ans Leben. An dieses binden ihn die Frauen, weil es noch nicht *die* Frau gibt. Doch dieses

Wandern von Bett zu Bett, von Mädchen zu Mädchen, ob Eingeborene, Mulattin oder Engländerin, fügt ihm innerlich Schaden zu und sättigt ihn bis zum Überdruß. Seine große Leidenschaft ist das literarische Schaffen. Zum erstenmal, seit er dichtet, will ihm die Poesie nur langsam von der Hand gehen, so als kollidiere sie mit etwas in seinem Innern, was wahrscheinlich von außen kommt. Außerdem sieht er, bedrängt von seiner schwierigen ökonomischen Lage und weil er Geld braucht, um den Fernen Osten zu verlassen, im Dichten eine Tätigkeit, die einigen finanziellen Gewinn abwerfen kann. 1931 will er nach Europa reisen, aber dazu braucht er Geld. Sein Wunschtraum ist, nicht in Buenos Aires zu veröffentlichen (»Argentinien kommt mir immer noch wie Provinz vor«, schreibt er seinem Briefpartner), sondern in Spanien. Seit seiner Jugend träumt Neruda davon, die spanischsprachigen Hauptstädte zu erobern, da dies eine Form wäre, die Anerkennung seiner Poesie in den maßgeblichen Zentren dieser Sprache durchzusetzen. Und man beachte, daß nach seiner Rückkehr aus dem Orient auf der Landkarte seiner konsularischen Tätigkeit mit roten Fähnchen die wichtigsten Metropolen des spanischen Sprachraums markiert sind, nacheinander Buenos Aires, Madrid, Mexiko. Da steht nun der junge Dichter, erschöpft von sengender Hitze, grübelnd, wie er sein Schicksal gestalten soll. Alles ist für ihn äußerst schwierig. Er hat nach Spanien geschrieben. Er hat die Tage auf dem Kalender gezählt und verzweifelt auf Antwort gewartet. Er wird sich nicht geschlagen geben. Vielleicht wird er infolge fehlender fremder Anerkennung selber mit der Schamhaftigkeit brechen, die ihn daran hindert, vom Wert seines Werkes zu sprechen, und es bescheiden rühmen. Doch er sucht das Ja, das aus der Welt kommt. »Trotzdem halte ich für möglich«, sagt er zu Eandi, »daß ich dort (in Madrid) einen gewissen Tropfen Erfolg habe, eine gewisse schwache Zustimmung, das würde mir genügen. Ich habe diese Gedichte im Verlauf von etwa fünf Jahren geschrieben. Wie Sie sehen, sind es recht wenige, nur neunzehn, trotzdem glaube ich, daß ich jenes wesentliche, unentbehrliche Etwas erreicht habe: einen Stil; ich glaube, jeder einzelne meiner Sätze ist reichlich mit mir selber getränkt, sie tropfen.«

In Chile zu veröffentlichen ist für ihn letzte Zuflucht. Wenn es soweit käme, bedeutete das wahrscheinlich das Eingeständnis seiner Niederlage, so als folgte er dem Gesetz der geringsten Mühe. Aber er schließt diese Möglichkeit nicht aus. Wenn man ihn anderswo nicht verlegt, wird er sich damit begnügen müssen. Letztlich hat er in Santiago einen treuen Verleger, der ihm, nach seinen Worten, das Gute und das Schlechte abnimmt und ihn bezahlt, auch wenn die Autorenhonorare sehr niedrig sind. Außerdem würde ein neues Buch ihm vielleicht einen Pluspunkt in der Personalakte einbringen. Und eines Tages vielleicht die Entscheidung beeinflussen, ihn aus einem Loch in Asien in ein anderes Land zu versetzen, in dem er besser atmen könnte. So wie Gabriela Mistral spürt er, wenn auch nie so stark und bedrückend wie diese, daß es in seinem Land Menschen gibt, denen es Vergnügen bereitet, wenn sie ihn heruntermachen können. »Aber sehen Sie, Eandi, entsinnen Sie sich meiner Verse aus *Wir zusammen*? Die wurden auch in Chile veröffentlicht, und gleich darauf in den Zeitungen drei oder vier Kritiken, die von traurigsten Schmähungen strotzten, die von meinem ›Schwachsinn‹ als von einer unumstößlichen Tatsache sprachen, und so weiter in diesem Ton.« Die ersten Gedichte des *Aufenthalts* waren eine Überraschung für viele Leser, die von *Morgen- und Abenddämmerungen* und den *Zwanzig Liebesgedichten* begeistert gewesen waren. Sie vermißten nun die melodiöse Klarheit des Liebesthemas, das auf liebliche, zarte, nostalgische, postmodernistische Weise ausgedrückt wurde. Jetzt tappten sie auf einmal im dunklen. Und sie vermochten nicht, ihre Augen an den tiefen Halbschatten zu gewöhnen. Und viele kamen zu dem simplen Schluß, daß der Dichter Neruda am Ende wäre. Allerdings war der Fünfundzwanzigjährige nicht mehr so wie der Zwanzigjährige. Sie begriffen nicht, daß der in Chile schreibende Dichter nicht der war, der jetzt in Rangun oder Colombo schrieb. Seine Realität hatte sich gewandelt. Sein Bewußtsein hatte sich entwickelt. Deshalb war seine Dichtung anders, geformt von seiner neuen Umgebung und von der Wendung in seinem Lebens- und Schaffensprozeß.

Außerdem kamen jene – wie er meinte, gescheiterten – Träume von poetischer Größe, die sich im *Begeisterten Schleuderer* hatten Bahn brechen wollen, jetzt in anderer Form zu ihm zurück. Er wollte eine Revolution in der Dichtkunst seiner Sprache durchführen, diese Dichtkunst, so sein Urteil, lag in jener Zeit am Boden und ermangelte eines kraftvollen Atems. ».. . Sie sehen ja«, schreibt er an Eandi, »wie armselig die spanischsprachige Poesie ist, die Menschen haben jedes Temperament verloren und widmen sich mit Vergnügen der intellektuellen Übung, als handele es sich um einen Sport, und selbst dabei halte ich sie für ziemlich mittelmäßige Spieler. Lugones, den man so schlechtgemacht hat, ist, so glaube ich, in Wahrheit reich begabt. Fast seine ganze Poesie finde ich poetisch, das heißt legitim, wenn auch anachronistisch und barock.« Dieser Absatz des Briefes unterstreicht eine poetische Philosophie, jene Poesie, die »näher am Blut als an der Tinte« stand, von der García Lorca mit Blick auf Neruda sprach und die für ihr Verständnis ein unentbehrlicher Schlüssel ist. Auf diesen Wesenszug wies auch die Mistral hin, als sie die Poesie in Dur ihres Landsmannes rühmte.

Im nächsten Brief, er trägt das Datum 21. November 1928, vertieft er seine Auffassungen. Der Dichter dürfe aus der Dichtkunst keine Turnübung machen. ».. . es gibt ein Gebot für ihn, und das heißt das Leben durchdringen und sie prophetisch machen .. .« Der Dichter sieht sie nur im Verhältnis zum Menschen und zur Welt. Er darf kein Narr und Einfaltspinsel, sondern muß ein Wesen sein, beladen mit dem ganzen Gewicht der Träume und Leidenschaften der Welt. Sein Briefwechsel aus jener Zeit mit dem argentinischen Erzähler hat den Wert einer fotografischen Platte, die seine verborgensten, anspruchsvollen Gedanken wiedergibt, seine schöpferischen Vorhaben und seine Philosophie sowohl als Künstler wie als Mensch, nicht als losgelöstes, sondern als in seine Atmosphäre, in Natur und Gesellschaft integriertes Wesen. Er betrachtet die ihn umgebende maßgebliche Dichtkunst kritisch. »Der Verstand der Dichter schließt seit geraumer Zeit aus dem, was sie sagen, jede Beziehung zum Menschen aus, und alle Herzlichkeit und Freundschaft aus der poetischen Botschaft, sie fliehen die Welt, aber welchen anderen Zweck hat im Grunde die Poesie als den, zu trösten und träumen zu lassen? Ich spreche wie ein Mädchen aus der Gesellschaft, doch in diesem Punkt hat sie recht, die Poesie muß universelle Substanz enthalten, Leidenschaften und Dinge. Das will ich: eine poetische Poesie. Von meinen wissenschaftlichen Interessen, von meiner Bewunderung für Autos, von meiner Begeisterung für diese exotische Natur bleibt recht wenig übrig, wenn ich mich nachts hinsetze und schreibe, allein, vor einem Bogen Papier. Dann existieren nur ich selber und meine Kümmernisse, meine Freuden, meine persönlichen Leidenschaften . . .«

Er ist von dem Wunsch besessen, in Spanien verlegt zu werden. Er schreibt sein neues Buch, *Aufenthalt auf Erden*, sorgfältig ab und schickt es nach Spanien, seinem einstweiligen Brieffreund Rafael Alberti. Er ist nicht sicher, ob es erscheint. Das war ein scharfsichtiger Zweifel, denn jener erste *Aufenthalt* wurde damals in Spanien wirklich nicht in Druck gegeben. Doch der Dichter war glücklich, daß er das Buch vollendet hatte, erfüllt von jenem Glück, das Mütter nach der Entbindung empfinden und Schriftsteller, wenn sie den Punkt hinter das letzte Wort eines Werkes setzen, das sie unter allen Schmerzen der Geburt geschrieben haben. Bald wird das Glück von Ungewißheit getrübt. Er ist sich des Buches nicht sicher. Er weiß nicht, was er von ihm halten soll, das betrifft nicht seine Wahrhaftigkeit, die ihn unzweifelhaft dünkt, nur er allein weiß, wie ehrlich es ist. Aber weder gute Moral noch Ehrlichkeit reichen hin, um gültige Bücher zu schaffen. Sein Verdruß rührt von dem ventrikularen Ton, von dem dunklen Kolorit, vielleicht von dem Mangel an inneren Kontrasten im Werk. »Ist es vielleicht zu düster? Ist es vielleicht zu monoton?« Er verteidigt sich selber. Wenn sein Buch an Düsterkeit leide und Langeweile hervorrufe, müsse er das darauf zurückführen, daß er nicht mit den herrschenden Ideen übereinstimme. Von da führt sein Plädoyer ihn zu willkürlichen Schlußfolgerungen: »Die alten Bücher sind alle monoton, trotzdem können sie andere Qualitäten haben.«

Er erhält keine Antwort, ob das Buch veröffentlicht wird oder nicht. Er durchlebt eine beklemmende Wartezeit. Da er mit niemandem spanisch sprechen kann, gebraucht er seine Muttersprache nur sich selber gegenüber, wenn er schreibt oder mit sich selbst redet. Jahrelang führt er Gespräche ohne Partner. Neruda hat einmal gesagt, daß er aus einer Gegend der Erde stamme, wo wenig und schlecht gesprochen werde. Aus Colombo schreibt er am 24. April 1929: »Ich bin aufgewachsen, unfähig, Mitteilenswertes auszudrücken.« Sein Leben ist voller Ungewißheit, seine Worte sind es auch. Zeit der Selbstgespräche. Er fürchtet, er könnte entdecken, wenn auch nur im Gespräch mit sich selber, daß ihm nicht mehr die richtigen Wendungen einfallen. Er leidet darunter. »Ich finde alle meine Sätze banal, meines eigenen Wesens entblößt.« Sein Leben besteht aus Stille und öden Stunden, und dann trinkt er den »furchtbaren tropischen Whisky«. Er fühlt sich allein. Ratnaigh, sein Diener, tritt alle zehn Minuten ein und füllt ihm das Glas nach. Er kommt sich vor wie verbannt und sterbend. Seine Atmosphäre ist ganz die der Romane Graham Greenes, er zitiert allerdings Joseph Conrad und fragt seinen Freund, ob der sich an die Bücher über Menschen in der Verbannung, ohne Chance einer Rettung, erinnere. »Wie viele objektive oder ungewisse Romane würden Sie, Eandi, aus diesen Worten machen, wenn Sie sie in diesem Teil des Planeten hörten. Vielleicht...« Wenn Eandi sie nicht schreiben kann, weil er in weiter Ferne ist, dann kann Neruda sie auf jeden Fall in Poesie umsetzen, weil er in dieser harten, heißen Gegend der Erde lebt und weil er die Gabe dazu hat. Und er wird so schreiben, weil er allein ist. So allein, daß er Straßenhunde mitnimmt, um mit ihnen zu sprechen. Danach gehen sie ihrer Wege, die Undankbaren. Trotzdem ist er sich bewußt, daß er keine Figur von Conrad ist, denn das Gefühl für das Dasein ist sehr stark in ihm. Trotz allem, »ich ahne einige Tugenden in diesem Leben«. Er ist nicht bereit, ihm zu entsagen. Und das Leben wird nicht nur tägliches Überleben sein, sondern auch Poesie. Das Leben liegt seiner literarischen Philosophie zugrunde. Sein argentinischer Briefpartner erwähnt Jorge Luis Borges. Sogleich stellt Neruda die Unterschiede fest, die ihn von diesem trennen. Borges scheint ihm mehr mit Problemen der Kultur befaßt zu sein, die ihn nicht locken, weil es nach seiner Auffassung keine menschlichen sind. Oder jedenfalls, so wollen wir sagen, keine sehr menschlichen. Mit ein wenig wilder Schärfe, mit jugendlicher Unehrerbietigkeit, mit natürlicher Übertreibung definiert ein Neruda, der noch keine fünfundzwanzig Jahre alt ist, was er mag und was ihm mißfällt. »Ich mag hervorragende Weine, die Liebe, das Leiden, und die Bücher als Trost in der unvermeidlichen Einsamkeit. Ich hege sogar eine gewisse Verachtung für die Kultur als Interpretation der Dinge, für besser halte ich ein beispielloses Wissen, eine physische Erfahrung der Welt, trotz und gegen uns.« Die Exegeten, die Aufklärer, die Entomologen der Literatur, die Geheimnisse des Wissens dünken ihn weitgreifende, komplizierte, mitunter ins Leere gehende Spekulationen. Seine Augen haben eine Besonderheit, die ihn zu einer gewissen Farbblindheit führt. Er nimmt mehr die Körper wahr, die Sonne, den Schweiß als die nie enden wollende Erklärung der Ideen. Er ist des Geredes überdrüssig.

Aufenthalt auf Erden kündet auch von dem Eindruck, den die alte orientalische Dichtkunst bei ihm hinterlassen hat. Ich habe erlebt, wie indische Dichter auf der Straße stundenlang ihren Singsang vortrugen, von Musikinstrumenten begleitet. Die langen, schlangenähnlichen Hörner, das dumpfe Tamtam verliehen den endlosen Gedichten etwas von einer Liturgie, einer asiatischen Oper, einer heiligen Anrufung. Wenn man im Westen diesen Einfluß ignoriert, dann ist das nicht Nerudas Schuld, der es Eandi schriftlich gegeben hat: »*Aufenthalt auf Erden* ist ein Haufen sehr monotoner, beinahe ritueller Verse ... voller Geheimnis und Schmerz, so wie die alten Dichter sie machten.«

Es kommt zu langen Pausen. Stille, die nicht gleichbedeutend ist mit dem Nichts. Sie offenbart etwas, was innen vorgeht. Er zweifelt an sich selber, an der Literatur. Er dünkt sich überflüssig. Nimmt wahr, daß die Dinge von allein Ausdruck finden, daß er nicht Teil von ihnen ist und auch nicht die Macht hat, sie zu durchdringen. Kritische Momente, die sich nach Beendigung seines Buches einstellen. Es ist ein Kampf, in dem er sich innerlich von sich selber befreien will, auch wenn ihn die Ungewißheit, ob und wo er verlegt wird, weiter beunruhigt. Neruda stellt sich die Frage nach Sinn und Daseinsberechtigung noch ungeschriebener Bücher und straft sich persönlich. Er will den Käfig dieser Literatur verlassen, deren Hauptzweck es ist, die Form zu verändern, »ein Hauptproblem, das ich sinnlos finde«. Leidet er an jenem Übel der Suche nach der Form um der Form willen? Hat jener Virus ihn unwiderruflich, ganz und gar verseucht? Ein solches Leiden würde literarisch eine tödliche Krankheit bedeuten und ihn steril machen. Nach Fertigstellung des ersten Bandes von *Aufenthalt auf Erden* fühlt er sich leer. Nichts regt ihn zum Schreiben an. Nicht etwa, weil er die ihn umgebenden Dinge hohl fände, sondern weil sie so viel inneren Sinn haben, daß ihnen ihr bloßes Dasein genügt, um sich auszudrücken.

Zum Schreiben hat er keine Lust, aber »wie schön ist es, zu lesen, Musik zu hören, im Meer zu baden«. Er liest den ganzen Tag und versichert, daß ihm nur das noch Vergnügen bereitet. Er liest fast ausschließlich in Englisch. Ein Freund, Leonel Wendt, schickt ihm jeden Monat Säcke voll Bücher, die neueste in London erschienene Literatur, vor allem Kriminalromane. Neugierig geworden, interessiert er sich für die damals beliebten Schriftsteller T. S. Elliot und D. H. Lawrence. Er liest in einem Zug *Die sieben Säulen der Weisheit* von Thomas Edward Lawrence über Arabien. Da ihn die Kultur des Gastlandes noch schwerer zugänglich dünkt, flüchtet er sich in die englische Literatur. Und zwar so sehr, daß er durch Stevenson und Dickens die Londoner Straßennamen und Kneipen kennt. Zweifellos beeinflußt das seine Poesie in jener Zeit.

Da er ungemein beweglich ist, erfährt seine Poesie einen tiefgreifenden Wandel. Dennoch hat er recht, wenn er, gefragt, ob er sich für einen Dichter in Entwicklung halte, ob zwischen seinen Büchern, die doch alle verschieden seien, ein gemeinsames Band bestehe, antwortet, er fasse seine Poesie als ein einziges Buch auf, an dem er tagtäglich schreibe und das er wachsen lasse. Wer sein Werk aufmerksam liest, wird mühelos feststellen, daß große Anliegen, die ihn bewegen, immer wieder auftauchen, Themen in anderer Gestalt immer wiederkehren. Das ist weder besonders merkwürdig noch besonders beispiellos. Einer seiner anerkannten Lehrmeister, mit schneeweißem Bart, Walt Whitman, hat mit den *Grashalmen* nichts anderes getan, als daß er die erste Ausgabe jeweils um ein Buch erweitert hat. Oder vielleicht ist das der Sinn des Buches der Bücher. Neruda will, wie es die Bibel tut, alles, was er gesehen und kennengelernt hat, benennen, mit seinen Worten so viel von der Welt erfassen, wie er nur kann, als entdecke er sie und müsse sie von neuem benennen. Mitunter gibt ihm das ein Gefühl, als schriebe er stets Variationen über ein und dasselbe Gedicht.

Aber da sind gewisse tiefe Einschnitte, Brüche und Unterschiede in der Art, Dinge, Empfindungen und Gefühle zu sehen und wiederzugeben. Die Poesie von *Aufenthalt auf Erden* ist ganz anders als die vorangegangene. Dieses Bedürfnis nach Umgestaltung hatte er schon gehabt, bevor er in den Fernen Osten ging. Denn der Anfang des Buches ist chilenisch. Mitte 1925 war in Santiago das erste Gedicht von *Aufenthalt auf Erden* veröffentlicht worden, »Toter Galopp«. Es entsteht aus einer Wachstumskrise seiner Poesie, die jetzt mit anderer Optik die Welt betrachtet und dabei die Augen daran gewöhnt, unter der Oberfläche von Wasser, Land, Luft und der Menschen zu forschen.

Darum, im Unbewegten verharrend fühlen,
alsdann, wie ungeheures Flügelschlagen oben,
wie tote Bienen oder Zahlen
was, ach, mein bleiches Herz zu fassen nicht vermag . . .

Zwischen 1925 und 1927 schreibt er in Santiago »Des Morgens Schwäche«, als »der Unglücklichen Tag, der bleiche Tag geht auf / mit herzzerreißend kaltem Duft, mit seinen grauen Kräften . . .« Es sind Zeiten der Mutlosigkeit, langen Grübelns und voller Wirrsal, »offenkundiger Armut«. Anders als im Osten bricht das Licht der Erde nicht »wie Glockenruf aus ihren Lidern, wie Tränen eher«. Des Tages Gewebe ist nicht glanzvoll, es ist dünnes Linnen, »taugt als Krankenbinde, taugt höchstens, Zeichen zu geben / bei einem Abschied, beim Fernsein hintennach«. Er nimmt Abschied. Bereitet sich auf das Fernsein vor, darauf, »zu verdecken, verschlingen, besiegen, Ferne schaffen«. Auch sein »Schmerzlicher Taggesang« ist in Chile geschrieben und darin wird der kryptische Vers deutlich, wenn man die materielle Situation kennt, in der er ihn schreibt: »ein todesnaher Knecht im Hungergewand«.

Als er in den Orient kommt, peinigt Chile ihn weiter in allen Ecken seines Zimmers, in dem er sich sogleich nach alldem sehnt, war er verlassen hat. In »Phantom« erscheint ihm, aus fernen Breiten, Albertina:

Ach, wie steigst du aus dem Einst hervor und nahst,
betörte, bleiche Studentin,
von deren Stimme Trost verlangen selbst
die ausgedehnten und beständigen Monate.

Aus der Ferne, wo
der Erde Duft ein anderer ist
und das Abendliche unter Tränen naht
in dunkelglühenden Mohns Gestalt.

Sie ist auch in »Langsame Klage« gegenwärtig. Das, was er zurückgelassen, verfolgt ihn im Traum. Seine »Nächtliche Sammlung« bringt ihm den »Wind, der die Monate bewegt, den Pfiff des Zuges«. Er lauscht dem Traum »alter Gefährten und geliebter Frauen ... Gefährten, deren Köpfe auf Fässern ausruhn«, auf Fässern, die der gewaltige Herkules auf seinen Schultern trägt.

Und wieder die Sehnsucht nach der in der Ferne weilenden Frau in »Wir zusammen«. ». . . und mein verwiesener Mund beißt Fleisch und Traube«. Sie ist auch die »Dame ohne Herz« in »Tyrannei«, mit ihrer »eindeutigen Indifferenz einer Waffe und deiner Gefühlskälte des Vergessens«. »Adonische Angela« ist ebenfalls ein Gedicht, das wahrscheinlich die Erinnerung an Marisol birgt. »Heute hab ich mich zu einem unschuldigen Mädchen gelegt / wie ans Ufer eines weißen Ozeans.«

Einige noch zu Hause geschriebene Gedichte aus jener Zeit nimmt er nicht in *Aufenthalt auf Erden* auf, aber sie gehen von einem offensichtlich gestörten inneren Bild von Natur und Dingen seiner Heimat aus. Und auch von einem universellen, denn »Vereinigung« kann an jedem beliebigen Ort der Erde geschrieben sein, doch es entspringt einem problembeladenen Geist, der zwischen sinkender Sonne, Metallen ohne Glanz, dem Gefühl der Leere und des langsamen Todes hin und her gerissen ist. Dieser komplizierte junge Mann trachtet danach, auf der Poesie dahinzusprengen wie das »Pferd der Träume«; da er sich überflüssig fühlt, »reiß ich den Höllenfürsten aus meinem Herzen ... Von einem Punkt zum anderen schweifend, einsauge ich Illusionen.«

In »Einheit« erklärt er: »Über mir selber kreisend wie über dem Tod der Rabe, / der Trauervogel, arbeite ich fühllos.«

Aber diese Tendenz des Einsamen zu allegorischem Befragen verstärkt sich, als er in den Orient kommt. Eine andere Welt. Eine entsetzliche Ungleichheit.

51

Der Realismus von »Aufenthalt auf Erden«

Als Neruda in Rangun lebt, hört er bei einer Gesellschaft einen vornehmen Mann sagen, daß das »Strandhotel« so »chic« sei wie kein anderes des britischen Empires in Indien. Ihn stößt der unwiderstehliche Reiz, der antike altehrwürdige Pomp des Strandhotels ab, in dem die englischen Herren der burmesischen Aristokratie professionell zulächeln. Und er verachtet jene Eingeborenen, die glücklich sind, weil ihr Land 1886 in eine Provinz umgewandelt wurde, an deren Spitze als unerreichbares Symbol die strenge, ferne Königin Victoria steht. Dennoch sind die Engländer keine Puritaner. Man trinkt dort schottischen Whisky zu jeder Stunde. Man wetteifert im Luxus. Man sucht einander mit prunkvollen Empfängen zu übertreffen. So gewinnt man gesellschaftliches Ansehen. Vielleicht dringt der Widerhall bis in die Spalten der Londoner Zeitungen. Das würde die Weihe bedeuten.

Dem Dichter genügt es, auf die Straße hinauszugehen, um den Abgrund zu erkennen zwischen der Pracht und dem schaudererregenden Elend, das, da sich seines Unglücks nicht bewußt, tödlich ist. Obwohl er bald lernt, daß das Wort Rangun »Ende des Krieges« heißt, geht er durch die Straßen der wimmelnden Stadt in dem Gefühl, daß der Krieg zwischen Armen und Reichen noch nicht begonnen hat. Er bleibt vor der blattgoldbedeckten Pagode Schwegadom stehen. Auf der Straße verhungernde Menschen. Ein Land der Klöster, beinahe wie Tibet. Mönche und junge Novizen huschen durch die Straßen, den Hunderten von Kanus auf dem Irrawaddy gleich. Die Regenzeit hat begonnen, das Wasser steht hoch.

Abends geht der chilenische Konsul gern zu den Tänzerinnen, um den Wellenbewegungen von Kopf und Hals, dem Wirbel von Augen und Hüften zuzuschauen. Er will die Stellungen zählen, die Bewegungen, gelangt aber nicht im entferntesten an die zweitausend, von denen man redet. Ein nächtliches Schauspiel, das in grellem Gegensatz zu dem des

Tages steht, zu dem kahlgeschorenen Schädel und den nackten Füßen der braun, rot und leuchtend gelb gekleideten Mönche. Sie kommen nur mühsam zwischen den Giraffenfrauen voran, deren Hals von hohen Halskrausen gefangengehalten wird, die sie nie im Leben ablegen werden. Straßenhändler bieten ihm kleine Statuen des Fürsten Siddharta an. Neben ihm Josie Bliss, Jasminblüten im Haar.

Das Elend ist hier geheiligt. Die Armut bleibt, und es bleiben die fünftausend Tempel und Pagoden. Neruda reist nach Pagan. Der Irrawaddy hat zwischen dem 11. und dem 13. Jahrhundert ein Drittel der burmesischen Hauptstadt verschlungen. Er kommt nach Mandalay, weil ihm gesagt wurde, das sei der Sitz der Künste und der Literatur. Das Panorama ist nicht viel anders: Pagoden und Klöster, auf einem Hügel der Königspalast, rings umgeben von Eselskarren, Wagen, von Menschen gezogen, Kinder und Erwachsene, die bettelnd die Hand ausstrecken. In dieser Atmosphäre schreibt er den größten Teil des ersten *Aufenthalts*. Sein Ton ist nicht heiter.

Aber das alte, neue Land, in dem er sein Domizil jetzt aufgeschlagen hat, drängt sich ihm zwischen die Zeilen und bringt ihm den Wind der Jahreszeit, den grünen Wind, den Mai-Monsun, der über den neuangekommenen Reisenden hinweht; in dessen Herzen sieht es wirr aus. »Welch ein Ausruhen ist Beginnen, welch armseliges Hoffen Lieben . . .«

Inmitten eines Chaos aus Schatten und Träumen, aus Fiebertagen und -nächten legt der Schriftsteller das Ohr an alles, was geschieht. Er wird wie ein Spiegel sein, »wie eine etwas heisere Glocke«, aber er wird sagen müssen, was sich ereignet, Antwort geben den »Dingen, die rufen, ohne Antwort zu finden«. In seiner »Dichtkunst« jener Zeit.

Auf einer Orientreise im Dezember 1976 fanden wir den soliden Realismus, der in Nerudas asiatischen Aufenthalten steckt, auf anschauliche Weise bestätigt. Es überraschte uns, wie Geist und Atmosphäre, so subtil aufgenommen, mit nahezu mathematischer Genauigkeit wiedergegeben wurden. Als wir zwischen Hyderabad und Kakinada Indien überfliegen, empfängt uns am Himmel über dem Indischen Ozean ein aufgehender Morgen, blau und rosa, und wird zu Meer und vollem Tag, da wir den Golf von Bengalen überqueren. Nachdem wir in Rangun gelandet sind, sehen wir unweit des Flugzeuges zu unserem Entsetzen eine Schlange wellenförmig am Boden liegen. Dieses Land hat eine »einheitliche Farbe wie eine Schlange«, sagt Neruda in seinem Gedicht »Nachgeschmack«, das eben hier, in Burma, vor fünfzig Jahren geschrieben wurde. Wir atmen den Geruch, die Farbe, das Milieu von *Aufenthalt auf Erden.* Die Monsun-Zeit war schon zu Ende, als der Dichter »in wilder Witwertrauer um jeden Tag meines Lebens« lebte und »an mohammedanischen Händlern« vorbeiging, »zwischen Menschen, die die Kuh anbeten und Kobra«, dahinging, »unliebenswert und gewöhnlichen Gesichts«. Weiter nördlich liegt der Mandalay . . . »Und an meinem Ufer meine Gattin, nahe meinem aus so endloser Ferne stammenden Geflüster meine burmanische Gattin, Tochter des Königs.« Hier ist das ganze Szenarium des »Tangos des Witwers« mit seiner tropischen Vegetation. »Später wirst du neben der Kokospalme das Messer vergraben finden, / das ich dort verbarg, aus Angst, du könntest mich umbringen.« Vorn der Fluß. Josie wurde in den Fluten des Irrawaddy begraben, während »Ketten und Kupferflöten erklingen«. Wenn man den Orient betastet, seine Arbeiter und Frauen betrachtet und die Schönen, die mit gewaltsam violetten Gewändern (in ebendiese Farbe sehen wir sie gekleidet) aus »scharlachrotem Musselin« vorübergehen, dann findet man bestätigt, daß Neruda sich immer völlig frei an die Realität gehalten hat, daß er die Elemente der Natur gespürt, die verborgene Wahrheit und die sichtbare Materialität, den wirklichen Duft der Wesen und Dinge wahrgenommen hat; er hat diese Länder in seinem tiefsten Innern erlebt, diesen so gigantischen wie andersartigen Kontinent, den wir jetzt hinter dem monotonen Rhythmus des Tamtams, der aschgrauen Tänzer, der verkohlten Toten allmählich in der Ferne erkennen. Die Reise war eine Bestätigung des Wahrheitsgehalts von *Aufenthalt auf Erden.*

Die Prosastücke des ersten *Aufenthalts* sind eine andere Verkörperung der Poesie. Er schaut die Welt an, in die er wie von einem fernen Stern gefallen ist. Naturbeobachtung, Erinnerungen an Ostrazismus, Sehnsucht nach einem unverbrauchten Planeten. Sodann, wie es sich für einen Mann zwischen zwanzig und dreißig gehört, Staunen über Mädchen mit großen Augen und jungen Hüften, mit Frisuren, in denen »eine gelbe Blüte wie ein Blitz flammt«. Ringe an jeder Zehe, eigenwillige Halsketten, statuenhafte Gebärden.

Es befällt ihn auch Mißtrauen gegenüber dem Unbekannten, er fühlt sich belauscht, in erster Linie von dieser liebestollen Frau, die ihn bis in den Schlaf hinein umgarnen will.

»Einsamer Herr« ist wie ein mehrteiliger Film, Handlungen und Personen sind es wert, weiterentwickelt zu werden: die jungen Homosexuellen, die verliebten Mädchen, die langjährigen Witwen, die vor dreißig Stunden geschwängerten Damen, die heiseren Kater, die Verliebten in Uniform, die feisten und schmächtigen, die frohen und traurigen Paare, das Leben und Treiben von Hosen und Röcken, das Geräusch von Seidenstrümpfen, weibliche Brüste, die wie Augen glänzen, die Verführung durch den kleinen Angestellten, die Abenddämmerung des Verführers und die Nächte der Ehegatten, das ungezwungene Sich-Bespringen der Tiere, die seltsamen Spielchen zwischen Vettern und Basen, die Liebe der Ehebrecher, das alles gehört zu den Halluzinationen von »Einsamer Herr«.

Der einsame Herr, autobiographisch, der in »Liturgie meiner Beine« ausgiebig die Geheimnisse seines Körpers untersucht, das Wie und Wozu seiner Gliedmaßen, in der Überzeugung, daß jenseits seiner Füße »die Namen der Welt« anfangen, »das Begrenzende und das Ferne«.

Bei all diesem Auf und Ab, in dem er fällt und aufsteht, in dem so vieles ihn in trostlose, todbringende Stimmung zu versetzen scheint, beendet der Dichter sein Buch mit »Es besagt Schatten« und trifft für sich selber eine ambitiöse Feststellung: ». . . daß der Tode und der Geburten Beben nicht erschüttere / den tiefen Ort, den ich mir vorbehalten möchte für ewig«.

Dreißig Jahre später kehrte er zurück. Ich bekomme von

ihm einen Brief aus Rangun, auf einem Kopfbogen des verachteten Strandhotels. Im Wappen des Hauses ein Löwe mit dem Rücken zum Betrachter. Der Brief trägt das Datum 4. Juli 1957.

»Lieber Vol, nachdem wir in Colombo gewesen sind, reisen wir mit den zwei Amados nach China, noch sind wir hier und warten auf ein paar Koffer, die in Madras verlorengegangen sind. Diese entsetzliche Stadt – wie habe ich hier leben können (Wunder der *jeunesse*) – macht uns zu Neurasthenikern. Es ist Regenzeit, und hartnäckig fällt Regen auf den angehäuften Unrat.«

Er hatte seine Meinung von der Stadt nicht geändert . . .

52
Briefe aus dem Orient

Er liest mit dem Appetit eines Pferdes, das einen weiten, einsamen Weg hinter sich hat. Er übersetzt Joyce. Ihn reizt nicht die Jagd nach formaler Neuheit. Er bevorzugt Geschichten aus Fleisch und Blut, die direkt und klar sind, dynamisch, die Feinnervigkeit atmen, und sei es um den Preis äußerlicher Vernachlässigung, die freilich reizvoll, aber ungewöhnlich ist bei Menschen wie unserem Dichter, dessen erstes literarisches Gesetz, wie er gesteht, immer (genauer gesagt, bis dahin) die Diktatur der Form war.

Am 9. Juli 1930 nimmt er »für immer« Abschied von Ceylon. In seinem Herzen streiten sich die Gefühle. Er hat Abschied genommen von seinem Haus am Meer, von seinen Hunden und Katzen, von Vertrauten und von Partnern nächtlicher Zwiegespräche, von seinem Freund Andrew. Aber in jenem Brief, der den Wechsel des Konsularsitzes meldet, gelten die Schlußzeilen einer quälenden Sorge: Er weiß nichts von seinem Buch, das er im Oktober 1929 nach Madrid geschickt hat.

Was geschieht mit diesem Buch? Es ist zweimal auf die Halbinsel gelangt. Aber der Verlag, *Editora Iberoamericana,* der es herausbringen sollte, hat Bankrott gemacht. Der Dichter schreibt mehrere Eilbriefe, sie bleiben unbeantwortet. Das heißt nicht, daß das Schweigen absolut wäre. José Bergamín nennt Neruda im Vorwort zu einem klassischen Buch der lateinamerikanischen Poesie des 20. Jahrhunderts, *Trilce* von César Vallejo. Mehrere Artikel erscheinen in Spanien. Da Madrid nicht der geeignete Ort ist, befinden sich die Originale in Paris, wo ein Fräulein Alvear es übernommen hat, in der Zeitschrift *Imán* einige Gedichte zu veröffentlichen. Sie wird ihm den Scheck (wichtig!) zusenden und später den Vertrag für die Herausgabe von *Aufenthalt auf Erden*. Der Dichter ist sehr skeptisch. Er hat noch nie von dieser Zeitschrift und diesem Fräulein gehört, und er weiß auch nicht, ob das Buch in Argentinien erscheinen wird. »Man möchte drei Monate lang Whisky trinken. Mein Buch muß unbedingt erscheinen, aber, beim Himmel, es wird unveröffentlicht alt und grau werden.«

Die Zweifel am Wert der Literatur und an seinem persönlichen Nutzen als Dichter sind eine vorübergehende Krise gewesen. »... ein böses Wort – das vom Beiseitelassen der Literatur«, sagt er im Brief an Eandi, den er von seinem neuen Wohnort schreibt, Batavia, Java, am 5. September 1931. »Man glaubt, am Ende zu sein, aber da ist etwas in einem, was sich anstaut, Tropfen um Tropfen. Ich würde sterben, wenn ich nicht mehr schreiben könnte.«

Die schonungslosen Briefe, die er an seinen Freund Eandi richtet, unterscheiden sich von denen an seine Schwester Laura. So sehr, als wären sie von einem anderen geschrieben worden. Dabei stammen sie von ein und demselben Schreiber, der sie an ein und demselben Ort verfaßt, jedoch an sehr verschiedenartige Partner richtet. Neruda hatte immer die Fähigkeit, seine Sprache dem Gesprächspartner anzupassen, zu jedem in dessen Sprache zu sprechen. Er wußte, daß er Eandi seine schlimmsten Nöte anvertrauen konnte, seine quälendsten Zweifel an der Literatur und an seiner eigenen Rolle in ihr, weil er auf volles Verständnis treffen würde. Und das war ausschlaggebend für Form und Inhalt der Briefe an ihn. Und er wußte natürlich auch, daß die

Briefe an seine Familie verständlich sein mußten. Das erklärt, warum sie so ungezwungen sind, einfach, direkt, rein informativ, darauf angelegt, Nachrichten zu erhalten, die er brauchte, oder zu beruhigen, damit sie sich nicht um ihn sorgte. Trotzdem spürt man hinter scheinbarer Belanglosigkeit Bewegungen, Geschehnisse, Reisen, Hitze, Angst vor Krankheit, den Wunsch, nach Europa zu gehen, und das Gefühl des Verbanntseins. Diese Briefe zeigen, daß er eine gewisse Verbundenheit mit Temuco nicht abgelegt hat. Außerdem erhofft er sich von diesem Briefwechsel, in dem Fakten äußerst spärlich sind, daß eine Neuigkeit aus der Heimat durchsickert und dort schneller die Voraussetzungen für ihn geschaffen werden, den Orient zu verlassen, indem man ihn in ein verträglicheres Klima versetzt.

Der Brief an Laura vom 28. Oktober 1927 ist auf einem Kopfbogen des chilenischen Konsulats in Burma geschrieben, datiert in Rangun. Er läßt Rodolfo, dessen Frau Teresa und beider Sohn Raulillo grüßen. »Erzähl mir von den Leuten, die nach mir fragen.« Er selbst fragt unumwunden, ob Amalia, die Witwe von Alviso de Springfell, geheiratet hat. Und er tut seiner Schwester kund, daß er, Neftalí Ricardo, keine Bange, nicht heiraten werde.

Den nächsten Brief, vom 22. Februar 1928, schreibt er aus Shanghai, zu der Zeit, da dort politische Ereignisse eintreten, die André Malraux literarisch verarbeiten wird, als Hintergrundszenarium für *So lebt der Mensch*. Er ist einen Monat lang nicht in Rangun, bereist andere asiatische Länder.

Er reist nach Indien und Indochina. In dem letztgenannten Land entdeckt er plötzlich die moralische Größe eines Handwerkerdorfes und die Brüderlichkeit eines Herzens, das für den armen, im Dschungel verlorenen Ausländer ein Fest gibt, zu Ehren des fremden Gastes musiziert und tanzt. Sie können kein Wort miteinander in einer gemeinsamen Sprache wechseln. Da erkennt Neruda, daß die Völker wahrhaft Brüder sind. Diesmal, tief im vietnamesischen Urwald, fühlt er sich nicht einsam und verlassen.

Er schreibt an Laurita vom Schiff aus, auf der Rückfahrt

von Japan, einem sehr schönen Land, wo er gern geblieben wäre. Er hat Angst vor Lungenentzündung, erschrickt über jedes Niesen. Es ist teuflisch kalt. Unendlich viele merkwürdige Dinge. Rangun, das er sterbenslangweilig findet, ist das ganze Gegenteil, »so als steckte man Tag und Nacht in einem Backofen . . . Das Leben in Rangun ist eine entsetzliche Verbannung, ich bin nicht geboren, um mein Leben in einer solchen Hölle zuzubringen.« Er befürchtet, Malaria zu bekommen. Er möchte nach Europa gehen und dort sein Studium fortsetzen, er denkt, daß er irgendwann seine Koffer packen und abreisen wird, selbst wenn er verhungern müßte.

Stets fragt er nach »den Veteranen«, aber nicht in der Hoffnung, irgendeine besondere Verbindung zu ihnen aufzunehmen, denn vor allem die Gespräche mit seinem Vater sind seit einiger Zeit abgebrochen. Doch wie ehrlich er um sie besorgt ist, spürt man am alten Ton des guten Sohnes aus anderer Zeit: »Sag meiner verehrten Mutter, daß ich viel an sie denke, daß ich glaube, ihr Augenleiden komme vor allem von den Nerven; sie soll ein Gehirntonikum nehmen und nicht zuviel an ihre Krankheit denken.«

Diese Briefe sind auf den ersten Blick gehaltlos. Eine hohe Mauer trennt ihn vom Familienkreis. Es ist der Unterschied zweier Welten, die so gut wie keinen Berührungspunkt haben. Daher der sparsame Brief, der freundlich ist, gern zu Scherz und Komik und zu Wortspielen greift, aber das ist auch alles. »Ich gehe Mittag essen, grüße alle, alles Liebe und Gute für Dich (*parati, paratú, patura*) . . . Gut, Du mußt Dich mit diesen wenigen Worten begnügen, denn alles andere, was ich erlebe, würdest Du weder verstehen, noch würde es Dich interessieren.«

In einem Brief vom 12. Dezember 1928 teilt er mit, daß er nach Colombo versetzt worden sei, mit gleichem Gehalt, und daß er den Wechsel mit Freuden akzeptiert habe, weil Rangun ihm allmählich unerträglich geworden sei. Auf diesen Brief erhält er die einzige Mitteilung, die im Verlaufe von Jahren über Chile erscheint: über das Erdbeben von Talca. Offenbar ist er nicht mehr so allein. Er umflattert Frauen, und die Frauen umflattern ihn.

»Hier sind alle Ziegen darauf aus, mich zu heiraten, ich leiste heldenhaften Widerstand. Sie sind zu klug, wissen zuviel, und das ist für mich ein Hinderungsgrund. Sollte aber in meinem Herzen etwas passieren, sage ich es Dir auf jeden Fall. Schließ die lieben Veteranen in die Arme, alle, und vergiß nicht Deinen Bruder *Elcanilla*. Neftalí Ricardo.«

Ausnahmsweise schickt er einen ausführlichen Brief an seine »heißgeliebte Mama, an die ich immer denke, Sra. Trinidad C. de Reyes«, als Antwort auf einen Brief von ihr. Er berichtet ein paar Einzelheiten materieller Art und davon, wie es in Colombo aussieht. »Ich habe einen Bungalow oder ein Landhaus am Meer gemietet und wohne ganz allein in dem großen Gebäude . . . Es wird nicht gern gesehen, wenn Weiße etwas selber tun. Also ich finde das unmöglich, aber ich bin bei der Hitze in diesen Ländern noch dünner geworden, und deshalb würden Sie, meine liebe Mama, wenn Sie in mein Haus in Colombo kämen, mich von früh bis spät nach dem Diener rufen hören, der mir Zigaretten, Papier, Limonade bringen und Hose, Hemd und alle die anderen Utensilien, die man zum Leben braucht, bereithalten muß.«

Das Dorf, in dem er wohnt, Wellawatha, erinnert ihn an das unvergessene Puerto Saavedra. Früh am Morgen ergeht er sich in Badekleidung am Strand, um die einzige frische Stunde zu nutzen. So malt ihn sein Freund Salzberg, im Unterhemd, unter einer Palme, mit einer Miene, aus der unendlicher Überdruß spricht. Er versucht zu schwimmen. An manchen Tagen gibt es nichts zu tun, als zu schlafen . . . »Was ich brauche, ist eine Ehefrau, aber wie Sie sehen, scheint niemand dieses Scheusal zu wollen, das Ihr Sohn ist.« Er fragt nach allen seinen Verwandten, nach dem ganzen Reyes-Stamm, nach seinen Onkeln mit den biblischen Namen, Amós, Oseas, nach José Angelito, nach seinem frommen Vetter, dem Merzedarier-Priester. In diesem ironischen Ton, der sich öfter in seine Briefe einschleicht, fügt er hinzu: »Im Grunde sah er ja gar nicht aus wie ein Heiliger, oder ich kenne die Heiligen nicht. In so abgelegener Gegend bekommt man ein ausgeprägteres Gefühl für verwandtschaftliche Bande. Wie mag es Don Manuel Basoalto gehen und

Tante Rosa? . . . Bald ist es zwei Jahre her, daß ich aus Chile weg bin, ich weiß nicht, wann ich zurückkommen kann.«

Aus so weiter Ferne schickt er Telegramme und Briefe an den Vetter, der ihm von klein auf geholfen hat, an Rudecindo Ortega Masson, damit der ihn so bald wie möglich dort heraushole. Er ist ein einflußreicher Mann und hat seinen dichtenden, für Mathematik so unbegabten Verwandten nicht vergessen. Er ist als Rechtsanwalt und Lehrer tätig und peinlich auf seine Kleidung bedacht, weshalb er in der Nachbarschaft scherzhaft Futrecindo Ortega, eleganter Ortega, heißt.

Baden im Meer. Spielen mit Hunden und Katzen. Hunde werden ihn immer begleiten, sein ganzes weiteres Leben. Er ist sehr allein.

53
Feierliche Mitteilung

Er schickt einen ein wenig feierlichen Brief, geschrieben im chilenischen Konsulat für Singapur und Batavia, und zwar auf einem Kopfbogen mit holländischem Namen, Weltevreden, und datiert vom 15. Dezember 1930. Es ist einer der seltenen an den Vater gerichteten Briefe. Er kommt darin einer Sohnespflicht nach. ». . . Ich muß Ihnen etwas von großer Wichtigkeit mitteilen: Ich habe geheiratet. Unsere Trauung fand am Sechsten dieses Monats hier statt. Meine Frau ist Holländerin und kommt aus einer vornehmen Familie, die seit vielen Jahren in Java ansässig ist. Mein Wunsch war es, Ihnen meine Heiratsabsicht mitzuteilen und Ihr Einverständnis abzuwarten, doch auf Grund zahlreicher Umstände wurde unser Bund viel früher geschlossen, als wir dachten. Dennoch glaube ich, daß Sie und Mama, hätten Sie das Glück, die kennenzulernen, die heute meine Frau ist, stolz auf sie wären, so wie ich es bin, und sie liebgewinnen würden, so wie ich sie liebe. Für mich vereint sie sämtliche Vorzüge, und wir sind restlos glücklich ... Jetzt braucht der Gedanke Sie nicht mehr zu beunruhigen, daß Ihr Sohn

allein und fern von Ihnen ist, denn ich habe ja nun jemanden, der für immer bei mir ist. Ich lege für Sie und Mama ein
paar Fotos von unserer Hochzeit bei. Meine Frau ist ein wenig größer als ich, blond und blauäugig. Da ich noch nicht
Holländisch kann und sie nicht Spanisch, verständigen wir
uns auf englisch, was wir beide perfekt sprechen. Sie hat kein
eigenes Vermögen; ihr Vater hat sich mit mehreren gewagten
Spekulationen ruiniert. Auf jeden Fall sind wir arm, aber
glücklich. Maria hat einen sehr guten Charakter, und wir verstehen uns wunderbar.«

Der einsame Konsul, damals sechsundzwanzig Jahre alt,
war im Batavia von 1930 eine exotische Erscheinung. Manchen Müttern mit Heiratsplänen, die sich vom Äußeren leiten ließen, mochte er sogar als gute Partie erscheinen. Außerdem, so wußte man, dichtete er. Das mußte nicht unbedingt
heißen, daß er lasterhaft oder wahnsinnig ist. Man sieht ihn
abends, bei bestimmten Soireen, mit heiratslustigen Mädchen
plaudern. Er hat Charme und sagt keine Albernheiten, er
macht den Eindruck eines intelligenten jungen Mannes mit
Zukunft. Zu Jahresbeginn lernt er Maria Antonieta Hagenaar
Vogelzang kennen, ein Mädchen von fast einem Meter achtzig, eine typische, wohlproportionierte Holländerin. Der einsame Konsul merkt, daß sie die Frau sein kann, die
er braucht. Er hatte so sehr gewollt, daß Albertina zu ihm
käme, aber alle seine Bemühungen waren fehlgeschlagen. Er
fängt damit an, den Namen der jungen Javanerin europäischen Ursprungs abzukürzen. Er wird sie Maruca nennen.
Neruda ist ein Mann der Termine, und für das Jahr 1930
hat er sich vorgenommen zu heiraten. Er tut es gegen Jahresende, im Dezember.

Am 28. Juli 1931 erwähnt er, von Batavia aus, ein wichtiges Ereignis in Chile. »Erst gestern habe ich die Nachricht
von Ibáñez' Rücktritt erhalten (der am Sechsundzwanzigsten
erfolgt ist), ich freue mich, daß es keiner Revolution bedurfte,
damit der *Gauner* geht. Ich freue mich auch für meine
Freunde im Exil, die nun nach Chile zurückkehren können
(es sind meine Freunde Carlos Vicuña Fuentes, Pedro León
Ugalde, Enrique Matta Figueroa, der Sohn von Don Elio-

doro Yáñez und viele andere).« Dieser Absatz ist einer der wenigen politischen in den Briefen an die Familie. Groß ist die Genugtuung des jungen Neruda über das Ende der Militärdiktatur. Er zeigt besonderes Verständnis für die Lage seiner Freunde im Exil, vielleicht weil er sich selber vorkommt, als lebe er im Exil. Keiner der Erwähnten ist enger mit ihm befreundet, ausgenommen Álvaro, der Sohn von Eliodoro Yáñez, bekannt als Pilo, der viel später unter dem Pseudonym Juan Emar als kryptischer Schriftsteller gelten wird. Sein Vater, ein bekannter Liberaler, Gründer der damals einflußreichen Zeitung *La Nación*, hat ihm deren Literaturbeilage anvertraut. Und Pilo ist es, der Neruda bittet, aus dem Orient Artikel zu schreiben, und der Dichter schickt ihm seine Beiträge, sie gehören heute zu seinen Gesammelten Werken.

Ein erregendes Erlebnis und ein Grund zur Freude war es, als er im Dezember 1929 nach Kalkutta kam, wo der Pan-Indische Kongreß stattfand, der in einem Vorort der Stadt mehr als zwanzigtausend Delegierte um Mahatma Ghandi und Jawaharlal Nehru vereinte. Dort waren alle Träume, alle Entbehrungen, alle Sehnsüchte eines Volkes, das die Fremdherrschaft nicht hinnahm. Neruda sah einen physisch ausgepumpten Ghandi, der vor aller Augen auf einem kleinen Feldbett schlief oder ruhte, ein paar Minuten nur, dann kehrte er in den Kampf zurück, in dem er dem damals größten Imperium der Erde trotzte. Neruda macht sich Gedanken über die unterschiedliche Politik der einzelnen Gebiete, die heutzutage Dritte Welt genannt werden. Es war eine Zeit relativer Stabilisierung, die ihr Ende in der großen, bereits aus den USA herannahenden Krise finden sollte. Chile, Lateinamerika, zum großen Teil von Militärdiktaturen beherrscht, kannten die verheerend ins Land hereinbrechenden USA-Gesellschaften, die die Vorherrschaft des alten britischen Löwen verdrängten. In Indien war ihm die Mähne noch nicht gestutzt worden, wenn auch rebellische Winde sie zausten. Das mystische Element war kein dominierender Faktor in der lateinamerikanischen Politik. Nach Nerudas Meinung war das positiv zu bewerten.

Die Wirtschaftskrise, ausgelöst vom Krach an der New-Yorker Börse im Jahre 1929, unter deren finanzieller Ägide sie sich in der ganzen Welt ausbreitet, findet in Neruda eines ihrer Opfer. Ibáñez' Sturz war unter anderem durch den Zusammenbruch der chilenischen Wirtschaft bedingt, eine Auswirkung des Wall-Street-Eklats. Die auf den Diktator folgende Regierung erklärt den Konkurs. Sie verkündet dem armen Konsul Ricardo Reyes, dem sie ohnehin nur selten etwas zahlt, daß sie kein Geld habe, um ihm weiterhin sein Gehalt zu schicken. Das Ehepaar Neruda kehrt daraufhin in die Heimat zurück. »Ich schreibe Dir von einem holländischen Schiff aus«, schreibt er an seine Schwester Laura. Sie sind an Bord der »Pieter Coneliszoon Hooft«. In Ceylon werden sie ein englisches Schiff besteigen, das via Südafrika und Magalhãesstraße in Puerto Montt anlegen wird. Es ist der Frachter »Forafric«. Sechzigtägige Fahrt. Er liebt langsame Seereisen. Sie sind immer fruchtbar gewesen.

54
Rückkehr zu der Boshaften

Dieser Neruda, der sich für immer von Ceylon verabschiedet hatte, kam sechsundzwanzig Jahre danach, im Juni 1957, anläßlich eines Friedenskongresses, auf die Insel zurück. Als er auf die Straße tritt, sehen manche Leute ihn verwundert an, mit einer Miene, als fragten sie sich: Wer ist dieser Mann? Kenne ich den nicht? Danach ein Gruß, inmitten der Landschaft, der Atmosphäre, der Personen von *Aufenthalt auf Erden*, im Stadtviertel Wellawatha, wo Raben auf den Kokospalmen sitzen und die inkarnaten Blüten der Schuhblume und die großen Blätter der Tempelblume leuchten. Er schreitet in einer Wolke von bettelnden Kindern, nicht weit von einer Schmalspurbahn entfernt, die sich der am Meer entlangziehenden Menge pfeifend ankündigt.

Ein wenig ängstlich bleibt er am Bahndamm stehen und zeigt auf eine große Narbe am rechten Bein. Er war eines

Nachts auf die Bahnlinie gestoßen, gestürzt und auf die Gleise geschlagen und dabei ohnmächtig geworden, just in dem Augenblick, da die Lokomotive nahte. Sein Hund Kuthaka rettete ihn mit seinem Gebell, das wie Sirenengeheul klang und dem Lokomotivführer bedeutete anzuhalten, weil jemand auf den Gleisen lag. Zu Ehren des Hundes, der ihm das Leben gerettet hatte, hießen etliche Hunde, die Neruda in Chile und anderen Ländern hatte, Kuthaka. Neruda erzählte, daß er, lange nachdem er jenes Wort tagtäglich gehört, plötzlich erfahren habe, daß es in Hindi soviel bedeutet wie »ich bringe den Hunden Nahrung«. Jener Kuthaka, treuer Freund seiner Tage in Colombo, begleitete ihn morgens und abends zur Flußmündung, um zuzusehen, wie die Elefanten badeten. Wahrscheinlich beneidete er diese eigentümlichen, gigantischen Konkurrenten, die mit ihren Rüsseln so gewaltige Wasserstrahlen erzeugten. Kuthaka kündete auch das Erscheinen großer Segelschiffe an, die am frühen Morgen, fast ganz in Weiß, am Hausgarten auftauchten. Sie kamen von einer der zwölftausend Inseln, die auf den guten Seekarten als Malediven verzeichnet sind.

Er leidet abermals unter der Hitze, die ihm früher schon so viel zu schaffen gemacht hat. Er fühlt sich matt und schwunglos. Sein Schritt wird langsam. Doch er kommt in das Gäßchen Nummer 42, an ein Haus mit Namensschild aus Marmor, darauf die Aufschrift: Muhm. Alex S. Lamabadusuriya. Er klopft. Lächelnd bedeutet ihm ein Mann, daß er sich geirrt hat. Er zeigt auf das Nachbarhaus. Auch verkehrt. Er geht anklopfend von Tür zu Tür. Er erinnere sich nicht mehr recht, murmelt er. Die dem Meer zugewandte Straßenseite ist ganz anders geworden. Früher standen da keine Häuser, nur Bäume und ein ländliches Anwesen. Er findet es nicht. Neruda durchforscht sein Gedächtnis nach einem Anhaltspunkt. Ein chilenischer Freund begleitet ihn, Juan Lenín Araya. Sie gehen zu Boya Pieres' Haus, an dessen Eingang ein kleines Schild befestigt ist: Coral Strand. Es empfängt sie ein dunkelhäutiger Mann, mit nackten, ganz dürren Beinen, auf dem Kopf einen großen weißen Hut. Befremdet mustert er sie. Fordert sie auf einzutreten. Setzt sich in seinen

Korbsessel. Und plötzlich fährt er mit einem Schrei auf. »Ricardo Reyes, der Konsul von Chile!«

Vormals waren sie verfeindete Nachbarn gewesen. Boya Pieres versucht, die Jahreszahlen genau festzustellen. »Wann war das? 1928 bis 1929? O ja, ich erinnere mich an Brampy, den Knaben, der Sie bediente. Ich habe nie wieder was von ihm gehört; als Sie weggingen, ging er auch, und wir haben ihn nie wieder gesehen . . .«

Eine Person erwähnt er nicht, die steht trennend zwischen ihnen, trotz der Zeit. Josie Bliss. Er rekonstruiert im Geist, wie es sich in jenen Tagen verhielt. Boya Pieres war nicht sein Freund. Der gewährte in seinem Haus nämlich jener Boshaften aus dem Gedicht Asyl, und die ließ von dort täglich Briefe und Schmähungen los. »Sie sagte, sie würde mich vergiften, ich würde nicht mit dem Leben davonkommen. Ich konnte Pieres keine Erklärungen geben, das waren persönliche Angelegenheiten. Verständlich, daß er geneigt war, sie zu beschützen. Später hatte alles ein Ende, als sie, der Sache überdrüssig, in ihre Heimat ging.« In der Erinnerung beider Gesprächspartner hockt die Boshafte. Neruda geht durchs Haus. Sie ist da versteckt, heulend vor Wut, schimpfend, allein den Tee in der Dämmerung trinkend, mitunter an ihn denkend. Sie hört auf, ihn mit lauter Stimme zu verwünschen, wenn er sich über die Tropen beklagt, und ist weiter – in aller Stille – auf ihn eifersüchtig.

Als er herauskommt, verkündet er den Wetterbericht, den er drinnen aufgeschnappt hat: Der Monsun naht, der Donner, Katarakt und Windessausen vereint. Danach wird das Licht von Ceylon wiederkehren, in dem er seine »einsame Schule des Begrabenseins« durchlief. Es war ein gleißendes Licht, das sein Gehirn marterte und die Kleidung durchlöcherte. Vielleicht, so schrieb er in einem seiner Gedichte, habe es ihm mit grausamer Helle sein Geschick beleuchtet. Aber verzweifelt und alles Eigenen entblößt inmitten dieses Glanzes, der fortwährt wie ein ständiger Mittag, sei er zu dem Schluß gekommen, daß er keinen anderen Ausweg habe, als zu leben. Nachdem er Augen, Körper, Seele in diesen Strom aus ständiger Sonne getaucht hat, ist sein unterbewußter Begriff von Farbe ein anderer geworden. Als er in die Heimat zurückkommt, dünkt ihn deren Sonne matt. Sie hat etwas Schattenhaftes.

»Schnell, gehen wir«, schlägt er vor. Doch er verhält seinen Schritt vor einer rostigen, verfallenen Hütte. »Hier«, sagt er, »wohnte ein Fischerehepaar. Pünktlich an jedem Sonnabend ließ der Fischer, ich weiß nicht, ob aus sonderbarem Aberglauben oder alkoholbedingter Entrüstung, seinen Wochenzorn an seiner Frau aus. Die kam dann verzweifelt zu mir gelaufen, ins Konsulat, um sich unter internationalen Schutz zu stellen. Ich nahm sie auf, und die Alte blieb bis zum nächsten Tag, dann holte der Mann seine Frau beschämt ab; sie ging mit, dankbar und voller Freude darüber, daß sie mit ihrem energischen und jetzt reuigen Mann zurückkehren konnte. Das war das einzige Konsularasyl«, sagt er, »die einzige Zuflucht, das einzige Mal, daß ich Exterritorialität gewährte, und zwar um eine alte Frau vor der periodischen ehelichen Tracht Prügel zu bewahren. Sie brauchte nicht mehr darunter zu leiden und weinte viel, als ihr Mann beim Holzschlagen dem Biß einer giftigen Schlange erlag.«

Endlich finden sie den Cicerone, den sie brauchen. Es ist der Schriftsteller und Anwalt S. P. Amarasingan. Er bewirtet sie mit Gin und erinnert an die Besetzung der Stadt während des zweiten Weltkrieges. Damals hätten alle Bewohner, bis auf ihn, das Viertel verlassen.

»Das Haus, in dem Sie gewohnt haben«, berichtet er Neruda, »war Kaserne. Bis vor ein paar Jahren hatte ich noch einen Brief von Ihnen. Ich weiß, Sie hatten eine sehr große Schrift. Tut mir leid, daß ich den Brief vernichtet habe. Ich erinnere mich auch an Ihre dressierte Manguste.« (Pablo erzählt ihm, daß er sie nie zu seinem Freund mitnehmen konnte, weil die Hunde sie bissen.)

Der Wirt und seine Gäste überqueren die kochende Straße und betreten das Haus, in dem der Dichter einst gewohnt hat. Es steht jetzt leer und soll demnächst abgerissen werden. Ringsum ein dichter, vernachlässigter Garten, im Hof zwei große Kokospalmen. »Auf diesem Baum«, sagt der Dichter und weist hinüber, »habe ich einmal ein Eichhörnchen ge-

fangen. Hier war mein Büro, in dem ich die Papiere für Tee-
sendungen nach Chile ausstellte und darüber fast verrückt
wurde, wovon ich aber lebte. Schade, daß wir heute keinen
ceylonesischen Tee mehr trinken, den besten der Welt.«

Während sie in den alten, baufälligen Winkeln herum-
stöbern, hat er plötzlich, ich weiß nicht, durch was für eine
Gedankenverbindung, eine wichtige Erinnerung. Er sagt,
beinahe schreiend, als wollte er es nicht vergessen und als
sollte man es gut hören und beachten: »Einmal benachrich-
tigte die Regierung das Konsulat, daß von der Osterinsel
mehrere politische Gefangene entwichen wären. Das war
das einzige Telegramm dieser Art, das ich je bekommen
habe. Man sagte mir, daß sie hier an der Insel landen müßten,
denn sie wären mit einer Barkasse entkommen . . . Tagelang
wartete ich auf sie, damit ich jemanden hätte, mit dem ich
mich unterhalten konnte . . . Natürlich hatte ich nicht vor, sie
anzuzeigen. Aber sie sind nie gekommen.«

Sie sind nie gekommen . . . Meint er Castor Vilarín, einen
Kommunisten, der zusammen mit anderen seiner Genossen
in den polynesischen Pazifik verbannt war, einen entschlossenen Mann, der Abenteuer und Freiheit liebte, so sehr, daß er
eines Tages mit ein paar Gefährten in einem Boot floh und
im Meer umkam? Oder meint er die sagenhafte Flucht von
Carlos Vicuña Fuentes und anderen politischen Gefangenen,
die während der Ibáñez-Diktatur auf jene Insel verbannt
waren?

Bei dieser Rückkehr begleitete ihn Matilde. Er suchte
nicht nur die geistige Spur einer Frau, deren Körper auf
einem Scheiterhaufen zu Asche verbrannte, sondern auch das
Haus, in dem er gewohnt hatte. Denn dieser Dichter heiratete Häuser und wurde ihr Witwer. »Ich wurde in meinem
Leben zum Witwer so vieler Häuser«, sagt er, »und an sie
alle denke ich zärtlich zurück. Ich könnte sie nicht aufzählen,
und ich könnte sie nicht wieder bewohnen, denn mir gefallen keine Auferstehungen . . . Nur einmal wollte ich ein Haus
wieder aufsuchen, in dem ich gelebt habe. Das war viele
Jahre später, auf der Insel Ceylon.« An das Haus erinnerte
er sich nicht mehr. Er wußte nur noch den Namen des Vier-

tels, einer Vorstadt zwischen Colombo und Mount Lavinia. Nie hat er anderswo so viel Zeit gehabt, sich selber kennen-zulernen. Der Tag war damals mit Fragen beladen. Bei Müßiggang und Hitze drang er in den Menschen ein, der, obwohl er selber, ihm ein Fremder war. Aus diesem Sich-in-sich-selbst-Versenken entstand das, was er ein »kleines Buch« nennt, *Aufenthalt auf Erden*, »ein qualvolles Wörterbuch meiner Persönlichkeitserkundungen«.

Ein weiteres Zeichen. Er kam zu dem Haus, das er vor fast dreißig Jahren verlassen hatte, einen Tag bevor es abgerissen werden sollte. Es hatte sich mit ihm verabredet, und er kam, ohne es zu wissen, »pünktlich an seinem letzten Lebenstag«. Als er in den kleinen Flur trat und danach in das kleine Schlafzimmer, wo er »nur ein Feldbett für so viele Jahre meines Aufenthalts auf Erden hatte«, sah er den Schatten Brampys, seines Dieners, und Kirias, seiner Manguste. So nahm er Abschied von seinem Haus in Ceylon, bevor es unter Spitzhacke und Bulldozer zusammenfiel. Der Dichter glaubt, daß Zufälle wie diese »so lange ein Geheimnis bleiben, wie es Häuser und Menschen gibt«.

IV

Der Buchstabe mit Blut erscheint

55
Der Dichter und die Maske

Nachdem die Regierung das Konsulat annulliert hatte –
unter Hinweis auf die Krise, die wie ein Erdbeben der
Stärke 9 oder 10 auf der Richterskala die chilenische Wirtschaft ruiniert –, reiste er im Jahre 1931 durch die Magalhãesstraße zurück. Im Land waren überraschende Ereignisse eingetreten. Ende 1931 erhob sich die Marine. Mitte 1932 hatte
die Sozialistische Republik zwei Wochen lang die Macht inne,
und im Zentralgebäude der Universidad de Chile saßen die
Sowjets der Arbeiter, Bauern, Soldaten und Matrosen. Neruda nimmt mit Interesse und Sympathie von diesen Ereignissen Kenntnis. Das ist erst einmal alles.

Laurita erinnert sich, daß das Telegramm, das seine bevorstehende Ankunft in Temuco meldete, verspätet eintraf.
Sie schaute gerade zum Fenster hinaus, und plötzlich sah sie,
wie von einem Auto Koffer abgeladen wurden. Danach erkannte sie Pablo und Maruca. Der Vater empfing die beiden eisig. Sie blieben nur eine Woche in Temuco.

In Santiago hat Neruda zwei Ämter zu versehen. Er gehört
weiter dem Außenministerium an. Eine Zeitlang arbeitet
er in der Abteilung Kultur des Ministeriums für Arbeit, sein
Chef ist Tomás Gatica Martínez, ein alter Gentleman, grau-
haarig, leutselig, der Journalistik verbunden, der für seinen
Dienst nicht nur schöne Frauen und den Dichter rekrutiert,
sondern auch etliche von dessen Gefährten aus der literarischen Jugend des Jahres 1920 sowie in Chile so bedeutsame
Schriftsteller wie Joaquín Edwards Bello. Obwohl Arbeitslosigkeit ihn bedroht und verfolgt (»ich lebe in der Gefahr,
daß die Abteilung, in der ich arbeite, aufgelöst wird«), hält

die Familie ihn allmählich für eine einflußreiche Person und glaubt, er sei in der Lage, seinem Bruder Rodolfo eine Anstellung zu verschaffen.

Er vergleicht das Gestern mit dem Heute: In weiter Ferne liegt die Probolingo-Straße, sein Haus in Batavia. Er ist aus dem Orient zurückgekehrt, der ihn beeindruckt hat »als eine große, unglückliche menschliche Familie, ohne daß ihre Riten und ihre Götter sich in meinem Bewußtsein niederschlugen«, und wohnt mit Maruca in einer bescheidenen Pension unweit des Nationalkongresses. Er ist nicht zufrieden. Trifft sich aber wieder mit seinen alten Freunden und besucht die Bars von früher.

Der Heimkehrer ist nicht mehr derselbe. Auch wenn er einmal versucht, eine geheime Verbindung zu Albertina anzuknüpfen, auch wenn er die Nächte im »Hércules«, im »Jote« und im »Alemán« in der Calle Esmeralda zubringt, hat das Fern-Ost-Erlebnis, ein allmählicher Reifeprozeß über lange Zeit an unterschiedlichen Orten, seinen Geist in einer Weise getränkt, daß er nun nicht mehr findet, was er möchte. Vieles hat sich verändert. Sogar das, was er seinem Vater aus Batavia über seine wunderbare Frau schrieb. Die Liebe verfliegt. Er fühlt, daß er sich seiner Frau entfremdet hat. Die Nacht verbringt er mit Gesprächen in der Kneipe. Und wenn er nach Hause kommt, um drei oder vier Uhr morgens, sieht er sie auf dem Balkon stehen, wo sie schon wer weiß wie lange auf ihn wartet.

Das offizielle Chile hat ihn nicht voller Freude, sondern gleichgültig empfangen. Er denkt, daß er vielleicht nicht lange genug draußen gewesen ist. Vielleicht sollte er abermals außer Landes gehen. Aber er kann sich keine Leerräume und Pausen in seinem Werk leisten. Er beginnt den zweiten *Aufenthalt*. Er muß seinen Landsleuten etwas von dem vorführen, was er während seines fünfjährigen Fernseins geschrieben hat. Als er zum erstenmal zurückkommt, herrscht in der literarischen Szene eine gewisse zurückhaltende Erwartung.

Eines Tages wird eine Lesung mit ihm im Theater »Miraflores« in Santiago angekündigt. Ich war damals ein junger

Mann, der vor kurzem zum Studium in die Hauptstadt gekommen war, sich sehr für Poesie interessierte und für den Neruda eine Legende war. Ich hatte ihn noch nie gesehen und mußte ihn unbedingt erleben. Ich hatte nicht den Mut, ihn persönlich kennenzulernen, setzte mir nicht in den Kopf, ihm die Hand geben oder gar ein paar verschämte Worte mit ihm wechseln zu wollen. Nein. Es ging einzig darum, ihn in dem verfallenen Theater von meinem dunklen Galerieplatz aus zu betrachten und ihm zu lauschen. Ich kam sehr früh und bezog schüchtern meine Stellung auf den populären Höhen, um das Gesicht des Dichters von weitem anzuschauen. Der Vorhang ging auf. Gemalte orientalische Masken auf der Bühne. Sie wirkten wie spanische Wände oder sonderbare Drapierungen, sie gemahnten an chinesische Oper und schufen ein altertümliches, geheimnisvolles Fluidum. Plötzlich erhob sich hinter den riesigen Masken, die höher und breiter waren als der Körper eines Menschen, eine Stimme, schleppend, näselnd, gleichsam klagend, und sprach: »Wie rein bist du aus Sonne oder aus gesunkner Nacht, / wie triumphal das Übermaß deiner Kontur aus Weiße, / und deine Brust aus Brot, heiße Zone, aus schwarzen Bäumen deine Krone, Vielgeliebte . . .«

Er fuhr fort, hauptsächlich mit Gedichten aus dem ersten *Aufenthalt*. Der Ton änderte sich nicht. Er hauchte fast ohne Modulation, monoton, klagsam, als verteile er ein Schlafmittel. Das war der Eindruck, den ich nach ein paar Minuten hatte. Die Lesung dauerte länger als eine Stunde. Währenddessen erfuhr die Klangkurve nicht die leiseste Wandlung. Doch nach einer Weile wirkte sie wie das Geräusch langsam fließenden Wassers, wie ein Hauch anderer Luft, nicht weil die dieser Kehle entspringende Botschaft kristallklar und erfrischend gewesen wäre, sondern weil die Worte einem dürstenden Geist eine Art berauschende Flüssigkeit zu trinken gaben, weil sie ein bestrickendes Klima schufen, eine Atmosphäre, in der man das Ringen einer stürmischen Seele ahnte, und diese sprach von einer inneren Welt voller Phantome und erzählte uns vom Abenteuer eines Mannes, von seinem einsamen Dasein, seinen Reisen, vom Gewissen und von der Sprache, und das bewirkte, daß wir beim Verlassen jenes Winkels auf der Galerie des Theaters »Miraflores« andere waren als beim Hereinkommen.

An jenem Abend lernten wir die Deklamierstimme des Dichters kennen. Sie dünkte uns dem Klang der araukanischen Trutruca verwandt. Aber warum zeigte er sein Gesicht nicht? Würde Neruda am Ende der Veranstaltung erscheinen, um Applaus oder Gleichgültigkeit der Zuhörer in Empfang zu nehmen, von denen wenigstens die Hälfte zwischen Bewunderung, Verblüffung und Verwirrung schwankte? Neruda erschien nicht. Dabei hätten wir ihn so gern gesehen.

Am 24. und 25. September 1982 fand im Palazzo Patrici in Siena ein Rundtischgespräch über das Werk Nerudas statt, die Teilnehmer waren Experten aus mehreren Ländern. Einer von ihnen, der französische Professor Allain Sicard von der Universität Poitiers lieferte einen Beitrag, der einen Aufruhr hervorrief und an dem sich die Polemik entzündete: »Das Antlitz als Maske. Autobiographie und Geschichte in Nerudas Poesie«. In dem angeregten Streitgespräch, das den Ausführungen folgte, meldete ich mich zu Wort, um an etwas weit Zurückliegendes zu erinnern, an jene Lesung vor fünfzig Jahren im Theater »Miraflores« in Santiago, bei der der Dichter gänzlich hinter gigantischen orientalischen Masken verborgen war. Meine Schlußfolgerung lautete, daß Sicards Ansicht gar nicht so irrig war.

56

Hohelied?

Er hatte nicht das Zeug zum Bürositzer, aber ich habe ihn mit einem Bleistift in der Hand über amtlichen Schreiben sitzen und Büroarbeiten erledigen sehen. Das Martyrium des sitzenden Angestellten erlebt er damals, 1932, in Santiago. Er braucht diese beiden Einkommen zum Leben. Vierhundert Pesos monatlich für seine Arbeit in der Bibliothek des Außenministeriums reichen kaum, um die mittelmäßige

Pension in der Calle Santo Domingo zu bezahlen. Etwas höhere Einkünfte bringt ihm sein Posten in der Abteilung Kultur des Ministeriums für Arbeit. Der ans Ruder festgeschmiedete Galeerensträfling leidet. Seine Gedanken sind bei der Poesie. Er veranstaltet wieder eine Lesung, im Halbdunkel der »Posada del Corregidor«. Im selben Jahr erscheint die zweite Auflage der *Zwanzig Liebesgedichte*, acht Jahre nach der ersten, was zeigt, daß der Dichter noch nicht entdeckt ist. Später, als der unbekannte zum allgemein anerkannten Dichter geworden war, überstieg die Auflagenhöhe dieses Titels die Grenze von einer Million Exemplare. Jemand nannte es das »Hohelied« der Poesie in spanischer Sprache. Aber wenn auch beide Autoren Dichter waren, so war Neruda doch kein König Salomo.

Die Bibel sagt, daß Salomo dreitausend Sprüche dichtete, und seiner Lieder waren es tausendundfünf. Unser Dichter war in dieser Hinsicht so fruchtbar wie der weise König. Wenn dieser von den Bäumen dichtete, von der Zeder aus dem Libanon bis zum Ysop, der aus der Wand wächst, wenn er von den Tieren dichtete, den Vögeln, dem Gewürm und den Fischen, so widmete unser Dichter ganze Bücher den Vögeln, dem Haus im Sand, dem Essen, der unfruchtbaren Geographie, den Steinen des Himmels, dem flammenden Schwert, einer neuen Version von dem Paar, das die Sintflut überlebt. Wenn Neruda Architekt und Dichter zugleich sein wollte, so baute jener weise, sinnliche König den Tempel und besang die Frau. Nur daß die des Königs Salomo ausdrucksstärker ist als Albertina. Zumindest legt der König ihr Verse eines verliebten Weibes in den Mund: »Meine Narde gab ihren Duft. Mein Freund ist mir ein Büschel Myrrhen, das zwischen meinen Brüsten hängt . . . Mein Freund ist mir eine Traube von Zyperblumen in den Weingärten von En-Gadi. Er führt mich in den Weinkeller, und die Liebe ist sein Zeichen über mir. Der Lenz ist herbeigekommen, und die Turteltaube läßt sich hören in unserm Land . . .« Wenn Darío einmal sagt, daß es keine Sulamith mehr zu besingen gebe, jene, von der der König in Jerusalem sagte: »Dein Schoß ist wie ein runder Becher, dem nimmer

Getränk mangelt. Dein Leib ist wie ein Weizenhaufen, umsteckt mit Lilien«, so hat Neruda nie aufgehört, sie zu besingen. Keine hieß Sulamith, und alle hießen so. Nie wurde dieser Dichter von der Königin von Saba aufgesucht, doch er erzählt, daß er die Tochter des Königs von Mandalay geheiratet habe, ein der Phantasie entsprungenes Wort. Er hat sich nie wie sein Kollege, der Schöpfer des *Hohenlieds*, mit einer Pharaonentochter vermählt, aber er hat sie alle zu Königinnen gemacht, sie, die aus schlichten Verhältnissen stammten, ja zum größten Teil Kinder der Armut waren. Sein Kollege, der Schöpfer des *Hohenlieds*, sammelte Ehrungen und Liebeserfahrungen. Die Bibel ist in dieser Frage widersprüchlich. Einerseits sagt sie, sechzig Königinnen seien es und achtzig Nebenfrauen und Jungfrauen ohne Zahl, obwohl nur eine die Taube sei, die Reine, Sulamith. Andererseits versichert sie, er habe sechshundert Frauen und dreihundert Nebenfrauen, also Konkubinen, gehabt. Neruda wurde von dem Wort Konkubine immer zu unbändigem Lachen gereizt. Eine seiner Freundinnen, die sich in der Tat mit einem der komischsten Männer des Kreises um Neruda vereint hatte, mit Vicente Naranjo, einem Kaufmann aus Valparaíso, erzählte dem Dichter, daß man sie während des Gerichtsprozesses als Konkubine bezeichnet habe. Und beide brachen in schallendes Gelächter aus. Denn dieses so lächerliche, uralte Wort kam ihnen so komisch vor, als wollte das ganze Altertum, als wollten sämtliche jahrtausendealten Vorurteile ihnen sagen, daß die Welt sich nicht weiterentwickelt habe.

Als Neruda sein *Hohelied* schrieb, war er erschreckend arm. Als Salomo das seine schrieb, war er unsagbar reich. Er hatte eine jährliche Rente von 666 Talenten Gold. Neruda hatte ein Talent aus Gold und keinen Centavo in der Tasche. Der eine herrschte über alle Reiche vom Euphrat bis zum Land der Philister und der Grenze zu Ägypten. Der andere herrschte nur über seine Träume.

57

Toreo al alimón

Neruda hatte jetzt alle Tage zu essen, trotzdem war seine materielle Existenz ungesichert, seine Zukunft nebelverhangen.

Im Sommer fährt er in den Süden. Kommt wieder nach Puerto Saavedra. Er schreibt den zweiten *Aufenthalt auf Erden*. Er sieht das Meer seiner Kindheit mit Augen, die reifer geworden sind. Es ist ein Gedicht, dem *Lied der Verzweiflung* ähnlich. Etwas darin spricht von seinem geheimen Leid. Seine Ehe – lichtlos, zerbröckelnd. Die Rückkehr nach Puerto Saavedra beschert ihm die melancholische Erinnerung daran, wie es zehn Jahre früher in seinem Herzen aussah. Jetzt kommt es ihm vor, als wäre nur noch Staub darin. Wenn sie hineinbliese, »es würde tönen mit dunklem Geräusch, mit Räderhallen eines Zuges voll Traum . . . bliesest du am Meer in mein Herz . . .« Im Grunde ist diese Liebe ein Gespenst.

Dort schreibt er auch »Der Süden des Ozeans«, ein Gedicht absoluter Einsamkeit.

> Ist ein einsamer Erdstrich, ich habe
> von diesem so öden Erdstrich schon gesprochen,
> wo die Erde erfüllt ist ganz von Ozean,
> und niemand ist da als ein paar Pferdespuren,
> und niemand ist da als der Wind, niemand ist da
> als der Regen, der niedergeht auf die Wasser des Meeres,
> niemand als der Regen, der anschwillt über dem Meer.

Als er nach einem ziemlich tristen Sommeraufenthalt wieder in Santiago eintrifft, hat er einen Trost. Es erscheint zum erstenmal *Der begeisterte Schleuderer*, ein Buch, das er *motu proprio* zehn Jahre lang unveröffentlicht liegengelassen hatte. Ein Zeitraum, in dem er sich von leidenschaftlicher Ausschweifung und von Einflüssen, zu denen er sich im Vorwort bekennt, befreit hat. Und er erlebt eine noch größere Freude. Zum erstenmal wird *Aufenthalt auf Erden* publiziert. Dieses Werk, um dessen Veröffentlichung er in seinem trostlosen Konsularsitz so erbittert gerungen hat, daß es schon zur Zwangsvorstellung wurde, was seine Briefe an Héctor Eandi bezeugen, ist nicht in Spanien herausgegeben worden, wie er und Rafael Alberti es sich wünschten, auch nicht in Argentinien. Es soll das Licht der Welt in Santiago erblicken, durch Vermittlung seines treuen und einzigen Verlegers aus der ersten Zeit, Carlos Nascimento. Der April ist für Neruda damals nicht der grausame Monat, von dem T. S. Eliot in seinem *Wüsten Land* spricht, sondern der Monat der Freude, des goldenen Herbstes, kommt aus der Drukkerei doch das Buch, das aus seiner Einsamkeit in Chile und im englischen und holländischen Indochina entstanden ist. Wenn man den damals niedrigen Stand des Verlagswesens in Chile berücksichtigt, dann ist der Druck nahezu luxuriös.

Bald fängt er wieder im Außenministerium an zu arbeiten. Am 25. August 1933 teilt er seinem Vater mit, daß er für einen Posten im Konsulat in Buenos Aires vorgesehen sei. Zum erstenmal nennt er ihn »Mein lieber Papa«, was die Vermutung nahelegt, daß sein Erzeuger allmählich anderen Sinnes wird, vielleicht weil er zu ahnen beginnt, daß der so untaugliche, zum Dichter gewordene Sohn imstande ist, seinen Lebensunterhalt zu verdienen und allein zurechtzukommen. Neruda muß abermals abreisen und hat nicht die Zeit, sich zu verabschieden. Die geschwächte Regierung hat zwar seine Ernennung bestätigt, ihm aber kein Geld für Fahrkarten gegeben. Da springt Amalia Alviso ein, die begehrte Witwe, die zwar nicht seinem Liebeswerben nachgibt, ihm aber tausend Pesos leiht, damit er die Fahrt bezahlen kann.

Die damals größte Stadt im spanischen Sprachraum ist ein Magnet für einen ehrgeizigen Dichter in dieser Sprache. Er nimmt Kontakt zum literarischen Leben Argentiniens auf. In den wenigen Monaten seines Aufenthalts in Buenos Aires muß er Büroarbeit leisten, nach der ihm so gar nicht der Sinn steht, die aber versüßt wird durch das gute Verhältnis zum Generalkonsul, Sócrates Aguirre, Vater eines dunkelhäutigen Mädchens mit lebhaften Augen, die damals noch ein Kind ist und sich mit dem Onkel Pablo anfreundet, der sich bei geselligen Anlässen verkleidet. Margarita Aguirre wird später eine seiner berufensten Biographinnen sein. Das Verdrießliche seiner Beamtenstellung schlägt sich herb in den Gedichten nieder, die er in der Großstadt schreibt. »Es geschieht, daß ich müde bin, Mensch zu sein . . .« Er ist wie ein wildes Wesen, das zwischen Schneiderstuben, Gerüchen von Frisiersalons, Waren, Brillen, Fahrstühlen umherirrt. Er ist sogar seiner selbst überdrüssig. Seines Haars und seines Schattens. Und er möchte am liebsten einen Skandal auslösen, »mit einem grünen Messer durch die Straßen laufen«. Er mag nicht mehr Wurzel sein in der Finsternis, er mag kein Unheil mehr, er hat sein Kerkergesicht satt. »Walking around« verrät einen Gemütszustand. In »Entprotokollierung« verwünscht er sein Leben, das »in den Abgrund der Akten« versunken ist, »ins Dunkel der Kanzleien«, wo er doch für Titel und Klauseln so gar nichts übrig hat. Er verabscheut Büroräume, »den Ruch von Ministerien und Gräbern und Stempelmarken«.

Er übersetzt *Kammermusik* von James Joyce, es wird in jenem Jahr, 1933, in Buenos Aires von der *Revista Internacional de Poesia* veröffentlicht.

Das Verhältnis zu seiner Frau ist in einer Phase der Gleichgültigkeit. Eine Zeitlang wohnt bei ihm zu Hause die chilenische Schriftstellerin María Luisa Bombal, jene verrückte kleine Kokette, die auf dem Markt von Temuco für Aufsehen sorgte. Sie schreibt *Der letzte Nebel* (La última niebla) und *Ins Leichentuch gehüllt* (La amortajada). Damals verliebt er sich in deren Schwester Loreto. María Luisa Bombal, die in ihrem Leben etliche tragische Etappen hatte, war für Neruda eine »verehrte Feuerbiene«. Stets zog sie ihn an – als Schriftstellerin. Jahre später besuchte er sie in den USA. Sie trank im Bett, Opfer einer großen Enttäuschung. Ein schmerzliches Wiedersehen.

Das alles geschah vor den traurigen Augen einer guten Gattin, einer Frau, die ihm so fern war wie der Mond, Maruja Hagenaar mit Namen. Weitverbreitete Meinung unter den Frauen: Nichts für ihn. Pablos Freundinnen nannten sie mit gutmütigem Spott »La Carabinero«, die Polizistin.

Neruda suchte in ihnen immer die Mutter, die ihm kurz nach seiner Geburt gestorben war. María Bombal weist die Ehre zurück: »Nicht alle eignen wir uns als Mama.«

Höhepunkt seines Aufenthalts in Buenos Aires war die Bekanntschaft und Freundschaft mit Federico García Lorca, der kurz zuvor zur Premiere seines Theaterstückes *Bluthochzeit* gekommen war. Neruda teilte den heiteren Ton der Gruppe um García Lorca. Da waren Oliverio Girondo und Norah Lange, Alfonsina Storni, Jorge Luis Borges mit seiner Mutter Leonor, Pablo Rojas Paz, dessen Frau La Rubia, Amparo Mon und Raúl González Tuñón. Man kam zusammen, und dabei ging es übermütig, oftmals gotteslästerlich zu, Entschädigung für Bürolangeweile und häusliche Spannung.

Federico stellte Pablo bei solchem Beisammensein mit seinem Glanz, seiner Heiterkeit, seinem Lachen, seinem Singen und Tanzen in den Schatten. Pablo zog sich gern in die zweite Reihe zurück. García Lorca interpretierte die Persönlichkeit seiner Freunde auf dem Klavier. Nerudas Noten waren die langsamen. Als García Lorca nach Spanien zurückkehren mußte, sagte er zu ihnen: »Ich würde lieber nicht reisen. Ich werde sterben. Ich habe so ein sonderbares Gefühl.«

Seine Art, Geburtstag zu feiern, behielt Pablo überall bei. In Buenos Aires gehörten auch Ramón Gómez de la Serna und Arturo Capdevilla zu den Gästen. Am Abend zogen sie feiernd durch die Stadt, ein Taxi fuhr leer hinter ihnen her. Es war eine Idee von Federico. Und wenn man ihn fragte, wozu dieses Taxi wäre, gab er zur Antwort: »Aus Achtung.« Sie vergnügten sich im Restaurant »Pescadito«, im Stadtteil La Boca.

Als Neruda am 19. Oktober 1956 in der Universidad de Chile sprach, bezeichnete er Federico García Lorca als den glücklichsten Menschen, dem er je begegnet sei. Er hatte ihn bei Rojas Paz kennengelernt, einem argentinischen Prosaisten, der, kurz bevor Neruda seiner in diesem Zusammenhang gedachte, gestorben war. Rückblickend bezichtigte sich Neruda, daß er um ein Haar Federicos Tod verschuldet hätte. Es war in der Pampa, in einem der großen argentinischen Gutshäuser mit dem dazugehörenden See und einem gewaltigen Turm. Neruda und ein entzückendes junges Mädchen in Weiß waren hinaufgestiegen. García Lorca fungierte als Kuppler. Unter dem Eindruck des großartigen Nachthimmels und der berauschenden Pampadüfte begann Neruda mit Liebeserklärungen. Federico meinte, das müßte laut gefeiert werden. »Hoch lebe die Poesie! Hoch leben die Gegner von Ortega y Gasset!« In seinem Überschwang rief er die Leute herbei und jagte die Treppe hinab. Dabei stürzte er und hätte sich beinahe ein Bein gebrochen. »Ich habe zu ihm gesagt, du bist ein Dummkopf.« Der Dummkopf war Spaniens größter Dichter, der bezauberndste Freund. Beide vereinte die Poesie, die wiederum eine Brücke zwischen Spanien und Spanisch-Amerika bildete.

Man fand, daß einer der profiliertesten Erbauer dieser Brücke über den Atlantik zu Unrecht in Vergessenheit geraten war, jener, der ein »Lied auf Chiles Ruhm« und auch ein »Lied auf Argentinien« geschrieben hatte. 1933 lud der PEN-Club von Buenos Aires García Lorca und Neruda zu einem Bankett ein. Federico und Neruda setzten sich, einander gegenüber, an die beiden Tischenden, was Organisatoren und Gästen Anlaß zu Vermutungen gab. Als Neruda das Wort erteilt wurde, erhob er sich und sagte: »Señoras . . .« Gleich danach stand am anderen Tischende García Lorca auf, um fortzufahren: ». . . Señores. Es gibt in den Stierrunden eine *toreo al alimón* genannte Runde, bei der zwei Toreros dem Stier mit ein und derselben Capa begegnen.« Neruda seinerseits verkündete, daß Federico und er den Stier mit Banderillas reizen, daß sie aber einen Toten einladen wollen, »einen verwitweten Tischgenossen, dunkel in der Finsternis eines größeren Todes als andere Tode, Witwer des Lebens, der einst ein betörender Ehemann war. Wir wollen seinen Namen wiederholen, bis seine Macht dem Vergessen entspringt.« Lorca ist sicher, daß, wenn dieser Name genannt wird, »die Gläser springen, die Gabeln hüpfen werden . . . Wir wollen den Dichter Amerikas und Spaniens nennen: Rubén«, sagt Federico. »Darío«, vollendet Neruda und fragt: »Wo in Buenos Aires liegt der Platz Rubén Darío?« Federico:

»Wo steht das Standbild Rubén Daríos?« Neruda: »Wo liegt der Park Rubén Darío?« Federico fragt: »Wo ist der Rosenladen Rubén Darío?« Und fügt hinzu, daß Darío »in seinem heimatlichen Nikaragua unter einem schrecklichen Marmorlöwen ruht . . . Er schenkte uns mit einem Eigenschaftswort das Rauschen des Waldes . . . und legte die Hand auf das korinthische Kapitell mit dem spöttisch-traurigen Zweifel aller Epochen.« Danach entwirft er ein leuchtendes Bild dessen, was Darío für sein Land getan hat: »Als spanischer Dichter hat er in Spanien die alten Meister und die Kinder unterrichtet, mit dem Gefühl von Weltweite und Großzügigkeit, das den heutigen Dichtern fehlt. Er hat Valle-Inclán unterrichtet und Juan Ramón Jiménez, und die Gebrüder Machado, und seine Stimme war wie Wasser und Salpeter in den Runzeln des verehrungswürdigen Idioms. Seit Rodrigo Caro bis zu den Argensolas oder Don Juan Arguijo hatte das Spanische keine Wortfeste mehr gefeiert, keine Zusammenstöße von Konsonanten, von Lichtern und Formen wie bei Rubén Darío. Von Velázquez' Landschaften, Goyas Scheiterhaufen und Quevedos Melancholie bis zum apfelfarbenen Kult der Bäuerinnen von Mallorca bereiste Darío Spaniens Erde wie seine eigene.« In unserem Land, sagt Neruda, hat sich der große Dichter allmählich offenbart. Und da greifbare Standbilder fehlen, regt Neruda an, ihm eines aus Luft zu errichten. Lorca meint: ». . . über dieses Standbild aus Luft möchte ich sein Blut stellen, vergleichbar einem meerbewegten Korallenzweig, seine Nerven identisch mit der Fotografie eines Bündels Strahlen . . . seine vagen, abwesenden Augen eines Tränenmillionärs, und seine Fehler . . . seine dramatische Betrunkenheit, und sein bezaubernder schlechter Geschmack, und seine schamlosen Füllsel, welche die Menge seiner Verse mit Menschlichkeit bereichern . . .«

In Nerudas Buch *Ende einer Welt*, 1982 bei Seix Barral erschienen, findet man zum erstenmal »Taube von innen oder Die Glashand, Vernehmung in mehreren Strophen, verfaßt in Buenos Aires von dem Bakkalaureus Pablo Neruda und illustriert von Don Federico García Lorca«. Es handelt sich um ein bis dahin unveröffentlichtes Werk, das aus einem einzigen, zu Ehren von Doña Sara Tornú de Rojas Paz geschaffenen Exemplar bestand. Dieses einzige Exemplar war in Sackleinen gebunden und hatte auf dem Umschlagdeckel eine gemalte, grün gestickte Taube. Es ist mehr als eine bibliographische Kuriosität, weil Verse wie Illustrationen jeweils von einem großen Dichter stammen. Die Poesie darin hat nichts Festliches. Sie beginnt mit einem Warngedicht, »Nur der Tod«. Es beinhaltet die Ahnung vom Tod des zeichnenden Dichters, der tatsächlich kaum zwei Jahre später starb. So wie auch der Autor des Gedichtes eines Tages sterben würde, er, der auf einen Hafen zuschwimmt, »wo er steht und wartet, im Rock eines Admirals«. Oder Generals. Zum Schluß übernimmt die Hand des einzigartigen Illustrators die Warnung. Abgeschlossen wird alles mit einer Zeichnung, unter die der spanische Dichter selber geschrieben hat: »Abgeschlagene Köpfe von Federico García Lorca und Pablo Neruda, den Verfassern dieses Gedichtbands«.

Federico reist in seine Heimat ab. Bald folgt ihm Neruda. Am 28. März 1934 schreibt er an seine Schwester Laura aus Buenos Aires: ». . . ich wollte Dir nicht sagen, daß die Regierung mich nach Spanien, Barcelona, versetzt hat, wohin ich demnächst abreisen muß. Wenn ich den genauen Termin weiß, teile ich ihn Dir mit.« In jenen südlichen Gefilden erlebt er noch die Anfangsphase des internationalen Telefonverkehrs. »Auf jeden Fall werde ich, bevor ich abreise, telefonisch mit Euch sprechen . . . Man hört ganz deutlich, und ich möchte, daß Mama, Papa, Du und Raúl« (sein Neffe) »da sind.«

58

Ankunft im Stammhaus

Im März 1934 trifft er in Spanien ein. Sein Name ist zwei Jahre früher an Bord eines Buches angekommen. Rafael Alberti erzählt es durch seinen überlebenden Engel aus *Von den Engeln*. Es regnete in Strömen in jener Winternacht, als ihm ein überraschendes Manuskript in die Hände fiel (so klingt, vom dritten Punkt des Dreiecks aus erzählt, die Geschichte, die Neruda – erster Punkt – mit trübsinnigem Unterton aus dem Orient seinem Freund Héctor Eandi – zweiter Punkt – erzählte, der sie in Buenos Aires erhielt). Das Manuskript lag auf einem Tisch mit lauter leeren Flaschen, nur eine Flasche Jérez war noch voll und sollte alsbald getrunken werden, im Keller des Hotels Nacional. Titel des Manuskripts: *Aufenthalt auf Erden*. Der Autor: Ein in Spanien Unbekannter. Gebracht hatte es ein Sekretär der chilenischen Botschaft, Alfredo Condón, aus seiner Feder stammte ein Artikel über Neruda, den er sehr schätzte. Er war aber nur Bote oder Überbringer eines Auftrags. Entsandt hatte ihn Carlos Morla Lynch, beratender Minister und eng mit Federico García Lorca befreundet. Nach der ersten Lektüre fand Alberti keine Worte. Das waren faszinierende Gedichte und so ganz anders als diejenigen, die man in Spanien schrieb. Er erkundigte sich nach dem Autor. Man sagte ihm, der wäre Konsul seines Landes in Java, wo er nicht nur gramerfüllte Gedichte über seine Einsamkeit schriebe, sondern auch Briefe, in denen er um Hilfe bäte, Botschaften an die Welt. Vor allem bäte er um Lesestoff in Spanisch. Monatelang könnte er mit niemandem sprechen. Rafael war ergriffen, sowohl von dem Buch als auch von dem harten Los des Dichters, der in so weiter Ferne, an so exotischem Ort, wie lebendig begraben war. Von seiner Entdeckung begeistert, zog er eine Zeitlang mit dem Buch unterm Arm durch die ganze Stadt. Er nahm es mit ins Café, in die Bars, zu literarischen Abendveranstaltungen und las mit tönender Stimme Gedichte daraus vor. Er brachte Bewegung in die Zunft der Verehrer des Autors, der aus dem unbekannten Java um Hilfe rief, in die jungen Dichter jener Zeit, Arturo Serrano Plaja, José Herrera Petere, Luis Felipe Vivanco und andere, die mit den Musen zu verkehren begannen. Am hellichten Tage – so wie Diogenes mit seiner Laterne – machten sie sich auf die Suche nach einem Verleger. Ohne Erfolg. Rafael trat an den Dichter Pedro Salinas heran, den Übersetzer von Proust, weil der vielleicht bei der *Revista de Occidente* etwas erreichen konnte. Er mußte sich eines angesehenen Mittlers bedienen, denn so wie García Lorca in Buenos Aires hatte es Rafael Alberti in Madrid bei einem Vortrag an Respekt vor dem Papst der Zeitschrift, dem Philosophen Ortega y Gasset, fehlen lassen. Die Zeitschrift veröffentlichte nur ein paar Gedichte, aber das war nicht ganz wertlos. Hatte sie doch einen Namen genannt, der dazu bestimmt war, die Aufmerksamkeit der Leser zu wecken. Hin und wieder schrieb Rafael seinem fernen, gequälten Freund. Die Antworten klangen drängend. In der Furcht, grammatische und orthographische Fehler zu machen, bat Neruda um ein gutes spanisches Wörterbuch.

1931 unternahm Rafael Alberti in Paris einige Anstrengungen. Er nahm Verbindung zu jener jungen Argentinierin auf, über die Neruda sich so wenig zuversichtlich gegenüber seinem Freund Eandi äußerte, zu Elvira de Alvear, die zusagte, *Aufenthalt auf Erden* zu verlegen. Sie war wohl eine wichtige Person oder zumindest eine mit Geld, denn durch einen damals jungen kubanischen Schriftsteller, Alejo Carpentier mit Namen, ihren Sekretär, wurde Neruda ein Telegramm geschickt, das ihm einen willkommenen Vorschuß von fünftausend Francs avisierte. Wie man weiß, ist aus dieser Herausgabe nichts geworden. Neruda bekam zwar das Telegramm, nicht aber das Geld. Alberto schwor sich damals, sich nie wieder für die Veröffentlichung fremder Bücher zu verwenden. »Ein Gelübde«, fügt er hinzu, »das ich nie gehalten habe.«

Viele Jahre später erlebte ich, wie Neruda sich ins Mittel legte, um in Chile ein Buch seines Bruders Rafael Alberti, seines *confrère*, wie er ihn nannte, herauszubringen, *Der Dichter auf der Straße*. Auch ich war damit befaßt. Er hatte ein Vorwort geschrieben, in das er seine ganze Hochachtung vor diesem Wunder, dem Leben und dem Werk des spanischen Schriftstellers, legte. In unserem beklagenswerten Milieu stieß das Vorhaben auf Schwierigkeiten, ähnlich denen, die Rafael hatte, als er das Buch des Dichters Neruda herausbringen wollte, der zwanzig Jahre früher auf fernen Inseln begraben gewesen war. Damals verglich Neruda beide Situationen. Und er kam zu dem Schluß, daß die Dichter, auch wenn sie auf der Straße stehen, nicht die Verlage beherrschen und auch nicht in der Lage sind, politische Vorurteile zu überwinden.

Nach den mißglückten Versuchen, *Aufenthalt* zu publizieren, hörte Alberti lange Zeit nichts von seinem Freund. Eines Tages kam jemand eilig die Treppen in seinem Madrider Haus herauf und stellte sich ein wenig keuchend vor: »Mein Name ist Pablo Neruda. Ich bin soeben eingetroffen und wollte dich begrüßen, sie ist ein bißchen groß.« Es war an einem Morgen des Jahres 1933. Nerudas Hinweis auf seine sehr große Frau faßte Alberti als harmlosen Scherz auf. Trotzdem mußte er an sich halten, um jedes Anzeichen von Verblüffung zu vermeiden, als er sie sah, denn sie war in der Tat imposant. Rafael Alberti und seine Frau María Teresa León machten sich sodann auf, um für Pablo und seine Frau eine Bleibe zu suchen, und sie fanden eine, Casa de las Flores, Haus der Blumen, im Krieg ist es zerstört worden. In Madrid pilgerte ich zu der Stelle, wo die Casa de las Flores gestanden hatte, heute erhebt sich da ein konventionelles Appartementhaus.

Rafael war einer der ersten Lehrmeister, die Neruda in Politik hatte. Er erinnert sich, daß dieser kurz nach seiner Ankunft zu ihm sagte: »Ich verstehe nichts von Politik, ich bin ein bißchen anarchoid, ich möchte tun, was mir gefällt.« Seine Zeitschrift *Caballo verde de la Poesia*, an der die besten der jungen spanischen Dichter jener Zeit mitarbeiteten, postulierte eine unreine Poesie, die für alle Themen offen wäre, verstand sich aber noch als politisch aseptisch.

Gerardo Diego, Herausgeber einer Anthologie spanischer Dichter des ersten Drittels dieses Jahrhunderts, die den Interessierten in Amerika mit der sogenannten literarischen Generation 1927 bekannt machte, verbanden mit Neruda, wie er sagt, »etliche kuriose Gemeinsamkeiten und Unterschiede«. Gleichviel, er tut sich etwas darauf zugute, daß er einer seiner ersten Kenner auf der Pyrenäenhalbinsel war. Er sagt, Neruda sei nach Spanien und Europa auf dem damals üblichen Weg gekommen, über Frankreich. Im Oktober 1926 erschien in der Zeitschrift *Favorables Paris Poema*, die nur zwei Nummern erlebte, ein Ausschnitt aus *Versuch des unendlichen Menschen*. Vielleicht ist es eine Ironie der Literaturgeschichte, daß derjenige, der diesen Text entdeckte und ihn danach in Spanien herausbrachte, ebenfalls ein Dichter war, dessen Verhältnis zu Neruda sich im Laufe der Zeit schlecht gestaltete, so schlecht, daß der Chilene ihn in einem Vers als Juan Larrea betitelt. Juan Larrea fand die französische Zeitschrift zufällig in einer Redaktion, wo man sie beiseite getan hatte, und er stieß darin auf jenen Ausschnitt aus *Versuch des unendlichen Menschen*, den er später veröffentlichte. Er schickte Neruda ein Exemplar. Und der antwortete ihm, daß dies sein erstes in Europa gedrucktes Gedicht wäre. Genaugenommen kannten Larrea und sein Freund, der peruanische Dichter César Vallejo, nur *Morgen- und Abenddämmerungen* und *Zwanzig Liebesgedichte*, schöne, so meinten sie, aber entbehrliche Bücher auf Grund der entschieden romantischen Stimmung, die, nach ihrer Poetikphilosophie, nachteilig sei. *Versuch des unendlichen Menschen* ließ sie indes aufhorchen, ein Umstand, der des Autors wiederholte Behauptung stützt oder widerlegt, daß dies sein am wenigsten beachtetes Buch sei, obwohl es den Übergang zu einer neuen Ästhetik anzeige. In der spanischen Provinz gab es manchen begeisterten Neruda-Anhänger. Fernando de la Presa, der den karibischen Raum und Südamerika, sogar Chile bereist hatte, eröffnete 1927 eine Buchhandlung in Oviedo und wandte sich an Gerardo Diego mit dem Vorschlag, ihm beim Bekanntmachen Nerudas in Spanien zu helfen. Als Gerardo Diego eines Tages zu Carlos Morla Lynch in dessen Madrider Wohnung kam, zeigte der ihm die erste Ausgabe von *Aufenthalt auf Erden*, jene von Nascimento, die so groß war, daß sie nicht in die Regale paßte. Kommen sollte auch Federico García Lorca, der aber – nicht zum erstenmal – versetzte die Hausherren. Einige Abende später tauchte er auf, und er war – Don Manuel de Falla kennt sein enges Verhältnis zur Musik sehr gut – überwältigt, als er einen Landsmann Nerudas, Claudio Arrau, Klavier spielen hörte. Gerardo Diego suchte den Dichter auf, kaum daß dieser in Spanien war. Alsbald fiel für ihn eine Reise nach den Philippinen vom Himmel. Neruda gab ihm sachkundige Hinweise für seinen Aufenthalt in jener heißen Gegend und schenkte ihm einen weißen Leinenanzug, den er für ihn hatte enger machen lassen, denn Diego war weit schlanker als Neruda, der zwanzig Kilo zugenommen hatte. Als Kompaß für den Fernen Osten beschaffte er ihm außerdem ein französisches Buch aus dem 19. Jahrhundert über Reisen im Indischen und im Stillen Ozean.

Bezaubert vom metallischen Klang des Katalanischen, von der Intelligenz so vieler Menschen, die es zusammen mit dem Spanischen sprechen und diesem dabei ein eisenhartes und glasklares Profil verleihen, nimmt er in Barcelona, wohin er am 5. Mai 1934 kommt, Verbindung zu Schriftstellern und Dichtern auf. Es ist die Zeit der Unterdrückungsmaßnahmen in Asturien, der zwei schwarzen Jahre, des Bienio Negro, das sich auf ganz Spanien wie ein Bleimantel legt, unter dem stürmische Wasser brodeln. Er lernt Leute von der katalanischen Linken kennen, Sozialisten, Kommunisten, und er trifft auf manchen Anarchisten, die damals einen merklichen Einfluß ausüben. Er versucht, katalanische Gedichte zu lesen.

59
Zwei sonderbare Konsuln

Eine gewisse Zeit muß er an seine konsularische Arbeit wenden. Oft greift er zum Telefon, das in Europa immer mehr Verbreitung findet, und spricht mit dem chilenischen Konsul in Madrid. Das Gespräch dreht sich dann wohl um dringende Amtsgeschäfte, meist aber wird es zum köstlichen Austausch von Nachrichten und Informationen, zu einem Exkurs über Personen oder Bücher, dem Neruda mit Vergnügen lauscht. Denn am anderen Ende der Leitung spricht nicht eigentlich ein Berufskonsul, sondern Gabriela Mistral. Es ist nicht das Schicksal, sondern eine unsichtbare lenkende Hand, die hinter gewissen Ernennungen steckt und – in diesem konkreten Fall – die Konjunktion der beiden großen chilenischen Dichter an Spaniens Konsularhimmel zustande gebracht hat. Sie versehen ihre Amtspflichten, aber sie erlauben sich auch viele Eskapaden und Freiheiten, um von dem zu sprechen, was ihrer beider Seele erfüllt, während ausführlicher Telefonate oder während eines Treffens, wo jeder den anderen mit wahrer Lust genießt, so als staunten sie über die Möglichkeit, nach Herzenslust über Poesie und andere Spezialitäten des Hauses zu plaudern. Einer fühlt sich dem anderen freundschaftlich verbunden. An diesem Verhältnis zwischen der großen Frau und dem großen Mann ist nichts Kleinliches. Für sie gilt Nerudas Elefantentheorie. Sie können in den beiden Konsulaten nebeneinander existieren, in ein und demselben Land, in ein und demselben Zimmer, unterhaltsame und gehaltvolle Zwiegespräche führen, weil im Urwald der guten Freundschaft Friede und Brüderlichkeit zwischen zwei Dichtern herrscht.

Wie in Abenteuerfilmen ist der Himmel heiter, bis eines Tages ein Blitz aus ihm herausfährt. Blitz und Donner, Intrigen und üble Nachrede prasseln auf Gabriela Mistrals Haupt hernieder, *El Mercurio* bringt eine Chronik, die als Auftakt zu Untersuchungen dient. Man wirft ihr vor, sie rede unbekümmert drauflos und gebe ihre Meinung in einer Weise zum besten, die mit ihren konsularischen Pflichten unvereinbar sei. Sie hat von Natur aus eine freimütige Art und eine spitze Zunge. Es wird gemunkelt oder behauptet, ihre Vorliebe für die laut ausgesprochene Wahrheit habe das Land, in dem sie akkreditiert ist, ganz gewiß verletzt. Das Urteil ist unanfechtbar: Sie muß Spanien verlassen.

Der Zwischenfall trägt dazu bei, ihr Mißtrauen zu vergrößern. Er enthält Ungerechtigkeit und zeigt an, daß man nichts von ihrer innigen Liebe zu dem Land begriffen hat, die sich in ihren *Botschaften* (Recados) kundtut. Ihr Buch *Materien* (Materias) beginnt mit den Worten: »Ich erwache im Nachtzug Barcelona–Madrid von dem freundlichen Ausruf: ›Wir fahren durch Kastilien!‹« Ihre Augen sind mit katalanischem Mittelmeer getränkt, mit Indigo- und Sonnenfarbe, und es fällt ihr schwer, sich an diese Landschaft zu gewöhnen, die bald aschfarben ist, bald von der »Farbe eines alten Kupfer-

helms«. Dort sagt sie, daß man den Menschen nicht nachgeben, einen Impuls nicht unterdrücken darf. Sie weigerte sich
immer, ein totenbleiches Werk zu schreiben, von dem »weder
Gott noch Teufel« etwas haben. Dieser Charakterzug erklärt
auch jenen Zwischenfall, der sie zwingt, Madrid und Spanien umgehend zu verlassen. Sie, die mir nichts, dir nichts
nach Ávila zur heiligen Therese reist, deren Spur sie voller
Liebe verfolgt und mit der sie tuschelt, weil Temperament
und Strophe sie zueinander führen. Segovia und die Dörfer
der Halbinsel reizen sie. Sie mag Barcelona, aber es macht
ihr ein wenig Angst. »Die Reisenden aus Spanisch-Amerika«,
sagt sie, »fühlen sich sehr wohl in Barcelona, das ganz und
gar Stadt ist, in dem schrecklichen Sinn, den New York dem
Wort gegeben hat. Aber ich ergehe mich auf den Promena-
den, in der Sehnsucht nach den alten Städten, und sobald ich
hinter den Alleen das Meer erblicke, sage ich: ›Heute fahren
wir nach Mallorca . . .‹ Meine Freunde aus Barcelona sagen
mir: ›Palma ganz schnell ansehen, dann eine Ruhepause in
Valdemosa. In den Augen genug Mittelmeerblau mitnehmen,
denn in Kastilien verbrennt man sie sich.‹«

Kastilien beschäftigt sie stark, mehr des trockenen Men-
schenschlags denn des trockenen Landes wegen. Da gibt es
nicht die Sinnlichkeit von Sevilla. Es erinnert sie an den kahlen Schädel des chilenischen Nordens. Sie denkt daran, wie
ihr im »unseligen Antofagasta« die Viehweide gefehlt hat.
Trotzdem wäre es eine grobe Vereinfachung, sagt sie, für
Kastiliens Trostlosigkeit einzig die kastilische Art verantwortlich zu machen. »Da ist der Großgrundbesitz«, sagt sie,
»der überall Ursache des Waldsterbens ist, der spanische
Großgrundbesitz, der Vater des unseren, und wenn er in
Amerika nicht wie hier die Schönheit des Bodens getötet
hat, dann, weil die Erde sich von selber neu begrünt und trotz
ihrer unheilbringenden Herren üppig ist.« Sie gesteht beinahe
errötend, daß ihr Gefühl für Spanien mehr ein zärtliches
denn ein leidenschaftliches ist. Eine Frau, die so spricht,
liebte, was sie »dieses unser Spanien« nannte, das sie infolge
übler Machenschaften über Nacht verlassen mußte.

60

Mißgeschicke

Sie geht ins Konsulat in Lissabon, und Neruda reist am 3. Februar 1935 nach Madrid, ins dortige Konsulat. Ihn empfängt ein chilenischer Schriftsteller, ein Mann mit reinem Herzen, Luis Enrique Délano, der einen sehr guten Faden mit Gabriela Mistral spinnt. Es war ein frohes Wiedersehen. Pablo fühlte sich glücklich bei seinen Freunden, er war unglücklich in seiner Ehe, noch unglücklicher war gewiß Maruca. Uneinigkeiten bedeuten nicht immer völligen Abbruch ehelicher Beziehungen. Kurz zuvor hat sich etwas ereignet, was er begeistert begrüßt, da er jahrelang darauf gewartet hat. Er wird sein oft zitiertes Gedicht »Farewell« zurücknehmen: »Aus deiner Tiefe und auf Knien / blickt, traurig wie ich, ein Kind uns an. / Für jenes Leben das glühend wird in seinen Adern / müßten wir unser Leben mit Stricken binden ... / Ich will es nicht, Geliebte. / Auf daß nichts uns binde, / daß nichts uns vereine ... / Aus deinem Herzen Lebwohl sagt mir ein Kind. / Und ich sage ihm: Lebe wohl.«

Jetzt ist es umgekehrt. Möglich, daß seine Frau nicht mehr die Geliebte ist. Trotzdem will er ein Kind. Dieses wird am 18. August 1934 geboren. Ein Mädchen. In euphorischer Freude tut er aller Welt das Ereignis kund. Er läßt eigens Karten drucken und schickt sie in drei Kontinente. Auf ihnen teilt er mit, daß sie Malva Marina heißt, weil sie die kostbare Blume mit den ozeanischen Zeichen ihres Vaters vereinen soll.

Die Kunde versetzt seine Freunde in Aufruhr. Das ersehnte Ereignis. Malva Marina Trinidad ist da! Am fröhlichsten ist García Lorca. Fröhlich, bekümmert und geheimnisvoll. So geheimnisvoll, daß er nach Hause geht und ein Gedicht schreibt, das erst fünfzig Jahre später bekannt werden soll, es trägt den Titel »Verse auf die Geburt von Malva Marina Neruda«. Poesie in Schwarz und Weiß. Gramerfüllt, denn der Tod hat ihr Erscheinen ausgespäht und ihre Wiege geschaukelt. Sie ist zu früh zur Welt gekommen, wäre bei der Geburt beinahe gestorben. Federico versucht eine Beschwörung, auf daß sie lebe, Verse weißer Magie, eine Anrufung, auf daß Leib und Seele des Neugeborenen gerettet werden:

> Malva Marina, wer dich sehen könnte,
> Delphin der Liebe über den alten Wellen,
> wenn der Walzer deines Amerikas Gift und Blut
> sterblicher Taube tropfen läßt!
>
> Wer brechen könnte die dunklen Füße
> der Nacht, die in den Felsen bellt,
> und anhalten die Luft, die gewaltige, traurige,
> die Dahlien mitnimmt und Schatten zurückgibt!

Der Dichter starb vor dem Mädchen. Vielleicht hat er geglaubt, die Worte, die er als wohltätiger Magier gesprochen, wären erhört worden. Für ihn war sie väterlicherseits Chilenin, mütterlicherseits Javanerin und von Geburt Spanierin.

> Der weiße Elefant überlegt,
> ob Degen oder Rose er dir geben soll;
> Java, Flammen aus Stahl und grüne Hand,
> das Meer von Chile, Walzer und Kränze.
>
> Kleines Mädchen aus Madrid, Malva Marina,
> nicht Blume und Muschel will ich dir geben;
> Strauß aus Salz und Liebe, himmlisches Licht,
> lege ich, an dich denkend, auf einen Mund.

(W. P.)

Er konnte sich nicht retten. Und er konnte sie nicht retten. Diese handgeschriebenen Verse, die erst ein halbes Jahrhundert später ans Licht kamen, hat Neruda nicht gekannt. Wahrscheinlich wußte niemand von ihrer Existenz, bis Federicos Familie die unveröffentlichten Papiere ordnete und dieses Gedicht entdeckte. Am 12. Juli 1984 veröffentlichte es der Madrider *ABC* anläßlich Nerudas 80. Geburtstag. In einem Kommentar zu dem Fund schrieb Luis Enrique Délano wenige Tage, bevor sein zweites Exil zu

Ende ging – das erste hatte er mit Neruda geteilt –, in Mexiko über Malva Marina: »Ich habe sie als blasses Mädchen in Erinnerung, mit schwarzem Haar und schwarzen Augen wie Neruda. Die nordischen Züge ihrer Mutter sollten bei ihr nicht zu finden sein? Wenn ich es recht bedenke, hatte sie vielleicht Marucas Gesichtsform. Ich erinnere mich, wie sie in ihrer Wiege lag und in dem Kinderwagen, in dem ihre Mutter sie in den Park fuhr, in den Parque del Oeste, der dem Haus der Blumen – einer Art *Edificio Condesa* aus dem Madrid jener Zeit – am nächsten war, das die Familie Neruda bewohnte ... Sie sprach nichts, sondern schaute nur, gleichsam erschrocken, mit ihren großen, sanften Augen. Und sie sang! Ihre Mutter, die recht ehrgeizig war, hatte sie singen gelehrt, und das Mädchen folgte der Melodie mit sehr gutem Gehör.«

Wie gesagt, es gab Probleme vom Augenblick der Entbindung an.

Wenige Tage danach gewahrt man voller Entsetzen, daß bei dem Kind etwas nicht normal ist. Sonderbare Symptome. Später schreibt Neruda an Don José del Carmen Reyes einen Brief, der zeigt, wie er zwischen Trauer und Hoffnung schwankt: »Ich habe mich nicht beeilt, Ihnen die Nachricht zukommen zu lassen, weil alles nicht so verlaufen ist, wie es soll. Das Kind scheint vor der Zeit geboren zu sein, und es hat viel Mühe gekostet, es am Leben zu erhalten ... Das Kind ist sehr klein, wog bei der Geburt nur zwei Kilo und vierhundert Gramm, aber es ist hübsch wie ein Püppchen, es hat blaue Augen wie seine Großmutter, die Nase zum Glück von Maruca und meinen Mund ... Natürlich ist der Kampf noch nicht zu Ende, aber ich glaube, daß er zum größten Teil gewonnen ist, daß das Kind von jetzt an zunehmen und bald dick und rund sein wird.«

Er macht sich Mut, zu dem die Ärzte ihm allerdings keinen Anlaß geben. Die Diagnose spiegelt sich zwangsläufig in seiner Poesie wider. Die nimmt des öfteren Züge einer schutzverheißenden Autobiographie an, in der er auf indirektem Weg seine schmerzliche Lage und seine Betrübnis bekennen will. Die Anspielungen sind allerdings verdeckt, in das Umfeld eingebunden und bedürfen hier und da wahrscheinlich einer Übersetzungshilfe, manchmal jedoch tritt die Wahrheit in ihrer ganzen tragischen Deutlichkeit hervor. Die Gedichte aus dem zweiten *Aufenthalt auf Erden*, »Melancholie in den Familien«, »Mutterschaft«, »Krankheiten in meinem Haus«, »Ode mit einer Klage«, sind poetische Kristallisation des Dramas, das sein Zuhause erschüttert.

Kampfergeruch. Ein zersprungenes Trinkglas, ein verödetes Eßzimmer. Er kommt von draußen herein, voll Schmutz und Tod. Doch das Schlimmste ist das verödete Eßzimmer, und der, der sich zum Schreiben hinsetzt, ist traurig. Unglück im Haus, Seufzer. Er bittet darum, daß die dunkle Mutter ihn mit zehn Messern ins Herz treffen möge. Er fleht um helle Zeiten, um den aschelosen Frühling.

Er hat gern Vater werden wollen. Es ist für ihn ein ersehntes, unaussprechliches Gefühl. Jetzt hüllt Nebel ihn ein, da ist »nichts weiter als Weinen, / denn nur zu leiden, einzig zu leiden ist, / und nichts weiter als Weinen . . . Die Wurzeln eines Baumes packen eine Mädchenhand . . . steigt Mädchenblut in die vom Mond befleckten Blätter auf, / und ein Planet mit gräßlichen Zähnen ist da, / der das Wasser vergiftet, in das die Kinder fallen, / wenn Nacht ist und es nichts gibt als den Tod, nur den Tod und weiter nichts als Weinen.« Ein erschütterndes Gedicht ist »Krankheiten in meinem Haus«: ». . . Wen / aber um Gnade flehen für ein Weizenkorn?« Er beschwört sein Ureigenstes, damit es ihm in dieser höchsten Gefahr zu Hilfe komme:

Helft ihr mir, Blätter, die mein Herz in aller Stille
        bewundert hat,
rauhe Pfade, ihr Winter des Südens, Haarflut
von Frauen, naß von meinem irdischen Schweiß,
Südmond des blattlosen Himmels,
kommt zu mir mit einem Tag ohne Schmerzen,
mit einer Minute, in der ich meine Adern wiedererkennen
        kann.

Ich bin ermüdet von einem Tropfen,
bin verwundet an einem einzigen Blütenblatt,

und durch ein Nadelöhr steigt ohne Trost ein Blutstrom
    auf,
und ich ertrinke in den Fluten des Taus, der im Schatten
    verwest,
und um eines Lächelns willen, das nicht gelingt, um einen
    süßen Mund,
um ein paar Finger, die der Rosenstrauch lieben würde,
schreibe ich dieses Gedicht, das nur ein Klagen ist,
nichts als ein Klagen.

Liebesgedicht für seine Tochter. Er entschuldigt sich
bei ihr für ihr Unglück. »Nur mit Küssen und Mohnblüten
kann ich dich lieben.« Auf ihrer Stirn ist ein unheilvolles
Zeichen, das er hervorhebt. »Viel Tod ist, viel Begräbnis /
in meinen hilflosen Leidenschaften und trostlosen Küssen . . .«

Komm zu meiner weißgekleideten Seele mit einem Zweig
    blutiger Rosen und Schalen voll Asche,
komm mit einem Apfel und einem Pferd,
denn hier sind ein dunkles Zimmer und ein zersprungener
        Leuchter,
ein paar krumme Stühle, die auf den Winter warten,
  und eine tote Taube, mit einer Ziffer.

Das Mädchen hatte einen Wasserkopf. Es konnte kein
Licht vertragen und wurde in ein dunkles Zimmer eingeschlossen. Sie war behindert, zu Invalidität und frühem
Tod verurteilt.
Das Unglück einte nicht die problematische Ehe, es zerbrach sie für immer.
Der Dichter, der seinen Schmerz mit schreckenerregender,
namenloser, aber klar verständlicher Beredtheit in die Poesie gelegt hatte, verstummte nach der Klage. Verstummen
muß nicht Vergessen heißen. Neruda trug an diesem Schmerz
sein Leben lang, doch dieser Schmerz war kein Gesprächsthema. Er war zu stummem Leid geworden, das die Jahre
nach und nach stillten, ohne es auszulöschen.
Wahrscheinlich war seine ganze Ehe ein Fehler. Er wird

dies kaum in seiner Dichtung sagen, und wenn, dann nur sehr beiläufig. Ein bezeichnender Umstand: Dieser Mann, der in vielen seiner Gedichte gewöhnliche und außergewöhnliche Frauen gewissermaßen unsterblich gemacht, der seinen Aschenbrödeln den Schuh der Königin angezogen hat, der immer wieder auf seine Liebschaften zurückkommt, indem er sie in den verschiedenen Zeitabschnitten in jeweils anderer Form heraufbeschwört, widmet seiner ersten Frau kein einziges Liebesgedicht. Sehr sonderbar. Aber wahrscheinlich hat er welche geschrieben. Nur kennt man keines. Viele Jahre später, in der Zeit seiner Herbstdichtung, fragt er sich selbstkritisch und ernüchtert:

> Warum hab geheiratet ich in Batavia?
> Ritter war ich ohne Schloß,
> Reisender wider das Recht,
> Mensch ohne Kleidung und Geld,
> fahrender, reiner Idiot . . . (W. P.)

61

Ameise oder Nachbarin?

In Rom, im Atelier des spanischen Malers José Ortega, unweit der Piazza del Popolo, sagt mir Rafael Alberti bei einer jener Zusammenkünfte, die er in magische Sitzungen umzuwandeln versteht, und er will mich wohl verblüffen: »Ich habe die Ameise früher kennengelernt als Pablo. In Paris«, fügt er erläuternd hinzu. »Es war in einem der schönen Viertel, in dem Victoria Ocampo wohnte, die Chefredakteurin der Zeitschrift *Sur*, Mäzenin und argentinische Schriftstellerin. Ich brachte ein paar Gedichte mit, weil sie mich darum gebeten hatte. Zwischen der Eingangspforte und dem vornehmen Haus lag ein Garten. Ich klingelte und klingelte, bis endlich jemand kam, um mir zu öffnen. Es war kein livrierter Diener, nicht der Chauffeur, nicht der Gärtner, auch nicht die Köchin, es war eine reife Frau, strahlend jugendlich, mit beschwingtem Gang und so unbefangen, wie nur jemand sein kann, für den es selbstverständlich ist, die Welt zu erobern. Und auch die Männer, dachte ich bei mir. Ich fragte sie nach Victoria Ocampo. ›Sie ist nicht da‹, sagte sie. Vielleicht sah sie mir die Betroffenheit an, denn sie tröstete mich mit der Gnade eines Lächelns und eines ganz kurzen Satzes: ›Aber ich bin da.‹ Sie forderte mich auf einzutreten. Ich sagte bei mir: Diese Frau müßte in Spanien leben. Und ich schlug es ihr vor. Sie erwiderte: ›Zur Zeit habe ich kein Geld.‹ – ›Ebendeshalb‹, sagte ich. ›Spanien ist billiger als Frankreich.‹ Ich versuchte sie dafür zu gewinnen. Sie würde dort sehr gute Freunde haben.

Kurze Zeit später besuchte sie mich in Madrid. Sie hatte sich der Bewegung republikanischer Intellektueller angeschlossen.«

Als Gabriela Mistral, von einem Intrigennetz umsponnen, ihre Arbeit im Konsulat in Madrid aufgab, löste Neruda sie ab, ihn empfing der Dichter- und Künstlerkreis, in dem Delia del Carril wirkte, mit offenen Armen. Sie lernten sich bei Carlos Morla Lynch kennen. Es war Liebe auf den ersten Blick.

Zu dem Zeitpunkt ist diese unwiderstehliche Frau fünfzig Jahre alt. Ihr Leben ist ungewöhnlich verlaufen. Ich habe sie erzählen hören, daß in den argentinischen Wintern ihrer Kindheit, im letzten Jahrzehnt des 19. Jahrhunderts, die Familie – der Vater ein reicher Viehfarmer, die Mutter dem kulturellen Leben von Buenos Aires verbunden, und dreizehn Kinder – im Hafen den Dampfer nahm, wie man damals sagte, und nach Europa fuhr. Szenen, die aus Fellinis Film *Und das Schiff fährt* stammen könnten. Die Familie del Carril pflegte mit eigener Kuh im Laderaum zu reisen, damit die Kinder während der Überfahrt Milch hatten. In Paris quartierten sie sich in einem riesigen Hotel ein, das diese Schar unruhiger Kinder in einen Hexenkessel verwandelte. Danach gaben die Eltern sie in ein vornehmes Pensionat. Delia konnte die französischen Nonnen nicht vergessen. Aber sie träumte davon, auf die Pampa-Farm zurückzukehren. Als Kind waren Pferde ihre Leidenschaft gewesen, reiten, galoppieren. Sie waren die Könige der Steppe, freie Wesen, leichtfüßig, edel, schön, gute Freunde. Sie würde sie malen. Übrigens war sie bildende Künstlerin, mit einer soliden, bei Fernand Léger erworbenen handwerklichen Ausbildung. Jahre später sollte sie zur ersten Pferdemalerin in der zeitgenössischen lateinamerikanischen Malerei werden. Die Pferde ihrer Kindheit waren ihr ausschließliches Thema. So sehr, daß sie sie zu menschlichen Wesen machte.

Vor dem ersten Weltkrieg heiratete das Mädchen einen affektierten argentinischen Playboy. Ein Paar herrlicher Tiere, kultivierte Extravaganz. Wenn Flitterwochen sonst für die Liebe da sind, mußten die ihren eine gewisse staunenerregende Originalität bieten, die sie einzigartig machte und für Gesprächsthemen in Buenos Aires sorgte – durch den Ort des Geschehens. Sie wählten Alaska zur Zeit des Goldrausches.

Der junge Ehemann war ein Künstler, was seelische Grausamkeit angeht, ein Schüler Machiavellis und des Marquis de Sade, der mit teuflischer Spitzfindigkeit den Willen seiner Frau brach und mit bösartigem Talent seine Freunde untereinander verfeindete. Das Paar kaufte ein Schloß auf den Balearen. Zwischen Paris und der Insel rieben sie sich in einem Leben aus Empfängen, Skandalen und ständigen Streitereien auf. Die junge Frau fühlte sich sterbenskrank, sie litt an der »Gemütskrankheit« des 19. Jahrhunderts, doch sie besaß nicht die Kraft, die Bindung zu lösen. Sie war völlig gebrochen. Eines Tages kam Ricardo Güiraldes nach Paris, der mit ihrer Schwester Adelina verheiratet war. Er sah die Bescherung . . . Und da nahm der Schwager sie am Arm und entschied: »Du kommst mit mir nach Argentinien.« Wieder in der Heimat, im Schoß der Familie, erholte sie sich nach und nach. Müßiggang war ihr Feind. Sie konnte engelsgleich singen und nahm Gesangsunterricht bei Ninon Valin und Madame Batori. Ihr erstes Konzert fand in einem ausverkauften Theater statt. Sie betrat die Bühne, und ihre Stimme versagte. Neue Katastrophe. Trauma. Als Delia mit Pablo zusammenlebte, gab es in ihrem Haus Hunderte von ausgelassenen Treffen und Festlichkeiten, wo alle sangen, ob sie konnten oder nicht, Delia aber stimmte nie in diesen falsch singenden Chor ein.

Sie ging wieder nach Paris, um ihr Malereistudium fortzusetzen, um die Kontakte zu der ihr vertrauten Welt der ästhetischen Revolution wieder aufzunehmen. Picasso, Juan Gris, die Surrealisten, angefangen bei Aragon. Dort kam es auch zu jenem Gespräch mit Alberti, der ihr vorschlug, sie sollte nach Spanien kommen, um da das Leben der Republik zu leben. Diese gebürtige Aristokratin trat der Kommunistischen Partei bei und bewies als deren aktives Mitglied stets Scharfblick und allseitige politische Informiertheit. Das war von weitreichender Bedeutung, denn bald sollte sie Lehrerin und Lenkerin eines Neruda sein, der, wenn es um das soziale Problem ging, zwar höchst sensibel, damals jedoch noch einigermaßen unerfahren war. Zu Rafael Albertis politischem Unterricht würde der von Delia del Carril hinzukommen. Der Dichter erhielt also seine gesellschaftliche Prägung auch über den Weg der Freundschaft und der Liebe.

Delia machte Übersetzungen für die Parteizeitung und studierte an der Akademie von San Fernando. Das Trauma jenes verpatzten ersten Konzertes, das sie für immer hinderte, in der Öffentlichkeit allein zu singen, schien in Spanien überwunden zu sein, in diesem angeregten, quicklebendigen Milieu, wo sie bald in den Arbeiterchor eintrat. (Neruda hatte kein gutes Gehör, aber ihn reizten die Sängerinnen, ob sie Erfolg hatten oder nicht. Lebenslange Freundin war Blanca Hauser, aus Temuco gebürtig, die wie keine andere in Chile »Elsas Traum« von Wagner singen konnte; dann Delia, eine stumme Sängerin; später Matilde, die, bevor sie ihm begegnete, ihren Lebensunterhalt mit Singen verdient hatte.)

Delia war überall und machte geistige Arbeit ihrer Veranlagung. Sie war so unermüdlich, daß man sie *La Hormiga*, die Ameise, nannte, ein Name, den sie geschmeichelt billigte. »Ich war ihnen ähnlich«, sagte sie, »weil ich eine Last trug, die größer war als ich.« Neruda gab ihr später einen anderen Namen, *La Vecina*, die Nachbarin. Ein netter, treffender Name. Mit ihrem Naturell und ihrer Einfühlsamkeit bewegte sie sich, wie ein Fisch im Wasser, in allem, was Geselligkeit, menschlicher Kontakt, Kunst, Politik, Diplomatie war; nicht geschaffen aber war sie für die kleinen, zeit- und kräfteraubenden Dinge des Alltags. Sie herrschte außerhalb der Küche, einer Welt, für die sie weder Verständnis noch Interesse hatte. Wie Pablo hatte sie von ihrem Vater den Kult des gastfreien Tisches geerbt. Auch sie lud die halbe Welt ein, aber ohne sich Gedanken über das Essen zu machen. So manches Mal mußte Neruda zwischen leeren Töpfen auftauchen, Freunde einkaufen schicken und schnell etwas ersinnen, um die Situation zu retten und den Gästen etwas vorsetzen zu können. Er sah sie als *La Vecina* an, als die Nachbarin, die den ganzen Tag im Nebenhaus zubrachte und sich auf charmante, mitunter tiefschürfende Gespräche verstand, ohne zu merken, was für kleinere Probleme es gab. Getrieben von ihrem revolutionären Eifer, ihrer politischen und intellektuellen Leidenschaftlichkeit, sah sie in den großen Problemen, dem Heil der Welt ihr Reich. Vielleicht war es dieser geistige Zuschnitt, das Ungestüm ihres Verstandes, diese innere Kraft, diese Hingabe an höhere Werte, was ihn an ihr faszinierte. Sie war anders als alle Frauen, die er gekannt hatte. Besaß eine unverwechselbare Anziehungskraft. Strahlte wie ein Licht, zart und stark. Sie hatte etwas so Sympathisches, das ihn völlig verwirrte.

Über dem Verhältnis wachten die traurigen, forschenden Augen Marucas. Delia konnte sehr spitz sein und gab ihr anzügliche, grausame Namen. Die Liebe zu Pablo hatte sich Delias von einem Augenblick zum anderen bemächtigt. Sie erblickte in ihm den Dichter, den sie zu noch Höherem beflügeln könnte. Und sie gab sich ihrem Gefühl hin, ohne zu bedenken, daß sie zwanzig Jahre älter war als er. Vielleicht würde sie zu einem bestimmten Zeitpunkt die Rolle der Mutter übernehmen, die er kurz nach der Geburt verloren hatte. Vielleicht könnte sie ihm Manieren beibringen, denn er war ein junger Mann von dreißig Jahren, der im Kneipenmilieu verdorben und in einem abgelegenen Winkel aufgewachsen war, der auf fernen südostasiatischen Inseln beinahe

an Einsamkeit zugrunde gegangen wäre und die Angewohn-
heit hatte zu fluchen. Es wäre ihr ganz recht, dieses Rohholz
zu hobeln, ihn ein wenig zurechtzustutzen, seiner Sprache,
seinem Benehmen einen gewissen Schliff zu geben, vor allem
aber, ihm wirklich bewußt zu machen, welche Verantwortung er hatte, nicht für die Poesie, der schien er sich immer
bewußt zu sein, sondern für die Menschen und die Völker.
Und dennoch war dieser pädagogische Plan nur eine Drauf-
gabe. Ihr innerer Antrieb, von der Gewalt eines Orkans, war
die Liebe. Und der überließ sie sich ohne Vorbehalte und
falsche Skrupel. Sie zog zu Neruda. Legte sich, auch wenn
Pablo erschrocken dreinschaute, zu ihm ins Bett und schuf
dergestalt die unmöglichsten Situationen in Gegenwart seiner Frau, die zitternd und ungläubig zusah, wie die andere
dreist in ihre Gefilde einbrach, Gefilde, die sie freilich schon
vor geraumer Zeit verloren hatte.

Delia betrieb alles so offensiv und unverhohlen, daß die
Ehe zerbrach. Pablo und Delia begannen offen zusammen-
zuleben. 1943 heirateten sie in Mexiko und gingen damit
eine Bindung ein, die vom chilenischen Recht nicht anerkannt wurde.

Im Grunde kam sich Delia als Protektorin vor. Lange
nachdem sie sich getrennt hatten, versicherte sie zum x-tenmal, Pablo wäre ein Kind gewesen. Es ging ihm gesundheitlich weit besser, sagte sie, weil ich mich um ihn kümmerte.
Seine Mutter war ein paar Monate nach der Geburt des Kindes an Tuberkulose gestorben. Der Kleine, sagt sie, ist in
einem kranken Leib ausgetragen worden. Sie mußte sich
um dieses Kind von dreißig Jahren kümmern, das spielte,
das gern in den Zirkus ging, sich verkleidete und seine
Freunde mochte, die Seiltänzer, die auf einer imaginären
Linie auf dem Fußboden das Leben riskierten. Bei Zusammenkünften ging es immer sehr lustig zu. Anläßlich einer
Festlichkeit hochgestellter Leute in einem Madrider Café
verkleidete er sich einmal als Kellner, klebte sich Oberlip-
penbart und Kinnbärtchen an, band sich eine weiße Schürze
um und kam mit schwankenden Tellern hereingestolpert.
Delia zitterte, und zugleich hätte sie sich totlachen können.

Sie beteiligte sich nicht an solchen Spielen. Sie hatte durchaus Sinn für derlei Possen, aber sie war auch da, um den Unfug in Grenzen zu halten.

Delia betrachtete sich als die ernsthaftere und zugleich heiterere von beiden. Denn Pablo konnte unvermittelt unausstehlich werden, zu Eis erstarren. Dann mußte sie ihn auftauen und wieder zu einem verträglichen Menschen machen. Als sie fünfundneunzig ist, wird sie gefragt, womit er ihre Aufmerksamkeit erregt habe. Ihre Antwort: »Er hat nie meine Aufmerksamkeit erregt. Ich empfand Rührung. Der arme Pablo führte einen so biederen Lebenswandel.« Wahrscheinlich hat er für sie nie aufgehört, ein Junge zu sein, »ein Jüngelchen, das soeben erst aus Temuco gekommen ist«.

Das Jüngelchen kam nach Hause und setzte sich hin, um wie ein fleißiger Schüler zu schreiben. Die Lehrerin war sie. Dann zeigte er ihr seine Arbeit. Er sagte, daß Delia sein strengster Zensor wäre. Tatsächlich gab sie ihm kritische Hinweise. Einmal schlug er ihr einen unehrlichen Handel vor: Sie sollte einen Vers umarbeiten. Sie fragte, ob er verrückt wäre. Wie sie dazu käme, zu korrigieren, was er geschrieben habe?

Neruda sah in einem Madrider Schaufenster ein Spielzeugsegelschiff, und wie ein kleiner Junge, der von seiner Mutter ein bestimmtes Spielzeug erbettelt, bat er sie, es ihm zu kaufen. Mit ihr ins Spielzeuggeschäft ging León Felipe, der, ein guter spanischer Don Quijote und überragender Dichter, als er hörte, worum es sich handelte, aus der Haut fuhr. Unarten eines Kindes . . . ! rief er. Delia pflegte Neruda einen *arriéré mental* zu nennen. Pablo tat, als wüßte er nicht, was das heißt. Und dann übersetzte Delia es ins Spanische: *atrasado mental*, geistig Zurückgebliebener . . . Als Louis Aragon und Elsa Triolet den Ausdruck hörten, tadelten sie Delia deswegen. Später aber benutzte Louis ihn zwischen zwei Scherzen selber. Pablos Schwäche für gewisse Dinge, seine Leidenschaft für Schnecken, Schmetterlinge, Masken, alte Drehorgeln, ungewöhnliche Schuhe, indische Bajaderen, Papppferde – das alles war für die Hormiga Beweis seiner Naivität, einer kindlichen Reinheit, die er nie abgelegt hat; freilich habe ich, was Menschenkenntnis und das Vermögen, Situationen zu beurteilen, anbelangt, nie einen Menschen gekannt, der weniger naiv gewesen wäre als unser Dichter.

Wenn man Delia, nach der langen räumlichen und zeitlichen Trennung, fragt, ob ihr dieser Wesenszug an Neruda gefallen habe, erwidert sie, es gefalle allen, wenn ein großer, starker Mann dieses kindliche Gemüt bewahre. Alle Männer haben es, fügt sie hinzu.

Sie mußte das große Kind erziehen. Ihre Unterhaltung drehte sich vornehmlich um politische Fragen. Sie öffnete ihm die Augen. »Delia ist das Licht, das durch das zur Wahrheit hin geöffnete Fenster hereinströmt.« Aber mehr als Delias Pädagogik waren es das Milieu und die Ereignisse in Spanien zu jener Zeit, die dem Dichter täglich Unterricht in diesem Fach erteilten, das ihn außerordentlich interessierte.

In Delias Beisein pflegte Neruda sich an uns zu wenden und uns eine Art Rätsel aufzugeben. »Wo ist die Ameise geboren?« – »In Argentinien«, war die übliche Antwort. »Nein, nicht in Argentinien.« Dann, so wollte es die Liturgie des Spieles, wurde aus der Gruppe der sich neugierig stellenden Freunde gefragt: »Wo denn dann?« – »Fragt sie selber«, sagte er. »Wo sind Sie geboren, Hormiga?« – »In Brasilien.« – »Aber in welcher Stadt?« – »In einer Stadt im Süden.« – »Wie heißt sie denn?« – »Weiß ich nicht.« – »Wieso wissen Sie das nicht!« – »Ich erinnere mich nicht.« – »Wie kann man so was vergessen?« Das Verhör ging weiter, bis die Posse ein Ende fand, indem Pablo sagte: »La Hormiga will es nicht sagen, weil sie in Pelotas* geboren ist.« Delia blieb dann wohl ganz ernst und drohte ihm wie eine Mutter mit erhobenem Zeigefinger: »Pablo, könnten Sie Ihr Gesicht im Spiegel sehen, wenn Sie häßliche Wörter sagen, würden Sie nie mehr welche sagen.«

* en pelotas: (span.) nackt.

62

Hunde und Dichter

Hundegeschichten vereinten die beiden Dichter. Alberti erinnert sich. Eines Nachts bei Nebel, in dem von Madrid
fast nichts mehr zu sehen war, fand Pablo auf der Straße
einen verletzten Hund. Er nahm ihn mit nach Hause, wo er
aber keine Terrasse hatte. Albertis Haus hatte eine. So rief
er seinen *confrère* an. »Bring ihn her«, lautete dessen Antwort. Nach Rafaels Beschreibung sah der Hund wie eine
silberne Chrysantheme aus. »Laß ihn mir hier«, sagte er.
»Wie wollen wir ihn nennen?« – »Nennen wir ihn Niebla.«
   Niebla, so Alberti, hat ihn während des ganzen Krieges
begleitet und sich wie ein Soldat verhalten, Bombardierun-
gen durchgestanden. Bei einem der Luftangriffe fiel ein
Stück Glas auf ihn, und er blutete. Als Francos Armee vor
Madrid stand, gehörte er mit der Familie und vielen anderen zu denen, die in den Südosten Spaniens, in die Le-
vante, evakuiert werden sollten. Als sie vor Rodillón de la
Plana umzingelt waren, konnte der Hund nicht mit Rafaels
Schwägerin zurückkommen, und er, Rafael, glaubt felsen-
fest, daß er gefangengenommen und erschossen worden ist.
   Die beiden Dichter teilten die Leidenschaft für Hunde.
Neruda erzählte Alberti zu Hause in Santiago von Calbuco,
dem großen Hund, den er vom vulkanischen Ufer des Sma-
ragd-Sees mitgebracht hatte. Von Chuflai, der, so Neruda,
eine stark ausgeprägte Eigenschaft hatte, nämlich alle Engländer, die des Weges kamen, zu beißen. Dann hatte er wieder einen Hund mit Namen Kuthaka, zur Erinnerung an
jenen, der ihn in Ceylon davor bewahrt hatte, vom Zug
überrollt zu werden. Der gefühlvolle Streifzug durch die
Erinnerungen an Hunde dauerte geraume Weile an jenem
7. November 1936, als Pablo Alberti zum Verband der
Intellektuellen mitnahm, damit dieser in *El Mono Azul*
seinen »Gesang für die Mütter toter Republikaner« veröffentlichte, sein, wie er meinte, feierlichstes aller Gedichte, die
er im Zusammenhang mit dem Spanischen Krieg gemacht

hatte. Danach gedachten beide, und dabei zogen sie förmlich den Hut, ihrer »Hunde aus Kriegs- und Friedenszeiten jener wunderbaren, furchtbaren Jahre«.

63

Der gute Empfang

Neruda fühlt sich in Spanien heimisch. Er ist ein Herz und eine Seele mit den neuen Dichtern, angefangen bei García Lorca und Rafael Alberti bis hin zu dem jüngsten, dem Ziegenhirten Miguel Hernández.

Aber weder ist das Leben linear, noch fließen in der Literatur alle Wasser in ein und dieselbe Richtung. So erlebt das literarische Spanien der wirren dreißiger Jahre die Dichtergeneration der Vatermörder, die bereit sind, ihre Väter umzubringen, auch wenn die Jungen zur gleichen Zeit, da sie sich feindselig gegen ältere Dichter gebärden, in anderen gültige Vorläufer anerkennen. Gestandene Autoren sind die großen Alten, Miguel de Unamuno, Antonio Machado, Juan Ramón Jiménez, die in diesem Augenblick schreiben. Sodann machen sich einen Namen Jorge Guillén, Gerardo Diego, Pedro Salinas, Federico García Lorca und Rafael Alberti, Vicente Aleixandre, Meilensteine der neuesten Poesie. Es sind grundverschiedene Dichter, zwischen manchen gibt es eine Verwandtschaft im Fühlen und in der Art des Schreibens, aber auch polemische Differenzen.

Neruda kommt ins Stammhaus des Spanischen in einem kritischen, von Auseinandersetzungen geprägten Augenblick. Der politische Kalender ändert sich. In vielen poetischen Kreisen wird die alte Zeit beibehalten, in anderen hat man die Uhr vorgestellt.

Er sieht deutliche Anzeichen von literarischer Erneuerung und Blüte in der Poesie. Die Ästhetische Revolution hat von einem Paris aus, das sehr nah und sehr fern ist, die spanische Literatur neu inspiriert, sogar surrealistische Brüche in ihr verursacht. Die Mehrheit aber pflegt die Poesie immer noch wie einen Garten, achtet die Strophe, hält den Reim ein und trachtet nach Prägnanz.

Das Beglaubigungsschreiben, mit dem Neruda auf der Halbinsel aussteigt, ist ein *Aufenthalt*, eine dunkle Flut, in der die Sprache oft ein ambivalentes, nicht greifbares Rätsel ist.

Er selber weiß, daß das hispanische Fluidum ihn einiges lehren wird. Als diese Episode seines Lebens mit der Niederlage der Republik zu Ende ging, sagte er in einem Vortrag, den er am 24. März 1939 im Teatro Mitre in Montevideo hielt, was er Spanien verdankte und was die Lateinamerikaner von dessen Literatur lernen könnten: »Ich erkannte damals, daß unserer amerikanischen Romantik, unserer fließenden, vulkanischen Konstruktion jene erste Allianz fehlt, die in Spanien, vor diesem schrecklichen Krieg, im Entstehen war, wo sich nämlich das Geheimnisvolle mit der Genauigkeit, der Klassizismus mit der Leidenschaft, die Vergangenheit mit der Hoffnung verband.«

Neruda wird beim spanischen Publikum von dem eingeführt, der dazu am meisten berufen ist, vom populärsten der Dichter. Federico García Lorca stellt ihn am 6. Dezember 1934 bei einer Vortrags- und Leseveranstaltung in der Universität von Madrid vor. Seine Worte sind der einmalige, visionäre Text. Sie bezogen sich damals auf Neruda, aber sie trafen nicht nur für das Beste von Lateinamerikas Poesie zu, sondern verkündeten auch wie eine Heroldstrompete das Profilierteste von dessen Roman, der in den fünfziger Jahren den spanischen und europäischen Leser mit glänzenden Namen gewinnen sollte.

»Ich sage euch, macht euch darauf gefaßt, einem echten Dichter zu lauschen, einem von denen, die ihr Gehör in einer Welt geschult haben, die nicht die unsere ist und die nur wenige beachten«, begann García Lorca. »Einem Dichter, dem der Tod näher steht als die Philosophie, der Schmerz näher als der Verstand, das Blut näher als die Tinte. Einem Dichter, der erfüllt ist von geheimnisvollen Stimmen, die er selber glücklicherweise nicht zu identifizieren vermag; einem wahren Menschen, der bereits weiß, daß die Rohrkolben und die Schwalbe ewiger sind als die harte Wange der Statuen ... Aber nicht alle diese Dichter treffen den Ton Amerikas. Viele scheinen von der Halbinsel zu stammen, andere lassen in ihrer Stimme fremde Einflüsse hervortreten, vor allem französische. Nicht so die Großen. Bei den Großen rauscht Amerikas breites, romantisches, grausames, maßloses, geheimnisvolles Licht. Blöcke, im Begriff zu versinken, Gedichte, an einem Spinnwebfaden über dem Abgrund hängend, Lächeln mit einem leichten Anflug von Jaguarhaftigkeit, große, flaumbedeckte Hand, die sanft mit einem Spitzentüchlein spielt. Diese Dichter geben den auftrumpfenden Ton der großen spanischen Sprache der Amerikaner an, die so eng mit den Quellen unserer Klassiker verbunden ist, eine Poesie, die sich nicht scheut, mit Schablonen zu brechen, die nicht fürchtet, sich lächerlich zu machen, und die sich plötzlich mitten auf die Straße stellt und weint.«

Neruda war, als er 1927 in den Fernen Osten reiste, ein paar Tage durch Madrid gebummelt. Niemand schien damals von seiner Anwesenheit Notiz zu nehmen. Sieben Jahre später wird er triumphal empfangen. Er selber erzählt, daß *Aufenthalt* ungewöhnlich beifällig aufgenommen wurde. In Spanien gewann er sein Selbstvertrauen zurück. Er erkannte, daß sein Werk ein lebender Organismus war, geschaffen von einem Menschen, der hart gearbeitet, forschend und fordernd sein eigenes Inneres durchwandert hatte, so wie es die Bergleute mit Chiles Kohlegruben Tausende von Metern unter dem Meeresboden tun, von wo sie eine bestimmte Substanz heraufbringen. Seine Poesie freilich war so persönlich wie seine Tränen.

Er sieht, daß in der ersten Reihe eine Dichtergeneration steht, und er hält sie für so glänzend wie die des Goldenen Zeitalters. Und er betont, daß er in dem einzig günstigen Augenblick gekommen sei: Ein sehnsüchtiger Amerikaner sah die Republik in dem Land entstehen, das drei Jahrhunderte lang einen großen Teil seines Kontinents in koloniale Abhängigkeit gezwungen hatte. Nicht, daß ihn viele Menschen erwarteten, als er aus dem Zug stieg. Am Bahnhof stand eine einzige Person, einen Blumenstrauß in der Hand: Federico García Lorca. Das war genug und mehr als genug.

Er vergleicht die Aufnahme durch Spaniens junge Dichter mit den Schwierigkeiten, die man ihm in Chile bereitet hatte, mit der lethargischen Isoliertheit in Rangun, Colombo, Java. Und er bekennt es, ohne zu erröten: Er fühlt sich glücklich. Die spanischen Dichter handelten edel an ihm. Als die Zeitschrift *El Caballo Verde*, gedruckt von Manolo Altolaguirre, erschien, beschlossen sie, daß Neruda sie leiten sollte.

Diese Aufnahme findet ihren Niederschlag in der Herausgabe der »Materiellen Gesänge« aus *Aufenthalt auf Erden*, die gekrönt wird von einer ehrenden Widmung für Pablo Neruda – überaus seltenes Beispiel uneigennütziger Größe in der literarischen Welt. Der Text ist voller Anerkennung. Seine Unterzeichner haben Rang und Namen in der Poesiegeschichte der spanischen Sprache. Es heißt darin: »Chile hat den großen Dichter Pablo Neruda nach Spanien entsandt, dessen offenkundige Schöpferkraft, ihrer poetischen Bestimmung treu, ganz persönliche Werke zum Ruhm der spanischen Sprache hervorbringt. Wenn wir, Dichter und Verehrer des trefflichen jungen amerikanischen Schriftstellers, diese unveröffentlichten Gedichte – jüngste Zeugnisse seines großartigen Schaffens – veröffentlichen, dann stellen wir damit nur seine außerordentliche Persönlichkeit und seine unzweifelhafte literarische Bedeutung heraus. Wir spanischen Dichter heißen ihn hiermit noch einmal herzlich willkommen, mit Freude bekunden wir ein weiteres Mal und öffentlich unsere Bewunderung für ein Werk, das unbestritten zu den echtesten Realitäten spanischer Dichtkunst gehört. Rafael Alberti, Vicente Aleixandre, Manuel Altolaguirre, Luis Cernuda, Gerardo Diego, León Felipe, Federico García Lorca, Jorge Guillén, Pedro Salinas, Miguel Hernández, José A. Muñoz Rojas, Leopoldo und Juan Panero, Luis Rosales, Arturo Serrano Plaja, Luis Felipe Vivanco.«

Viele stimmen darin überein, daß Nerudas Ankunft in Spanien der Rubén Daríos vierzig Jahre früher vergleichbar ist. Hat er die spanische Poesie beeinflußt? Gewiß, aber nicht in dem Sinne, daß er sie nerudaisiert hätte, vielmehr hat er sie in neue Bahnen gelenkt. Alle waren seine Freunde, fast keiner war sein Schüler. Manchem reichte der dreißigjährige Dichter als reifer Kollege die Hand. So Miguel Hernández. Ihn rührte dieser junge Mann mit dem Gesicht »einer aus ihrem Wurzelgrund gezogenen Kartoffel«, der zu ihm kam und »einen Duft von Fray Luis, von Orangenblüten, von auf den Bergen verbranntem Dünger« mitbrachte und der eine Nachtigall im Mund hatte.

Miguel Hernández kam aus Orihuela und aus der Gruppe derer, die um Ramón Sijé kreisten, den Herausgeber der Zeitschrift *El Gallo Crisis*, von neukatholischer Geisteshaltung. Neruda sagt ihm ungeschminkt seine Meinung: »Lieber Miguel, leider muß ich Ihnen sagen, daß mir *El Gallo Crisis* nicht gefällt. Ich finde darin zuviel in Weihrauch erstickten Kirchengeruch ... Wir werden hier eine Zeitschrift machen, lieber Hirte, und große Dinge.«

Miguel ändert sich. Er bricht mit Sijé, mit *El Gallo Crisis*. Ein Brief an einen Freund läßt erkennen, welche freundschaftlichen, liebevollen Gefühle er für Neruda hegt und wie sehr ihn dessen familiäre Sorgen drücken. Er schickt »diese Ehrung der spanischen Dichter für den großen chilenischen Dichter« an Juan Guerrero, und diesem vertraut er an: »Pablo hat ein krankes Mädchen von zehn Monaten, und ich wäre Ihnen dankbar, wenn Sie mir sagten, ob es gute, auf Kinderkrankheiten spezialisierte Ärzte gibt.« Außerdem möchte er Neruda mitnehmen, damit der seine Heimat kennenlernt, »unsere palästinensischen Dörfer, Cabo de Palos ... Ich möchte wissen, ob Sie auf der Insel Tabarca oder auf einer der Inseln im Mar Menor leben könnten.« Er sagt ihm voraus, daß ihm ein Meer gefallen werde, wo das Wasser ganz großartig sei und ihm das Gefühl vermittele, als habe er jenen Ozean von Puerto Saavedra vor sich.

Niemand, der von Nerudas letztem Buch so überwältigt wäre wie der junge Dichter vom Land. Er formuliert es ohne Umschweife in einem Artikel, der am 2. Januar 1936 in *El Sol* erscheint. »Ich muß der Begeisterung Ausdruck verleihen«, sagt Miguel, »die ich empfinde, seit ich *Aufenthalt auf Erden* gelesen habe. Am liebsten möchte ich mir Hände voll Sand in die Augen werfen, mir die Finger in den Türen einklemmen, auf die Spitze der höchsten und schwierigsten Pinie klettern. Das wäre die beste Art, die stürmische Bewunderung auszudrücken, die ein Dichter von diesem Riesenformat in mir hervorruft. Es ist gefährlich für mich, über dieses Buch zu schreiben, und ich glaube, ich sage fast nichts von alldem, was ich empfinde. Ich habe Angst beim Schreiben.«

Behauptet wird, Neruda und Aleixandre haben Miguel Hernández bewogen, mit den klassischen Formen zu brechen und so seinen eigenen Strom frei fließen zu lassen. Wenn das stimmte, so wäre das ein glücklicher Umstand, denn dieser Miguel Hernández, der dem, was aufgestaut war, grünes Licht gibt, wird ein großer Dichter Spaniens und der spanischen Sprache. Aus *Aufenthalt auf Erden* lernt er vor allem, daß Metrik als solche nicht Poesie ist. Er begehrt auf gegen die sogenannte minderwertige Kunst und beschließt, eine – im Sinne Nerudas – unreine Dichtung zu schreiben, das heißt wie ein Wildwasser, das in seinen Lauf einbezieht, was sich nur zum poetischen Element umformen läßt. In seiner Begeisterung schreibt er die »Ode zwischen Blut und Wein« für Pablo Neruda.

Die Politik fand zwangsläufig Eingang in die unreine Dichtung genauso wie die Melancholie, der Mondschein, das »mein Herz«. »Wer dem schlechten Geschmack entflieht, verfällt dem Frostigen«, lautete Nerudas Formel, die die Gefahren des kalten Marmors definiert. Mehr Blut als Tinte. »Nichts, und nichts hat Bestand im Haus der Poesie, als was mit Blut geschrieben ist und mit Blut gehört wird.«

Damals lebt in Madrid auch der leidenschaftliche argentinische Dichter Raúl González Tuñón, ein Kommunist, der aus seiner Überzeugung kein Hehl macht, der alle Register der Poesie zieht und keine Angst vor dem Wolf Politik hat. Man kommt abends bei Neruda oder in der Postschenke zu angeregten Gesprächen zusammen, und dann wird bis zum Morgengrauen über die Rolle der Poesie in Zeiten des Umbruchs diskutiert. ·

Miguel Hernández sagt im Prolog zu *Wind des Volkes*, den er Vicente Aleixandre widmet: »Pablo Neruda und Du, Ihr habt mir untrügliche Proben der Dichtung gegeben . . .« Er widmet Neruda *Der Mensch auf der Lauer*.

Für Neruda ist und bleibt Miguel Hernández ein Dichter der Erde. Durch sie kommt er zum politischen Urteil. »Seine ganze Dichtung / lockeres Erdreich birgt, / Getreide, Sand und / Lehm und Wind, / sie hat levantinischen / Kruges Form . . . Ist scharlachrote Ähre, / verheißendes Gestirn, / Sichel und Hammer, mit Diamanten geschrieben / ins Dunkel Spaniens.«

Neruda seinerseits erkennt öffentlich Albertis Rolle in seiner ideologischen Entwicklung an. »Einen tiefgreifenden Einfluß auf meine politischen Vorstellungen hatte die tapfere Haltung Rafael Albertis, der schon ein populärer, revolutionärer Schriftsteller war . . .«

Jetzt übt Neruda selber eine sichtbare Lehrerfunktion bei dem jungen Hernández aus, der das Leben und die Welt in einem anderen Sinn zu betrachten beginnt, wie es seine Gedichte, seine Theaterstücke und seine Artikel zeigen. Doch all sein Schaffen im Krieg und nach dem Krieg geht nicht auf Einflüsse zurück, sondern entspringt vor allem seiner urwüchsigen Kraft, seiner absoluten Echtheit, seinem eigenen schrecklichen Erleben, so daß die historische Situation, auf ein so reiches, begabtes Temperament wie das seine treffend, ihn nicht nur zu einem Dichter des Volkes und zu einem Dichter des Krieges macht, sondern schlicht und einfach zu einem großen spanischen Dichter.

Als sein alter Freund und Lehrer Ramón Sijé den Kampf um Miguels Seele verloren gibt, nennt er die Namen der Schuldigen: »Nerudismus (o Graus, Pablo und Urwald, narzistisches, untermenschliches Ritual zwischen den Beinen, von Haar an verbotenen Körperteilen und von verbotenen Pferden!), Aleixandrismus, Albertismus.«

Das Verhältnis Alberti–Neruda war das von *confrères*, wobei der eine, Rafael, in politischer Hinsicht dem anderen, Pablo, einige Schritte voraus war, als dieser nach Spanien kam. Das Verhältnis García Lorca–Neruda war das zweier Brüder, in dem der Erstgenannte mit strahlendem Lächeln Neruda die Tür seines Hauses auftat und ihn im spanischen Wohnhaus willkommen hieß, in dem er der gefeierte Dichter par excellence war. Das Verhältnis Neruda–Hernández war das der Liebe zu einem jüngeren Bruder oder zu einem erwachsenen Sohn, an dem der Chilene den Duft »von Klee im Regen, / von Amaranten-Asche, von Düngerdunst am Abend / auf den Hügeln« wahrnahm.

Im Grunde fühlte sich Neruda wunderbar verwirrt von dieser Poesie, die »Mais, zu einer goldenen Dolde gefügt«, war. Miguels Festnahme, seine lange Kerkerhaft unter Franco, sein Tod bekümmerten ihn wie persönliches Leid. Er setzte Himmel und Hölle in Bewegung, um ihn zu retten. Und es gelang ihm nicht. Das betrachtete er immer als einen seiner schmerzlichsten Mißerfolge. Bei Miguels Tod tröstete ihn vielleicht die Zuversicht, daß dessen Dichtung unvergänglich würde. »Aus der Erde sprach sie, aus der Erde / wird sie sprechen allezeit.«

65

Kontroversen

Für manche war Neruda der Konsul des Teufels. Der personifizierte Teufel, der sich das Ziel gesteckt hatte, die spanische Dichtung zu korrumpieren und zu verderben. Natürlich entdeckte der feinfühlige Paladin reiner Dichtung, Juan Ramón Jiménez, als erster sein Mephisto-Gesicht. Der Streit war heftig, Funken flogen. Ein Zusammenstoß war nahezu unvermeidlich.

Zwei Dichtungen mit konträrer Denkart standen einander gegenüber: reine Poesie – unreine Poesie; Stille und Zurückgezogenheit als natürlicher Lebensraum gegen Trubel, Weltoffenheit, Kontakt sogar mit Lyrik ablehnenden Massen. Ordnung und Gleichgewicht, scharfsinnige, kristallklare Form des Gedichts auf der einen Seite, Aufnahme chaotischer Ausdrucksmittel, Einführung des Katarakts und des Marktes auf der anderen. Trachten nach Vollkommenheit der Form einerseits, Anhäufung von Gegenständen und Empfindungen, wie in einem großen Altwarenlager, andererseits.

So sah Juan Ramón Jiménez den *Aufenthalt auf Erden*. Für seinen Geschmack respektierten die *Zwanzig Liebesgedichte* die Poesie mehr, vielleicht weil er in diesem melodiösen Buch seinen eigenen Einfluß zu entdecken glaubte. Der Kritiker Ricardo Gullón fand unter Jiménez' persönlichen Papieren einen Zettel mit Notizen, die dieser möglicherweise für die Redaktion einer Arbeit oder für die Formulierung einer abweichenden Meinung verwenden wollte. »Kritiker, Pablo Neruda. Mein Einfluß auf ihn. *Zwanzig Liebesgedichte*. Gedichte von mir aus *Labyrinth und Sommer*. Gedichte von mir aus *Poesie und Schönheit*. Sein Gedicht Tagore – J.R.J., Angelegenheit. Unterschreibe nicht. Telefon. Sein Artikel in *El Sol*. Bankett für Cernuda. Bergamín. Meine Silhouette aus *Españoles*. Mein richtigstellender Brief. Briefe. Düsteres Amerika von J. Revueltas. Meine Antwort. 2. Gesang für Stalingrad. Kommunistische Ehrung als Konsul von Chile«.

Strenggenommen handelte es sich um mehr als um eine Disharmonie zwischen zwei Menschen. Schon früher waren die Meinungsverschiedenheiten zwischen ihm und den jüngeren spanischen Dichtern zum Ausbruch gekommen, ebenjenen, die Neruda mit offenen Armen empfangen hatten. Ein Vorfall, der sich in der Ferne zugetragen hatte, diente als Streichholz, das den Brand entfachte. Nämlich ein in Chile von der Zeitschrift *Pro* gegen Neruda erhobener Vorwurf des Plagiats, der auf der Ähnlichkeit des »Gedichtes 16« aus den *Zwanzig Liebesgedichten* mit dem »Gedicht 30«

aus dem *Gärtner* von Tagore beruhte, das die Frau von Juan Ramón Jiménez, Zenobia Camprubí, übersetzt hatte.

Außerdem liegt der Leitartikel der ersten Nummer von *Caballo Verde* Juan Ramón Jiménez schwer im Magen. Sein Name wird nicht genannt, aber für ihn steht fest, daß er ihm gilt. Dieses ganze Evangelium oder diese angebliche Dichtkunst, die von Säcken von den Kohlenmärkten spricht, von abgenutzten Oberflächen, von Fuß- und Fingerspuren, von Schweiß und Dunst, von dem Geruch nach Urin und nach Lilie, von einem Kleid wie ein Körper, mit Essensflecken und obszönen Gesten, von sexuellem Verlangen, von Anspielungen auf das frenetisch Literarische – das alles sind Verse, gräßliche Verse, die auf ihn gemünzt sind. Das bringt ihn auf und gänzlich aus der Fassung.

Nicht nur ihn. *La Hoja Literaria* von Barcelona veröffentlicht einen wütenden Artikel gegen *Caballo Verde*, das seltene Exemplar der amerikanischen Fauna, ein Roß, »das sich in der spanischen Literatur tummelt wie auf einer Koppel mit warmem, feuchtem Mist«.

Juan Ramón Jiménez bleibt auch nicht stumm. Er pflegt in *El Sol* Aphorismen zu veröffentlichen, in einer Spalte, deren Titel eine Selbstdefinition ist: »Mit der übergroßen Minderheit«. Darin antwortet er hochmütig, es gebe zwei Kategorien von Dichtung und Dichtern, »Freunde und Dichter des Wahnsinns und der Exaktheit. Ein grünes Pferd kann exakt galoppieren und ein Diamant irrsinnig funkeln.«

Die nackte Erwiderung aber, mit allem Drum und Dran, veröffentlicht er am 23. Februar 1936 in *El Sol*. Darin verteidigt er die Idee der reinen Dichtung als Synonym für echte, ursprüngliche, scharfe, unverwechselbare, direkte, kurzum lebendige Dichtung. Die Verfechter der sogenannten unreinen Dichtung bezeichnet er als »gelbe Dichterküken«. Er ist kategorisch. Es gebe nichts als reine Dichtung, und diese habe die Verantwortung. Ihre bewußte Hälfte müsse immer für das verantwortlich sein, was ihre unterbewußte Hälfte schreibe.

Im literarischen Guerrilla-Krieg geht der Schlagabtausch weiter wie in einem Boxkampf.

In einem Vortrag, verfaßt in den Jahren 1936/37, zur Zeit seiner Reise nach Puerto Rico und Kuba, als der Krieg schon ausgebrochen ist, kehrt der Vater von *Platero und ich* zum Angriff zurück. Aber das Salvenfeuer richtet sich nicht allein gegen Neruda – das Hauptziel, den obersten Versucher –, sondern gegen jene lateinamerikanischen oder spanischen Dichter, die nicht in seinem Kielwasser schwimmen und denen er kosmopolitische Absichten vorwirft. Dieser blitzartigen Anfeindung sehen sich Vicente Huidobro und vor allem Neruda ausgesetzt, dem er zur Last legt, Herrera y Reissig, Sabat Ercasti, Parra del Riego kaputtzumachen und Spanien an die Substanz zu gehen. Doch die tödliche Epidemie habe sich auf die ausgeweitet, die er als spanische Huidobristen bezeichnet, Juan Larrea und Gerardo Diego, auf die verspäteten Surrealisten, die Nerudisten seien, obwohl Neruda, sagt er in seiner Anklagerede, »ein Wanderer ohne Sprache« sei. Sodann macht er den gewissen Versuch einer Erklärung und behauptet, Nerudas annähernde, schwankende Ausdrucksweise sei eher in einem bartlosen Amerika verständlich als in »unserem tausendjährigen Spanien«. Er dreht den Spieß um. Nicht Neruda sei es, der Spanien beeinflusse, sondern Spanien beeinflusse Neruda und Huidobro, denn spanische Dichter wie Moreno Villa und später Alberti, Lorca und Aleixandre seien den gleichen Weg mit »mehr Stil und Gewissen« gegangen. Das alles sagt er in einem Vortrag, dem er bezeichnenderweise den Titel »Krise des Geistes in der zeitgenössischen spanischen Dichtung« gibt.

Die schwere Artillerie zielt in verschiedene Richtungen, und das Trommelfeuer verschont auch nicht diejenigen, die er als »Dichter-Professoren« bezeichnet: Jorge Guillén, Pedro Salinas, Gerardo Diego und Dámaso Alonso.

Das war nicht neu. Der Konflikt kam von weit her. Die Geschichte seiner Kontakte zu jungen spanischen Dichtern, die später zu einer Geschichte von Mißverständnissen und Angriffen gegen etliche dieser Dichter wurde, läßt sich im *Verlorenen Hain* nachlesen, Rafael Albertis köstlichen, unvollendeten Memoiren. Anfängliche Freundschaft, die zu

Abneigung wird. »Ich habe erfahren, daß Alberti mit Zigeunern, Banderilleros und anderem verrufenen Volk Umgang hat. Wie Sie verstehen werden, ist er verloren.« Noch Schlimmeres behauptete er von Federico García Lorca, weil der fürs Theater schrieb. Als die Presse nach der Uraufführung von *Mariana Pineda* von »einem jungen Autor voller Zukunft« sprach, sagte Juan Ramón: »Lorca! Der arme Lorca! Der ist verloren.« *Bluthochzeit*, ein Werk, das er, wie versichert wird, nie gesehen hatte, war für ihn »nicht mehr als eine Zarzuela«.

Der Verfasser der *Traurigen Lieder* (Arias tristes), für den Dichtung »rein, in Unschuld gekleidet« war und die er »wie ein Kind liebte«, sah diese plötzlich durch Schurken geschändet.

In einem Porträt Pablo Nerudas aus dem Jahre 1939 faßte Juan Ramón Jiménez seine Angriffe zusammen und nannté ihn »einen großen, üblen Dichter, einen großen Dichter der Desorganisation ..., unbeholfenen Übersetzer seiner selbst und anderer, einen armen Ausbeuter eigener und fremder Quellen, der mitunter das Original mit der Übersetzung verwechselt ... Einen ziemlich nachlässigen realistischen Schriftsteller von maßloser Romantik.« Man wird bemerkt haben, daß der reine Dichter durchaus unreiner Anwürfe fähig war. Es sollte dies nicht der letzte Hieb sein.

66

Korrektur

Zusammenstoß zweier Dichtungen, zweier Philosophien, zweier Generationen, zweier Persönlichkeiten. Und in gewisser Weise – zweier Kontinente.

Dieser letzte Aspekt ist bedeutsamer, als es auf den ersten unbefangenen Blick scheinen mag. Er enthält nämlich den Keim zu Juan Ramóns späterer Meinungsänderung in bezug auf Nerudas Dichtung, eine sensationelle Wende, so wollen wir es nennen, in der Polemik, derer sich Nerudas Feinde ausgiebig bedienten. Der Autor der *Fernen Gärten* (Jardines lejanos) revidiert seine Meinung in einem »Brief an Pablo Neruda«, datiert Coral Gables, Januar 1942, der am Siebzehnten desselben Monats in *Repertorio americano* erscheint. Ein Dokument von großem Wert: »Mein jetziger langer Aufenthalt in den Amerikas läßt mich (wie schon in der Zeitschrift *Universidad de La Habana* ausgeführt) vieles in Amerika und Spanien anders sehen, darunter auch Ihre Dichtung. Ich habe erkannt, daß Sie kraftvoller Exponent einer echten, allgemein hispanoamerikanischen Poesie, mit all der natürlichen Revolution und der Metamorphose von Leben und Tod auf diesem Kontinent, sind. Ich bedauere, daß der Entwicklungsstand der Poesie in einem beträchtlichen Teil von Spanisch-Amerika so ist; ich vermag sie nicht nachzuempfinden, so wie Sie, nach Ihren eigenen Worten, die Europas nicht nachzuempfinden vermögen, aber sie ›ist‹. Und chaotische Anhäufung geht notwendiger endgültiger Klärung voraus, Prähistorisches dem Posthistorischen, verwirrender, dichter Schatten dem hellen, besseren Licht. Sie gehen voraus, prähistorisch und verwirrend, dicht und schattenhaft. Früher war Spanien für mich die Vorderseite und Amerika die Rückseite. Jedesmal, wenn ich in die Mitte des Atlantiks kam, vollzog sich der Wechsel mitten in mir selbst. Ich will nicht sagen, daß Amerika jetzt die Vorderseite und Spanien die Rückseite wäre, es sind vielmehr zwei Rückseiten oder zwei Vorderseiten, die ganz anders sind als früher und untereinander verschieden. Und wo und was und wie und für wen die Wahrheit, vor allem die dichterische Wahrheit? In meinem Buch *Der Modernismus* (El modernismo), an dem ich seit einiger Zeit arbeite, versuche ich eine Darstellung, die dieser großen Frage gerecht wird.«

Hier wird deutlich, daß Juan Ramón Neruda als Menschen des unvollkommenen Spanisch-Amerika sieht, als treuen Exponenten prähistorischer Turbulenz. Wenn es früher für ihn die Rückseite war, so erkennt er jetzt an, daß es zwei Rückseiten sind, die eine Daseinsberechtigung haben. Er sagt das, weil er verstanden und erfühlt hat, daß Neruda legitim ist in seiner Wildwasserlandschaft, die ihn zum tel-

lurischen Dichter machte, der, wenn nicht vor der Genesis,
so doch spätestens am dritten Schöpfungstag kommt. Neruda wußte sehr wohl von diesem Meinungswechsel bei
Juan Ramón Jiménez. Er erfüllte ihn mit Genugtuung. Und
er wollte ihm das durch eine Mitteilung sagen, in der er die
Angelegenheit nicht beim Namen nennt, sie vielmehr stillschweigend als gegeben betrachtet. Der Brief verrät, wie
sehr Miguel Hernández' Tod ihn betrübt.

>>Mexiko, D. F., 15. Oktober 1942
Sr. Juan Ramón Jiménez
Miami

Mein verehrter Freund!
Bis heute habe ich Ihren offenen Brief nicht beantwortet,
weil mir bei meiner täglichen Arbeit tausenderlei Dinge da-
zwischenkommen, doch möchte ich Ihnen zuallererst und
bevor ich es ausführlicher tue, sagen, daß ich tief bewegt
war, als ich Ihre Zeilen las, die, so ehrlich, wie sie sind, die
Bewunderung mehren, die ich mein Leben lang für Ihr
Werk gehegt habe.
   Heute schreibe ich Ihnen aus traurigem Anlaß. Ich lege
Ihnen abschriftlich einen vertraulichen Brief meiner Botschaft in Madrid bei, in dem mir der Tod unseres Miguel
Hernández mitgeteilt wird: ein weiterer Mord reiht sich an
die vielen schrecklichen. Aber es hat mich wohl nie so
schmerzlich getroffen, und ich glaube, Ihnen wird es ebenso
gehen.
   Ich plane ein Erinnerungsbuch zu seinem Gedenken, dem
ich ein paar – möglichst ausführliche – Worte von Ihnen
voranstellen möchte. Ich schreibe auch an Rafael Alberti
und bitte ihn, sich diesem Gedenken anzuschließen.
   Ich hoffe auf Ihre baldige Antwort, alles andere hat Zeit.
   Es tut mir leid, daß mein erster Brief Ihnen diesen Schmerz
bereitet, aber so ist nun einmal das tägliche Leben in dieser
Zeit.
   Es grüßt Sie Ihr Freund und Verehrer
                                              Pablo Neruda<<

Das vertrauliche Schreiben, das Neruda beilegte, bestätigte ihm das Ableben seines Freundes Miguel Hernández. Eines Tages wollte ich ein düsteres, schmutziges Monument von außen betrachten, das Gefängnis von Ocaña — es war wie eine späte Wallfahrt im Gedenken an den Dichter von Orihuela. Wir setzten uns auf den Marktplatz, wo im Klassischen Theater jenes fernen Goldenen Zeitalters das Bild des Komturs dargestellt wird. Und wir dachten uns den Marktplatz als riesige Bühne, richtiger, als großes Theater und jedes Haus als Herberge und Szenerie einer anderen Zeit, um uns den Gang der Handlung zu vergegenwärtigen. Von Lopes Botschaft gelangten wir bis zum letzten Bild eines Dichters, der seine Kollegen aus dem Goldenen Zeitalter geliebt hatte und ein Mensch seiner Zeit gewesen war. Bei mir vermischt sich das Schreiben, das Neruda seinem Brief an Juan Ramón Jiménez beilegt, mit dem Leidensweg des Dichters, dessen sein älterer chilenischer Bruder gedenkt, dem er an einem Sommertag im Vorkriegs-Madrid zum erstenmal begegnet ist. Als er Neruda erzählte, wie gern er am Bauch trächtiger Ziegen dem Rauschen der Milch lauschte, sah jener in seinem Antlitz das Antlitz Spaniens, »lichtdurchschossen, gerunzelt wie Saatland«. Er sah ihn als Menschen, in dem Tradition und Revolution eins geworden waren. Das amtliche Schreiben besagt, daß er nach mehreren Verlegungen im Gefängnis von Ocaña Typhus bekommen habe, diesen überstand, aber sehr geschwächt war. Die Botschaft Chiles — und hinter ihr stand das unaufhörliche Drängen Nerudas — erreichte auf entsprechendes Ersuchen, daß er in das Gefängnissanatorium von Alicante gebracht wurde. Dort erkrankte er an offener Tuberkulose. Zwei Monate lang widerstand dieser Organismus, hinter dem schon die Entbehrungen des Krieges und jahrelange Haft lagen. Er starb am 28. März 1942 in einem Gefängniskrankenhaus, weil man dem Ersuchen der Botschaft Chiles nicht stattgegeben hatte, ihn in ein Sanatorium ohne Gefängnischarakter zu überführen.

Als Neruda in seinem Brief Juan Ramón Jiménez bat, an seinem Gedenkbuch für den geopferten Dichter mitzuarbeiten, erinnert er daran, daß er dessen Auftreten begrüßt hatte, indem er ihn den »ungewöhnlichen Jungen aus Orihuela« nannte. Miguel Hernández hatte Juan Ramóns Dichtung verehrt, vor allem dessen *Traurige Lieder*. Zu Beginn seiner Dichterlaufbahn schrieb er ihm einen Brief, aus dem seine ehrfürchtige Beklommenheit spricht. »Ein Träumer wie so viele, habe ich vor, nach Madrid zu gehen. Ich werde die Ziegen verlassen – ach, deren Glockengeläut am Abend! –, und mit dem wenigen Geld, das meine Eltern mir geben können, werde ich hier in vierzehn Tagen den Zug nach Madrid besteigen. Würden Sie, liebster Don Juan Ramón, mich bei sich zu Hause empfangen und lesen, was ich mitbringe? . . . Würden Sie mir wohl ein paar Zeilen zukommen lassen und mir sagen, was Sie für richtig halten? Tun Sie es für diesen Hirten, der ein klein wenig Dichter ist und es Ihnen ewig danken wird.«

In einem Artikel »Der poetische Modernismus in Spanien und Spanisch-Amerika« aus dem Jahre 1946 bezeichnet Juan Ramón Jiménez »Pablo Neruda als den gewaltigsten Dichter Spanisch-Amerikas nach Rubén Darío«. Er spricht von dessen enormer Ausstrahlungskraft, von einer Dichtung, die zwar nicht die seine sei, in der er aber »außergewöhnliche und klare Quellen« erkenne.

In einem Vortrag, den er 1953 an der Universität von Puerto Rico hält, setzt er Neruda auf die Liste der repräsentativsten Dichter des 20. Jahrhunderts, zusammen mit Rubén Darío, Unamuno, Machado und Lugones für die spanische Sprache und Yeats, Pound, Eliot, Rilke, Ungaretti, Montale für andere Sprachen.

Er sieht im *Großen Gesang* einen Ausdruck von Indigenismus. Vergleicht ihn mit Diego Rivera. Juan Ramón Jiménez hatte mit alldem nichts zu schaffen. War das genaue Gegenteil. Letztlich aber erkannte er, daß jeder das Recht hatte, sich literarisch zu äußern.

Die Episode zeigt, daß Neruda in die Fluten spanischsprachiger Dichtung eingetaucht ist und sie wie ein Kiel durchfurcht. Er hat dazu beigetragen, sie zu teilen, dichterische Tendenzen und Philosophien zu markieren. In diesem Sinn gibt es wahrscheinlich im 20. Jahrhundert keinen anderen ausländischen Dichter, der in Spanien eine so breite Furche gezogen hat.

67

Polemik um »Anthologie« und »Gärtner«

In Chile tobte die literarische Polemik an drei Fronten: Neruda, Huidobro und de Rokha. Vor einiger Zeit hatte jemand den Apfel der Zwietracht unter die Poesie, die Schöne Helena, und ihre Freier geworfen.

Das waren bewegte Tage und furchterregende politische Fermente.

In den ersten Monaten nach meiner Ankunft in Santiago kommt es zu den Ereignissen, die unser Jahr 1932 erschütterten. Ich fühle mich unwiderstehlich angezogen von dem, was in meiner Umgebung geschieht. Ich habe nicht das Zeug zum gleichmütigen Zuschauer. Mein Traum ist es, an alldem teilzuhaben, und so lasse ich mich, fiebernd, romantisch, von der Flutwelle des Augenblicks mitreißen. Ich glaube, Revolution ist die Poesie der Welt und Poesie so eng mit der Revolution verknüpft, daß die eine ohne die andere nicht existieren kann. Deshalb muß die Poesie revolutionär sein, mit allem Althergebrachten brechen, die alten Wortkathedralen in Schutt und Asche legen und alles an dem messen, was nach unserer Erkenntnis die Wahrheit war, und Wahrheit wurde bei uns groß geschrieben.

Gabriela Mistral hatte uns innerlich gefangen mit ihrem gewaltigen Eisenhaken, doch ihr eindrucksvoller Band *Trostlosigkeit* reichte uns nicht mehr. Von Neruda kannten wir alle *Zwanzig Liebesgedichte* und vieles aus *Morgen- und Abenddämmerungen* auswendig. Damals erscheint die erste Auflage des *Begeisterten Schleuderers*. Brüllender Instinkt, sich unverhüllt darstellende Sexualität. Gut, sehr gut. Aber, was weiter? Ist das alles? Wo die Welt doch im Wandel begriffen ist. Man muß sie ganz und gar verändern.

In jenem Augenblick betritt die Bühne der Zauberer mit den Tauben. Er kommt aus Europa, von der Wirtschaftskrise in sein Ursprungsland zurückgetrieben. Er öffnet seine Koffer, und vor unseren staunenden Blicken fliegen Kaninchen, Flugzeuge, Bilder heraus. Es ist der *Kreationismus* (Creacionismo). Er stellt sie uns vor: *Der wässerne Spiegel* (El espejo de agua), *Karierter Horizont* (Horizon Carré), *Eiffelturm* (Tour Eiffel), *Hallali* (Halali), *Äquatorial* (Ecuatorial).

Er spricht schlecht von Marinetti, doch in *Gehen und gehen* (Pasando y pasando) übernimmt er dessen Worte: »Ich hasse Routine, Klischees und das Rhetorische. Ich hasse Mumien und Museumskeller. Ich hasse literarische Fossilien.« Huidobro kam in dem Jahr nach Paris, in dem ich geboren wurde, 1916. Seine Dichtung erfährt eine Wandlung. Man muß »ein Gedicht so machen, wie die Natur einen Baum macht«. Er beginnt französisch zu schreiben. Huidobro spielt. Spielt wunderschön. »Ich erfand Wasserspiele in Baumwipfeln, / ich machte dich zur schönsten der Frauen, / so schön, daß du abends errötetest … Ich ließ Flüsse fließen, / die nie zuvor existierten, / mit einem Schrei errichtete ich einen Berg.« Huidobro wollte eine neue Ästhetik schaffen. Er widmet uns Exemplare von *Normaler Herbst* (Automne régulier) und *Plötzlich* (Tout à coup). Hier ist die neue Poesie. Nicht bei Neruda. Wir lasen *Der hohe Falke* (Altazor) und *Himmelsbeben* (Temblor de cielo). Er spricht über Maldoror und die *Gesänge* von Lautréamont. Dessen Einfluß ist in seinem Stück *Gilles de Raiz* zu spüren, das er 1932 veröffentlicht. Huidobro spielt den Entarteten. Er erklärt sich zum Mitglied der satanischen Schule. Und zum bevollmächtigten Botschafter der ästhetischen Revolution in Paris. Er wollte in Chile eine Schule gründen, Schüler haben. Eduardo Anguita und ich waren seine ersten Katechumenen.

Alles war sehr kompliziert, aber wir mußten neue Dichter sein, damit wir mit Herz und Seele Revolutionäre wären. So dachte ich. Anguita hatte andere Vorstellungen. Er hat nie ein gewisses Prinzip von Religiosität aufgegeben. Ich wurde während der Nachmittags- und Abendstunden in der

Allgemeinen Abteilung der Nationalbibliothek zum Bücherfresser. Verschlang alles, was aus Frankreich kam. Dort traf ich fast immer auf einen anderen Leser, der nicht minder gefräßig, wenn auch rätselhaft war, geeicht auf Entdeckungen, echte und apokryphe, Eduardo Molina Ventura. Aber ich las weiter alles, was mir an Dichtung in die Hände fiel. Eines Tages hatte ich bei Rabindranath Tagores *Gärtner* den Klang der »Nummer 16« aus den *Zwanzig Liebesgedichten* im Ohr. Ich verglich die Texte. Sie waren nahezu gleich. Aber, wie Jahre später der mexikanische Dichter Efraín Huerta sagte, »ich bleibe tausendundeinmal bei der Paraphrase. Um Römer und Italiener zu plagiieren, mußte einer Garcilaso de la Vega heißen und sein; um Tagore zu paraphrasieren, muß man Pablo Neruda sein.« Ich besprach den Fall mit einem Freund und Dichter. Die von Vicente Huidobro herausgegebene Zeitschrift *Pro* prangerte ihn an. Die Geschichte lieferte damals viel Gesprächsstoff. Nerudas Generationsgefährten erklärten in der Presse, daß es kein Plagiat wäre, sondern eine Paraphrase. Mehrere entsannen sich, daß sie, bevor die erste Auflage der *Zwanzig Liebesgedichte* erschien, Neruda empfohlen hatten, in dem Buch eine Anmerkung zu machen, aus der hervorginge, daß »Nummer 16« eine Paraphrase von Tagores *Gärtner* wäre. Neruda selber erinnerte sich, daß er nach einer der wilden Diskussionsnächte mit Joaquín Cifuentes Sepúlveda durch die Straßen von Santiago ging und diesen unvermittelt bat: »Erinnere mich bitte. In dem in Druck befindlichen Buch muß ich eine Anmerkung zu der Tagore-Paraphrase machen.« Darauf Joaquín: »Pablo, sei nicht so dumm. Laß das sein. Man würde dich des Plagiats bezichtigen. Das wäre ein sensationeller Propagandazug. Das Buch geht weg wie warme Semmeln.«

Später, im Dezember 1937, schrieb Neruda in einer Nachbemerkung zur fünften Auflage der *Zwanzig Liebesgedichte*, die in Santiago erscheint: »Da ich mit ganzem Herzen beim Spanischen Krieg bin, kam die fünfte Auflage dieses Buches für mich so überraschend, daß ich nicht einmal Zeit hatte, sie durchzusehen. Nur ein einziges Wort zum Schluß: ›Nummer 16‹ ist zum größten Teil die Paraphrase eines Gedichts von Rabindranath Tagore, *Der Gärtner*. Das ist immer allgemein bekannt gewesen. Die Nörgler, die versucht haben, aus diesem Umstand während meiner Abwesenheit Kapital zu schlagen, sind, wie sie es verdient haben, in Vergessenheit geraten, und die unverwüstliche Lebenskraft dieses Jugendwerkes ist stärker gewesen als sie. Meinen lieben Freunden, dem großen Schriftsteller Diego Muñoz, der funkensprühenden Intelligenz und edlen Gesinnung von Tomás Lago, dem lebensvollen, strahlenden Herzen von Antonio Rocco del Campo ist diese Auflage eines Buches gewidmet, das sie aus mir haben hervorgehen sehen wie eine unaufhaltsame Pflanze oder ein uraltes Metall, das Form annimmt. Pablo Neruda, Santiago de Chile, im Dezember 1937.« *Der Gärtner* von Tagore war ein Lieblingsgedicht Terusas gewesen. Und er hatte ihr eine Freude machen wollen, indem er ihn für sie paraphrasierte.

Dieses Gedicht ist eines von Tausenden, die Neruda veröffentlicht hat. In seinem titanischen Werk ist Originalität vielfältig belegt.

Doch die Affäre würde immer wieder aufgewärmt. Und natürlich fühlte sich der Angesprochene zu Unrecht beschimpft.

Im April 1935 leisteten wir uns wieder eine Dreistigkeit. Es erschien die *Anthologie neuer chilenischer Dichtung* und wurde im Nu zu einem Stein des Anstoßes. Herausgeber waren Anguita und ich. Unter Mißbrauch dieser Funktion nahmen wir uns selber unter die zehn ausgewählten Dichter auf. Zu diesen gehörten die Mistral und Neruda, von dem wir letzte, noch unveröffentlichte Gedichte brachten, die im zweiten *Aufenthalt* herauskommen sollten, sowie de Rokha, und er war nach unserer Meinung, und auch aus heutiger Sicht, richtig dargestellt. Er bezeichnete die Anthologie als eine von Huidobro beherrschte Sammlung, ein Vorwurf, der nicht ganz unbegründet war.

Ein Werk aus köstlichen Lächerlichkeiten? fragte an jenem Sonntag Alone mit lauter Stimme in *La Nación*. Ihm war daran gelegen, daß sein Bild als Bomber, der die Anthologie und ihre Herausgeber dem Erdboden gleichmachte, unverzüglich Neruda bekannt würde. Und so schrieb er ihm ins Konsulat nach Madrid einen Triumphbrief. Von der Anthologie blieb nichts übrig als ein paar Lacher. Alone wütete zu Recht. Der Aufstand war ein Zeichen der auf allen Gebieten herrschenden Zustände gewesen. Und so galt es, ihn mit eiserner Faust zu unterdrücken.

Jenaro Prieto, Autor des *Sozius* (El Socio), bissiger Journalist des erzkonservativen *Ilustrado*, Auftragspolitiker, Abgeordneter der Rechten (viermal konservativ), wollte sich totlachen über die Opera buffa, das heißt die Anthologie, ihre Herausgeber und über Neruda. In seinem Artikel »Dichtung der Avantgarde« versichert er: »Es steht fest, daß ernst zu nehmende Menschen sich über die avantgardistischen Dichter wütend ärgern.« Er zieht gegen mich zu Felde, indem er von Kulteranismus spricht, und zitiert Quevedos Kritik an der Gaunersprache. Wir wären Vertreter der neuen Gaunersprache. Wir hätten unsinniges Geschreibsel veröffentlicht. Was mich betraf, so hatte er nicht unrecht. Ich hatte eine Vorliebe für Galimathias. Bezüglich Nerudas sagte er, er hätte einmal drei befreundete Ärzte zusammengerufen und sie gefragt: »Warum streicht ihr die Krankenhäuser innen blau?« – »Wegen der Fliegen«, so die einhellige Antwort. »Ihr irrt«, habe er erwidert. »Es ist wegen García Lorca.« Und er habe ihnen das Federico gewidmete Gedicht von Neruda vorgelesen: ». . . weil man um deinetwillen die Hospitäler blau malt«. Das stand in *El Ilustrado* vom 30. November 1935. Vier Tage später erschien in der gleichen Spalte ein »avantgardistischer Brief«, angeblich von einem ergrimmten Leser, Oníaz Pérez P., Lota. Natürlich stammte er von dem, der auch *Ein ehrloser Toter* (Un muerto de mal criterio) geschrieben hatte und dessen Steckenpferd lächerliche Neruda-Plagiate mit Seitenhieben gegen Huidobro waren.

Wie zu erwarten war, reagierte de Rokha weit heftiger.

Zwei Monate später erschienen vier Stimmen, am 10., 11., 12. und 13. Juni brachte *La Opinión* seine Feuerüberfälle – wie sowjetische Katjuschas im zweiten Weltkrieg. Da blieb kein gutes Haar. Zuerst Verse für uns: »Diese Anthologien dienen nur dazu, daß ein paar namenlose Jünglinge an der Peripherie auftauchen und sich auf Kosten anderer hervortun.« Sodann Verse für Alone, ». . . daß irgendein gelehrter Hinterwäldler auf dem Drahtseil tanzt«. Dann Verse für Helfmann, den damaligen Vorsteher von Zig-Zag, S. A., »daß ein mehr oder weniger chilenischer oder mehr oder weniger schmutziger und obskurer Geschäftsmann mit Schriftstellern spekuliert . . .« Seine »Randglosse zu der Anthologie« schrie: Sie ist ungerecht und willkürlich. Die schlimmste Ungerechtigkeit: Winett de Rokha war ausgelassen. »Ausgelassen sind noch zwölf andere«, und merkwürdig sanft fügte er hinzu: »Von denen ich allerdings einige verachtenswert und widerlich finde.« Dann kam Neruda an die Reihe: »Der Dichter bürgerlicher Dekadenz, der Dichter der Fermente und Misthaufen des Geistes.« Vom Leder zog er auch gegen Eduardo Anguita, »den Kirchendiener, Meßknaben und Günstling des Pontifex«. (Huidobro war der Oberste Hetzer.) Seltsamerweise ließ er mich ungeschoren, zumindest nannte er meinen Namen nicht. Ángel Cruchaga Santa María waren besondere Epitheta vorbehalten: ». . . und seine Engelchen und seine kleine Madonna und diese himmlische blonde Gelatine . . .« Rosamel del Valle bekam eine weniger glattpolierte Ration: »Die Schnecke mit dem Gesicht einer Friseurspuppe, ein Hai, der mehrere Sprachen zugleich schreibt und dabei ein Englisch spricht, das französischer ist als das Deutsche.« Hauptzielscheibe war natürlich Huidobro: »Ein kleiner Großbürger, Metöke, der Kontakt und Verbindung aufnimmt zum imperialistischen Europa und zu dessen sterbender Kunst und ihrem Ballast aus Arglist, Teufelei und Schwäche ... ein Literat der Avantgarde, der zurückkommt und uns Neues erzählt, das wir längst kennen.«

Huidobro sprang auf wie von der Tarantel gestochen und antwortete in seinem charakteristischen Stil. Erste, einleitende Runde: Beinarbeit, Spiel am Übungsball zum Warmwerden. »Ich habe mit dem Entstehen dieses Werkes nichts zu tun ... De Rokha hat öfter interveniert als ich, da er erreichen wollte, daß Gedichte seiner Frau aufgenommen würden.«

Sodann ging Vicente zu psychoanalytischer Deutung über, die damals Mode war. »Viele fragen sich: Warum diese Aggressivität gegen alle Welt? Aber man kennt ja Freud und weiß, daß dieses Angeber- und Maulheldentum nur einen Minderwertigkeitskomplex widerspiegelt. Die Anthologie ärgert ihn, weil er glaubt, mir werde darin ein Vorrang eingeräumt. Er sagt, ich habe sechsundfünfzig Seiten bekommen, er nur dreißig. Was ist das für ein Feuer, das fürchtet, vom ersten Windhauch ausgepustet zu werden?«

Der Kampf begann erst, aber in großem Stil. De Rokha ließ einen dreispaltigen Antwortbrief veröffentlichen, in dem er den »kleinen Literatenpatron« madig machte.

Huidobro blies wieder zum Angriff und ordnete seine Soldaten ebenfalls zu drei Säulen. Er nannte seinen Widersacher einen Verleumdungsfachmann und -profi, einen rabiaten Polizisten, einen Marxisten-Leninisten-Stalinisten-Ibañisten-Grovisten, einen Erstkommunionsrevolutionär, einen Vorstadtraufbold und was der Freundlichkeiten mehr waren. »Dein reizender Brief ist so etwas wie eine öffentliche Beichte, so wie Du darin aller Welt Deine Wunden und Schwächen zeigst ... Du hast auf nichts eine Antwort gegeben ... Du bleibst auf der Ebene leeren Gebrülls ... Ich habe Dich wiederholt einen Schwindler genannt. Du lügst und weißt, daß Du lügst, wenn Du sagst, ich hätte Dichter imitiert, die, Apollinaire und Lautréamont ausgenommen, nach mir gekommen sind und mit denen meine Dichtung nichts zu tun hat. Im Grunde verstehst Du keinen einzigen der Autoren, die Du sinnlos zitierst ... Ich habe keinen Grund, von Deinen Kindheitsgedichten zu sprechen, die Du bis vergangenen Monat geschrieben hast . . . Und Dein *Jesus Christus* ist und bleibt – trotz pseudorevolutionärer Füllung und Gewürzzugabe – das Gedicht eines frömmelnden Erzteufels . . . Du behauptest, daß Du mich nicht liest, trotzdem beziehst Du Dich ständig auf meine Werke . . . fest steht, daß Du sie zu oft gelesen hast, was nicht bedeutet, daß Du sie verstehst . . . Man merkt, wie es Dir zu schaffen macht, daß ich einer vermögenden Familie angehöre. Das ist nicht meine Schuld und wohl durchaus verzeihlich, wenn wir bedenken, daß Engels von seiner Textilfabrik in Manchester lebte . . . Meine Werke sind von höheren Richtern, als Du einer bist, beurteilt worden . . . Lernbegierigen stehen viele verläßliche Unterlagen zur Verfügung, die sie konsultieren können . . .« Sodann nannte er mehrere Bücher und zitierte eine Widmung von Max Jacob: »Für Vicente Huidobro, der die neue Dichtung erfunden hat«. »Und bitte, erzähl uns nicht, daß Du Dir Dein täglich Brot unter Fußtritten verdienst. Das bewiese gar nichts.«

Santiago verfolgte amüsiert die wechselseitige Schimpfkanonade. *La Opinión* war immer ausverkauft. Wenige Tage später traf in der Redaktion, von Chefredakteur Juan Luis Mery mit gemischten Gefühlen empfangen, ein neuer Brief-Panzer ein, in dem de Rokha das Ende der Schlacht verkündete. »Ich werde nicht weiter auf Dich einschlagen«, sagte der Schwergewichtsboxer, »denn ich fühle mich ganz schlapp und angewidert davon, Vicentillo. Du deklamierst und grölst so laut und viel, daß Deine närrischen Behauptungen verpuffen und Du, aller Würde entkleidet, strampelnd, dick, rosig, töricht, unerklärlich, wie ein Säugling aus reichem Haus dastehst. Ich habe die Geschichte mit diesem Vicentillo satt. Außerdem bin ich kein solcher Schuft, daß ich ein Huhn auf dem Boden schlüge, das gackert, weil es angeblich in Europa ein Ei gelegt hat . . . das moralische Elend schreit aus Deinem Reisegepäck eines geprügelten, verleumderischen Betrügers, Vicentico.«

Huidobro antwortete drei Tage später mit einem weiteren Konzert von Artigkeiten: »Du beendest Deine Polemik, wie zu erwarten war, in einem großen Brei aus grünem Geifer . . .

Du ziehst Dich zurück, ohne etwas bewiesen zu haben . . . Ich habe Beweise von Dir verlangt, auch das Publikum hat sie verlangt. Leute von Ansehen lachen über Dich. Und gar betrüblich ist die Schlappheit, die sich Deiner anmutigen Person unversehens bemächtigt hat. In die Enge getrieben, vollführst Du eine Pirouette wie ein aufgeblasener Seehund und kneifst. Armer Pablito, Deine Gepflogenheit ist schrilles Keifen und Fälschen . . . Du hast geglaubt, Du könntest in Deinem Gewerbe immer so weitermachen, ohne daß Dir je am Zeuge geflickt würde . . . Diese Lektion soll Dir eine Erfahrung sein. Außerdem mußte die Umwelt von einem giftigen Skorpion gesäubert werden. Du bist so dumm, daß Du in zweiundvierzig Jahren nicht gemerkt hast, daß Du dumm bist. Damit hast Du immerhin einen Rekord aufgestellt. Du kannst zufrieden sein. Vicente Huidobro.«

Die Polemik war kein Beispiel für Gedankentiefe, sondern ein Zeitdokument und das Abbild des kriegerischen Eifers zweier sehr verschiedener Kontrahenten. Beide waren mehr wert als das, was sie in ihrem Zorn sagten. Das aber war unvermeidlicher Teil ihres verletzten Ichs und ihres übermächtigen Drangs, sich zur Schau zu stellen.

Neruda, in weiter Ferne in Spanien, beteiligte sich nicht öffentlich an der giftigen Auseinandersetzung. Später hat jemand mehrere maschinegeschriebene Seiten mit unsignierten Versen gefunden, die an den Krieg der spanischen Dichter des Goldenen Zeitalters, Góngora, Lope de Vega und dann auch Quevedo, erinnerten. Diese Verse hatten ihren eigenen Stil und waren bisweilen in der Wortwahl alles andere als fein. Er war so klug, sie nie zu veröffentlichen und auch seine Urheberschaft nicht zu bekennen.

Neruda ergriff in dem Streit nicht die Initiative, obwohl literarischer Kleinkrieg ihn reizte und er den Grundsatz vertrat, daß ein Angriff nie wortlos hingenommen werden dürfte, sondern gebührend beantwortet werden müßte. Seine literarischen Gegner setzten ihre Feindseligkeiten fort. De Rokha ließ seine Kriegsfahnen nie sinken. Neruda war, ich wiederhole es, kein Mensch, der die andere Wange hinhielt, nahm hingegen nicht die Rolle einer Feindmacht an, der man den Krieg erklärt hat. Vielleicht, weil er den Sieg in den Händen hielt. Er hatte ihn vor geraumer Zeit mit seinen Werken errungen, mit der Anerkennung durch Publikum und Kritik, durch weltweite Verehrung, durch die jährlich steigende Flut von Übersetzungen seiner Dichtung in die verschiedensten Sprachen. Und vielleicht, weil er eigentlich kein Vergnügen an dieser Energieverschwendung fand, an diesem Spektakel, bei dem Dichter sich vor aller Augen bis auf die Haut auszogen, sich ineinander verbissen, weil jeder der Erste sein wollte. Abermals brachte er seine Elefanten-Theorie in Erinnerung. Dichter sollten sich verhalten wie diese großen Dickhäuter mit Elfenbeinzähnen und Rüssel wie Wasserschläuche, die er in den Morgenstunden in Ceylon gesehen hatte, und nicht wie wilde Bestien, die sich auf Leben und Tod um ein Stück von einem Tier raufen, denn letztlich wären sie selber dieses Tier, Bewußtsein der selbst verschlungenen Würde. Im übrigen hatte er Wichtigeres zu tun, beispielsweise zu dichten. Und außerdem konnte er, nachdem er soeben noch die literarische Polemik in Spanien miterlebt hatte, nicht ignorieren, was in diesem Land geschah, in dieser Gesellschaft, wo viele Symptome einen Vulkanausbruch ankündeten.

69

Vorabend

Ein Auge seines sozialen Gewissens, Rafael Alberti geheißen, beobachtete ihn mit kritischem Blick. Der hatte für das von Neruda geleitete *Caballo Verde para la poesía*, Das Grüne Pferd für die Poesie, gar nichts übrig. Der spanische Dichter zog *Octubre* vor, ein Organ revolutionärer Schriftsteller, Intellektueller und Künstler. Seit einiger Zeit floß Blut in den Straßen. Fast kein Tag verging, an dem nicht ein Arbeiter getötet wurde. Die Leute, die die Linkspresse verkauften, liefen Gefahr, ermordet zu werden. Allwöchentlich mußte man zum Friedhof hinaus, um die Opfer des brutal auftretenden Faschismus zu beerdigen. Alberti spürte, daß dem Gebot der Stunde die Zeitschrift entsprach, die er machte und die gleichsam herausfordernd den Namen der russischen Revolution trug. Die Situation war zu gefährlich und verlangte ganz klare Standpunkte. Deshalb gefiel ihm Nerudas Zeitschrift nicht. Der Kampf tobte, und das *Grüne Pferd* zog, wenn es durch die Straßen trottete, nicht einmal einen Karren mit Brot oder Waffen, noch hatte es auf seinem Rücken einen Reiter mit einem genauen Ziel. Diese Distanziertheit Albertis konnte Nerudas Scharfblick nicht entgehen. Eines Tages lud er ihn in eine in der Nähe des Hauses der Blumen gelegene Bar ein und sagte: »Lieber *confrère*, was ist los mit dir, du bist so ernst zu mir.«

»Nichts ist los mit mir. Ich glaube nur, du stehst ein bißchen abseits vom Spiel ... Wir haben was anderes vor.«

»Aber du weißt doch, ich bin Diplomat und verstehe nichts von Politik, und sie interessiert mich auch nicht sonderlich. Ich begreife und sehe, wie es um Spanien steht. Ich gehöre zu euch, aber ich glaube, die Zeitschrift kann weiter gemacht werden.«

»Gut, dann mach sie ruhig weiter ...«

Neruda lebt weiter sein Leben eines in die Poesie verliebten Dichters, übersetzt sie, gräbt seine großen halbvergessenen Kollegen aus. In der Madrider Zeitschrift *Cruz y Raya* seines Freundes José Bergamín erscheinen *Gesichte der Töchter Englands* (Visions of the Daughters of Albion) und *Der in Gedanken Reisende* von William Blake, einem Dichter, der ihn fesselt und dessen Werk, *Die Hochzeit von Himmel und Hölle* (The Marriage of Heaven and Hell), wie er zu erzählen pflegt, ihn tief beeindruckt habe. Er befaßt sich mit einem weiteren Dichter, der ihn bis an sein Lebensende immer aufs neue erschüttert, Quevedo. Er stellt dessen Todessonette vor. Danach die *Gedichte* (Poesías) Villamedianas, eines Mannes, der die Intrigen bei Hofe erlebt hatte und von dessen Liebe und Ungemach ich Neruda oft habe sprechen hören. Schließlich erscheint in Spanien, in der Reihe *Ediciones del Arbol* von *Cruz y Raya, Aufenthalt auf Erden*

(1925–1935). In den ersten Monaten des Jahres 1936 werden in Madrid *Erste Liebesgedichte* gedruckt, in denen die *Zwanzig Liebesgedichte* enthalten sind.

Immer war er mit Federico García Lorca zusammen, entweder bei ihm zu Hause oder bei Carlos und Bebé Morla. Dort waren Federico und der chilenische Komponist Acario Cotapos, zwei Zauberer aus der Werkstatt der heiteren Phantasie. Wenn Federico gebeten wurde zu singen, sagte er: »Nein, ich bin erkältet, außerdem quälen mich wenigstens sechs Riesendramen.« Doch er sang.

Pablo besucht regelmäßig die Vorstellungen des von García Lorca geleiteten Theaters »La Barraca«. Er wohnt der Inszenierung von *Fuente Ovejuna* bei. Bühnenbild und Kostüme hat Alberto Sánchez entworfen, ein Bäcker aus Toledo, still und hart wie der Stein, den er mit dem Meißel bearbeitet. Nach der Niederlage der Republik lebte und arbeitete er in der Sowjetunion, wo er unter anderem die Kulissen zu Kosinzews Film *Don Quijote* schuf. Jedesmal, wenn Neruda in die Sowjetunion kam, besuchte er auch seinen guten Freund Alberto und dessen Frau Clarita. Später war Neruda sehr beeindruckt von Tirso de Molinas *Steinernem Gast*. Er fuhr eigens nach Zamora. Federico García Lorca, Rapún, Luis Sáenz holen ihn am Bahnhof ab. Unamuno ist zugegen. »Die Kultur ist eine Sache, eine ganz andere das Licht. Und das muß man haben: Licht«, pflegte er zu sagen. Aufgeführt werden *Bluthochzeit*, *Yerma*, die erweiterte Fassung der *Wundersamen Schustersfrau*, alles Stücke von Federico.

Nach ihren Tourneen durch Spaniens Städte und Dörfer wieder in Madrid, steuerten die Leute vom Theater »La Barraca« häufig das Haus der Blumen an, wo sich immer viele Besucher einfanden; sie brachten etwas zu essen mit, denn zuweilen erreichte ihre Zahl Regimentsstärke. Man amüsierte sich unter den Augen des bärtigen Mannes, der auf einem Plakat an der Wand für Doktor Winters Pflaster Reklame machte. Manch einer schlief ein. Und erwachte durstig. Es kam vor, daß einer drei Tage und drei Nächte bei Neruda blieb, man diskutierte, vergnügte sich, schlief und diskutierte wieder.

Federico erinnerte sich, wenn er bei Neruda war, an seinen achtmonatigen Aufenthalt in Argentinien und Uruguay. Die Pampa war für Federico »das Melancholischste von der Welt, das am meisten von Stille Durchdrungene«. Mitunter sprachen sie über Politik. Neruda sah wie García Lorca mit Beklommenheit, was in Spanien vorging. Federico liebte Wahrsagungen. Und er gab sie von sich wie eine Zigeunerin, die die Zukunft liest: »Es wird Schreckliches geschehen.«

Am 31. März 1934 empfing Mussolini in der Villa Torlonia mehrere Generale und Politiker der äußersten spanischen Rechten. Er unterschrieb mit ihnen den Pakt von Rom und ließ ihnen – zur Vorbereitung des Aufstands – die erste Geldsumme für den Kauf von Waffen aushändigen.

»In dieser Welt bin und bleibe ich stets auf der Seite der Armen«, sagte García Lorca. »Ich werde immer auf der Seite derer stehen, die nichts haben und denen man sogar die Ruhe des Nichts verwehrt.«

Die Situation war alles andere als rosig. Schon hatten die Generale Franco und Godet maurische Truppen und die Fremdenlegion aus Marokko herangeführt, um die asturischen Bergarbeiter niederzuwerfen. Jemand sagte: »In Spanien wird gemordet, ohne daß man die Toten zählt.« In diesem Klima kommen auf die Bühne *Yerma, Bernarda Albas Haus* und *Doña Rosita bleibt ledig oder Die Sprache der Blumen*, das am 12. Dezember 1935 in Barcelona unter der Regie von Margarita Xirgu Premiere hat. Federico aber war vor Gericht zitiert worden, um Erläuterungen zur *Romanze von der spanischen Guardia Civil* zu geben, gegen die ein braver Einwohner von Tarragona wegen »Beleidigung der verdienstvollen Institution« Anzeige erstattet hatte.

Er schickt ein Telegramm an Albertis Frau, María Teresa León: »Ich grüße herzlich alle Werktätigen Spaniens, die an diesem Ersten Mai der übermächtige Wunsch nach einer gerechteren Gesellschaft vereint.« Er teilt mir mit, daß er an einem neuen Werk arbeite. Prophezeit: an dem Tag, da der Hunger verschwindet, »wird es in der Welt die größte geistige Explosion geben, die die Menschheit je erlebt hat. Nie werden sich die Menschen die Freude vorstellen können, die am Tag der Großen Revolution ausbrechen wird ...« Das sagt er am 7. April zu einem Journalisten von *La Voz*.

Am 11. Juli 1936 war Federico bei Pablo Neruda und aß eine andalusische Kaltschale. Rafael Alberti bekundete gerade, wie vorzüglich sie ihm mundete. Da kam der Abgeordnete Fulgencio Díez Pastor und meldete, daß der Aufstand für den Fünfzehnten des Monats geplant sei. Mussolini war in Äthiopien eingefallen, und Hitler besetzte das Rheinland. Im Club Anfistora liefen die Proben für ein weiteres Stück von Federico, *Sobald fünf Jahre vergehen*. Manche Leute warteten darauf, daß Radio Ceuta einen Losungssatz sendete: »Über ganz Spanien ist wolkenloser Himmel.«

Federico liebte es, sich still und leise zurückzuziehen. Sogar vor seinen Freunden pflegte er sich zu verbergen. Er löste sich in Luft auf. Verschwand, wie vom Erdboden verschluckt, und tauchte sodann mit der Miene eines schuldbewußten Kindes wieder auf. Nachdem er wieder einmal unauffindbar gewesen war, erschien er in der Kneipe in der Calle de la Luna, zog ein weißes Tuch aus der Tasche, breitete es auf dem Fußboden aus, kniete vor Pablo nieder und bat mit aller Anmut und Schalkhaftigkeit des Weltzigeunertums um Verzeihung.

Damit Neruda einen Blick hineinwerfe, überreichte er ihm ein neues Buch, etwa zwanzig Gedichte, betitelt *Sonette der finsteren Liebe* (Sonetos del amor sombrío). Was ist aus ihnen geworden? fragte Neruda sich immer wieder. Ob sie erschossen worden sind?

Für den Abend des 18. Juli 1936 hatte Neruda sich mit Federico verabredet, sie wollten zusammen zum Freistilringkampf *Catch as catch can* gehen, den in Madrid ein Chilene, Bobby Deglané, veranstaltete. Später erfuhr Neruda, daß Federico nach Granada gefahren war. Als das Auto auf dem Weg zum Zirkus Price war, wurde es von den bereits aktiven Milizen aufgehalten.

Als Federico beschließt, nach Granada zu fahren, sagt Díez Pastor zu ihm: »Bleib hier, nirgends bist du so sicher wie in Madrid.« Er erzählte, ein Freund habe ihm zugerufen:

»Fahr weg, Federico!« Später stellte sich heraus, daß jener ein Anführer der Fünften Kolonne war. Federico traf am Morgen des 17. Juli in Granada ein. Radio Ceuta brachte den harmlosen Satz: »Über ganz Spanien ist wolkenloser Himmel.« Und der Aufstand brach los. An dem Tag erhob sich bewaffnet die Garnison von Melilla, es begann der Spanienkrieg, der eine Million Tote kosten sollte. Der 18. Juli ist der Tag des heiligen Friedrich. Der Tod hatte den Dichter mit einem Kreuz gezeichnet, der eines Tages schrieb: »Wie merkwürdig, daß ich Federico heiße!«

70

Exekution in Viznar

In der Nacht des Siebzehnten wurde in Granada die Niederwerfung von Melilla bekannt. Der Militärgouverneur, General Campíns, erhielt ein Telegramm von der Regierung: »In Afrika ist ein Aufstand des Militärs ausgebrochen. Verteilen Sie Waffen.« Er beteuerte, es habe sich nicht ein einziger Soldat erhoben. Doch in der Armee gab die Fünfte Kolonne den Ton an. Das Volk verlangte Waffen. Als Antwort rissen die Aufrührer die militärischen Kommandostellen an sich, und am 20. Juli nahmen sie den Bürgermeister, Doktor Fernández Montesinos, gefangen. Bis zu dem Tag hatte sich García Lorca frei auf der Straße bewegt. Von Stund an aber schloß er sich in der Huerta de San Vicente ein. Er hatte vorgehabt, ein neues Theaterstück zu schreiben, *Die Träume meiner Base Aurelia*. Das Kind Federico sollte die Hauptperson sein. Sie kamen, um die Huerta de Tamarit zu durchsuchen, wo sein Onkel Francisco wohnte. García Lorca wurde bei der Familie Rosales festgenommen, von Ruiz Alonso, einem Abgeordneten der Falange. Er verabschiedete sich von seinen Freunden mit einem »Bis bald! Sorgt für meine Verteidigung!«. Er bat, ihm Decken und Tabak zu schicken. Von allen, die ihn besuchen wollten, durfte nur Manuel de Falla das Gefängnis betreten. Der Musiker sagte:

»Ich komme als Künstler und als Christ.« Die Antwort lautete: »Das ist alles vergeben . . . Im Interesse Ihrer eigenen Sicherheit werden Sie gebeten, sich nicht in diese Angelegenheit zu mischen. Im übrigen ist García Lorca in dieser Nacht erschossen worden.« Das war gelogen.

1935 hatte Federico zu Carlos Morla gesagt: »Ich habe Angst vor dem Tod, nicht weil ich nicht weiß, was danach kommt, das kümmert mich nicht, sondern wegen des Grauens, das mich bei dem Gedanken packt, ich könnte ›fühlen, daß ich gehe‹, daß ich mich anschicke, von mir selber Abschied zu nehmen!« Eine gewisse Parallele: Laura Reyes gab an, daß die letzten Worte ihres Bruders Pablo gelautet hätten: »Ich gehe, ich gehe.«

García Lorca bekannte gern und ohne rot zu werden: »Ich mag mich sehr.« Blut fürchtete er. Von Pablo habe ich gehört, daß er an böse Zeichen und bestimmte abergläubische Vorstellungen der Zigeuner blind glaubte. Zum Beispiel daran, daß man den Ozean nicht überqueren dürfe, weil man davon blutigen Urin bekomme.

Als Federico geboren wurde, hieß Fuente Vaqueros, sein Geburtsort, Asquerosa, die Ekelhafte. Erzählt wird, in seiner ekelhaften Zelle habe ihn der Geistliche aus seiner Kindheit besucht, der Priester Enrique Palacios, ein weitläufiger Verwandter von ihm. Bewiesen ist es nicht.

In der Nacht wurde das Auto eines wohlhabenden jungen Mannes aus Granada beschlagnahmt. Vor der Tür der Zivilregierung ließen sie Federico García Lorca und einen lahmenden Angestellten der Stadtverwaltung von Granada einsteigen. Sie wurden von zwei Falangisten und zwei Angehörigen der Guardia Civil bewacht. Federico dachte, es handelte sich nur um eine Verlegung in ein anderes Gefängnis. Zu dem Lahmenden sagte er, um ihn zu beruhigen: »Wir werden ein Puppentheater machen . . . Theaterstücke aufführen.« Sie kamen auf den kleinen Platz von Viznar. Dann ging es weiter nach Alfacar. Der lahmende Beamte wurde herausgeholt. Und Federico hörte Schüsse. Dann kam er an die Reihe. Er fing an zu schreien: »Ihr könnt mich doch nicht umbringen! Ich habe nichts getan! Ich bin kein Kommunist! Ich bin Katholik!« Behauptet wird, er habe nach einem Geistlichen verlangt, damit er beichten könnte. Unter groben Beschimpfungen schlug man es ihm ab. Vor Entsetzen fiel ihm nicht einmal mehr das »Jesus Christus, mein Herr« ein. Sodann betete er ein Vaterunser. Er wurde in Viznar exekutiert, einen Steinwurf von dem Teich entfernt, der Fuente Grande genannt wird. Zwei felsige Hügel bilden dort eine Schlucht. Der Hang steht voller Nadelbäume. Eine Grube wurde in einem Kiefernwald ausgehoben, genau an der Stelle, wo ganz einsam ein einzelner Olivenbaum steht, ein einzigartiges Exemplar dieser Art in dem Wald von Andalusien.

Die Nachricht von García Lorcas Tod trifft am 9. September in Madrid ein. Neruda erfährt es durch das Geschrei der Zeitungsverkäufer: »Federico García Lorca in Granada erschossen!« *El Sol* hat Zweifel. Die Schlagzeile lautet: *Vom angeblichen Mord an García Lorca.* Als sicher gilt die Erschießung des sozialistischen Bürgermeisters von Granada, der mit Federicos ältester Schwester verheiratet war. Am nächsten Tag wird ein Telegramm von H. G. Wells veröffentlicht, dem Präsidenten des PEN-Clubs in London, in dem er sich an die Behörden von Granada wendet »mit der dringenden Bitte um Nachricht über meinen verehrten Kollegen Federico García Lorca, für eine freundliche Antwort wäre ich überaus dankbar«. Die freundliche Antwort lautete: »Aufenthaltsort Don Federico García Lorcas unbekannt. Gezeichnet Espinosa, Oberst.« Dem Oberst war wahrscheinlich nicht nur Don Federico García Lorcas Aufenthaltsort unbekannt, sondern auch, daß ein Dichter dieses Namens existierte oder existiert hatte, der von der Bande, die Ramón Luis Alonso anführte, ermordet worden war.

Später konnte man die Tatsache des Mordes nicht abstreiten. Wie aus den *Gesammelten Werken des Generalissimus* hervorgeht, fragte der Korrespondent von *La Prensa*, Buenos Aires, im November 1937 Francisco Franco: »Sind spanische Schriftsteller von Weltruf erschossen worden?« Die Antwort des Generalissimus war: »Im Ausland ist viel von einem Schriftsteller aus Granada die Rede gewesen und das, weil die Roten diesen Namen als Propagandaköder geschwenkt haben. Wahr ist, daß dieser Schriftsteller in den ersten Augenblicken der Revolution als einer der Aufrührer umgekommen ist. Das sind natürlich Unglücksfälle im Krieg. Granada war viele Tage lang abgeschnitten, und der Wahnsinn der republikanischen Behörden, die Waffen ans Volk verteilten, hat zu Entladungen im Innern geführt, bei denen der Dichter aus Granada ums Leben gekommen ist.«

Neruda weigerte sich, bei diesem Tod an einen Zufall oder an einen Unfall oder gar an die Schuld der republikanischen Behörden zu glauben. Für ihn war Federico García Lorca »volkstümlich wie eine Gitarre, heiter, melancholisch, tief und hell wie ein Kind, wie ein Volk. Hätte man noch so mühevoll Schritt für Schritt alle Winkel abgesucht nach einem, der geopfert werden könnte, wie man ein Symbol opfert, in niemandem und nichts hätte man das spanische Volk so in Schnelle und Tiefe verkörpert gefunden wie in ihm, dem Auserwählten. Gut gewählt haben sie, die seine Rasse ins Herz treffen wollten, als sie ihn erschossen. Sie haben gewählt, um Spanien zu beugen und zu peinigen, es in seinem raschesten Duft zu erschöpfen, in seinem heftigsten Atem zu zerbrechen, um sein unzerstörbarstes Lachen zu unterbinden. Angesichts dieses Todes sind die zwei unversöhnlichsten Spanien zutage getreten: das grünschwarze Spanien der fürchterlichen Teufelsklaue, das unterirdische und verdammte Spanien, das kreuzigende und giftmischende Spanien der großen dynastischen und kirchlichen Verbrechen, und ihm gegenüber das strahlende Spanien des lebensvollen Stolzes und des Geistes, das meteorische Spanien der Intuition, des Fortsetzens und Entdeckens, das Spanien Federico García Lorcas.«

Der Tatbestand öffnete Neruda die Augen. Veränderte ihm die Welt. Und seine Dichtung. Auf sie war eine Bombe gefallen, ein Tropfen vom Blut des im Wäldchen von Víznar geopferten Dichters. Zweifellos hatte dieser Blutstropfen ein Gefäß zum Überlaufen gebracht, das schon randvoll gewesen war von vielen Blutstropfen und vielen Gründen für eine Evolution oder Revolution.

71

Das Warum des Wandels

Als Mensch mußte er sich äußern. Er tat es vor allem durch seine Dichtung. Er setzte sich hin und schrieb das Gedicht »Erklärung einiger Dinge«.

> Du wirst fragen: Und wo ist der Flieder?
> Und die Metaphysik von Mohn zugedeckt,
> Und der Regen, der oft die Trommel
> seiner Worte schlägt und sie füllt
> mit Leere und Vögeln?
> Ich will dir jetzt alles sagen, was mir geschieht.
>
> Ich pflegte in einem Viertel
> von Madrid zu leben mit Glocken,
> mit Uhren, mit Bäumen.
>
> Von da konnte man
> das trockene Antlitz Kastiliens sehen
> wie einen Ozean aus Leder.
>
>   Man nannte mein Haus
> das Haus der Blumen, denn überall
> brachen Geranien hervor: es war
> ein schönes Haus
> mit Hunden und kleinen Kindern.
>
>   Raúl, entsinnst du dich?
> Erinnerst du dich, Rafael?
>   Federico, erinnerst du dich
> dort unter dem Rasen,
> entsinnst du dich meines Hauses der Balkone, wo
> das Junilicht Blumen in deinem Mund ertränkte?
>   Bruder, Bruder!

Weiter hinten erklärt er die Gründe des Umsturzes:

Und eines Morgens brachen Flammen aus allem,
und eines Morgens stiegen lodernde Feuer
aus der Erde,
verschlangen Leben,
und seither Feuer,
Pulver seither,
und seither Blut.

Banditen mit Flugzeugen und Marokkanern,
Banditen mit Ringen und Herzoginnen,
Banditen mit segnenden schwarzen Mönchen
kamen vom Himmel, um Kinder zu töten,
und durch die Straßen das Blut der Kinder
floß einfach, wie das Blut von Kindern . . .

Ihr fragt, warum seine Dichtung
uns nichts von der Erde erzählt, von den Blät-
    tern,
den großen Vulkanen seines Heimatlandes?

Kommt, seht das Blut in den Straßen,
kommt, seht
das Blut in den Straßen,
kommt, seht doch das Blut
in den Straßen!

Könnte eine Erklärung deutlicher und aufschlußreicher
die Gründe für den Umschwung nennen, der allen Sinn von
Nerudas Leben und Schaffen berührt? Tatsächlich hatte der
zweite Weltkrieg begonnen. Es kamen ja nicht nur die Ma-
rokkaner mit den sogenannten Nationalisten, sondern auch
Hitlers Nazis und Mussolinis Faschisten. Als gute Schriftsteller pflegten Neruda und seine Kollegen darüber zu dis-
kutieren, ob in Spanien das Vorwort oder das erste Kapitel
eines neuen Weltenbrandes geschrieben würde.
    Alberti gründete mit Schriftstellern und Künstlern un-
verzüglich eine Organisation mit dem Namen »Bund Antifaschistischer Intellektueller«. Sie bezogen das Schloß eines
geflohenen Aristokraten, des Marquis Heredia Spínola, und

dort begannen sie zu arbeiten. Sie gaben eine Zeitung für die Soldaten heraus, die direkt in die Schützengräben ging und an der Front laut vorgelesen wurde, *El Mono Azul* (Der blaue Arbeitsanzug), ein Name, der sich vom blauen Overall des spanischen Arbeiters herleitete. Die Luftangriffe auf Madrid hatten begonnen. Mutig, mit Todesverachtung stürmte und nahm das Volk die Kaserne Montana ein. Neruda war sprachlos über solchen Heroismus.

Kaum zehn Tage waren seit dem Aufstand vergangen, als er zu Alberti kam und sagte: »Lieber *confrère,* hier bringe ich dir ein Gedicht, das erste Gedicht für diesen Krieg. Bitte veröffentliche es, aber ohne meinen Namen. Ich bin noch Diplomat.«

In Santiago lasen wir überwältigt dieses erste Gedicht, das Alberti in Erstaunen versetzt hatte, als es ihm überreicht wurde, »Gesang für die Mütter toter Republikaner«.

> Sie sind nicht tot! Sie stehen mitten
> im Pulverdampf,
> aufrecht, wie brennende Lunten.
> Ihre reinen Schatten haben sich vereint
> auf den kupferfarbenen Wiesen
> wie ein Vorhang gepanzerter Luft,
> wie eine Sperre von der Farbe der Wut,
> wie die ganz unsichtbare Brust des Himmels.

Das Haus der Blumen war bombardiert und nahezu vollständig zerstört worden. Neruda zog in die Nähe der Botschaft.

Der Wandel in seinem Bewußtsein war scheinbar plötzlich, schlagartig erfolgt, doch der Eindruck trügt. Er hatte sich nicht im luftleeren Raum vollzogen und kann auch nicht befremden. Denn in Wahrheit war er Höhepunkt eines kumulativen Prozesses. Eine bald kontinuierliche, bald unterbrochene Linie gesellschaftlichen Verantwortungsgefühls durchzieht große Abschnitte seines Lebens, sie beginnt bei dem Kind in Temuco, das gegen bürgerliche Existenz und Ungerechtigkeit aufbegehrt und dies in seiner Erstlingsdichtung und seinen Lehrlingsartikeln ausspricht. Sie nimmt ihren Lauf im Dichter der Generation des Jahres 1920, der zündende »Schmähschriften« für die Zeitung *Claridad* schreibt. Als junger Mann erkannte er, daß sein Herz links ist. Der tiefwurzelnde Prozeß führt zu einem organischen Bekenntnis bei diesem Mann, der gerade zweiunddreißig geworden ist. Jetzt spürt er links nicht nur das Herz. Er weiß auch, daß sein Bewußtsein links ist. Sein Bewußtsein, das verletzt ist durch einen Lanzenstich, die Opferung des Freundes und Dichters, der für ihn Inbegriff der Lebensfreude und des pausenlosen Schaffens war. Ihn bewegt nicht primitive Rachsucht. Es ist etwas Größeres. Für ihn enthält das ganze Geschehen eine tragische Moral: den endgültigen Beweis, daß Faschismus und Geist unvereinbar sind. So denkt er. Und so kommt er zu der Schlußfolgerung, daß der Faschismus auch sein persönlicher Feind ist. Feind der Dichtung, der Kunst, des Menschen. Er wird ihn mit aller Kraft bekämpfen und sich mit allen verbünden, die bereit sind, Widerstand zu leisten. Das Wo und das Wie liegt in seinem Fall vor allem in dem Werk, das er schreibt. Er geht an die Arbeit, und in wenigen Monaten – wie ein Medium, so als empfange seine Hand das Diktat der ihn umgebenden Geschichte – vollendet er ein Buch der Katharsis, das den jähen Wandel widerspiegelt, den der Krieg und der Mord an García Lorca in seinem Denken bewirkt haben. Dieses Buch heißt *Spanien im Herzen*. Louis Aragon begrüßt es als »gewaltigste Einführung in die moderne Literatur unserer Zeit«.

Kurz danach, im Februar 1937, hält er in Paris einen Vortrag, in dem er in Prosa erklärt, was er als Poet gesagt hat. »Vielleicht haben manche von Ihnen abgeklärte Worte von mir erwartet, fern der Welt und fern dem Krieg ... Ich bin kein Politiker, noch habe ich je am politischen Streit teilgenommen, und meine Worte, die sich manch einer vielleicht unbeteiligt gewünscht hätte, waren von Leidenschaft gefärbt. Haben Sie Verständnis für mich, haben Sie Verständnis dafür, daß wir, die Dichter Spanisch-Amerikas und die Dichter Spaniens, den Mord an dem, den wir für den Größten von uns halten, dem Engel dieses Augenblicks unserer Sprache, nie vergessen noch verzeihen werden ... Wir werden dieses **Verbrechen** weder vergessen noch verzeihen können. Wir werden es nie vergessen und nie verzeihen. Niemals.«

Man beachte, daß Neruda sagt: »Ich bin kein Politiker, noch habe ich je am politischen Streit teilgenommen...« Von der anarchistischen Ideologie seiner ersten Jugend ist ihm ein gewisses Mißtrauen gegenüber dem Wort »Politik« geblieben. Doch ebendieser Absatz zeigt anschaulich, wie ein Mensch, vom Leben getrieben, zur Politik kommen kann. Festgestellt sei, daß er es sagt, als er de facto bereits intensiv am politischen Streit teilnimmt. In jenen Tagen setzt er hinzu, daß er weder Kommunist noch Sozialist ist. Er täuscht es auch nicht vor. Aber er ist kein Neutraler. Er ist Antifaschist, so die politische Standortbestimmung des Dichters. Jahre später wird er, aus einer Sicht, die sich durch die Zeit geklärt hat, sagen: »Ich glaube, ich habe in Spanien als Kommunist gehandelt.« Es gibt nur einen scheinbaren Widerspruch in seinen Aussagen. Der Prozeß der Standpunktbildung war in seinem Bewußtsein im Gange. Und eines Tages wird er erkennen müssen, daß Federicos Tod katalytisch wirkte; er war nicht der einzige für seine Haltung ausschlaggebende Umstand. Im Grunde war sein Verhältnis zur Gesellschaft geprägt durch den Blick auf das Ganze, denn dieser galt nicht nur dem Schicksal eines einzelnen Menschen, so nahe ihm dieser gestanden hätte, sondern dem Schicksal von Milliarden von Menschen auf der gesamten Erde.

72

Das Spanienbuch

•

Das Werk, zuerst als verstreute Gedichte veröffentlicht, sollte eigentlich in Madrid erscheinen, mit einem Vorwort von Rafael Alberti. Aus diesem Vorhaben wurde nichts. Dafür erschien jene katalanische Auflage – als Kriegsakt, unter Mitwirkung von Soldaten der östlichen Front.

Spanien im Herzen hatte als Buch eine aufregende, seines Inhalts würdige Entstehungsgeschichte. 1941 berichtete der

Dichter Manuel Altolaguirre in einem Brief, wie das Buch 1938 hergestellt worden war, nicht weit vom Kanonendonner entfernt. »Es wurde im Kloster Montserrat gedruckt, wo die Mönche eine der besten Druckereien Kataloniens besaßen ... Wir hatten erfahren, daß in Orpi, nahe der Front, eine verlassene Papierfabrik stand, und beschlossen, sie in Betrieb zu setzen ... An dem Tag, da das Papier für Pablos Buch gemacht wurde, arbeiteten Soldaten in der Mühle. Sie verwendeten nicht nur die Rohstoffe, die das Kommissariat zur Verfügung stellte (Papier und Lumpen), sondern sie warfen in den Brei auch Kleidungsstücke und Verbände, Beutestücke aus dem Krieg, eine feindliche Fahne und das Hemd eines maurischen Gefangenen. Das Buch ... wurde von Soldaten gesetzt und auch von Soldaten gedruckt.«

Alberti ist der Meinung, daß dieses Werk von Neruda das bedeutendste ist, das der Krieg in Spanien hervorgebracht hat. Man beachte: *Der Krieg hat es hervorgebracht, mit Hilfe eines tief erschütterten Menschen*; geschrieben hat es ein Dichter, der die Tragik zum Kunstwerk gemacht hat. Kennzeichen des Werkes ist außerdem sein Schritt von introvertierter zu öffentlicher Dichtung.

Alberti verweist noch auf ein anderes schmerzerfülltes Buch, das aus dem schrecklichen Geschehen hervorgeht: *Spanien, laß diesen Kelch an mir vorübergehen* von César Vallejo, einem Peruaner, den er als sehr still, sehr geheimnisvoll bezeichnet.

Dritter Aufenthalt ist ein Titel, der fünf verschiedene Teile enthält: 1. »Der Ertrunkene des Himmels«, 2. »Liebesrasereien und Qualen«, 3. »Vereinigung unter neuen Bannern«, danach kommen als vierter Teil »Spanien im Herzen« und als fünfter »Gesang für Stalingrad«. Das heißt, *Dritter Aufenthalt* ist eine Reise zwischen zwei Welten, zwischen zwei Situationen, zwischen zwei Epochen, es ist die Kraft des Erlebten, die ihn diese Reise machen läßt. Dieses Hin und Her in Zeit und Ereignissen währt zehn Jahre, von 1935 bis 1945.

Im ersten Teil reitet der Dichter des *Grünen Pferdes* aus

Asiens Trostlosigkeiten in eine andere Landschaft, ist aber noch von einem Gefühl der Nutzlosigkeit beherrscht. »Ich bin nicht, diene nicht, ich kenne niemand.« Der Einsame ist bereit, weiter ein Einsamer zu sein: »Ruft mich nicht: mein Leben ist dieses. / Fragt mich nicht nach meinem Namen, meinem Familienstand. / Laßt mich in der Mitte meines eigenen Mondes, / auf meinem verwundeten Erdreich.«

Er wandert durch Europa. Doch sein Gedicht »Brüssel« schreibt er immer noch »zur Nachtzeit sterbend . . . pflanzenhaft, verlassen«. Ähnlich ist die Atmosphäre in »Der Verlassene«. Geschrieben wurden die Gedichte am Vorabend der Katastrophe, im Schatten, den diese vorauswarf. 1934 schreibt er ein einzigartig starkes Gedicht, »Liebesrasereien und Qualen«, in dem er einen Vers seines bitteren, vergötterten Quevedo verwendet: ». . . in meinem Herzen sind Furien und Qualen . . .« Es mutet an wie der ältere Bruder des *Begeisterten Schleuderers*. Krönung der erotischen Poesie, in der sich Liebe mit Haß vermischt.

> Ich entsinne nur einen einzigen Tag,
> der mir wahrscheinlich niemals bestimmt war,
> es war ein nie endender Tag,
> ohne Ursprung, Donnerstag.
> Ich war ein Mann, vom Zufall hergeführt,
> mit einer so aufs Gratewohl aufgelesenen Frau,
> wir zogen uns aus,
> wie um zu schlafen oder zu schwimmen oder alt zu werden,
> und wir drangen ineinander ein,
> sie umschloß mich wie eine Höhlung
> ich zerbrach sie, wie einer,
> der eine Glocke schlägt,
> zwar war sie der Klang, der mich versehrte,
> und die feste Wölbung, zu beben entschlossen.

»Die Silben trennend der Angst und der Zärtlichkeit, wir, / unendlich Vernichtete« – so geht der Dichter zur »Vereinigung unter neuen Bannern« über, durch den Tunnel des dazwischenliegenden Raumes. Dort hat er einen Traum: Er vereine seine Wolfsschritte den Schritten des Menschen. Er wird sich nicht mehr in seine Traurigkeit versenken. Wird den Kult wollüstigen Schmerzes ablegen. Schluß machen mit Tränen als Antwort oder Erleichterung. Er wird nicht mehr »Zuflucht in den Gewölben des Weinens« suchen.

Innerhalb des Buches vollzieht sich plötzlich (dieses »plötzlich« ist die Tragödie, in die er sich verwickelt sieht) der Wandel, der Bruch, der Riß, im Grunde wirkt ein Wesen unter neuen Bedingungen weiter.

Spanien im Herzen, Hymne auf den Ruhm des Volkes im Krieg (1936–1937) ist schreckliche Realität und glänzende Dichtung. Seine Struktur erinnert an ein antikes Gedicht: Anrufung, Verfluchung, Erzählung, Analyse der Ursachen, Erklärung, Lobpreisung, Bild der Vergangenheit, Chronik des Krieges, Dantesche Verdammung General Francos zur Hölle, Gesang auf einige Ruinen, Landschaft nach einer Schlacht. Sein epischer Atem verleiht ihm einen Geruch nach Epos.

Noch immer behauptet der Dichter, kein Politiker zu sein, in seinem Gedicht »Spanien, arm durch die Schuld der Reichen« verflucht er jedoch »sie, die der hohen Heimat das Brot / nicht mehrten, sondern die Tränen«. Kritisch betrachtet er die von »totem Rotz« erfüllte Tradition. Das heißt, er gibt ein Urteil ab, das direkt auf den politischen Bereich gemünzt ist.

Bald danach überläßt er sich der suggestiven Kraft, der sinnlichen oder strengen Musikalität von Ortsnamen in dem in Brand gesteckten Land. Sein langes »Wie Spanien immer war« ist fast durchweg eine Aufzählung spanischer Dorfnamen. Er fügt keinerlei Adjektive hinzu. Er nennt nur Namen. Und was wie ein Onomastikon oder wie ein touristischer Führer anmuten könnte, wird, da der Dichter stets das richtige Wort wählt, zu einem Bild spanischer Seele und Geographie. Es ist ein Nachhall aus iberischen, romanischen, jüdischen, gotischen, arabischen Quellen. Die Namen reizen das Ohr des Dichters, der in ihnen die kunterbunte Botschaft jahrhundertelanger Geschichte entdeckt.

Mit dem Nennen der Namen im Buch gönnt er sich eine dreiminütige Verschnaufpause, um gleich danach zu dem

Epos zurückzukehren, dessen Zeuge er sein durfte mit der »Ankunft der Internationalen Brigaden in Madrid«. »Da, durch den Frost von Madrids kaltem Monat brechend, im Nebel der Dämmerung, / mit diesen Augen, mit diesem Herz, das Ausschau hält, / sah ich die hellen Kämpfer kommen, die Kämpfer-Beherrscher / der schlanken, harten, reifen, glühenden Brigade aus Stein.«

Den Umschwung erklärte Neruda einige Male. Der Mensch, der Dichter ging aus Spanien verwandelt hervor. Wie der legendäre Salamander ging er durchs Feuer, überlebte und war am Ende ein anderer. Im März 1939 erinnert er in einer der Ausgabe der »Liebesrasereien und Qualen« vorangestellten Bemerkung an eine bezeichnende, entscheidende Erkenntnis. »Dieses Gedicht wurde 1934 geschrieben. Was ist nicht alles seither geschehen! Spanien, wo ich es geschrieben habe, ist ein Ruinengürtel. Ach, könnten wir doch mit einem einzigen Tropfen Poesie den Zorn der Welt besänftigen, doch das vermag nur der entschlossene Kampf, das entschlossene Herz.«

Der entschlossene Kampf, das entschlossene Herz sind Geheimnis und Erklärung der Metamorphose, die *Spanien im Herzen* in Nerudas Werk darstellt. Wie er selber sagte, hatte er sich, hatte seine Dichtung sich gewandelt. Wir haben gewissermaßen einen neuen Neruda vor uns.

73
Der Dichter auf der Straße und eine »femme fatale«

Der Herr Konsul hatte Beherrschtheit und Zurückhaltung, die er anfangs bewahrt, verloren. Chiles Botschafter in Spanien, Aurelio Núñez Morgado, verlor seinerseits die Geduld. Dazu gehörte freilich nicht viel. Er war ein Politikaster alten Schlages. Als Mitglied einer phantomhaften Radikal-Sozialistischen Partei, der Person des Präsidenten Arturo Alessandri Palma ergeben, war er vom Parlament in die Diplomatie übergewechselt und spielte hier die Rolle eines getreuen Verfechters der von der rechtsgerichteten chilenischen Regierung beschrittenen Linie. Die Botschaft stellte er der Fünften Kolonne als Schlupfwinkel zur Verfügung. Gewiß nicht aus eigenem Antrieb, sondern auf Weisung des Außenministeriums in Santiago. Seine Regierung sympathisierte mit den Aufrührern. Als der Völkerbund in Genf über den der Spanischen Republik zustehenden halbständigen Sitz abstimmte, votierte der Vertreter der Moneda, Eigentümer des *Mercurio*, Augustín Edwards MacClure, für deren Ausschluß.

Im Konsulat in Madrid arbeitete nachmittags Luis Enrique Délano, vormittags studierte er an der Universität Literatur. Neruda teilte mit seinem alten Freund und Altersgenossen (Délano war drei Jahre jünger) nicht nur Amtspflichten, sondern auch – und das vor allem – die Sorge um das Schicksal Spaniens. Auf beide wirkte das Drama, das sie erlebten, in gleicher Weise. Es veränderte ihr Leben. Im Ministerium verloren sie ihre Stellung. Außerdem war Neruda zu einem Mann der Öffentlichkeit geworden, zu einem Dichter des Spanischen Krieges. Er schämte sich dessen nicht. Er hatte den Rubikon überschritten. Der Botschafter meldete eifrig jeden seiner Schritte nach Santiago. Unnötigerweise, denn die Nachrichtenagenturen übermittelten ohnehin die offen engagierten Aktivitäten des Konsuls, die die formale Neutralität der von ihm vertretenen Regierung verletzten.

So konnte der Absetzungsbescheid nicht mehr überraschen. Pablo Neruda wurde vor die Tür gesetzt. Der zweite Dichter, der innerhalb kurzer Zeit aus dem Madrider Konsulat ausgeschlossen wurde. Er stand auf der Straße in einer Stadt, die bombardiert wurde und weiterhin Widerstand leistete. Er stand auf der Straße, aber nicht allein, sondern, wie er fand, in sehr guter Gesellschaft.

Er wunderte sich auch nicht über die eigene Reaktion. Er war nicht im mindesten erschrocken. Vielleicht war es besser so. Hatte er doch jetzt die Hände frei zum Kämpfen. Was das Essen anging – das würde sich finden.

Er mußte die Republik mit allen ihm zur Verfügung stehenden Mitteln schützen. Im Jahre 1936 erschien, von ihm und der englischen Schriftstellerin Nancy Cunard herausgegeben, die Zeitschrift *Die Dichter der Welt verteidigen das spanische Volk*. Jede Nummer enthielt Gedichte in Englisch, Französisch und Spanisch. Die Zeitschrift wurde in London und Paris verkauft, die Einnahmen der republikanischen Sache zugeführt. Nancy Cunards alte Freunde, Tristan Tzara und Louis Aragon, arbeiteten mit, sie übergaben ihr Gedichte; ebenso Langston Hughes, Nicolás Guillén, Brian Howard und andere bekannte Dichter. Zuständig für den spanischen Teil waren Pablo Neruda, Federico García Lorca, Rafael Alberti, Raúl González Tuñón, Vicente Aleixandre.

Neruda und seine Freunde kamen zu dem Schluß, daß er in Frankreich notwendiger gebraucht würde. Daraufhin fuhr Neruda nach Reanville, um Nancy bei ihrer Druckarbeit zu unterstützen. In Paris erschienen fünf Nummern. Die Zeitschrift war ein Vorbild, dem man, mit einigen Änderungen, in mehreren Ländern folgte. Sogar in Santiago wurde eine bemerkenswerte kleine, dem spanischen Volk gewidmete Anthologie chilenischer Dichter herausgegeben.

Nancy Cunard war ein Mythos der Epoche. *Femme fatale*, so wurde sie mir von Neruda vorgestellt, der sie in meiner Begleitung in einem drittklassigen Hotel in Santiago aufsuchte, wohin sie nach dem Sturz der Republik gekommen war. Die Erbin der Cunard Line verbirgt sich in Aldous Huxleys *Kontrapunkt des Lebens* hinter der Lucy Tantamount, Rache eines nicht erhörten, grollenden Liebhabers. Sie war für ihn zur Zwangsvorstellung geworden. Und in mehreren seiner Romane diente sie ihm als Vorlage für eine negative Heldin. Sie ist die exzentrische Frau aus *Phantastischer Tanz* (Antic Hay). Die gefährliche Aristokratin spielt einen Augenblick mit der spitzen Maus und läßt sie, ohne sie zu verzehren, laufen, weil sie ihrem Gaumen nicht zusagen würde. Auf dem Wege einer exorzistischen Operation versucht Huxley, von seiner unseligen Leidenschaft freizukommen, indem er sie aufs Papier bannt. Sie ist die Anti-Königin Victoria. Nur daß sie hier Myra Viveash heißt. Augen einer siamesischen Katze. Der Gang schwebend oder als balanciere sie auf einer Messerschneide. Evelyn Waugh hat sie unter dem Namen Virginia Troy in ihren Roman einge-bracht. Ihr Bild ist das des romanhaften, romantischen Phan-toms, das zwischen den zwei Kriegen hin und her gegangen ist, letzte jener eleganten Frauen, Agentinnen der Verdamm-nis, ausgestattet mit ersterbender Stimme, vor denen die Männer dahinschmolzen. Ihre Bewunderung hatte erst Me-redith, dann Proust gegolten. Sie trank gern Absinth, weil Baudelaire und Oscar Wilde eine Vorliebe dafür gehabt hat-ten. Einmal begeisterte sie sich für Bernard Shaw. Sie dis-kutierte mit T. S. Eliot und verehrte eine Zeitlang D. H. Law-rence. Hingerissen war sie von der Kubismus-Explosion, von Epsteins Skulpturen, von Strawinskis Musik, von Dja-gilews und Fokins Aufführungen des russischen Balletts in Paris und vom amerikanischen Jazz. Sie näherte sich dem Surrealismus. Louis Aragon stellt sie in den Mittelpunkt seines Romans *Blanche oder Das Vergessen.* Er verliebt sich in Nancy, es ist eine Liebe mit Ausschließlichkeitsanspruch. »In meinem Leben hat es eine Frau gegeben, die sehr schön war, mit der ich mehrere Jahre gelebt habe, mit der zu leben ich aber im Grunde nicht geschaffen war.« Als er ihr in Ve-nedig droht, er werde sich umbringen, fordert Nancy ihn auf, dies auf der Stelle zu tun, und fügt hinzu, daß es sie sehr wundern würde, wenn er den Mut dazu hätte. Er geht in ein Hotel und nimmt eine Überdosis Schlaftabletten. Sein Gefühl äußerte er in dem »Gedicht, in den Ruinen zu schreien«, das als Bestandteil eines Buches mit dem para-doxen Titel *Freudenfeuer* (Feu de joie) erschien.

In *Der Neger und Milady* (El negro y Milady) verkün-det sie schwarz auf weiß: »Ich habe einen schwarzen Freund, einen intimen Freund.« Damit wollte sie ihre Mutter schok-kieren. Sie kam als Reporterin der »Associated Negro Press« nach Spanien. Dort lernte sie Neruda kennen. Sie war nach Madrid gereist, um ihn im Konsulat aufzusuchen. Er war damals zweiunddreißig, acht Monate jünger als sie. Pablo will Buchdruckerei lernen. Er fuhr zu ihr nach Südfrank-reich, um ihr beim Druck der Reihe *Die Dichter der Welt verteidigen das spanische Volk* zu helfen. Neruda war nur ein mittelmäßiger Schriftsetzer. Das Wort *párpados*, Augenlider, machte er zu *dárdapos*. Später schrieb sie ihm aus London: »*Mon cher Dárdapo*«.

In Chile kam sie im Januar 1940 nach fünfwöchiger Schiffsreise mit einem Visum an, das Neruda ihr verschafft hatte. Sie war in Begleitung eines jungen spanischen Toreros. Hier nahm sie einen zahnlosen, dem Alkohol verfallenen Dichter zum Geliebten, der die englische Lady nachts züchtigte, so daß sie gezwungen war, die angerichtete Verwüstung tagsüber hinter riesigen dunklen Brillengläsern zu verbergen.

In Chile blieb sie zwanzig Monate. Sie lebte weiter in ihrem Stil, bis sie ein Vierteljahrhundert später, zum Gespenst geworden, am 16. März 1965 in der Sauerstoffkammer des Krankensaales eines Pariser Krankenhauses einsam starb. Der *Evening Standard* brachte ein »Schmerzliches Adieu für eine Königin der zwanziger Jahre«. In *Les Lettres Françaises* schmückte George Sadoul ihr Bild aus. »Sie war mehr«, sagte er, »als eine exzentrische Gestalt der verrückten Jahre. Um ihren Schatten schweben afroamerikanische Blues und Spirituals, die Balladen des republikanischen Spanien und die unmoralischen Hymnen der modernen französischen Poesie.«

Da sehen wir sie in einem miesen, kleinen Hotel in Santiago wieder vor ihrem Freund Pablo stehen; mit ihm hat sie unvergeßliche Tage bei der Arbeit für jene Sammlung verbracht, die sie für eines der wesentlichen in ihrem Leben geschaffenen Dinge hält.

74
Literarische Leidenschaften

Der arbeitslose Dichter wird jetzt seine organisatorischen Fähigkeiten zeigen. Zusammen mit César Vallejo gründet er in Paris das »Hispanoamerikanische Komitee zur Unterstützung Spaniens«. Französische Schriftsteller bitten Neruda, Schriftsteller seines Kontinents für die Teilnahme an dem Kongreß zu gewinnen, der auf der Pyrenäen-Halbinsel stattfinden soll. Er ist gern dazu bereit. Man setzt ihm ein kleines Gehalt aus. Die Arbeit ist schwer und umfangreich. Er muß eine Auswahl treffen, Listen mit den Gästen anfertigen. Er weiß am besten, wer in der lateinamerikanischen Literatur welche Rolle spielt. Viele Briefe sind zu schreiben. Zu jener Zeit sympathisieren so gut wie alle namhaften Schriftsteller mit der überfallenen spanischen Republik. Der Zweite Internationale Schriftstellerkongreß fand im Juli 1937 in Madrid und Valencia statt. Anwesend waren André Malraux, Louis Aragon, Ilja Ehrenburg, Waldo Franck, Ernest Hemingway und viele andere.

Aus Lateinamerika kamen zahlreiche Schriftsteller, unter anderem Nicolás Guillén und Juan Marinello aus Kuba, Octavio Paz aus Mexiko. Aus Chile Alberto Romero und Vicente Huidobro.

Vor seiner Abreise hatte Huidobro gesagt, unter Spaniens elektrisch aufgeladenem Himmel sei eine Bombe explodiert. Eine Horde Verräter und mißratener Söhne habe sich bewaffnet erhoben, um der siegreichen Demokratie den Weg abzuschneiden, die logische Entwicklung des Volkes zu verhindern, eine Mauer aus Gewehren dem großartigen Los des aufbrechenden Menschen entgegenzustellen. So seine leidenschaftlichen Worte. »Voller Erwartung verfolgen wir«, hatte er gesagt, »den wechselvollen Kampf, und es betrübt uns zutiefst, daß wir nicht dort sind, bei diesem heldenhaften Volk, das die Zukunft der Welt verteidigt . . .« Seine Vorhersage klang optimistisch. »Das spanische Volk«, fügte er hinzu, »kann nicht verlieren. Der verborgene Strom der Geschichte kann nicht zum Stillstand kommen. Die Zeit wird ihm, wird uns gehören.« Diesen Artikel hatte er der Presse übergeben, er sollte am 12. Oktober veröffentlicht werden, »am Jahrestag des gewaltigen Poems«, sagte er, »das vom spanischen Volk auf Meeren und Kontinenten geschrieben worden ist«. Er schloß in einem persönlichen und zugleich feierlichen Ton: »Als Sohn Deiner Rasse und dieser Länder, die Du dem Dunkel entrissen hast, grüße ich Dich von Herzen, beklagenswertes, erhabenes Spanien, das aufrecht steht und nie auf die Knie gezwungen wird!«

Er reiste ab, sobald er die Einladung erhalten hatte. Er würde nach Paris zurückkehren, in seine zweite oder erste Heimat. Er würde sich inmitten des auf Spanien gerichteten Feuers zur Stelle melden. Es kam anders, als er dachte.

Der zweisprachige Dichter, der in Französisch und Spanisch schrieb, wurde inne, daß er in Paris jetzt als Metöke angesehen wurde, und in Spanien hatte man andere Sorgen: Der Krieg, zur Furie geworden, verschlang alles und spie Tote an jeder Straßenecke aus.

War das Spanien des Cid – seines Mío Cid – das verfluchte Spanien? Von dort kam sein Blut, sogar sein Adelstitel, den er verachtete, *Marqués de Casa Real*, Marquis des Königlichen Hauses. Er hatte über die epische Person – eine Verkörperung Huidobros – ein Buch geschrieben, über das dort kein einziges Wort verloren wurde. Er ahnte, daß Franco siegte. Und was weit schlimmer war: Er erkannte, daß auf republikanischer Seite andere Schriftsteller höher bewertet wurden als er. Der Kongreß von Valencia verletzte aufs schmerzlichste die Sensibilität und den Stolz des selbsternannten Vaters der Neuen Poesie. Seine Geschichte, die keiner anderen glich, blieb nahezu unbeachtet. Es dünkte ihn unanständig, wie sich bei der Zusammenkunft stillschweigend Hierarchien herausgebildet hatten. Die Namen Rimbaud, Mallarmé, Apollinaire, Huidobro wurden von den Gurus aus Indien verdunkelt, von den Antonio Machado, von den André Malraux und, was millionenmal ungehöriger war, von den Neruda. Die vergessenen Dichter waren die echten. Man heiligte Dichtung über Kochkunst und ignorierte die Namen derer, die echte Bücher über das *Descubrimiento*, die Entdeckung, geschrieben hatten.

Stand er aufrecht, oder war er mutlos? Sagte er, früher ein Prophet des Sieges, jetzt nicht die Niederlage voraus? Verzagte der einst Zuversichtliche? Er wußte es noch nicht genau. Und vermochte es erst recht nicht zu bekennen.

Vicente Huidobro erkannte, daß Neruda in Frankreich und Spanien ein Ansehen erworben hatte, das nach seiner Meinung skandalös war, ein fauler Zauber. Neruda war der alles überragende Intellektuelle aus Lateinamerika.

Es kam zu etlichen Zwischenfällen im Zug von Paris nach Madrid, am Ort selbst und auf dem Kongreß. Sehr enttäuscht kehrte er heim. Ich sah, wie er auswich und ablenkte. Anfangs hatte er einen Satz gesagt, der dem Ausmaß der Tragödie entsprach. »Das in Spanien ist groß, ist edel, ist furchtbar.« Doch der erste Dichter des Kontinents war geschlagen, als er heimkam. Ich fragte mich, warum er gefahren war. Er war nach Spanien gereist, weil er nach Spanien reisen mußte. Er konnte nicht in der letzten Provinz der Welt hocken bleiben, wenn die Großen, die Halbgroßen, Leute mit Namen in der Literatur dorthin reisten, wie die weisen Tibetaner nach Katmandu.

Seine Betrübnis war groß. Der Meister hatte in Europa keine Lorbeeren geerntet. Er betrachtete den Schriftstellerkongreß von Valencia als abgefeimte Intrige, als Anti-Huidobro-Mikrokosmos. Da habe flüchtiger Ruhm unter üblem Geruch gegoren. Da seien falsche Perlen verkauft worden. Da sei seine Größe nicht anerkannt worden. Jener Kongreß sei ein kleines abgeschlossenes Gehege von Heuchlern gewesen, in dem Tongötter neben den Strichjungen und den Gaunern der Literatur saßen. Er bevorzuge die Straße. Ja, aber auf der Straße fielen Bomben. Ihm habe ein Unglück zustoßen können. Seine Phantasie arbeitete wie eine Maschine Tag und Nacht und produzierte Ernüchterung.

Neruda hatte für ihn etwas Dämonisches angenommen. Der Tango-Autor (»Tango des Witwers« war kein Zufall, sondern jene Schwalbe, die den Sommer macht) war für ihn zum Alptraum geworden. Gefälliger Dichterling, Provinzler, Frechling, Vampir, von infernalischer Vulgarität.

An einem Sonntagabend saß ich mit Eduardo Anguita an unserem Stammtisch in der »Fuente Iris«. Ich las *El Imparcial*, ein schwarzes Abendblatt, gedrucktes Mittelalter, das Tag für Tag die Kreuzigung der Linken forderte. Zu jener Stunde waren wir die einzigen Gäste. Plötzlich sagte ich zu Anguita: »Hör mal zu, was hier steht: ›Spanien im Herzen Nerudas‹.« Und ich las ihm ein paar Passagen vor.

»Wie ist der Artikel unterzeichnet?« fragte er.

»Justiciero.«

»Wer ist Justiciero?«

„Ich erkenne ihn an der Stimme. Vicente«, erwiderte ich niedergeschlagen.

Es war ein plump maskierter Angriff. Der Verfasser gab sich als wütender Gegner der Republik und als Franco-Anhänger aus. Gott sei Dank werde das Spanien Nerudas eines Tages wirklich Platz in seinem Herzen haben, weil es infolge der Siege des Caudillos stündlich kleiner werde. Der getarnt geschliffene Stil verriet unverwechselbar den Vater der Schmähschrift. Es roch nach nur ihm eigenen Ausdrücken, seinen nicht übertragbaren Wendungen: eine Art Poesie mit Naphtalen, Neruda als Tangodichter, García-Lorca-Volksliedersänger. In dieser Verkleidung verbrannte er alles, was mir heilig war. Jäh offenbarte sich mir eine bittere Wahrheit: Vicente glaubte nur an sich selber.

75

Präsident der Intellektuellen

Der Kongreß von Valencia hatte beschlossen, Allianzen antifaschistischer Intellektueller in allen nur möglichen Ländern zu gründen. Neruda übernahm diese Aufgabe in Chile. Er verläßt das zweifelhafte kleine Hotel in Paris, in dem er mit Delia gewohnt hat. Zusammen mit dem argentinischen Dichter Raúl González Tuñón und dessen Frau Amparo Mon besteigen sie einen französischen Frachter, um nach Chile zurückzukehren. Da steht er an Deck, blickt aufs Meer hinaus und zieht innerlich Bilanz: Der Kongreß der Intellektuellen ist ein Ereignis gewesen, doch die Republik steht kurz vor dem Zusammenbruch. Wohin er schaut, es bietet sich ihm ein beängstigendes Bild. Der Nationalsozialismus ist im Aufschwung begriffen. Er selbst darf sich keine Ruhepause gönnen.

In Chile empfindet man Spaniens Krieg wie einen eigenen. Vor kurzem hat sich die Volksfront gebildet, bestehend aus der Radikalen, der Demokratischen, der Sozialistischen und der Kommunistischen Partei sowie aus dem Gewerkschaftsbund Confederación de Trabajadores de Chile. Oft kommt es auf der Straße zu Zusammenstößen mit Nazis, deren Führer González von Marées ist. Die Atmosphäre ist erhitzt, und die erste Nachricht eines jeden Tages betrifft Spanien. Neruda wird in seiner Heimat als der am unmittelbarsten mit der Sache des bewaffneten Volkes verbundene Chilene empfangen.

Er hat einen glänzenden Auftritt, der in gewisser Weise an den Dialog *al alimón* mit García Lorca in Buenos Aires erinnert. Doch Federico kann nirgendwo auf Erden mehr Reden halten. Er ist dem Faschismus zum Opfer gefallen, den Neruda anprangern will, um Chile in Alarmzustand zu versetzen, weil es Teil der Welt ist, die der Faschismus bedroht.

Es ist keine Runde *al alimón*, wohl aber ein Rededuett, das da an einem Sonntagvormittag in Santiago stattfindet, in einem Stadttheater, das bis auf den letzten Platz gefüllt und von dem, was es hört, erschüttert ist. Es sprechen der chilenische Dichter Pablo Neruda und der argentinische Dichter Raúl González Tuñón. Sie berichten über die Lage in Spanien und entwerfen ein Bild, so flammend, so lebendig, so überzeugend und aufwühlend, wie es dieses Publikum noch nie erlebt hat. Magie der Wahrheitsdichtung, vorgeführt von besonderen Reportern, die direkt von der Front kommen. An diesem Tag spürt man im Theater den Schlachtenrauch und hört das Blut tropfen.

Überbringer wie Empfänger der Botschaft fühlen, daß da, wo sie Spanien sagt, man sehr wohl Chile sagen könnte. Die Gefahr besteht, daß auch unser Land eines Tages in den Faschismus abgleitet.

Neruda offenbarte sich an jenem Morgen dem betroffenen Publikum als eine Persönlichkeit, die die erregende, packende Größe der Poesie mit einem konsequenten politischen Standpunkt verband. Er bewies seine Fähigkeit, an Herz und Verstand zu appellieren, indem er deutlich machte, was für eine Tragödie sich in jenem anderen Land abspielte und daß ähnliches morgen oder übermorgen auch im eigenen Land geschehen könnte.

An einem bewußt ausgewählten Tag, dem 7. November 1937, dem zwanzigsten Jahrestag der Oktoberrevolution, gründete Pablo Neruda im Ehrensaal der Universität die Allianz der Intellektuellen Chiles. Er wurde zum Präsidenten ernannt. Die Allianz ist die breiteste, aktivste Bewegung zur Förderung der Kultur gewesen, die es je im Land gegeben hat. Sie umfaßte Menschen aller Kunst- und Wissenschaftsdisziplinen. In ihr vertreten war das gesamte Spektrum ästhetischer, politischer, ideologischer, religiöser Richtungen, ausgenommen faschistische und reaktionäre. In ihr wirkten Hunderte von Intellektuellen mit, unter anderen Alberto Romero, Juvencio Valle, Ángel Cruchaga, Antonio Quintana, Humberto Díaz Casanueva, Judith Weiner, Francisco Coloane, Carlos Vicuña Fuentes, Roberto Aldunate, Acario Cotapos, Luis David Cruz Ocampo, Gabriel Amunátegui, Guillermo Labarca, Rubén Azócar, Oscar Castro, Gerardo Seguel, Bernardo Leighton, Sergio Larraín.

Die Allianz der Intellektuellen arbeitete mit ihr eigenen Methoden und bediente sich vor allem eines Werkzeuges, das im Land nicht sehr verbreitet war und in offiziellen Kreisen kein großes Ansehen genoß: der gedruckten Seite. Am 24. Dezember 1937 wird in der Alameda die erste Buchmesse eröffnet. Diese wird zu einer Tradition, die bildungsfeindliche Regime später verschwinden lassen werden, als wäre sie eine Ausgeburt der Hölle.

Die Allianz war ein Bienenhaus, sie existierte nicht nur in der Hauptstadt. Es kam zu Zweiggründungen in Iquique, Antofagasta, Valparaíso, San Felipe, Rancagua, Concepción, Temuco und anderen Städten. Nerudas persönlicher Einsatz ist groß. Er formuliert die Forderungen seiner Organisation und startet eine Kampagne zum Schutz des Rechtes auf literarisches Eigentum.

Ein neuer Lebensabschnitt beginnt für ihn. Er steht im Mittelpunkt der kulturellen Bewegung. Ist Motor der Solidarität mit Spanien. Wirkt in der chilenischen Politik als einzigartige Gestalt der Volksfront und setzt sich für die Wahl von deren Präsidentschaftskandidat, Pedro Aguirre Cerda, ein.

Vielleicht mildert diese Arbeit ein wenig die noch frische schmerzliche Erinnerung an den vielfachen Tod, den er vor kurzem erst hinter sich gelassen hat. Er spürt, daß er sich mit seiner Heimat, mit dem Leben aufs neue vereinen und sich am organisierten Kampf beteiligen muß.

76
Wasser des Lebens und des Todes

In jener Zeit treffen ihn harte Schläge. Kurz hintereinander sterben Menschen, die ihm nahestanden. Es erreicht ihn die Nachricht, daß ein Dichter in Paris gestorben ist, den er für so gewaltig wie die peruanischen Anden hält und der während seiner letzten Zeit in Europa Seite an Seite mit ihm gearbeitet hat. Eine »Ode an César Vallejo« wird an den Stein seines Gesichts erinnern, des wie das ausgedörrte Bergland seiner Heimat von tiefen Runzeln durchzogenen.

Beider Leben war ein zweigeteiltes Schicksal. Neruda kam auf der Reise nach Indochina zu einer Stippvisite nach Paris, entfloh jedoch dessen Zauberwerk, dessen Lüge und dessen Wahrheit sogleich wieder. Vallejo war dort geblieben, »in den lieblosen Hotels der Armen«. Später, als Spaniens Blut sie rief, eilten beide gleichzeitig hin. Sein Freund war ein zweimal außer Landes Gejagter. Er nannte ihn »mein Bruder«, auch wenn es im literarischen Leben nicht am Barmherzigen Samariter mangelte, der ihr Verhältnis zum Hahnenkampf machen wollte.

Als er die Unglücksnachricht erhält, schreibt er für die erste Nummer der Zeitschrift *Aurora de Chile*, des Organs der Allianz der Intellektuellen, einen Artikel, »César Vallejo ist tot«. »Alter Streiter für die Hoffnung, alter Freund. Ist es möglich?« Er nennt ihn »unseren vielbewunderten«. Er erinnert daran, wie Vallejo nach amerikanischer Erde verlangt habe, aber Spanien habe ihn in Frankreich festgehalten, wo niemand fremder gewesen sei als er. Er war ein Mann unseres Amerikas. Für Neruda hatte Vallejo etwas von einem Bergwerk, von einem Stollen im Mond. » ›Er hat seinen vielen Hungern Tribut entrichtet‹, schreibt mir Juan Larrea ... Das Unglück Spaniens war für deine unermeßliche innere Kraft der tägliche Bohrer. Du warst groß, Vallejo. Du warst innerlich und groß, wie ein großer Palast aus unterirdischem Gestein ...«

In jenem fiebergeschüttelten, harten Jahr hält der Tod aber auch in der Familie Ernte. Sein Vater war sehr krank. Er starb am 7. Mai 1938. Neruda muß zur Beerdigung nach Temuco fahren. Die Eisenbahnfahrt spricht zu ihm unausgesetzt von dem Lokomotivführer des Schotterzuges. Wenn er ankommt, wird Don José del Carmen Reyes mit dem Land von Araukanien verschmelzen. Sein Blick fällt immer wieder auf hölzerne Schlösser. Wieder geht er ein in das unvergessene Reich des Regens und der lebendigen Botanik, das er, der Vater, ihm als Kind gezeigt hat. Wie viele Fahrten mit dem nächtlichen Zug! Diese ist die trostloseste. Als der Morgen graut, kommt er sich wieder wie ein eiliger Schüler vor, da er die Kinder aus den armen Dörfern mit ihren Schulmappen durch Schlamm und Wasser gehen sieht, zur baufälligen Schule hin. Er trägt Trauer, und an der Station erwarten ihn seine Onkel. Zu Hause setzt er sich neben seinen aufgebahrten Vater. Verharrt in Schweigen. Seine Onkel rufen ihn in den Hof, sie öffnen einem Lamm die Brust und lassen das Blut in eine Schüssel laufen. Geben ihm davon zu trinken.

Er wird jetzt seinen Vater beerdigen, und wieder spricht die ganze Atmosphäre seiner ersten Jahre zu ihm in jener harten, messerscharfen Sprache. Begräbnisse haben immer etwas Religiöses, auch wenn der Dichter Wert darauf legt, seine »streng weltliche« Einstellung zu bekunden. Er geht zu seinem Freund, bei dem er wohnen wird, Doktor Manuel Marín, der seinen Vater behandelt hat. Lange schreibt er. „Aus dem Norden brachte Almagro sein zusammenge-

schrumpftes Glimmen . . .« Als er aufhört, ist tiefe Nacht.
». . . der Wogen ganzer Gischt träuft aus seinem Meeres-
bart, / alle Kohle überhäuft es mit geheimnisvollen Küssen . . .« (*Der große Gesang*) Er hat einen schnellen Abschied von seinem Vater gewollt. Von diesen Versen ließ
er nichts an dessen Grab. Aber er schreibt sie auf, sobald
er vom Friedhof zurück ist.

Er reist wieder nach Santiago. Wenige Wochen später
kommt ein anderes Unglückstelegramm. Es teilt ihm mit,
daß die Mamadre den Weggang ihres Mannes nicht ver-
wunden hat und am 18. August verstorben ist. In doppelter
Trauer kehrt er in den Regen des Südens zurück. Jetzt muß
der Vater aus der Friedhofsnische herausgenommen werden, damit das Ehepaar gemeinsam im längsten Schlaf
ruhen kann. »Mittags ging ich mit meinem Bruder und einigen Eisenbahnerfreunden des Verstorbenen hin, wir ließen
die bereits versiegelte und einzementierte Nische öffnen und
zogen den Sarg heraus, der schon voll Schimmel war, ein
Palmzweig mit schwarzen, erloschenen Blumen lag oben-
auf: die Feuchtigkeit dieser Zone hatte den Sarg gespalten,
und als wir ihn herunterhoben von seinem Platz, sahen
wir, ohne daß ich glauben konnte, was ich sah, Unmengen
Wasser aus ihm herausfließen. Mengen wie endlose Liter,
die ihm, die seiner Substanz entströmten.«

Dennoch war alles ganz einfach: das Element, das sein
Leben umgeben hatte, umgab auch seinen Tod. Die Tatsache verblüffte ihn. Doch was war daran sonderbar? Er
kehrte einfach in sein Klima zurück. »Aber alles klärt sich
auf. Dieses tragische Wasser war der Regen, Regen vielleicht eines einzigen Tages, womöglich einer einzigen Stunde
unseres südlichen Winters, und dieser Regen hatte Dächer
und Balustraden, Ziegel und andere Materialien und
andere Tote durchquert, bis er in das Grab meines Vaters
gelangte. Nun gut, dieses schreckliche Wasser, dieses Wasser, das aus einem unmöglichen, unergründlichen, unheimlichen Versteck hervorgekommen war, um mir sein wie ein
Sturzbach sich ergießendes Geheimnis zu zeigen, dieses ursprüngliche und gefürchtete Wasser verwies mich mit sei-

nen geheimnisvollen Strömen einmal mehr auf meinen nicht endenden Zusammenhang mit einem bestimmten Leben, einer bestimmten Gegend, einem bestimmten Tod.«

Er gehörte zur Gegend des Regens. Stets war er dem Regen begegnet. Stets würde er auf ihn treffen, im Leben und im Tod.

Aber auch auf die Sonne.

Das heißt, er mußte mit einem Regenbogen rechnen.

ZWEITER TEIL

Passion und Tod

V

Seine Entdeckung Amerikas

77

Die verfluchten Städte

Der Dichter weilte in Temuco, wohin er zum Begräbnis seines Vaters gekommen war, als sich einige Provinzbehörden mit einer inständigen Bitte an ihn wandten: »Sie sind der einzige, der uns helfen kann! Sie sind der einzige, der sie umstimmen kann!« Wen sollte er umstimmen? Jene Dame in langem sandfarbenem Kleid und mit flachen Absätzen, die ihm als Halbwüchsigem Bücher russischer Autoren geliehen und ihm eines Tages, nachdem er mehrfach vergebens bei ihr vorgesprochen, mit ihrer Autorität bestätigt hatte, daß in ihm ein Dichter steckte.

Die Abgesandten der Stadtverwaltung, der Schulbehörde schienen kurz vor einem Nervenzusammenbruch zu stehen. Gabriela Mistral, die mit dem Zug durch Temuco kommen sollte, hatte aus Bariloche, einem Gebirgskurort im Süden Argentiniens, abschlägig auf alle Bitten geantwortet, ein paar Tage oder wenigstens ein paar Stunden in Temuco Station zu machen; ein schlechtes Gewissen wollte ihr vielleicht eine apotheotische Wiedergutmachung zukommen lassen, sämtliche Einwohner würden zusammenströmen und die Schulkinder ihre, Gabrielas, Rundgesänge anstimmen. Sie hatte kategorisch nein gesagt. Sie ließ sich nicht glorifizieren, schon gar nicht in Temuco. Sie hatte noch alte Rechnungen mit der Stadt zu begleichen. In ihrer heftigen Art schreibt sie es in Druckbuchstaben unter ein Gedicht in *Trostlosigkeit*, dessen Veröffentlichung jemanden in der Stadt zu einer, wie sie meinte, hundsgemeinen, niederträchtigen Bemerkung veranlaßt hatte. Sie hatte nie verziehen. Hatte Temuco, wie Neruda mir viele Jahre später sagte, als er mir die Geschichte erzählte, auf die Liste der verfluchten Städte der Bibel gesetzt. Sie fühlte sich dem Geschlecht der Propheten zugehörig. In ihren Adern brannte das Feuer des an den Verderbten und Verleumdern Rache nehmenden Gottes. Sie bewunderte diese läuternde Gottheit, die Sodom und Gomorrha mit Feuer und Schwefel zu vernichten imstande gewesen war.

Neruda wußte das alles ganz genau und erkannte, daß man ihm eine ungemein schwierige Mission antrug. Er war die letzte Hoffnung. Man drang in ihn, er möge sie bitten – von Dichter zu Dichter, außerdem als ihr Freund –, ein paar Stunden in der Stadt zu verweilen, die ihr so gern ihre Verehrung entgegenbringen wollte.

Damals gab es zwischen Temuco und dem argentinischen Kordilleren-Kurort keine Telefonverbindung. Als einzige Möglichkeit, persönlich mit Gabriela Mistral zu sprechen, bot man ihm das – in der Provinz noch in den Kinderschuhen steckende – Radio an, das Eigentum von Señor Mayo war. Dieser schaffte es, einen Kontakt herzustellen. Neruda sprach zu Gabriela mit all seiner Herzenswärme – nicht so sehr seines Anliegens wegen, sondern weil dies sein Gefühl gegenüber Gabriela ausdrückte. Nach einigem Zögern und Widerstreben erklärte sie sich zu einem minimalen Entgegenkommen bereit: Wenn der Zug in Temuco hielte, würde sie zehn oder zwanzig Minuten, je nachdem, wie lange der Aufenthalt dauerte, vom Trittbrett herab grüßen oder sogar auf den Bahnsteig kommen. Es war kein großer Sieg. Aber besser als gar nichts.

Am vorgesehenen Tag war der Bahnhof schon vor der festgesetzten Zeit voller Menschen, die die legendäre Frau durchfahren sehen und ein paar Worte aus ihrem Mund vernehmen wollten. Die Kinder standen da, um ein paar ihrer Verse für sie zu singen, um ihr einen bewegenden Abschied zu bereiten, wenn die Lokomotive ihre Fahrt fortsetzen würde.

Sie kam aber nicht auf den Bahnsteig heraus, nicht aufs Trittbrett, schaute nicht aus dem Fenster. Die Vorhänge ihres Schlafwagenabteils blieben geschlossen. Niemand sah sie. Sie sah niemanden. Sie hatte Temuco nicht von der Liste der verfluchten Städte gestrichen. Sodom und Gomorrha. Schwefel- und Feuerregen! Sie würde nicht zurückschauen. Nicht zur Salzsäule erstarren. »Daß ein Rauch aufsteige vom Lande wie der Rauch von einem Ofen.«

Neruda erzählt mir das, ohne Gabriela einen Vorwurf daraus zu machen. Diese mißtraute nicht nur Temuco. Vieles in ihrem Land fand sie kritikwürdig. In einem Brief sagte sie, daß, gesetzt den Fall, sie lebte wieder ständig dort, sie bei dem Hang gewisser Leute, fast jeden rücksichtslos zu behandeln, ihn sich über die Schulter zu werfen oder auf ihm herumzutreten, binnen drei Monaten nicht mehr »Gabriela« sein würde, sondern »Gaby«, »la Gaby«.

Diese Frau, von bäuerlicher Herkunft, meinte, daß »alle Kultur bei der Erde begonnen hat ... In Chile glaubt man, Kultur beginnt beim Abitur.« Sie beklagte sich, sie bekäme täglich anonyme Briefe von »unglaublicher Aggressivität und Brutalität«. Sie warnte vor einer gewissen in Chile und natürlich auch in anderen Ländern Lateinamerikas vorhandenen Mentalität, die sich mit rassischer Überlegenheit brüstet, sie nannte diesen Typ den »Schweinehund von Kreolen ... die lauthals ihre europäische Reinheit verkünden, während ich ihren hohen Backenknochen, ihrer olivfarbenen Haut und ihren Schlitzaugen den geheimnisvollen asiatischen Tropfen ansehe, der auf edle Weise den Indio in ihnen verrät, den sie so sehr leugnen möchten ... Es sind, weil unwahrhaftige, fast immer mit Vorsicht zu genießende Menschen.« Neruda teilte diese Auffassung. Sein Werk liefert dafür mehr als genug Beweise. Sie riet, und er schloß sich dem an: »Das geringste Anzeichen von Fremdenhaß in unseren Völkern beachten, abwürgen, vernichten!« Sie verabscheute herrschsüchtigen, angriffslustigen Militarismus, aber auch Schwäche und mangelnde Konsequenz so manches verängstigten Demokraten. »Ich zittere um das Schicksal unserer hispanischen Völker. Sehe alles abwechselnd beben und dahinwelken unter der hochmütigen Diktatur dessen, was Seele und Gewissen am meisten zerrüttet – Macht –, mit ein paar Demokratien ohne Energie, Klarsicht und politische Tatkraft und ohne wirksamen Gemeinsinn.« Unzufrieden war sie darüber, daß ihr Werk, wie sie meinte, in ihrer Heimat so wenig verbreitet ist. »Chile ist das Land, das mich am wenigsten kennt ... Das mich am wenigsten liest.«

Sie hatte ein gutes Gedächtnis für Schmach und Grausamkeit, die man ihr zugefügt. Als sie den Nobelpreis bekam, erinnerte sie daran, wie man sie als kleines Mädchen in der Schule mit Steinen beworfen hatte, bis sie am Kopf blutete – eine Lehrerin hatte den glänzenden Einfall gehabt, sie des Diebstahls zu bezichtigen. In La Serena wird zum erstenmal die Testmethode angewendet, um die Intelligenz eines Kindes zu ermitteln. Sie ist zwölf Jahre alt, und nach dieser so wissenschaftlichen Einschätzung lautet das Urteil in ihrem Fall: absolut bildungsunfähig. Das hat sie nie vergessen. Im Korb der Beleidigungen sind auch die durch einen Herrn, der 1917 die Zeitschrift *Sucesos* gekauft hatte und sie, Gabriela, sechs Monate lang systematisch beschimpfte. Vergessen kann sie ebensowenig, wie 1922, als die Regierung von Mexiko sie einlud, der Abgeordnete Luis Emilio Recabarren, der kurz zuvor die Kommunistische Partei Chiles gegründet hatte, im Abgeordnetenhaus den Antrag stellte, ihr fünftausend Pesos zu geben, denn er wußte, daß sie kein Geld für die Reise hatte. Der Antrag wurde mit ironischem Lächeln und Witzeleien abgelehnt, in einer Zeit, da alle Offiziere der Streitkräfte samt ihren Familien, mit Fahrgeld üppig ausgestattet, nach Europa zu reisen pflegten.

Die Institution *verfluchter Städte* erfaßt bei ihr auch das Land, in dem finstere Götter herrschten, fähig, die eigenen Kinder zu verschlingen.

78

Wahl in Chile

Zum erstenmal wurde der Dichter vom Trubel einer Präsidentschaftswahlkampagne erfaßt, die sich in Chile über
einen längeren Zeitraum erstreckte und es erforderlich
machte, das Land von einem Ende zum anderen zu berei-
sen und um jede Stimme zu ringen. Neruda setzte sich auf
Gewaltmärschen für den Kandidaten der Volksfront ein,
den Rechtsanwalt und Radikalpolitiker Pedro Aguirre
Cerda. Die links eingestellten Chilenen hatten das Gefühl,
sich auf einen titanischen Kampf einzulassen, denn es ging
dabei um ein vielleicht allzu ehrgeiziges Ziel: den Kandidaten der Macht zu besiegen, einen Multimillionär und
Spekulanten von internationalem Format, Finanzminister
während Arturo Allesandri Palmas zweiter Präsidentschaft.
Dieser Gustavo Ross Santa María hatte einige Spitznamen,
die schnell in aller Mund waren: Hunger-Minister, Letzter
Pirat des Pazifiks. Er besaß das Geld – in einer Zeit, in der
Bestechung tolle Blüten trieb und oft den Wahlausgang
entschied.

Neruda hat die schwarzen Wunder jenes Systems des
Gewissenskaufes in einem Gedicht des *Großen Gesangs*
gemalt. »Wahl in Chimbarongo (1947)«. Dort sah er, »wie
sie gewählt wurden, die Säulen des Vaterlandes«. Am Morgen des Wahltages, des Día E, kamen die Karren, voll-
gestopft mit schmutzigen, hungrigen, barfüßigen Pächtern.
Sie waren die Hörigen eines noch immer lebendigen Mit-
telalters. Wie eine Viehherde, mit einem Wahlzettel in der
Hand, wurden sie zur Urne getrieben. »Später / warf man
ihnen Fleisch zu und Wein / und überließ sie, zu Tieren
erniedrigt / und vergessen, ihrem Geschick.« Danach hörte
er die Rede des derart gewählten Senators. Patriotische
Sprechübungen, mit denen sich ein Verteidiger der Ordnung
kundtat. Leiblicher Sohn des gegen marxistischen Materia-
lismus aufgestandenen Geistes. Ein Mammut, das heulend
aus Urzeiten hervortrat. Aber es waren Höhlenbewohner

mit fetten Bankkonten, die das Land von jeher als Privat-
und Kasteneigentum betrachtet hatten. Nur sie zählten. Die
anderen waren käufliche Masse. Neruda beteiligte sich an
der Politik von einem moralischen Standpunkt aus. Um
aber die Politik ethisch zu machen, mußte vorher die öko-
nomische und staatliche Realität des Landes geändert werden.

Als am 25. Oktober 1938 die Wahl stattfand, sah er in
Santiago zahlreiche Wahllager, die hauptsächlich von einem
energischen Vertreter Gustavo Ross' organisiert waren,
einem cleveren Bauunternehmer, der öffentliche Aufträge
ausführte und mit staatlichen Geldern Schindluder trieb,
Guillermo Francke. Auf weitläufigen, wüsten Plätzen, auf
denen er für Gold staatliche Gebäude errichtete, wurden
zeitweilig Tausende von Bürgern gefangengehalten und
polizeilich bewacht, damit sie taten, was man sie geheißen
hatte. Sie bekamen einen Schuh vor der Wahl, den anderen, nachdem sie zur Zufriedenheit des Bestechers gewählt
hatten. Der Vorgang wiederholte sich mit einer halben
Matratze, die nur vervollständigt wurde, wenn feststand,
daß der gekaufte Wähler richtig gewählt hatte. Der Dichter
sah aber auch ein gewisses Gegengift gegen das Übel. Ar-
beitermassen drangen gewaltsam in die Lager ein und trieben die Bestochenen auseinander. Das gab Anlaß zu heftigen Zusammenstößen, bei denen die Polizei die unantast-
bare Heiligkeit des Kauf- und Verkaufsvertrages schützte,
das Recht des Kandidaten der Rechten, für eine bescheidene Geld- oder Sachleistung eine Stimme zu erlangen.

Der Wahlkampf der Volksfront stand unter der Losung:
Gegen Reaktion und Faschismus. Das war eine elementare
Aussage, aber sie stellte Verbindungen zu Spanien her, von
wo der Dichter kurz zuvor schmerzerfüllt zurückgekommen
war. Seine Pflicht gegenüber diesem Land war noch nicht
zu Ende. Er rechnete so: Wenn die Volksfront in Chile den
Sieg davonträgt, wird man den in Todesgefahr schwebenden spanischen Republikanern helfen können.

Um zehn Uhr abends stand das ganze Land wie auf Kohlen. Zu jener Stunde hätte der Wahlausschuß das Wahl-

ergebnis bereits verkündet haben müssen. Verdächtige Verzögerung! Das Volk strömte auf die Straßen und forderte, daß der Bürgerwille respektiert und die Stimmauszählung nicht manipuliert würde, eine Kunst, die die Rechte seit je meisterhaft und zynisch verstanden hatte.

Neruda war zusammen mit Tausenden von Menschen auf der Alameda, als das Ergebnis bekanntgegeben wurde. Der Kandidat der Volksfront war zum Präsidenten der Republik gewählt worden, mit einer Mehrheit von nur reichlich zweitausend Stimmen. Die Versuche, das Ergebnis zu fälschen, wurden angesichts dieses kleinen Vorsprungs noch massiver. Doch die Gegenwart der Massen auf der Straße vereitelte das Vorhaben rechter Hitzköpfe, die Wahlentscheidung zu ändern.

Um Mitternacht feierte Neruda den Sieg bei sich zu Hause, in der Avenida Irarrázabal, unweit von Pedro de Valdivia. Die Freunde sangen und tanzten im Hinterhof. Er machte Pläne. Er würde seine spanischen Brüder nicht vergessen.

79
Häuser

Er wollte wieder in Chile heimisch werden, in der Stadt eine Bleibe haben, vor allem aber am Meer, wo er sich, fernab von städtischer Beschwernis und Betriebsamkeit, auf seine Arbeit konzentrieren könnte.

Allmählich verbessern sich seine Einkünfte aus schriftstellerischer Tätigkeit. Er verwendet sie für den Erwerb eines soliden Steinhauses, Las Gaviotas, in fast unbewohnter Gegend, am Pazifik gelegen, nördlich von San Antonio und Cartagena, wo die Provinz Valparaíso beginnt, an der Straße nach Algarrobo. Die erste Rate ist an dessen Eigentümer gezahlt, einen Spanier mit Namen Sobrino, der sich sehr geehrt fühlt, als Käufer einen Mann zu haben, der in Spanien, seiner Heimat, ein Verhalten an den Tag gelegt hat, das er gutheißt. Die Wohnung besteht aus Eßzimmer,

Bad, Küche, zwei Schlafzimmern. Das reicht fürs erste. Man war durch eine Zeitungsannonce auf sie aufmerksam geworden. Señor Sobrino hatte in seinem Leben so manches Abenteuer bestanden. Hormiga bezeichnete ihn als einen Kapitän, der mit seiner Gitarre an Land gegangen sei und sein Schiff verloren habe. Er hatte, aus Sehnsucht nach der See, ein Grundstück am Meer erworben, das damals so gut wie nichts kostete. Als er erfuhr, daß Pablo es kaufen wollte, sagte er: „Für Neruda, was immer er will. Wo er für Spanien so viel getan hat!« Später, im Laufe der Jahre, wird das Haus wachsen wie ein Kind, das zum Riesen wird. Der Dichter wird es mit einem Turm versehen. Es zu einem extravaganten kreolischen Schloß umgestalten, das seine ursprüngliche Prägung durch das regengepeitschte Holzhaus in Temuco dennoch nicht verleugnen kann. Der Dichter, ein unverbesserlicher, halsstarriger Umtäufer, ändert den Namen des winzigen, aus drei Familien bestehenden Ortes. Er nennt ihn Isla Negra, ein Name, der seine schamlose Phantasie verrät, denn es ist keine Insel; das Haus steht festgemauert auf dem Festland. Und er ist nicht schwarz. Er verbindet recht eigentlich die Farbtöne der Steilküste mit denen des sandigen Bodens und dem Chlorophyll der Küstenvegetation.

Ein in Wohnraumvergaberecht bewanderter Freund flüstert ihm ins Ohr, er könne in Santiago über die Beamten- und Journalistenversicherungskasse ein Haus kaufen. Er streift durch ein Viertel, das ihm gefällt, es erstreckt sich von der Plaza Los Guindos bis nach Nuñoa hin, in Richtung der Anden. Keine elegante Wohngegend, doch gibt es dort noch ausgedehnte Grundstücke, in der Größe von hundert mal dreißig bis vierzig Meter. Als Baumaterial liebt er vor allem Stein und Holz. Schließlich findet er ein altes, von Kletterpflanzen umranktes schlichtes, ganz unspektakuläres Haus. Es liegt an der Calle Simpson, die damals ein Sinnbild des Friedens ist. Er wird dort konstruktivistische Phantasie walten lassen. In Erinnerung an seinen Freund García Lorca errichtet er mitten in dem großen Hof eine Theaterbühne, der Blick auf sie wird durch einen Baum geteilt. Auf der Seite, wo die Zimmer sind, ist ein Garten. Im Speisezimmer fallen Steingut und bunte Vasen ins Auge. Durch Nerudaschen Stil und Geschmack verändert sich das Haus im Laufe der Zeit. Kurz nach dem zweiten Weltkrieg sah ich dort den Grafen Sforza vorfahren, den damaligen italienischen Außenminister. Er trat ein, schaute sich um und rief aus: »Palazzo cinesco!«

Häuser haben wie Menschen ein Schicksal. Sie erleben Umbauten, wachsen, besonders in diesem Fall. Sie altern. Haben Abenteuer. Als Neruda nach Europa reiste, wurde es heimlich von einer Zigeunertruppe besetzt, die in winterlicher Kälte beschloß, sich durch Verfeuern der Dielenbretter zu wärmen.

80

Operation »Salvataje«

Nach dem Sturz der Spanischen Republik ist das Los seiner von der Halbinsel geflohenen Freunde tragisch. Es ist Anfang 1939, und am 1. September wird der zweite Weltkrieg ausbrechen. Die Republikaner, die sich nach Frankreich geflüchtet haben, werden von der sozialistischen Regierung unter Léon Blum nicht eben herzlich empfangen. Von der Rechten bedrängt, vom Nichteinmischungskomitee betrogen, voller Angst vor Hitler, pfercht er die spanischen Exilanten in Konzentrationslagern im Süden Frankreichs zusammen.

Es mutet an wie eine Szene aus dem Exodus, als zwei Tage nach seiner Ankunft in Frankreich, dort, in Collioure, einer stirbt, den Neruda für den bedeutendsten spanischen Dichter der sogenannten 98er Generation hält: Antonio Machado. Als er es erfuhr, kam ihm dessen Gedicht in Erinnerung, »Bei der Beerdigung eines Freundes«: »Ein auf der Erde aufschlagender Sarg ist etwas sehr Ernstes.« Er hatte ihn zur Vereinigten Sozialistischen Jugend sprechen hören: »Vielleicht ist der beste Rat, den man einem Jugendlichen geben kann, der, wirklich ein Jugendlicher zu sein . . .

Vom theoretischen Standpunkt aus bin ich kein Marxist, bin ich nie einer gewesen, und es ist durchaus möglich, daß ich nie einer werde ... Trotzdem sehe ich ganz deutlich, daß der Sozialismus, sofern er eine menschliche Form des Zusammenlebens bedeutet, die auf der Arbeit beruht, auf der Gleichheit der Mittel, die allen zu deren Ausführung zur Verfügung stehen, und auf der Abschaffung der Klassenprivilegien, eine unumgängliche Etappe auf dem Weg zur Gerechtigkeit ist; ich sehe deutlich, daß dies die große menschliche Erfahrung unserer Tage ist, zu der wir alle in irgendeiner Weise beisteuern müssen ...« Das war am 1. Mai 1937 in Madrid gewesen. Neruda stimmte dem Gedankengang des älteren Dichters zu, doch er wollte Marxist werden, weil, wie er fand, das den Zugang zum Weg der Gerechtigkeit erleichterte.

Er hatte ihn außerdem in Valencia auf der Schlußsitzung des Internationalen Schriftstellerkongresses den später klassisch gewordenen Satz sagen hören: »Für das Volk schreiben, sagte mein Lehrer. Was will ich denn mehr!« So wie Neruda die Republikaner von 1936 besang, stellte Don Antonio sie unter das Zeichen des Verses von Jorge Manrique: »Das Leben, so oft zu seinem Preise dargeboten ...«, das Volk in Waffen setzt es aufs Spiel »für eine Sache des tiefsten Gefühls«. Juan de Mairena ist in das Grab hinabgestiegen, und darauf sind „schwere, staubige Erdschollen« gefallen. Neruda hat nichts für den im Exil, auf Sand gestorbenen Freund tun können. Er wird überlebende Spanier retten müssen.

Er spricht mit der Kommunistischen Partei Chiles. Die setzt sich mit dem Außenminister der Volksfrontregierung, Abraham Ortega, und dem Präsidenten der Republik in Verbindung und schlägt ihnen eine Aktion zur Rettung Tausender republikanischer Spanier vor, die in den Dünen der französischen Mittelmeerküste unter entwürdigenden Bedingungen schmachten, zahllosen Übergriffen und Mißlichkeiten ausgesetzt und der Gefahr preisgegeben, demnächst von Hitlers Zange gepackt zu werden. Man muß sich beeilen, oder man kommt zu spät.

Neruda erhält einen Auftrag von höchster Dringlichkeit und den Titel »Sonderkonsul für spanische Einwanderung« mit Sitz in Paris. Er schwankt zwischen glücklicher Erleichterung und Unruhe. Es ist ein Rennen gegen die Uhr, ein Rennen gegen den Tod. Er willigt ein. Er darf nicht wie die törichten Jungfrauen kommen, wenn die Kerzen, das heißt die Menschen, erloschen sind. Unverzüglich bricht er zu seinem Bestimmungsort auf.

Im Grunde hatte Neruda mit allen Mitteln nach diesem Auftrag getrachtet. Bei einem Essen, das man in Santiago für ihn gab, um seine Mitarbeit im Wahlkampf zu feiern, war auch der neue Präsident der Republik anwesend, der drei Jahrzehnte zuvor Gabriela Mistral gefördert hatte, indem er ihr die Wege durch den Behördendschungel ebnete, damit sie Gymnasiallehrerin und -direktorin werden konnte. Dieser Dichter bewarb sich nicht um einen Lehrerposten. Er trug ihm ein Anliegen vor, das sich sehr originell ausnahm: Er wollte nach Europa entsandt werden, damit er dort die Einwanderung von Spaniern nach Chile organisieren könnte. Überrascht schaute er den Mann an. Der war ihm nicht sonderlich gut bekannt. Vielleicht dachte er, jener wollte sich in Paris einen guten Tag machen, wie so viele, die sich um Posten in Frankreich bewarben. Freilich hatte sich dieser Präsident der Allianz der Intellektuellen, durch und durch eine Persönlichkeit, im Wahlkampf für ihn eingesetzt, und so ging er auf dessen Bitte ein.

Als Neruda nach Paris kam, erkannte er die gewaltigen Ausmaße seines Vorhabens. Unverzüglich nahm er Kontakt zur Exilregierung der Spanischen Republik auf. Erklärte, wozu er kam. Er wollte denen helfen, die in Frankreich in Konzentrationslagern saßen. Man sah ihn an, halb ironisch, halb hoffnungsvoll. Immerhin ging es um eine halbe Million Menschen. Chile konnte sie unmöglich alle aufnehmen. Eine halbe Million qualifizierter Spanier. Menschen, die alles riskiert hatten. Arbeiter, die ihr Fach verstanden, hervorragende Intellektuelle, einschließlich der überlebenden Dichter, von deren Liste jener gestrichen werden mußte, der mit seiner Mutter nach Frankreich gekommen und binnen wenigen Tagen verschieden war.

Sie war neunzig Jahre alt, Antonio Machado fünfundsechzig. Er starb, und zwei Stunden später lag seine Mutter im Sterben. Neruda wurde an den eigenen Vater und Doña Trinidad Candia Marverde erinnert, die ebenfalls beide kurz hintereinander gestorben waren. Die Machados freilich starben als zwei auf der Flucht befindliche Emigranten, gebeugt von Trübsal und Mißgeschick und der schmerzlichen Erkenntnis, in ein Konzentrationslager wie in eine Falle oder ein Grab geraten zu sein.

Neruda läßt sich in Paris nieder, um die Arbeit in Angriff zu nehmen, er bezeichnet sie als »den edelsten Auftrag, den ich je in meinem Leben ausgeführt habe«. Er läßt sich am Quai de l'Horloge nieder, zusammen mit Hormiga. Bald werden sie unter diesem Dach mit dem Ehepaar Rafael Alberti – María Teresa León wohnen.

Er wendet alle Energie an das Werk. Der Plan sah vor, ein großes Schiff bis auf den letzten Winkel zu beladen, das heißt mit dreitausend bis dreitausendfünfhundert der in Südfrankreich in Lagern schmachtenden Spanier. Die spanische Exilregierung unter Doktor Juan Negrín hatte ein Schiff gechartert, die »Winnipeg«. Neruda arbeitete von früh bis spät, mit unglaublich praktischem Sinn, wenn man bedenkt, daß Dichter im Rufe der Weltfremdheit stehen. Er achtete sehr genau auf die Berufe. Denn der Dichter dachte auch an den Nutzen für das eigene Land. So stellte er Gruppen von Bauleuten, erfahrenen Fischern, Fachleuten aus der Papierindustrie, Landwirten zusammen, kurzum, von allen Fach- und Wissensrichtungen, die Chile brauchte.

Unter tausend Problemen war eines besonders groß: Alle wollten mit diesem Schiff ausreisen. Verständlicherweise. Für viele war das die einzige Chance, der Hölle, dem Tod zu entrinnen. Die Schwierigkeit bestand darin, daß kein Schiff der Welt eine halbe Million Menschen faßt. Das Schiff der Hoffnung sah so groß aus und war letztlich doch zu klein für alle diejenigen, die an Bord wollten. Die

Situation in den Konzentrationslagern verschlechterte sich zunehmend. Täglich starben Menschen an Epidemien. Es läßt sich denken, wie viele Briefe Neruda bekam, in denen er um ein Fleckchen, und wenn es an Deck wäre, gebeten wurde. In einem hieß es: »Großer Dichter Neruda! Ich weiß, daß Ihre Frau wie ein Vögelchen ist, das am Morgen singt.« Es regnete Scherze auf die Hormiga herab, die zum fliegenden Sopran gemacht worden war. Doch der Brief rührte ihn, und am Ende durfte der mitfahren, der Delia als Nachtigall bezeichnete.

Alberti war immer zugegen und legte überall Hand an. Und obwohl er selber zu allerlei Narreteien neigte, fühlte er sich als der vernünftige Mann, der an Neruda Züge eines unartigen, launischen Kindes und einer bestrickenden Persönlichkeit entdeckte. Man mußte sich hüten, in seinen Bannkreis zu geraten! Eine seiner Manien war es, in Frankreich, dem Mekka des guten Weins, chilenische Weine zu suchen – für Alberti ein kindischer Patriotismus – oder, schlimmer noch, zu wetten, welche Fahne oder Nationalhymne schöner wäre. Mitten in der Herkulesarbeit zur Vorbereitung der Fahrt der »Winnipeg« tat Neruda Dinge, die, so Alberti, höchst merkwürdig waren. Eines Tages führte der Weg sie durch eine klassische Pariser Gasse, die in Romanen aus vergangenen Jahrhunderten vorkommende *Rue du Chat qui pêche*, und dort sahen sie über der Tür einer Schuhmacherwerkstatt einen großen Eisenschlüssel, der mit zwei Haltern in der Mauer befestigt war.

»Lieber *confrère*, sieh mal diesen wunderbaren Schlüssel. Den möchte ich mit nach Chile nehmen, für meine Schlüsselsammlung.«

»Aber das ist doch absurd, ein Schlüssel, der in die Wand eingemauert ist.«

Er trat bei dem Schuhmacher ein.

»*Monsieur, vous avez une telle clef?*« fragte er, die Arme ausbreitend.

Der Schuhmacher war sich nicht bewußt, einen Schlüssel dieser Größe zu besitzen. Er sagte: *„Comment, monsieur, une clef?«*

»Ja, ja, kommen Sie mit. Ich möchte diesen Schlüssel kaufen.«

»Wie wollen Sie diesen Schlüssel kaufen? Das ist doch Irrsinn!«

Er kam wieder, zwei-, dreimal. Beim fünftenmal kam er mit einem Maurer von der Französischen Kommunistischen Partei, und der hatte eine Leiter bei sich. Der Mann stemmte einen Spalt ins Mauerwerk, und sie nahmen den Schlüssel mit – für zweitausend Francs, die sie dem Schuhmacher zahlten, der von Stund an überzeugt war, daß im Leben nichts unmöglich ist.

81
Das »Winnipeg«-Abenteuer geht weiter

Chiles Botschafter in Frankreich war Gabriel González Videla, der keine Sympathie für die Wahnsinnsaufgabe, Republikaner zu retten, hegte, obwohl er in seinem Land dem Komitee für die Solidarität mit Spanien vorgestanden hatte. Ihn störte die Popularität Nerudas, neben dem der Botschafter ein Schattendasein führte. Daher begann er, die Regierung so zu unterrichten, daß dem Sonderkonsul Unannehmlichkeiten erwachsen mußten.

Dabei hatte ein Kerl seine Hände im Spiel, der das Amt des ersten Botschaftsrates versah und über den Neruda ständig mit mir sprach, weil jener im Grunde ein Hitchcock-Film-Typ war; Elsa Triolet hat ihn zu einer Romanfigur gemacht. Er hieß Manuel Arellano Marín. Anfang der dreißiger Jahre war er an der Katholischen Universität von Santiago ein Wunderknabe gewesen. Er brachte in den Theatern der Hauptstadt etliche Stücke auf die Bühne und spielte abends lange Karten mit dem Rektor, Monsignore Carlos Casanueva. Er war eine Art Schlange mit Brille, schmalem Gesicht, feuchten, ruhelosen Augen und langen, schweißnassen Händen, die auch nie ruhten. Seine Gönner verschafften ihm eine Anstellung im chilenischen Konsulat in New York, an dessen Spitze Alfonso Grez stand, ein

Exportkaufmann und persönlicher Freund von Präsident Alessandri.

In New York lernte ich Arellano Marín Mitte 1938 kennen, als ich, Mitglied einer starken chilenischen Delegation, zum Friedenskongreß der Jugend fuhr, der im Vassar College, Poughkeepsie, stattfand. Die Präsidentschaftswahl stand kurz bevor. Seine Spürnase sagte Arellano Marín, daß die Volksfront siegen könnte. Und er dünkte sich wohl besonders schlau, wenn er mir seine plötzlichen Linkssympathien bekundete. Dabei bediente er sich seiner Erfahrungen als Theaterautor und Schauspieler, um Szenen revolutionärer Aufrichtigkeit abzuziehen, in denen er sogar Tränen vergoß und seine Bereitschaft erklärte, alles um der Sache des Volkes willen im Stich zu lassen. Ich erinnere mich, daß er mir, als wir die Brücke von Brooklin überquerten, ziemlich zweideutig erzählte, er liebe leidenschaftlich eine unzugängliche Frau im fortgeschrittenen Alter, die ich kannte und nie in dieser Form erlebt hatte. Er schien eine starke Bindung an seine Mutter zu haben.

Als die Volksfront siegte, bestieg er noch in der Nacht in New York das erste Flugzeug. Am nächsten Tag landete er in Santiago. Und kam geradewegs zu uns, um seinen unumstößlichen Entschluß zu verkünden, daß er die Diplomatie aufgeben und sein Leben dem Kommunismus und der Revolution weihen wollte. Er trug Segeltuchschuhe und keine Krawatte. Erklärte, er wollte Massentheater auf der Straße und in Stadien machen, Chöre aus Tausenden und aber Tausenden von Arbeitern organisieren. Ein leidenschaftlicher Konvertit. Der Blitz von Damaskus leuchtete noch in seinen unsteten Augen. Er brachte Geschenke für seine neuen Genossen mit.

Vierzehn Tage später hatte er eine Anstellung im Außenministerium – als Vorhut der Volksregierung Berater des Mannes, den Pedro Aguirre Cerda zu seinem Außenminister gemacht hatte. Er empfing mich in einem Raum, den ich Weltkartensaal nennen würde, denn darin hing ein Bild der Mutter Erde, das die ganze Wand einnahm. Bunte Fähnchen zeigten, wo sich chilenische Botschaften und Konsulate befanden. Was danach kam, erinnerte mich an jene Szene, die Neruda zwölf Jahre früher bei seinen Bemühungen um einen Posten im Ausland erlebt hatte; denn Manuel Arellano leitete inzwischen den gesamten Auslandseinsatz. Er sah mich an, wie mir schien, mit freundlichem Lächeln, und sagte: »Such dir das Konsulat aus, das du möchtest.«

»Wie bitte?« fragte ich verblüfft.

»Ja, das Konsulat, das du möchtest, denn für eine Botschaft bist du noch sehr jung.«

»Ich will hier arbeiten«, erwiderte ich. »Außerdem habe ich nicht allein über mich zu befinden. Die Einsätze muß die Partei vornehmen. Ich verlange nichts und will auch nicht ins Ausland.«

Später erfuhr ich, daß etliche junge Intellektuelle jener Zeit die gleiche Szene erlebt hatten.

Der Mann, der geschworen hatte, diplomatischen Ämtern für immer zu entsagen und sich mit Leib und Seele revolutionärer und Massenkunst zu widmen, war vor Neruda an die chilenische Botschaft in Frankreich gekommen. Als der Dichter in Paris erschien, empfing Arellano ihn in seiner Eigenschaft als erster Botschaftsrat. Und es war ein herzlicher Empfang. Neruda führte ihn in die literarische Welt der Linken ein. Er freundete sich mit Louis Aragon und Elsa Triolet an. Nahm an den Verhandlungen mit der republikanischen Exilregierung teil. Es schien, als wäre er ein vertrauenswürdiger Mann, bereit, jede Aufgabe zu übernehmen.

Als am 1. September 1939 der Krieg beginnt, gewährt Neruda – im Einvernehmen mit Arellano Marín – Aragon und dessen Frau Exil in der Botschaft. Der Autor der *Viertel der Reichen* wurde in jener Zeit der *drôle de guerre*, des drolligen Krieges, polizeilich gesucht. Die spanische Exilregierung, in ausweglose Lage, gab einen guten Teil ihrer Fonds Manuel Arellano Marín zu treuen Händen. Kurz danach verschwand dieser mit dem Schatz. Er war mit einem türkischen Liebhaber in die Flitterwochen gefahren, und das Geld, dazu bestimmt, das Leben von Spaniern zu retten, war ihm bald unter den Fingern zerronnen.

Jahre später, als der zweite Weltkrieg schon zu Ende ist, entdecken ihn ein paar Spanier schließlich in einem New-Yorker Hotel. Sie verlangen Rechenschaft, Arellano Marín steht der Angstschweiß auf der Stirn. Er vergießt Tränen, bittet kniefällig um Gnade. Die Spanier gehen davon, ohne einen Centavo und ohne ihn angerührt zu haben.

Neruda hatte während seiner Tätigkeit als Sonderkonsul Arellano mehrere Male auf dessen unsinnige, verdächtige Ausgaben aufmerksam gemacht und ihn gefragt, woher das viele Geld käme. Es war die verzweiflungsvolle Zeit vor und nach dem Einmarsch der Nazis in Paris, als man Vermögen für einen lebensrettenden Paß zahlte und Geld und Juwelen für eine Chance hingab, nach Amerika zu entkommen. Natürlich verdroß es Arellano Marín, daß Neruda ihm seine Verschwendungen in Millionenhöhe so mißtrauisch vorhielt. Und in raffinierter, für ihn charakteristischer Weise trug er dazu bei, den Sonderkonsul bei den Behörden in Santiago anzuschwärzen.

Nach einem oder mehreren Abenteuern in Hollywood, wo er mit der Zeitschrift *Cinelandia* zu tun hatte, und nachdem er die Glücksgüter dieser Welt verschwendet oder verloren hatte und es mit ihm, wie in dem Tango »in der Spur bergab ging«, veröffentlichte er in *El Diario Ilustrado* eine rührend tugendhafte Erklärung, in der er sich selber als vom Kommunismus irregeleiteten Engel beschrieb, der, das Vergehen gegen seine Unschuld büßend, am Ende reuevoll in den Schoß der heiligen Mutter zurückkehrte.

Nach vielen Jahren sah ich ihn plötzlich im Zug von Santiago nach Puerto Montt. Sein Blick war noch unsteter geworden. Er wirkte wie ein heruntergekommener Gauner. Es war ihm gelungen, die Süduniversität Valdivia für sich einzunehmen, an der er nichts Geringeres als Generalsekretär war. Ein Pumpgenie, das laufend ungedeckte Schecks ausstellte. Er sank immer tiefer. Saß etliche Male im Gefängnis und fand immer wieder einen Leichtgläubigen, den er mit seinen Lügengeschichten umgarnte, denn darin war er ein nahezu unschlagbarer Meister. Elsa Triolet hat in ihrem Roman Manuel Arellano Maríns unaufhaltsamen

Aufstieg und Fall nicht zur Gänze geschildert. Das ist bedauerlich, denn das Individuum hat eine vollkommene Parabel beschrieben, die noch auf den Romanautor wartet, der sie von Anfang bis Ende nachzeichnet.

Die Arbeit des Auswählens war geschafft. Neruda hatte einen Gehilfen, einen spanischen Jungen, klein von Wuchs, dunkelblond, spitz das Gesicht, der aufs reizendste lispelte und ständig in Bewegung war. Darío Carmona half ihm mitunter als Sekretär. Er begleitete ihn dann nach Chile, wo er mit seinen grünen Augen und seiner faszinierenden Sprache Frauen verschiedenster Nationalität fesselte. Nach Pinochets Putsch kam er tieftraurig nach Spanien zurück. Er konnte in seiner Heimat nicht Fuß fassen und beschloß, in sein spanisch-indianisches Amerika zurückzukehren. Er starb in einem Äquatorland, den Wunschtraum des ewigen Emigranten träumend.

Die Passagiere warteten voll Ungeduld, daß das Schiff ausliefe. Und der Konsul fand nicht die Zeit, die »Winnipeg« die Fluten durchfurchen zu sehen, mit ihrer Ladung, die sich über das Meer hinweg in Sicherheit bringen würde. Aufgrund der ungünstigen Geheimberichte des Botschafters und des ersten Botschaftsrates waren Nerudas Aktien in der Moneda gefallen. Eines Tages erhält er von dieser die trockene Mitteilung: »Presseinformationen behaupten, Sie betreiben massive spanische Einwanderung. Bitte um Dementi oder Einreise stoppen.« Als er das unerwartete Ultimatum gelesen hat, denkt er an zwei Lösungen. Die erste: die Presse zusammenrufen, ihr das von zweitausend Spaniern überquellende Schiff zeigen, »mit feierlicher Stimme das Telegramm verlesen und mir auf der Stelle eine Kugel durch den Kopf jagen«. Die zweite Lösung: auf dem Emigrantenschiff mitfahren und »auf dem Weg über die Vernunft oder die Poesie mit ihnen in Chile an Land gehen«.

Er hat eine Gegenorder erhalten, die alles bislang Geleistete zunichte macht. Der Plan ist hinfällig. Die »Winnipeg« wird nicht auslaufen. Wiederholt sagt Neruda zu Hormiga: »Wenn das Schiff nicht ausläuft, bringe ich mich um.«

Die Kommunistische Partei Chiles interveniert bei der

Regierung und stellt das Problem als eines dar, bei dem es um Leben und Tod geht. Wir haben schon darauf hingewiesen, wie schwierig und unsicher in jenen Jahren der Telefonverkehr über weite Entfernungen war. Doch Neruda greift zum Telefon und spricht so laut, daß man es in Chile hört, und der Außenminister unterstützt ihn. Ortega schließt sich Nerudas Rücktritt an. Eine Kabinettskrise droht. Dies nötigt die Regierung, die Fahrt der »Winnipeg« zu überdenken und zu genehmigen.

Die französischen Behörden beglückwünschten Neruda zu der, wie sie es nannten, »perfekten Organisation«. Unter den Ausreisenden gab es nicht den geringsten Mißton. Sie kamen aus allen Gegenden Spaniens. Menschen, die die Heimat verloren hatten. Die Welt schien für sie kurz vor dem Untergang zu stehen. Es war wenige Tage vor Ausbruch des zweiten Weltkrieges. Später sollte Neruda einen Brief von Präsident Aguirre Cerda bekommen, in dem er ihm für die großartigen Spanier dankte, die er, Neruda, ins Land geschickt hatte.

Die „Winnipeg" – ein Wort, das ihm von Anfang an gefiel, weil es »geflügelt« wäre – lichtete schließlich die Anker und nahm Kurs auf Valparaíso, zu einer Fahrt, auf der aus Lachen Weinen wurde, Neruda versicherte damals, daß dieses das beste Gedicht wäre, das er je geschrieben hätte. »Die Kritik mag, wenn sie Lust hat, meine ganze Dichtung verwerfen. Aber dieses Gedicht, an das ich heute erinnere, wird niemand tilgen können.«

82

Reflexion des Spanien-Erlebnisses

Wir waren nach Valparaíso gefahren, um im Hafen das Schiff zu erwarten. Die ganze Stadt hatte sich eingefunden. Es war ein Empfang, bei dem die Lieder aus dem Spanischen Krieg, die in Chile wie eigene gesungen wurden, »*El Quinto Regimiento*«, »*Donde vas, morena*«, »*El Tambori-*

lero« und andere, die ersten Willkommensworte für diese arg bedrängten Menschen waren. Die Fahrt hatte sie über etliche Meere geführt, durch den Panamakanal und über den Pazifik, den Nazi-U-Boote, schlimmer als Haie, unsicher machten. Sie kamen in das Land am Ende der Landkarte und fanden diesen Hafen vor, der von Deck aus wie ein großes mehrstöckiges Hufeisen anmutete und der sie mit ihren eigenen Hymnen begrüßte, mit den Liedern, die sie auf den Schlachtfeldern gesungen hatten. Das gab ihnen ein Gefühl der Geborgenheit.

Auf dem übervollen Bahnhof Mapocho bereitete Santiago ihnen einen gleichermaßen herzlichen Empfang. Die Chilenen erkannten, daß sie Menschen begrüßten, die viel gelitten und alles verloren hatten. Sie wollten ihnen zu verstehen geben, daß sie hier ein neues Leben beginnen konnten. Schwer war es, Unterkünfte in einer Stadt zu finden, die damals nur über eine geringe Hotelkapazität verfügte. Viele wurden vorläufig in Privatwohnungen aufgenommen.

Nachdem Neruda seine Arbeit in Frankreich abgeschlossen hatte, kehrte er nach Chile zurück, ebenfalls durch den Panamakanal. Es kam zu einem Wiedersehen mit den Passagieren der »Winnipeg«. Er hatte den Vers der Nationalhymne ernst genommen, die von Chile als dem »Asyl für die Unterdrückten« spricht.

Sein Traum war, daß ihm befreundete Intellektuelle, vor allem Dichter, in seine südliche Heimat kämen, um da zu leben, ausgenommen vielleicht Vicente Aleixandre, der krank war und sein Haus »in einem Viertel voller Blumen, zwischen Cuatro Caminos und der entstehenden Universitätsstadt, in der Calle Wellingtonia«, nie mehr verließ. Er setzte alles daran, um Rafael Alberti nach Chile zu holen, doch zog dieser Argentinien vor, ein größeres, dichter bevölkertes Land mit verlegerischen Möglichkeiten. Dort hat er dann neunzehn Jahre ohne Paß zugebracht, ohne irgendwohin fahren zu dürfen. Insgesamt hat er vierundzwanzig Jahre im argentinischen Exil gelebt, sechzehn Jahre in Italien.

Neruda verlor die Hoffnung nicht. Zu Arturo Serrano

Plaja und Vicente Salas Viú sagte er: „Ihr seid die einzigen Freunde meines literarischen Lebens in Spanien, die in meine Heimat gekommen sind. Ich hätte gern alle hergeholt, und ich habe es auch noch nicht aufgegeben. Ich werde versuchen, sie aus Mexiko herzuholen, aus Buenos Aires, aus Santo Domingo und aus Spanien.«

Ja, er wollte alle herbeiholen . . . Ach, wenn er doch die Toten hätte retten können . . . Er stellte sich García Lorca in Santiago vor . . . Vermißte Miguel Hernández. Er war im Begriff, ihn herüberzuholen. Jener war aus der ersten Haft entlassen worden, weil Kardinal Baudrillart sich direkt bei Franco für ihn eingesetzt hatte. Der Prälat ist fast blind. Man liest ihm die Gedichte vor, die Miguel als Junge auf das Allerheiligste Sakrament geschrieben hat. Erschüttert verwendet er sich für diesen. Der Dichter flüchtet in die chilenische Botschaft in Madrid. Von dort schreibt er an Neruda: »Ich gehe nach Chile. Vorher hole ich meine Frau aus Orihuela . . .« Eine verhängnisvolle Reise. Er wird abermals verhaftet und verläßt erst als Toter das Gefängnis.

In einem Artikel, den Neruda am 20. April 1940 in der Santiagoer Zeitschrift *Qué Hubo* veröffentlicht, spricht er davon, was sein Kontakt mit Spanien für ihn bedeutet. Vor kurzem erst wieder ins Land zurückgekehrt, nachdem die Odyssee der »Winnipeg« zu Ende ist, lautet sein Urteil, daß Spanien in hohem Maße Klarheit in sein Denken gebracht habe, er wiederum habe den Spaniern geholfen, »tiefgreifende Probleme der Vorkriegs-, Kriegs- und Nachkriegszeit zu lösen. Ihr habt mir mehr geholfen. Ihr habt mir eine heitere, aufmerksame Freundschaft entgegengebracht, und eure intellektuelle Würde hat mich anfangs überrascht: Ich war die derbe Mißgunst meiner Heimat gewohnt, die Unwetter. Seit ihr mich als einen der Euren aufnahmt, verlieht ihr dem Sinn meines Lebens, meiner Dichtung eine solche Sicherheit, daß ich getrost den Kampf in den Reihen des Volkes beginnen konnte. Eure Freundschaft und euer Edelmut haben mir mehr geholfen als alle Verträge.

Und bis jetzt ist dieser schlichte Weg, den ich entdeckte, der einzige für alle Intellektuellen.«

Ich suchte ihn auf, als er am 2. Januar 1940 das Schiff verlassen hatte. Interviewte ihn für die Zeitschrift *Qué Hubo*. Er übergab mir zum Abdruck ein noch unveröffentlichtes Gedicht, »Hymne und Heimkehr«. Es war die letzte der »Winnipeg« gewidmete Seite, der Augenblick, in dem er sie umblätterte, um sich ganz seiner eigenen Heimat zuzuwenden. Er war ausgezogen, Söhne für sie in der Welt zu suchen, Niedergebrochene aufzuheben. Jetzt möchte er, zumindest eine Weile, von innen betrachten, was er in dem Moment für das Rätsel seines Landes hält, das ein am dunklen amerikanischen Himmel glitzernder Lichttropfen ist. Feststellung und Unruhe. Wird seine Heimat das Licht bewahren können, das er schwierig nennt, »jene Bestimmung der Menschen, / die dich treibt, eine einsame Blume voller Geheimnis / zu schützen in der Unermeßlichkeit des schlummernden Amerikas«?

Als guter Dichter hatte er einen prophetischen Blick, ein reges, wachsames Gewissen, das wußte, daß es in diesen Landstrichen großer Anstrengungen bedurfte, das Licht zu schützen.

In jenem Jahr, 1940, erscheint in Buenos Aires ein Buch, das als Auftakt zu gründlicher Auseinandersetzung mit seinem Werk gilt. Es heißt *Pablo Nerudas Dichtung und Stil* (Poesía y Estilo de P. N.). Sein Autor: der Spanier Amado Alonso. Seit seinem Erscheinen sind über vierzig Jahre vergangen. Und obwohl gegen die angewendete Stilmethode viele Einwände vorgebracht wurden, hat das Buch zu seiner Zeit einen Markstein gesetzt. Von da an ist Neruda Gegenstand einer Disziplin, die in allen Ländern Amerikas und Europas, einige in Asien nicht zu vergessen, anerkannte Vertreter hat. Regelmäßig läßt sie sich bei zahlreichen Seminaren und Rundtischgesprächen vernehmen. Neruda ist obligates Thema von Symposien und Veröffentlichungen.

Amado Alonso kommt in seiner Interpretation bis zu dem Neruda des *Aufenthalts auf Erden*. Für ihn zeigt diese

Dichtung an, wie Neruda sich immer mehr in sich selbst versenkt. Sie ist Angst und Auflösung, »eine Apokalypse ohne Gott«. Vordem hat er an dem Dichter eine Traurigkeit wahrgenommen, die sich in ihrer Schönheit gefällt, eine Melancholie, die erst in *Aufenthalt* zum „wirklich endlosen" Schmerz werden soll. Vielsagend – der Untertitel: *Versuch, eine schwer zugängliche Dichtung zu interpretieren.* Als Amado Alonso sein Buch herausbringt, geht mit Neruda gerade eine Veränderung vor: Er tritt aus seinem Kreis ins Helle hinaus, was den durch einen katalytischen Faktor, das Erlebnis des Spanischen Krieges, bewirkten Wandel in Leben und Werk verdeutlicht.

83

Reue

Seine Freunde schließen die Reihen. Fast allabendlich vereinen sie sich in Los Guindos. Essen und trinken nach Herzenslust und den Möglichkeiten des Hauses. Unweigerlich kommt die Stunde, da Neruda schlafen geht, was aber nicht Aufbruch für die Gesellschaft bedeutet. Sie fühlen sich wie zu Hause, und jeder zieht sich zurück, wann er Lust hat. Pablo schläft meist gut, kennt keine Schlaflosigkeit. Zuerst liegt er auf dem Rücken. Er weiß nicht, ob er schnarcht, und es interessiert ihn auch nicht. Einmal hat er im Schlaf das Gefühl, daß der treue chilenische Kuthaka ihm die Hände leckt, wie es der Hund zu tun pflegt, um seinem Herrn seine Anhänglichkeit zu zeigen. Plötzlich aber wacht er auf und merkt, daß seine Hände naß sind. Nicht Kuthaka gehört die Riesenmähne, die sich über seine Hände beugt. Es ist eher ein Löwenkopf. Ein Löwe, der weint, schluchzt, wie ein Mensch spricht. Genauer, er bittet um Verzeihung.

»Pablo, Pablito, ich bin ein Schuft, ein Verräter. Ich möchte, daß du mir verzeihst. Ich bin ein Verräter«, wiederholt der Riese, der neben seinem Bett kniet und dessen Schultern vom Weinen zucken.

Neruda reckt sich. In der Dunkelheit erkennt er, wem der Löwenkopf gehört, doch vorher hat er ihn schon am bebenden, flehenden Tonfall erkannt.

»Dir kann ich es nicht verheimlichen, Pablito. Ich war bei Pablo de Rokha. Wir haben getrunken. Er sagte häßliche Dinge über dich. Und ich habe dich nicht verteidigt. Ich habe elend geschwiegen. Und jetzt muß ich es beichten.«

Pablo fand, daß sein Freund eine kreolisierte Dostojewski-Gestalt wäre. Und er erteilte dem pathetischen Mann schnell Absolution. Schon, damit der ihn in Ruhe schlafen ließe.

84

Magisches, gewalttätiges Land

Neruda verreiste ständig und kam ständig heim. Aber immer reiste er mit Sinn und Verstand. Er wußte, wohin er reiste und was er suchte. Sein Fernglas war jetzt auf ein Land gerichtet, das ihn fesselte, das spanischsprachige mit der stärksten Bevölkerung, das bunteste, in dem das kraftvolle Eingeborenenelement präsent war. Wie Gabriela Mistral verspürte Neruda bis ins Mark den magnetischen Zauber des »blühenden, stachligen« Mexiko.

Die Regierung der Volksfront ernennt ihn zum Generalkonsul in Mexiko. Er fährt mit dem japanischen Schiff »Racuyo Maru« in Begleitung seines Freundes und Gefährten Luis Enrique Délano, der ebenfalls zum Konsul in Mexiko-Stadt ernannt worden ist. Im August 1940 gehen sie in Manzanillo vom Schiff. Sie verbringen einen Tag in Guadalajara und gelangen per Eisenbahn in die Hauptstadt. In seinem Zimmer im Hotel Montejo auf dem Paseo de la Reforma ruft er seine Freunde zusammen, die spanischen Intellektuellen, die dieses asylfreundliche Land gewählt haben: die Dichter José Herrera Petere, Juan Rejano, Pedro Garfias, Lorenzo Varela; den Filmemacher Eduardo Ugarte, den Maler Miguel Prieto.

Bald hat er eine Wohnung in der Calle Revillagigedo gemietet. Dort empfängt er die antifaschistischen deutschen Schriftsteller Ludwig Renn und Bodo Uhse. Anna Seghers, mit der ihn eine innige Freundschaft verbinden wird, trifft, nach abenteuerlichen Schiffsreisen und Umwegen, mit ihrem Mann Johann Lorenz Schmidt (Laszlo Radvanyi) später ein. Sie müssen aus Frankreich vor dem Vichy-Regime fliehen. Mit dem französischen Schiff »Paul Lemerle« fahren sie in Richtung Martinique. Beginnen muß die Reise in dem algerischen Hafen Oran. Sie passieren Casablanca und die Straße von Gibraltar, um Santo Domingo anzulaufen, wo Trujillo in Glanz und Grausamkeit regiert. Sie erleben das Visendrama. Es ist die Zeit nervöser Telegramme und des sehnsüchtigen Wunsches, eines Tages den Traumhafen Veracruz zu erreichen.

In Gespräch und Phantasie taucht immer noch die »Winnipeg« auf, das Schiff des Lebens. Es fährt weiterhin, doch jetzt als Gespensterschiff, um nicht von U-Booten des Dritten Reiches entdeckt zu werden, da es weitere Faschismusgegner nach Amerika bringt. Neruda hört von neuen Ruhmestaten des schon legendären Schiffes, das politische Emigranten befördert, in Port of Spain anlegt und Barbados passiert. Dort fangen die Passagiere eine Meldung auf: Hitler hat die Sowjetunion überfallen. Er rechnet damit, sie in sechs Wochen besiegt zu haben. So die pathetische Meldung des deutschen Rundfunks.

Die »Winnipeg« hatte ein portugiesisches Schwesterschiff namens »Serpa Pinto«. Es war das letzte, das mit deutschen Antifaschisten an Bord nach Mexiko aufbrach. Seine Fahrt von Casablanca nach Veracruz, die im November 1941 begann, dauerte neunundzwanzig Tage und führte über die Azoren, die Bermudas, Santo Domingo, Kuba nach Mexiko. Als sie auf der Höhe von Santo Domingo waren, erfuhren sie vom Ausbruch des Krieges zwischen Japan und den USA.

Neruda hat in vielfältiger Weise zum Ausdruck gebracht, wie verführerisch Mexiko auf ihn wirkte. Es ist ein Land, das kein Ende nimmt, wenn man es von oben nach unten bereist, und das vom Abend bis zum Morgen lebhafte Farben hat. Er reiste überallhin. Steckte die Nase ins Präkolumbische. Fuhr zu den Pyramiden. Kaufte mexikanische Feigen, verweilte in den Häusern der Kolonialzeit. Betrachtete mit Genießerblick Vulkanlandschaften, Gebirge, Wüsten, Vögel, Schmetterlinge, so groß, wie er sie sonst nirgends gesehen hatte. Ihn faszinierten Yucatán, Nayarit, Baja California. Überall suchte er die Märkte auf, vor allem aber dort, „weil Mexiko auf den Märkten ist«. Dort wurde er zum Malakologen und brachte eine Sammlung fünfzehntausend verschiedener Schnecken zusammen.

Er zog in ein größeres Haus, in die Villa Rosa María. An einem Schwimmbassin aus anderer Zeit, von grotesker Form, hatte der chilenische Boxer Raúl Carabantes trainiert, der sich später erfolglos Kid Azteca stellte. Dort, wo der Boxer den Punchingball knallen ließ, hatte der Dichter Ramón López Velarde gelebt. Der Boxer ging, und es kamen spanische Freunde, die niemanden schlugen, der Dichter León Felipe, Wenceslao Roces, der Marx ins Spanische übersetzt hatte, der Essayist Sánchez Vásquez, der Dichter und Maler Moreno Villa; José Bergamín, sein Freund und einstiger Herausgeber von *Cruz y Raya*; die Schriftstellerin Constancia de la Mora, der Fliegergeneral Ignacio Hidalgo de Cisneros; die Mexikaner Carlos Pellicer, Octavio Paz, der Guatemalteke Cardoza y Aragón. Und häufig die deutsche Schriftstellerin Anna Seghers. Stets speiste er in Gesellschaft. Er suchte Alfonso Reyes auf, Enrique González Martínez, den General Heriberto Jara und den Schriftsteller José Mancisidor.

Als es kurz nach dem Sieg der chilenischen Volksfront in Chillán ein Erdbeben gab, beantragte die mexikanische Regierung ein Visum, damit der Maler David Alfaro Siqueiros, der erst kurz zuvor aus dem Gefängnis gekommen war, wie auch seine Frau Angélica Arenal nach Chile reisen konnten. Die Mexikaner wollten als Zeichen der Solidarität in Chillán eine Schule bauen, die mit Wandgemälden von Siqueiros und Xavier Guerrero ausgestattet werden sollte.

Luis Enrique Délano, ein verläßlicher Zeuge der Ereignisse, berichtet in seinem Essay *Pablo Neruda in Mexiko* (Pablo Neruda en México), daß dieser das Visum erteilte, ohne vorher beim Außenministerium die ausdrückliche Genehmigung dazu einzuholen. Die Antwort war, daß man ihm »Disziplinlosigkeit« vorwarf und ihn einen Monat unter Aussetzung des Gehaltes vom Dienst suspendierte. Dank dieser Disziplinlosigkeit bekam Chillán für seine Schule »Mexiko« das Wandgemälde »Tod dem Okkupanten«.

Einige Zeit später bestiegen wir am Santiagoer Bahnhof Alameda zu früher Stunde einen an den Präsidentenzug angekoppelten Waggon, dieser Zug fuhr nach Chillán zur öffentlichen Einweihung der Schule »Mexiko« und ihrer Wandgemälde. Pedro Aguirre Cerda war gestorben, der Präsident im Zug war ein Mann von hohem Wuchs und mit Adlernase, Juan Antonio Ríos. Siqueiros wurde gefeiert. Jemand äußerte, der Dichter hätte zu Recht das Visum erteilt, das ihm Rüge und Disziplinarstrafe eingetragen hatte.

Neruda gab in Mexiko die Zeitschrift *Araucania* heraus. Sie provozierte und zeigte auf der Titelseite eine Eingeborenenfrau. Eine abscheuliche Sünde! Abermals zog das Ministerium Neruda am Ohr. Man würde in Mexiko denken, Chile wäre ein Land von Indios. So entstand *Araucania* und starb nach einer einzigen Nummer, infolge des Weißenkomplexes der Regierenden.

Es war das Mexiko unter Lázaro Cárdenas in der Zeit des Überfalls der Nazis auf die Sowjetunion. Neruda trat dem Ausschuß zur Unterstützung des kriegführenden Rußland bei, an dessen Spitze Antonio Castro Leal stand. Im Grunde hatte die Sowjetunion den Angriff allein abzuwehren. Immer lauter wurde der Ruf nach Eröffnung der zweiten Front. Neruda setzte dieses Gefühl in Dichtung um und löste damit Diskussionen aus. Er schreibt den »Gesang für Stalingrad«. »Laßt ihr sie allein? Sie werden auch euch holen! ... Wollt ihr mehr Tote an der Ostfront, / bis sie euren Himmel ganz erfüllen?« Das Gedicht, vorgetragen im Theater der Elektrikergewerkschaft, klebte in Mexiko-City an den Mauern. Die Zeitung *Novedades* entrüstete sich über diesen Mißbrauch der Straße. Die Straße sei nicht für die Poesie da. Schon gar nicht für politische Poesie. Da der Aufruf des Dichters kein Gehör fand, brachte dieser trotzig einen „Neuen Liebesgesang an Stalingrad« heraus. Darin antwortete er denen, die ihn wegen des Ersten Gesanges verleumdet hatten. Er trug ihn auf einem Bankett vor, das Intellektuelle zu Ehren der Sowjetunion veranstalteten und bei dem Anna Seghers in rührender Weise das Wort ergriff. Ihr Roman *Das siebte Kreuz* war in Hollywood verfilmt worden. Der Film ging um die Welt, er zeigte den Opfergeist und die Selbstlosigkeit im Kampf der deutschen Antifaschisten gegen Hitler. Bei dieser Gelegenheit wurde auch das Erscheinen der spanischen Übersetzung des Buches gefeiert, sie stammte von Wenceslao Roces. Der »Neue Liebesgesang an Stalingrad« wurde schnell berühmt. Er war ein Höhepunkt des gereimten Vierzeilers und der epischen Dichtung, in einer Strophe nimmt der Dichter Bezug auf sich selber und betont den Wandel, der sich in seinem Werk vollzogen hat:

> Ich schrieb über die Zeit und über das Wasser,
> ich beschrieb die Trauer und ihr maulbeerfarbenes Metall,
> ich schrieb über den Himmel und über den Apfel,
> jetzt schreibe ich über Stalingrad.

Diese an den Wänden klebenden Gedichte sollten ihn teuer zu stehen kommen. An einem Sonntagnachmittag saßen Neruda, Delia, Délano, dessen Frau Lola Falcón, beider Sohn Poli, später ein Erzähler mit Sinn für das Wesentliche, und dessen Freundin Clara Porset im Park Amatlán von Cuernavaca in einem Restaurant, das Gespräch drehte sich wie alle Tage, wie jede Stunde um den Krieg, der in der Ferne brüllte und hinter ihnen schon stampfte. Es wurde ziemlich laut gesprochen, und jeder Satz zeigte überdeutlich, daß man den Faschisten alles andere als wohlgesonnen war. In euphorischer Stimmung wurden Trinksprüche ausgebracht und die Gläser auf die

Präsidenten Roosevelt und Ávila Camacho erhoben. Plötzlich brach es lawinenartig über sie herein. Ein Trupp deutscher Nazis, die in einem Nebenraum Bier tranken, überfiel sie mir nichts, dir nichts und ohne Rücksicht auf die Frauen und das Kind. Die Schlägerei weitete sich aus. Man griff zu Stühlen und Flaschen. Neruda blutete aus einer Kopfwunde, die von einer Wurfkugel oder einem Revolver herrührte. Schließlich flüchteten die Angreifer in einem Auto. Unterstaatsanwalt Roberto Guzmán Araujo erhob Anklage, doch die Polizei hat die Schuldigen nie ermittelt.

Pablo wurde in die Erste-Hilfe-Station von Cuernavaca gebracht. Es war eine mehr als zehn Zentimeter lange Wunde im oberen Schädelbereich. In Mexiko-City verordneten die Ärzte absolute Ruhe, um die Gefahr einer Gehirnerschütterung auszuschließen.

Neruda beschloß, den Angreifern unverzüglich zu antworten. Er schrieb das Vorwort zu Ilja Ehrenburgs *Tod dem Eindringling*.

85
Vermischtes aus Mexiko

Im Jahre 1941 erteilte er prophetisch zwei Studenten den Ritterschlag, die vom Sommerkurs an der Universidad de Chile zurückgekommen waren – Luis Echeverría und José López Portillo; sie sollten in späteren Jahren nacheinander zu Mexikos Präsidenten gewählt werden. Er tat es in einer Rede im Bolívar-Hörsaal der Nationalen Vorbereitungsschule während einer Veranstaltung der Revolutionären Studentenvereinigung (ARDE), und dieser Vortrag wurde in der Zeitschrift *Tierra Nueva* abgedruckt. Wie man sieht, handhabe der Dichter die Worte nicht wie einen Blumenkorso und auch nicht unter Verwendung diplomatischer Höflichkeiten. »Eine neue Rednermythologie führt uns«, so erläutert er, »zu billigen Schmeicheleien. Wir glauben einander zu schmeicheln, indem wir die zwischen unseren Ländern bestehenden Ähnlichkeiten betonen. Ich für mein Teil versichere euch, es gibt nicht zwei Schwesternationen, die so verschieden sind wie Mexiko und Chile ... Zwischen Acapulco, dem blauen, und Punta Arenas, dem polaren, ist die ganze Erde, mit ihren verschiedenen Klimaten, Rassen und Regionen ... Wir Mexikaner und Chilenen begegnen uns (nur) in den Wurzeln, und da müssen wir uns suchen: im Hunger und in den unbefriedigten Wurzeln, in der Suche nach Brot und Wahrheit, in den gleichen Nöten, in den gleichen Ängsten, ja, in der Erde, im Ursprung und im irdischen Kampf verschmelzen wir mit allen unseren Brüdern, mit allen Sklaven des Brotes, mit allen Armen der Welt.«

Das Konsularbüro und Nerudas Haus, auch die später bezogenen, in der Calle Elba und der Calle Varsovia, glichen einem Bienenstock, Mexikos Intellektuelle und antifaschistische Emigranten aus Europa gingen hier ein und aus. Mit seiner leidenschaftlichen Sprechweise erfüllte Vittorio Vidali den Raum, der legendäre Kommandant Carlos des Fünften Regiments, zusammen mit seiner Frau, der italienischen Fotografin Tina Modotti, die mit dem kubanischen Revolutionär Julio Antonio Mella verheiratet gewesen war, an dessen Seite sie ging, als die von Gerardo Machado geschickten Mörder ihn in Mexiko-Stadt auf der Straße mit Kugeln durchsiebten. Auch für sie kam bald die Stunde des Abschieds. Neruda schreibt ein Abschiedsgedicht, »Tina Modotti ist tot«, es ist der Gesang auf eine Schwester, die ein tapferes Herz hatte, und enthält eine Botschaft an das italienische Volk, das sich später vom Faschismus befreien wird. Der Dichter erkennt die Zeichen, die in der Luft schweben:

> In deines Landes alten Küchen, auf den staubigen
> Wegen, etwas spricht und geht vorüber,
> etwas kehrt zur Flamme deines goldhellen Volkes zurück,
> etwas erwacht und singt.

Zu dieser Gesellschaft gehörte auch Mario Montagnana, eine Gestalt des italienischen Antifaschismus und Schwager von Palmiro Togliatti.

Das intellektuelle, künstlerische Mexiko fühlte sich dort wie zu Hause. Es fanden sich ein der damals junge Schriftsteller Fernando Benítez; eine faszinierende Frau – María Asúnsolo; eine Schauspielerin – Rosario Revueltas; ihr Bruder, der Komponist Silvestre, dessen Wort schwieg, damit die Musik sprach.

Als erstes veranstaltete Neruda ein geselliges Beisammensein für die Mexikaner, die in Spanien gewesen waren. Es kamen Elena Garro, Juan de la Cabada, Octavio Paz und Silvestre Revueltas. Drei Tage danach spendete das Konzertpublikum im Palast der Akademie der Schönen Künste einem soeben aufgeführten Werk Revueltas' stehend Beifall und verlangte, daß der Komponist erschiene. Er konnte nicht. Man gab den Grund bekannt: Er war soeben gestorben. Dort, im Palast, wurde er aufgebahrt. Später sprach Neruda am offenen Grab das Kleine Oratorium »Auf Silvestre Revueltas aus Mexiko, bei seinem Tode«. »Von heute an wird dein Name, voll von Musik, emporschwingen, / wenn man an deine Heimaterde rührt, wie von einer Glocke.«

Immer sind in seinem Haus der offenen Tür jene zu finden, die die Mexikaner scherzhaft *gachupines* nennen, seine spanischen Freunde.

Eines Tages wird man darüber nachdenken müssen, woher es rührte, daß der Dichter wie ein Magnet die Menschen anzog. Mitunter bestand die Gefahr, daß sich eine Art Hof um ihn bildete. Verehrer ohne Zahl entdeckten in ihm einen König der Poesie, dem es die gebührende Ehre zu erweisen galt. Neruda war aber im Grunde ein Plebejer, richtiger, ein Mann des Volkes. Und das hatte besser als jeder andere seine damalige Frau erkannt, die Hormiga, eine hochgeistige Frau. Die meisten seiner Stammgäste dachten demokratisch. Sie waren Freunde und keine Höflinge.

Für das neugierige Kind war der Mexiko-Aufenthalt ein ständiger Sonntag, besonders wenn er auf den Markt von Lagunilla gehen konnte, wo er Gebrauchtwaren suchte, alte Postkarten, Spieluhren, bizarr geformte Gläser, bunte

Flaschen und immer mehr Schnecken und Schmetterlinge, außerdem naive und romantische Gemälde. Er schreibt an Juan de la Cabada, der solle mit den Fischern von Yucatán und Campeche sprechen, ob sie ihm nicht Schnecken und Muscheln aus größeren Seetiefen beschaffen könnten. Dieser hat ihm nie geantwortet. Trotzdem nahm der Dichter ihn 1943 vier oder fünf Monate in seinem Haus auf, das von redefreudigen *gachupines* bevölkert war. Früh um fünf oder sechs, wenn Delia noch schlief, pflegten die beiden Freunde aufzubrechen, um *gusanos de maguey* in einem Restaurant in der Calle 16 de Septiembre, Ecke Calle Colima, zu essen. Danach gingen sie in der Stadt spazieren.

Zu einem ersten Mißverständnis kam es mit Octavio Paz und José Bergamín, die unter dem Titel *Laurel* (*Editorial Séneca*, 1940) eine Anthologie hispanoamerikanischer Dichtung herausgebracht hatten, mit deren Auswahl er nicht einverstanden war. Sie hatten drei Dichter ausgelassen, die er für unentbehrlich hielt: Herrera y Reissig, Nicolás Guillén und León Felipe.

Und so entfesselte Neruda in Mexiko wie in Spanien literarische Unwetter. Bei einem Bankett, das für ihn gegeben wurde, kam es zum Bruch mit Octavio Paz. Aufspaltung in zwei Lager, Nerudisten und Anti-Nerudisten. Die Dichter zeigten, daß sie in der Fähigkeit, einander den Krieg zu erklären, den mexikanischen Malern nicht nachstanden. Der Chilene sorgte nicht nur in seinem Haus für Trubel, sondern auch in der Literatur. Neruda war nicht gekommen, den Frieden zu bringen, sondern das Schwert. Das mißfiel Paz und anderen Dichtern, die – trotz Maples Arces schriller Töne – bis dahin in der Form diskret geblieben waren und nicht laute Querelen kultivierten. In einem Interview, das, diplomatisch verpackt, Kritik und Paradoxon zugleich war, würde Neruda sagen: »Sie haben in Mexiko große Dichter; ich wünschte, daß in Chile die Dichter wie hierzulande diese Eigenheit hätten, die in der Form wurzelt ... Ich darf Chiles Dichtern davon nichts sagen, denn ich war es, der die Form aufzulösen getrachtet hat, die Form, die Mexiko eigen ist.« Er zog gewissermaßen eine

Demarkationslinie. Keine rein literarische. Sie war auch bestimmt durch einen strengen Begriff von Dichtung, die danach um so größer war, je menschlicher sie war, und unermeßlich groß, wenn sie es sich zur Pflicht machte, die Gesellschaft umzugestalten. Neruda sagte es mit allem Nachdruck an der Universität San Nicolás de Hidalgo von Morelia, als diese ihn zum Ehrendoktor ernannte. In seiner Ansprache richtete er eine eindeutige Botschaft an die Studenten, die von diesen mit viel Beifall aufgenommen wurde: »Von heute an nehme ich eure Existenz, meine jungen Brüder, in mich auf, und ich weiß, daß von jetzt an in meinem Gedächtnis die Wälder und schönen Monumentsteine nicht leer sein werden, sondern bevölkert von Feuer, Jugend, Hoffnung, von dem, was ihr seid und sein werdet, von dem Geist, den ihr verteidigt, indem ihr in diesem Saal um einen Mann versammelt seid, der groß nur dadurch sein möchte, daß er menschlich ist ... Möge mein Schritt in eurer Mitte, ihr jungen, brüderlichen Herzen, euch helfen, den Weg des Wissens und der Kultur zu gehen, von den edlen Steinen von Morelia hin zur Brüderlichkeit aller Menschen.«

In Europa tobte der Krieg, und er entzündete die Gemüter, zuerst das des Dichters. Er war nicht im geringsten neutral. Er äußerte seine Sympathien und Antipathien vernehmlich und überall. In seinem »Neuen Liebesgesang an Stalingrad« antwortet er fragwürdigen Dichtern direkt und ohne Glacéhandschuhe. Er spielt bewußt auf den alten Schwan mit dem herrlichen Gefieder an, dem man, gemäß dem Aufruf von González Martínez, den Hals umdrehen sollte.

> Ich weiß, daß der jungalte Schnellvergängliche
> der Feder, wie ein Schwan eingebunden,
> aufbinden wird seinen notorischen Schmerz
> über meinen Liebesschrei an Stalingrad.

> Ich lege meine Seele hinein, in was ich will.
> Ich nähre mich nicht von abgestumpftem Papier,

von Tinte gewürzt und von Tintenfaß.
Ich wurde geboren, um Stalingrad zu besingen.

Die Folge war, daß sich zu literarischer Polemik der politische Angriff gesellte, der abermals in Tätlichkeiten ausartete. Es war wieder im Bolívar-Hörsaal, anläßlich einer Gedenkveranstaltung für den Befreier. Nachdem der Philosoph Joaquín Xirau über das Thema »Bolívar – ein spanischer Patriot« gesprochen hatte, hörte man zum erstenmal in der Öffentlichkeit den »Gesang für Bolívar«. Das Publikum schien überrascht zu sein, als eine Gruppe Falangisten Neruda mit dem Ruf unterbrach: »Tod der Spanischen Republik!« und »Hoch lebe der Generalissimus!« Das Publikum reagierte, und binnen wenigen Minuten glich der gepflegte Saal einem Schlachtfeld. Zur Entschädigung brachte die Universität den »Gesang für Bolívar« in einer reizenden kleinen, von Julio Prieto illustrierten Broschüre heraus.

Im Jahre 1943 wollte Neruda eine Zeitschrift veröffentlichen, in der Dichtung und Politik nebeneinander ihren Platz haben sollten. Es gab lange Diskussionen, bevor man sich für den Namen entschieden hatte: *La Sangre y la Letra*. Herausgeber sollte Neruda sein. Redakteure José Iturriaga, Andrés Henestroza und Juan Rejano, Sekretär – Wilberto Cantón. Neruda war auch Schatzmeister, er verwahrte das Kapital, das die Zeitschrift finanzieren sollte, zwischen den Seiten einer illustrierten Walt-Whitman-Ausgabe. Als er eines Tages das Geld herausnehmen wollte, war es weg. Man stellte das ganze Haus auf den Kopf. Hob die Teppiche hoch. Der Dichter raste. Cantón nahm ein Exemplar der *Grashalme* vom Boden auf und sah es aufmerksam durch. In einer Ecke des Einbanddeckels ein Hinweis: »Siehe Bernal Díaz del Castillo, Bd. II, S. 309«. Auf Seite 309 jenes Buches wieder ein Hinweis: »Siehe Heilige Therese, S. 120«. Und von der heiligen Therese kamen sie zu Milocz, von da zu César Vallejo, von diesem zu Elizabeth Barret Browning, von dieser zu Esquilo, Dante, Rainer Maria Rilke, Plato, Rabindranath Tagore, Alonso de Ercilla, Goethe, Dostojewski ... Nach dieser Reise durch die Weltliteratur fanden sie das Geld in einem Schatz der Kinderliteratur, und zwar auf Seite 213 der Märchen von Andersen. Der Spaßvogel wurde nie entdeckt. Und auch die Zeitschrift sah nie das Licht des Tages. Délano versichert, hinter dem Schabernack habe Jaled Mujaes gesteckt, Geologe, Antiquar, vor allem aber Spezialist im Aushecken solcher Possen.

Bekanntlich richtete Neruda gern Hochzeiten seiner Freunde aus und taufte deren Kinder. In seinem Haus Los Guindos in Santiago heiratete zum Beispiel seine Sekretärin und zukünftige Biographin Maragarita Aguirre ihren argentinischen Gevatter Rodolfo Araoz Alfaro, Sproß einer alten Gauchosippe und Rechtsanwalt politisch Verfolgter. In seinem Haus in Mexiko-Stadt wurde Cibeles getauft, Andrés Henestrozas Tochter. An dem Tag kündigte der Hauswirt seinem Mieter Pablo Neruda, nicht so sehr, weil der ungefähr fünfhundert Gäste hatte, sondern weil viele von diesen, Hektoliter Mezcal und Tequila im Leibe, überschnappten und zu Affen wurden und auf die Bäume kletterten und deren Äste abbrachen. Sie wollten von oben die Vorstellungen eines einfachen griechischen Theaters besser sehen, in denen José Revueltas und Pablo Neruda selber auftraten.

Henestroza berichtet, daß der Dichter jegliches Beisammensein nutzte, um sich zu verkleiden – als General, als Feuerwehrmann; mit Mütze und Jacke angetan, sammelte er bei einer *fiesta* die Lose ein. Nach seiner, Henestrozas, Interpretation verkleidete sich Neruda, weil ihm vor seiner eigenen Häßlichkeit graute, eine recht fragwürdige Vermutung, die uns nicht in den Kopf will.

Er machte seinen Freunden besondere Geschenke. Anfang 1943 hundert Druckexemplare von *Chiles Großem Gesang*, der zur Keimzelle des *Großen Gesangs* werden sollte.

So wie Spanien erkennt Mexiko in Neruda den Dichter, der sich nie Ruhe gönnt, da er jetzt überzeugt ist, daß er in der Dichtung ein Protokollführer der Geschichte zu sein hat, mit einem gewissen Recht, diese mit seiner Stimme aufleben zu lassen und zu erzählen. Wenn *Spanien im Herzen* im *Dritten Aufenthalt* mit der Nummer IV versehen ist, gehört die V zu Gedichten, die größtenteils in Mexiko entstanden sind. Außer seinen zwei ersten »Liebesgesängen an Stalingrad« wird er dort sein »7. November. Ode auf einen Tag des Sieges« schreiben. Hitler hatte schon die Einladungen verschickt, um an jenem 7. November 1941 die Einnahme von Leningrad in dem der Isaaks-Kathedrale gegenüberliegenden Hotel »Astoria« zu feiern, so wie er auch sicher war, daß er den Fall von Moskau im Kreml feiern würde. Das Herz des Dichters, der Minute um Minute das Hin und Her der Schlachten verfolgte, preist die Helden und hofft, daß dieses »Heer des Volkes und des Eisens ... eine Rose, groß wie der Mond«, in die Erde des Sieges pflanze. Er sagt es aus persönlicher, autobiographischer Sicht und wissend, daß in der Achtung für die Kämpfer sein Leben wie Millionen Leben ist.

> Ich grüße dich, Sowjetunion, an diesem Tag,
> mit Bescheidenheit, ich bin Schriftsteller und Poet.
> Mein Vater war Eisenbahner: wir waren immer arme
> Leute.
> Ich war gestern, fern, in meinem kleinen Land
> der große Regen, mit dir. Dort wuchs dein glühender
> Name,
> in der Brust des Volkes brennend,
> bis er den hohen Himmel meiner Republik berührte!

Er wird nie alle Deutschen in einen Topf werfen, sie für Faschisten halten. Sein tiefes, freundschaftliches Verhältnis zu deutschen Flüchtlingen, die nach Mexiko gekommen waren und von denen er manche im Spanischen Krieg kennengelernt hatte, wo sie den Internationalen Brigaden angehörten, bestätigt ihm jene geschichtliche Wahrheit, die besagt, daß Nationen eine Tag- und eine Nachtseite haben. Außerdem sind ihm die Namen Marx und Engels gut bekannt. Seit seiner Jugend hat er Heine geliebt. Und er empfindet es als einen Affront für alle Dichter, als eine Kriegserklärung an die Schönheit, daß das Lied von der Lorelei einem unbekannten Verfasser zugeschrieben wird. »Freies Deutschland, wer sagt, / daß du nicht kämpfst? Deine Toten sprechen unter der Erde ... Brigaden / deutscher Brüder: / ihr durchdrangt das ganze Schweigen der Welt, / um eure breite Brust neben die unsere zu stellen.« Er nennt verbotene Namen: Einstein, »eine Stimme der Ströme«; Heine, Mendelssohn ... »Die Stimme Thälmanns wie ein verscharrter Strom«.

Dort, im Kreis seiner katalanischen Freunde, schreibt er den »Gesang auf den Tod und die Auferstehung Luis Companys'«.

Seine Dichtung hat viele Revolutionäre inspiriert. Im bolivianischen Urwald unterstrich Che Guevara im »Gesang für Bolívar« aus dem *Aufenthalt auf Erden*, den er stets bei sich hatte, einen Schlüsselvers, der für ihn fast autobiographisch ist: »Dein kleiner tapferer Hauptmannskörper«. Ahnung des eigenen Schicksals.

Im März 1942 reist Neruda auf Einladung von José María Chacón y Calvo, dem Leiter der Abteilung Kultur im Erziehungsministerium, von Mexiko nach Kuba, das er zum erstenmal besucht. In der Nationalen Akademie für Kunst und Literatur hält er mehrere Vorträge, zwei über Quevedo. Dort erwähnt er zum erstenmal in Amerika den Oberkurier Ihrer Majestät, Don Juan de Tarsis, Graf von Villamediana, den Liebhaber der Königin, der eines Tages die Vorhänge des Schloßtheaters anzündet, damit er einen Vorwand hat, mit der hohen, verbotenen Geliebten im Arm zu fliehen. In Havanna spricht er von den Araukanern. Und dort gedenkt er eines jungen Kubaners, der bei der Verteidigung der spanischen Republik gefallen ist und für immer auf dem Friedhof von Brunete ruht. »Es ist Alberto Sánchez, ein Kubaner, wortkarg, von kleiner, kräftiger Statur, ein Hauptmann von zwanzig Jahren...«

Er fügt ein paar Verse hinzu, die im Jahre 1942 die kubanische Revolution ankündigen:

> ... preist euren Helden, Kuba, Kuba, stark und duftend,
> gedenkt dessen, der in Spanien schläft,
> schläft, damit ihr wachet, damit die Erde nicht schlafe,
> und damit über seinem geschändeten Lorbeer auf fernem
> Grab
> man eines Tages vernehme euren Schritt, euren Gesang,
> meinen Gesang,
> unsern Gesang, den einzigen, den Gesang für Freiheit
> und Sieg.

Er nutzte jenen Monat, da er wegen der »Affäre Siqueiros« von seinem Konsulamt suspendiert war, für eine Reise nach Guatemala. Dort entstand die Freundschaft mit Miguel Ángel Asturias, die ein Leben lang währte. Sie hatten eine gewisse physische Ähnlichkeit. Brust und Bauch waren bei beiden pfauenartig vorgewölbt. Jemand hatte sie zusammen gesehen und ihnen den Spitznamen die beiden *chompipes* (Truthähne) gegeben. Neruda aber erwies Ehre, wem Ehre gebührte, und nannte Miguel Ángel den Großen Chompipe.

Am 18. Juni 1943 starb in Mexiko Doña Leocadia Felizardo de Prestes, die Mutter des führenden brasilianischen Kommunisten Luis Carlos Prestes. Dem von Mexiko gestellten Ersuchen, den Sohn, der in Rio de Janeiro in einer dreieckigen Zelle einsaß, an der Beerdigung seiner Mutter teilnehmen zu lassen, wurde von Präsident Getulio Vargas nicht stattgegeben.

Am Grab sagte Neruda: »Der kleine Tyrann will das Feuer verdecken / mit seinen kleinen Flügeln einer kalten Fledermaus.« Offensichtlich hatte die Fledermaus eine empfindliche Stelle bei Getulio Vargas getroffen. Brasiliens Botschafter erhob scharfen Einspruch. Aufgrund Itamaratys Protest in der Moneda legte man dem chilenischen Konsul den Rücktritt nahe. Neruda erwiderte: »Als Chiles Generalkonsul (und nicht als diplomatischer Vertreter) habe ich die Pflicht, für den Ausbau der Handelsbeziehungen zwischen Mexiko und meinem Land zu wirken. Aber als Schriftsteller habe ich die Pflicht, für die Freiheit als absolute Norm staatsbürgerlichen und menschlichen Lebens einzutreten, und keinerlei Forderungen und Zwischenfälle werden mein Tun und meine Dichtung ändern . . . Ich pflege mich von meinen Taten nicht zu distanzieren, schon gar nicht, wenn es darum geht, meine Pflichten als freier Mensch zu erfüllen . . . Wir chilenischen Schriftsteller haben eine Tradition: ein öffentliches Amt oder eine Regierungsfunktion zu übernehmen, so hoch oder so bescheiden diese seien, wir pflegen nicht unsere Freiheit und unsere Würde als freie Menschen in Frage stellen zu lassen, schon gar nicht die Treue zu den ideologischen oder sozialen Prinzipien zu wandeln, die jeder in seiner Sphäre vertritt . . . Luis Carlos Prestes' rechtlicher Situation ist mit den Beteuerungen von offizieller Seite nicht Genüge getan. Wir alle wissen, wie Prozesse wegen eines gewöhnlichen Deliktes angestrengt werden, um politische Gegner zu beseitigen . . .«

Reisen und Trauerfälle, ferne Erinnerung an das zweistöckige Haus, das von Kampfergeruch erfüllt ist, an das verödete Eßzimmer, Wiederholen des »weil ich traurig bin und unterwegs / und die Erde kenne und ich traurig bin«. Erinnerungen an eine Mutterschaft, die das Signum des Todes trug. Er will nur, daß das Kind »reden darf, ohne zu sterben«. Nun denn, die Zeit ist da, in der »nichts als Weinen ist, nichts weiter als Weinen, / denn nur zu leiden, einzig zu leiden ist, / und nichts weiter als Weinen«. Es ist das Jahr 1942, und er hat soeben die Nachricht erhalten, daß in den Niederlanden seine Tochter Malva Marina gestorben ist. Er ist untröstlich. Möchte am liebsten nach Chile zurück. Grenzenloses Heimweh. Unwiderstehliches Verlangen nach Heimkehr. Er hat konkrete Reisepläne.

Innerliche Bestandsaufnahme nach seinem Aufenthalt. Später spricht er es laut aus. Er zieht in Mexiko die Landwirte und Maler so manchem Dichter vor, denen er »Mangel an ziviler Moral« vorwirft. Wieder überaus heftige Attacken seitens Octavio Paz' und José Luis Martínez'.

Antwort auf die gehässigen Anwürfe: Auf einem an den Mauern der Stadt klebenden Plakat wird zu einer Abschiedsveranstaltung für Neruda eingeladen. Den Aufruf haben nicht Pelotaspieler aus dem Baskenland, Boxer, Fußballer, Ringkampfmeister unterzeichnet, es sind Schriftsteller, Musiker, Bildhauer, Universitätsdozenten, Diplomaten, Politiker, Gewerkschaftsführer, Parlamentarier, die zum Abschlußessen einladen.

Am 27. August 1943 wird Neruda von den Mexikanern verabschiedet. Alle seine Bekannten, das ganze dem Dichter nahestehende Land will bei diesen Veranstaltungen dabeisein. Es hieß nicht »Leb wohl«, sondern »Bis bald«. Eine Flut von freundlichen Trinksprüchen bei Zusammenkünften in Wohnungen und Restaurants brach über ihn herein. Die Universität von Morelia verlieh ihm sehr feierlich die Ehrendoktorwürde. Höhepunkt sollte eine gewaltige allgemeine Verabschiedung sein. Zu diesem Zweck mußte man auf ein Stadion, den Frontón México, zurückgreifen, da alle anderen Örtlichkeiten zu klein gewesen wären.

Der Sportplatz wurde zu einem riesigen Bankett mit mehr als zweitausend Personen, die einen ausländischen Dichter verabschiedeten, ein ganz und gar ungewöhnliches Ereignis.

Er hatte ein Gedicht geschrieben, das er aus diesem Anlaß vortragen wollte. Zuerst hatte er es »Auf den Lippen Mexikos« genannt. Danach änderte er den Titel und nannte es »In den Mauern Mexikos«. Es ist Zeugnis erlebter Situationen, empfundener Verbundenheit, offen ausgesprochenen Dankes: »Ich singe Cárdenas. Ich war dabei, / ich sah den Aufruhr von Kastilien ... / Damals glänzten in die Nacht des Menschen hinein / nur der rote Stern Rußlands und Cárdenas' Blick. / General, Präsident von Amerika, in diesem Gesang hinterlaß ich dir / etwas vom Glanz, den ich in Spanien in mich aufnahm.«

So verabschiedete er sich diesmal von Mexiko, dem

immer sein Interesse galt, als tausendjährigem Land Amerikas, als keimtreibender Erde. In jener Autobiographie in Versen, der er den Namen *Memorial von Isla Negra* gab, singt er seine »Serenade über Mexiko«. Er hatte seinen südlichen Fuß auf den nördlichsten Bruderboden gesetzt. Als er darüber hinschritt, ward er inne, daß er über Erde wandelte, die von sich selber satt war. Und tausendmal war er betroffen von der Phantasie von Mensch und Natur. Ihn erschütterte »die Geige der nächtlichen / Sägemühlen, die Weltkantate / eines heimlichen / Zikadenvolks«.

Er staunte über jene unterirdische vorgeschichtliche Welt, die in ihm lebendiger war als in jedem anderen. Er spürte, daß in seinen Adern die Silben jener Vergangenheit flossen, daß er sie in seinem Atem trug und die Pflicht hatte, sie auszusprechen.

Wenn er nach Chile käme, würde er, die Ellenbogen aufgestützt vor dem großen Fenster seines Hauses in Isla Negra, sich vorstellen, wie die Vögel, die auf dem Meer Futter suchen, eines Tages herabkommen »auf die Gestade des wilden Mexiko . . ., des letzten der magischen Länder«, als verfolgten sie einen »geheimnisvollen Weg«. Er empfiehlt diese Vögel der Erde dem brüderlichen Meer, »daß sie niedergleiten / auf die phosphoreszierenden Aniline / des knisternden Indio, / den Zweig ihres Flugs ausbreitend / aufs kalifornische Mexiko«.

Am 1. September 1943 war der Flughafen Balbuena mit fröhlich lärmenden *mariachis*, Volkssängern, gefüllt, die Lebwohl zu ihrem Kollegen sagten, dem Dichter, von dessen Gedichten manche zu Liedern geworden waren. Er hatte, und das vergaßen sie ihm nicht, ein »Kleines Oratorium« für einen mexikanischen Musiker geschrieben, den sie, auch wenn er nicht *mariachi* gewesen war und nicht auf der Plaza Garibaldi gesungen hatte, für würdig hielten und der gewissermaßen zur fleißigen Zunft derer gehörte, die *mañanitas*, Bänkellieder, sangen. Sie verabschiedeten den Reisenden mit »Las Golondrinas«.

87

Aufstieg zu den Ursprüngen

Als das Flugzeug in Bogotá landet, kommt ein Protokollbeamter des Außenministeriums – schwarzer Anzug, Hut mit bandgesäumter Krempe – die Gangway herauf. Vor Neruda zieht er den Hut. Er begrüßt ihn mit napoleonischer Redekunst. »Vierhundert Dichter erwarten Sie.«

Er assoziierte den Satz nicht so sehr mit den ägyptischen Pyramiden und den Jahrhunderten, die Jahrtausende sind, sondern mit Rubén Daríos vierhundert Elefanten.

»Vierhundert! Was soll ich unter so vielen Dichtern?«

Das scheinbar schlummernde Auge war stets wach, schaute, sammelte Material. Er trug sich mit dem Projekt eines sinfonischen Gedichtes über Amerika. Und hatte jene Wespentaille beobachtet, die den Kontinent trennte und verband. Eines Tages würde er Vasco Núñez de Balboas gedenken und einiges von der Wunde, dem Panamakanal, sagen, dem ersten Zwischenaufenthalt.

Jetzt stand ihm der zweite Zwischenaufenthalt bevor, Bogotá, eine Redensart nennt es das Athen Amerikas. Der Mann in Schwarz irrte sich nicht. Nie zuvor hatte sich auf dem Flughafen Techo der Lärm von Propellern und versammelten Poeten so kunterbunt gemischt: alle Lebensalter waren vertreten und warteten, um die heilige Bestie, einen Fabellöwen, zu begrüßen. An jenem Abend versammelten sie sich dann im Salon des Konsuls von Chile, des Dichters Juan Guzmán Cruchaga. Da waren Jorge Zalamea, León de Greiff, Jorge Rojas, Gerardo Valencia, José Umaña Bernal, Carlos Martín, Darío Samper, Jaime Posada, Fernando Charry Lara . . . Eduardo Carranza schildert in schwülstigen Worten den bewegenden Augenblick. »Unter uns weilte der gewaltige Dichter, der große Bruder, der neue Vater und magische Meister!« Er nennt ihn, so wie Darío, als dieser Verlaines gedachte, »himmlischen Leierträger«. Trotzdem gehörte dieser vom Himmel kommende Leierträger mehr der Erde als der Luft.

So sehr gehörte er der Erde, daß die Gesellschaft sich binnen kurzem ideologisch spaltete. Der Kopf des Reisenden war Zielscheibe eines grollenden, donnernden Jupiters der Politik, des kolumbianischen Konservativenhäuptlings Laureano Gómez, der ihn in seiner Zeitung *El Siglo* mit mörderischer Leidenschaft unter Beschuß nahm. Neruda verspürte in sich den alten Vulkan, aus dem schwefelhaltige Antworten auf giftige Angriffe lavagleich hervorbrachen. Er erfuhr, daß dieses Presseorgan seit einem Monat Anti-Neruda-Leitartikel brachte, in denen das Epitheton mehr Wut als Wahrheit enthielt. Es waren lahme Angriffe, aber möglicherweise diente Neruda nur als Vorwand, denn im Grunde wollte Gómez mit der für ihn typischen blinden Wut gegen den damaligen Präsidenten Alfonso López zu Felde ziehen. Bei solchen Widersachern war es nur natürlich, daß der Streit mitunter literarische Form annahm. Der Erzreaktionär attackierte die Dichtervereinigung »Piedra y cielo« (Stein und Himmel). Deren Mitglieder antworteten auf die Anwürfe des Gomecismus mehr steinern als himmlisch. Auch Neruda blieb nicht stumm. Er tauchte die Feder tief in grüne Tinte und schrieb als Antwort eine Serie von »Strafsonetten«.

Die Rückreise verlief im Zickzackkurs, und dabei geschah so allerlei. Es dauerte zwei Monate und vier Tage, bis er in Chile eintraf. Wenn man bedenkt, daß er mit dem Flugzeug reiste, liegt die Vermutung nahe, daß die Zwischenaufenthalte so lang waren, weil er das Land, das er besuchte, in sich aufnehmen wollte. Dafür hatte er seine Gründe. Er glaubte, er wüßte zu wenig von Südamerika. Fühlte, daß für ihn die Zeit gekommen war, da er genauer und gründlicher, aus eigener Anschauung wissen müßte, wie sein Kontinent, wie jene Welt beschaffen war. Bis dahin war er Chilene gewesen, der im Fernen Osten hereingefallen war, der bei Spaniens loderndem Feuerschein die Augen geöffnet und eine kurze Zeit in Buenos Aires verbracht hatte. Mexiko war es, das ihm das verwirrende Gefühl gab, Amerika fast gar nicht zu kennen. Er fühlte sich schuldig an diesem Amerika, da er seinen eigenen Untergrund vernachlässigt hatte. Deshalb wußte er, als er ins Gebiet eines anderen großen präkolumbischen Reiches kam, daß er Cuzco und Macchu Picchu besuchen müßte. Es war eine Begegnung, auf die er seit langem gewartet hatte. Nach dem Erlebnis Mexiko, das ihm starke Impulse gegeben hatte, reifte in ihm die Vorstellung, daß unter seinen Füßen ein Universum begraben läge, über das er fast unwissend hinwegschritt. Dort waren seine Wurzeln, nicht seine persönlichen, sondern die Ursprünge aller dieser Völker, zu denen er gehörte.

Diese scheinbar gewöhnliche Reise gewann hinterher eine ganz besondere Bedeutung. So wie Bolívar Alexander von Humboldt als den zweiten Entdecker Amerikas bezeichnete, meinen manche, der zweite Entdecker von Macchu Picchu sei Pablo Neruda. Für ihn war es nicht so mühsam wie für Hiram Bingham. Außerdem war seine Entdeckung geistiger Art.

Es gibt Fotografien von Hormiga und Neruda, auf denen er in Hemdsärmeln, das Jackett überm Arm, durch die Festungsstadt geht. Alles scheinbar ganz prosaisch. Man erzählt außerdem die ziemlich abgedroschene Story, wie er auf die feierliche Frage: »Was fühlen Sie, Dichter, angesichts dieses Bildes der Jahrhunderte?« ganz unfeierlich geantwortet haben soll: »Ich fühle, daß dies der geeignetste Ort ist, um ein schönes Stück Braten zu essen.« Als er einige Zeit später nach dem Wahrheitsgehalt dieser Anekdote gefragt wird, erklärt er in zweifelndem Ton: »Ich weiß nicht, ob ich das gesagt habe. Aber wenn man sich von etwas Kolossalem, Geheimnisvollem überwältigt fühlt und es wird einem dann eine bedeutsame Frage gestellt, so ist es vielleicht die erste, psychisch bedingte Schutzreaktion eines Menschen, der einen Augenblick der Ewigkeit erlebt, nach etwas ganz Alltäglichem zu greifen, um seinem irdischen Dasein wieder Halt und Festigkeit zu verleihen.«

Viele Dinge fanden bei Neruda unmittelbar eine poetische Antwort. Er erlebte etwas, und Minuten, Stunden später schrieb er das Gedicht, das ein Antlitz, ein Gespräch, ein Pappelrauschen, der Tod eines Freundes schlagartig geweckt, ihm eingegeben hatte. Seine dichterische Reaktion schien augenblicklich zu erfolgen. Nicht so bei Macchu Picchu. Hier war ein Same in ihn gedrungen, der langsam und tiefgründig keimte. Es dauerte zwei Jahre, bis der Keimling durchbrach. Neruda hatte Macchu Picchu im Oktober 1943 besucht, das Gedicht schrieb er in Isla Negra im August und September 1945, veröffentlicht wurde es zum erstenmal im Jahre 1946.

Jener zwei Jahre bedurfte es, damit eine Idee sich weiterentwickeln und reifen konnte, die Idee, die entstanden war, als Neruda die zugrunde gegangene Stadt betrachtete, denn diesen Anblick assoziierte er mit Ereignissen seines eigenen persönlichen und politischen Lebens, die seine Ansichten von Gesellschaft und Geschichte klarer herausbilden sollten.

Als er das Gedicht schreibt, ist er schon Senator, gewählt von der Kommunistischen Partei Chiles. Das Gebiet, das er vertritt, hat bis 1879 zu Peru und Bolivien gehört und liegt von Macchu Picchu nicht übermäßig weit entfernt, ist gewissermaßen eine Provinz des Inkareichs gewesen. Viele der Pampa-Arbeiter, die ihn ins Parlament gewählt haben, stammen direkt von Juan Ißkalt, von Juan Steinbrecher, von Juan Barfuß ab. Der Nachfahre Wiracochas und des grünen Sterns, der Enkel des Türkis, jetzt seine Wähler in Tarapacá und Antofagasta, waren gestern die Erbauer der »granitenen Leuchte, des Brotes aus Stein«. Sie waren Vergessene und werden es bleiben. Er wird das Seine tun, um ihre Geschichte zu erzählen, damit diese bekannt werde und dies ein erster Schritt sei, sie zu ändern. »Eilt her an meine Adern, an meinen Mund. / Redet durch meine Worte und mein Blut.« Er wird der Sprecher sein. Das ist kein politisches Gebet, aber – oh, Ketzerei! – es entspricht der Idee, die er auf Versammlungen in der Pampa äußert, vor den Scharen namenloser Erbauer der »hohen Stadt auf stufigem Gestein«. Seine Reden sind meist Poesie. Im wörtlichen Sinn, denn sie bestehen aus Gedichten, die er diesen Arbeitern der Wüste vorträgt. Heute bereiten sie mit Dynamit die Sprengung vor, um Salpeter freizulegen und das Nitrat zu gewinnen. Gestern säten sie Mais, webten Vicuña-Wolle, gehorchten den Kriegern. Nach wie vor gleicht sich das Leben der einen und der anderen. »Tote eines einzigen Abgrunds, Schatten einer Schlucht, / der unergründlichen . . .«

Es gibt einen Zusammenhang von Daten, der den Sinn des Gedichts leichter durchschaubar macht. Am 8. Juli 1945 trat Neruda offiziell und öffentlich der Kommunistischen Partei bei. Im darauffolgenden Monat begann er »Die Höhen von Macchu Picchu« zu schreiben. Zwei Akte in ein und derselben Zeit. Nicht nur beinahe gleichzeitig, sondern miteinander verwoben und wechselseitig bedingt.

88

Persönliche und außerpersönliche Bedeutung von Macchu Picchu

Nerudas Poesie, nie Gespenstergesang, läßt hier keine mythischen Deutungen zu. Er war kein Archäologe. Er war Dichter, der die Geschichte betrachtete. Gewiß, mit anderer Optik. Ja. Jetzt lauscht er der Stimme der Vergangenheit mit einem anderen akustischen System. Er verspürt, ganz anders als zuvor in Spanien, den geheimnisvollen Duft, der von den Ruinen ausgeht. Wäre er als Zwanzigjähriger nach Macchu Picchu gekommen, hätte er wahrscheinlich ein Gedicht geschrieben, ein ganz anderes.

Nicht für akademische Augen! Auch keine Nostalgieliteratur! Vielmehr will er sich in einer Welt, zu der er gehört, neu eingliedern, neu einfügen. Er will nicht in der Art antiker Aöden die Geschichte der regierenden Elite erzählen, nicht einmal so wie die Amautas, jene unzugänglichen Eingeweihten, die Kultur als Privileg besaßen. Der Dichter hegt die Vorstellung, daß nur Revolutionen, ein großer sozialer Umschwung Juan Steinbrecher und seinen Brüdern von damals und vor allem von heute ein wahrhaft menschliches Leben gewähren können.

Sein Poem ist nicht Reiseliteratur, auch keine Hymnensammlung zum Lob der alten Götter. Für ihn ist es vor allem das Überschreiten einer langen, alten Grenze, die ihn von der vorkolumbischen Geschichte getrennt hat, aus der seine persönliche Geschichte, dessen ist er sicher, zumindest teilweise hervorgegangen ist.

Das Poem scheint bar jedes Fragezeichens zu sein. Im Grunde enthält es einen geschlossenen Block von Aussagen. Es geht über magisches Denken hinaus. Es weist mit dem Zeigefinger auf die Bruchlinie zwischen zwei Zivilisationen, zwischen Besitzern und Besessenen.

Er wird mit der herkömmlichen Auffassung von Geschichte und Dichtung brechen. Er sieht in dem Gedicht ein Kind der Erfahrung. Er betrachtet in Macchu Picchu aufmerksam jedes Detail, die Steine, die Baustoffe und beantwortet seine eigenen Fragen. Er richtet sein Augenmerk auf den am Rande stehenden Menschen, der die jahrhundertelang verborgene Festung erbaut hat. Für ihn symbolisiert dieser Mensch die untere Klasse aller Zeiten. Er stellt sich die Taten des Ausgebeuteten vor, der wahrscheinlich gar nicht wußte, daß er ein Ausgebeuteter war.

Da jene eine mündliche Kultur war, entdeckt er im Schweigen das Wort, das jener sprach und niemand aufnahm. Er ringt darum, die verlorengegangene, in den Steinen enthaltene Sprache wiederzufinden. Der Dichter fühlt sich als Sprecher, als Wiederhersteller kollektiven Erinnerungs- und Ausdrucksvermögens.

Jene Stadt hat zwanzig menschliche Generationen lang stumm im Urwald verborgen gelegen. Der Dichter wird ihr Mund sein, wird die abgewürgte Kehle derjenigen neu beleben, die nicht gesehen und gehört worden sind. Er wird Macchu Picchu neu erfinden. Die Indio-Stadt in sich aufnehmen, indem er sie zu der seinen und sich selber zu dem ihren macht. Er wird sie zum wiederbelebten Bildnis – teils seiner selbst – machen, zu modernem Ausdruck, zu einer Seite der Literatur und Geschichte. Er wird aus der Stille das Wort machen, das neugeboren wird. Die Stadt des Rätsels wird neuerstehen aus dem, was der Dichter sagt. Die Stadt des Rätsels, die er mit eigenen Augen schaut, durchwandert er mit seinen Füßen und nimmt sie mit seinem ganzen Wesen in sich auf.

Die wenigen Jahre, die zwischen dem Aufstieg zu der Stadt im Gebirge und dem Entstehen des Poems liegen, das ist die Zeit eines geistigen Prozesses, dessen Bestandteile und Erzadern sich nach und nach auftun, hervorgegangen aus einer fruchtbaren Mischung aus unbewußter Arbeit, kollektiver Phantasie und revolutionärer Vorstellungen der Gesellschaft.

In dem Poem befaßt Neruda sich abermals mit einem alten Bekannten, dem Tod. Er sieht ihn nicht als etwas Starres, Zeitloses, sondern als Wandel und Aufeinanderfolge. Dort häufen Jahrhunderte ihre Lasten an. Die ganze Eingeborenenstadt ist vor langem gestorben, und dennoch bleibt ihre Botschaft gültig. Er spürt den Rhythmus, den Atem der Geschichte. Weiß, daß diese nie stillsteht. Diese verborgene Stadt ist kein uralter zusammengebrochener Monolith. Er kommt und erkennt sogleich den unumkehrbaren Bruch, den gleichen, der alle geteilten Gesellschaften durchzieht: den großen stillen oder lauten Krieg der Mächtigen und der Schwachen, der Reichen und der Armen.

Die Reise nach Macchu Picchu unternimmt er nicht unvorbereitet. Er sucht in der Vergangenheit nach Argumenten für die Revolution in der Gegenwart, die er als notwendig erachtet. Für sie, die Revolution der Gegenwart, kommen im Laufe der Zeit Argumente von hoher Ausgereiftheit zusammen. Er erkennt das dialektische Verhältnis, das zwischen dem in Millionen von Stunden und Tagen, von Jahrhunderten und Jahrtausenden geschaffenen Werk und jenem Sprung besteht, der den jähen Bruch entscheidet, welcher Merkmale des Wandels aufweist. Des Wandels, den er auch in sich selber fühlt.

Macchu Picchu ist in seinem Werk ein revolutionäres Ereignis. Es gibt der lateinamerikanischen Dichtung ein anderes Zeichen, einen anderen Weg. Macchu Picchu verwirft das Idyllisch-Sakrale der Sonnenstädte. Das Erkunden der Vergangenheit muß für die Gegenwart hilfreich sein und die Vorstellung vom Geschehen geraderücken. Macchu Picchu ist Widerschein des Wandels in seiner Denkart. Ist Bewußtwerden. Macchu Picchu ist der Dichter bei Vollendung seines vierzigsten Lebensjahrs.

Das Poem nimmt in Neruda-Untersuchungen einen hervorragenden Platz ein. Es werden sehr unterschiedliche Aspekte hervorgehoben: Betrachtung über den Tod, der alte und der neue Mensch, Verhältnis zwischen Neruda und dem Inka Garcilaso, die über Jahrhunderte das Unterfangen eint, Wert und Würde des Indios wiederherzustellen.

Ein Literaturwissenschaftler aus den USA sagt, daß ihm dieses Buch Einführung zur Entdeckung eines Kontinents und eines Dichters zugleich ist.

Zweifellos geht es über eine persönliche Entdeckung hinaus, auch wenn es mit einer Selbstschilderung des Menschen – des Dichters – beginnt, der, »einem leeren Netze gleich«, in die Straßen und die Hülle der Luft kommt. Aber diesen Menschen erwartete jemand »zwischen Violinen« und half ihm, eine Welt wie einen begrabenen Turm zu finden. In wenigen Worten führt er ihn hin zur Entdeckung der amerikanischen Genesis. So begann sein Abstieg, nicht in die Tiefe des Hades, sondern zum Geheimnis der Geschichte. Er wird hinabsteigen bis zur Seele der Völker, tausend Jahre tief hinabsteigen. Er will »die ewige Ader suchen, die unergründliche«. Die Frage ist: »Was war der Mensch?«, in welchem Teil von ihm lebt »das Unzerstörbare, das Unvergängliche, das Leben«, auch wenn jeder einzelne seinen eigenen Tod haben wird, »einen kleinen Tod mit starken Flügeln«. Der Tod hat ihm im Leben oftmals einladend zugezwinkert. Er hat ihn allerorts gesehen. Und in gewisser Weise ist er mit den anderen gestorben, mit den Menschen, die jenen Adlerhorst bewohnten.

Dann steigt er empor, »zwischen grausem Gestrüpp verlorener Wälder / bis zu dir, Macchu Picchu«. Da ist »des Blitzes . . . Wiege«. Manuel Scorza hat in ebendiesen Wurzeln herumgestochert und einen seiner Romane über die Rebellion in den peruanischen Anden *Das Grab des Blitzes* (Tumba del relámpago) genannt.

Die Stadt ist tot. Vielleicht ist das der Grund, weshalb niemand in ihr weint. Nur Vergessen und Nebel scheinen zu herrschen. Nebel krönt diesen Teil des Himmels und der Erde. Man hat den Eindruck, die Zeit habe alles verschlungen.

Der Dichter entdeckt dort »den erhabenen Sitz des menschlichen Frührots«. Danach wird er nicht in Stillschweigen verharren. Sich nicht vor dem allgemeinen Tod beugen. Für ihn ist die Entdeckung dieser verlorenen Stadt gleichbedeutend mit einem Gebot, zu leben und zu lieben. »Steig empor mit mir, amerikanische Liebe. / Küsse die verschwiegenen Steine mit mir.« Eine lange Fragenfolge bricht aus ihm hervor: Wie lautet die Botschaft? Was wollen diese Spuren sagen? Was ist aus ihren Göttern geworden? Macchu Picchu ist ein amerikanisches poetisches Manifest. Mehr als Indigenismus.

Nach den Fragen kommen die definierenden Bilder: »Siderischer Adler, Weinberg aus Nebel . . .« Er fragt nach dem Licht, der Schlange, dem Pferd des Mondes; doch die Hauptfrage gilt dem Menschen: »Wo war er, der Mensch?« Denn Macchu Picchu ist nicht Stein im Stein. Er will den armseligen Sterblichen wiederhaben, seinen Bruder, der den Stein bearbeitet und einen auf den anderen gelegt hat. Er will wissen, wie jener lebte, wovon er träumte, wie er die Mauer errichtet hat. Denn jener ist das antike Amerika, sein Vorfahre, der Maissäer. Er will, daß man des Vergessenen gedenkt, des Menschen, »denn größer als das Meer und seine Inseln ist der Mensch, / und wie in einen Brunnen muß man in ihn sinken, um aufzusteigen / vom Grund mit einem Strauß heimlicher Tränen und versunkener Wahrheiten«.

Diese Verse enthalten einen Grundzug Nerudaschen Denkens jener Zeit. Sie sind eine Definition des Menschen, aber auch des Amtes und der Pflicht des Dichters. Eintauchen in den tiefen Brunnen, um daraus wieder aufzutauchen, und die Wahrheiten enthüllen, die in der Tiefe verborgen waren.

Er lehnt elegischen Ton ab. Fordert auf zu Auferstehung.

Unterzutauchen, um zu leben. »Steige auf, mit mir zum Leben zu erwachen, Bruder.« Der Dichter steht da mit offenen Armen, bittet jenen, ihm die Hand zu reichen, auf daß er frei werde. Er bittet um dessen Blick: »Blick aus der Erdentiefe mich an, / Bauer, Weber, schweigsamer Hirte: / Bändiger wilder, Schutz gewährender Lamas. / Maurer des trutzenden Baugerüsts . . .« Er bittet all die Arbeitsleute, ihre Leben herbeizubringen und sie in den Becher eines neuen Lebens zu schütten. Er wird ihre Leiden publik machen. »Ich komme, zu reden durch euren toten Mund . . . / Redet durch meine Worte und mein Blut.«

Erwähnt worden ist schon die metaphorische Aussage, nach der das Poem die Zweite Entdeckung von Macchu Picchu bewirkt habe. In praktischer Hinsicht hat es den Bau von Zufahrtsstraßen und Versorgungseinrichtungen für die Touristenflut gefördert, die seit seiner Veröffentlichung in geometrischer Form gestiegen ist. Sonderbare Macht der Poesie!

89
Vier Reisen

Am 3. November 1943 trifft Neruda in Santiago ein. In Europa und im Fernen Osten tobt der Krieg. Die Reise entlang der Pazifikküste, der Aufstieg in die Anden sind ihm mehr als nur eine Lektion in Geographie. Er ist in sich selber eingedrungen. Er ist sich der eigenen Identität bewußter geworden, die er nicht nur als tellurische Äußerung seines Seins sieht, sondern als vollständige Definition des Menschen, in die dieser seinen politischen Standpunkt einbringt.

In dem Mann, der da kurz vor Vollendung seines vierzigsten Lebensjahres nach Chile zurückkehrt, hat sich ein Wandel vollzogen, der bekanntlich in Spanien begonnen hat. Seine Entscheidung, so sagt er, hat er im Spanischen Krieg getroffen. »Da erlebte ich die Kommunisten als die große revolutionäre Kraft dieses Jahrhunderts, fähig, die alte kapitalistische Welt umzugestalten und eine gerechte, lichte Gesellschaftsordnung zu erbauen. Seit jener Zeit betrachte ich mich als Mitkämpfer.« Das sind Worte kurz nach seinem fünfundfünfzigsten Geburtstag. Als er sechzig wurde, fügte er hinzu: »Für mich ist es eine natürliche Sache, Kommunist zu sein. Das Verwunderliche daran ist, daß ich so lange gebraucht habe, es zu werden . . .«

Jene Aufforderung aus den »Höhen von Macchu Picchu«, »Steige auf, mit mir zum Leben zu erwachen, Bruder!«, ist nicht nur eine poetische Erklärung. Es ist eine Lebenslinie. Doch einstweilen noch keine, die sich im Parteimitgliedsbuch äußert.

Einen Monat nach seiner Rückkehr in die Heimat, am 8. Dezember, hält er im Ehrensaal der Universidad de Chile seinen Vortrag *Reise rings um meine Dichtung*. Diesen hören hieß mehrere Offenbarungen empfangen. Alles klang so rein, und alles war von dem durchdrungen, was Goethe als Hauptelement der Dichtung ansieht: Erschütterung. Aber da war noch etwas: Jenes Fließen tiefen Wassers sprach vom Leben eines Kindes und eines Mannes, gab Geheimnisse preis, schilderte den Weg, der ihn mit der Zeit zu bestimmten wesentlichen Erkenntnissen geführt hatte.

Es war nicht der einzige Reisebericht. Er schrieb damals vier, sie beleuchteten im Halbdunkel liegende Winkel seines Werdegangs und erläuterten die Bahn des Pfeils. Der erste: *Reise rings um meine Dichtung*. Der zweite: *Reise zum Herzen Quevedos*. Der dritte: *Reise entlang der Küsten der Welt*. Der vierte: *Reise in den Norden*. Alle sind miteinander verbunden, denn es sind Reisen durch ihn selber hindurch und schürfen im Schoß der Natur. Die letzte unternahm er, um eine Gegend seiner Heimat, eine Landschaft aus Sand und Einsamkeit, zu entdecken, die er, da aus der Landesmitte gebürtig und im Süden aufgewachsen, wo das Grün herrscht, fast überhaupt nicht kannte: die große Wüste von Tamarugal. Diese Reise vom Süden in den Norden hat vielfältige Bedeutung, sie ist ein Weg vom Regen in die Sonne, von der Einsamkeit in die Geselligkeit. Es ist eine politische Reise, bei der Dichtung und Gesellschaft miteinander verschmelzen.

Wer in den Wandlungsprozeß des in sein Reifestadium eintretenden Menschen und Dichters eindringen will, darf diese Reisen nicht außer acht lassen. Er wird in ihnen viele Anhaltspunkte finden.

Da er ins Reifealter kommt, richtet er den Blick mehr als zuvor auf Geschichtsbetrachtung. Er stellt Beziehungen her, die, wenn nicht gänzlich neu, so doch in einem klareren Licht gesehen werden. »Erde, Volk und Dichtung sind ein und dieselbe Wesenheit, von geheimnisvollen Untergründen verwoben. Wenn die Erde in Blüte steht, atmet das Volk die Freiheit, singen die Dichter und weisen den Weg. Verdunkelt aber Tyrannei die Erde und züchtigt die Schultern des Volkes, sucht sie vor allem nach der trefflichsten Stimme, und auf den Grund des Brunnens der Geschichte fällt das Haupt eines Dichters. Die Tyrannei schlägt das Haupt ab, das singt, die Stimme auf dem Grund des Brunnens aber kehrt zurück zu den geheimen Quellen der Erde und steigt durch den Mund des Volkes aus dem Dunkel empor.«

Er sieht Quevedo mit den Augen Martís: »Er drang in so vieles, was kam, daß wir, die wir heute leben, mit seiner Zunge sprechen.« Quevedo, der von »der größeren Großartigkeit«, bringt ihm das tiefgründige Spanien näher. Dort hat Neruda die Hälfte seiner Wurzeln. Dort »gab ich mir Rechenschaft eines ursprünglichen Teils meiner Existenz, einer felsigen Grundlage, wo stets noch die Wiege des Blutes bebt«. Eine Erkenntnis – unentbehrlich, aber nicht ganz leicht.

Es ist nicht als Vorwurf gemeint, wenn er auf eine gewisse Vergeßlichkeit hinweist. Spanien hat seine Eroberung Amerikas vergessen. Und Amerika hat die Eroberung Spaniens vergessen, vor allem dessen kulturellen Erbes. Wenn Darío zu Jahrhundertbeginn die abgebrochene Verbindung wiederherstellen wollte und sich dabei des Schnittpunkts Paris bediente, so ist Neruda ein Südamerikaner, der den Weg der Erkenntnis durch einen ganzen Kontinent, den bewaldeten Planeten, geht, bis er das Panorama seines »Stammvaters und Besuchers aus Spanien«, Quevedo, erreicht. Dessen schweres Schicksal findet er bei einem ganz anderen Schriftsteller wiederholt, einem, der die personifizierte Anmut des mediterranen und arabischen Spanien ist, Federico García Lorca. Trotzdem ist auch dessen Tod für Neruda ein Quevedoscher Alptraum. So wie Antonio Machados und Miguel Hernández' Tod es waren.

Seine *Reise entlang den Küsten der Welt* beweist, daß der politisch festgelegte Dichter seine Denkart weder aufgibt noch verarmen läßt . . .

Er schweift umher auf der Suche nach Menschen, Ländern und Meeren. Er taucht ein ins Innere des Ozeans, in die Expeditionen des Kapitäns Nemo und die Abenteuer Jules Vernes. Ihn locken Szenen der Unterwasserjagd: langarmige Krebse, blinde Schalentiere.

Nach dem Eintauchen – Rückkehr zum spanischen Goldenen Zeitalter und Heimkehr: Arauco. Stolz und Kraft vermittelt ihm das Bewußtsein, aus dem Landstrich zu stammen, in dem jener dreihundert Jahre während Kampf stattfand, in dem eine erste nationale Front gegen den Angreifer gebildet wurde, in dem der Indio gegen den Spanier kämpft. Dorthin kamen die ersten Statthalter, um Temuco zu gründen. Kurz danach kam seine Familie. Etwas später begann dort seine Poesie zu keimen. Es macht ihn stolz, einem Pioniergeschlecht anzugehören. »Meine Eltern sahen die erste Lokomotive, das erste Hausvieh, das erste Gemüse in jener jungfräulichen Gegend aus Kälte und Sturm. Ich wurde 1904 geboren, und schon vor 1914 begann ich dort meine ersten Gedichte zu schreiben . . .« Das alles sind Knoten an dem südlichen Baum, der er ist.

Die *Reise entlang den Küsten der Welt* verläuft durch den Fernen Osten und ist eine Rückkehr nach Spanien. Das Werk vermerkt etwas, was er den Kolumbianern gesagt hat. Er hatte zu ihnen von der verdunkelten Landkarte Amerikas gesprochen, von den Militärdiktaturen, die hier und dort das Licht auslöschen. Nach diesen Reisen auf dem Kontinent weiß er besser als je zuvor, daß die Schönheit nicht

Feind der Wahrheit ist, daß man beide nebeneinanderstellen muß, um eines Tages dem Leiden der Menschen ein Ende zu machen. Er wird für seine Landsleute in Chile und in den anderen amerikanischen Vaterländern sprechen. Er ruft auf, »mit uns selber und mit dem Feind zu kämpfen«. Er weist diejenigen zurück, die sagen: »Verlaß dein Haus nicht, deinen Garten, deine Poesie.« Er kehrt zurück als ein Mann, der sein Haus und seinen Garten verlassen hat, damit seine Dichtung ein offenes Haus und ein offener Garten ist.

Die vierte Reise ist eine Reise zum Kontrast. Der Knabe der Wälder, das Kind, das Copihue-Blüten suchte und seine Hände an taunassen Farnen benetzte, begibt sich in eine Welt, die der Mond auf Erden ist. Der Boden vegetationslos, ein Planet, fremd auf dem eigenen Planeten. Aber am meisten staunt er über den Menschen, das verachtete Metall. Er bereist die Sandwüsten zusammen mit Elías Lafertte, dem Vorsitzenden der Kommunistischen Partei Chiles. Nach Nerudas Definition sind sie beide »professionelle Agitatoren«. Radomiro Tomic, christdemokratischer Parlamentarier der Gegend, sagte zu ihm: »Wie blind ist der Kapitalismus, der das Werkzeug verdirbt und tötet, das ihm Leben gibt.« Er mußte den Menschen schützen. Und was noch seltsamer ist: er mußte ihn vor anderen Menschen schützen. Das alles fühlte er an einer der einsamsten Stätten der Welt, in der Wüste, wo sonnenrissiger Salzboden knirscht, in unendlicher nächtlicher Verlassenheit, in der er Stimmen aus der Tiefe vernahm, und sie sangen – es war wie ein Traum – den Liedvers: »dieses Land, gesäumt von Blumen . . .«

Fast gleichzeitig mit seiner ersten Übersetzung ins Englische, einer in den USA erschienenen privaten Ausgabe einiger Seiten aus *Aufenthalt*, unter dem Titel *Selected Poems*, erhält er in Santiago eine späte Teilanerkennung, den Premio Municipal de Poesía, er nimmt ihn ohne Geringschätzung entgegen, aber wahrscheinlich in dem Wissen, daß dies ein Zweig in dem künftigen riesigen Lorbeerstrauß sein wird.

Neruda war nicht jählings in den politischen Kampf eingetreten, er gelangt auf Umwegen dahin, nach langen Aufenthalten in Wartesälen. Als er eines Tages Bilanz zieht, erinnert er sich, daß er sich mit vierzehn Jahren für den Kampf des Volkes interessierte. »Mit fünfzehn war ich Korrespondent und Agent von *Claridad* am Gymnasium von Temuco. Mit sechzehn und siebzehn beteiligte ich mich an den Schülerunruhen jener Zeit. Danach war ich Redakteur und mitunter Leitartikler der damals kämpferischsten Zeitschrift, der *Claridad*. Meinen Eintritt in die Kommunistische Partei beschloß ich in Spanien, als ich erkannte, daß die ehrlichsten, organisiertesten und besten antifaschistischen Kämpfer die Kommunisten waren.«

Er arbeitet mit den Kommunisten. Die Partei schlägt ihm vor, ihn für die Senatorenwahl als Kandidaten der Provinzen Tarapacá und Antofagasta, des Ersten Wahlkreises, aufzustellen, zusammen mit dem Vorsitzenden der Partei, dem alten Salpeterarbeiter Elías Lafertte. Als Neruda auf das Angebot eingeht, beginnt für ihn eine neue Etappe, die unmittelbare gesellschaftliche Verpflichtung, für ihn wird das heißen ins Volk eintauchen, täglich dessen Probleme sehen, die rauhe Wirklichkeit des Landes von unten und von innen kennenlernen.

Eine Frage stellt sich ihm: Was wird, wenn er Senator ist, aus seiner Dichtung? Soll er sie beiseite legen? Soll sie die acht Jahre lang schweigen, die seine Parlamenttätigkeit dauern wird? Oder wird sie zu der armen Verwandten, deren er sich in den seltenen freien Stunden erinnert? Er trägt das Problem beizeiten der Parteileitung vor. Die Antwort beruhigt ihn. Nein. Man wolle den Dichter weder zu einem großen noch zu einem schlechten Parlamentarier machen. Es komme darauf an, daß die Kultur in ihrer höchsten Ausdrucksform dort das Volk vertrete, eine notwendige Verbindung besiegele, die, wie es damals hieß, zwischen Muskeln und Wissen. Man wolle, daß Neruda sich mit Recabarren vereine, die Einheit von Hand- und Geistesarbeitern symbolisiere. Zeit für die Dichtung müsse gewährleistet sein. Er könne im Senat die Reden und Beiträge halten, die ihn interessieren. Andere können sich mit dem Tagesgeschäft befassen. Bewahre dich für die Gelegenheiten, die deinen Anliegen am meisten entsprechen. Die Kommunistische Partei wolle nicht des Dichters Totengräber sein. Ihr sei daran gelegen, daß er immer größer werde und daß das Volk in seinen Händen die schönsten Fahnen wehen sehe. Das bedeute nicht, daß man ihn als Dekorationsfigur wolle. Wir kennen deinen Charakter, deine Natur, wir kennen dich als kampfentschlossenen Mann. Und wir sind sicher, daß du dich an allen Kämpfen mit der Kraft deines Temperaments und der Macht deiner Argumente beteiligen wirst. Neruda hatte noch eine Frage: »Und wie soll ich meinen Wahlkampf führen? Politische Reden fallen mir schwer. Ich kann nicht wie andere improvisieren. Und ein Wahlkampf bedeutet, daß man an einem Tag drei bis zehn Reden hält.«

»Keine Bange. Wenn du willst, sprich in Gedichten. Andere werden ihre Reden in Prosa halten.«

Neruda nahm das ernst. Seine Ansprache als Senatskandidat war ein langes Gedicht mit dem Titel »Gruß an den Norden«.

Wir jungen Intellektuellen jener Zeit bildeten einen Ausschuß, um die Kandidatur des Dichters zu unterstützen. Wir waren Zeuge manches seiner Auftritte. Es waren einzigartige Szenen. In den verfallensten, verkommensten Salpetergruben strömten alle zusammen, um einem alten

Bekannten zu lauschen, der zu ihnen in ihrer Sprache sprach, den Jargon der Pampinos, der Bewohner der Salpeterwüste, gebrauchte, weil er ihn in seiner Jugend selber gesprochen hatte. Als er später zurückkam, war er schon Arbeiterführer, Politiker. Man nannte ihn den alten Lafertte. Er wirkte wie dessen Vater. Elías hatte viel von einem Künstler. In jungen Jahren war er Schauspieler gewesen, in den Salpeterbergwerken. Er hatte 1907 das Blutbad von Iquique, in der Santa-María-Schule, überlebt, und er sprach zu seinen Leuten ganz natürlich, als ihresgleichen, aber mit der Gewandtheit, die er von einem Conférencier, der zugleich sein politischer Lehrmeister war, gelernt hatte, von Luis Emilio Recabarren. Elías war nicht im eigentlichen Sinne ein Theoretiker, sondern ein Redner reinsten Wassers, lebensnah, beschwörend. Er beendete seine Ansprache, die nie lang oder schwülstig war, und sagte mit einem halb gutmütigen, halb schelmischen Lächeln: »Und jetzt hören wir die merkwürdigste Rede, die man je in der Pampa vernommen hat. Ich überlasse euch meinen verehrten Listengenossen, den Dichter Pablo Neruda.«

Der so angekündigte Redner lächelte, ein wenig verlegen. Er sprach drei, vier der üblichen Sätze: »Ihr werdet entschuldigen, ich bin kein Redner, aber ich habe eine Kleinigkeit vorbereitet, um sie euch vorzutragen.« Die näselnde Stimme wurde lauter, der Ton sicherer:

> Norden, endlich komme ich in deine unbändige
> Stille, die steinerne, von gestern und heute,
> ich komme, deine Stimme zu suchen
> und zu erkennen das Meine,
> und ich bringe dir kein leeres Herz,
> ich bringe dir alles, was ich bin.

Ich warf einen Blick in die Menge. Auf den Gesichtern malte sich Erstaunen. Auf manchen Unwillen. Sie wußten nicht recht, worauf er hinauswollte, dieser sonderbare Redner mit der schleppenden Stimme, in dessen Worten aber eine gewisse Musik lag, die ihrem Gehör schmeichelte, er sprach in einer ganz neuen Art, und sie waren perplex.

In dieser Versammlung, die ohne Mikrophon stattfand, auch ohne Sprachrohr, das die Stimme verstärkt hätte, setzte er seinen Vortrag in kräftigerem Ton fort. Ein alter Mann erinnerte sich an einen Dichter, der zu Beginn des Jahrhunderts auch die Pampa besungen hatte, Carlos Pezoa Véliz. Dieser aber, so meinte er, wäre anders:

> Ich will auch hören die Stimme des Leidens,
> das Lied von der Pampa, die brodelt
> wie das Herz des Mannes, der in ihr lebt,
> das alte Lied, das die Kehle zuschnürt
> wie ein Knoten aus Tränen und das
> von des Schicksals Bitterkeit singt.

Der Mann sagte, er wollte sie hören. Wollte mit ihnen teilen, sogar das Opfer:

> Ich will, daß meine Stimme ist in den Winkeln
> der Pampa, Erdschollen berührend,
> und mit dem Salpeter entstehe Gesang,
> und neu sich erhebt beim Bohren der Kruste,
> und ich will, daß Blut mich bespritzt,
> wenn auf die Pampa regnet das Weinen.

In der Pampa ist das Weinen der einzige Regen, außer dem Blut. Dort hat der gemischte Regen Geschichte. Der Regen, gemischt aus Blut und Tränen, aus Ohnmacht und Zorn. Sie war in Chile die Gegend, wo es die schrecklichsten Blutbäder gegeben hatte. All das geschah in der Grube Sierra Overa, die düster und schmutzig war, die noch nach dem primitiven Shanks-System arbeitete, »von aschgrauem Staub bedeckt, am Tage, am Abend und in der Nacht«. Fünf Minuten waren vergangen. Ich beobachtete die Gesichter. Deren Ausdruck schwankte zwischen Überraschung und Rührung. Sie fühlten, er gehörte zu ihnen, und er erklärte, daß er das gewollt habe:

> Ich will, daß mein Gesang ist, wo einst
> mit seinem grauen Blick und seinem zinnfarbenen Haar
> Recabarren, der Vater, begann seinen Weg

von einem Ufer der Wüste zum andern,
mit der gleichen Fahne, wie ich sie trage.
Weil Recabarren nicht tot ist. (W. P.)

Er wandte sich an seinen Tribünengefährten. Und sagte:
»Lafertte kommt jetzt / Schritt für Schritt, kämpfend, das
Morgenrot enträtselnd . . .«

Das Gedicht war eine Ansprache. Und die Ansprache –
ein Gedicht. Der ganze Text spricht von den beweglichen
Grenzen der Dichtung, zu der das Flüstern des tiefsten
Geheimnisses genauso gehört wie die laut rufende Stimme
in der Salpeterwüste. Diesmal vernahm die Wüste, was man
bislang nur selten in der Welt vernommen, einen dichtenden Kandidaten, der aus der Poesie eine Waffe machte,
und das »reine Feuer« des Wortes rief sie zusammen, weil
die Freiheit sie gerufen hatte. Vielleicht so ähnlich wie dreißig Jahre zuvor, als Víctor Domingo Silva ihnen »Die Neue
Marseillaise« vortrug.

Es war ein politisches Debüt, das dem Dichter neues
Vertrauen in die Überzeugungskraft der Poesie bei der
Masse gab und dieser offenbarte, daß die Poesie keine ferne,
elegante, unnahbare Dame war, sondern ihnen Freundin,
ja Kampfgefährtin sein konnte.

Danach gab es in der Grube ein Essen, zusammengestellt
aus den wenigen Lebensmitteln, über die man in dieser
sandigen Einöde verfügte. Der Dichter fühlte sich über-
reich und glücklich mit dieser neuen Erfahrung.

Von Punkt zu Punkt, von Grube zu Grube ging die Reise
in dieser südamerikanischen Sahara, der Pampa von Tamarugal. Er kam zu jeder Wahlversammlung, sei es in stern-
klarer Nacht, eingehüllt in die Kälte des Nordens, mitunter auch in dicken weißen Bodennebel, der die Gesichter
der Anwesenden verbarg, sei es bei glühender Mittags-
sonne, in der Arbeitspause, und stets sagte er ein paar Ein-
leitungssätze, die immer ausführlicher wurden und politische Probleme unmittelbar ansprachen, um sodann das
Poem hervorzuholen, das, von *El Siglo* am 27. Februar 1945
herausgebracht, zu einem Volksliederbuch geworden war,

in dem gleichen Format, in dem Recabarren es vierzig Jahre früher hatte herstellen lassen, um es in der Pampa zu verteilen.

Das Gedicht war so aufgebaut, daß es etliche Städte oder Salpetergruben bei ihren Namen oder Spitznamen nannte, die die Bewohner der Regionen ihnen gegeben hatten. María Polvillo war María Elena. Die Geographie der Arbeit, von einem Dichter gesehen, zog da vorüber. Der Donner von Chuquicamata. Iquique war blau. Tocopilla, geschmückt, gewiß mit Schiffen, denn die Vegetation ist kümmerlich. Antofagasta ist »aus Licht gebaut«. Und Taltal eine »verlassene Taube«. Arica ist eine Rose aus Sand, die mit ihrem Pampa-Kopf Peru berührt »und wie ein Leuchtkäfer des Meeres / die Heimat dem schweifenden Sohn hinstreckt«. Chile ist für ihn die »leuchtende Fackel«. Der Süden – der grüne Degengriff. Der Norden – seine harte Form. Und Tarapacá – der Flammenschein.

Lafertte, der in seiner Jugend als Schauspieler lange Texte in Versen auswendig gelernt hatte, die er jetzt in der Wahlkampagne auf endlosen Autofahrten durch die Pampa zum Vergnügen des Dichters rezitierte, kannte dessen »Gruß an den Norden«, da er ihn so oft gehört hatte, von Anfang bis Ende auswendig. Und er konnte ihn vollendet hersagen, nicht in psalmodierendem Tonfall, der Nerudas Vortragsweise bisweilen zum Fluch gereichte, sondern mit der ausdrucksstarken Betonung eines Schauspielers der Schule von Borrás, mit einem leichten spanischen Akzent.

Das Poem war die wirkungsvollste aller Ansprachen, diejenige, die die größte Erschütterung hervorrief. Es war Auftakt zu einem neuen Redestil. Natürlich fand er nicht jedermanns Beifall. Jenaro Prieto brach wieder in schallendes Gelächter aus. In seinem am 12. Februar 1945 veröffentlichten Artikel, »Ein heulender Kandidat«, goß er ätzenden Spott über den »ehrenwerten Ritter Don Neftalí Reyes Basoalto, Exdichter und zur Zeit Senatorkandidat für Tarapacá und Antofagasta«.

Nachdem Prieto Nerudas poetische Ansprache ins Lächerliche gezogen hatte, startete er einen neuen Angriff

am 25. Februar, indem er einen lyrischen Aufruf veröffentlichte: »Ich liebe die Liebe der Wähler, die wählen und
davongehen.« Später, nach dem »Gesang für Bolívar«,
würde der satirische Konservative eine »Boli-Nerudasche
Ode« dichten.

In den Wahlen vom 4. März wurden sowohl Elías
Lafertte als auch Pablo Neruda mit großer Mehrheit zu
Senatoren der Republik gewählt.

91
Parlamentarisches Debüt

Dieser Mai brachte für Neruda keinen Frühling, unter
anderem weil in der südlichen Hemisphäre um diese Zeit
Herbst ist, dafür aber brachte er ihm zwei andere Dinge,
die er durchaus nicht als unvereinbar ansah: das Amt eines
Senators und den Nationalpreis für Literatur, der in Chile
nicht für ein bestimmtes Buch verliehen wird, sondern für
das Gesamtwerk, ein damals verhältnismäßig neuer Preis,
an dessen Stiftung er als Vorsitzender der Allianz der Intellektuellen mitgewirkt hatte. Zuvor war er nur an Augusto
D'Halmar, Joaquín Edwards Bello und Mariano Latorre
verliehen worden, Prosaisten, die etwa zwanzig Jahre
jünger waren als Neruda. Der Preis hatte einen moralischen
Wert und war mit einer kleinen Geldzuwendung verbunden. Der Dichter verschmähte beides nicht.

Neruda war der erste Dichter, der erste Schriftsteller
seiner Generation, der diesen Preis erhielt. Der Dichter
war jetzt aktiver Kommunist. Und der Preis bedeutete
offizielle Anerkennung seines Status, wenn man bedenkt,
daß er von einer Jury vergeben wurde, zu der nicht nur
Schriftsteller gehörten, sondern auch Regierungs- und Uni-
versitätsvertreter.

Im selben Monat wird der jüngst preisgekrönte Dichter
in sein Senatorenamt eingeführt. Am Einundzwanzigsten
hört er im Ehrensaal des Kongresses den Bericht zur Lage

der Nation aus dem Mund des Präsidenten Juan Antonio Ríos. Neruda leistet seinen Eid auf die Verfassung. Wenige Tage später wird er in die Kommission für Auswärtige Beziehungen gewählt. An seiner Jungfernrede im Parlament ist nichts Phlegmatisches, er beginnt mit stürmischen Worten. Als Senatspräsident Arturo Alessandri Palma, der zweimal Präsident der Republik gewesen ist, sagt: Das Wort hat der Senator für Tarapacá und Antofagasta, der Ehrenwerte Señor Reyes, beginnt Pablo Neruda: »Die ideologischen, moralischen und rechtlichen Anforderungen, deren Druck wir alle oder fast alle spüren, sind in meinem persönlichen Fall weit höher.«

Die Verantwortung des Dichters sei nicht nur größer, weil er das Betrugsmanöver der Wahlprüfungskommission ablehne, sondern auch aus einem persönlichen Grund: Als Schriftsteller vertrete er eine Tätigkeit, die nur selten Gesetzesentscheidungen beeinflusse.

Er werde mithin als Schriftsteller von Schriftstellern sprechen. »In der Tat«, sagte er, »ist das Leben der Schriftsteller, deren Standbilder sich nach ihrem Tode so trefflich für Einweihungsreden und vergnügte Wallfahrten eignen, seit eh und je schwer und glanzlos, trotz ihrer hervorragenden Voraussetzungen und Fähigkeiten, und zwar allein infolge ihres unorganisierten Widerstands gegen die ungerechte Unordnung des Kapitalismus ... Abgesehen von ... Beispielen, die uns in Chile Baldomero Lillo und Carlos Pezoa Véliz geben, weil sie ihr Werk mit den Leiden und Sehnsüchten ihres Volkes verbanden, wußten die übrigen nichts anderes zu tun, als sich in die Misere zu schicken oder spontan aufzubegehren ...«

Schriftsteller werden wie andere Gruppen von Lohnempfängern, die mitunter lange Zeiten der Arbeitslosigkeit erleben, vom Dichter als einem Teil der Gesellschaft zugehörig definiert, der zumeist ärmlich lebt, im Gegensatz zu dem Glanz, in dem sich die Existenz der privilegierten Minderheit abspielt. Und er fügt hinzu, daß dieser Luxus, der ewig sein möchte, zum Teil auf dem Elend der »tüchtigen, heldenhaften Arbeiter der Pampa« basiere, die er vertrete. »Diese Landsleute, unbekannt, vergessen, hart vom Leiden, schlecht ernährt und gekleidet, mehr als einmal von Maschinengewehren beschossen, sind es, die mir das verliehen haben, was für mich der wahre Nationalpreis ist . . .«

Der Vergleich ist bezeichnend: der wahre Nationalpreis.

Damit kommt er jenen entgegen, die ihn für eine *rara avis* im Senat halten. Ein Dichter als Parlamentarier, der nicht so sehr die Dichter vertritt, deren es viel zu wenige sind, als daß sie Kongreßabgeordnete wählen könnten, sondern in erster Linie die Arbeiter im Salpeter, im Kupfer, im Gold und der Küstenstädte des großen Nordens . . . Aber diesen wolle er sagen, daß er stolz auf ihr Vertrauen ist. Vielleicht sei es nützlich, daß er als Schriftsteller jetzt diese verantwortungsvolle Aufgabe übernehme. Vielleicht könne er ein Atom dazu beitragen, die Rückständigkeit zu überwinden, in der das Volk seit den Tagen der Unabhängigkeit gehalten worden sei. Genug der Märchen von Bergarbeitern, die »in hübschen, kleinen rosafarbenen Schlössern wohnen, aus denen sie durch die Tätigkeit eines reißenden Wolfes mit Namen ›Agitator‹ hervorgelockt und irregeleitet werden . . .«

Er gibt ein parlamentarisches Debüt ohne Samthandschuhe. Vergleicht Tragödien, nennt die Wahrheit beim Namen. Auf seiner Reise durch die Welt, sagt er bei dieser Gelegenheit, habe er in Indien jahrtausendealtes Elend gesehen, aber das Bild der Behausungen von Puchoco Rojas in Coronel sei schrecklicher. Die Wohnungen bestehen aus erbärmlichstem Material. Abfälle vom Müllhaufen, Pappen, Kieselsteine, Blechdosen, Eisenklammern, um ein Zimmer herzurichten, in dem sich bis zu vierzehn Personen drängen und in dem das System des »warmen Bettes« praktiziert werde, bei dem die Arbeiter schichtweise schlafen, je nachdem, wie sie aus der Grube kommen, so daß die Betten das ganze Jahr über nicht kalt werden.

Gott möge ihn davor bewahren, etwas zu erdichten! Er habe alles mit eigenen Augen gesehen, mit seiner langen Nase gerochen. Er sei im Norden in den »Kähnen« gewe-

sen, wo die Ledigen zu viert auf drei Quadratmetern wohnen. Das Fehlen von Wasser, von elektrischem Licht begleite in der Gegend die Männer, Frauen und Kinder der
Armut ihr ganzes Leben lang. Das »hat in meinem Gewissen einen unaufhörlichen bitteren Geschmack hinterlassen«.
Im Volk gehe das Größenwachstum zurück. Der Dichter
untermauert seine Anklage mit Statistiken, die den ungemein niedrigen Lebensstandard und die in physiologischer
Hinsicht himmelschreienden Zustände belegen.

Er versucht sich die Gründe zu erklären. Das sei nicht
die saure Frucht einer verdorbenen Sinnesart, sondern feu-
daler Überbleibsel und der eingewurzelten Klassentren-
nung. Auf das Volk sehe man verächtlich hinab. Nenne es
wegen seiner Lumpen, wegen der Kleidung, die man ihm
lasse, abfällig *roto*, Lump. »In dieser Etappe meines Lebens
und bei meinem ersten Auftritt vor diesem Ehrenwerten
Senat nötigt mein Gewissen mich als Chilenen, die Frage
an mich und andere zu richten, ob diese Unrechtssituation
fortdauern darf.«

In alldem liege ein großer Widersinn. Wer die Dinge
mache, besitze sie nicht. Es besitze sie derjenige, der sie
nicht mache. Und dieser enthalte sie denen vor, die sie gemacht haben. »In Zeitungen, deren Papier die Arbeiter von
Puente Alto herstellen, schreiben diese Zerstörer des Bür-
gerglaubens in ihren komfortablen Wohnungen, von denen
wir so viele möchten, daß sie für alle Chilenen reichen, und
die mit Zement gebaut sind, den die Arbeiter von El Melón
in harter Arbeit erzeugt haben, in Anlagen, die chilenische
Hände gebaut oder montiert haben, schreiben sie, nachdem
sie Wein getrunken haben, den aus den Weingärten ins
Kristallglas, ein Erzeugnis der Arbeiter des Yungay-Syn-
dikats, zahllose, namenlose Arbeiter unseres eigenen Geschlechts gebracht haben, die auch den Stoff für unsere
Kleidung weben, unsere Züge fahren, unsere Schiffe steuern,
Kohle, Salpeter, Erze fördern, bewässern und ernten, ja
nach harter Nachtarbeit uns sogar unser täglich Brot geben;
in ebenden Zeitungen, deren Linotypes soeben noch von
unseren Arbeitern bedient worden sind, schreiben sie und

beleidigen ständig dieses große, rege Herz unseres Vaterlands, das das Leben in dessen sämtliche Glieder verteilt.«

Hier spreche der Senator vom Dichter, von der Verantwortung des Schriftstellers. Man sage ja auch nicht zum Arzt, er solle die Krankheit fliehen und nicht versuchen, den Patienten zu heilen, aber zum Schriftsteller sage man: »Kümmere dich nicht um dein Volk. Komm nicht herab vom Mond. Dein Reich ist nicht von dieser Welt.«

Er weise die Aufforderung zurück, sich nicht in die Probleme seines Volkes zu mischen.

Der größte Antikommunist jener Zeit hat seine Laufbahn beendet. Im Hinblick auf ihn schließt der Dichter seine Jungfernrede im Senat mit den Worten: »Bis vor wenigen Tagen hat ein Wahnsinniger existiert, der unter dem Banner des Antikommunismus Menschen, Städte, Felder und Dörfer, Völker und Kulturen gequält und zerstört, besudelt und entweiht, überfallen und gemordet hat. Dieser Mann hatte schreckenerregende Kräfte vereint, die er ausbildete, um sie zum mächtigsten Strom aus Haß und Gewalt zu machen, den die Geschichte des Menschen je erlebt hat. Heute liegt er in den Ruinen seiner Nation, zusammen mit Millionen Toten, die er mit ins Grab gerissen hat, unter den Trümmern seiner eigenen Zitadelle, auf deren höchster Spitze jetzt eine ruhmreiche Fahne weht, rot, mit Stern, Hammer und Sichel. Und diese Fahne steht mit den anderen siegreichen Emblemen für den Frieden und die Wiederherstellung beleidigter Menschenwürde.«

Das sagt er am 30. Mai 1945, als jüngste weltgeschichtliche Ereignisse Anlaß zu Optimismus geben. Vor wenigen Wochen hat Hitler im Bunker der Reichskanzlei Selbstmord begangen, die Rote Armee ist in Berlin eingezogen, und in Potsdam ist die bedingungslose Kapitulation des Dritten Reiches unterzeichnet worden. Soeben hat man im Kongreß Präsident Ríos' Bericht gehört, in dem er versichert, daß nur eine Unregelmäßigkeit Chile von der Sowjetunion ferngehalten habe. Als chilenischer Schriftsteller ehrt Neruda »die große Nation, in der die in der Geschichte größten Anstrengungen unternommen worden sind, um Kultur zu verbreiten und durchzusetzen, damit diese nicht wie bei uns ein für das Volk unerreichbares Privileg sei. Ich habe in amtlichen Statistiken gerade eine Angabe gelesen, die für mein Schriftstellerherz Quell unsagbarer Freude ist. Die Angabe lautet folgendermaßen: ›Während des Krieges sind in der Sowjetunion eine Milliarde Buchbände erschienen, die siebenundfünfzigtausend Titel in hundert verschiedenen Sprachen umfassen.‹«

Man frage sich, ob es nicht an der Zeit sei, mit den Verleumdungen Schluß zu machen.

Es ist etwas scheinbar Paradoxes an diesem draufgängerischen Redner, einem von der Kommunistischen Partei gewählten Senator, der gar nicht deren Mitglied ist und der in dieser Erstlingsrede eine Tradition aufgreift, die mit Luis Emilio Recabarren, dem Gründer, begonnen hat. Die Kommunisten, fügt er hinzu, wollen patriotisches Gefühl nicht für sich allein beanspruchen, sondern diesem »ein wenig das Rhetorische nehmen, durch das es arg strapaziert wurde, und ihm einen Inhalt aus Solidarität und aus Gerechtigkeit für unser Volk geben«. Das Stigma rühre aus alter Zeit. Er erinnert daran, daß die Väter des ganzen amerikanischen Heimatlandes Liberale und Fremdlinge geschimpft wurden, als sie Ideen aufgriffen, die aus einer europäischen Revolution stammten, dabei waren sie nur das Echo weltweiter Strömungen, die an unsere Küsten spülten.

Die Rede begeisterte viele, manchen mißfiel sie. Der Sprecher der Konservativen Partei, Horacio Walker Larraín, beklagte, »daß die ersten Worte des begnadeten Dichters, den uns die Provinzen Tarapacá und Antofagasta als Vertreter geschickt haben, dem Bruch mit einer achtbaren Tradition des Ehrenwerten Senats gewidmet waren«, weil er den Rechtsspruch der Wahlprüfungskommission verurteilte. Er fände, daß dies mangelnde Achtung vor der verfassungsmäßigen Ordnung und den guten Praktiken des Hohen Hauses zeigte.

In der Tat, der Dichter war dorthin gekommen, nicht nur, um gegen Bräuche zu verstoßen und gewissen Geschäftsordnungsnormen die Achtung zu versagen, sondern um die grundlegende Ungerechtigkeit eines Systems anzuprangern.

Es hatte die Stunde geschlagen, da er uneingeschränkt und ohne Diplomatie und Euphemismus die Aufgaben übernehmen würde, die sein politisches Gewissen ihm vorschrieb.

Deshalb verwunderte es keinen von uns siebentausend Anwesenden, als Pablo Neruda am 8. Juli 1945 im Teatro Caupolicán von Santiago seinen offiziellen Eintritt in die Kommunistische Partei Chiles erklärte. Er tat es nicht allein. Bei diesem Schritt begleitete ihn eine bedeutende Legion der bekanntesten Künstler, Intellektuellen, Namen erster Größe aus allen Gebieten künstlerischen und wissenschaftlichen Schöpfertums, für diese gipfelte darin ein innerer Prozeß der Herausbildung revolutionärer Anschauungen, den ihnen das Leben diktiert und den Neruda nicht unwesentlich beeinflußt hatte; Neruda war in ihren Augen das Beispiel des Intellektuellen, der auf Grund seines Werdegangs und Reifegrads ganz selbstverständlich politische Aufgaben übernahm.

92

Das Zeitproblem

Wird der Dichter in diesem neuen Lebensabschnitt die Zeit vermehren können, so wie Jesus es mit den Broten und Fischen tat? Oder wird er verstummen müssen infolge der Arbeit als Senator, der Reisen in die Provinz, der Besuche in den Salpetergruben, der Anliegen der Wähler, der Hunderte von Bittstellern, denen er bei der Lösung irgendeines Problems behilflich sein oder denen er einfach ein signiertes Buch schicken soll? Hat er sich ein Hemd von elf Ellen angezogen, denn es sind, sofern er sich nicht verrechnet hat, elf verschiedene Tätigkeiten, die auf ihm lasten?

Die Zeit, die Zeit! Das große Rätsel. Wird er sie wie

einen Gummi in die Länge ziehen können? Es wird sich zeigen, wenn er seinen Weg geht. Er darf sich nur im Augenblick nicht kleinkriegen lassen. Außerdem bleibt als letztes Mittel immer noch die Zusage der Parteiführung, die Stunden, da er schöpferisch tätig sein möchte, zu respektieren. Es wird an ihm liegen, sich darauf zu berufen. Die Inanspruchnahme durch das öffentliche Leben zu begrenzen.

Aber er weiß auch um seine unverbesserliche Reiselust. Er muß Bewegungsfreiheit haben. Neue Gegenden sehen, wo Himmel und Erde anders sind, um sodann heimzukehren, gewiß. Fürs erste wird er die weite grüne Steppe Amerikas aufsuchen, das Land der maßlosen Flora und Fauna, der gewaltigen Flüsse, das er seit fast zwanzig Jahren nicht mehr betreten und gesehen hat, seit das Schiff, mit dem er zum erstenmal in die Welt hinausfuhr, für einen Tag im Hafen von Santos vor Anker ging und jenes Mädchen, Marinech, an Bord kam, an das er immer noch denkt. Diesmal würde er das Flugzeug nach Rio de Janeiro nehmen. Am 30. Juli empfängt ihn die Brasilianische Akademie mit herzlicher Feierlichkeit. Der Dichter Manuel Bandeira hält eine würdigende Rede. Er tut es in Wendungen, die nicht tropische Höflichkeit sind, vielmehr aufrichtige Verehrung für einen großen Dichter, der nicht nur die spanischsprachige, sondern auch die portugiesischsprachige Literatur beeinflußt.

Neruda empfindet anfangs Verwunderung, die er sich alsbald erklärt. Brasilien ist, geographisch gesehen, nicht nur Nachbar von ganz Südamerika, Chile ausgenommen, seine Sprache ist darüber hinaus Nachbarin der unseren, auch wenn wir einander nach wie vor ignorieren, als lebten wir auf verschiedenen Kontinenten. Neruda begegnet dort verblüffenden Ähnlichkeiten und Verwandtschaften. Seine Poesie hat die wichtigsten Länder spanischer Sprache durchwandert. Er selber hat ihre Weihe in Spanien, Mexiko, Argentinien, Kolumbien und Peru erlebt, jetzt aber erkennt er, daß seine Dichtung den sensiblen brasilianischen Leser anspricht und dieser sie aufnimmt, als stammte sie von einem einheimischen Dichter.

Allmählich wird ihm klar, daß sein Werk eine Botschaft für ganz Lateinamerika sein kann. Vielleicht reicht sie noch weiter. Die Veranstaltung in der Akademie öffnet ihm ein Fenster, durch das ein warmer, vertrauter Wind hereinweht. In dem Saal wird seine Stimme begeistert aufgenommen von einer intellektuellen Elite, die keinerlei Ruf einer Avantgarde hat und deren angestellte Mitglieder akademische Gewänder tragen, die aussehen, als hätte sie der Schneider irgendeines Ludwigs von Frankreich oder eines Kaisers aus dem Hause Braganza entworfen. Dort atmet man die Luft feinziselierter Literatur, obwohl auch Dichterstimmen ertönen, die Sinn für das Avantgardistische haben. Trotzdem fühlt er sich nicht als Huhn im fremden Stall. Er hat die Fähigkeit, sich den verschiedensten Umgebungen anzupassen, ohne dabei sich selber untreu zu werden und zu verbergen, was er in literarischer und politischer Hinsicht denkt.

Der nächste Tag führt ihn von der literarischen Elite mit ihren Samtroben und goldbesetzten Dreispitzen weg und hin zum Bad in einer riesigen, schwitzenden Menge, in ein Stadion von Rio. Zwei Wochen zuvor hat er ähnliches schon in São Paulo erlebt, hunderttausend Menschen in Pacaembú, Ehrenbeweis für Luis Carlos Prestes, wo der Dichter beinahe wie die späteren Fußballkönige empfangen wird, ein Pelé oder Garrincha der Poesie und des Kampfes. Neruda spürt den Pulsschlag dieses Volkes, denn es riecht nach Amerika. Und er weiß, daß das Volk Grundlage der Nationen und des Kontinents ist. Außerdem fühlt er sich mitgerissen von der Flut dieser Manifestationen, Bestätigung seiner eindeutig plebejischen Natur.

Auf der Rückreise hält er Vorträge und veranstaltet Lesungen in Montevideo und Buenos Aires. Er erlebt, was er schon weiß. Man sieht in ihm beinahe einen eigenen Dichter. Er nimmt Amerika mit Augen und Poren in sich auf, speichert es, um einen Sprung zu tun, der schon lange, wie in einem Schwangerschaftsprozeß, in ihm heranreift. Er wird ein anspruchsvolles Poem wie ein Geschöpf zur Welt bringen, das – so hofft er – sein wird wie einst die

»Ode an die Landwirtschaft in der heißen Zone« seines alten Lehrers, des Gründers der Universität, an der er studiert hat, Don Andrés Bello. Aber er wird es hundertzwanzig Jahre später schreiben, nicht im klassizistischen Stil, sondern gemäß seiner eigenen Sicht und Persönlichkeit.

Alles oder nahezu alles hat er fertig. Am Nachmittag wird er seine Siesta halten. Am Abend Freunde empfangen. Zu nächtlicher Stunde eine Flasche Wein leeren, aber am Morgen wird er, frisch und ausgeruht, dieses Poem schreiben, das, er spürt es, aus ihm hervorbricht. Er hat einmal gesagt, er schreibe bei Schnee und Donner, mit und ohne Inspiration, denn so wie der Appetit beim Essen komme, so komme die Inspiration bei der Arbeit. Morgens um neun setzt er sich hin und beginnt, er schreibt in ein großes, unliniertes Heft ein langes Gedicht, er nennt es »Die Höhen von Macchu Picchu«. Es ist September. Frühlingsanfang. Und er ahnt, daß jener Aufstieg zu der zugrunde gegangenen Stadt wie der Anbruch eines neuen Frühlings ist, an den manche schon nicht mehr glaubten, da sie ihn vom Eis der Politik erdrückt wähnten.

93
Der Ehrenwerte Señor Reyes feiert Lucila Godoy Alcayaga

Die chilenische Dichtung ist ein anerkannter Frühling, dessen Glanz von mehr als einer Sonne ausgeht. Am 20. November 1945 erteilt der Senatspräsident das Wort abermals dem Ehrenwerten Señor Reyes. Dieser wird an dem Abend nicht von Politik sprechen, sondern von Dichtung und einem Dichter. Er wird von seinem kleinen Land sprechen, das er nicht den letzten, sondern den ersten Winkel der Welt nennt, gewiß, es liege fern vom Mittelpunkt des Weltgeschehens, aber es habe soeben »einen Purpurpfeil ans Weltfirmament der Ideen« geheftet, das heißt einen neuen Stern angebracht.

Er verneigt sich vor Lucila Godoy Alcayaga, der Meisterin, der Frau aus den Tiefen des Volkes, mit dem Pseudonym Gabriela Mistral (»Vorname des Erzengels und Name des Windes«; er erinnert daran, daß María Teresa León es so gesagt hat), die jüngst den ersten Nobelpreis für Literatur bekommen hat, der je einem lateinamerikanischen Schriftsteller verliehen worden ist. Neruda verspürt Freude über einen gemeinschaftlichen Sieg, den er als »exemplarische Rache des Volkes« an der Nationalität beurteilt. Er denkt an die kleinen Gabrielas, mit ihren tief im Bergwerk des Volkes erstickten Schicksalen.

Der Senat hört schweigend zu, wie Neruda von der Mistral spricht. Das ist kein alltägliches Ereignis. Es handelt sich um die beiden größten Dichter des Landes. Er schaut zu ihr auf und zu ihr hinab, weil er sie sowohl für einen Gipfel als auch für einen verborgenen Erzgang hält, denn sie hat durch ihren Mund die Ängste vieler Menschen der Erde sprechen lassen. Ihre Poesie ist auch von allen Erlebnissen und Erfahrungen genährt, einschließlich den sehr bitteren ihrer Kindheit. In jenem Bereich, in dem nicht eben Orpheus ansässig ist, empfindet Neruda das Werk Gabriela Mistrals als »von einer alles entscheidenden Barmherzigkeit durchdrungen, die nicht so weit geht, daß sie zu Rebellion oder Doktrin würde, die aber die Grenzen almosengebender Wohltätigkeit überschreitet«. Er bekundet seine Bewunderung, zeigt aber zugleich, wo diese ihre Grenzen hat, denn er hat diese Grenzen überschritten. Nicht gering achte er das Gefühl eines großen Mitleids mit dem Volk, denn es rufe bei ihm Liebe zu den »Erniedrigten und Beleidigten« anderer großer Mitleidiger wie Dostojewski und Gorki hervor. Viele Leser, so fügt er hinzu, haben aus der Lektüre der Barmherzigen mehr herausgelesen als Mitleid. Gorki selber sei ein politischer Mensch gewesen. Er habe dazu beigetragen, »eine menschliche Ordnung und eine auf Liebe basierende Gerechtigkeit zu errichten«. Neruda sagt in jenem Moment nicht, daß sie es war, die ihm als Kind Bücher jener Autoren geliehen hat. Da er aber deren Namen erwähnt, ist er sich völlig klar darüber, daß sie ihm Offenbarerin und Führerin gewesen ist.

In anderer Hinsicht gleicht ihr Neruda. Vielleicht betont er es deshalb: in ihrer Eigenschaft als »große Liebhaberin unserer Geographie und unseres Gemeinschaftslebens«. Diese kinderlose Mutter, fügt er hinzu, scheine die Mutter aller Chilenen zu sein. Ihr Wort befrage und lobe das Eigene von Anfang bis Ende, besinge die Substanzen des Landes, die Menschen und die Steine, die Blumen und die Brote. Sie schaue dem Land ins Antlitz. Wende sich ihrer Arbeit zu. Alles sage ihm, daß die Mistral Teil der chilenischen Erde sei.

Auffällig an ihr sei, daß sie aristokratische und europäisierende Neigungen und Bestrebungen ablehne. Sie ehre ihr Land in den tiefsten und volkstümlichsten Wesensäußerungen. Sie habe ihre Poesie und ihre Botschaften zu vaterländischen Werten gemacht.

Er meint, die ihr zuteil gewordene Anerkennung schließe den Aufruf ein, jegliche im Lande aufkeimende Geistesgabe zu pflegen. Und das geschehe nur, wenn diese Ader, aus der das Mistralsche Erz komme, das chilenische Volk, aus dem Elend herausgeführt werde, damit alle seine Söhne ihre Fähigkeiten maximal entfalten können. Er küsse »Gabriela Mistrals erhobenes, schönes arauko-spanisches Haupt«.

Seine Rede ist tiefempfunden und persönlich angelegt. Beide waren so verschieden wie Himmel und Erde. Trotzdem war Neruda, so wie die Mistral, ein Kind des Volkes, das hätte untergehen können, wären da nicht eine unbezähmbare Berufung und ein Charakter gewesen, der sie in Unterschieden und Ähnlichkeiten vereinte.

In jenen Tagen nationalen Stolzes fehlt es natürlich nicht an Stimmen, die es ganz genau zu wissen glauben: Neruda werde den Nobelpreis nie bekommen. Unter anderem weil er Kommunist sei und weil dieser Preis nicht zweimal an einen Schriftsteller aus ein und demselben kleinen Land am Rande der Welt verliehen werden könne.

94

Pro memoria

Das Jahr 1946 scheint eine arbeitsreiche, keine stürmische Zeit zu werden. Der Januar beschert ihm eine Auszeichnung, den Azteken-Adler-Orden der mexikanischen Regierung, Auftakt zu einem ganzen Reigen von Medaillen. Dieser aber kommt ihm sehr zupaß. Irgendwie liegt Mexiko ihm seit einiger Zeit am Herzen.

Der Friede zu Jahresbeginn ist trügerisch. Er beruht auf zugespitzten Situationen. Wie in einem Werk von Shakespeare treffen Tod und Verrat zusammen. In der Villa Paidahue ist Präsident Juan Antonio Ríos seinem Krebsleiden erlegen. Ihm folgt im Amt der Vizepräsident, sein Schwiegervater, ein reicher Großgrundbesitzer aus dem Süden, Mitglied der Radikalen Partei, Alfredo Duhalde. Ein Don Juan im Lebensherbst, mit blauen Augen und grauen Schläfen, der immer wieder als Senator gewählt wird, weil er schamlos besticht und Pächter herankarren läßt, wie Neruda es in seinem Gedicht »Wahl in Chimbarongo« anprangert, aber trotz seiner Jahre als Senator von Politik nur so viel versteht, daß diese eine Gentleman-Angelegenheit sei und er von seiner Amtsgewalt nach Belieben Gebrauch machen könne.

Es ist eine Zeit der Rivalität zwischen Kommunisten und Sozialisten, die sich nach dem Auseinanderbrechen der Volksfront noch verschärft. Eine von Bernardo Ibáñez angeführte Gruppe tritt der provisorischen Regierung Duhalde bei und verkündet eine als »Dritte Front« bezeichnete Politik. Obwohl Bernardo Ibáñez Generalsekretär der Confederación de Trabajadores de Chile, des chilenischen Gewerkschaftsbundes, gewesen ist, zeichnet sich seine Gewerkschaftsfeindlichkeit immer deutlicher ab, vor allem wenn die Arbeiter Kommunisten in die Leitung der Gewerkschaft wählen.

Lafertte und Neruda sind in der Pampa des Nordens tätig, wo es in zwei Salpetergruben, »Humberstone« und

»Mapocho«, zum Streik gekommen ist. Neruda verfaßt in dichterischer, chronikhafter Form einen Erlebnisbericht:

Ich war im Salpetergebiet bei den dunklen Helden,
bei ihm, der feinen fruchtbaren Schnee ausgräbt
in der harten Kruste des Planeten,
und ich drückte die erdigen Hände voll Stolz.

Sie sagten zu mir: »Bruder,
sieh, wie wir leben,
hier in der Humberstone-Grube, in der Mapocho hier,
in der Ricaventura, der Paloma,
der Pan de Azúcar, der Piojillo.«

Und sie wiesen mir ihre Rationen
elender Nahrung,
den Boden aus Erde in ihren Hütten,
Sonnenglut, Staub, die Wanzen,
und die Verlassenheit unermeßlich.

Ich sah die Arbeit der Salpeterschipper,
sie hinterließen im hölzernen
Griff der Schaufel, tief eingeprägt,
ihrer Hände ganze Spur.

Ich vernahm eine Stimme, die kam
aus der Tiefe des engen Stollens,
wie aus einem Höllenschoß,
und dann sah ich oben hervorkommen
ein Geschöpf ohne Antlitz,
eine staubige Maske
aus Schweiß, Blut, Staub.

Und diese sprach zu mir: »Wohin du auch gehst,
berichte von diesen Qualen,
sprich du, mein Bruder, von deinem Bruder,
der dort unten lebt, in der Hölle.«

Der Dichter betont. »Ich war . . . Sie sagten zu mir . . . Und sie wiesen mir . . . Ich sah die Arbeit . . . Ich vernahm eine Stimme . . . Und diese sprach zu mir . . .« Er hebt auf diese Weise hervor, daß er Augen- und Ohrenzeuge ist, daß an ihn die Bitte gerichtet ist, für sie zu sprechen, die Rolle ihres Beschützers zu übernehmen. Und er übernimmt sie.

Er weilte dort, wie es die kommunistischen Parlamentarier sollten, als Schutzschild. Aber er würde auch und vor allem Sänger sein, Künder, Herold, Anprangernder, Verbreitender, Sprachrohr, Mahner.

Wir standen zu jener Frühsommerstunde auf dem Platz vor der Moneda, unweit des Reiterstandbilds General Bulnes', inmitten einer Menschenmenge, deren Konturen in der Nacht allmählich verschwammen. Es war eine Solidaritätskundgebung für die Arbeiter der Gruben »Humberstone« und »Mapocho«. Als das Volk unter Tränen ein altes Lied anstimmte, begannen plötzlich Maschinengewehre zu rattern. Neben mir sank ein Mädchen zu Boden, das ich kannte, Ramona Parra. Der Dichter nannte sie später »goldhelle Partisanin«. Einen Toten jenes Sommerabends nach dem anderen rief er auf. Manuel Antonio López, Lisboa Calderón, Alejandro Gutiérrez, César Tapia, Filomeno Chávez. Später würde er »Die Toten auf dem Stadtplatz (28. Januar 1946, Santiago de Chile)« schreiben.

Wir arbeiteten in der Kommission für Propaganda, um das Poem schnell herauszubringen, der Maler José Venturelli hatte Illustrationen dazu angefertigt. Sein Thema sind die Massaker, auf die jene spezialisiert sind, die in Chile die Gewehre handhaben. Blut von Massakern, abgewaschen und verwischt, »so als ob niemand stürbe, nichts, / als ob es Steine wären, die auf die Erde / fielen, oder Wasser auf das Wasser . . .". Der Dichter fordert Strafe, zieht eine rote Linie. Auf dieser Seite das Volk, auf der anderen dessen Feinde. Er wolle sie nicht als Gesandte sehen, wolle sie nicht ruhig in ihrem Heim wissen. Er wolle sie auf diesem Platz gerichtet sehen. Er lasse nicht zu, daß das Blut der Gefallenen getilgt werde. Er möchte, daß sein Poem das Andenken der Toten wahre, denn nichts sei schlimmer, als diese zu vergessen. Jene verfluchte, geschickt admi-

nistrierte Amnesie, die die Erinnerung an die Märtyrer aus-
löscht.

In Chile unter Pinochet wurden geheime Friedhöfe entdeckt, auf denen nächtlicherweile hingeschlachtete Bauern
heimlich begraben worden waren. Einige waren in den
Stollen eines verlassenen Kalkbergwerks verscharrt worden.
Nach dem grausigen Fund des Friedhofs von Lonquén beschlossen die Angehörigen der Opfer, auf einer Platte Worte
einmeißeln zu lassen, die das Ereignis festhalten und ein
ewiges Gedenken sein sollten. Sie suchten sie an sicherster
Stelle. Ihre Wahl fiel auf die folgenden Verse aus dem Poem
von Neruda:

> Tausend Nächte werden niedersinken mit düsteren
>   Schwingen,
> ohne den Tag zu zerstören, den diese Toten erwarten.

> Den Tag, den wir erwarten in der ganzen Weite der Welt
> mit so vielen Menschen, den letzten Tag des Leidens.

> Den Tag des Gerichts, errungen im Kampf;
> und ihr, gefallene Brüder, in der Stille,
> ihr werdet mit uns sein an jenem unermeßlichen Tag
> des Endkampfs, an diesem unendlichen Tag.

95
Der sonderbare Walzer

Im März vollendet er seinen Vortragszyklus, »Reise in den
Norden Chiles«, in dem der Mann aus dem Süden von dieser beklagenswerten Gegend spricht, die ihn überrascht wie
der Krater einer Mondlandschaft.

Er ist ob seiner Fähigkeit berühmt geworden, das Herz
der Massen zu erreichen. Vielleicht wird er deshalb auf
persönliche Bitte Gabriel González Videlas, des Kandidaten für das Amt des Präsidenten der Republik, zum nationalen Propagandachef ernannt. Er wird seine Phantasie an

die Propaganda wenden. Und es wird ihn teuer zu stehen kommen.

Er muß mit allen Mitteln das Bild des ungebildeten Fahnenträgers populär machen. »Es den Leuten sogar in die Suppe tun«, lautet seine Devise. Er wird Presse und Rundfunk einsetzen. Fernsehen gab es in Chile noch nicht. Er wird die Wände von Arica bis Última Esperanza bedecken. Seinen Namen mittels des eingängigen Schlagers verbreiten. Sachdienlich beraten läßt er sich von seiner Bekannten aus Temuco, der Sopranistin Blanca Hauser. Zu dem vereinbarten Treffen kommt sie mit ihrem Mann, Armando Carvajal, dem damaligen Dirigenten des chilenischen Sinfonieorchesters, und einer befreundeten Sängerin. Etwas veranlaßte ihn, den Blick auf diese elegante Frau zu heften, etwas brachte eine Saite in ihm zum Klingen: ihr Lachen. Als sein Freund Cotapos es gehört hatte, versicherte er als Musiker, ihr Lachen stürze »wie ein Falke von einem schroffen Turm« herab. Er hörte sie singen und Schallplattenaufnahmen von der Hymne der Linkskräfte machen. Die Musik hatte nichts Originelles. Es war die Adaptation von »Rum and Coca-Cola«, eines Modeschlagers, den die Andrew-Sisters sangen. Neruda wollte ein Abenteuer mit der Sängerin mit dem ungestümen Lachen. Und erreichte es. Es währte nicht lange. Er war zu sehr mit Arbeit überlastet. Die Frau mit dem Lachen, das wie ein Vogel herabstürzte, verließ ihn.

Neruda reiste danach in den Norden. Und seine Freundin, an deren Namen er sich nicht einmal genau erinnerte, reiste nach Mexiko, wie er von Blanca Hauser erfuhr. Das war alles gewesen: ein schöner Augenblick unterwegs.

Es wird behauptet, sein Haus in Los Guindos, das er Michoacán nennt, sei einer der drei berühmtesten Wohnsitze in Lateinamerika. Die beiden anderen Schriftstellerherbergen seien, so ein Chronist, der Wohnsitz von Victoria Ocampo in San Isidro (Argentinien) und der von Guillermo Valencia in Popayán (Kolumbien).

In Michoacán landet als Gast der, wie Paul Valéry sagt, »dem Wesen nach amerikanischste« Schriftsteller. Neruda empfängt diesen Großen des Romans des Kontinents als sehr lieben Freund. Er schließt den Großen Chompipe in die Arme, Miguel Ángel Asturias, den guatemaltekischen Romancier, dessen *Herr Präsident* die Romanserie über den kreolischen Diktator mit künstlerischer Kraft neu eröffnet, zu der der Spanier Ramón del Valle-Inclán mit *Tyrann Banderas* den Anstoß gegeben hat.

Neruda führen die Wege hierhin und dorthin. Er erhält Kunde, daß sein Werk auch jenseits des spanischen Sprachraums Verbreitung findet. In der Tschechoslowakei erscheint *Spanien im Herzen*. In Dänemark und in den USA *Aufenthalt auf Erden*. Aus São Paulo kommt die Nachricht: Die portugiesische Ausgabe von *Zwanzig Liebesgedichte und ein Lied der Verzweiflung* geht weg wie warme Semmeln.

Dennoch ist Poesie, wie sattsam bekannt, nicht jedermanns Geschmack, und der Dichter hat grimmige und mitunter hinterhältige Feinde. Einer von ihnen ist der Präsident der Republik, dessen Wahl er unterstützt hat. In seiner Eigenschaft als Landespropagandachef schrieb Neruda ein Gedicht, das er selber im überfüllten Nationalstadion vorgetragen hat und das nun landauf, landab wie ein Schlager in aller Munde ist. Sein Titel: »Das Volk nennt ihn Gabriel«. Gelegenheitsdichtung. Der Gabriel des Gedichts ist nicht der Erzengel. Er versteht von Poesie soviel wie vom Chinesischen. Und ihn ärgert die Popularität des Dichters. »Umarmen wir uns« ist sein typischer Satz. Er zeigt ein Lächeln mit zweiunddreißig Zähnen, einige davon falsch. Im Grunde ist er vor allem dank enthusiastischer Unterstützung durch die Kommunisten gewählt worden. Mit Falsettstimme und fehlerhafter Aussprache – er verschluckt die Endbuchstaben jedes Wortes – hat er einen anderen berühmten Satz gesprochen: »Keine menschliche oder göttliche Kraft wird mich je von der Kommunistischen Partei trennen.«

Als er gewählt ist, geht er in ein Plenum des Zentralkomitees, das mit dem Gedanken spielt, sich an der Regierung, zu deren Wahl es im Hinblick auf den kalten Krieg entscheidend beigetragen hat, nicht zu beteiligen. Der

Mann, dem Neruda das Gedicht gewidmet hat, fordert die Versammlung auf, ihn anzuhören. Und er sagt in einem Ton, in dem sich Bitte und Erpressung mischen: »Sie tragen das Parteibuch in der Tasche. Ich trage es im Herzen. Wenn Sie sich nicht mit kommunistischen Ministern beteiligen, trete ich vom Amt des Präsidenten der Republik zurück.« Nach diesem *Coup de théâtre* beschließt das Plenum, dem Kabinett beizutreten.

Neruda hat seines Senatorenamtes nach besten Kräften gewaltet. Seit zwei Jahren erfüllt er gewissenhaft die parlamentarischen Aufgaben, und jetzt spürt er, daß in seinem Innern jemand auf sich aufmerksam macht. Es ist eine eifersüchtige Frau: Die Poesie mag keine Konkurrentinnen, erst recht keine, die ihn so in Anspruch nehmen. Sie fordert ihr vorrangiges, wenn nicht ausschließliches Recht. Der Dichter, der wohl weiß, daß sie die wichtigste Frau seines Lebens ist, leiht dieser ständigen Klage Gehör, diesem Anspruch, der ihn besonders nachts martert oder wenn er in ermüdenden Senatssitzungen die Langeweile totschlägt, indem er zusieht, wie seine Kollegen, wahre Tarnungskünstler, ihr Nachmittagsschläfchen halten, auch wenn es ihnen nicht immer glückt, das Schnarchen zu unterdrücken. Er müßte sein Nachmittagsschläfchen im Bett halten, wie Gott es gebietet. Und in seiner verfügbaren Zeit Verse schreiben, die ihm weniger zu schaffen machen als jenes unselige Gedicht »Das Volk nennt ihn Gabriel«.

Außerdem ist er unverbesserlich reiselustig, ein hin- und herschwingendes Pendel – Aufbrechen und Zurückkehren. Ist nach einer Heimkehr eine gewisse Zeit verstrichen, beschleicht ihn abermals unwiderstehliche Lust, den Anker zu lichten. Seine innere Magnetnadel weist auf die »Heimat der Traube«, die wie seine Heimat voller Weingärten ist. Ruft ihn nicht mit lauter Stimme das Land des guten Essens, des reinen Öls und des seit mehr als tausend Jahren gekosteten Weins? Es ist das Land, in dem die Götter herrschen und in dem das größte Imperium bestand, doch ihm hat es vor allem dessen Volk angetan, das zwischen den Statuen ein natürliches Alltagsleben führt.

Er faßt einen Entschluß und trägt ihn direkt der Partei vor: er möchte Botschafter in Italien werden. Man spricht mit dem Präsidenten. Der ist im Prinzip einverstanden. Auf diese Weise würde er ihn außer Landes kriegen. Er wird ihn weit wegschicken. Eine goldene Verbannung? Wäre das nicht – viel zu gut? Unter der Hand beginnt er ein Intrigenspiel, an dem die Initiative scheitern soll. Er hat mit dem von Truman zur Regierungsübernahme entsandten US-Admiral Leahy die Absprache getroffen, die Kommunistische Partei innerhalb von ein paar Monaten für illegal zu erklären.

Sotto voce verhandelt González Videla mit der Rechten, damit diese im Senat, der die Ernennung von Botschaftern zu bestätigen hat, Nerudas Berufung ablehnt. Kaum ist die Abstimmung zu dessen Ungunsten erfolgt, wird die Kommunistische Partei auch schon von denen umworben, die auf diesen Posten reflektieren, unter ihnen ein Señor Ángel Guarello, der neben anderen Verdiensten zwei hat, die an der Wertebörse des Präsidenten und der Rechten hoch im Kurs stehen: niemals einen Vers geschrieben und mit den Kommunisten nichts zu tun zu haben, sofern man davon absieht, daß er diese gebeten hat, im Senat seine Ernennung als Botschafter in Italien zu bestätigen. Der Dichter mußte fünfundzwanzig Jahre warten, bevor er der Botschafter Neruda wurde.

Ruhe kehrt wieder ein. Seit dem 28. Dezember, dem Tag der Unschuldigen, hat er die Gewißheit, daß der Senatspräsident im Halbrund nie wieder dem Ehrenwerten Señor Ricardo Reyes das Wort erteilen wird, sondern dem Ehrenwerten Señor Pablo Neruda. Er könnte laut lachen. Dort ist man ehrenwert nicht auf Grund der Lebensführung, sondern infolge der Geschäftsordnung. Jedenfalls trinkt er in jener Nacht auf einen Namen, der endgültig der Vergangenheit angehört. Er trinkt ein Glas Rotwein, da er Abschied nimmt von dem beileibe nicht engelsgleichen, wohl aber geopferten Ricardo Eliecer Neftalí Reyes Basoalto, solchermaßen standesamtlich gemeldet, Parral, den 1. August 1904. Von jetzt an wird er sich legal so nennen, wie er sich seit vielen Jahren schon nennt, seit dem Tag, da der Knabe, um dem antipoetischen Zorn seines Vaters zu entgehen, beschloß, das Pseudonym Pablo Neruda anzunehmen. Fürderhin wird er sich in allen Papieren, auch in amtlichen, so nennen. Er wird keinen zweiten Familiennamen haben. Sonderbar? Keineswegs. Von Reyes und Basoalto hatte er längst Abschied genommen. Reyes Basoalto war für ihn ein Kind, war »Canilla«, der schmächtige Junge von Temuco, der den Lokomotivführer José del Carmen auf dem Schotterzug zu begleiten pflegte. Wenn die Lokomotive lange hielt, weil Steine zur Befestigung der Schwellen gesammelt wurden, suchte dieser Knabe, der Ricardo Reyes hieß, Rebhuhneier, das Nest der Schlangenmutter, die Copihue-Frucht, oder er pflückte ein paar Copihue-Blüten, denn er mochte ihr blutiges Rot. All das gehört seiner Vorgeschichte an. Es lag sehr weit zurück.

In der Neujahrsnacht, mitten unter Masken und Gesängen, fragt er sich, ob er, der nahezu professionell untreu ist, derjenigen die Treue gehalten hat, die er liebt, der er in Wahrheit sein Leben weiht, der Dame oder dem Fräulein Poesie oder einfach der Poesie, nackt oder bekleidet. Während des morgendlichen Alleinseins setzt er sein Werk als Arbeiter fort. In sich hat er eine Sirene, die früh um sieben heult und ihn zur Arbeit ruft. Er fühlt, daß er eine fruchtbare Periode erlebt.

In Buenos Aires erscheint *Dritter Aufenthalt*. Dieses Buch vereint Reste der einsamen Vergangenheit, Liebesleidenschaft und seine Begegnungen mit der Geschichte, alles innerhalb von zehn Jahren, 1935 bis 1945, Geschriebene. Sogar eine Abwechslung, es zeigt ein Mosaik verschiedener Formen. Der Anfang ist anders als das Ende. Er hat ein ganz persönliches Leben geführt, und er hat mit seiner ganzen Person, aus nächster Nähe die politischen Stürme erlebt, den Krieg. Buch der Nacht und des Tages. Zur Nacht gehört »Der Ertrunkene des Himmels« (»Nachts zerbrochen zwischen den toten Blumen: ich bleibe stehen und leide«). »Bündnis (Sonate)« (»Zucker der Nacht, Seele der Kronen . . .«) gehört gleichfalls ins Reich des Dunklen. Sex ist vielleicht die ersehnte Fluchtgasse (». . . möchte ich bleiben, Geliebte, nur mit einer Silbe aus / zerstücktem Silber, nur mit einem Stück / deiner Brust aus Schnee«). Es ist der letzte Widerschein jenes grünen Blitzes des Fernen Ostens oder genauer, der im Meer versinkenden Sonne, der zuzusehen er mich oft nach Isla Negra eingeladen hat, wo er den Horizont im Augenblick ihres letzten Glanzes aufmerksam betrachtete. Das Buch ist wie ein Haus mit zwei Türen aus dem Film der Brüder Marx. Wenn sie die eine öffneten, prallten sie auf den Winter. Wenn sie die andere öffneten, traten sie in den Frühling hinaus. So ist dieser sonderbare »Walzer« der Trostlosigkeit. (»Ich bin nicht, diene nicht, ich kenne niemand.«) Es ist die Atmosphäre einer Brüssel genannten Phantomstadt, in der er, zwischen Monden und Messern, zur Nachtzeit stirbt und sich pflanzenhaft verlassen vorkommt. Es ist das Klima in dem Gedicht »Der Verlassene«. Es ist, als ob im Erdreich vergrabener Same an die Oberfläche will, aber – in »Liebesrasereien und Qualen« – vorerst noch im Schatten reift (»Wie des Kirschbaumes Blütenherz im Juni«). In »Vereinigung unter neuen Bannern« wird der Keim hervorbrechen. Allein tritt er in die Welt hinaus, vom Grunde der Erde her, im gleißenden Glanz von Blut und Feuer, mit *Spanien im Herzen* und dem »Gesang für Stalingrad«.

Der unterirdische Dichter ist ins Licht hinausgetreten, umgeben aber vom Gewitter, gehüllt in Blitz und Donner.

96

Die große Wende

Am ersten Aprilsonntag des Jahres 1947 fanden im ganzen Land Stadt- und Gemeindewahlen statt. Die Kommunistische Partei kam dabei ein gutes Stück voran. Am nächsten Tag gingen wir, Generalsekretär Ricardo Fonseca und als Mitglieder der Politischen Kommission Galo González und ich, in die Moneda, um mit dem Präsidenten zu sprechen. Wir dachten, daß einleitend ein paar freudige Worte über den am Abend zuvor errungenen Sieg fallen würden, statt dessen fuhr er wie ein blinder Stier auf uns los. Es durfte nicht sein, er konnte es nicht billigen, daß die Kommunisten auf dem Weg über die Wahlurnen zu einer großen Partei würden. Er gebrauchte einen Ausdruck, der später zum geflügelten Wort wurde. Er verlangte von uns, »wie ein U-Boot unterzutauchen«, *submarinear*. »Sie müssen in der Dunkelheit untertauchen. Wie die Fische sein, keinen Lärm machen, sich dort aufhalten, wo niemand Sie sieht. Das ist die Voraussetzung für Ihr Überleben. Anderenfalls werden Sie unterliegen.«

Ziemlich verärgert sagten wir ihm, daß wir noch nie einen so undemokratischen Vorschlag gehört hätten. Schließlich hätte das Volk sein Wort gesprochen. Und das müßte respektiert werden. »Sie und wir haben die Pflicht, ein Programm zu erfüllen. Und wir werden alle Kraft daransetzen. Was soll heißen – untertauchen? Wir sind offen und ehrlich von Ort zu Ort, von Grube zu Grube gezogen, um Sie zum Präsidenten zu machen. Und während des Wahlkampfes haben Sie nicht davon gesprochen, daß wir untertauchen sollen. Wir verlangen nichts Ungebührliches. Wir glauben auch, daß unsere Präsenz in der Regierung eine Gewähr dafür ist, daß das Volk, das Veränderungen will, nicht getäuscht wird.«

Er brach das Gespräch brüsk ab. Wir verließen den Regierungspalast mit dem Gefühl, das Striptease eines Demagogen gesehen zu haben.

Neruda erinnerte in seiner Dichtung und in seinen Senatsreden an die unbeschreibliche Armut in Puchoco Rojas, die die gleiche in Lota, im ganzen Kohlenrevier war, mit den unter Meeresboden verlaufenden Stollen, durch die die Bergleute, kleine Lampen an der Stirn, kilometerweit fahren müssen, um an ihren Arbeitsort zu gelangen, sofern keine Grubenexplosion sie unterwegs ereilt. Diese Arbeiter streikten. Der Dichter und Senator war bei ihnen.

Er pflegte sie alle Tage aufzusuchen, und das Gespräch drehte sich vor allem um die Geschehnisse im Lande. Die Beziehungen zum Präsidenten waren abgebrochen.

Ich hatte schon früher einige beunruhigende Zeichen in dessen Gebaren festgestellt. Ich war Vertreter der Kommunistischen Partei beim Präsidenten. Eine halbamtliche Funktion. Sie bestand darin, einmal pro Woche mit ihm zu sprechen, um dabei Informationen, Meinungen auszutauschen und bestimmte Schritte oder Maßnahmen vorzuschlagen. An einem Montag im Januar 1947 verspätete sich Gabriel González. Als er kam, erklärte er uns den Grund. Das Boot, auf dem er das Wochenende verbracht hatte, war auf dem Pirihueco-See gekentert, und alle Insassen, er eingeschlossen, wären um ein Haar ertrunken. Gerettet worden wären sie von ein paar Bauern in Sandalen – diese Einzelheit fügte González Videla hinzu –, die in der Nähe mit einem Ruderboot vorbeigekommen wären. Und einer von ihnen hätte, als er erfuhr, daß er den Präsidenten gerettet habe, ganz verdutzt dreingeschaut. »Ich habe ihm einen Fünfzig-Peso-Schein gegeben«, sagte er.

Wir Versammelten gratulierten ihm zu der wundersamen Rettung. Als ich das tat, sagte er zu mir im Scherz: »Vielleicht wäre es für Sie besser gewesen, ich wäre ertrunken. Dann wären Sie das schlechteste Messer losgewesen.« Als er meine überraschte Miene gewahrte, ließ er das Thema fallen und gab mir den guten Rat: »Wenn Sie mal in so einer Situation sind, dann als erstes Jacke und Schuhe ausziehen. Die werden im Wasser schwer wie Blei.«

Diese Szene empfand ich als schlechten Scherz. Später erkannte ich, daß der Mann von vornherein ganz andere Pläne verfolgte und Freude am Katz-und-Maus-Spiel hatte.

Im August ging ich in die Botschaft Boliviens, wo der Tag der Unabhängigkeit dieses Landes gefeiert wurde. Plötzlich umarmte mich jemand von hinten. Es war González Videla, der mich im Ton ehrlichen Bedauerns fragte: »Aber warum kommen Sie denn nicht mehr in die Moneda? Seien Sie nicht undankbar! Kommen Sie doch morgen zu mir.«

Am nächsten Tag traf sich dieselbe Delegation mit ihm im Regierungspalast. Er war allein in seinem Arbeitszimmer. Sein Ton klang jetzt ganz anders als tags zuvor mir gegenüber in der bolivianischen Botschaft. Als erstes warf er uns die Protestkundgebungen vor, die ihm bei seiner kürzlichen Brasilien-Reise gegolten hatten. Er gab uns die Verantwortung. Sodann schlug er uns vor, wobei er auf ein Blatt Papier kritzelte und uns nicht in die Augen sah, wir sollten ihm bei der Auflösung des Kongresses behilflich sein, einer Art Selbst-Staatsstreich. Ein aufrührerischer Vorschlag, zugleich aber in höchstem Maße unsinnig. Wir brauchten uns nicht anzusehen, um darin einig zu sein, daß er uns eine Falle stellen wollte. Wir wiesen seine Aufforderung zum Staatsstreich zurück. Abermals Drohungen. Abruptes Ende des Gesprächs.

Ich setzte von alldem Neruda in Kenntnis. Er kannte González Videla besser als wir, aber auch nicht gut genug. Offenbar wußte keiner von uns genau, wer er war. Der Dichter aber hatte Menschenkenntnis und Scharfblick. »Die Sache ist klar«, sagte er. »Wir gehen schlechten Zeiten entgegen.«

Er hatte einiges von der Unterredung zwischen González Videla und Admiral Leahy erfahren, die später in den Memoiren des US-Botschafters Claude Bowers, *Mission in Chile*, bestätigt wurde. Beide waren als Diplomaten in Vichy akkreditiert gewesen. Dort hatten sie mit Marschall Pétain sympathisiert. González Videla war in Paris, als Hitlers Truppen einmarschierten. Die blitzenden Stiefel und der martialische Schmiß, mit dem sie am Arc de Triomphe vorbeizogen, erregten seine Bewunderung. Das sagte er stammelnd im Teatro Caupolicán, nachdem er kurzentschlossen nach Chile gereist war, als er Nachricht bekommen hatte, daß Präsident Ríos todkrank darniederlag. Der Rabe war aus Frankreich herbeigeflogen, um den nächsten Leichnam zu umkreisen, und kehrte dann in sein Nest zurück. Im Oktober 1946 beruhigte er seinen alten Bekannten, den US-Admiral, indem er ihm seinen Plan erläuterte. Er würde die Unterstützung der Kommunisten dadurch lohnen, daß er sie sechs Monate lang in der Regierung ließe. Danach würde er sie mit Schimpf und Schande davonjagen und für illegal erklären. »Die Vereinbarung mit Trumans Abgesandten wird erfüllt. Und wir werden noch mehr erleben«, prophezeite der Dichter mit finsterer Miene.

Am 21. Oktober zitiert González Videla die Delegation der Kommunistischen Partei in die Moneda. Diesmal ist er in Begleitung von Außenminister Raúl Juliet, dem radikalen Senator Ulises Correa und anderen Parlamentariern der Radikalen Partei. Der Präsident teilt uns mit, daß er beschlossen habe, den Rücktritt der drei kommunistischen Minister zu verlangen. Wir erwidern: »Sie werden nicht zurücktreten, weil dies eine schwerwiegende Verletzung der Abrede sein würde, auf Grund derer Sie zum Präsidenten gewählt wurden, und wir wollen nicht, daß bei jemandem der Eindruck entsteht, die Kommunisten zögen sich aus eigenem Entschluß von ihren Verpflichtungen gegenüber dem Volk zurück.«

»Dann setze ich sie ab«, drohte Gabriel González.

»Tun Sie, was Sie wollen.«

Dieser Satz war gewissermaßen der Zünder, der ihn explodieren und in eine Flut von Beschimpfungen gemeinster Art ausbrechen ließ. Wie in einem Anfall von Hysterie kam wüstester Unflat aus dem Mund des Gauners. Ein groteskes, bedauerliches Schauspiel für diejenigen, die an die formale Würde glaubten, welche einen Mann im Amte des Präsidenten der Republik begleite. Er begab sich zur Toilette und kam wortlos und mit nassem Kopf zurück.

Wir verließen die Moneda in dem Gefühl, daß die Beziehungen endgültig abgebrochen waren.

Wir fuhren zum Sitz des Zentralkomitees, um die Situation zu erörtern und uns über die Haltung, die wir einnehmen sollten, zu einigen. Ein paar Stunden später – es war schon Nacht – kam der Abgeordnete Bernardo Araya, Generalsekretär der Confederación de Trabadores de Chile, er war wegen des Streiks im Kohlebergbau in der Moneda gewesen. González Videla, der in einer Ministerbesprechung war, trat, als er erfuhr, Bernardo Araya wäre im Vorzimmer, zu diesem hinaus und teilte ihm mit, daß er der Kommunistischen Partei den Krieg erklärt hätte. Bernardo

Araya sagte zu ihm: »In diesen Krieg bin auch ich einge-schlossen.« González Videla fügte hinzu: »Aber bevor wir uns trennen, mein Lieber, wollen wir uns umarmen.«

Bernardo Araya (den Pinochet siebenundzwanzig Jahre später in die Welt der Verschwundenen schickte) eilte un-verzüglich zum Sitz der Kommunistischen Partei, Moneda, Ecke Mac Iver, um uns mitzuteilen, es lägen Haftbefehle gegen sämtliche führenden Parteimitglieder vor. Wir gingen auseinander und in unsere Verstecke, in eine Illegalität, die mehrere Jahre dauern sollte.

Neruda brauchte sich vorerst nicht zu verbergen. Als Senator der Republik war er durch seine parlamentarische Immunität geschützt. Und solange die nicht aufgehoben wurde, konnte er legal arbeiten.

97

Der Dichter klagt an

Ich pflegte ihn des Nachts aufzusuchen. Der Dichter hatte González Videla einen Spitznamen gegeben: *el Pinganilla,* der Fatzke. Er machte sich Sorgen wegen meiner geheimen Zufluchtsstätten. Ich sagte ihm, daß wir nicht genügend hätten. Die Verfolgung war für uns in gewissem Maße überraschend gekommen. Er beschaffte mir eine sichere Wohnung, die des kolumbianischen Dichters Eduardo Ca-rranza, der damals Kulturattaché in der Botschaft seines Landes war. Als überzeugter Hispanist hatte er politisch mit uns nichts gemein. Daß Neruda ihm nahestand, hatte die Poesie bewirkt. Und da ich ein Freund Nerudas war, mußte ich auch sein Freund sein und der seiner Frau, die Pablo einst »die sanfte Rosita Coronado« genannt hatte, und ich sehe sie noch ihr Neugeborenes in einem Trage-körbchen umhertragen. In der Wohnung, aus deren Fenster ich auf die Plaza Pedro de Valdivia blicken konnte, pflegte ich mich mit ihm zu treffen, und dabei erfuhr ich, daß er ein politisches Dokument ausarbeitete. Späterhin nannte er es »Persönlichen Brief an Millionen Menschen«, und es wurde am 27. November 1947 in *El Nacional* in Caracas veröffentlicht. Es war ein politischer Bericht, den er der Weltöffentlichkeit zur Situation im Lande vorlegte. Deshalb der ursprüngliche Titel des Dokuments: »Die Krise der Demokratie in Chile ist eine dramatische Warnung für unseren Kontinent«. Der Dichter spricht darin rückhaltlos und offen. Er glaubt, daß Chile nicht das einzige Land bleiben werde, das die Auswirkungen eines von außen kommenden Planes zu spüren bekommt. Er betont den Druck aus dem Ausland. Schildert, wie sich das Verhältnis zwischen der Kommunistischen Partei und González Videla gestaltet hat. In diesem Zusammenhang führt er ein Interview an, das jener am 18. Juni 1947 der Korrespondentin der Londoner Zeitung *News Chronicle* gegeben hat. Der erste Absatz des Korrespondentenberichts lautete wörtlich: »Präsident González Videla glaubt, daß binnen drei Monaten der Krieg zwischen Rußland und den USA ausbrechen wird, und versichert, daß die chilenische Innen- und Außenpolitik auf dieser Annahme beruhe.« Weiter heißt es: »Der bevorstehende Krieg, sagte der Präsident, erkläre seine jetzige Einstellung zu den chilenischen Kommunisten, gegen die er keine speziellen Einwände vorzubringen habe.« Der Präsident versicherte: »Chile muß mit seinem mächtigen Nachbarn, den Vereinigten Staaten, zusammenarbeiten, und falls der Krieg ausbricht, wird Chile die Vereinigten Staaten gegen Rußland unterstützen.«

Eines der Kapitel aus dem Dokument Nerudas ist ausdrücklich »Der Verrat des Herrn González Videla« betitelt. Es spielt auf seine persönliche Bekanntschaft mit dem Individuum an. Dessen ganzes Lebensideal lasse sich in einem Satz zusammenfassen: »Ich will Präsident werden.« Er erinnert an den umstürzlerischen Plan, den González Videla in der Moneda der zentralen Leitung der Kommunistischen Partei vortrug, dieser Plan »zielte auf die Schaffung einer Militärregierung ohne Beteiligung irgendeiner Partei ab«. Mit einem Gesetz, das ihm außerordentliche Vollmachten gibt und ihn praktisch zum Diktator macht, entfesselt er die Verfolgung. Neruda zitiert den Fall Julieta Campusano, Stadträtin von Santiago, die, obwohl hochschwanger, um vier Uhr morgens in ein Gefängnis gebracht wurde. Dort hatte sie eine Frühgeburt, Folge der Gewalt, die auf Geheiß des Präsidenten gegen sie angewendet worden war, des Präsidenten, den sie während seines Wahlkampfes durchs ganze Land begleitet hatte. Neruda hebt einen Gesichtspunkt hervor, der ihn besonders empörend dünkt. González Videla, der jahrelang das Amt des Präsidenten der Antifranquistischen Hispano-Chilenischen Gesellschaft innegehabt hatte, ließ die spanischen Flüchtlinge, die mit der »Winnipeg« gekommen waren, deportieren. Er richtete Konzentrationslager in Pisagua und anderen Orten des Landes ein. Unter ungeheuerlichen Anschuldigungen brach er die diplomatischen Beziehungen zuerst zu Jugoslawien und dann zur Sowjetunion und zur Tschechoslowakei ab. Neruda betont, daß González Videla Ehrenpräsident des Chilenisch-Sowjetischen Kulturinstituts gewesen war.

In diesem Dokument, das inmitten der Schlacht geschrieben wurde und das mit einer »persönlichen Botschaft« schließt, liest man einen besonders bezeichnenden Abschnitt. Er erkennt an, daß die vergangenen Jahre ihn, den Parlamentarier und Wanderschriftsteller, vieles gelehrt haben. Er habe das Leben des Volkes erforscht. »Doch vor zwei Monaten rief mich die Leitung der Kommunistischen Partei Chiles zu sich und bat mich, ich möge meinem literarischen Werk mehr Zeit und mehr Aufmerksamkeit widmen. Sie erbot sich, mir für ein Jahr die notwendige Ruhe und Einsamkeit zu verschaffen, damit ich speziell an meinem *Großen Gesang* weiterarbeiten könne.«

Er betont, daß diese Bitte zeige, welches Maß an Großmut und Achtung man seinem Werk entgegenbringe. Der Dichter war just dabei, die Motoren seiner Fabrik warm laufen zu lassen und das Ohr an die Erde zu legen, um die Wurzeln wachsen zu hören, als der Verrat ihn aus seiner Zurückgezogenheit herausriß. Da habe er sein Refugium Isla Negra verlassen, um seinen Platz im Kampf einzunehmen. Er sei entschlossen, sich seinen Pflichten als Schriftsteller und Patriot zu stellen, wie hoch der Preis dafür auch sei. Er nehme die persönlichen Gefahren in Kauf und mache für jede gegen ihn gerichtete Aktion direkt und unmittelbar González Videla verantwortlich.

Die Antwort läßt nicht auf sich warten. Am nächsten Tag strengt der Präsident den sogenannten »politischen Prozeß« an, eine Gerichtsverhandlung, die Pablo Neruda die Immunität als Senator aberkennen soll.

Als das bereits geschehen war, versuchte Neruda, das Land in Richtung Mendoza zu verlassen. Der Botschafter Mexikos, Alba, nahm ihn in seinem Auto mit. Doch die Polizei hinderte ihn am Grenzübertritt.

Wir verbrachten gemeinsam mit einigen wenigen Freunden die Neujahrsnacht. Neruda war ausgelassen, verkleidete sich, doch die Umarmung um Mitternacht, die den Schritt ins Jahr 1948 markierte, fiel nicht fröhlich aus. Neruda würde nicht klein beigeben. Er gehörte zur Kategorie derjenigen, die in der Hitze des Gefechts wachsen. Am 2. Januar sehe ich ihn an einer Rede arbeiten, die er in der nächsten Senatssitzung halten wird. Er diktiert den Text einem seiner Freunde, einem Exil-Argentinier, dem Rechtsanwalt Faustino Jorge. Gebraucht einen Zolaschen Stil. Und verwendet den sich anbietenden Titel »Ich klage an«. Er hat das Ersuchen im Fall Dreyfus mehrere Male gelesen.

Spannung herrscht im Halbrund des Senats, als der Dichter zu sprechen beginnt. Er erinnert daran, daß auf den Tag genau vor sieben Jahren, am 6. Januar 1941, Franklin Delano Roosevelt in einer Botschaft die vier Grundfreiheiten der Welt formulierte, um derentwillen sie sich Hitler entgegenstellte: die Freiheit des Wortes, die Freiheit der Religion, das Recht auf ein von Elend freies Leben, das Recht auf ein von Angst freies Leben. In Chile werde verfolgt, wer die Wahrheit sage. Daher gebe es im Land weder Freiheit des Wortes, noch lebe man darin frei von Angst. Das sei eine alte amerikanische Tragödie. Diejenigen, die behaupten, Kritik am Präsidenten heiße sich gegen das Vaterland stellen, haben einen traurigen Begriff von Vaterland. Und er erinnert an die Worte, die González Videla auf der Plaza Constitución gesprochen hat: »Das ist es, meine Herren, was die uns allen bekannten verkappten Faschisten in unserem Lande wollen. Und da ich selbst gesehen habe, wie sie in Frankreich vorgegangen sind, fürchte ich die schwarzen Lavals der Linken weit mehr als die Männer der Rechten. Die antikommunistische Bewegung ist im Grunde nichts anderes als die Verfolgung und Liquidierung der Arbeiterklasse. Als die Streitkräfte des Herrn Hitler in Frankreich einmarschierten und Paris besetzten, verlangten die Nazi-Soldaten von den Arbeitern gar nicht erst ihre kommunistischen Mitgliedskarten: Es genügte, daß sie einem Syndikat angeschlossen waren, daß sie einer Gewerkschaftsorganisation angehörten, um verfolgt, festgenommen und zu Zwangsarbeit verurteilt zu werden . . .«

Ein Selbstporträt des kreolischen Laval.

Der Dichter spricht sein Urteil. Er formuliert dreizehn direkte, konkrete, auf erwiesenen Tatsachen basierende Anklagepunkte. Er gibt bekannt, daß in der vergangenen Nacht versucht worden sei, sein Haus in Brand zu stecken, wobei das Feuer die Haustür teilweise zerstört habe. Da sein Telefon von der Regierung überwacht werde, habe man es nicht der Polizei melden können, was übrigens völlig zwecklos gewesen wäre.

Die Wahrheit sagen heiße nicht beleidigen. Der Dichter behält sich dennoch das Recht auf Strafe vor, die den Schuldigen über seine Tage hinaus verfolgen wird. Er tut es durch sein literarisches Werk. »Aber selbst wenn ich in dem umfangreichen Gedicht *Großer Gesang von Chile*, an dem ich eben schreibe und das die Erde und die Geschichte unseres Vaterlandes besingt, seinen Fall werde behandeln müssen, werde ich es mit der gleichen Aufrichtigkeit und Reinheit tun, die ich immer in meine politischen Handlungen gelegt habe.«

Am Abend zuvor hat er das Urteil des Appellationsgerichts vernommen, in dem ihm die Immunität aberkannt wird. Er antwortet: »Mir erkennt niemand die Bürgerrechte ab, es sei denn das Volk.«

Als das Oberste Gericht das Urteil der niederen Instanz bestätigt hatte, durfte Neruda verfolgt werden. Die Meute lauerte schon. Er mußte in die Illegalität gehen. Zusammen mit ihm tauchte auch die Hormiga unter. Sie wurden zu »Onkel Pedro und Tante Sara«. Da es nicht viele Zufluchtsstätten gab, pflegten wir in den Verstecken zusammenzutreffen oder uns abzuwechseln. Meist waren es kleine Wohnungen, von denen aus man mitunter auf den Sitz des Feindes blicken konnte, die Botschaft der USA, von der unsere Verfolgung ausging. Die Wohnung am Parque Forestal war winzig. Eines Abends kamen plötzlich Bekannte zur Hausfrau. Onkel Pedro und Tante Sara mußten sich wie in alten Komödien im Kleiderschrank verstecken, in dem sie kaum Platz hatten. Er mußte niesen. Zum Glück konnte er es unterdrücken.

Sie beschlossen, das Versteck zu wechseln. Um drei Uhr in der Frühe wurden sie in ein Gartengrundstück nach Santa Ana de Chena gebracht. Tagsüber schrieb der Dichter an seinem Buch. Zu mir sagte er, daß er vorhätte, den Titel zu ändern, genauer, ihn zu erweitern, und zwar in *Großer Gesang von Amerika*. Später hat er ihn vereinfacht. Der *Große Gesang* verlangte von ihm nicht nur Inspiration. Die dichterische Arbeit mußte sich aus Faktenwissen nähren können. Er brauchte Bücher über Geschichte und Geographie. Ein Historiker, Freund Nerudas und zuständig für dessen nächtliche Ausgänge, übernahm es, ihm die benötigten Nachschlagewerke zu verschaffen und der Hormiga Kosmetika, Shampoos und Tinkturen für ihr Haar, das zusehends ergraute. Tagsüber blieben sie eingeschlossen im Haus. Pablo ließ sich einen langen schwarzen Bart wachsen. Nur nachts kamen sie heraus. Gingen lange zwischen den Obstbäumen des Grundstücks spazieren. Da schlichen die beiden den Weg entlang, und bald gesellten sich ihre Freunde zu ihnen – fünf Katzen, drei Hunde und mehrere

Pferde, die mit den Lippen ihre Arme berührten, damit sie ihnen Maiskolben gäben. Die beiden Spaziergänger entdeckten dabei, daß die Hunde eine innere Uhr haben. Sie wußten instinktiv, wie spät es war, und warteten sehnsüchtig auf den Spaziergang, der ihnen über alle Maßen Freude machte.

Der Historiker fuhr sie nachts durch die Stadt. Einmal wurden sie an einer Straßenecke von einem Carabinero angehalten. Er stieg ins Auto und bat, ihn an eine bestimmte Stelle zu bringen. Er setzte sich vorn neben den Fahrer.

In einem Haus mit Garten sahen die Kinder, die sich um Onkel Pedro und Tante Sara kümmern sollten, wie die beiden Blumen und Tauben malten, und baten sie, es ihnen beizubringen. Der Onkel ließ sie große Papierblumen ausschneiden und ein Fläschchen mit Süßem in der Mitte befestigen. Dann kletterten die Kinder auf einen Baum und brachten die Blumen an einem hohen Ast an. Nach wenigen Minuten war der Baum von Kolibris bevölkert. Einer war darunter, der hatte eine Art Mützchen auf dem Kopf, Neruda nannte ihn Cucurucho, dieser duldete keinen anderen Vogel in seiner Nähe. Jene Kinder, die der Dichter Papierblumen anfertigen lehrte, waren ihre besten Leibwächter. Keinem erlaubten sie, das Zimmer zu betreten, in dem Neruda und die Hormiga sich aufhielten. Sie bewachten sämtliche Bewegungen der Fremden, damit niemand Tante Sara und Onkel Pedro zu sehen bekäme.

Bei der Durchsicht alter Zeitungen und alter Papiere fanden wir die erste Seite von *El Imperial*, vom 5. Februar 1948. Die ganzseitige Überschrift, mit besonders dicken Großbuchstaben: NERUDA LANDESWEIT GESUCHT. In der Mitte eine kurze Zusammenfassung der Meldung: »Zahlreiches Personal ist im Einsatz, um den Aufenthaltsort des kommunistischen Abgeordneten ausfindig zu machen. Haussuchungsbefehl von Untersuchungsrichter Señor González Castillo erlassen. Wichtige Ermittlungen in Isla Negra, die Angaben zum Aufenthaltsort Nerudas erbringen können.« Sodann, in größeren Lettern: »Für das Einsatzpersonal, das seinen Aufenthaltsort ermittelt, ist eine Belohnung in Aussicht gestellt.«

Eingeleitet wird die erste Seite mit einer angeblich scherzhaften Meldung aus der Zeitschrift *Topaze*: »Chile beginnt den dritten Weltkrieg mit einer Atombombe im Teatro Caupolicán.« Kein zufälliger Scherz. Er behauptet emphatisch, der dritte Weltkrieg breche innerhalb von neunzig Tagen aus, und spielt damit auf die vom damaligen Präsidenten, Gabriel González Videla, geschaffene Atmosphäre an. Die Verfolgung der Kommunisten und der Gewerkschaftsbewegung, die Jagd auf Neruda waren Folgen ebendieser vom Präsidenten erzeugten Psychose, die natürlich aus Washingtons Küchen gespeist wurde. Sie diente außerdem zur Vertuschung seines politischen Verrats.

Während Neruda im Schutze der Nacht von Versteck zu Versteck eilt, geht die Geschichte dieser Safari, bei der der Dichter wie ein afrikanisches Tier gehetzt wird, um die ganze Welt. Sie bewegt Völker, Künstler, Schriftsteller. So sehr, daß Pablo Picasso im Juli 1948 die erste und einzige Rede seines Lebens hält. Er tut es vor dem Weltkongreß der Intellektuellen in Wrocław, Polen, in direkten, persönlichen Worten. Hier das einzigartige Stück:

»Ich habe einen Freund, der hier sein müßte, einen Freund, der einer der besten Menschen ist, die ich je kennengelernt habe. Er ist nicht nur der größte Dichter seines Landes, Chiles, sondern auch der größte Dichter der spanischen Sprache und einer der größten Dichter der Welt: Pablo Neruda.

Pablo Neruda, mein Freund, ist nicht nur ein großer Dichter, sondern auch ein Mensch, der wie alle hier danach strebt, das Gute in Form des Schönen darzustellen. Er hat immer die Partei der Unglücklichen ergriffen, derer, die Gerechtigkeit verlangen und für sie kämpfen. Mein Freund Neruda ist zur Zeit eingesperrt wie ein Hund, und niemand weiß, wo er sich befindet.

Unser Kongreß darf, so meine ich, solche Ungerechtigkeit, die sich gegen uns alle wendet, nicht hinnehmen.

Wenn Pablo Neruda die Freiheit nicht wiedererlänge,

wäre unser Kongreß kein Kongreß von Menschen, die es wert sind, frei zu sein. Ich schlage euch vor, über die folgende Resolution abzustimmen, die wir weltweit verbreiten werden:

›Der in Wrocław versammelte Weltkongreß der Intellektuellen bekundet dem großen Dichter Pablo Neruda seine Unterstützung, Verehrung, Liebe, Solidarität.

Die fünfhundert Kongreßdelegierten, die sechsundvierzig Länder repräsentieren, prangern vor allen Völkern die Polizeimethoden der faschistischen Regierungen an, die es wagen, einen der hervorragendsten Vertreter der Kultur anzugreifen.

Fordern Sie für Pablo Neruda energisch das Recht, sich frei auszudrücken und frei zu leben, wo immer es ihm beliebt.‹«

Die Parteiführung beschloß, daß Neruda das Land verlassen und im Ausland verbreiten sollte, was in Chile geschah. Mehrere Versuche schlugen fehl. Die wechselvollen Erlebnisse jener Zeit setzte er in Dichtung um. Teil X des *Großen Gesangs, Der Flüchtling*, legt davon Zeugnis ab.

Neruda schreibt – im Hinblick auf die Zeit – zwei Arten von Dichtung. Unmittelbare, verinnerlichte Geschichte dessen, was er soeben gesehen und erlebt hat, und retrospektive Dichtung – Rückblick über die Jahre hin. *Der Flüchtling* sowie die Teile *Die Erde heißt Juan, Die Blumen von Punitaqui* und *Neujahrschor für das Vaterland in der Finsternis* aus dem *Großen Gesang* gehören der Gegenwartskategorie an. Sie sind aus dem rotglühenden Eisen geschmiedet, das frisch aus dem Hochofen kommt.

Die poetische Verpackung verdeckt nicht den Lebensalltag. »In jenen bedrückenden Tagen« zog er durch die Nacht dahin. Ein Flüchtling für die Polizei, kreuzte er Städte, wanderte von einem Freund zum anderen, im Dunkel fand er Brüderlichkeit. Fast immer kam er an Häuser von Fremden. Dort schlief er, und auf seinem Lager fragte er sich: »Wo bin ich? Wer sind sie? Warum beschützen sie mich heut?«

So erinnert er sich an die Ankunft im Landhaus Santa Ana de Chena im Herbst. Es war der Monat der Trauben. Gern hörte er dem Hausherrn zu, einem alten Mann, klein von Wuchs und mit Brille, der als Buchhalter arbeitete, aber alle Geheimnisse der Erde und der Bäume kannte und für das Aufpfropfen von Reisern eine Chirurgenhand hatte. Dort sprach der Dichter mit den Pferden, als wären sie Kinder, und ihm folgten unter den üppigen Pfirsichbäumen die fünf Katzen und die Hunde des Hauses.

Bei diesem Eintauchen in die Tiefe bekam der Flüchtling Kontakt zu Menschen, die Solidarität mit einem Mann übten, der verfolgt wurde, weil er Werten treu war, die sie teilten, mit dem Dichter, den sie kannten, weil sie ein Buch, ein Gedicht von ihm gelesen hatten, oder den sie nur dem Namen nach kannten, den sie aber achteten. Für andere war er schließlich eine ehrenwerte Person, Opfer ungerechter Verfolgung.

Nächtliche Fahrten. Die Nacht bedeutete Reisen. Zu der Zeit begegnete er, als sich eine Tür auftat, durch die er nie zuvor geschritten, dem entzweiten Paar, der goldfarbenen Schriftstellerin und dem spanischen Ingenieur. Sie hatten sich getrennt, aber sie vereinigten sich wieder, um den Schriftsteller in der kleinen Wohnung aufzunehmen. Sie hieß Marta Jara, doch der Dichter in seiner Vorliebe fürs Umtaufen gab ihr einen Namen für die Illegalität, Irene. Ihn, der nach Katalonien zurückgekehrt ist, nannte er Andrés.

Viele Fluchtpläne wurden geschmiedet. Der Dichter war aber bekannt. Die Polizei suchte ihn überall. Einmal dachte man an Flucht auf dem Seeweg. Neruda begab sich nach Valparaíso. Wieder verspürte er den Geruch des Pazifiks, hörte er den Ozean. Zuflucht fand er bei zwei Seeleuten. Die Mutter fragte: »Welche Bequemlichkeiten können wir ihm bieten?« Die Söhne antworteten: »Er gehört zu uns.« Als er kam, stellte er sich ans Fenster. Da waren die tausend blinzelnden Augen der Stadt und der Hügel. Nachdem er das betrachtet, wandte er sich um. Und sah den gedeckten Tisch, Brot, Wein, Wasser, eine blütenweiße Serviette. Er war gerührt. Viele Stunden verbrachte er wartend an jenem Fenster von Valparaíso. Die beiden Seeleute suchten ein Schiff, auf dem sie anheuern und den Flüchtling als blinden Passagier unterbringen konnten. Es war eine Zeit unerfüllt bleibender Versprechungen. Die »Atomena« – ein Fehlschlag, sodann die »Sutana«. Die beiden Seeleute verloren den Mut nicht. Der Dichter blieb tagsüber allein, schaute auf Valparaíso, die ärmlichen Häuser mit ihren buntgestrichenen Türen, diese Gleichgewichtskünstler, die sich durch ein pures Wunder am Steilufer hielten. Sehnsüchtig schaute er zu den Schiffen in der Bucht hinüber. Länger als je zuvor ruhte sein Blick auf Valparaíso, und dieser geheime Aufenthalt in der Stadt war der erste Anstoß dazu, daß er sich eines Tages auf einem der Hafenhügel sein Haus »La Sebastiana« bauen ließ. Damals erklärte der Flüchtling Valparaíso seine Liebe. »Ich liebe, Valparaíso, alles, was du umschließt, / alles, was du ausstrahlst, Braut des Ozeans . . .« Er schaute auf Valparaíso und stellte den Tisch ans Fenster. So schrieb er: »Ich bin der größte Seemann unter den Dichtern . . . Dir erkläre ich meine Liebe, Valparaíso, / und ich werde wiederkehren, deinen Scheideweg zu erleben, / wenn wir, du und ich, freie Wesen sind / von neuem . . .«

Ein Gesetz der Illegalität schreibt vor, daß man nicht lange in ein und demselben Haus bleiben darf. Er mußte umziehen. Ging von Wohnung zu Wohnung, alle bescheiden, jede wahrte das Geheimnis. Er lebte bei dem »kleinen Klempner«, bei der »Mutter jener beiden Mädchen«, bei dem »ungeschlachten Bauern«, bei dem »Mann, der Seifen machte«, bei dem »Jüngling, wie ein Insekt festgespießt an das trostlose Büro«. Unvermittelt trat er ein, ohne jemanden zu kennen, und wurde wie ein Bruder aufgenommen.

Der Dichter, »verborgene Tür«, dankt in diesem Gedicht allen, die ihn beherbergt haben, drückt ihnen die Hand. Er fühlt sich nicht allein. Er fühlt sich als »unzählbares Volk«. Denn letztlich ist es dieses sein Volk, das ihn beschützt hat.

99

Suche nach einem Fluchtweg

Nachdem das Projekt, mit dem Schiff von Valparaíso aus zu fliehen, völlig fehlgeschlagen war, kehrte der Dichter verärgert nach Santiago zurück.

Seit dem Augenblick, da Neruda die Immunität aberkannt worden war, achtete man in erster Linie darauf, daß er nicht verhaftet würde, und überlegte sodann, wie er heil und unversehrt außer Landes käme. Viele Möglichkeiten wurden erwogen, mancherlei Pläne geschmiedet. Einige versuchte man in die Tat umzusetzen, aber sie scheiterten wie der von Valparaíso. Andere wurden von vornherein verworfen.

Chile hat zwei Grenzen – das Meer und das Gebirge. Der Ozean war für ihn eine verschlossene Tür. Er mußte sich einen Weg durch die Anden bahnen. Die Partei organisierte die Flucht anhand eines Mehrstufenplans. Eines Nachts nahmen wir Leitungsmitglieder von ihm Abschied. Stunden der Freundschaft und Trennung. Er, mit seinem Bart, strahlte. Früh am Morgen kam das Auto, das ihn abholte. Wir umarmten uns. Wir sollten ihn jahrelang nicht wiedersehen.

Seit Beginn der Verfolgung war schon mehr als ein halbes Jahr vergangen, als die Führung der Kommunistischen Partei Kontakt zu Jorge Bellet Bastías aufnahm, einem Mann, der eine Naturkraft verkörperte, körperlich gewaltig und geistig überaus lebendig, zu jeder verwegenen Tat bereit. Er hatte in Chile und im Ausland vielerlei Gewerbe betrieben. Seine Mentalität scheute das Abenteuer nicht, aber er war zugleich vorsichtig. Im Körper eines Boxers wohnte das Verantwortungsgefühl eines Revolutionärs und der praktische Sinn eines Unternehmers. Außerdem liebte und achtete er Dichtung und Dichter. Deshalb verfiel wohl jemand auf ihn als denjenigen, der in der Lage wäre, die komplizierte Arbeit zu einem guten Ende zu bringen. Daß die Wahl ihn traf, ging aber auch auf einen entscheidenden konkreten Umstand zurück: Zu jener Zeit verwaltete er in der Provinz Valdivia ein Gut unmittelbar am Gebirge, das dort von dichtem Wald bedeckt ist. Als man ihn fragte, machte er große Augen. Dieser Mann, Abkömmling eines Franzosen und einer Chilenin – eine seiner Schwestern, eine feinsinnige Bildhauerin, war in jungen Jahren ums Leben gekommen, als sie gegen einen Felsen im Meer geschmettert wurde, sein Bruder war Filmemacher –, hatte Landwirtschaft, industrielle Produktion und Handel betrieben, später hatte er in Arica Fleisch gedörrt; aber ihn interessierte alles, was mit Kunst und Wissenschaft zu tun hatte. Außerdem war er für seine Freunde stets da. Einmal hatte er einen hohen Posten in der Nationalen Fluggesellschaft gehabt. Er flog gern über weite Räume dahin, wußte aber auch, wie man sich auf der Erde bewegt, sogar in dichten Wäldern, und wie man die reißenden Ströme der dem Temuco aus Nerudas Kindheit benachbarten Gegend überquert.

»Ja«, lautete seine prompte Antwort, »doch die Operation muß mitten im Sommer erfolgen.« Man bat ihn, nach Santiago zu kommen. Dort sprach er mit Ricardo Fonseca und Galo González. Mehrere Pläne wurden erwogen. Zwei Versionen zeichneten sich ab. Die eine, ihn von Santiago nach Valdivia und von dort an die Grenze zu Argentinien fahren zu lassen, geschützt von einer einigermaßen getarnten Eskorte aus etwa zwanzig erfahrenen Parteimitgliedern, die um Neruda einen Kordon bilden und im Fall, daß er erkannt würde, verhindern sollte, daß die Polizei ihn festnahm oder auf ihn schoß. Dieser Plan wurde verworfen. Trotz der Sicherheit, die er bot, enthielt er doch viele Risiken, auch für den Dichter.

Man entschloß sich für eine verschwiegenere Variante. Extreme Abschottung. Außer dem inneren Führungskern der Partei sollten nur Bellet und Neruda erfahren, worum es sich handelte.

Die Verfolgung nahm immer größere Dimensionen an. Der Kreis würde sich bald schließen. González Videlas Polizei überwachte zu jener Zeit etwa zweihundert der auf der Liste der Freunde und Bekannten Nerudas aufgeführten Personen. Im Morgengrauen wurden Haziendas durchsucht, die Hunderte von Kilometern von Santiago entfernt lagen. Der Dichter lebte versteckt in einer Wohnung auf der Providencia, unweit der Plaza Pedro de Valdivia. Die Partei stellte Bellet ein Auto und einen Fahrer zur Verfügung, einen Automechaniker. Außerdem vertraute sie ihm eine Liste von Mitgliedern an, die in verschiedenen Ortschaften an der nach Süden führenden Straße wohnten, diesen hatte man mitgeteilt, daß sie sich in Bereitschaft halten sollten, ohne ihnen den Grund dafür zu nennen.

Am Tag F hielt abends um neun ein anderes Auto vor dem von Neruda bewohnten Haus. Es gehörte Doktor Raúl Bulnes Cerda, in dessen Begleitung Jorge Bellet kam. Doktor Bulnes und seine Frau Lala waren, wie schon gesagt, Nerudas Nachbarn in Isla Negra. Nie war es dem Dichter vergönnt, einen so schönen Garten am Meer zu besitzen wie Doktor Bulnes, ein Laborant, der alle seine Wochenenden mit Blumenzucht verbrachte. Zwischen dem Dichter und dem Arzt und Gartenfreund hatte sich eine starke Freundschaft entwickelt. Und da stand nun Doktor Bulnes mit seinem Auto zu spätabendlicher Stunde, um Neruda bis in den Ort Graneros zu bringen, wo er ihn einem Kommunisten übergab, dessen Tarnname Andrés war. An der Tür wartete das Auto der Partei, am Steuer der Automechaniker.

Dieser hatte Schwierigkeiten, seinen Fahrgast zu erkennen, der durch den dichten Bart und die gänzlich ungewohnte Kleidung völlig verändert war. Man hatte ihn über die Identität des Fahrgastes instruiert. *Antonio Ruiz, Ornithologe.* Sogar in der ·Illegalität hatte der Dichter Freude an kleinen Scherzen. Er wählte den Vornamen eines Dichters, den Nachnamen verschiedener Prosaisten aus verschiedenen Epochen und einen Beruf, den er gern gehabt hätte und den er in Wirklichkeit ausübte, denn er war ein Kenner der Vögel Chiles und hätte, ohne zu zögern, ein Buch mit dem Titel *Vogelkunde* geschrieben. Aber auf dem Ausweis Nummer 444.968 aus Santiago, ausgestellt am

1. April 1946 mit einer Gültigkeitsdauer von vier Jahren vom Erkennungsdienst der Hauptverwaltung Meldewesen, als Beruf Ornithologe anzugeben hätte bedeutet, das Schicksal herauszufordern. Das war ein so seltener Beruf und ein so seltenes Wort, als legte man es darauf an, daß der Grenzbeamte ihn von Kopf bis Fuß musterte, diesen beleibten, rundgesichtigen Vierziger, dessen üppiger Kinn- und Schnauzbart einen krassen Gegensatz zum fast kahlen Schädel bildeten, auf dem ein paar widerspenstige Haare der letzte Rest einer schwindenden Mähne waren. Gar zu leicht konnte das mysteriöse Wort Ornithologe den Grenzer veranlassen, sich diese kleinen, von buschigen Brauen und einer kräftigen Nase umgebenen Augen genauer anzuschauen, und sein forschender Blick hätte eine gewisse Ähnlichkeit festgestellt, »er sieht aus wie ...« Neruda hatte diesen Beruf für den Antonio Ruiz Lagorreta gewählt. Seine Freunde, die das Technische erledigten, akzeptierten den Vornamen und die beiden Familiennamen. Vielleicht weil er älter aussah, als er war, schlugen sie ihm vor, ihn drei Jahre älter zu machen und seinen Geburtstag auf den 14. Februar 1901 festzulegen. Außerdem rieten sie ihm, sich von Parral und Temuco als Geburtsort loszusagen und statt dessen das graue Santiago zu nehmen, das mit seinen ungefügen Dimensionen gut und gern einen Betrug mehr beherbergen konnte, ohne daß dieser entdeckt würde. In diesem Dokument verließ er auch Delia del Carril. Er gab an, ledig zu sein, eine läßliche Sünde, wie sie tagtäglich von mehr als einem Verheirateten begangen wird. Er akzeptierte alles, sogar die Wahrheit. In der Spalte *lesekundig* antwortete er mit einem großen *Ja*. Auf die Frage *schreibkundig*, auf dem Formular abgekürzt als *Escr.*, antwortete er ebenfalls mit einem forschen *Ja*. Diese Abkürzung konnte auf *escritor*, Schriftsteller, hindeuten. Doch danach war hier nicht gefragt, sondern nach etwas Einfacherem, Elementarem: Man bestätigte, daß er kein Analphabet war. Zufrieden ließ er sich in der Hauptstadt einen Wohnsitz verpassen, ein Haus, in das er nie den Fuß gesetzt, an dem er aber oft vorbeigegangen war, namentlich vor seiner Ab-

reise in den Fernen Osten, weil es nur einen Katzensprung von der Alameda, Carmen 49, entfernt lag. Belanglos war, daß er wer weiß wie oft an seiner Tür vorbeigegangen war, ohne es innezuwerden. Wichtig war, daß das Haus mit dieser Nummer existierte. Für den gewünschten Zweck war das mehr als genug. Er blieb dabei: »Schreibt Ornithologe.« Ihm gefielen Wort und Beruf. Kokett bezeichnete er sich selber als Dichter und Vogelfreund. Nein, sagten die Experten. Wir brauchen einen unpoetischen Beruf: Angestellter. So geschah es. Angestellter Ruiz.

Auf dem Ausweis stand üblicherweise, daß er nur die Identität bescheinige, keine positiven oder negativen Vorkommnisse. Sein Inhaber wollte ja auch kein Führungszeugnis, sondern wollte nur nicht der sein, der er war, dessenungeachtet schrieb er eigenhändig dort, wo es heißt: Unterschrift des Inhabers, ein unvollständiges *Antonio* und ein *Ruiz* mit großem z, an dem jeder Graphologe die unverwechselbare Schrift eines Mannes namens Pablo Neruda erkennen kann.

Die Fahrt war lang, etwa achthundert Kilometer auf der Nord-Süd-Magistrale, sie führte durch viele Städte und Dörfer. Aber alles verlief wunschgemäß, nur daß kurz vor Valdivia der unvermeidliche Carabinero, der immer in solchen Situationen auftritt, sie auf der Straße stoppte, aber anstatt die Ausweise zu verlangen, bat er nur, ihn in einen Ort mitzunehmen, der ein paar Kilometer weiter südlich lag. Er setzte sich neben den bärtigen Herrn, der, wenn er sein Schweigen unterbrach, Bemerkungen über die Straße machte oder – o Unvernunft! – ein wenig auf die Regierung schimpfte.

100

Vorbereitungen im Urwald

Schwieriger war es, die Stadt Valdivia zu durchqueren und den Weg nach Futrono zu bewältigen. Sie kamen in eine Gegend voller Seen. Sie mußten den Lago Ranco überqueren, den er in seine Dichtung aufnahm, von Lifén nach Puerto de los Yoyes. Dann wieder ein See, der Maihue. Schließlich kamen sie in einen Ort, der ebenfalls einen Eingeborenennamen hatte, Hucinahue, dort waren Sägewerke, sie gehörten zum Landbesitz José Rodríguez', eines Unternehmers, der Jahre später von den Rädern des Bankwesens gejagt wurde und ins Gefängnis kam, aus dem er verzweifelte Briefe an Neruda schrieb, der schon wieder im Lande war und sich sehr ins Mittel legte, damit jener freigelassen würde. Im Senat erhielt ich immer wieder Schreiben des Dichters, in denen er mich inständig bat, für seinen Wohltäter im Unglück etwas zu tun.

Dort nun mußte der Dichter nach fünfundzwanzig Jahren wieder aufs Pferd steigen. Seit seinen letzten Sommeraufenthalten in Temuco, als er an Albertina Briefe vom Lande geschrieben, hatte er vergessen, was Reiten war. Er mußte es noch einmal lernen, denn ihm stand ein Abenteuer bevor, wenn nicht eines fahrenden, so doch wenigstens eines vogelbeobachtenden Ritters, der zu Pferde fliehen mußte. Nach den Reitübungen stieg er mit schmerzenden Beinen und völlig zerschlagen vom Pferd. Doch er wußte, daß er diese Strapaze auf sich nehmen mußte. Wenn er schließlich auf eigenen Füßen stehen konnte, unterhielt er sich mit Juan, Jorges Sohn, der damals elf Jahre alt war. Und inmitten des Duftes von frischgeschnittenem Holz dichtete er. Jeden Tag erörterte er mit Bellet die Lage. Die Vorbereitungen gingen gut voran.

Mit einemmal hatte der Teufel seine Hand im Spiel. Es war zu einer Auseinandersetzung gekommen, Schüsse waren gefallen, und zwar zwischen einem Eingeborenenkaziken der Gegend und Arbeitsleuten des Gutes. Das erhitzte die Gemüter. Der Kazike beschwerte sich beim Ministerium für Ländereien in Santiago, und das beschloß, einen seiner Beamten zur Untersuchung des Falles zu entsenden. Neruda wurde bleich. Alles brach zusammen. Seine Anwesenheit würde ruchbar werden. Er würde schwerlich der Aufmerksamkeit des aus der Hauptstadt kommenden Inspektors entgehen. Mehrere Nächte lang konnte er nicht schlafen.

Als der Untersuchungsbeamte kam, stand Neruda in dem Haus, wo er sich verborgen hielt, hinterm Fenster. Er spürte, wie sein Herz einen Sprung machte. Das war nicht der Gogolsche Revisor. Das war sein Freund Víctor Bianchi Gundián, ein Altersgefährte, mannigfaltig begabt, Zeichner, scharfsinniger Karikaturist, ein Mann voller Lebensfreude, der wunderschön Gitarre spielte und sang, vor allem um den Frauen zu gefallen. Seine Brüder waren Richter am Obersten Gericht und Botschafter, er aber zog es vor, Inspektor der Nationalen Besitztümer zu sein, weil er so in Wäldern und Parks leben und die Geheimnisse der Natur belauschen konnte, was für ihn eine Form des Glücks war. Als sie sich umarmten und Víctor hörte, was gespielt wurde, trug er tatkräftig zum Gelingen des Abenteuers bei.

Viele Jahre später kam er auf einer seiner endlosen Reisen ums Leben – er öffnete die Tür seines Autos und wurde von einem Lastwagen überfahren. Als Neruda das erfuhr, setzte er sich an seinen Schreibtisch und schrieb ein paar Worte über den Inspektor, der einst gekommen war, auf dem Landgut Hucinahue Ermittlungen zu führen, und sich dem Spiel anschloß. Er erinnerte daran, daß jener sich nie von seiner Gitarre trennte, weil er diese Musik gern im Herzen der Wälder hörte.

Er nannte diese wenigen Seiten »Ein Brief für Víctor Bianchi«, »den aktiven Zuschauer bei Heldentaten und Katastrophen, bei außergewöhnlichen Umständen, bei geheimnisvollen inneren Erschütterungen: Immer warst du anwesend im bestirnten Umkreis.« Als Alpinist vom Kaliber der Himalaja-Besteiger hatte er zu den wenigen Überlebenden einer Aconcagua-Expedition gehört. Gern befuhr er im Kanu die tropischen Flüsse. Er erforschte Inseln, größtenteils unbekannte. Oder die Steinsalz-Bergwerke. Er suchte Solfatare in der Wüste. Oder Quecksilbergänge in Kolumbien. Er war klein und feingliedrig, ein Neugieriger, der in die Antarktis kam. »Deine Gitarre war scharf auf Abenteuer. Weder Jorge Bellet noch die anonymen Gefährten meiner Reise über die Grenze konnte es überraschen, daß du nur eine Decke und deine Gitarre auf dein Pferd bandest, um mit mir die Anden zu überqueren. Und wie sehr hat dieses klingende Gehäuse uns geholfen, wie gut hast du San Martín de los Andes besungen und bezaubert, bei dem wir als chilenische Aerolithe ankamen, mit andinem Staub bedeckt, der wie Sternenstaub ist ... Da kann man nichts machen! Mein guter Kamerad Víctor Bianchi bereitet uns eine neue Überraschung. Wieder einmal ist er mit seiner Musik anderswohin gegangen.«

Die Arbeit war so kompliziert, daß für das Überqueren der Grenze eigens ein Steig gebaut werden mußte. Und da zeigte der ständige Begleiter Nerudas in dessen Kindheit und Jugend, der Regen, daß er ihrem Vorhaben nicht günstig gesonnen war. Ein Hochwasser zerstörte den Weg. Sie konnten nicht warten, bis der Boden trocken wäre, um dann den Steig neu anzulegen. Sie beschlossen, es zu wagen. Sie würden die Grenze auf dem düsteren »Schmugglerpaß« überqueren. Neruda war einverstanden. Das Risiko war groß, aber es blieb ihnen keine andere Wahl.

101
In antipodische Regionen

Am festgesetzten Tag brachen sie in der Frühe auf, begleitet von drei Jungen, die Neruda »die drei Juans« nannte. Sie ritten im Schritt durch den Urwald, und wenn sie auf eine Lichtung kamen, schlugen sie einen gemächlichen Trab an.

»Meine Rede wird eine lange Wanderung sein, eine Reise durch ferne, antipodische, deshalb nicht weniger der Landschaft und der Einsamkeit des Nordens ähnliche Gegenden. Ich spreche vom äußersten Süden meines Landes ...« Von dieser Reise sprechen wir hier. Und die Rede, in der er an sie erinnert, ist die anläßlich der Verleihung des Nobelpreises für Literatur in Stockholm gehaltene. Er hält sie, zweiundzwanzig Jahre nachdem er – auf der Suche nach der schwer zu findenden Grenze – die Anden überqueren mußte. Die in ferne Vergangenheit zurückgehende Erinnerung ist ein Gesang auf die Wälder seines gleichermaßen fernen Landes. Sie waren wie Tunnel, weg- und steglos, scheinbar unzugänglich, aber schlimmer noch als das Fehlen von Pfaden und Spuren war, daß die Reiter sich einen Weg bahnen mußten – über Bäume, die Mauern glichen, durch Flüsse, die unüberquerbar anmuteten, durch Felsmassen, in denen es erst einen Spalt finden hieß, suchten sie doch die Freiheit. Aber wichtiger als all das oder – im Falle des Versagens – verhängnisvoller war der Orientierungssinn. Sie mußten sich nach den Markierungen in der Rinde der Bäume richten, diese zeigten die unsichtbare Route an. Dies ist die Welt des Grüns und der Stille, feindliche, jungfräuliche Natur, in der die Einsamkeit sich mit Überraschung und Gefahr vereint. Und noch einen Feind gab es, den Schnee, der an manchen Stellen nie schmilzt. Mit der Machete drangen sie vor, hieben Äste ab, damit Roß und Reiter zwischen den großen Koniferen hindurchkamen, von denen so manche Grabmal eines verschollenen Reisenden waren. Zeichen ihres Weges waren abgehauene Äste. Auch die Flüsse sind dortzulande eine Gefahr. In jenen Landstrichen sind sie ganz anders als die europäischen. Sie entspringen auf den Andengipfeln und stürzen mit irrsinniger Geschwindigkeit über Kaskaden in die Tiefe, alles mit sich reißend, was sich ihnen entgegenstellt.

Sie suchten eine Furt. Die Pferde gingen ins Wasser, verloren den Boden unter den Füßen und schwammen aufs andere Ufer zu. Das Reittier des Dichters sank immer tiefer ein. Neruda merkte, daß der Halt unter ihm schwand. Er klammerte sich an die Mähne des Pferdes. Hatte Angst. Glaubte, seine letzte Stunde hätte geschlagen.

Als sie ans andere Ufer kamen, gewahrte er, daß die Juans mit wurfbereitem Lasso hinter ihm waren. »Denn genau hier«, so erklärte ihm einer der drei, »ist mein Vater gefallen, und die Strömung hat ihn fortgerissen. Ihnen wäre das nicht passiert . . .«

Danach kamen sie in einen Tunnel, der nicht von menschlicher Arbeit herrührte, sondern von einer Erdbewegung.

Die Tiere rutschten aus, Funken stoben unter den Hufeisen hervor. Der Dichter stürzte einige Male. Das edle Tier blutete an Läufen und Nüstern.

Plötzlich, nahezu bukolisch, eine Wiese am Fuß der Berge. Sinnbild des Friedens. Garcilaso de la Vega, der Spanier, wäre bezaubert gewesen von so viel allerreinstem Wasser, dem anmutigen Grün, der Pracht der Blumen, die keine Hand wässerte, dem strahlenden Himmel. In der Mitte, wie ein Gott, ein Ochsenschädel. Nerudas Gefährten ließen durch die leeren Augenhöhlen ein paar Münzen hineinfallen, und wie die indianischen Eingeborenen hinterlegten sie Nahrungsmittel in den Knochenhöhlungen. Der Dichter folgte ihrem Ritus – Akt der Erkenntlichkeit gegen die Gottheit der im Urwald Verirrten. Seine Gefährten nahmen die Hüte ab und begannen auf einem Bein zu tanzen.

Mehrere Stunden lang ritten sie weiter und kamen müde und hungrig zu den Thermalquellen von Chiu Chiu. In seinen Memoiren wie auch in jener Rede in Stockholm hat Neruda an diese Reise und diese Szene erinnert, da sie auf ein Feuer von sechs Meter Länge stießen, es brannte in einer Hütte, wo Reisende, die sich in diese lauernde Einsamkeit begaben, Aufnahme fanden. Oben – breite Regale, darauf gewaltige Käse. Über dem Feuer ein Spieß, an dem Fleisch geröstet wurde. Sie traten ein, und der Duft von warmem Käse und Fleisch brachte ihre Magensäfte in Wallung und verhieß ihnen, daß ihre Energie bestens regeneriert würde. Rings um das Riesenfeuer derbe Bänke, Kisten. Sie nahmen die Satteldecken ab und setzten sich in eine Ecke.

Als sie eintraten, waren sie vom glühenden Holz geblendet, und erst als die Augen sich an das Milieu gewöhnt hatten, wurden sie allmählich eines Mannes gewahr, dann noch eines, bis sie zwanzig zählten, fast ausnahmslos Galgenvogelgesichter, die das Feuer in rötlichen Schein tauchte.

Es war der heimliche Hort der Schmuggler, Maultiertreiber, Menschen, die außerhalb des Gesetzes standen, auf illegales Überqueren der Grenze, Viehdiebstahl und ähnliche Bravourstücke spezialisiert waren und meisterhaft mit Revolvern und Messern umgehen konnten.

Plötzlich entstand in der nur vom Feuer gestörten Dunkelheit das, was der Dichter als »ein Lied von Liebe und Ferne, eine Klage von Liebe und Sehnsucht nach dem Frühling, nach den Städten, aus denen wir kamen, nach der unbegrenzten Weite des Lebens« schildert. Er fragte sich etwas, was wichtig war in jener Situation und unter jenen Umständen. Kennen sie mich? Er hat es nicht erfahren. Mochten sie ihn kennen oder nicht, sie sangen gemeinsam und aßen tüchtig.

Jener Teil der Reise war für Neruda nicht nur Weg in die freie Welt. Er war gleichsam ein Bild des Lebens. Und auch Erklärung der Erde und eine Lektion Dichtkunst, denn an Poesie beteiligt sind die Wahrheit des Wachens und die Wahrheit der Träume, der Mensch und die Natur, der scheinbar so undurchdringliche Urwald und der Schluß, daß es »keine unüberwindliche Einsamkeit« gibt.

Neruda ließ den Mut nicht sinken. Er schnitt Käse in mundgerechte Stücke. Fand das geröstete Fleisch köstlich, zog eine kleine Feldflasche aus der Tasche, nahm einen Schluck Whisky und fand schließlich den Mut, seine schleppende Stimme ertönen zu lassen und Geschichten zu erzählen. Nach einer halben Stunde wurden sie inne, daß die Schmugglerzuflucht zu einem Theatersaal geworden war. Neruda war ein überwältigender Abenteuererzähler, sein Publikum, das ihm andächtig lauschte, zwanzig Banditen, und sie alle hörten mit Vergnügen diesem Mann zu, den sie zum erstenmal sahen, der aber sprach, wie sie nie zuvor einen anderen hatten sprechen hören. Unter den hingerissenen Zuhörern auch der Besitzer der sonderbaren Herberge. Als es ans Zahlen ging, wollte er von ihnen nichts nehmen. Das war seine Art, diesen Unbekannten zu entlohnen, der aus seiner abgeschiedenen Schänke eine Art Bühne gemacht hatte, auf der ein Künstler aufgetreten war, der nicht sang und nicht schauspielerte, der keine Gitarre zupfte, der aber die Gäste mit einem Instrument fesselte, das in diesen abgelegenen Gegenden fast nicht gebraucht wird: dem Wort.

Danach begab man sich in einen primitiven Schlafraum, unter dessen Fußboden aber Thermalwasser floß und sie in die Wärme des Kordillerenmagmas tauchte.

Am Morgen badeten sie in diesem zu ebener Erde hervorquellenden Thermalstrom, als wollten sie sauber in die Freiheit ziehen. Sie waren so froh gestimmt, daß sie sangen, als sie die Pferde bestiegen. Auch die Pferde schienen sich zu freuen, daß es in diesen Höhen weiterging.

VI

Die Reise durch die Welt

102

San Martín »de los libres«

Plötzlich – hosianna! – die Grenze. Neruda erinnerte sich, daß er Dichter war. Er sah eine vergessene Eisenbahnschwelle. Eisenbahnschwellen assoziierte er mit dem Vater, Don José del Carmen, der in seinem Bauzug Hölzer, Steine und Schotter zur Befestigung des Bahnkörpers transportierte. Er hockte sich auf die Schwelle und gab sich nicht länger transzendentalem Meditieren hin. Er ergriff sein Gewehr als strafender Dichter und schrieb einen dreisten Abschiedsvierzeiler: »Wie gut es sich hier atmet / am Passe von Lilpela, / wohin nicht kommt der Scheißkerl / und Verräter González Videla.«

Sie ritten in die argentinische Stadt San Martín de los Andes ein, nicht als Quijotes, sondern als Freiheitssucher. Neruda fühlte, Freiheit ist soviel, wie sich eines Bleianzuges zu entledigen. Er hätte am liebsten ein Freudengeheul angestimmt. Er gab ein paar unartikulierte Laute von sich, doch der heftige Bellet mahnte zur Vorsicht. Sie waren noch nicht da, wo sie offenbaren durften, wer sie waren. Der Expeditionsleiter kehrte den Chef der Truppe hervor. Es begann der dritte Teil des Plans. Der sah vor, daß sie sich als reiche *huasos*, chilenische Gutsbesitzer mit viel Geld, gebärdeten, die Geschäfte machen wollten. Erster Schachzug: Absteigen im vornehmsten Hotel. Die Auswahl war nicht groß. Sie kamen ans Hotel de Turismo. In ein paar Stunden sollten sie sich dort mit dem argentinischen Kontaktmann treffen. Sie wuschen und erfrischten sich. Die Zeit verging, und niemand kam, sie abzuholen. Das Erkennungszeichen war Bellets Kleidung: Jener andere sollte im Hotel einen korpulenten Herrn treffen, mit blaukariertem Hemd, Pfeife im Mund oder in der Hand und Jockeymütze. Bellet sah voraus, daß er dazu verurteilt war, das Hemd nicht zu wechseln, die Mütze nicht abzunehmen und sich nicht von der Pfeife zu trennen, bis der Messias, der Erwartete, auftauchte.

Tage vergingen, von jenem keine Spur. Merkwürdig – diese Chilenen, die das Hotel nie verließen. Es hieß etwas tun, um die Ortsgewaltigen zu gewinnen. Die drei Musketiere – in diesem Fall nicht vier –, Bellet, Bianchi und Señor Ruiz, luden den Polizeipräfekten zum Essen ein, den Garnisonschef und andere Uniformierte, die von diesen so großzügigen, so netten Chilenen sehr angetan waren.

Aber der Kontaktmann erschien nicht, sie saßen wie auf Kohlen. Nach einer gewissen Zeit beschloß Bellet im Vertrauen auf das angebahnte Verhältnis, ein Risiko einzugehen und etwas zu tun, was ein schwerwiegender Mißgriff sein konnte. Er sagte zu dem Oberst, der an der Spitze des Regiments stand, er brauchte aus geschäftlichen Gründen dringend eine Verbindung zu einem Rechtsanwalt in Mendoza. Der Oberst bat ihn um den Namen. »Benito Marianetti«, sagte Bellet. Der Offizier fuhr in die Höhe: »Aber, che, wo der Kommunist ist!« Bellet erwiderte mit Pokermiene: »Brauchen Sie mir nicht zu sagen!«

Der Regimentskommandeur stellte ihm die Armeefunkstation zur Verfügung. Als Marianetti einen Anruf auf so ungewöhnlichem Wege erhielt, war er im ersten Augenblick völlig verdattert. Durchschaute die Sache nicht. In seiner Überraschung hätte er sogar beinahe alles verdorben. Schließlich fiel der Groschen. In diesem Moment trat der Kontaktmann ins Hotel. Sie reisten weiter nach Buenos Aires.

Neruda muß seine Freunde sehen. Er setzt sich mit seinem alten *confrère* in Verbindung. Eines Tages geht er zusammen mit Rafael Alberti zum sowjetischen Botschafter Sergejew. Dort sprechen sie über die Europareise. Entzückt von seiner Erscheinung aber ist die Frau des Botschafters, die Malerin Tamara Alexejewna Sewerowa. Während sich die Männer unterhalten, macht sie ein Porträt. Es ist ein junger Neruda, vierundvierzig Jahre alt, den viel später, im Jahre 1980, nach dem Tod der Malerin, deren Mann den in Moskau im Exil lebenden Chilenen schenkt. Sie hat auch eine Büste des Dichters in Stein gehauen, die ihr Mann einem Museum in Wolgograd übergab, der Stadt, der der Dichter mehrere Liebesgesänge mit dem Namen Stalingrad gewidmet hatte.

103

Wie der »Gesang« herausgebracht wurde

Er war aus Chile entkommen, hatte seinen Genossen aber eine Aufgabe hinterlassen: die heimliche Herausgabe des *Großen Gesangs.* Aus drei Personen bestand die Gruppe, die das übernommen hatte: Américo Zorrilla, der Geschäftsführer von *El Siglo* gewesen war; dem Maler José Venturelli und einem Genossen, dessen Name ungenannt bleibt, weil er in Chile weiter gegen Pinochets Diktatur arbeitet.

Es war ein eigenartiges Untergrundbuch, ungemein großformatig, dick, schwer zu verstecken. Für den Druck zeichneten verantwortlich Guillermo Labaste, Möbeltischler, und Manuel Segundo Recabarren Rojas, Druckereiarbeiter. Dieser wurde am 30. April 1976 von der DINA festgenommen. Tags zuvor waren seine Söhne Manuel Guillermo und Luis Emilio Recabarren González und seine Schwiegertochter Nalvia Rosa Mena Alvarado verhaftet worden. Sie verschwanden. Und bis heute weiß man nicht, wo sie sind. Zweifellos sind sie umgebracht worden, wie zweitausendfünfhundert andere Chilenen, die ebenfalls verschwunden sind.

Diese Truppe machte es sich zur Aufgabe, fünftausend Exemplare des Buches (Format 19 × 27 cm, 468 Seiten) herauszubringen. Der Papierverbrauch war beträchtlich: vier Tonnen. Es gab zwei Papierqualitäten, rustikales, die sogenannte »Nummer 265«, von gröberem Aussehen. In der

Qualität »Pluma« erschienen zweitausend Exemplare, diese waren teurer.

Damals machte die Polizei Jagd auf Untergrundpropaganda. Sie kannte sämtliche Druckereien und konnte anhand der verwendeten Schrift feststellen, woher eine Publikation stammte. Die Partei holte nun eine Sammlung Linotypematrizen hervor, die sie seit fünfzehn Jahren aufbewahrt hatte. Den gesamten Satz besorgte ein einziger Maschinensetzer, den Umbruch einzig und allein der Genosse Osorio, den Druck Manuel Recabarren. Jede Phase erfolgte woanders. Metall und Satz mußten dorthin geschafft werden, wo der Umbruch vorgenommen wurde. Die umbrochenen Seiten wurden, so erinnert sich Zorrilla, in die Druckerei gebracht, wo das Buch gedruckt wurde.

Wie es in solchen Geschichten unweigerlich zu geschehen pflegt, kam die Polizei in genau diese Druckerei und suchte nach illegalem Material. Sie suchten hier und da, während der Offizier, der die Aktion leitete, Umschau hielt und Befehle erteilte, auf einen Papierstapel von respektabler Höhe gestützt, auf dem mehrere Bogen einer Pferdezeitschrift lagen. Darunter ruhten die Blätter, 55 × 77 cm, des *Großen Gesangs*.

Um das Problem der Titelei zu lösen, wurde aus verschiedenen Druckereien Material entliehen. Die Klischees für Venturellis Illustrationen konnten, vom Text getrennt, mühelos angefertigt werden, ein Lichtdruckatelier wurde damit beauftragt. Schwieriger war es, das Buch am Anfang und Ende mit Fotografien auszustatten. Auf der ersten ist Neruda von vorn zu sehen, auf der zweiten geht er mit Delia, eine Aufnahme von hinten. Sie mußten als Tafeln in jedes einzelne bereits gebundene Exemplar eingeklebt werden. Das manuelle Binden und Heften besorgte ein einziger Arbeiter. Er lebte weitab auf dem Land und besaß da eine kleine Werkstatt, in der er Fliesen fertigte. Die Korrektur las Luis Corvalán, damals Propagandabeauftragter der Partei. Auch Joaquín Gutiérrez beteiligte sich an dieser Arbeit.

Im voraus bestellt und gekauft wurde ein Buch Nerudas,

das als »Gedruckt in Mexiko«, in der Druckerei Juárez, erschien. Es steckte in einem falschen Einband, auf dem stand *Lachen und Weinen* (Risas y Lágrimas) von Benito Espinoza.

Dieses Buch ist das am meisten untersuchte der Werke Nerudas. Ein Phänomen, das von unverminderter Frische zeugt. 1980 veröffentlichte die puertoricanische Wissenschaftlerin María Magdalena Solá *Poesie und Politik bei Pablo Neruda (Analyse des Großen Gesangs)* (Poesía y Política en Pablo Neruda/Análisis del Canto General).

104

Pariser Debüt

Hier kommt es zu Dreistem und Märchenhaftem. Die beiden *chompipes* ziehen einander in Argentinien an die breite Truthahnbrust. Wenige Jahre zuvor hatte der Autor des *Herrn Präsidenten* ein Santiagoer Matineepublikum bezaubert, das ihm in Nerudas wildem Park bei herbstlichem Blätterfall hingerissen lauschte. Er erzählte von den Wunden und Prophezeiungen des Chilam Balam. Er rezitierte den Gesang der alten indianischen Rhapsoden. Er erklärte präkolumbische Zeichnungen und Hieroglyphen und gebrauchte dabei einen langen Lehrerzeigestock. Jetzt aber waren beide Ketzer mit so zeitnahen, profanen Dingen befaßt wie dem Fälschen von Pässen und Ausweisen. Da sie einander ähneln, beschließen sie, sich diesen Umstand zunutze zu machen. Neruda wäre mit dem Paß von Miguel Ángel Asturias von Buenos Aires nach Paris gereist? Sollte der ihm den Paß unter der Bedingung überlassen haben, daß er ihn nach seiner Ankunft in Frankreich vernichtet? Wahrheit oder Legende? Reale Geschichte, die die Freundschaft zweier Dichter belegt? Romanhafte Erfindung? *Se non e vero e ben trovato.*

Ende März oder Anfang April 1949 klingelt es an einer Pariser Wohnung. Der Hausherr öffnet. Vor ihm steht ein

Fremder, beleibt, dunkelrandige Brille, Bart, schwarze Baskenmütze. Beide mustern sich. Der Mann fragt: »Erkennst du mich nicht?« Der Hausherr bleibt stumm, ist ratlos. Er denkt angestrengt nach. Gibt sich geschlagen. Der Ankömmling sagt: »Ich bin Pablo Neruda. Ich wollte dich bitten, mich ein paar Tage aufzunehmen.«

»Komm rein, Pablo. Sei bedankt, daß du mich aufsuchst. Fühl dich wie zu Hause.«

Der ihn empfängt und darüber berichtet, ist Luis Cardoza y Aragón, der guatemaltekische Schriftsteller, den wir Jahre zuvor bei Neruda in Los Guindos kennengelernt haben, als er als Botschafter seines Landes nach Chile kam.

Nach dem Abendessen wurde das unerwartete Auftauchen mit Sekt gefeiert. Neruda entnahm seiner Reisetasche eine Mappe und las bis zum frühen Morgen aus dem *Großen Gesang*. Das Personal des Hauses nannte ihn »Don Antonio«. Doch es war nicht seine Art, zu Hause zu hocken, erst recht nicht in Paris. So manchen Autoausflug unternahm er, begleitet von Lya, der Frau Cardoza y Aragóns. Wie ein Hund, der etliche Zeit angebunden war, ging er auf die Straße, um sich lang entbehrte Genüsse zu verschaffen: Besuche bei Bouquinisten, Naturalisten, Malakologen. Er suchte seltene Buchausgaben und Schnecken.

Er konnte sich das Spielen nicht verkneifen, nicht einmal in der anomalen Situation. Er bat seinen Gastgeber, den argentinischen Schriftsteller Alfredo Varela, mit dem er befreundet war, einzuladen. Der war damals ein lebhafter, äußerst redegewandter Bursche. Er ist es sein Lebtag geblieben. Als Varela kam und Luis Cardoza y Aragón ihm einen tschechischen Professor vorstellte, der sein Land legal verlassen hatte, wurde er still. Er warf einen scheelen Blick auf den dritten Mann, der da mit ihnen am Tisch saß, auf der Terrasse des Cafés Marignan, auf den Champs Élysées, und sagte kein Wort mehr. Das mochte einer jener exportierten professionellen Antikommunisten sein, der ihn für eine Sache vereinnahmen wollte, die nicht die seine war. In einem genau kalkulierten Augenblick nahm der tschechische Professor Hut und dunkle Brille ab. Varela fuhr auf. Der Mann war weder Professor noch Tscheche.

»Mach den Mund wieder zu«, sagte der, laut lachend, den Zeigefinger auf den Lippen. »Ich bin Neruda.« Sodann schärfte er ihm ein, das Geheimnis für sich zu behalten, weil er ein »Illegaler in Paris« sei.

Wir erwähnen das zu einer Zeit, da Alfredo Varela soeben in Mar del Plata gestorben ist.

Die Zunft der Dichter funktionierte manchmal wie eine Internationale. Jules Supervielle ist Uruguayer wie der Autor der *Gesänge des Maldoror*. Sie kommen aus Montevideo, durch ein Jahrhundert getrennt. Im Unterschied zu Lautréamont ist Supervielle kein verfluchter Poet. Manche betrachten ihn als reinen, Paul Valéry nahestehenden Dichter. Er gehört einer vermögenden Familie an, die mit Banken und auch – mit der Polizei zu tun hat. Supervielle bittet einen nahen Verwandten in hoher Stellung, für Pablo Neruda eine legale Aufenthaltsgenehmigung zu erwirken. Hier legt Pablo Picasso, der mit Jules Supervielle befreundet ist, nicht den Pinsel, wohl aber die Hand an. Alfredo Varela wartet an einem Metro-Eingang. Picasso kommt zur vereinbarten Zeit mit einem Auto. Er bringt die erhoffte Nachricht. Neruda kann öffentlich auftreten. Minuten später fährt er zur letzten Sitzung des Friedenskongresses, der in der Salle Pleyel tagt. Picasso kündigt eine Überraschung an.

Neruda betritt theatralisch die Tribüne. Es ist sein Debüt in Europa.

Am Dienstag, dem 25. April 1949, findet die Schlußsitzung des Weltkongresses der Friedensfreunde statt, der fünf Tage zuvor begonnen hatte. Dort waren viele der berühmtesten Künstler und Schriftsteller der Welt sowie Persönlichkeiten der Politik versammelt. Aus Frankreich nahmen teil: Yves Fargue, Paul Éluard, Louis Aragon, Elsa Triolet, Eugénie Cotton, Jean Cassou, Aimé Césaire, Pierre Cot, Paul Rivet, Armand Salacrou, Frédéric und Irène Juliot-Curie, Pierre Seghers, Pablo Picasso. Aus Italien: Pietro Nenni, Elio Vittorini, Italo Calvino, Renato Guttuso, Giulio Einaudi, Emilio Sereni. Aus Deutschland: Anna Seghers und Arnold Zweig. Aus den USA: Howard Fast, Langston Hughes, Charlie Chaplin, Paul Robeson, Albert Kahn, E. W. E. Dubois. Aus der Sowjetunion: Ilja Ehrenburg, Michail. Scholochow, Konstantin Fedin, Wanda Wassilewska, Dmitri Schostakowitsch. Aus Jugoslawien: Ivo Andrić. Aus Griechenland: Melpo Axioti. Aus China: Kuo Mo-Jo und Emi-Siao. Aus Lateinamerika waren zweihundert Delegierte gekommen, unter ihnen Diego Rivera und Lázaro Cárdenas aus Mexiko. Aus Argentinien: Antonio Berni, Luis Seoane, Alfredo Varela. Aus Kuba: Nicolás Guillén, Juan Marinello. Aus Brasilien: Jorge Amado und Caio Pedro. Aus Guatemala: Luis Cardoza y Aragón und José Manuel Fortuny. Aus Haïti: René Depestre. Aus Venezuela: Miguel Otero Silva und Héctor Poleo. Präsident der letzten Sitzung ist Yves Fargue, und er kündigt in einem besonderen Tonfall an: »Ich erteile das Wort dem letzten Redner, der die allgemeine Diskussion abschließen wird. Der Mann, der zu Ihnen sprechen wird, ist erst seit ein paar Minuten im Saal. Sie haben ihn noch nicht gesehen. Es ist ein Verfolgter . . . Pablo Neruda.«

Alle Anwesenden erheben sich. Mit dieser elektrischen Entladung im Theater haben sie nicht gerechnet. Neruda hält eine kurze Ansprache, in der er sich gleichsam für sein Zuspätkommen entschuldigt. »Liebe Freunde«, sagt er, »wenn ich zu Ihrer Versammlung ein wenig spät komme, dann liegt das an den Schwierigkeiten, die ich überwinden mußte, um hierherzugelangen. Ihnen allen bringe ich den Gruß von Menschen aus weiter Ferne. Die politische Verfolgung in meinem Land hat mich erkennen lassen, daß die menschliche Solidarität größer ist als alle Barrieren, fruchtbarer als alle Täler . . .«

Und dann liest er einen »Gesang für Bolívar« aus der chilenischen Ausgabe des *Großen Gesangs* vor.

An dem Tag hatte der Dichter das erste Exemplar in Paris erhalten. Mit dem Buch ging er zum Kongreß und schenkte es Picasso. Kurz danach lieh er es sich von diesem aus, um das Gedicht vorzutragen.

Als die Veranstaltung zu Ende war, behielt Neruda das Buch – trotz des Sprichworts, daß einen Buckel bekommt, wer gibt und wieder wegnimmt, er erklärte Picasso, es wäre das einzige Exemplar, das er besäße.

Eine Meldung wurde dementiert. Am nächsten Morgen hatte in den Santiagoer Zeitungen eine telegrafische Meldung aus Paris gestanden, in deren erstem Absatz es wörtlich hieß: »Zur Unzeit und ohne jegliche Vorankündigung ist am heutigen Tag der verfolgte kommunistische chilenische Schriftsteller Pablo Neruda hier aufgetaucht. Er hat an der Morgensitzung des Weltkongresses der Friedensfreunde teilgenommen, der zur Zeit stattfindet, und von der Tribüne aus gesprochen. In tiefstes Geheimnis gehüllt sind die Umstände, unter denen er es geschafft hat, seine Heimat zu verlassen und hierherzureisen.«

Einen Tag vor Nerudas öffentlichem Auftritt in Paris hatte der Chef der Ermittlungsbehörde und der Politischen Polizei, Luis Brum D'Avoglio, in Santiago vor der Presse erklärt, daß Nerudas Verhaftung unmittelbar bevorstünde.

Ein Mitarbeiter von France Press kam zu Neruda, um ihm mitzuteilen, die Regierung González Videla habe auf die Meldung hin, daß er in Frankreich aufgetaucht sei, emphatisch erklärt, jenes Individuum, das sich als Pablo Neruda ausgebe, sei ein Betrüger. Der Journalist wollte diesen Doppelgänger des Dichters sehen.

105
Europa macht eine Entdeckung

Mit diesem Exil begann ein neuer Abschnitt seines Lebens. 1949 galt er in der Kritik als erster lateinamerikanischer Dichter. Auf unserem Kontinent war dies eine mehr oder weniger akzeptierte Meinung, aber abgesehen von Kennerkreisen hatte das große europäische Publikum ihn noch nicht entdeckt.

Der Dichter eroberte sich sein Publikum nach und nach. Zuerst Provinzdichter von Temuco, danach in Santiago Dichter der Studentengeneration von 1920, später in Chile Nationaldichter, Leib- und Magendichter der Verliebten.

Er hatte vier Jahre in Asien gelebt, und so gut wie niemand hatte gemerkt, daß er ein Dichter war. Die ihn kannten, konnten ihn nicht lesen aufgrund des für den Leser jener Breiten unverständlichen Spanisch.

Sein Ruhm wuchs durch – man könnte sagen – persönlichen Kontakt, durch physische und geistige Gegenwart seiner selbst und seiner Bücher, zuerst in Argentinien, dann in Spanien, Mexiko, nach kurzen Aufenthalten in nahezu allen Ländern Lateinamerikas. Das war damals der Einzugsbereich seines Ruhms, so weit reichte seine Bekanntheit.

Aber sie reichte nicht bis zum großen Lesepublikum in Nordamerika und Europa. Das Exil, der mehrjährige Aufenthalt in der Alten Welt trug – inmitten einer Vielzahl von Anstößen und Anregungen aus dem sozialen und politischen Geschehen jener Zeit – dazu bei, daß seine Dichtung von Lesern anderer Sprachen und Kulturen alsbald entdeckt und begeistert angenommen wurde.

Er wurde in einer Stadt anerkannt, die ihn zwanzig Jahre zuvor unbezwingbar gedünkt hatte. Paris war gut und gern tausend Messen wert. In seinem Fall waren es Messen der Freundschaft. Im Mai wurden die beim Friedenskongreß anwesenden ausländischen Autoren auf einer Festveranstaltung des Nationalkomitees Französischer Schriftsteller in der »Maison de la Pensée« geehrt. Neruda trug dort sein Gedicht »Der Flüchtling« vor. »Was vermagst du, Verfluchter, gegen den Wind? . . . Wie erbärmlich ist dein kleiner, dein vergänglicher / Sieg! Während Aragon, Ehrenburg, / Éluard, die Dichter / von Paris, die kühnen / Schriftsteller / Venezuelas und andere, andere, andere / mit mir sind, / Verfluchter du, / unter Escanilla und Cuevas, / Peluchoneaux und Poblete! . . .«

Die Übersetzung stammte von Alice Ahrweiler. In französisch wurde das Gedicht von einer Stimme vorgetragen, die einem Ritterschlag gleichkam: Louis Aragon.

Neruda zog es immer zu herzlicher Verbrüderung. In Paris trafen alte und neue Freunde zusammen. Die alten Kameraden aus Spanien, die für ihn während des Bürgerkrieges eine Kommunikationsbresche in die Pyrenäen geschlagen hatten, und die Freunde aus der mexikanischen Zeit. Ehrenburg, Aragon, Anna Seghers, Nicolás Guillén, Jorge Amado, viele Lateinamerikaner. Jetzt kamen neue große Freundschaften hinzu: Paul Éluard, Paul Robeson, Jean Marcenac, Pierre Courtade, Renato Guttuso.

Der die ganze letzte Zeit allein gewesen war, die einzigen Gesprächspartner waren Schmuggler und Pferdediebe in einer abgelegenen Waldherberge gewesen, stand jetzt im Mittelpunkt der Erde, genoß das Gespräch, gab zehn Interviews am Tag, war der Mann des Augenblicks.

Der Abend aber gehörte den Freunden. Und am Sonntagmorgen – was konnte herrlicher sein, als die Zeit auf dem Flohmarkt zu verbringen, der ihm den unvergleichlichen Persischen Markt von Santiago ersetzte. Der Stratege hatte sein Banner in Paris aufgepflanzt. Jetzt zeigte die Kompaßnadel auf eine ihm unbekannte, magnetische Hauptstadt: Moskau.

106
Der Wind der Alten Neuen Welt

Er hatte ein neues Buch zu schreiben begonnen, obwohl der *Große Gesang* ihn immer noch verfolgte. Er meinte, er hätte sich von ihm mit seinem »Neujahrschor für das Vaterland in der Finsternis« verabschiedet. Darin kam er abermals auf die Verfolgung zu sprechen, da er nämlich in seinem Flüchtlingsbeutel zwei Bücher hatte, eine Geographie seines Landes und eine Abhandlung über die Vögel Chiles, dazu einen frischgeschnittenen Espinozweig. In dem Neujahrsgruß wandte er sich an »Die Männer von Pisagua«. Vielleicht hätte er selber einer von ihnen sein müssen, ein Gefangener. Er erinnerte an Félix Morales, an Ángel Veas, die im Konzentrationslager umgekommen waren. Abermals verwünschte er die »verlogene Hundekehle«. In Europa war seine Sorge, weiter die Stimme Chiles zu hören. Und daß seine Stimme in Chile gehört werde. Neruda nannte immer Roß und Reiter, nannte in seiner Dichtung die Helden und Antihelden, die »Ratten des Staatshaushalts«, die »Söldner mit hingestreckten Händen« beim Namen. Kraftvoll verheißt er Rache:

> Sie sollen genannt sein. Vaterland, du übertrugst mir nicht
> das süße Vorrecht, dich rühmlich zu erwähnen
> mit deinen Nelken nur und deinem Wogenschaum,
> Vaterland, du gabst mir nicht das Wort, dich anzurufen
> mit Namen von Gold, von Blütenstaub und Wohlgeruch,
> und beim Säen Tautropfen zu versprühen,
> die aus deiner schwarzen Haarflut fallen, der hoheitsvollen:
> du gabst mit Milch und Fleisch die Silben mir,
> die auch die fahlen Würmer nennen werden,
> die deinen Leib durchwandern,
> sie, die dein Blut grausam quälen, dir das Leben rauben.

»›Ihn nannten sie einen Chilenen‹, sagen diese Larven von mir«, bemerkt er bissig. Er wird noch deutlicher werden. »Hinter den Verrätern und den Ratten, die unterhöhlen, / da ist eine Macht, die deckt den Tisch, / die teilt das Essen aus und die Kugeln aus Blei.« Er wird nicht verzeihen. Er wird kämpfen. »Ich bin nun nicht mehr Bürger meines Landes: man schreibt mir, / der unrühmliche Clown, der regiert, hätte mit tausend / anderen Namen den meinen ausgelöscht / von den Listen, die Gesetz waren der Republik.« Im letzten Gesang des *Großen Gesangs* ist das autobiographische Element so stark, daß er schlicht »Ich bin« heißt. Er ist, was er mal war: die Grenze, der Schleuderer, seine Reisegefährten, der in die Studentin von Santiago de la Nueva Extremadura Verliebte, der Reisende von Burma, der Kritiker von Indien, der durch die Straßen von Saigon oder Madras Streifende, der, der die Tänzerinnen mit den Gipsmasken in Bangkok betrachtet. Er ist auch Spanien, das ihm Liebe und Krieg gab; Mexiko, wo seine Hände den amerikanischen Lehm berührten, und immer Chile. Er hat noch vierundzwanzig Jahre zu leben, aber er legt in diesem Buch zwei Testamente nieder und ordnet an, daß man ihn in Isla Negra begraben soll. Er beendet das Buch am 5. Februar 1949, ein paar Monate vor seinem fünfundvierzigsten Geburtstag, in Santa Ana de Chena, das er »Godomar de Chena« nennt.

Das neue Werk, an dem er nun allmorgendlich arbeitet, ist ein Buch über Europa- und Asienreisen, es wird *Die Trauben und der Wind* heißen. Vordem aber wird dieser peripatetische Korrespondent Länder und Menschen, die dort wohnen, erleben müssen. Die Neue Welt muß die Alte Welt entdecken, obwohl sehr alte Dinge in der Neuen Welt und sehr neue in der Alten Welt verborgen sind.

Während er in vielen Ländern Europas willkommen ist, veröffentlicht und bejubelt wird, trägt er in mehreren Ländern seines Kontinents das Stigma der Ketzerei. Es gab Zeiten in Lateinamerika, und es gibt sie noch, da waren Nerudas Bücher und Gedichte strafwürdige Gegenstände. César Godoy Urrutia berichtet, daß er unter González Videla in Mendoza einer minutiösen polizeilichen Durchsuchung unterzogen wurde, bei der nur durch ein Wunder das Original von Nerudas Gedicht »Holzfäller, wach auf« unbemerkt blieb. Inzwischen wandelt dessen Urheber in Gefilden, die sicherer sind.

107

Abschied vom Senat

Über Zwischenstationen und Mittelsmänner schreibt er an mich, da er möchte, daß der Senat seine Auslandsaufenthaltsgenehmigung verlängert. Ich brauche nicht mehr das strenge Illegalitätsregime zu beachten wie in der ersten Zeit der Verfolgung, als ich mich nur nachts und im Auto hinauswagte, um meine Aufgaben zu erfüllen. Ich werde mich bemühen, der Bitte des Dichters nachzukommen. Ein Mann erwartet mich im Haus an der Plaza de Armas im Herzen Santiagos. Ich fahre mit dem Lift in der Calle Phillips nach oben. Als ich an der Wohnungstür klingele, öffnet mir ein Dienstmädchen.

»Der Herr ist krank, aber treten Sie nur ein«, sagt sie.

Ich warte ein paar Minuten, dann ruft mich eine brüchige Stimme. Ich betrete ein Schlafzimmer, drinnen liegt ein Mann, im Schlafanzug, schwitzend.

»Entschuldigen Sie, Don Arturo«, sage ich. »Ich wußte nicht, daß Sie krank sind, und mir ist gesagt worden, daß Sie mich zu dieser Stunde empfangen würden.«

»Schon gut. Es ist nur eine heftige Grippe. Was wollten Sie von mir?«

»Ich möchte Sie als Senatspräsidenten bitten, Neruda die Genehmigung, sich außer Landes aufzuhalten, für ein Jahr zu verlängern.«

Jäh erhebt er sich. Er verläßt das Zimmer und kommt mit einem Stoß Papieren in der Hand zurück. Er reicht sie mir.

»Lesen Sie«, sagt er. Ich werfe einen Blick darauf. Es sind Telegramme, die ihre Dringlichkeit verloren haben. Ereignisse, die mehr als ein Vierteljahrhundert zurückliegen. Ich sehe sie rasch durch.

»Sie werden merken«, fügt er emphatisch hinzu, als ginge es um eine ihm sehr am Herzen liegende Angelegenheit, »daß ich mit den Toten von La Coruña und San Gregorio nichts zu tun hatte.«

Ich bestreite es nicht. Es wäre nicht der Augenblick dazu. Vorsichtig komme ich wieder auf mein Anliegen zu sprechen.

»Don Arturo, ich hoffe, Neruda bekommt von Ihnen diese Verlängerung.«

»Ich werde mein Mögliches tun«, erwidert er. »Kommen Sie nächste Woche wieder.«

Wieder finde ich mich zum vereinbarten Zeitpunkt ein. Abermals gibt er mir die Telegramme von den Massakern in La Coruña und San Gregorio. Ich bestehe auf einer Antwort. Väterlich und beschwichtigend sagt er: »Keine Sorge, junger Mann, Sie kriegen sie, Sie kriegen sie.«

Er sprach von Neruda als einem ganz besonderen Senator.

Arturo Alessandri Palma gedachte dabei der Rede, die Neruda im Senat anläßlich der Verleihung des Literaturnobelpreises an Gabriela Mistral gehalten hatte. Solche Reden war man im Senat nicht gewohnt. Was Neruda nicht sagte, brachte Gabriela Mistral in ihrer Rede bei Entgegennahme des ersten Literaturnobelpreises für Iberoamerika zum Ausdruck: »Wenn die Akademie von Stockholm Chiles Dichtung ehren wollte, hätte sie den Preis Pablo Neruda verleihen müssen, der der größte Dichter meines Vaterlands ist.«

Nach Arturo Alessandris Meinung war Neruda im Senat nicht schlechthin ein dichtender Senator.

In der Tat, er verstand es, in Prosa von nationaler und internationaler Politik zu reden, über die Charta der Vereinten Nationen, die damals ratifiziert wurde, und über die Neubesoldung der Lehrer. Er verstand es, prominente Verstorbene zu ehren, wie den Historiker Domingo Amunátegui Solar und den Vorsitzenden des Obersten Sowjets der Sowjetunion Michail Iwanowitsch Kalinin. So empfing er eine uruguayische Kulturdelegation, die soeben in Chile eingetroffen war, und verteidigte er den spanischen Dichter Antonio Aparicio, ein Opfer politischer Verfolgung. Er untersuchte den (damals) jüngsten Militärputsch in Bolivien und plädierte für ein Übereinkommen zur Erleichterung des Buchimports. Er schlug vor, einen Gabriela-Mistral-Förderpreis zu stiften. Er trat für das Stimmrecht der Frauen ein, und – Ironie der Geschichte – er kümmerte sich darum, daß die Besoldung der Streitkräfte neu festgelegt wurde. Er sprach zur Situation in Nikaragua, wo die scheinbar ewige Somoza-Diktatur herrschte, und ging der Frage nach, warum der Präsident von Ekuador, José María Velasco Ibarra, abermals gestürzt worden war.

Er wollte ein Senator sein, der allen Anforderungen und Pflichten gerecht würde. Doch sehr bald mußte er einsehen, daß dies alles, so gut er es auch versah, keine Aufgabe für ihn war. Er mußte dichten können, in Isla Negra, wo er vom Fenster aus das Meer sah, mit Freunden plaudern, mit Freundinnen seinen Jux treiben, statt Señor Ulises Correa zuzuhören, einem Senator, der den Unterschied zwischen dem Dichter, der in Versen González Videla angriff, und Bernardo O'Higgins zeigen wollte und zu diesem Zweck feststellte, letztgenannter hätte nie ein Wort gegen den spanischen Gouverneur Casimiro Marcó del Pont geschrieben.

»Er ist kein Redner«, sagte Alessandri zu mir, »aber er ist ein Schriftsteller.«

»Was ist nach Ihrer Meinung besser?« fragte ich.

»In der Politik ist es besser, ein Redner zu sein. Im Leben ist ein Schriftsteller mehr wert, ein guter Schriftsteller. Ein Redner bleibt nicht. Ein guter Schriftsteller bleibt.«

Die Genehmigung wurde ihm einmalig verlängert. Als diese Frist abgelaufen und er weiterhin abwesend war, verlor er sein Senatorenamt.

108

Begegnung mit Puschkin

Er soll 1949 zum erstenmal in die Sowjetunion kommen, auf dem Wege der Dichtung: eingeladen, einen Kollegen zu feiern. Gefeiert wurde Puschkins 150. Geburtstag. Eher als Neruda war seine Poesie eingetroffen. Zehn Jahre zuvor war in Moskau *Spanien im Herzen* erschienen, in einer russischen Version von Ilja Ehrenburg. 1938 wurden die ersten Gedichte dieses Buches in der Übersetzung von Fjodor Kelin gelesen. Nerudas jüngste Irrfahrt hatte bewirkt, daß in der sowjetischen Presse viel von ihm veröffentlicht wurde, besonders in der *Nowoje Wremja* und in der *Literaturnaja Gaseta*. Der Krieg in Spanien trug ungemein zum Bekanntwerden des Dichters bei. Oft erschien sein Name in den Nachrichten, so daß er bekannt war, als er ins Land kam. Empfangen wurde er vom Gewerkschaftsbund, dem WOPS, der damals für die auswärtigen Beziehungen zuständig war. Seine erste Dolmetscherin und Begleiterin war ein junges Mädchen, das in der sowjetischen Lateinamerikanistik eine anerkannte Autorität werden würde, Wera Kutejstschikowa. Sie war seit kurzem mit Lew Ospowat verheiratet, der nicht nur ein Kenner und Erforscher der Literatur und Kultur unseres Kontinents war, sondern sich auch durch Übersetzung der Dichtung Nerudas ins Russische einen Namen machen sollte.

Neruda besuchte Puschkins Haus in Michailowskoje. Zum achtzigsten Geburtstag des Dichters machte Wera Kutejstschikowa den Ort, in dem die Familie Puschkin ihren Landsitz gehabt hatte, zum Ort des Gedenkens an Nerudas Besuch. Man feierte unter freiem Himmel inmitten einer Menge von Bauern der Umgebung, Dichtern, Verehrern, die hierher gepilgert waren. Plötzlich schlug ganz in der Nähe ein Blitz ein. Der Himmel öffnete seine Schleusen. Sie fand, daß diese Szene, der Regenguß, etwas mit ihm zu tun hatte. Es war wie in Temuco.

Am 8. Juni kam er nach Leningrad. Es ist die Zeit der weißen Nächte. Die Stadt hüllt sich für höchstens eine halbe Stunde in bleiches Dämmerlicht, danach kehrt das Tageslicht zurück. Er unternimmt Schiffsfahrten auf der Newa und den Kanälen. Die Atmosphäre überrascht ihn. Auf den Brücken, so dünkt ihn, irrt immer noch im weiten Mantel (der ihn an den erinnert, den er als Knabe trug, als Dichter, der ein Eisenbahnerkind war) sein Freund umher, der vor langem im Duell gefallene Dichter. Still betritt er Puschkins Haus. Betrachtet aufmerksam die Bücher. Entdeckt, daß viele die seinen sind. Er tritt hinaus, und »die Tannen bei Leningrad / tanzten einen langsamen Walzer des Meereshorizonts«. Er ist zu dem gekommen, der seit mehr als einem Jahrhundert mit einer Kugel im Leib begraben ist. Er will das Blut des ermordeten Puschkin sehen. Und wie sich diese Wunde geschlossen hat.

Er wähnt, an Portalen, Durchgängen, Bögen, an der Nadel der Admiralität oder an den Säulen der Isaakskathedrale die Schatten Gogols, Dostojewskis, seiner Dichtervettern, angefangen bei Majakowski, umherhuschen zu sehen.

Nicht weit von dort war es, wo achtzig Jahre später »Lenin mit einer Unterschrift unter die Hoffnung die Geschichte änderte . . .« Da hörte zu bluten auf das schmutzige Loch, das die Mörderkugel hinterlassen hatte. »Puschkin betrachtete sein Hemd. Das Volk hatte die Raufbolde mit dem goldenen Uniformrock vertrieben . . .« Sein Freund, der junge Puschkin, sprach nicht, man mußte ihn lesen. Und das tat er mit Leidenschaft, denn er hatte erkannt, daß er Rußland und auch die Sowjetunion auf diese Weise besser verstehen würde.

Bei einem Leningrader Antiquar kaufte er mehrere Originalausgaben von Puschkin und dessen erste Gesamtausgabe in elf Bänden. Als er Jahre danach seine Bibliothek der Universidad de Chile schenkte, darunter die an der Newa erworbenen Bücher, sagte er, daß er auch einen Gothaer Adelskalender aus dem Jahre 1838 gekauft habe, »weil darin«, so erklärte er, »in der winzigen Schrift verloren, eine Zeile steht, die folgendermaßen lautet: ›Am 12. Februar 1837 stirbt im Duell der russische Dichter Alexander Puschkin.‹ Diese Zeile«, fügte er hinzu, »ist für mich wie ein Dolchstich. Die Weltpoesie blutet immer noch aus dieser Wunde.« Er war zum Puschkin-Verehrer geworden.

So seine erste Begegnung mit dem Land, der noch viele weitere folgen sollen. Im Bolschoitheater hatte der feierliche Akt begonnen. Neruda aber war, begleitet von seiner damaligen Dolmetscherin, Wera Kutejstschikowa, immer noch am Flughafen. Er kam also zur Festveranstaltung zu spät, und als er sich setzte, traf ihn eine Art Luftstrom. So viele Jahre waren seit jenen Tagen vergangen, da Gabriela Mistral und der Lehrer Torrealba ihm in Temuco die ersten Bücher russischer Autoren, die er im Leben las, geliehen hatten. Und jetzt erkannte er in diesem Land jenes Milieu wieder, und er hatte das Gefühl, endlich auf einem Boden zu stehen, den er seit seiner Kindheit kennenlernen wollte.

Ein Land besteht aus Volk, aus Natur, auch aus Freunden. An dem Festakt zu Ehren Nerudas am 27. Juni 1949 war der große Saal des Moskauer Konservatoriums bis auf den letzten Platz gefüllt. Unter den Zuhörern saßen solche, mit denen ihn später enge Freundschaft verband: Owadi Sawitsch, sein Übersetzer, Martinow, Michailkow, Safronow. Es waren Freundschaften, die als ständige Güter in sein Leben eingingen.

Danach fand eine Lesung im Klub eines großen Moskauer Betriebes statt. Der Dolmetscher, der ihn damals begleitete, Wladimir Kusmitschew, erinnert sich, welch ungeheuren Eindruck sein »Liebeslied auf Stalingrad« bei den sowjetischen Arbeitern hinterließ. Er berichtet, daß der Dichter nach seiner Meinung extravagante Gepflogenheiten hatte; jedesmal, beispielsweise, wenn er nach Moskau kam, ging er zu einer spanischen Schneiderin und ließ sich von ihr ein Dutzend Hemden nähen. Immer achtete er auf die Kragenform. Er verliebte sich aufgrund von Kleinigkeiten in bestimmte Dinge. Und wenn er die nicht auftreiben konnte, ließ er sie anfertigen. Mitunter wirkte auf ihn, Wladimir Kusmitschew, Nerudas abwesende Miene befremdlich, der Ausdruck völliger Gleichgültigkeit an dem Ort, den er besuchte. Später fand er dann in seinen Gedichten die überraschendsten Ausschnitte und Nuancen, die mit diesem scheinbar schläfrigen, lustlosen Blick eingefangen worden waren, der die Realität auf andere Weise, mit höchst persönlicher Optik interpretierte.

Die Veranstaltung am 27. Juni im Großen Saal des Konservatoriums, vom Schriftstellerverband zu Ehren Nerudas organisiert, wurde von Alexander Fadejew geleitet, dem Autor der *Niederlage* und der *Jungen Garde*. Viele Dichter sind anwesend, unter ihnen Nikolai Tichonow, der überschäumende Semjon Kirsanow, der später wiederholt Chile besucht und ein begeisterter Freund des Chilenen wird. Da ist auch Konstantin Simonow, der, so findet Neruda, manchmal wie ein Chilene, manchmal wie ein Türke aussieht, ein hübscher junger Mann, groß und kräftig, der wie alle anderen aus dem Pulverdampf des Krieges kommt, durch den er für alle Zeit geprägt ist.

Auf dieser Veranstaltung spricht auch Ilja Ehrenburg. Beide waren wechselseitig Übersetzer und Vorwortverfasser. Ehrenburg hatte *Spanien im Herzen* übersetzt, Neruda schrieb das Vorwort zur spanischen Version von Ehrenburgs *Tod dem Eindringling*, das fast täglich in der sowjetischen Presse als Kanonenschuß gegen Hitler erschien. Ehrenburgs Ansprache war Ausdruck des gegenseitigen Durchdringens. Sie folgte der Linie des Aufsatzes, der als Vorwort zu dem vom Staatlichen Literaturverlag wenige Tage darauf herausgegebenen Band mit Gedichten von Neruda erschien. Nach Lew Ospowats Meinung »leitet Ehrenburgs brillanter, 1949 erschienener Aufsatz, *Pablo Nerudas Dichtung*, in unserem Land das Studium der Werke des Chilenen ein«.

Von Stund an ist Neruda ein Dauerthema für sowjetische Spezialisten auf dem Gebiet der lateinamerikanischen Literatur. In die Hunderte gehen die seinem Werk geltenden Artikel und Aufsätze. Nahezu sein gesamtes Schaffen ist in Russisch erschienen und mehrere seiner Bücher in anderen Sprachen des Landes.

Die eingeladenen ausländischen Schriftsteller wurden gefragt, wohin sie in der Sowjetunion fahren wollten. Neruda antwortete, ohne zu zögern: »Nach Stalingrad!« Dort entblößte er das Haupt in Gedenken an Rubén Ruiz Ibárruri, Dolores Ibárruris Sohn.

Diese Geste war der Pasionaria nicht entgangen. »Wie soll ich von meinem Schmerz sprechen«, bekennt sie, »dem tiefsten aller Schmerzen, dem einer Mutter, die ihren Sohn verliert. Und er war mein einziger Sohn. Mir blieb nun nur noch Amaya von den sechs Kindern, die ich zur Welt gebracht hatte.« In ihren Memoiren sagt Dolores Ibárruri, daß Pablo Neruda wie kein anderer es verstand, Spanien mit Stalingrad zu verschmelzen. Um es zu beweisen, zitiert sie, die eine große Liebhaberin der Poesie ist, die entsprechenden Verse:

> Und der Spanier vor den Erschießungskomman-
> dos
> fragt, ob Stalingrad lebt,

und eine Kette von dunklen Augen im Zucht-
    haus
bohrt deinen Namen in die Mauern,
und Spanien wird von deinem Blut und deinen
    Toten erschüttert,
weil du ihm, Stalingrad, deine Seele liehest,
als es Helden trug gleich den deinen.

Auf dieser ersten Reise mußte er der Stadt begegnen, der er, ohne sie zu kennen, zwei »Liebesgesänge« gewidmet hatte.

Als er ans Wolga-Ufer kam, war der Kriegsdonner seit vier Jahren verstummt. Es war Sommer. Alles erstand neu aus den Ruinen. Er konnte nicht anders, er schrieb ein drittes Gedicht für die Stadt. Normalität hatte sich wieder eingestellt und war verkörpert in einem Hund, der an diesem staubigen Tag die Straße überquerte, und in dem Mädchen, das, einen Zettel in der Hand, dahinlief, um eine Nachricht zu überbringen. Vor ihm, gemächlich, mächtig, der Strom, das Mütterchen, dunkle Fluten. Frauen gebären wieder, die Kinder gehen wieder in die Schule, und an windgeschüttelten Zweigen reifen wieder Kirschen. Die Stadt ist gestorben und ist auferstanden. Ihr Dichter schnitt einen Akazienzweig ab, um den Duft von Stalingrad einzuatmen, das ihm diesmal zulächelte, wie eine dankbare Frau, die einen Freund aus schwerer Zeit begrüßt, sie empfängt ihn an einem heiteren Sommertag, sie zeigt ihm auch die immer noch vorhandenen Narben an ihrem Leib, aber voller Stolz und Freude.

Neruda wohnte in Moskau gern im Hotel National. Und wenn man ihm das Zimmer gab, in dem Lenin sich in den ersten Tagen nach dem Umzug der Regierung von Petrograd nach Moskau aufgehalten hatte, um so lieber. Manchmal aber brachte man ihn im Luxus einer anderen Zeit unter, im barocken »Metropol«, das zur Zarenzeit von Adligen und reichen Kaufleuten häufig gemietet worden war. Das war ein komplettes Appartement mit Konzertflügeln und einem riesigen Bad, dessen Fliesenmuster aus violetten Blumen und smaragdfarbenen Blättern bestand. Die Teppiche waren so dick, daß man einsank – aus reiner Wolle, einem ausgezeichneten Elektrizitätsleiter. Kusmitschew erinnert sich, daß Neruda, wenn Besuch gemeldet war, diesen ein paar Minuten warten ließ, unterdessen lud er sich elektrisch auf. Trat der Besucher ein, berührte er dessen Stirn oder gab ihm die Hand, und dabei entstand ein Funke. Der Ankömmling verspürte einen Schlag und erschrak. Jemand behauptete, das Hirn des chilenischen Dichters besäße elektrische Kraft.

Später kam er regelmäßig Jahr für Jahr nach Moskau, um seine Pflichten als Mitglied des Komitees des Internationalen Lenin-Friedenspreises zu versehen. In Chile berichtete er, daß er bei einem Besuch der Ermitage ein Bild von Alonso de Ercilla y Zúñiga gesehen hätte, das manche El Greco und manche einem Unbekannten zuschrieben. In Chile erregte er mit diesem Bild, von dem er eine Reproduktion mitbrachte, großes Aufsehen. Als Neruda das Bild entdeckt hatte, war er wie angewurzelt stehengeblieben und hatte seinen Augen nicht trauen wollen.

Als man auf Vorschlag Nerudas den kolumbianischen Schriftsteller und Linguisten Baldomero Sanin Cano für den Lenin-Friedenspreis vorgesehen hatte, fragte man, wie es Brauch war, bei diesem telegraphisch an, ob er die Auszeichnung annehmen würde. Pablo wurde beauftragt, den Telegrammtext aufzusetzen. Danach wies er strahlend die Antwort vor. Nicht nur, weil der Preisanwärter seine Freude über die ihm zugedachte Ehrung bekundete, sondern vor allem, weil der berühmte Grammatiker den von Neruda aufgesetzten Text zurückgeschickt hatte, korrigiert, denn er hatte Fehler darin entdeckt. Ewiger Konflikt zwischen Grammatiker und Dichter. Der Dichter hatte seinen Spaß daran.

Während der Jury-Sitzungen schrieb er bisweilen Gedichte oder zeichnete seine Begleiterin, Ella Braginskaja, mit der er die vielfältigsten Gespräche führte. Für sein Leben gern unterhielt er sich mit Frauen. Und wenn er an ihnen eine Spur oder zwei von Koketterie feststellte, um so lieber. Plötzlich kam er dahinter, daß sein Nachbar, der italienische Maler Renato Guttuso, ein Bild von derselben Frau malte. Da wurde er melancholisch.

109

Der Vers, von einem jungen Selbstmörder unterstrichen

Auf seiner Europareise besuchte Neruda Polen. Von dort reiste er nach Ungarn. Man hatte ihn eingeladen, sich mit einem anderen seiner Brüder zu treffen, mit dem vor einem Jahrhundert verstorbenen Dichter Sandor Petöfi. Neruda hatte ihn gelesen. Für die Ungarn ist er, was Puschkin für die Russen ist, Byron oder Shelley für die Engländer, Victor Hugo für die Franzosen. Aber jeder Schriftsteller schreibt, lebt und stirbt mit seinem Profil, treu seiner eigenen, unverwechselbaren Physiognomie. In jener Zeit, da die großen Dichter der Romantik in jungen Jahren zu sterben pflegten, ist Petöfi, der mit Sechsundzwanzig starb, die in der Öffentlichkeit wie im privaten Kreis lauteste Stimme der magyarischen Poesie. Neruda kann dieser Barde der Revolution von 1848 nicht gleichgültig sein, der vor Menschenmassen flammende Verse vorträgt, die zur Unabhängigkeit von der Habsburger Monarchie aufrufen.

Wieder eine Dichterversammlung, für Neruda jedesmal Tische der Brüderlichkeit. Er umarmt einen ihm sehr nahestehenden Freund, den er wie einen Bruder liebt, Paul Éluard. Da war der rumänische Dichter Eugen Jabeleanu, der Neruda in seine Sprache übersetzt hatte. Man zog von Lesung zu Lesung. Nach einem Fabrikbesuch, bei dem Éluard den Arbeitern ein Gedicht von Petöfi vorgetragen hatte, gingen sie durch den Budapester Luna-Park, den Vurstli. Und da verstießen beide aufs schwerste gegen das Protokoll: Sie traten an einen Schießstand und schossen um die Wette. Und zu allem Überfluß ließen sie sich danach auf einem Esel fotografieren.

Der feinsinnige ungarische Dichter György Somlyó hatte

bereits eine Auswahl damals neuester Neruda-Dichtung übersetzt, ihr Erscheinen fiel mit seinem Besuch zusammen. Sie war mit vielen Fotografien eines guten Freundes des Dichters, Antonio Quintanas, versehen, zur Verfügung gestellt hatte sie eine Ungarin, die während des Faschismus in Chile gelebt hatte und in ihre Heimat zurückgekehrt war, Judith Weiner, sie stand Neruda immer sehr nahe.

In jener Zeit wird er vom Weltfriedensrat gebeten, diesen auf dem amerikanischen Friedenskongreß zu vertreten, der im September 1949 in Mexiko stattfinden soll. Mit Freuden nahm er den Antrag an. Es gab für ihn viele Gründe, sich für diese Sache einzusetzen, intellektuelle oder schlicht menschliche Gründe. Die Atombombe war auf den Plan getreten. Im kalten Krieg vereiste das Verhältnis zwischen den beiden Systemen. Und er wies immer wieder darauf hin, daß González Videla, um seine gegen ein ganzes Volk, auch gegen den Dichter persönlich gerichteten Unterdrückungsmaßnahmen zu rechtfertigen, mit dem Argument arbeitete, der Weltkrieg würde in drei Monaten ausbrechen. Zwei Jahre waren zum Glück ohne Weltkrieg vergangen, noch viele mehr würden vergehen, und kein vernünftiger Mensch auf der Erde wollte, daß dieser letzte Konflikt je ausbräche. Ja, er würde nach Mexiko reisen, das zum guten Teil sein Land war. Am 28. August, einem Sonntag, traf er in Mexiko-City ein, zusammen mit Delia del Carril, Paul Éluard und Roger Garaudy.

Am nächsten Tag gab er eine Pressekonferenz. Er sprach für viele. »Uns haben sich Menschen angeschlossen, die unseres Kontinents Stolz sind, wie Lázaro Cárdenas, Gabriela Mistral, Baldomero Sanin Cano, Joaquín García Monje, Henry Wallace, Thomas Mann, Alfonso Reyes, Paul Robeson, Diego Rivera, Enrique González Martínez . . . Wir sind disziplinierte Soldaten einer großen zivilen Armee, die den Krieg verhindern wird . . . Die gegen den Frieden sind, sind gegen das Leben . . .«

Am Abend des 5. August eröffnete der mexikanische Dichter Enrique González Martínez den Kongreß in der Arena Coliseo. Die USA-Delegation unter Leitung von Professor Linus Pauling und die kanadische Delegation unter Leitung von Doktor J. G. Endicott brachten am nächsten Tag einen Entschließungsantrag ein, daß die Vereinten Nationen die Aufsicht über Kernwaffen übernehmen sollten. Der mexikanische Gewerkschaftsführer Vicente Lombardo Toledano rief die Werktätigen Lateinamerikas auf, die Friedensbewegung in jedem Land, jeder Stadt, jeder Fabrik, jeder Schule zu organisieren. Anwesend waren die großen Mexikaner, dazu die Kubaner Juan Marinello, Carlos Rafael Rodríguez, Nicolás Guillén, Lázaro Peña, der Venezolaner Miguel Otero Silva und der Chilene Salvador Ocampo.

Auf der Schlußsitzung sprach Neruda. Der USA-Journalist Lloys I. Brown schrieb in der New-Yorker Zeitschrift *Masses & Mainstream*, Neruda sei »eine Spitzenfigur auf dem Kongreß und seine Ansprache der Höhepunkt« gewesen.

Ein Stuhl blieb während des Kongresses leer, der des verstorbenen José Clemente Orozco, eines der Kolosse der mexikanischen Malerei. Neruda gedachte seiner, der noch vor drei Tagen so voller Leben gewesen war. Er hielt eine politisch-literarische Rede. Er sprach von den Aufgaben des Schriftstellers angesichts der Kriegsgefahr. Es war ein antiexistentialistischer Appell, ein Nein zu Flucht und Neurose als ästhetische Tugenden. Und er griff diese auch bei sich selber an und verwarf eigene Seiten, die »die Falten der Bitterkeit einer toten Epoche trugen«.

Die literarische Welt war gerührt von den Erklärungen des Dichters, der eigene Gedichte, Bücher tilgte. Die Frage war polemisch. Er verwarf eine Epoche seiner Poesie. Und er legte seiner Erklärung die Gefühle aus jenen Tagen zugrunde. In Ungarn hatte man ihn gebeten, selber die Seiten zu benennen, die in eine Anthologie aufgenommen werden sollten, welche in Budapest erscheinen würde. Um diese Bitte zu erfüllen und den Übersetzern entgegenzukommen, ging er daran, seine alten Bücher zu lesen, und dabei hatte er den Eindruck, daß »sie nicht mehr taugten, daß sie veraltet waren«. Soeben hatte er eine tragische Nachricht erhalten: Bei einem jungen Selbstmörder in Santiago hatte man ein Buch von ihm gefunden, darin jener einige Zeilen unterstrichen hatte, bevor er sich erschoß. Es war ein Exemplar des *Aufenthalts auf Erden.* Angestrichen der Vers: »Es geschieht, daß ich müde bin, Mensch zu sein . . .« Neruda hatte Angst. Die Episode erinnerte ihn an den *Werther*, den er als junger Mann gelesen hatte, und an die Selbstmordepidemie, die dieser seinerzeit ausgelöst hatte. Er fühlte sich schuldig.

Er litt furchtbar. Er sagte sich öffentlich von diesen Büchern los, insbesondere, obwohl er es nicht nannte, von *Aufenthalt auf Erden.* Und erläuterte immer wieder seine Gründe. »Ich wollte nicht, daß altes Leid neue Leben mutlos macht. Ich wollte nicht, daß die Widerspiegelung eines Systems, das mich zur Verzweiflung zu bringen vermochte, inmitten werdender Hoffnung den grauenerregenden Schlamm ablagerte, mit dem unsere gemeinsamen Feinde meine eigene Jugend verdüsterten.« Er ging noch weiter. Er wollte auch nicht, daß diese Bücher in Amerika neu aufgelegt würden.

So entstand das einmalige Phänomen, daß sich viele Leser – gegen den Autor – für den verurteilten Teil seines Werkes einsetzten.

Der Dichter machte eine Zeit zwiespältiger Empfindungen durch. Er kam aus seiner Heimat, die zum Grab seiner Träume geworden war, und hatte zum erstenmal eine andere Welt gesehen, die aus Ruinen und aus dem Tod von Millionen Menschen entstand. Er fühlte sich vor seinem Land und vor der Menschheit verantwortlich. Er wollte nützlich sein.

Rückblickend verdrossen ihn die Kümmernisse seiner Jugend, die ihn innerlich schmerzten, aber von außen kamen. Er wollte, daß seine Poesie zur Lebensfreude beitrüge, ein Quentchen zum Glück der Menschen beisteuerte. Unsagbare Einfalt? Unzulässige Naivität bei einem intelligenten Menschen? Unrealisierbare Utopie eines verhältnismäßig neuen Kommunisten? Revolutionärer Eifer, in dem er sich hinreißen ließ, für einen Teil seiner dichte-

rischen Produktion die Guillotine zu fordern? Vielleicht.
Und möglicherweise noch viel mehr als das alles.

Im Grunde der romantische Drang eines Menschen, der
das Wohl des Menschen wollte, und eines Geistes, der –
wie der düstere Beethoven – den Wunsch hatte, daß seine
Poesie, wenn sie schon keine »Ode an die Freude« und
kein »Menschen, ich liebe euch« würde, so doch wenigstens
das nagende Gift des Pessimismus und der Einsamkeit, der
Armut und des Gefühls der Leere als Gesetze des Lebens
auflöste. In diesem Sinn war Neruda ein Antimeridian zu
Paris, Feind der Schwermut, ein – philosophisch gesehen –
bejahender Typ.

> Was tatet denn ihr, Gideaner,
> ihr Intellektualisten, Rilkeaner,
> Mystifizierer, unwahre, existentialistische
> Gaukler, surrealistische,
> im Grab entflammte
> Blüten Mohns, europäisierte
> Modekadaver,
> bleiche Maden im Käse
> des Kapitalismus, was tatet denn ihr
> gegenüber der Herrschaft der Angst,
> angesichts jenes dunklen Menschenwesens,
> jener mit Füßen gestoßenen Bescheidenheit,
> jenes im Kot versunkenen
> Hauptes, dieses Seins
> harter zertretener Leben?

Er setzte sie auf die Anklagebank, weil sie davonliefen,
Abfälle feilboten, nach blauen Haaren suchten, der »reinen
Schönheit«, »der Verzauberung« nachjagten, alles, wie er
meinte, Formen der Flucht.

Die obigen Schmähreden hatte er der Creme der »fal-
schen Aristokraten unseres Amerikas« zugedacht, die das
Gefolge der Ausbeuter, der Verschlinger des Kontinents
bildete. Es war Quevedos Poesie mit ihrer Verhöhnung der
Vornehmtuer, der Günstlinge, der Dollaradvokaten, der
Diplomaten, die ordengeschmückte Dummköpfe wären, der

Bordellpolitiker, der Standard Oil Company, der Anaconda Copper Mining, der United Fruit Company, die Menschen zu Bettlern machen, Indios töten, Richter kaufen, Diktaturen errichten, die auf den Plätzen der Städte Tote anhäufen. Die »himmlischen Dichter« waren die Blume am Revers dieser Tierwelt.

Ich sage aus eigener Erfahrung, die sich mit der vieler oder nahezu aller Leser deckt: Ich habe nie aufgehört, die getilgten Gedichte zu lesen. Ich glaube, es hat praktisch niemand die Weisungen des Dichters beachtet. Junge Männer gestanden nach wie vor ihre Liebe mit Versen aus den *Zwanzig Liebesgedichten*. Und die Introvertierten segelten weiter durch die heimlichen Fluten des *Aufenthalts*. Wir taten es, ohne die Achtung vor den edlen Beweggründen des Dichters zu verlieren. Aber sein Werk gehörte nicht mehr ihm allein. Der Leser befand darüber, ob er es las oder nicht, und kein Wink, auch nicht vom Autor selber, konnte ihn daran hindern.

Jahre gingen ins Land, Neruda überdachte die Sache in der Stille. Seine gesammelten Werke enthielten die verwünschten Bücher, Gott sei Dank! 1951 ermächtigte Neruda seinen Verleger in Buenos Aires, Gonzalo Losada, *Zwanzig Liebesgedichte* neu herauszubringen, die Leser nahmen es begeistert auf. Wenig später erreichte das Büchlein in Spanisch eine Auflage von mehr als einer Million Exemplaren. Mit der Zeit erschien in der Sowjetunion *Aufenthalt auf Erden* und schließlich das gesamte Werk Nerudas.

Später sprach er ruhiger vom *Aufenthalt*. Er las ihn als fernes Werk, das aber zu ihm gehörte, das aus seinem Innern hervorgegangen war. »Der Ton dieses Buches«, sagte er, »war gewollt schwermütig, obwohl er von einer existenten Verzweiflung ausging. In der Übertreibung liegt natürlicherweise meine eigene Auffassung von Poesie. Ähnlich übertrieben wird der Ton überschäumender Freude in anderen Büchern sein. Aber Freude bringt keinen um.«

Er war sicher, daß Freude jenen jungen Mann nicht getötet hätte. »Vermutlich war er ein kluger, lebensvoller Junge. Mein Buch, getränkt mit diesem Tod, mit diesem

Verhängnis . . ., das ist sehr schlimm! Es hat mir viel zu denken gegeben. Ich habe diesen Standpunkt verlassen, ohne von meiner Meinung abzugehen, daß ein Schriftsteller sich seiner Verantwortung nicht nur im Leben, sondern auch in seinen Arbeiten bewußt sein muß.«

Die Jahre versöhnten Neruda mit seiner vor dem Spanienkrieg geschriebenen Dichtung. Bei mehreren seiner Dichterlesungen habe ich erlebt, wie er dem stürmischen Verlangen eines jugendlichen Publikums nachgab und das »Gedicht 20« rezitierte. Neruda setzte sich dann die Brille auf halbe Nasenhöhe und begann mit nostalgischem Genuß: »Ich könnte die wehmütigsten Verse schreiben in dieser Nacht . . .«

110
Liebe und Venenentzündung

Neruda fuhr zu Orozcos Beerdigung, er fühlte sich schlecht. Er litt an einer Venenentzündung. Doch er raffte sich auf und blieb bis zum letzten Tag auf dem Intellektuellenkongreß, dann legte er sich ins Bett. Wie üblich kamen Freunde zu ihm. Das Zimmer war immer voll wie ein literarischer Salon oder eine Kneipe am Abend. Und natürlich kamen Frauen. Ein Gesicht, früher vielleicht einmal flüchtig gesehen, ein Lachen wie aus der Höhe herabstürzendes Wasser und ein Paar flinke Hände, die das Bett des Patienten machen, ihm das Kissen aufschütteln, ihm den Kopf halten, um ihm die verschriebenen Medikamente zu geben. Wo hatte er die Augen dieser Chilenin gesehen? Warum sagten diese Augen: Wir haben uns schon früher gesehen. Ihm war, als verbände sie sich ihm mit Musik, die er vor einiger Zeit, nicht vor Jahren, zwischen Bäumen gehört hatte. Als sie ihm wieder den Kopf hielt, um ihm Tabletten gegen die Venenentzündung zu geben, fragte er sie geradezu, ob sie sich von früher kannten. Ja, sie hatten sich bei einem Konzert im Freien kennengelernt, im Parque Forestal. Ein Paar, mit dem sie gemeinsam befreundet waren, hatte sie einander vorgestellt. Neruda hatte Blanca Hauser gefragt, wer ihre Begleiterin wäre. Drei Jahre waren vergangen, aber es hatte sich noch etwas ereignet. Im Nu war nämlich geschehen, was zwischen einem Mann und einer Frau zu geschehen pflegt, alles in der Hitze der Präsidentschaftswahlkampagne von 1946. Das Abenteuer war wie fortgewischt, tief in Nerudas Erinnerung versunken. Sie, Absolventin des Konservatoriums von Santiago, war auf Tournee gegangen, hatte Konzerte in mehreren Ländern Amerikas gegeben. In Mexiko war sie seßhaft geworden, hatte eine Musikschule gegründet. Jetzt wurde aus der Sängerin eine freiwillige Krankenschwester, die die flüchtige Romanze im Parque Forestal nicht vergessen hatte.

Matilde Urrutia und ein Neruda mit Venenentzündung knüpften eine heimliche Beziehung an, die des Dichters Vorliebe für Tarnnamen reizte. Er taufte seine neue Liebe Rosario. Und es gelang ihm, diesen Namen in den *Großen Gesang* einzuführen. In »Holzfäller, wach auf!« bittet er um Frieden für seine rechte Hand, »die nur schreiben will Rosario«. Noch andere Gedichte fügte er dem Buch hinzu, das er in Chile zurückgelassen hatte, mit dem Auftrag, es herauszugeben. Die größte Freude aber hatte er vermutlich daran, diesen scheinbar harmlosen Namen zwischen die Seiten zu schmuggeln.

Das alles geschah in einer Mietswohnung auf dem Paseo de la Reforma. Die Genesung brauchte ihre Zeit. Und das Verhältnis, das 1949 feste Formen annahm, sollte vierundzwanzig Jahre dauern, bis zum Tod des Dichters.

Doch man würde den Dichter nicht kennen, wollte man annehmen, er wäre auf seinem Krankenlager müßig gewesen. Morgens begann er pünktlich zu schreiben. Inmitten von Kissen und Decken entwickelte er die mannigfaltigsten Initiativen und Unternehmungen in der Außenwelt. Den chilenischen Nationalfeiertag am 18. September feierte er in Form eines Empfangs für dreihundert Geladene, »ganz Mexiko« plus ausländische Gäste. Das Fest hatte eine Besonderheit: Der Dichter, der es gab, lag im Bett und verfolgte den Ablauf über Telefon oder Fernsteuerung.

Er plante eine prachtvolle Ausgabe des *Großen Gesangs*. Neruda war in dieser Hinsicht nie für kleine Lösungen. Er bildete eine Herausgeberkommission, der María Asúnsolo, der Ingenieur César Martino, der Architekt Carlos Obregón Santacilia, der Spanier Wenceslao Roces und die Chilenen César Godoy Urrutia und Enrique de los Reyes angehörten. Miguel Prieto übernahm die typographische Verantwortung. Diese Liste verband Repräsentativität mit der Garantie finanzieller Möglichkeiten. Neruda wollte, daß die drei Titanen der Wandmalerei das Buch illustrierten. Da Orozco gestorben war, lieferten Diego Rivera und David Alfaro Siqueiros zwei dem Text entsprechende Bilder.

Neruda fügte fast bis zum letzten Augenblick Gedichte hinzu. Und sogar noch nach dem Abschlußtermin für den *Großen Gesang*, der, wie gesagt, auf den 5. Februar 1949 festgesetzt war, schrieb er im Dezember des Jahres einen Epilog zum fünften Teil, »González Videla, Chiles Verräter«, dessen vom Autor auf der Maschine geschriebenes und korrigiertes Original sein Freund Luis Enrique Délano in Verwahrung hat. Dem XII. Kapitel, »Die Ströme des Gesanges«, gab er in letzter Minute ein Gedicht bei, das er in ebendem Monat geschrieben hatte, »An Miguel Hernández, ermordet in den Verliesen Spaniens«. Beide Gedichte sind verschieden. Das erste ist bissig, voller Verwünschungen, das zweite hat einen edlen lyrischen Ton, aber es verflucht auch, kündigt den Schuldigen an, daß sie mit Blut bezahlen werden. Der Dichter verspürt im Mund scharfen Pulvergeschmack. Die Ereignisse, die zu jener Stunde sein Leben umgeben, liefern zum Teil die Erklärung für diesen Gemütszustand.

Eines Tages verläßt er das Bett, das Haus, die Stadt. Er macht eine anstrengende Reise nach Veracruz, wo er Gabriela Mistral besucht. Im August 1949 hatten Luis Enrique Délano und César Godoy sie in Xalapa aufgesucht, um sie zu bitten, sich dem Friedenskongreß anzuschließen. Délano berichtet, daß sie vierundzwanzig Stunden bei ihr waren, von denen sie zwanzig im Gespräch verbrachten.

Sie gab ihnen ihre Beitrittserklärung; zusammen mit Neruda und Claudio Arrau bildeten sie das universalste chilenische Trio, das sich gegen die Kriegsgefahr aussprach. Kurze Zeit später veröffentlichte Gabriela Mistral einen Artikel, der berühmt werden sollte, *Das Verruchte Wort* (La Palabra Maldita). Das Wort Friede war für sie ein gesegnetes. »Sagen wir es jeden Tag, wo immer wir sind, wo immer wir gehen, bis es Gestalt gewinnt und eine ›Militanz des Friedens‹ erzeugt, die die dicke, schmutzige Luft erfüllt und nach und nach reinigt.« Neruda hatte sie seit Spanien nicht mehr gesehen. Nach Lissabon war sie Konsul in Santa Barbara, Kalifornien, gewesen. Später in Petropolis. Sie und Pablo Neruda hatten es Délano ermöglicht, in den konsularischen Dienst zu treten, Gabriela schickte Luis Enrique eine Postkarte, auf der sie ihm mitteilte, sie wäre beim *Mercurio* »wie ein Dienstmädchen« entlassen worden, nach mehr als zwanzig Jahren Mitarbeit. Das alles erlebte Neruda in Veracruz noch einmal. Beiläufig sprach sie über »das von Stockholm«. Sie meinte den Nobelpreis. Länger verweilte sie, unter Seufzern, beim Tod ihres Neffen Yin Yin. Sie sprach von Mord. Wahrscheinlich war es ein Selbstmord in Brasilien, wie der ihres guten, gequälten Stefan Zweig, der sich auch in ihrer Nähe das Leben nahm.

Von Gabriela Mistral aus begab Neruda sich zum Hafen, um das Schiff zu besteigen, das ihn wieder nach Europa bringen sollte. Er hatte sich für ein paar Tage in Mexiko aufhalten wollen und war zehn Monate geblieben. Dabei war es zu einer Begegnung gekommen, die sein ganzes weiteres Leben bestimmte. Nachdem er sich in die Chilenin *Matildina Silvestre* verliebt hatte, »Sie, der Vogel«, »Ich, der Vogel«, sang *Pablo Insulidae Nigra* anders. Sie hörte auf zu singen, um sich diesem heimlichen Verhältnis hinzugeben, das sich jeden Tag von geheimen Botschaften nähren würde. Sie würde nicht zögern, nach Europa zu gehen und in der Nähe des Dichters zu leben, der weiter offiziell mit Delia unter dem ehelichen Dach wohnte. Das Bett teilte er mit der geheimnisvollen Rosario de la Cerda. Ein Doppelleben, das sieben Jahre anhalten sollte.

Exilgespräche

Reisezeit. Wieder hat der Weg ihn durch Guatemala ge-
führt. Eine Zeitlang wohnt er mit Jorge Amado auf Schloß
Dobřís bei Prag, beide sind Gäste des tschechoslowakischen
Schriftstellerverbands. Ihre Gespräche drehen sich um das
Exil. Der Brasilianer, der Romane schreibt, denen der
Geruch von Mulattinnen und seinem Bahía anhaftet, erlebt
wie Neruda eine Periode voller Leidenschaft. Beide lauern
auf jegliche Notiz, die von drüben, aus weiter Ferne zu
ihnen kommt. Neruda erhält die traurige Nachricht vom
Tode des Generalsekretärs der Kommunistischen Partei
Chiles, Ricardo Fonsecas, zu dessen letzten Handlungen es
gehört hatte, die Flucht über die Kordilleren zu planen.
»Wir kamen beide aus den einsamen Gefilden der Grenze«,
schreibt er rückblickend, »und zwischen zwei Böen des stürmischen Wetters / fanden wir uns unter demselben Dach /
neben dem Feuer, das der Mensch entfacht, / seiner Brust
entrissen hat.«

In Indien trifft er mit Nehru zusammen. In jenem Jahr,
1950, nimmt er am Zweiten Kongreß der Friedensfreunde
in Warschau teil. Er erhält den Stalinpreis. Bereist fast ganz
Europa und fährt nach Asien.

Das alles berichtet er wie ein Reisekorrespondent in seinem Buch *Die Trauben und der Wind.* Das ist kein Touri-
stenführer in Gedichtform. Es ist die Entdeckung zweier
Kontinente mit parteilichem Blick. Der Chronist wird seine
Bahn ziehen, Schritt für Schritt, und alles in chronologischer
Reihenfolge darbieten. Der Schlußpunkt des *Großen Gesangs* wird der Ausgangspunkt sein. Als Auftakt zu dem
neuen Zyklus erzählt er von seinem Ritt durch die Kordilleren, als sie über Humus schritten, den tausend Jahre keines Menschen Fuß betreten hatte, als sie sich unter unsäg-
lichen Mühen einen Weg durch den Urwald bahnten, wo
Vögel hausen, die noch nie Menschen gesehen haben, den
»Füchse mit elektrischem Schwanz« durchstreifen. Sie gingen

einen Leidensweg durch spitze Dornen, schlugen sich mit dem Buschmesser den Weg frei. Wann immer es not tat, half ein anderer Mensch ihm weiter. Er kam ans Ziel, weil ein anderer Mensch ihm die Hand reichte.

So konnte er nach Florenz gelangen, dessen Arno weder der Orinoco noch das wilde Wasser der Anden ist. Deshalb konnte er den Palazzo Vecchio betreten. In Rumänien vergleicht er die heimatlichen Fluten mit der gelben Donau. Dort alles wild und unberührt, hier alles hübsch und adrett und vor lauter Geschichte rostig, wie die alte Karlsbrücke unweit der Prager Burg. Julius Fučik spricht mit ihm, der strahlende Julius.

Da er seinen Namen nicht mehr verheimlichen, sich nicht mehr verbergen, Freunde nicht mehr meiden muß, geht er jetzt unter allerlei Possenreißerei die Straße entlang. In Vallauris besucht er Picasso. Schaut in dessen Atelier zu, wie er kleine Zentauren zum Galoppieren bringt. Danach schickt er sich an, einen Mann mit krausem Haar in seiner Datsche aufzusuchen. Er schlägt vor: »Willst du etwas über Jasmin wissen, schreibe ihm einen Brief . . .« – Ehrenburg.

Der unstet irrende Amerikaner spricht mit Europa. Er bittet, ihm nicht die Tür zu weisen.

Morgen zu früher Stunde wird er nach Asien fahren. Danach ans baltische Gestade zurückkehren. Und für ein Land bitten, das er nicht betreten darf und das ihm fehlt, das für ihn »das Gewebe selbst des Körperinnern« ist – Spanien.

Er wird das weite russische Land besingen, die Wende in der Geschichte, das Herbstabenteuer auf der Transsibirischen Eisenbahn.

Er reist durch die Mongolei, und die erinnert ihn an Chiles Großen Norden, an die Sandberge, während der Wind aus der Wüste Gobi ihm ins Gesicht bläst.

Nicht, daß er die Landkarte betrachtet, um ja kein Land auszulassen. Es ist eine Pflicht gegenüber Kultur und Freiheit. Griechenland, des Praxiteles Rose, Akanthus-Blätter dort, wo damals des Volkes Blut floß.

Eines Tages erwachte er und sah vor dem Fenster das von der Mühle des Todes gepeinigte Berlin. Aber er sah auch die Menschen, die sehr früh am Morgen in dem Inferno aufbrachen, um aus den Ruinen von neuem ein Land zu erbauen, so als wollte es noch einmal Frühling werden.

Seine Poesie ist polemisch, von unverhohlener Deutlichkeit. In welcher Stadt er auch weilt, immer birgt er das unübertragbare Land in sich. »Wenn von Chile« ist das Gedicht, in dem er sich mit Chile identifiziert. ». . . regnet es in Lota, / fällt auf mich der Regen . . . / In mir wächst der dunkle Weizen von Cautín. / In Villarrica habe ich eine Andentanne, / im Großen Norden besitze ich Boden, / mein ist eine blonde Rose in der Provinz . . .«

Es sind die Jahre des Korea-Krieges. Er berichtet über alles. »Sie, die zuvor Nikaragua der Erde gleichgemacht. Sie, die Texas geraubt. Sie, die Valparaíso gedemütigt hatten. Sie, die mit schmutzigen Klauen die Kehle würgen Puerto Ricos. Sie kamen nach Korea . . .«

Man glaube nicht, seine so eindeutige Parteinahme sei einseitige Kinderei. Er mag nicht die Politik des Empires, aber er fühlt sich den Engländern, die in die Geheimnisse dringen, verbunden, diesem »Shelley, der im Regen singt«.

»Das verbrannte Licht« ist eine Rose für Vietnam. Er fordert Frieden für jenes Land zerfetzter Helden, aus dessen Lianen und Zuckerrohrfeldern ein Wind voll Wohlgeruch und Grabesluft steigt.

Es gibt noch ein Land, das er nur heimlich betreten darf: Portugal. Als er Lissabon von See her sieht, »den himmelfarbenen Hafen«, wähnt er, daß hinter den Fenstern Kerkerwächter der Trauer ihre Runden machen, vergessen die goldene Zither, die Camoëns hinterlassen hat. Er möchte den Portugiesen auf der Straße fragen: Weißt du, wo Alvaro Cunhal ist?

Für ihn gibt es »mehr als ein Frankreich«. Er, der Rabelais gebraucht hatte »wie die Tomaten«, wurde von einer sehr korrekten Polizei, nachdem sie ihm eine Zigarette angeboten hatte, des Landes verwiesen. Nichts nützte es ihm, daß er das Andenken an Charles d'Orléans ehrte und

Rimbaud seit vielen Jahren insgeheim bei ihm zu Hause war. Er wurde hinausgeworfen, trotz der Auszeichnung, die ihm der Graf von Dampierre verliehen hatte. Das waren die eisigen Freuden des kalten Krieges.

Er wußte, mehr als er selber litten seine französischen Freunde, Aragon und Éluard, bei dem er sich als Heiratsvermittler betätigt, ihm nämlich geholfen hatte, in Mexiko seine letzte Liebe zu finden: Dominique. Er hatte *Die Trauben und der Wind* noch nicht abgeschlossen, da bekam er ein Telegramm, das seinen Frankreich-Kummer mehrte: Paul Éluard war gestorben. »Wieviel Dinge / durchwandern Erde und Zeit, / bis sie einen Menschen formen.« Später würde er sagen: »Er war mein Freund für alle Tage, und ich verliere seine innige Zuneigung, die ein Teil meines täglichen Brots war. Niemand wird mir künftig geben können, was er mit sich fortnahm: Seine tätige Brüderlichkeit war ein Luxus in meinem Leben, wie ich ihn schätze.«

Wie andere Bücher über Neruda enthält auch dieses unweigerlich Seiten, die der Freundschaft gewidmet sind, einem Gefühl, das er sein Leben lang gepflegt hat. Seine heimliche Liebe zu Matilde habe ich nicht von Neruda erfahren, sondern von seinem Freund Nâzım Hikmet, dem türkischen Dichter, für den er mir einen Brief gegeben hatte. Dieser Nâzım war ein Winder. Er war gerade aus langer, schrecklicher Haft in seiner Heimat entlassen worden, als sie sich trafen, und das erste, was er tat, war, ihm, Neruda, sein goldbesticktes Hemd zu schenken. Was hatte dieser neue Freund alles erlitten! Er stammte aus jenem Land, »das ähnelt dem Kopf eines Esels, / der aus dem fernen Asien dahergaloppiert ist, / um ins Mittelmeer einzutauchen. / Dieses Land ist das unsere.« Er war 1902 in Saloniki geboren worden, in einer alten Familie ottomanischer Würdenträger, von Kind an schreibt er, nimmt an der revolutionären Bewegung teil und geht 1921 nach Moskau, wo er sich an der Universität der Ostvölker immatrikulieren läßt. Nach seiner Rückkehr in die Türkei, 1928, ist sein Los – infolge seiner kommunistischen Betätigung – Illegalität und Gefängnis. 1951 geht er ins Exil. Er ist der größte Dichter seines Landes und einer der herausragendsten des 20. Jahrhunderts. Neruda möchte, daß sein Bild nicht vergessen werde: »Hochgewachsen ist er / wie ein Turm, / im Frieden der Steppen errichtet, / und oben / zwei Fenster: / seine Augen / mit dem Licht der Türkei.« 1952 warten wir auf dem Flughafen von Peking auf unser Gepäck. Nâzım fragt mich nach Rosario. Er lacht über meine Betretenheit, jenes Lachen, das Pablo zu der Feststellung veranlaßte: Wenn Nâzım lacht, ist es nicht, als lachtest du.

Dieses Reisebuch sollte er erst abschließen, wenn das Exil zu Ende ist. Den Epilog wird er in Chile schreiben. Er ist zurückgekehrt, beladen mit neuen Trauben, getrieben vom Wind. Er hat die Trümmer des Krieges gesehen, und er hat das werdende Licht gesehen. Er kehrt zufrieden zurück, mit dieser immer noch stillen Liebe. Er kehrt zufrieden zurück.

112

Italienisches Zwischenspiel

Neruda hat kein Buch mit dem Titel *Italienische Reise* geschrieben. Es fehlte ihm an apollinischer Majestät. Außer Dichter war er auch Senator, Botschafter und Kandidat für das Amt des Präsidenten der Republik gewesen, aber nie Staatsminister, nie Bergbauinspektor, nie Oberaufseher über Bewässerungsanlagen, und er war nie mit der Oberaufsicht über neue Uniformen des Heeres betraut. Johann Wolfgang von Goethe war das alles gewesen. Er war Zivilisation, Kultur, europäische Kunst in Person. Er hatte das herrschaftliche Aussehen, *le physique du roi.* Unser Reisender von der Peripherie, Neftalí Ricardo Reyes Basoalto, war ein unscheinbarer kreolischer Plebejer. In bezug auf Denkart und Kleidung ging von ihm etwas typisch Lateinamerikanisches aus. Dennoch könnten einige Dinge sie einander näherbringen. Beide waren Dichter. In einer Art waren beide Politiker. Und beide glaubten an die Kraft des Menschen und des Dichters. Zuerst der Mensch, dann der dichtende Mensch. Hatte sich der Neuerschaffer der Faust-Legende nicht gefragt, wer den Olymp trägt, wer die Götter versammelt? Wer, wenn nicht die im Dichter offenbarte Kraft des Menschen? Neruda sah, wie es im *Chilam Balam* heißt, im Dichter den, der Mund ist, den, der für alle spricht.

Sie kamen im reifen Alter nach Italien. Goethe mit siebenunddreißig Jahren, in einer Krise der Lebensmitte. Es war eine getarnte Flucht, bei der er nicht dem Großherzogtum Weimar entrinnen wollte, sondern Charlotte von Steins Herrschaft. Seine Krise war historisch klein, gemessen an einer größeren: die Französische Revolution sollte ein Jahr danach ausbrechen.

Neruda erinnert sich später seiner Ankunft. »Von Kurswechsel zu Kurswechsel geriet ich auf meinen Exilirrfahrten in ein Land, das ich bisher nicht gekannt hatte und das ich heiß lieben lernte: Italien. In diesem Land kam mir alles fabelhaft vor. Besonders die italienische Einfachheit: das Öl, das Brot und der Wein der Natürlichkeit.« Er ist siebenundvierzig Jahre alt. Auch für ihn ist es eine Zeit inneren Wandels. Höhepunkt – um es hochtrabend zu sagen – einer nationalen und internationalen Krise und – schmuckloser – einer Ehekrise, die ausbrechen sollte, weil eine neue Liebe im Spiel war, aus der in Italien ganz schamlos kaum noch ein Hehl gemacht wurde.

Beiden Dichtern gefällt das Land so sehr, daß sie für längere Zeit bleiben. Goethe nennt sich selber »Flüchtling aus dem Norden«. Der »Flüchtling aus dem Süden« ist in der Tat ein Verfolgter. Er ist, zu Pferde quer durch die Anden, einer vom kalten Krieg entfesselten Hetzjagd entronnen. Er kommt nach Italien, um Zuflucht zu finden, ja ein Liebesversteck. Doch auch hier stößt er auf den kalten Krieg.

Goethe wird das Seine in seiner *Italienischen Reise* und in seinen Briefen festhalten. Neruda wird es, ohne ihm die Form eines besonderen Buches zu geben, in seiner Dichtung sagen, in seinem Briefwechsel und schließlich in seinen Memoiren. Wenn Goethe unvollendete Arbeiten durchsieht und *Tasso, Egmont* und *Iphigenie* endgültige Gestalt verleiht, sind Nerudas Italien-Werke *Die Verse des Kapitäns* und *Die Trauben und der Wind*. Seine italienischen Seiten sind der Liebe gewidmet, der Freundschaft, ein wenig der Natur, oft der Politik, die als beiläufiges Erlebnis betrachtet wird. Seine Zusammenstöße mit der Polizei pflegt er als abenteuerlichen Teil des Lebens zu erzählen, und heiteren Blickes schaut er auf sie zurück. Denn er mag das Lachgas, das die Ereignisse verströmen. Er kann von Herzen lachen. Findet Menschen sympathisch, die sich zwanglos geben, hat viel übrig für den sogenannten »italienischen Charakter«.

Goethe sagt: »Was glänzt, ist für den Augenblick geboren, das Echte bleibt der Nachwelt unverloren.« Dennoch widmet er von den zwei Jahren, die er in Italien lebt, kaum drei Stunden Florenz. Dafür sammelt er Pflanzen, diskutiert über Etymologie. Neruda beobachtet hier die mediterrane Natur, vergleicht Meere (das von Neapel und das von Chile), Wein und Zwiebeln, studiert die Brust der Frauen, die Sprechweisen. *Ich bekenne, ich habe gelebt* verzeichnet nur wenige Museumsbesuche. In Mailand habe ich ihn zu einer einzigen Ausstellung begleitet, und zwar zu einer prachtvollen Ausstellung moderner spanischer Malerei, die gegenüber dem Hotel, im königlichen Schloß, gezeigt wurde. Bisweilen überraschte mich, wie wenig ihn edle Ruinen interessierten. In Italien sah er weit lieber dem Alltagsleben zu, wie es sich so zwanglos zwischen Jahrhunderten und Jahrtausenden abspielte. Er wußte, daß ein jeder sein Leben und seine Zeit leben muß. Er hatte die Dichtergabe des inneren Blickes. So betrachtete er alles, sortierend, auswählend, ein größtenteils unbewußter Vorgang. Er bewunderte die Denkmäler, auch wenn ihn, wie er betonte, am Mittelalter vor allem die Jagd auf Einhörner interessierte, ein »mystischer und ästhetischer Sport«. Die Renaissance kam seiner Vorliebe für den Körper entgegen, ihn aber fesselte mehr als alles andere der Lauf der Zeit und darin der Lauf der Menschen, das Gewicht ihrer Leidenschaften. Er war ein großer Eindringling, begierig zu erfahren, was in den Herzen vor sich ging. Als er, in kaltem oder heißem Schweiß gebadet, *Romeo und Julia* übersetzt (nach der Schwerarbeit gesteht er, völlig ausgepumpt: »Nie wieder mache ich mich an die Übersetzung eines Werks von Shakespeare«), tut er das gewiß in seiner souveränen Art, aber vor allem stochert er in den gewundenen Gängen des Gefühls herum. Shakespeares Liebessonette, »in den Opal des Weinens gefaßt, in den Rubin der Liebe, in den Smaragd der Eifersucht, in den Amethyst der Trauer«, bewunderte er am meisten. Ich habe öfter gehört, wie er sie laut rezitierte.

Auf Capri gedachte er schriftlich mehrerer verstorbener Freunde – Augusto D'Halmars, Gerardo Seguels, Muñoz Meanys – und eines noch Lebenden. Der war ich. Er schickte mir ein Vorwort für die zweite Auflage meines Romans *Das Lied der Pampa*, die 1952 bei Austral erschien. Darin sagte er, daß wir gemeinsam mit unserem Volk »große und harte Stunden durchlebt« hätten, und das war und blieb richtig, solange er in dieser Welt weilte.

Dieser genießerische Geheimnisergründer konnte sich am Anblick des Minerva-Tempels oder des gotischen Stils berauschen. Es bereitete ihm sinnliches Vergnügen, die Dinge zu betrachten. Er selber ist, wiederholt ist es gesagt worden, zweifellos eine amerikanische Bizarrheit des Geistes und der Poesie, wie ein erheblicher Teil der Literatur des Kontinents auch. Ihn bezauberten die schwarze Keramik von Quinchamalí, die Gewebe dörflicher Stickerinnen, die mexikanischen Feigen der Indios, die Wasserspeier und ähnlicher Zierat, die steinernen Rosetten. Sie finden sich auch in seiner Dichtung. Das klassische Altertum stand ihm fern, vielleicht weil er einem Land, das kein historisches Altertum hatte, und einem antiklassischen Kontinent angehörte.

Er genoß Italien sogar in Augenblicken der Gefahr. Man denke an seine köstliche Erzählung von der Flucht in der venezianischen Gondel. »Die Polizei wollte, daß ich die Stadt verließ, wo Desdemona geboren ist und gelitten hat.« Er verhielt sich nicht wie Casanova, sondern wie ein großes, ungezogenes Kind. Er kostete das Abenteuer aus, in der Motorgondel des Rathauses den Canale Grande Richtung Meer hinabzufahren, während die Polizei ihn mit einem Ruderboot verfolgte, einem jener »schwarzen, goldverzierten, die in Venedig von Liebespärchen benutzt werden«. Diesmal war die Liebesgondel, mit de Gasperis Ordnungshütern bemannt, die Ente, die, chancenlos abgeschlagen, den Meeresdelphin der Poesie verfolgte. Eine Szene, die sich, wenn auch stark abgewandelt, zu Lande wiederholte, als er in Rom aus dem Zug stieg und auf dem Bahnsteig ein wildes Durcheinander herrschte. Kampf zwischen Literatur, Kunst und Polizei. Gern dachte er an jeden einzelnen Akteur der stürmischen Begrüßung zurück. Moravia, Guttuso, Carlo Levi, der ihm friedlich Rosen überreichte, bevor er ihn in seinem Atelier malte, indessen »senkte sich allmählich die römische Abenddämmerung herab, wurden die Farben schwächer, als söge die ungeduldige Zeit sie plötzlich auf«. Für ihn war Carlo Levi »ein Uhu mit den Späheraugen des Nachtvogels«. Ein Bild aber wird ihm immer bleiben: Elsa Morante, wie sie mit einem Regenschirm auf einen übereifrigen Polizisten einschlägt.

Wirklich gern gesehen war er in Mailand, in Turin und in Genua, dem Hafen, von dem Tausende von Emigranten nach Chile abfuhren, unter ihnen sein lebenslanger, guter Freund Solimano, der ihn in die Geheimnisse seiner heimatlichen Küche einführte. Vorher hatte er seine Gedichte in Theatern, Universitäten und überfüllten Sälen vorgetragen. Das tat dieser Troubadour auf seinen Weltreisen übrigens immer. Hier verbesserte man ihm den Ton, die Diktion und die Melodie. In Mailand hörte ich Neruda seine Gedichte zuerst selbst lesen, dann las ein Schauspieler des Hauses sie. Neruda trug seine Dichtung gern vor. Zweifellos war sie mehr wert als sein näselnder Vortrag, den die Chilenen aber – durch Macht der Gewöhnung und vielleicht aus Verehrung – am Ende akzeptierten. Es machte ihm viel Vergnügen, seine Gedichte in der Sprache jener Landstriche zu hören. »Neben mir wiederholte jemand die Strophe in Hochitalienisch, und ich hatte meine Freude daran, Verse in diesem Glanz zu hören, den ihnen die herrliche Sprache zusätzlich verlieh.«

Aber das Italien seiner glücklichsten Tage – jeder glückliche Tag hat seine Wolke, Feuer brennt nicht, ohne daß Asche zurückbleibt – ist das von Neapel und Capri. Höchst persönliche Gründe, eine Frage des Milieus. Unter der erkalteten Lava seiner alten, zur Ruhe gekommenen Vesuve läuteten in seinem Innern abermals die Glocken, nicht die von Verona, sondern die von Capri. Auf dieser Insel, die einem großen, reglosen Schiff gleicht, ist er mit seiner Geliebten im Winter des Nachts angekommen, und am nächsten Morgen sieht er wie durch ein Kirchenfenster die von der aufgehenden Sonne überflutete Küste und dann die Dämmerungen von der Farbe glühender Kohlen. Es ist die Szenerie des Zusammenseins. An all das erinnerten wir uns vor Jahren, als wir zusammen mit Matilde am selben Ort weilten, im neapolitanischen Milieu oder angesichts der Landschaft, der Felsen von Capri, wo eine Inschrift im Naturgestein, dicht am Meer, die Rückkehr nach fast dreißig Jahren bestätigt.

So standen wir, ohne Pablo, aber mit Matilde, vor dem weißen Bungalow an der Steilküste, den Erwin Cerio den Liebenden von Capri zur Verfügung gestellt hatte. Es war für sie beide, so des Dichters Worte, »Italiens weites, großzügiges, duftendes Herz«. Wir konnten es nur von außen sehen. Seine Bewohner wollten keine sentimentalen Erinnerungen und literarischen Feiern.

Neruda sah Italien nie als Postkartenkollektion an. Betrachtete es nicht als Opernvorhang. Am Kiel des Schiffes sitzend – wo er Traum und Schöpfung erlebte –, entdeckte er auf Capri dessen »zwei wohlabgerundete und scharf konturierte Gesichter: das eine – das der Armen, Kutscher, Seeleute, Weinbauern, Olivenverkäufer«. Das andere – das der angeblichen Dekadenz, in der »all die romanhaften Verderbtheiten« vorkommen, »von denen man in Büchern liest«, war für ihn ein Phantom, die unfaßliche Seite. »Ich hingegen«, sagte er, »nahm an einem glücklichen Leben teil in völliger Einsamkeit oder unter den treuherzigsten Menschen der Welt. Unvergeßliche Zeit. Ich arbeitete jeden Vormittag; nachmittags schrieb Matilde meine Gedichte ins reine . . . Dort«, betont er mit einem Anflug von Kritik an der Kritik, »schrieb ich einen großen Teil eines meiner unbekanntesten Bücher: *Die Trauben und der Wind*.« Und dorthin kam aus Neapel, zusammen mit Sarah, der »feurige, wortgewaltige und energiegeladene Mario Alicata«, mit dem er sich im kunstvollen Zubereiten von Zwiebeln mißt. Dabei prallt phönizische, etruskische, levantinische, römische Kochkunst auf den primitiven Geschmackssinn der Bewohner Westindiens, Nachbarn des wilden Südens, der an die Ausläufer der Antarktis grenzt. Es ist ein geistigkulinarisches Freudenfest, dem sich Literaten seit vor Rabelais bis nach Günther Grass immer wieder mit epikureischem Vergnügen hingeben. Es ist der Stolz darauf, ein eßbares Kunstwerk zu schaffen. Es ist nicht »Die futuristische Küche« Marinettis mit gewollt verschrobenen Gerichten. Hier herrschen Fleisches- und Gaumenlust, panisches Verkosten, poetische Präsentation der eßbaren Elemente der Natur, die wie eine verspielte Musik mit sanften und scharfen, pikanten und wollüstigen Akzenten versehen sind und von der Hand einer Frau oder der üppigen Phantasie der Dichter hervorgezaubert werden.

Er schrieb dort ein Buch, das danach in Neapel anonym erschien, *Die Verse des Kapitäns*. Es ist kein weißes, kein himmelblaues Buch. Es ist ein dramatisches, sinnliches Buch, in dem Pornographie sorgsam vermieden wird. Trotzdem treibt Sex auf seinen Seiten, und es riecht nach Meer, Leitfaden sind Wünsche und höllische Zweifel, die verzehrende Leidenschaft im Alter von einigen vierzig Jahren. Alles wird in einen Text umgegossen, der sich von selbst verbietet. Geschriebenes wird nicht zensiert. Doch der Autor zieht sich eine Maske übers Gesicht. Auf der verdeckten Titelseite liest man das Wort »anonym«. Dieses Wort machte es zu einem widerspruchsvollen Mythos. Heftiger Argwohn, denn die Schreie des Fleisches verrieten die verborgene Identität. Da war Neruda der heimliche Motor, sagte ein schlauer und auf seinen Scharfblick stolzer Kritiker. Das Gefühl, eine Tragödie stünde bevor, ließ uns erschauern. Und das Schlimmste: Unter den Möchtegern-Entdeckern

461

waren gelehrte und ziemlich indiskrete Schnüffler, die ihre Erkenntnisse vor der Frau ausposaunten, deretwegen das Buch ohne den Namen seines Erzeugers erschienen war.

Ich entdeckte jene erste heimliche Ausgabe 1952, eines Abends in Prag, bei Alfredo Varela. Das heißt, sie wurde mir vom Hausherrn entdeckt, der mir, bevor wir zu Bett gingen, eines der geheimen Exemplare gab, heute bibliographische Juwelen und Seltenheiten, Bodoni-Schrift, mit Illustrationen von Paolo Ricci, und mit Stichen pompejischer Vasen. Er reichte mir das Buch nicht so, als wollte er seinem schlaflosen Gast ein Schlafmittel reichen, sondern als wollte er einen Freund in ein Wunderreich einführen, das aber träumend zwischen Himmel und Erde liegt, in Licht und Schatten getaucht, wo des Dichters absichtlich verdunkeltes Antlitz silhouettenhaft sich abzeichnet. Dieser will sein Gesicht nicht zeigen, aber treuherzig offenbart er seine Seele, die nur von einer aleatorischen, ephemeren Maske bedeckt ist, und diese wird bald fallen – unter der Wirkung von Sexualität und Zärtlichkeit, unter der Lawine ungestümer Linien, die die Hand eines unverkennbaren Mannes gezogen hat. Der Grund der unmöglichen Anonymität? Ein einziger: Er wollte Delia nicht weh tun.

An einem tropischen Abend in Goiania, unweit der Stelle, wo sich einst als Herausforderung an den gewaltigen grünen Raum eine Stadt erheben sollte, die damals nur in Oscar Niemayers Kopf und noch nicht auf den Reißbrettern der Stadtplaner war und die Brasília heißen würde, hörte ich, wie er in Delias Beisein einem Gesprächspartner heftig widersprach, der sich mit einem »Mich betrügst du nicht, du bist der Autor« brüstete, während Delia, die zwar so tat, als wäre sie abwesend, das Bild der verlassenen, gedemütigten Frau bot. Schatten überzog sie wie ein großer Tragödienmantel. Die Szene ist und bleibt für mich Ausdruck Nerudascher Feinfühligkeit. Er wollte diese Frau nicht quälen, die zwanzig Jahre älter war als er.

113

Die Frau mit zwei Köpfen

Dieses jahrelange Doppelleben war zermürbend. Matilde mußte parallel zu dem Paar Pablo–Delia reisen, um sich heimlich mit ihm zu treffen. So war es in Mexiko, in Bahía. Pablo war ein Liebhaber, der seine Schriftstellernatur nicht verleugnete. Denn jeden Tag schickte er ihr Liebesgedichte, manchmal auf Zetteln und Servietten, die er schnell mit ein paar Zeilen beschrieb, während er mit anderen zu Tisch saß. Auf Capri wohnten sie zum erstenmal zusammen. Sie bewahrt in einem Holzkästchen mit Perlmuttintarsien die Originale von *Die Verse des Kapitäns* auf. Er hat sie nicht an seinem Schreibtisch geschrieben. Er nutzte dazu Kongreßsitzungen, die er besuchte, Eisenbahnfahrten oder den Tisch in einem Pariser Café.

Zeiten des Versteckspiels. Es werden darüber Lügen erzählt, die wahr anmuten, aber die geographischen Daten sind erfunden und falsch. Der Ursprung dieser Liebe liegt an der französisch-spanischen Grenze.

Sie hatte früher einmal in Peru einen Film gedreht, über den sie lachte, um nicht zu erröten. Danach sang sie in Buenos Aires und Mexiko im Radio.

1952 malte Diego Rivera ein Bild von ihr. Als Frau mit zwei Köpfen. Einer von vorn, der andere im Profil. Matilde Urrutia und Rosario de la Cerda. (De la Cerda ist ihr zweiter Nachname.) Als Neruda mich nach La Chascona mitnimmt, das Haus, das er in Santiago am Fuß des San Cristóbal für sie hat bauen lassen, macht er mich auf das Bild aufmerksam und fragt: »Was siehst du?« Ich betrachte stumm das Bild. In ihrem dichten Haar zeichnet sich das scharfe Profil des Dichters ab, des heimlichen Liebhabers.

Von Capri aus fährt das Paar oft nach Neapel. Glücklicher Zufall: Chiles Konsul heißt Gabriela Mistral. Die nimmt sie mit offenen Armen auf. Bietet ihnen ihr Haus an. Damit riskiert sie ihre Stellung, denn alle Botschaften und Konsulate haben ein Rundschreiben des Außenministeriums erhalten, in dem sie angewiesen werden, vor dem flüchtigen Pablo Neruda die Tür zu verschließen. Gabriela lacht, ein wenig verlegen. Von dort schreibt sie an eine Freundin: »Man hat mir von drüben verboten, Neruda zu empfangen. Wie wenig sie mich kennen. Es würde mich töten, mein Haus einem Freund zu verschließen, dem größten Dichter der spanischen Sprache und schließlich einem verfolgten Chilenen. Ich bin verfolgt worden – und wie. Ich bin auch von Zeitungen und Zeitschriften hinausgeworfen worden. Und viele andere werden es noch. Vergiß das nie. Man muß die Integrität der Seele weitergeben und mutig sagen, was aus dem Herzen quillt . . .«

Der Dichter stiftete bisweilen Verwirrung. Er verheimlichte damals wochen-, ja monatelang seinen Aufenthaltsort und legte falsche Spuren. Wir in Chile machten uns Sorgen um unseren berühmten Verfolgten. Uns waren Stimmen von seiner bevorstehenden Rückkehr in die Heimat zu Ohren gekommen. Und so mußten wir alle ihn beschützen, damit er nicht festgenommen würde. Nichts ist besser als Schutz durch die Massen. »Hände weg von Neruda!« (*¡No toquen a Neruda!*) erschien mit weißer Kreide und schwarzer Farbe an den Hauswänden in Santiago. An einem Sonntagmorgen spreche ich im größten Theater von Santiago, im Caupolicán. Ein Genosse tritt auf mich zu, ich soll in der Rede einen Zettel verlesen. Eine Verabredung zu einem Treffen. Langsam lese ich sie diesem siebentausendköpfigen Publikum vor. »Pablo Neruda trifft heute mittag um zwei am Flughafen Cerrillos ein, alle sollen zu seinem Empfang kommen, um das Einschreiten der Polizei zu verhindern.« Man lauscht diesem Text, als wäre es eine religiöse Pflicht. Keiner wird fehlen. Und keiner will noch etwas hören. Das Meeting wird beendet, und die Menge marschiert begeistert zum Flughafen.

Neruda kommt nicht! Ist er unterwegs, auf den gewundenen Pfaden eines südamerikanischen Kontinents, der von Diktaturen bevölkert wird, gefaßt worden? Oder ist er nach Chile gekommen und festgenommen worden, obwohl nach mehr als dreijährigen Bemühungen der Haftbefehl aufgehoben worden ist? Wir unternehmen tausenderlei Schritte. Gehen zu seinem Freund Carlos Vasallo, der später Botschafter der Regierung Salvador Allendes in Italien sein wird, um uns telefonisch mit ihm in Verbindung zu setzen, zu einer Zeit, da Gespräche über eine so weite Entfernung noch nicht so einfach wie heute waren, ganz zu schweigen von dem Wunder automatischer Verbindungen. Beklommenes Warten. Nein. Er ist nicht in Italien. Wo ist er? Wir wissen es nicht. Er ist in die Schweiz abgereist. Wir rufen in Genf an. Sprechen mit dem spanischen Dichter Herrera Petere. Ja. Er war hier abgestiegen, ist aber nach Frankreich weitergereist. Wir verlieren seine Fährte. Die anfänglichen Befürchtungen sind nicht gänzlich ausgeräumt. Eines Tages erfuhren wir, daß der Dichter ein paar Tage in Montevideo Station gemacht hatte, bei den Mantaras, seinen Freunden. Als er am 12. August in Santiago empfangen wurde, sagte ich zu ihm kein Wort von der merkwürdigen Geschichte. Später, im Laufe der Jahre, fragte ich ihn einige Male: »Pablo, was war denn los?« Er schaute überrascht und ahnungslos drein. Und ich berichtete ihm haarklein, was passiert war, von dem Reinfall, sogar von der Blamage vor einem übervollen Caupolicán. Da wurde er ernst. Ich brauchte eine Weile, um das Geschehene zu verstehen. Mußte er das Geheimnis des Kapitäns wahren, der auf einem italienischen Schiff mit Rosario de la Cerda nach Südamerika fuhr und dabei irreführende Reiserouten angab, die eines Falschnachrichtendienstes der Liebe würdig waren? Ich weiß nicht, ob diese Kriegslist bei derjenigen, für die sie bestimmt war, verfangen hat, bei uns jedenfalls hundertprozentig. Listen des Dichterherzens, sie ergänzten seine Zurückhaltung, sobald es um die Frage ging, von wem ein in den Jahren des kalten Krieges entstandenes Werk voller glühender Leidenschaften stammte, an dem er nur abends nicht schrieb, wenn die Höhen von Anacapri sich violett färbten.

114

Polygamie und Falschmeldungen

Alle Welt, von ein paar Ausnahmen abgesehen, verlangte Nerudas Rückkehr. Es gab ein Dokument, das diese nahezu vollkommene Einmütigkeit belegte. Es verkündete Nerudas Recht auf Heimkehr, und darunter standen einige wenige Namen, doch die genügten als Vertreter der überwältigenden Mehrheit. Unterschrieben hatten es, in alphabetischer Reihenfolge, der Romancier Eduardo Barrios, der christdemokratische Parteiführer Eduardo Frei, Carlos Ibáñez, der im September jenes Jahres als Präsident der Republik gewählt werden sollte, der Hochschuldozent und sozialistische Schriftsteller Eugenio González, Gabriela Mistral, der Historiker Francisco Encina und der radikale Politiker Marcial Mora.

Auf diese Erklärung reagierte die offizielle Presse mit heiligem Zorn. González Videla hatte Anweisung gegeben, sie rücksichtslos zu verdammen. Der Autor der Hetzschrift wagte nicht, seinen Namen darunter zu setzen, vielmehr verbarg er sich unter dem irreführenden Pseudonym *Historiador*. Am 30. März brachte die Regierungszeitung auf der ersten Seite einen redaktionellen Artikel unter dem Titel »Der Fall Neruda«. Man kann nicht behaupten, daß diese Schmähung ein Kunstwerk sei. Der Autor sagt, er müsse sich Gewalt antun, um über eine so unerquickliche Angelegenheit zu schreiben und sich »mit der Kampagne zu befassen, die der internationale Kommunismus im Land um die Rückkehr des Führers besagter Sekte, Pablo Nerudas, entfacht hat«. Erbarmen! Es widere ihn an, diese Materie zu behandeln, weil ». . . eine immanente Justiz besteht, die nie darauf verzichtet, den zu bestrafen, der eine Straftat begangen, der beleidigt oder hartnäckig und niederträchtig verleumdet hat«. Die Komintern habe diese Kampagne geplant und »mit einem Aufruf eingeleitet, der unter anderem von einem Mitglied der Liberalen Partei, vom Exdeputierten von achtzehnhundertundsoundsoviel und gegenwärtigen Historiker Don Francisco Antonio Encina, vom Redakteur des *Mercurio* und Leiter der Präsidentschaftswahlkampagne des Señor Ibáñez del Campo, Don Eduardo Barrios, und von der Dichterin Gabriela Mistral unterzeichnet ist«. Die Art, wie die Unterzeichner behandelt werden, strotzt nicht eben von Hochachtung. Außerdem wolle man dem Land weismachen, daß »Señor Neruda ein politisch Verfolgter ist . . ., und das ist falsch. Gegen Señor Pablo Neruda sind vor chilenischen Gerichten zwei Prozesse angestrengt worden: einer wegen öffentlicher Beleidigungen und Verleumdungen, fußend auf dem Gesetzeserlaß 425 und dem Strafgesetzbuch, und einer wegen Bigamie . . .« Der erste Prozeß, so der selbsternannte *Historiador*, habe Señor Neruda nicht sonderlich angefochten, wohl aber der zweite. Da habe sich Señor Neruda dem Vorwurf der Bigamie seitens seiner ersten Frau ausgesetzt gesehen, »einer niederländischen Staatsbürgerin, die er in Java verlassen und der er in Chile die ihr rechtmäßig zustehenden Alimente verweigert hat«.

González Videla selber ließ aus den Niederlanden Maruja Hagenaar kommen, auf Staatskosten. Sie kam in eine Welt, die sie nicht wirklich kannte, in die Welt der Manipulation, in der ihr märchenhaftes Geld verheißen wurde. Der Präsident stellte ihr einen Anwalt, von dem sie unpersönlich, routinehaft behandelt wurde. Sie steckte in einem ihr fremden, unheimlichen Räderwerk, in einer kafkaesken Falle, und war ratlos und verzweifelt. Manipuliert wie ein Zombie, durchschaute sie nicht, wozu man sie nötigte.

Außerdem, so meint der *Historiador*, verlangen diejenigen, die nach Nerudas Rückkehr rufen, nicht seine Begnadigung, sondern »einen Sühneakt«. Unvorstellbare Anmaßung! Aus Mexiko und Paris kommen Erklärungen von Neruda dahergeflattert. »Wenn das alles nicht beleidigend für das Vaterland wäre, das leider sein Geburtsland ist, wäre es schrecklich lächerlich und lachhaft, denn alle wissen um das Wohlleben eines arabischen Paschas, das der Poet und Politiker stets in Chile und im Ausland geführt hat – dank der hohen Beiträge, die den dem internationalen Sowjetismus hörigen Arbeitern aus der Tasche gezogen werden.«

Historiador, objektiv, wie er ist, hat einen weiteren Grund zur Betrübnis. Er fühlt sich im Stich gelassen. Nur ein extrem konservatives Organ, *El Diario Ilustrado*, begleitet ihn auf seinem Kreuzzug. Und nur ein einziger traditionsverhafteter Politiker, der Abgeordnete Luis Valdés, hat gedroht, daß er, wenn Neruda nach Chile kommt, die Gerichte auffordern werde, diesen wegen »Vaterlandsbeleidigung« zu verurteilen. Das ist sein einziger Trost.

Neruda rüstet sich für seine Rückreise und schickt vorbereitende Botschaften. Er kehrt langsam zurück, per Schiff, begleitet von Matilde. Das nötigt ihn zum Spiel mit Fehlmeldungen. Er gibt ungenaue Fahrtrouten an, damit sein Aufenthaltsort so lange ungewiß bleibt, wie er es für erforderlich hält.

Von einer vagen »Küste von Afrika« schickt er, auf der Rückreise nach Chile, am 27. Juli 1952 eine öffentliche Botschaft: »Ich kehre in meine Heimat zurück, gerufen von meinem Volk. Ich werde Mitte August in Chile sein.« Es ist eine politische Botschaft. Er fügt hinzu: »Vor uns Chilenen liegt viel Arbeit.« Und er antwortet jenem plumpen *Historiador*, ohne ihn beim Namen zu nennen, mit den Worten: »Ich habe mein Leben der Ehre Chiles geweiht.«

Jener 26. Juli, an dem ich im Caupolicán alle Anwesenden aufforderte, sich zur Begrüßung Nerudas einzufinden, wurde auf den 12. August verschoben. An diesem Tag überreichte ihm eine alte Arbeiterin einen Strauß vertrockneter Blumen, die frisch und lebendig gewesen waren, als sie, ihn zu begrüßen, zum erstenmal nach Los Cerrillos pilgerte und er nicht kam. An dem Abend verließ er das Flugzeug, begleitet von Astolfo Tapia, Carlos Vicuña Fuentes und Sergio Insunza, die ihn in Montevideo abgeholt hatten. Die drei bildeten ein Komitee, das ihn vor seiner Ankunft in der Heimat empfing, sie waren zugleich seine Leibwache, weil man Repressalien von seiten des Regimes befürchtete.

Als die Menschen ihn sahen, stimmten sie die Nationalhymne an.

Nach den Gesetzen des Systems hätte Neruda in Los Cerrillos verhaftet werden können, weil er in Abwesenheit verklagt worden war. Aber nichts geschah. Und die Zollbeamten öffneten nur der Form halber die Koffer. Am nächsten Tag hörte *El Mercurio* auf, ihn Neftalí Reyes zu nennen, und verwendete fortan seinen bereits legalisierten Namen Pablo Neruda.

Die Sonne strahlte, als ich Salvador Allende, damals Präsidentschaftskandidat der Volksfront, zu deren Generalsekretären ich gehörte, zur Telefonzentrale in Quillota begleitete. Dort hieß Allende den Dichter willkommen. Danach tat ich das gleiche.

Anderntags fand auf der Plaza Bulnes ein Begrüßungsmeeting für Neruda statt. In seiner Ansprache rief er die infolge der bevorstehenden Wahlen gespaltenen Chilenen auf, sich für den Weltfrieden und das Glück des Vaterlands einzusetzen.

Eine ausgelassene Gesellschaft kam in sein Haus in Los Guindos. Zwei Polizisten notierten sorgfältig die Nummern der vor dem Haus parkenden Autos.

Neruda sagte zu seiner guten Freundin Lenka Franulić, die ihn für die Zeitschrift *Ercilla* interviewte, daß die Kämpfe im Land nicht nur als Wahlkämpfe betrachtet werden dürften. Natürlich würde er Allende unterstützen, doch diese Kampagne wäre nur ein Moment innerhalb einer langen Auseinandersetzung. »Ich bin ein disziplinierter chilenischer Kommunist«, sagte er. »Ich bin ohne Vorbedingungen gekommen. Denn in meiner Rückkehr liegt ein siegreicher Kampf, der in dem Augenblick begann, da ich das Land verließ. Die Geschichte ist die Wissenschaft von der Vergangenheit, doch Politik ist nicht Geschichte. Sie ist Schaffung neuer, lebenswichtiger Quellen, die es ermöglichen, die Hoffnungen des Volkes zu erfüllen. Wenn wir den Blick rückwärts gerichtet halten, können wir nicht voranschreiten. Das bedeutet nicht, daß wir die Dinge vergessen.«

115

Begrüßung zu Hause

Als er, nachdem er sich gezwungenermaßen vier Jahre in der Welt herumgetrieben hatte, begleitet von Delia, die einige Monate vor ihm eingetroffen war, an jenem Augusttag sein Haus in Michoacán betrat, freuten sich, wie es schien, am meisten seine beiden Hunde, Calbuco und Kuthaka. Sie gewahrten sogleich diesen korpulenten Mann in hellem Mantel und mit dunklem, breitkrempigem Hut, wie er damals Mode war, und der große Calbuco richtete sich auf und legte ihm die Vorderpfoten auf die Schultern, als wollte er ihn umarmen. Der kleine Kuthaka umtänzelte seinen Herrn mehrere Male und beschnupperte ihn sodann, um seine Wiederentdeckung zu bestätigen. Als er seiner Sache sicher war, leckte er ihm die Hand.

Neruda ging ins Hausinnere und in den halbverwilderten Park. Am folgenden Tag konnte er nicht anders, er mußte einen Artikel schreiben, »Der Geruch der Rückkehr«. Er roch und schmeckte sie. Im herrenlosen Garten war ein wahres Dickicht entstanden, dem fremde Düfte entstiegen. Eine kleine Pappel, die er einst gepflanzt hatte, war jetzt erwachsen. Länger dauerte es, bis die Kastanien ihn wiedererkannten. Eines Tages grüßte ihn von deren Spitzen grünes, windbewegtes Sprießen. In der Bibliothek schlug ihm der letzte Hauch des Winters entgegen. Er glaubt, sie habe seine Abwesenheit am meisten bedauert. Eingeschlossene Bücher sind wie begrabene Leiber, sie vermitteln den Eindruck des Vergessenseins. In der Bibliothek herrscht Unordnung. Neben einer Ausgabe von Bacon aus dem 18. Jahrhundert entdeckt er Salgaris *Hauptmannsfrau aus Yucatán*. Am stillsten empfangen ihn die Schnecken. Der Ankömmling bringt neue Hausbewohner mit. Unter anderem eine Frau mit Namen »María Celeste«, eine Galionsfigur, die er in einem Pariser Vorort gekauft hat. Rosen hat er früher nicht beachtet, weil er sie für allzu literarisch hielt. Jetzt aber stehen sie in allen Ecken des Hauses und verströmen ihre bleichen Düfte oder flammenden Blitze mit professionellem Ernst, der nur einem Geruch von rauher Provinz nachsteht, welcher alles zu beherrschen scheint, weil er aus seinem eigenen Haus kommt und ihn seit seiner Jugend umgibt. Es ist der Duft des Geißblattes. Erste verstohlene Küsse des Frühlings, der an die Tür klopft.

Ausführlich sprach er mit Lenka von diesen Heimkehrempfindungen. Sie verabschiedete sich, um bald wiederzukommen. Sie wurden sehr enge Freunde. Neun Jahre später sagte sie ihm tatsächlich Lebwohl.

»Ich habe mir eine schwarze
Krawatte umgebunden, um von dir Abschied zu nehmen.«
»Wie albern du bist, nimm sie wieder ab.«
»Gestern nacht haben wir geweint, als wir an dich dachten, Lenka.«
»Was für eine Verrücktheit! Denk lieber daran, wie oft wir gemeinsam gelacht haben.«
»Und was kann ich dir sonst sagen, Lenka?«
»Erzähl mir eine Geschichte, und dann halt den Mund.«

Dieses Verhältnis beruhte auf einer weitreichenden Übereinstimmung der Denkart, aber auch auf der Dankbarkeit, die Neruda für eine tapfere Frau empfand.

»Ich erinnere mich: Als man mich und das ganze Volk verfolgte und das Leben eine karnevalistische Maskerade war, hast du die Reinheit deines weißen Gesichtes und deines Goldhelms bewahrt und die Würde des geschriebenen Wortes hochgehalten. Andere, falsche Meister des Journalismus gaben wie Fleischerhunde die Fährte meiner Dichtung an, wurden ihrer Bestimmung als Hofnarren und Denunzianten gerecht, während du die Lichtfülle der Wahrheit verkörpertest, deiner Wahrheit ohne Illusion, aber auch ohne Verrat.«
»Jetzt treibst du es schon zu weit mit deiner Lobrede auf mich, Pablo, ich erkenne dich nicht wieder.«
»Verzeih mir, Lenka, wenn ich stets allzu menschlich

bleibe. Du bist jetzt noch schöner, du bist eine große und strahlende Kristallwelle mit blauen Augen, die vielleicht nie wieder ihren Schaum aus Gold und Schnee in unseren armen Sand tragen wird.«

Neruda schloß sich nahezu auf der Stelle der ersten Präsidentschaftswahlkampagne Salvador Allendes im kiefernumsäumten Playa Blanca an, sie führte ihn wieder nach Puerto Saavedra. Lota war der Ort jener ersten Wiederbegegnung mit den Bergleuten, die wie er im Innern suchten. Der Dichter legte vor ihnen Rechenschaft über sein Exil ab. »Weit ist das Meer, weit ist das Land«, begann er, »doch ich habe es zweimal bereist.« Es hatte mitunter den Anschein gehabt, als würde der Redner diese Bergleute nicht wiedersehen. Er wollte ihnen auch Dank sagen. »Meine Heimkehr verdanke ich meinem Volk. Ich verdanke sie keiner Zufallsentscheidung der Regierung.«

116
Die Intellektuellen kommen zusammen

Neruda verstand es, im großen zu denken und zu planen. Er dachte an ein Treffen amerikanischer Intellektueller. Und so setzte er sich mit drei Persönlichkeiten der Kultur des Kontinents in Verbindung, die Autorität genug besaßen, um sie zusammenzubringen: Gabriela Mistral, Baldomero Sanin Cano und Joaquín García Monje. Im Juli 1952 erschien der Aufruf. Er war kurz und in gewisser Weise eine Warnung. Das Weltgewissen, so sagten sie, durchlebe Zeiten der Unruhe und Angst. Die menschliche Verantwortung treffe alle, auch die Schriftsteller, die Künstler, die in Wissenschaft und Kultur Tätigen, kurzum die Geistesschaffenden. Warum sollten Männer und Frauen aller Richtungen nicht zusammenkommen, um die besten der amerikanischen Anliegen zu fördern? Gut denn, sollten Meinungen und Maßstäbe auf den Tisch gelegt werden. So eine Zusammenkunft sei nicht nur für die Intellektuellen nützlich, sondern auch für die Völker.

Der Aufruf fand Echo von Kanada bis Argentinien und Chile. In Brasilien unterzeichneten ihn zum Beispiel der Architekt Oscar Niemayer, der Maler Cándido Portinari, der Dichter Vinicius de Morães und der Romancier Jorge Amado, der nach Santiago reiste, um beim Organisieren des Treffens mitzuwirken.

Der Kulturkongreß des Kontinents tagte Ende März, Anfang April 1953. Die Regierung Carlos Ibáñez stellte ihm viele Hindernisse in den Weg. Sie verzögerte die Visaerteilung und drohte mit Verbot. Die bekannte internationale Maschinerie vereinte ihre Kanonen und feuerte ihre klassischen Geschosse ab. Am 26. April brachte der konservative *Diario Ilustrado* eine ganzseitige Karikatur von dem Zeichner Coke unter der Überschrift »Die Gimpelfalle«. Da saß in einer Kiste mit der Aufschrift »Kulturkongreß« die schlaue Ente Neruda und lockte die arglosen Vögel an. Daran war nichts Komisches, aber es zeigte die Mißgunst, auf die Initiativen dieser Art stießen.

Dennoch hat kein anderes Treffen von Intellektuellen in Chile so großen Erfolg gehabt und so viele namhafte Persönlichkeiten der amerikanischen Kultur zusammengeführt. Die Eröffnung fand an einem Sonntagmorgen im Teatro Municipal von Santiago statt. Ich war Generalsekretär des Kongresses. Daher kannte ich sein Proszenium und seine Soffitten. Santiago war in diesen Tagen eine Art kulturelles Zentrum.

Ein alter Tolstoijaner, der Romancier Fernando Santiván, eröffnete die Versammlung mit der Frage, ob »die Nationen Amerikas ökonomisch und geistig völlig frei sind«. Es gälte, eine Legende zu zerstören: die von den Intellektuellen, die als unverbesserliche Einzelgänger abseits der Nöte ihrer Völker und Länder lebten. Diese einzigartige Zusammenkunft begründete, so meinte er, ein Solidaritätsprinzip. Ein solches Treffen fände zum erstenmal statt. Und dabei käme es nicht nur zum Kontakt zwischen Menschen, sondern zwischen Kulturen, die, obwohl verschieden, eine gemeinsame

Basis hätten. Lateinamerika dürfte kein formloses, instabiles Konglomerat sein. Es bestünde aus Nationen, die ihren geschichtlichen Werdegang als Einheiten von Menschen durchgemacht hätten, deren Elemente die Intellektuellen bei diesem Treffen verträten. Jede Delegation vermittelte, so betonte er, das Gepräge der geistigen Kultur ihres Volkes. Ein Treffen ohne Geheimnisse und verschlossene Türen. Von konstruktiver Art. Der Kongreß wäre nur ein Anfang.

Das Teatro Municipal, Santiagos Schauspiel- und Opernbühne, Imitation seiner berühmten europäischen Vorbilder, wo inmitten von Nerzstolen Caruso und Schaljapin gesungen, wo die Pawlowa getanzt und Sarah Bernhardt gespielt hatten, war abends ob der angekündigten neuen Sänger brechend voll. Der aufregendste, sensationellste war Diego Rivera. Mit seiner Hünengestalt und seinem vorsintflutlichen Gesicht entwarf er eine phantastische Geschichte seiner Fresken, seines Streits mit Rockefeller, als er auf ein von diesem in Auftrag gegebenes Wandgemälde einen Leninkopf gemalt hatte. Das Publikum kam aus dem Staunen nicht heraus, und das erreichte seinen Höhepunkt, als er gestand, er wäre ein Bruder des Feldmarschalls Rommel. Sein Vater, erzählte er, hätte damals eine Liebesbeziehung zur Frau des deutschen Botschafters in Mexiko unterhalten. Deshalb, so erläuterte er, wäre Rommel von brauner Hautfarbe gewesen. Nachdem er, als wollte er seine Leidenschaftlichkeit betonen, von seiner Romanze mit María Félix gesprochen hatte, fügte er hinzu, er hätte schon einmal Menschenfleisch gegessen und es sehr wohlschmeckend gefunden. In dieser Atmosphäre der Halluzination akzeptierten es die Menschen, daß der polyphemähnliche Maler von seiner eigenen Wahrheit sprach. Letztlich gehörten seine Wundergeschichten ins Phantasie- und Zauberreich unseres Amerikas und nahmen vorweg, was später »magischer Realismus« heißen sollte.

Neruda begann auf dem Kongreß mit einem Zitat seines bärtigen nordamerikanischen Vaters, Walt Whitman, der sagt, daß, »auch wenn es sonderbar anmutet, höchster Beweis einer Rasse ihre eigene Poesie ist«. Er sprach dort von den Umständen, unter denen der *Große Gesang* entstanden war, und schilderte, wie in seiner Dichtung Hell und Dunkel miteinander ringen. Nach seiner Meinung schreiben die Dichter unserer Länder für einen Kontinent, in dem alles gemacht wird und in dem sie alles machen wollen. Die Menschen in Lateinamerika lernen erst, sich geistig, handwerklich, künstlerisch, gewerblich zu betätigen. Oder sie lernen es wieder. Weil durch die Eroberung die alten Steinhauer und Keramiker vernichtet wurden.

Sie müßten wieder ganz von vorn anfangen, beim Lesenlernen. Für diese Menschen schreibe man. Er berichtete, daß in einem europäischen Land die Übersetzung eines Verses aus seinem Poem »Holzfäller, wach auf!« einen lebhaften Streit hervorgerufen habe, jener Vers nämlich, in dem von »den kürzlich gekauften Glocken« die Rede ist. Eigenartig klangen in europäischen Ohren diese Glocken. Er habe erläutern müssen, daß er von den Orten im Süden spricht, wo er seine Kindheit verbracht hat und die erst vor kurzem gegründet worden sind und wo alles neu war, auch die Glocken. Der Übersetzer habe Spanier, die er an der Hand hatte, gebeten, ihm dieses Rätsel zu lösen. Und auch die seien sich nicht sicher gewesen, denn in ihrer Heimat sind die Glocken vor Jahrhunderten gekauft worden.

Wir, so fügte Neruda hinzu, schreiben für Völker, die ihre Glocken jetzt kaufen. Es ist ein Erdstrich, in dem es Dichtung gab, bevor Schrift und Druck kamen. Poesie sei wie das Brot, das Schreibkundige wie Analphabeten essen. Er berichtete, daß ein junger uruguayischer Kritiker an ihm Ähnlichkeit mit einem venezolanischen Dichter, Andrés Bello, festgestellt habe. Als jener das zu ihm, Neruda, sagte, habe er herzlich gelacht. Später habe er gemerkt, daß Andrés Bello früher als er selber an dem *Großen Gesang* zu schreiben begonnen habe.

Dort erklärte er, daß seine Poesie unter anderm das Ziel verfolge, zur Entdeckung Amerikas beizutragen. Und es beim Entdecken neu zu gewinnen. Um das zu erreichen, müsse er eine einfache Sprache sprechen. Amerika müsse Klarheit sein.

An dem Tag legte Neruda ein persönliches Bekenntnis ab:

Es sei ihm sehr schwergefallen, aus dem Dunkeln ins Helle zu treten, denn das Dunkle im Wort sei zu einem Privileg der literarischen Kaste geworden und die Klassenvorurteile betrachten die schlichte Weise, den volkstümlichen Ausdruck als plebejisch. Manche glauben, es sei ein Zeichen von Überlegenheit, wenn ihre Sprache dunkel ist. Daher der Fetischismus des Entwurzeltseins, des Irrealismus, des Gegenvaterlands, wie Neruda es nannte, *la contrapatria*. Es ist das Fortbestehen der Kluft zwischen dem herrschaftlichen Glanz und dem Dunkelgrau der Leibeigenen, auf das Gebiet der Poesie übertragen.

Nerudas Rede war ein Plädoyer für Klarheit, sie stand in enger Beziehung zu einem neuen Zyklus seines Werkes, an dem er zu schreiben begann, zu den *Elementaren Oden*. Er gab sich mit dem auf diesem Weg Erreichten nicht zufrieden. »Ich habe mir vorgenommen, in meinen neuen Gesängen noch einfacher zu sein, jeden Tag mehr.« Natürlich sei der Weg des Dichters immer mit Zweifeln gepflastert. Soll er die Helden und die Verbrecher, die kleinen Gauner beim Namen nennen? Er habe beschlossen, es zu tun. Er werde sich resolut auf die Bahn der Chronik und der Berichte begeben, was ihn zwanzig Jahre früher entsetzt haben würde. Er wage es, weil er es für nötig halte und überzeugt sei, daß es »keinen antipoetischen Stoff gibt, wenn es sich um unsere Realitäten handelt«. Es gelte, nicht nur Flora, Flüsse und Vulkane zu besingen. Und es gelte, dies schnell zu tun, denn »wir sind Chronisten einer Spätgeburt«.

Bei der Gelegenheit sprach er von dem Buch, das er nach dem *Großen Gesang* geschrieben hatte und in dem vom neuen Europa die Rede war. Er wollte, daß dieses Werk sein Beitrag zum Frieden wäre. Darin wären die besten Taten Ost- und Westeuropas zusammengetragen. In diesem Sinne wäre die Zusammenkunft, auf der er spräche, ein Friedenswerk.

Er vermißte seinen Freund mit dem wirren silbernen Haar, Ilja Ehrenburg, der so wie andere Sowjetbürger nicht kommen konnte, weil die Behörden ihnen die Einreise verwehrten. Neruda meinte, daß ohne sie der Zusammenkunft ein wesentliches Element fehle. Am meisten bewundere er am Sowjetland dessen Kulturbeflissenheit. Und er träume davon, daß sich in Lateinamerika demnächst Intellektuelle aus der Sowjetunion und den USA begegneten. Wieder erinnerte er an seinen Lehrer Walt Whitman, der am 20. Dezember 1881 gesagt hatte: »Ihr Russen und wir Amerikaner, unsere Länder, so weit voneinander entfernt, so unterschiedlich in gesellschaftlichen und politischen Verhältnissen . . ., und dennoch in bestimmten, sehr weitreichenden Zügen einander so ähnlich . . . Der unfertige, nebelhafte Zustand vieler Dinge, die noch nicht endgültig, aber dafür geschaffen sind, Ausgangspunkt einer unendlich größeren Zukunft zu werden . . ., sind im Grunde Eigenheiten, die für euch Russen und uns Amerikaner gleichermaßen charakteristisch sind.«

Viel geschah außerhalb des Rampenlichts. Diego Rivera reiste in Begleitung einer jungen uruguayischen Journalistin nach Mexiko ab. Nicolás Guillén war der König der Santiagoer Straßen. Jorge Amado arbeitete weiter im Schatten der Organisation. In seiner Kongreßrede hatte er gesagt, daß »wir uns in tausenderlei Dingen unterscheiden und zusammenfinden«. Der Romancier war berühmt in Brasilien, bekannt in Argentinien und fast unbekannt in Chile. Noch hatte er seinen »Bestseller« *Doña Flor und ihre beiden Ehemänner* nicht geschrieben. Neruda bewunderte Amados unermüdlichen Arbeitseifer und wollte gern, daß die Intellektuellen und das chilenische Publikum dessen großen Beitrag zum Kongreß gebührend würdigten. Gelegenheit dazu sollte ihm die Abschiedsveranstaltung für die ausländischen Delegierten im Restaurant »La Bahía« bieten. Amado hielt eine trockene Rede, die mit achtungsvollem Beifall bedacht wurde. Danach sprach Nicolás Guillén. Er sagte, seine Betrübnis angesichts der bevorstehenden Abreise aus Chile wäre so groß, daß er ein Taschentuch von sieben Millionen Quadratkilometern brauchte, um seine Tränen zu trocknen. Ein grünes Taschentuch. Dieses Taschentuch wäre Brasilien, wohin er am nächsten Tag zusammen mit Amado und dessen großartiger Gattin, Zalia Gattai, reisen würde. Ein weiteres Mal war Guillén der Held der Stunde.

117

Freud und Leid des Vogels Sofré

Jener Kontinentalkongreß der Kultur in Santiago soll Nachkommen auf dem Kontinent haben. Kurze Zeit später laden die Brasilianer eine chilenische Delegation unter der Leitung Nerudas ein, am ersten Kulturkongreß ihres Landes teilzunehmen, der weder in Rio de Janeiro noch in São Paulo stattfindet, sondern in Goiania, damit das geographische Zentrum des Landes in den Blickpunkt rückt und allmählich mit der Geschichte Brasiliens als eines Küstenlands aufgeräumt wird. Das bringt einen der Organisatoren, den Architekten Oscar Niemayer, dazu, an Plänen zur Umsetzung eines maßlosen Traumes zu arbeiten: Mitten im Staat Goyaz will er eine neue Hauptstadt errichten, die Brasília heißen soll.

Es war eine Reise in Etappen. In Rio empfing uns ein nimmermüder Jorge Amado. Er brachte uns ins protzigste Hotel von Copacabana, in dem nordamerikanische Millionäre und Hollywood-Schauspielerinnen verkehrten. Ein Elend! Ständig mußten wir den Kellnern aus dem Weg gehen, denn die waren überweise daran gewöhnt, für jeden Schritt ein fürstliches Trinkgeld einzustecken. Nicht lange, und wir verließen den Palast der Peinlichkeiten. Die Reise nach Goiania könnte in die abenteuerlichen Annalen der Anfangszeit des Flugzeugs eingehen. Wir bestiegen ein Transportflugzeug, zu dessen Passagieren auch Pferde zählten. Es landete in jedem Ort, flog sehr tief und mußte Gewitterfronten durchqueren.

Am Abend des gefahrenreichen Tages hatten wir wieder festen Boden unter den Füßen. Goiania ist eine Provinzstadt im Landesinnern mit gewissem portugiesischem Kolonialkolorit und einer von tropischer Frische und Ruhe geprägten Atmosphäre. Dort versammelt waren die brasilianischen Intellektuellen jener Zeit. Unter anderem der Filmemacher Alberto Cavalcanti, der Präsident des Architekturinstituts von Brasilien, Milton Roberto, der Schriftsteller Orígenes Lessa, der am Treffen in Santiago teilgenommen hatte, der Schriftsteller Alfonso Schmidt, der Maler Werneck, der Komponist Edina Krieger und viele andere.

Zur chilenischen Delegation gehörten außer Pablo und Delia der chilenische Politiker und Schriftsteller Baltazar Castro, der Romancier Joaquín Gutiérrez, der aus Kostarika stammte, der Autor dieses Buches und die Folkloresängerin Margot Loyola, die mit ihrer Koketterie, ihrer Gitarre und ihrem Gesang das Publikum begeisterte und es zu frenetischen Beifallsstürmen hinriß, als sie ankündigte, daß sie eine Cueca singen würde, in der der Brasilianer nicht den chilenischen Nationaltanz sieht, sondern Hosen oder Schlüpfer einer Frau.

Die jungen Mädchen umschwärmten die Stars, besonders Neruda, von dessen Seite die Hormiga, unausgesprochenes Leid in den Augen, nicht wich.

Da Neruda aus dem lichtarmen Süden stammte, war er vom Glanz der Tropen, vom farbenprächtigen Gefieder ihrer Vögel fasziniert. Vor der Rückreise beschloß er, ein paar Tukane mitzunehmen, Vögel mit gewaltigen, spornartig gekrümmten Schnäbeln. In Rio stellte er den Käfig in dem Appartement ab, das er bewohnte. In der Nacht gab es eine Überschwemmung im Haus. Während die Menschen schliefen, hatten die Tukane nämlich den Käfig verlassen, mit Schnabelhieben die Wasserleitung undicht gemacht und die Wohnung unter Wasser gesetzt. Die Feuerwehr mußte kommen.

Zu ihm nach Chile kam, aus Brasilien geschickt, der Vogel Sofré. Er bewunderte dessen schnellen Pulsschlag, die gelben Streifen. Der Vogel setzte sich auf Nerudas Schulter und auf seine geöffnete Hand. Alles an ihm war wie ein lebendiger Funke. In seiner Heimat gehörte der Vogel gewiß wie ein Adler hoch in die Lüfte, in die Freiheit. In dem kalten Land erlosch sein Feuer. Er hatte seinen Kontinent verloren. Fremd war ihm jenes fahle Licht. Und er wurde traurig. Vermißte den warmen Erdstrich. Im Käfig kümmerte er dahin.

Der Tag kam, da Neruda im Garten von Isla Negra eine kleine Grube ausheben mußte, und darin, im Herzen des Sandes, begrub er den erloschenen Körper dessen, der ein Vogel der Sonne gewesen war. Voller Reue über das, was er angerichtet, ging Neruda in sein Zimmer und schrieb sein Leid in der »Ode an den Vogel Sofré« nieder.

118

Geschichte und Gedichte

Im Dezember 1953 begleiteten wir Neruda zum zweiten sowjetischen Schriftstellerkongreß, der im Kreml stattfand. Mehr als zwanzig Jahre waren seit dem ersten Schriftstellerkongreß vergangen, dessen zentrale Figur Maxim Gorki gewesen war. Zwischen beiden Kongressen lag ein Graben voll Blut, den die Sowjetmenschen Großen Vaterländischen Krieg nennen. In den Gängen immer wieder Schriftsteller, die einander in die Arme schlossen, sie waren zusammen im Krieg gewesen und hatten sich seither nicht wieder gesehen. Sieger über den Tod. Zu Kongreßbeginn wurde eine Liste der Gefallenen verlesen. Es war, als hätte man vom Baum der Literatur viele seiner fruchtbarsten Äste abgeschlagen.

Neruda kannte alle und wurde viel beachtet. Er sprach für die chilenische Delegation. Sein Thema – die Verantwortung des Schriftstellers in jenen bewegten, mit düsteren Zeichen beladenen Tagen. Wie immer übernahm er die Rolle des Sprechers seines Volkes. Zugegen waren auch etliche lateinamerikanische Schriftsteller, die am Kontinentalkongreß der Kultur in Santiago teilgenommen hatten.

Draußen nichts als Schnee. Neruda fühlte sich krank, hatte Fieber. Die Ärzte verordneten Antibiotika. Er aber blieb dabei, unverzüglich abzureisen, weil er noch vor Weihnachten wieder in Santiago sein wollte. Delia sagte zu mir, und es klang verbittert: »Ich weiß nicht, wie er unter diesen Bedingungen reisen kann. Das ist doch gefährlich. Warum hat er es so eilig?« Und sie sah mich an, als wollte sie mich fragen, ob ich etwas wüßte.

Das geschah in einer der pompösen, mit dem Luxus des 19. Jahrhunderts ausgestatteten Suiten des Hotels Metropol, in dem sich früher seriöse, zeremonielle Szenen abgespielt hatten, Schlemmergelage, Abenteuer der Dekadenz, mit all dem Pathos der russischen vorrevolutionären Literatur.

Neruda, krank und ernst, blieb dabei, daß er zurückkehren müßte. Die Patoja erwartete ihn. Er hatte sich mit ihr verabredet und wollte sie sehen. Das Thermometer zeigte achtunddreißig Grad, aber er würde unter allen Umständen abreisen.

Am Abend gab er sein unkonventionelles Abschiedsfest. Der große Speisesaal füllte sich mit seinen Freunden. Der Dichter hatte keinerlei Sinn fürs Protokoll. Und wenn er es gekannt hätte, dann hätte er es ignoriert. Auf die respektablen Ehrenplätze setzte er seine besten Freunde. Und flirtete mit einer hübschen sowjetischen Tennisspielerin, der Gattin eines seiner liebsten Dichter, und erzählte ihr Geschichten von einem märchenhaften, elenden und verrückten Landstrich, Südamerika geheißen. Dank dieser unprotokollarischen Anarchie hatte ich das Glück, neben einer jungen Frau von bezaubernder Art zu sitzen, die bereits eine hinreißende, geniale Tänzerin am Bolschoitheater war, Maja Plissezkaja.

Wieder in Santiago, beschlossen wir, öffentlich vom zweiten sowjetischen Schriftstellerkongreß zu berichten. Für einen Sonntagmorgen wurde das Teatro Dieciocho gemietet. Neruda war noch nicht wiederhergestellt und weilte an der Küste, dachte aber ständig an die Veranstaltung. Wir verständigten uns brieflich. An einem Märztag des Jahres 1954 erhielt ich von ihm folgende Nachricht:

»Isla Negra, Mittwoch, den 21.
Lieber Volodia, es tut mir sehr leid, aber ich kann morgen nicht zu Dir kommen. Ich bin am Sonntag nach Villa Alemana zu einer Friedensveranstaltung gefahren, und beim Vortrag hätte ich auf der Bühne beinahe das Bewußtsein

verloren, so wie bei der Veranstaltung zum Tode Stalins. Trotzdem fühle ich mich jetzt wohl und glaube, von der Ruhepause, die ich einlege, wird die Zukunft abhängen. Das Geschüttele im Auto und die Versammlungen machen mein Herz kaputt.

Auf alle Fälle bereite ich das Textbuch vor, natürlich nur für die russische Poesie, die bei der Veranstaltung vorgetragen werden soll. Das ist nicht wenig, denn ich werde Puschkin und Majakowski selber aus dem Englischen übersetzen müssen. Es wird zum Ersten fertig sein. Du mußt mit den Schauspielern sprechen, es sollten sechs oder sieben sein, damit sie die Bühne füllen. Die Kleidung von Männern und Frauen sollte einheitlich sein, ohne Übertreibung, ein gleichfarbener (roter?) Schal bei den Frauen würde dies erreichen. Es muß nicht unbedingt ein Schal sein, irgendein anderes Tuch tut es auch.

Ich komme am Donnerstag, dem 29., und bringe das Buch mit. Ich komme direkt zu Dir nach Hause.

Ich schreibe jeden zweiten Tag. Im März muß ich bei *Losada* ein Buch vorlegen, und wie ich ausgerechnet habe, muß ich drei Gedichte pro Woche schreiben, damit das Buch fertig wird.

Hier ist es bewölkt.

Ich umarme Dich

Pablo«

Pablo trug dazu bei, daß aus jener Veranstaltung ein kleines Kunstwerk wurde. Er stellte seine Ansprache unter die Überschrift: »Die Lampen des Kongresses«.

119
Das Preisabenteuer

Neruda reist aus und ein. Er steht im neuralgischen Mittelpunkt der Polemik. Mitunter hat er, wenn ein Feind gar kein Maß kennt, eine Vorliebe für provokatorische Erwiderungen. Nie hat er sich im Kampf klein gemacht. Einen Gegner, der ihn belästigen wollte, ging er immer offensiv an. Er machte kein Hehl aus seiner politischen Haltung und trachtete auch nicht, sie aus seiner Dichtung auszuklammern. Er autorisiert den Verlag *Austral*, eine zweibändige Ausgabe seiner *Politischen Dichtung* herauszubringen. Als ihm 1953 der Stalinpreis (später Lenin-Friedenspreis) verliehen wird, bekundet er seine Freude. Und sagt, warum. Kurz zuvor hatte der General Marshall, ein Mann des Krieges, den Friedensnobelpreis erhalten. Es freut ihn, diese so ganz andere Auszeichnung in guter Gesellschaft zu bekommen, nämlich zusammen mit einem italienischen Geistlichen, einer schwedischen Forscherin, einem Medizintechniker aus Indien, einem nordamerikanischen und einem polnischen Schriftsteller, der belgischen Sozialistin Isabel Blume, dem ehemaligen französischen Minister Pierre Cot und dem englischen Wissenschaftler Bernal.

Neruda, der am 18. September 1951 bei einer Festveranstaltung in Peking den gleichen Preis Frau Sun Yat Sen, der Gattin des Gründers der Republik China, überreicht hatte, sah jetzt den Freund kommen – über einen Berg von Schwierigkeiten hinweg, beinahe so hoch wie die Anden –, den er auf dem Kulturkongreß so sehr vermißt hatte. In Santiago traf Ilja Ehrenburg ein, um ihm diesen Lorbeerzweig aufs Haupt zu legen.

Sherlock Holmes hätte sich ein Vergnügen daraus gemacht, von den Wechselfällen dieser Reise zu berichten, die die politische Polizei jener Zeit mit allen Mitteln zu vereiteln suchte. Auf dem Flugplatz wurde ein Puzzle, das er im Flugzeug gelöst hatte, beschlagnahmt, weil man es für einen Schlüssel mit geheimen Anweisungen hielt. Der leidenschaftliche Botaniker hatte sich auf einem Zettel notiert, daß er aus Chile Samen der *Araucaria chilensis* mitnehmen wollte. Dieser Aufruf an die Araukaner, sich zu erheben, hatte ein Verhör zur Folge. Die erfahrenen Spürhunde setzten eigens einen Beamten für das sinnlose Unternehmen ein, Nerudas Gedichte, die Ehrenburg in seine Sprache gebracht hatte, aus dem Russischen ins Spanische zurückzuübersetzen. Der skeptische Voltaireianer mit seinem Drang, alles zu revolutionieren, gewann dem Abenteuer gewisse romantische Seiten ab, da er sich wieder mit der Polizei auseinandersetzen mußte, wie einst zur Zarenzeit, als er in Kiew mehrere Male im Gefängnis auf der Lukjanowa eingesperrt war.

Infolge des staatlichen Druckes war es unmöglich, ein Theater zu bekommen. So fand die Feierlichkeit am 10. August 1954 im Hotel Savoy statt. Im Hintergrund ein Vorhang mit chilenischen Keramikmotiven, gemalt von Nemesio Antúnez. Ehrenburg, der mit seiner Frau Ljuba reiste, war in Begleitung dreier bedeutsamer chinesischer Schriftsteller: Emi-Síao, Ai Ching, Chao I Ming. Die Veranstaltung wurde geleitet vom Nationalpreisträger für Literatur Fernando Santiván. Die Atmosphäre um den Veranstaltungsort war gespannt, ringsum ein kaum diskreter Polizeikordon. Das machte den Festakt zur Herausforderung. Zu einer Kampfmanifestation. Ehrenburg hielt eine Ansprache, die einerseits an seine Artikel gegen Hitler erinnerte, andererseits setzte er einen zärtlichen Akzent, als er seine Wertschätzung für den Mann ausdrückte, für den er aus weiter Ferne eine Auszeichnung brachte.

Der so Geehrte hob hervor, wie die Reise seines Freundes so ganz anders verlaufe als die zahlreichen Besuche von Kriegsbefürwortern und Predigern atomarer Zerstörung, die in unseren Ländern mit offiziellen Ehren empfangen werden, ohne daß ihnen jemand Notizzettel, Puzzles, wissenschaftliche Namen von Bäumen beschlagnahmt oder ihre Gedichte ins Original zurückübersetzt.

Neruda brachte das Ehepaar Ehrenburg in seinem Haus in Los Guindos unter, in jenem Michoacán, einer freien Verbindung von Stein und farbigem Holz, in dem die Kühle der nahen Kordilleren seinen Bewohnern durch und durch ging. Ehrenburg, mit seinem süßsauren Lächeln, im Mundwinkel eine Zigarette mit langer Asche, sagte uns, daß er nie im Leben, weder in Moskau noch in Sibirien, so vor Kälte geschlottert hätte. Abends jedoch wurde es warm im Haus, von den Holzscheiten im Kamin und vor allem vom

Wein und von der Herzenswärme in der abendlichen Runde.

120

Schenkungen, Stiftungen und Irrungen

Neruda pflegte nicht seinen Namenstag zu feiern, weder den heiligen Richard noch den heiligen Eliecer, nicht einmal den apostolischen heiligen Paulus. Dafür feierte er seinen Geburtstag. Und man weiß, wie! Als er Fünfzig wurde, stellte er das Haus auf den Kopf. Die Feiern beschränkten sich nicht auf den eigentlichen Geburtstag, sie dauerten nicht nur den ganzen Monat über, sondern zogen sich gewissermaßen durch das ganze Jahr. Letztlich wird man nicht alle Tage und Jahre ein halbes Jahrhundert alt.

Im Grunde begann der Trubel schon ein halbes Jahr vor Nerudas fünfzigstem Geburtstag, als er der Universidad de Chile eine, so die Überschrift in der Zeitschrift *Ercilla*, »Fünfzehn-Millionen-Bibliothek« schenkte. Eigentlich hatte er die Schenkung – die Bücher aus seinem Haus in der Avenida Lynch 164 – schon in den letzten Dezembertagen des vorangegangenen Jahres vollzogen. Und zwar auf ganz legale Weise, durch öffentliche Beurkundung im Notariat. Der gesamte Inhalt der Bibliothek, darunter Landkarten, Manuskripte und seine Schneckensammlung, sollte in den Besitz der Universidad de Chile übergehen.

Es war keine gewöhnliche Bibliothek. Zu den fünftausend Bänden gehörten zahlreiche Manuskripte, die Unikate waren, und Originalausgaben, darunter *Die Blumen des Bösen* von Baudelaire, das Gesamtwerk von Luis de Góngora, Ausgabe von 1664, *Die Arbeiter des Meeres* von Victor Hugo mit Anmerkungen und Korrekturen des Autors vom März 1886, *Die Welt der Guermantes* von Marcel Proust mit einem eigenhändigen Brief des Autors, Originalausgaben der Werke Verlaines, Quevedos, des Grafen von Villamediana, Lope de Vegas und Puschkins. Außerdem *Prosaschriften und lyrische Gedichte* von Dante Alighieri, Sonderdruck für die Kaiserin von Rußland Jelisaweta Petrowna. Zur Schenkung des Dichters gehörten auch Manuskripte von Ludwig XIV., Victor Hugo, Charles d'Orléans, Gustave Flaubert, Paul Verlaine, Rimbaud, Lecomte de Lisle, Francis James und weitere Schriftstücke von Marcel Proust.

Außer seiner Bibliothek trat Neruda auch sein persönliches Werk ab, und zwar in allen Ausgaben und Übersetzungen, die bis dahin vorlagen und fortan, bis zu seinem Tod und darüber hinaus, erscheinen würden.

Man fand es damals äußerst schwierig, den Wert der an bibliographischen Raritäten so reichen Bibliothek einzuschätzen. Wieviel sind zum Beispiel die zwei Ausgaben von Aldus wert, des Druckers, der die Kursivschrift schuf? Wieviel die Gedichte von Lorenzo de Medici und Vittoria Colonna? Wie hoch wäre der Preis für die Inkunabel mit den Gedichten Petrarcas, die sechs Jahre nach der Entdeckung Amerikas erschien? Für wieviel würde sich jene Ausgabe der *Einen Saison in der Hölle* versteigern lassen? Oder eines der acht existierenden Luxusexemplare der *Gelben Liebschaften* von Tristan Corbière? Oder jene Erstausgabe von *Othello*? Und die dreißig Dokumente über den Dichter Jean Arthur Rimbaud, darunter die zwei Briefe, die seine Schwester Isabelle aus Marseille an die Mutter geschrieben hatte und in denen sie ihr mitteilte, daß der Dichter in einem Hospital gestorben war? Für Neruda hatten diese Dokumente einen zusätzlichen emotionalen Wert: Er hatte sie von Paul Éluard geschenkt bekommen.

Der Dichter überlegte lange, bevor er sich für die Institution entschied, der er seine Bücher übergeben würde. Anfangs dachte er an die Nationalbibliothek. Doch dann kam er zu dem Schluß, daß inmitten der Millionen von Büchern seine fünftausend Bände unbeachtet bleiben würden. So entschied er sich für die Universität, da er glaubte, daß sie sie »für Amerikas neue Dichter« aufbewahren würde, wie er im *Großen Gesang* sagt.

Diese Idee kam ihm, als er aus dem Exil zurückkehrte und seine Bibliothek in Kisten vorfand, leblos, wie tot. Er fühlte, daß die Bücher – die Ärmsten! – unter seiner Abwesenheit gelitten hatten. Es war ihnen schlecht ergangen. Beeinflußt wurde Neruda auch von dem euphorischen Rektor, den die Universität damals hatte, Juan Gómez Millas. Der klatschte in die Hände, als er von dem Angebot erfuhr. Gemäß seinem Temperament begann er, ausgehend von der Schenkung, sogleich, Ideen und Vorschläge zu entwickeln, er wollte in der Universität sogar ein Studien- und Forschungszentrum für Alte und Moderne Poesie, chilenische und ausländische, einrichten, das Nerudas Bibliothek Originale, Biographien und Bildsammlungen anderer Dichter hinzufügen sollte.

Wenige Monate danach fand in Los Guindos die Gründungsveranstaltung für die »Pablo-Neruda-Stiftung zum Studium der Poesie« statt, bei der der Dichter seine Bibliothek offiziell übergab.

Ich erinnere mich noch deutlich an die Mittagsstunde dieses 20. Juni. Wir standen in der bleichen Wintersonne und hörten dem Rektor und dann Neruda zu. Der Rektor meinte, der Dichter habe ein Verhältnis zum Volk gefunden. Und der Dichter war es zufrieden, daß ihm dieses Verhältnis bescheinigt wurde. Schließlich wäre das seine Pflicht. Dort sprach er die Worte, daß »der Dichter kein verlorener Stein ist. Er hat zwei heilige Pflichten: fortzugehen und wiederzukehren.«

Er war einer, der fortgegangen war, um in der Welt Bücher zu sammeln und Schnecken aus allen Ozeanen, und, mit diesen beladen, zurückgekommen war, um sie der Universität zu übergeben und auf diese Weise einen winzigen Teil dessen zu entgelten, was er von seinem Volk empfangen hatte. In jenen Büchern war nicht nur das Leben der Autoren, die sie geschrieben hatten, sondern auch ihr Tod. Er übergab den *Zigeunerromanzero*, den ihm ein ermordeter Dichter gewidmet hatte. Er gedachte Federicos, wie dieser vor seinen Augen die Widmung hineingeschrieben habe.

Bei jener Gelegenheit erwähnte er auch seine übermütige Polemik mit Rafael Alberti und ihr gemeinsames Loblied auf die Reife dicker Dichter. Seine Losung war, »dick sein wie Balzac und nicht mager wie Bécquer«. Vor dem Schaufenster einer Buchhandlung hätten sie immer Maß genommen. »Ich reiche bis zu den *Arbeitern des Meeres*.« – »Ich nur bis zu den *Elenden*.«

Mit dieser Schenkung, das heißt, indem er seine Bücher dem nationalen Kulturerbe einverleibte, begann er, seinen fünfzigsten Geburtstag zu feiern. Weil er nicht »zu jenen Familien« gehörte, »die den Kastenstolz predigen und dann ihre Vergangenheit unter den Hammer bringen«.

An dieser Stelle blickte er vergleichend auf den jungen Neruda zurück: »Meine Generation war bücherfeindlich und literaturfeindlich in Reaktion auf das dekadent Geschmäcklerische der Zeit. Wir waren geschworene Feinde des Vampirismus, des Nächtlichen, der geistigen Alkaloide. Wir waren die natürlichen Söhne des Lebens.«

Das Leben hatte ihn vieles begreifen lassen, was er früher nicht begriff. Mehr als Werke der Forschung und intellektueller Spekulation waren die, die er schenkte, zumeist Bücher über das Leben und über die Suche nach Schönheit. Indem er sie neuen Augen überreiche, »erfüllen sie ihr Geschick, Licht zu geben und zu empfangen«.

War es ein Fehler, was Neruda getan hat?

Im Jahre 1969 dachte er daran mit bissigen Worten. »Um die Sammlungen, von denen ich spreche, vor einem ungewissen Schicksal zu bewahren, faßte ich einen Entschluß. Ich schenkte sie einer unserer mächtigen Universitäten. Sie wurden, nach den schönen Worten eines Rektors, als großzügige Gabe entgegengenommen. Ich tat der Pflicht Genüge, sie in unser gemeinsames Kulturgut eingliedern zu lassen. Seither sind fünfzehn Jahre vergangen, und niemand hat sie je wieder gesehen. Bücher und Schnecken scheinen nicht mehr da zu sein, es ist, als wären sie in die Buchhandlungen oder in den Ozean zurückgekehrt. Vor Jahren fragte ich nach meiner Schenkung, da wurde mir gesagt: ›Die steht da in ein paar Kisten.‹

Manchmal frage ich mich: Habe ich mich in der Universität geirrt? Habe ich mich im Land geirrt?«

VII

Er erzählt von sich selbst

121

Fünfzig Salven und zwei Flüche

Genau am Zwölften, abends um sieben, brach das Fest im Ehrensaal der Universidad de Chile los. Das Signal zum Beginn gab der Schauspieler Roberto Parada mit klangvoller Stimme eines Regimentstambours und in der Art jener Ausrufer, die in manchen Stücken des Goldenen Zeitalters ankündigen, daß der Vorhang gleich aufgeht. Es war der Auftakt zu Nerudas berühmten fünf Reden, die jetzt Teil seiner Bücher sind. Des Dichters kristallklare Worte, die von seinen Lebensessenzen durchdrungen waren, hatten eine überwältigende Wirkung im Publikum.

Er sei einmal von Lago Ranco aus landeinwärts gereist, und da sei ihm gewesen, als habe er die Quelle oder die wilde Wiege seiner Poesie gefunden. Ihr Merkmal ist es, daß sie von der ganzen Natur zugleich angegriffen und verteidigt wird. Dichtung ist keine stille Übung, auch wenn ihr Antlitz manchmal sehr schön ist. Sie ist Ausdruck von Widersprüchen. Sie hat Stimme und kann schweigen. Alles, der Himmel, die Luft, die stolz erhobenen Wipfel der Zypressen muten reglos an, aber sie warten nur auf etwas, vielleicht auf den Wind, der den ganzen Wald in Bewegung bringen wird. Plötzlich beginnt alles zu zittern. Eine Geburt steht bevor.

In Wahrheit sah der Dichter einen Fluß entspringen, Fluten, anfangs ruhig und schwach, die aber einen Weg zwischen den gewaltigen umgestürzten Baumstämmen und den großen Steinbrocken suchten. Das Jahrtausend herabgefallener Blätter, die die Quelle bedeckten, mußte von der Kraft des Stroms durchstoßen werden, doch das Wasser saugte sich voll mit allem, was es durchqueren mußte, um sich einen Weg zu bahnen. Für den Dichter war die Botschaft klar. So entspringt auch die Dichtung. An ihren Ursprüngen ist sie verborgen und geheimnisvoll, ist sie einsam und duftend. So wie der Fluß, der sich alles aneignet, was unterwegs in ihn hineinfällt, sucht sie ihren Weg durchs Gebirge. Und noch mehr: »Sie bewässert die Felder und gibt den Hungernden Brot . . . Sie singt, wenn Menschen kämpfen oder ruhen.« Sie singt, um Völker zu einen. Dichtung ist nützlich. Und vermittelt überdies eine Botschaft, die der Mensch hüben und drüben zu der seinen machen kann.

In Florenz war er in eine Fabrik eingeladen worden. Dort las er vor den Arbeitern einige seiner Gedichte, voller Schamhaftigkeit, wie sie den Dichter aus einem wilden Kontinent wohl befallen kann, der in der Hauptstadt der Renaissance spricht. Die Arbeiter schenkten ihm eine Petrarca-Ausgabe aus dem Jahre 1500. Poesie war jahrhundertelang durch Florenz geströmt. Petrarca, den feinsinnigen Dichter, hielten die Hände der Werktätigen.

Die fünfzig Lebensjahre eines Dichters feiern heißt die fünftausend Jahre der Poesie feiern. Im Grunde ist Poesie ein Sieg des Menschen. Eine Nachricht, die auch unserem Amerika das Gefühl gibt, eins zu sein. Aus den Tropen kam in den Winter von Valparaíso Rubén Darío, »um die spanischsprachige Poesie neu zu gründen«. Am Abend zuvor hatte ihm Laura Rodig die ersten bleistiftgeschriebenen, korrekturbedeckten Entwürfe der *Sonette vom Tod* überbracht, die Gabriela Mistral vor vierzig Jahren verfaßt hatte.

Dort bekannte sich Neruda dazu, daß er allen, die den Himmel der Poesie bevölkern, verpflichtet wäre. Gläubiger sind auch die Natur, die Geographie, aber seine größte Lehrmeisterin ist die Zeit. Bei Vollendung der Fünfzig vergißt er nicht die schweren Anfänge, die herrlichen, traurigen Regen, die Armut, die Schutzlosigkeit, die Einsamkeit, die Mutlosigkeit, nicht nur seine eigene, sondern seines Volkes, zu dessen ewigem Schuldner er sich erklärt. »Und alles, was ich ihm schulde, habe ich ihm mit meinem Gesang vergelten wollen.«

Er betont eine immerwährende Schuld, erkennt sie an: »Ich bin der Liebe verpflichtet ... Die Liebe hat meine Dichtung gänzlich besetzt.« Sie hinwegzuwischen hatte der machtvolle Wind der Welt, der in sein Haus drang, keinen Grund. Wenn er zunächst die Liebe zwischen Mann und Frau besungen hatte, so besang er jetzt auch die Liebe zur ganzen Menschheit. Das eine und das andere. Die ganze Liebe.

Sein Leben war ein ständiges Hin und Her, ein Kommen und Gehen, ein Vergleichen von Ländern und Systemen. Und am Tag des Bilanzziehens und Vorsätzefassens betont er, wie man weiß: »Ich will die Veränderung der Institutionen, den beschleunigten Fortschritt meines Landes.«

Da er ein halbes Jahrhundert vollendet, möchte er neben anderem, daß seine Stimme weiterhin seinem Volk und den anderen Völkern »Liebe, Frieden, Würde und Freude« bringt.

Stumm lauschten ihm Schriftsteller aus vielen Ländern. Etwa zwanzig waren aus Argentinien gekommen. Seine alten Freunde Oliverio Girondo und Norah Lange; Rodolfo Araoz Alfaro, durch Eheschließung mit der chilenischen Schriftstellerin Margarita Aguirre sein Patenkind; sein Weggefährte aus Spanien, der Dichter Raúl González Tuñón; die Schriftstellerin María Rosa Oliver, im Rollstuhl; und Pablo Rojas Paz. Er bedauerte, daß Rafael Alberti und María Teresa León nicht kommen konnten, sie lebten, weil mit ihren Papieren etwas nicht in Ordnung war, schon seit vielen Jahren praktisch als Gefangene im weiten argentinischen Raum.

Auch die sowjetischen Freunde konnten nicht kommen, wegen Einreiseschwierigkeiten. Anwesend waren die Tschechen, mit dem temperamentvollen Jan Drda, dem Autor der *Stummen Barrikade*, des *Städtchens Gotteshand* und des *Wassers des Lebens*. Diesen begleiteten die Dichter Jan Kostra und Jaroslav Kuchvalek, Hispanist und Professor an der Karls-Universität Prag. In Isla Negra wollten die

Tschechen den Pazifik erleben und erlebten seine Gefähr-
lichkeit. Um Mitternacht veranstalteten sie einen Schwimm-
wettkampf, daß dem Jubilar die Haare zu Berge standen.

Ruhiger waren die bulgarischen Gäste: der Romancier
Dimităr Dimow, Autor der Romane *Leutnant Benz* (Poručik
Benc) und *Verdammte Seelen*, sein bekanntestes Werk
Tabak, und Nikola Furnadžiev, Dichter, Autor von *Große
Tage* (Veliki dni). Die tschechischen und bulgarischen Ver-
treter genossen das Privileg, daß man ihretwegen in Los
Cerrillos eine Unmenge Detektive aufbot und ihr Gepäck
Millimeter um Millimeter nach doppelten Böden voller
verderblicher kommunistischer Literatur durchsuchte.

Das Neruda-Fest hatte vordem begonnen, mit einem
Bankett von einhundertsechzig Gedecken in La Bahía, wo
fast keiner versäumte, einen Trinkspruch auszubringen, und
viele sich in guten oder schlechten Reden ergingen.

Eigentlich hätte die Woche am Sonntag, dem Elften, beginnen müssen, doch die Eröffnungsveranstaltung wurde um
einen Tag verschoben, damit sie nicht mit einer Konferenz
von Parlamentariern und ausländischen Persönlichkeiten
zusammenfiel, die an ebendem Tag zu Ende ging.

Dennoch darf man nicht glauben, alle wären über die
Feiern zum fünfzigsten Geburtstag des Dichters glücklich
gewesen. Man hatte vor, die Eröffnungsveranstaltung im
Teatro Municipal stattfinden zu lassen. Doch der Verwal-
tungsrat, Hirngespinsten nachhängend, hielt es nicht für
ratsam, das Theater zur Verfügung zu stellen, »weil es zu
Gegendemonstrationen kommen könnte«. Daher fand die
erste Veranstaltung im Großen Festsaal der Juristischen
Fakultät und im Valentín-Letelier-Saal statt. Am ersten Tag
wurde eine bibliographische und dokumentarische Ausstellung eröffnet.

Die Festwoche endete am folgenden Sonntag im Teatro
Caupolicán mit einem Programm, das von der Philosophie
des Dichters ausging: Die wesentlichen Dinge der Erde
zu vereinen. Diese sangen durch den Mund von Margot
Loyola und Violeta Parra. Sie äußerten sich in Tänzen nach
Eingeborenenmusik und für Neruda improvisierten Gedich-

ten der erstaunlichen »Chinos de Valle Hermoso de la Virgen de Rosario« aus La Ligua. Dort wurde die erste Ode, die »Ode an die Luft«, erstmals öffentlich, und zwar im Duett von Roberto Parada und María Maluenda, vorgetragen.

Das war die heitere Seite, weil, wie gesagt, nicht alle Beifall klatschten. Der Kritiker Alone, der einem neunzehnjährigen Dichter ein wenig Geld geliehen hatte, damit der sein erstes Buch veröffentlichen konnte, schrieb in *Zig-Zag* einen Artikel, »Die Gefahr, die Pablo Neruda darstellt«. In der von der Universidad de Chile veranstalteten Ausstellung wünschte er ein gewisses Büchlein zu sehen, das 1923 herausgekommen war und dessen Erscheinen er mitfinanziert hatte. Sein Begleiter loderte vor Entrüstung. »Was? Wissen Sie nicht, daß das Ganze, diese Ausstellung, diese Ehrungen, ein Schirm sind, ein Resonanzkörper, den die Kommunistische Partei gebraucht, die, auf Nerudas Kopf gestützt, auf dessen Bauch trommelt? Glauben Sie, daß man sich in Chile je mit so was befaßt, mit Dichtung und Dichtern? Pedro Antonio González ist im Krankenhaus gestorben, Pezoa Véliz ist im Krankenhaus gestorben, niemand weiß, ob Ernesto Guzmán und Max Jara noch leben oder tot sind. Das ist eine Farce . . .«

Gegen ihn gerichtete Gedichte wurden verteilt. In einer anderen Literaturchronik des *Mercurio*, vom 28. März desselben Jahres, wirft Alone Neruda vor, er mache Massengesänge, erhelle sein Wort, bis es diejenigen verstehen, »die nichts verstehen«. Er behauptet, daß jemand (der furchtbare *Deus ex machina* im Stil des Orwellschen *1984*) dessen ständige, unmotivierte Traurigkeit kritisiert und gesagt habe, diese wäre eine Beleidigung für die neue Zeit. In Wirklichkeit hatte das niemand zu Neruda gesagt, aber Neruda gelobte für alle Fälle, nicht mehr traurig zu sein.

Wie man sieht, wurden Nerudas fünfzig Jahre gebührend gefeiert, attackiert und verunglimpft.

122

Häuser und Frauen

In einem Interview sagte Neruda etwas Verblüffendes. Als er gefragt wird, was er studiert habe, antwortete er: »Zuerst Architektur und Französisch.« Architektur? Vielleicht hat er ein paar Vorlesungen gehört. Und ist danach der Fakultät ferngeblieben. Bedauerlich? Vielleicht. Denn Neruda war ein geborener Architekt. Immer sah ich ihn beim Häuserbauen. Das waren keine unsinnigen Unternehmen, denn er hat alle Häuser, ausgenommen das letzte, auf den Hängen von Lo Curro gelegene, vollendet und seinem Geschmack und seiner Persönlichkeit gemäß ausgestattet. Er ließ sich von Architekten beraten, meist solchen mit modernen Ansichten, von dem republikanischen Spanier Rodríguez Arias, von den Chilenen Fernando Castillo Velasco, Carlos Martner, Ramiro Insunza, Raúl Bulnes.

Doch die Konzeption stammte fast immer von ihm. Und in der Regel reichte ihm ein Handwerksmeister, ein kleiner Siedler von Isla Negra, der alle Adern und Furchen des Holzes kannte, mit den Geheimnissen des Steins, des Ziegels und der Nägel vertraut war und über genügend praktisches Können verfügte, um die Probleme zu lösen, vor die ihn das kapriziöse Bauvorhaben des Dichters stellte. Es war ein sehenswertes, vergnügliches Bild: das Neben- und Miteinander des wohlbeleibten Dichters mit Schirmmütze und dickem Pullover und des kleinen, schmächtigen, sorgfältig gekleideten Mannes mit den biederen Zügen, wie sie da beide mit Würde und Maß das Notwendige besprachen, Pablo wohl wissend, wer Rafita war, und Rafael Plaza den respektierend, der mit ihm zusammen an der Aufgabe arbeitete, Zimmer zu bauen, eine Garage einzurichten oder eine Halterung für die neue, schwere Galionsfigur anzubringen, die soeben in Valparaíso ausgeladen worden war.

Nie eine Note von Servilität bei dem Kunsttischler. Nie eine Geste chefhafter Überheblichkeit bei dem Dichter. Dieses Verhältnis beruhte auf gegenseitiger Achtung bei höchster Wertschätzung der Fertigkeit des Goldschmieds und der unvergleichlichen Kunst, durch wenige Worte alles zu dessen Handwerk Gehörende zu verstehen. Das Verhältnis Neruda – Rafita ist aufschlußreich. Wenn man sie beide zusammen sah, hatte man das Gefühl, da waren zwei Meister, die sich bei der Arbeit und auf ihr Handwerk verstanden.

Der Dichter hat drei Häuser. Eines, das Reich der Hormiga, in Los Guindos. Eines, das geheime Nest Rosarios, in der Providencia. Und ein drittes, Isla Negra, das er mit beiden teilt, nacheinander, niemals gleichzeitig.

Delia pflegt auf eigene Faust zu reisen. Dann bezieht Neruda ungenierter den geheimen Taubenschlag. Von dort schreibt er an mich: »Lieber Balalaika, daß Du kein Telefon hast, ist lästig. Wenn Du dringend zu mir müßtest, dann wäre das heute in der Providencia 2457, Dep. 514 möglich. Ansonsten bin ich morgen bis 11.30 Uhr zu Hause. Dann fahre ich los, um Delia vom Flugzeug der SAS abzuholen. Es wäre gut, wenn Du mitkämst. Ein Platz ist frei, ich könnte Dich abholen. Ruf an. Für Deinen Artikel empfehle ich Dir einen von einem Jesuiten, der im *Ilustrado* vom Sonntag stand, und ein kurzes Urteil von Somlyó in einem Brief. Morgen kann ich Dir beides geben.«

Wie man sieht, zieht er in jener Zeit von einem Haus ins andere, von einer Frau zur anderen, und das gefährlich unverhohlen. Diese Sicherheit kann zu einer Katastrophe führen.

123

Der Bruch

Mit dem Geld vom Lenin-Preis beginnt Neruda den Bau eines Hauses in der kleinen Straße Márquez de la Plata, zu Füßen des San-Cristóbal-Hügels, wo man die Raubtierschreie aus dem nahegelegenen Zoologischen Garten hört. Früher war das Gelände Teil der alten San-Cristóbal-Mühle, die von der Strömung eines Grabens angetrieben wurde. Neruda verliebte sich in die Gegend. Auf dem baumbestandenen Hügel ein Wohnsitz, hinter dessen Hof das Wasser rauscht . . .

Der Bau erwies sich als knifflig – ein System von Terrassen, halb nach Inka-Art, in verschiedenen Ebenen. Kommt man unten durch die kleine Tür an der Sackgasse herein, in der er als Nachbarn die Bildhauerin Marta Colvin und einen guten, lebenslangen Freund hat, den Fotografen Antonio Quintana, und dessen uruguayische Frau Queta, hat man den Eindruck eines Hauses in Südspanien. Da sind das kleine Speisezimmer und mehrere winzige Räume. Sodann ist da eine Eisentreppe mit weißgestrichenen Arabesken. Ähnliche Treppen habe ich einmal in einem italienischen Film der fünfziger Jahre gesehen, man geht diese Treppe hinauf oder hinunter, einen Bereich betretend oder verlassend, in dem sich etwas Berichtenswertes zugetragen hat oder sich zutragen wird. Da ist der Empfangsraum mit seiner ganz Nerudaschen Atmosphäre und dem Bild der Frau mit den zwei Köpfen. Dort herrscht die Rothaarige. Es ist das Reich der Patoja. Vier oder fünf Innenstufen führen zu einem Schlafzimmer mit einem einzigen Bett, an dessen Kopfende die verschlungenen Buchstaben P und M eingebrannt sind.

Danach stieg der Dichter weiter hügelan und ließ auf der obersten Ebene ein Arbeitszimmer bauen, in dem er sich zum Schreiben einschloß. Doch das ist eine spätere Geschichte.

Inzwischen wohnte Neruda weiter in Los Guindos. Dort hatte er immer Freunde an seiner Mittagstafel. Nach dem zweiten Gang wurde er müde, dann brach er auf, sein Nachmittagsschläfchen zu halten, natürlich ohne große Erklärungen abzugeben. Die Siesta hielt er nicht in seinem Haus. Er ging nach La Chascona, wo das Löwengebrüll seinen Schlaf nicht störte. Es war eine Zeit, in der er jeden Augenblick unvermittelt fortging. Und das alle Tage. Jeder sah das Drama kommen. Aber keiner sagte etwas, genauer, keiner sagte etwas in Delias Gegenwart.

Neruda nahm sich immer weniger in acht. Die Hormiga war fast nie in Isla Negra. Wer sich dort immer wieder für längere Zeit an der Seite des Dichters einquartierte, war Rosario. Das Dienstpersonal blieb dasselbe. Es mußte zwei Frauen bedienen. Offenbar hielt der Dichter es nicht für nötig, sich vorher mit dem Personal zu verbünden, sondern vertraute auf dessen Diskretion.

Eines Tages kam es in Isla Negra wegen einer häuslichen Angelegenheit zu einer Auseinandersetzung mit einem Dienstmädchen, und dieses ging zu Delia und erzählte ihr alles.

Delia in ihrem verwundeten Stolz zerbrach. Hatte sie schon von dieser innigen Freundschaft gewußt? Hatte sie etwas geahnt, ohne einen Beweis wie den zu haben, den man ihr soeben so brutal geliefert hatte?

Sie war zerschmettert. Auch Neruda litt auf seine Art. Seit Beginn seines Verhältnisses mit Matilde stand für ihn fest – im Einvernehmen mit Matilde –, daß seine Ehe mit Delia fortbestehen würde. Letztlich war es in diesem Alter nur noch eine formale Ehe. Wenn Pablo fünfzig war, so war sie siebzig. Das Gesetz des Lebens verlangte ganz einfach sein Recht. Pablo würde seiner wirklichen Liebe leben und zugleich seine legale Bindung aufrechterhalten. Er wollte Delia keinen Schaden zufügen. Es waren keine politischen Gründe, die ihn veranlaßten, lange Zeit eine Fiktion zu wahren, sondern Rücksicht und die Notwendigkeit, einen für die Hormiga schmerzhaften Bruch zu vermeiden.

Seine Bindung an Matilde war die eines Liebenden. Sie brauchten nicht verheiratet zu sein. Sogar das tägliche Warten und, wie sie selber sagt, die Schrecken, die sie erlebt, waren erregend. Außerdem war Matilde nicht eifersüchtig auf Delia. Sie meint, das hätte sie nicht gekonnt. Sie war sich Pablos sicher, auch wenn er in der anderen Wohnung war. Acht Jahre heimlicher Liebe lagen hinter ihr.

Am Abend jenes Tages, an dem Delia die wahre Lage erfährt, ruft Pablo mich an und bittet mich, zu ihm in die Calle Márquez de la Plata zu kommen. Er ist allein. Matilde hat ihn für ein paar Stunden verlassen, damit er ganz für sich die Situation überdenkt. Als ich komme, sagt er zu mir: »Du mußt mir einen großen Gefallen tun. Einen Brief von mir Delia zukommen lassen.«

Ich muß warten. Der Brief ist nicht fertig. Er setzt sich an ein längliches Tischchen an der Tür, unter ein Gemälde, das er aus Italien mitgebracht hat, mit einer einsamen Landschaft, und schreibt mehrere Stunden, mit grüner Tinte, seinen Abschiedsbrief an Delia. Ich nehme mir ein Buch und verkürze mir die Wartezeit mit Lesen. Ich greife von einem Buch zum anderen. Denn die Abschiedsbotschaft ist lang und schwierig, glaube ich.

Zu später Stunde breche ich mit dem Brief auf, um ihn einem Freund Delias zu übergeben, Luis Cuevas Mackenna. Weder er noch ich haben je erfahren, was in diesem Brief stand. Wir hatten kein Recht dazu. Doch die Hormiga war danach anders zu mir und auch ich zu ihr, zumindest ein paar Jahre. Dann wurde unser Verhältnis wieder normaler.

Pablo sagte damals zu mir: »Sie hat den baskischen Stolz.« Hätte nicht dieser Hochmut dazwischengestanden, der, wie er meinte, von den Ufern des Kantabrischen Meeres kam, hätte er vielleicht weiter mit ihr leben und sie hätte ihn, trotz ihres Altersvorsprungs, lange überleben können.

Die Nachricht von der Trennung erschütterte Nerudas Umwelt und rief unter den Freunden des Paares Pablo–Delia ein Schisma hervor. Lebenslange Freundschaften gingen in die Brüche, wie zum Beispiel die Beziehung zu Tomás Lago. Nerudas Exfrauen fühlten sich arg brüskiert, unter ihnen Albertina. Als Delias Vorgängerin mit vollem Recht zu seinem engeren Kreis gehörend, konnte sie es nicht verwinden, daß eine jüngere, ihr fremde Frau in diesen eindrang.

124

Der unsichtbare Mensch läßt sich sehen

Das Erscheinen der *Elementaren Oden* Ende 1954 verursachte ein weiteres Gewitter, so wie schon *Die Trauben und der Wind* eines ausgelöst hatte. Manche warfen ihm vor, die Oden hätten allgemein kurze Verse. Jemand sagte, der Dichter wollte auf diese Weise schnell Seiten füllen.

Ein katholischer Priester, Francisco Dussuel, attackierte die Oden im *Diario Ilustrado* als materialistisch, marxistisch und antichristlich. Er hatte in dem Buch Gotteslästerungen entdeckt und konnte dem Dichter nicht beipflichten, weil dieser der Armut die »Heiligkeit« absprach. Für den Dichter gehörte sie nicht zum »ewigen Geschick der Menschen«.

Pater Dussuel war nicht der einzige seines Glaubens, der das Buch verurteilte. In Argentinien, wo der Verlag *Losada* es herausgebracht hatte, erschien in der katholischen, von Monsignore Franceschi geleiteten Zeitschrift *Criterio* eine Interpretation von Bruder Verísimo, der von dem »großen Dichter« schrieb und zugleich die jungen Katholiken vor der in den Oden enthaltenen »gefährlichen Botschaft« warnte. Auf alle Fälle würde Neruda in die »wahre Heimat«, den Himmel, kommen. Der Artikel ist keine offene Verurteilung. Neruda ist echt, und die Nerudianer sind falsch. Es fehle, so Bruder Verísimo, das innere Bildnis des Dichters. »Es fehlt sein moralisches und theologisches Spektrum.« Nach seiner Meinung betritt Neruda den Bereich des Metaphysischen. Indem er sich zum Bewohner auf Erden erkläre, verzichte er auf alle Hoffnung, alles Heil, alles Licht. Sonderbar: Den nahezu Profi-Optimisten jener Zeit stellt er als unverbesserlichen Pessimisten hin, der die höchsten Gipfel der Trostlosigkeit erreiche. »Man friert bis ins innerste Mark, blickt man in die Finsternis dieser abgründigen Seele, dieses Menschen, der freiwillig aus einem Himmel geschieden ist, welcher ihn aus jeder Form, aus jedem Wort, aus jedem Pulsschlag seines eigenen Lebens zu rufen scheint.« Aber vielleicht seien im Innern des Dichters, so meint er, die Ausblicke, die ihn zum Licht geleiten werden, im Begriff sich aufzutun.

Das Buch stellte tatsächlich einen Wandel in der Dichtung Nerudas dar. Nicht den, den Bruder Verísimo als falscher Prophet zu erkennen glaubte, sondern ein neues Stadium in dem von Sprüngen und Veränderungen erfüllten Werdegang. Der Abstand zum anderen Pol, zum ersten Band von *Aufenthalt auf Erden*, war groß. Andere Form, mannigfaltiger Hintergrund. Nach dem Buch befragt, sagte der Dichter, er hätte mit den *Oden* einfache Dichtung über einfache Dinge machen wollen. Die Themen sind frei gewählt. Er will so mit dem Dichter brechen, der sich auf ein einziges Register beschränkt. Die Dichtung des zwanzigsten Jahrhunderts hatte das epische Thema fast gänzlich beiseite gelegt. Er hat sich im *Großen Gesang* darin versucht. Kein Stoff darf ausgeklammert werden. Heute wendet sich die Dichtung kaum noch Dingen zu, denen sie gestern viel Beachtung schenkte, dem Mond zum Beispiel. Man muß zum Mond zurückfinden, zur Sonne, zur Luft, man muß zu allen Themen zurückfinden.

La Nación in Buenos Aires behauptete, Neruda wollte in den *Elementaren Oden* eine Inventur der Welt vornehmen. Der Dichter erwiderte: »Der Rest ist noch sehr groß . . . Wie allen Dichtern bleiben mir das Universum und viele andere Dinge.«

Außerdem war das Buch geschrieben worden, weil der Autor den jungen Dichtern den in den einfachsten Gegenständen und Dingen verborgenen Schatz an Schönheit zeigen wollte.

Im Anfangsgedicht, »Der unsichtbare Mensch«, ist seine damalige Dichtkunst eingeschlossen. Er bewundert alle Werke der Dichtung, allen Tau, aber er lächelt über das Unmaß der ersten Person, das den Blick auf die übrigen Pronomen verstellt. Denn er will singen »des unsichtbaren Menschen Gesang, / der mit allen Menschen singt«. Dieser Gesang ist anders, wie der persische Markt anders ist als die Welt, Oden an Amerika, an Ángel Cruchaga, an den Anzug, an die Artischocke, an das Atom, an das Bauwerk, an das Belauschen der Vögel, an die blaue Blume, an die Blüte, an das Buch, an César Vallejo, an die Einfachheit, an die Einsamkeit, an die Energie der Erde, an die Erde, an den Faden, an das Feuer, an die Freude, an die Fruchtbarkeit der Erde, an den Frühling, an Guatemala, an die Helle, an den Herbst, an die Hoffnung, an eine Kastanie auf der Erde, an die Kritik, an das Kupfer, an den Laboranten, an das Leben, an Leningrad, an die Liebe, an die Luft, an das Meer, an den einfachen Menschen, an die Nacht, an den Neid, an die Rastlosigkeit, an den Regen, an Rio de Janeiro, an die Ruhe, an die Schmähsucht, an die Seeaalsuppe, an den Seesturm, an den Sommer, an den dritten Tag, an den glücklichen Tag, an die Tomate, an die Traurigkeit, an eine Uhr in der Nacht, an die zur Unzeit Erschienene, an Valparaíso, an die Volksdichter, an den Wein, an den Winter, an die Zahlen, an die Zeit, an die Zwiebel. Alphabetisches Verzeichnis der ständigen Themen, die wie einem Wörterbuch entnommen anmuten und dennoch ein olympischer Beweis dafür sind, daß in allen Poesie schlägt, sofern ein Dichter mit König-Midas-Händen sie berührt.

Die Liste scheint vollständig zu sein. Trotzdem reagiert der Dichter mit einem Lächeln auf die Herausforderung. »Ich schreibe ein weiteres Buch, es wird *Neue elementare Oden* heißen.« Er bringt es pünktlich 1955 heraus. Die Gegenstände sind verschieden, manchmal sind es die ewigen Dichterthemen, dann wieder sind sie von ganz ungewöhnlicher Art, wie die »Ode an den Stacheldraht«, »an die Socken«, »an den unbeständigen Tag«, »an die Leber«. Scheinbar hatte er in diesem zweiten Band das Arsenal der Gegenstände geleert, dieser Dichter, den ein Kritiker einen »cosalista« nannte, einen Gegenständler.

Nein, da waren noch viele Dinge, die er in Oden umsetzen würde. Halb provokatorisch, halb spöttisch veröffentlicht er sein *Drittes Buch der Oden*, Dichtung eines scharfen Beobachters. Oft, wenn ich ihn in Isla Negra besuche, fordert er mich zu einem Spaziergang im Wald von Las Petras auf, der viel Geheimnisvolles birgt. Dort setzen wir uns. Die Stämme sind jahrhundertealt, voller Narben und riesigen Spinngewebes. Alles scheint still zu sein. Es ist wie in dem versteinerten Wald, den wir einmal im Kino gesehen haben. Als ich seine »Ode an den Wald von Las Petras« las, wurde mir klar, daß das Dichterauge mit dem Privileg zur Welt kommt, zu sehen, was andere sehen, doch ohne es zu sehen.

Neruda zieht in seiner Dichtung Bilanz. Er schreibt im Jahre 1956 die »Ode an den beleidigten Tagedieb« als Antwort auf Kritiken, die er als gehässig empfindet. Denn im

Haus der Oden hat alles, was Welt ist, Platz, sogar die »Ode auf den Walzer über den Wellen«, den geliebten Walzer seines alten Herzens, der ihm das Aroma des Vergessens bringt, wie auch die »Ode an die glückliche Reise«, die der Dichter über seine lange Weltreise singt, von der er zurückkehrt zu seiner Liebe mit den großen Augen.

125
Der Krieg dauert nicht hundert Jahre

Nach dem großen Lutherschen Schisma dauerte der Krieg nicht hundert Jahre, auch wenn etwas in der Seele der langlebigen Hormiga für alle Zeit zerbrochen blieb. Die Vorwürfe und Anklagen, die in der Stadt kursierten und von denen manche blitzartig zu den in aller Welt verstreuten Freunden drangen, verstummten allmählich.

Sie, die sich in den zwanzig Jahren mit Neruda als Malerin völlig zurückgezogen hatte, kehrte jetzt zu ihren verrenkten Pferden zurück. Charakter und Klima änderten sich in Michoacán, dem Haus, das sie nach dem Bruch einfach nur Los Guindos oder Lynch 163 nannte. In dem verglasten Raum, der während ihrer Ehe als Speisezimmer gedient hatte, richtete sie ihr Atelier ein, es bekam viel Licht, und man hatte von dort einen schönen Blick auf den Park.

Das Haus verlor die von munterem, lautem Treiben geprägte Atmosphäre, die es gehabt hatte, als der Dichter darin wohnte. Aus war es mit dem jederzeit gedeckten Tisch, an dem früher so mancher Fremde gesessen hatte, ohne nach seinem Woher und Wohin gefragt zu werden, und das war so weit gegangen, daß man eines Tages beim Nachtisch unter den vielen Tischgästen Waldo Palma entdeckte, den Chef des Geheimdienstes einer feindlichen Regierung, einen Mann von hohem Wuchs und Boris Karloff ähnlich.

Es begann die stille Herrschaft einer verlassenen Delia, einer Königin letztlich, souverän in geistreicher Unterhaltung, bezaubernd, die wie ein Schwan auf dem See großer

Gedanken schwamm und mit bewundernswerter Sicherheit über alle Ereignisse sprach.

Pablo, der nach La Chascona gezogen war, um mit Matilde zu leben, und in Gedanken immer bei der Hormiga war, der er sehnlich wünschte, daß sie sich wieder aufrichten und die Mutlosigkeit nach der gewaltsamen Trennung abschütteln könnte, erhielt nach ein paar Monaten Kunde, daß sich ein neuer Maler- und Literatenkreis in seinem einstigen Haus in Los Guindos gebildet hatte, das jetzt Delia allein gehörte. Er atmete erleichtert auf.

Er selber war ruhiger geworden. Ein Ende hatte das aufreibende Doppelleben. Er brauchte nicht mehr zur Siesta in ein anderes Haus zu gehen. Er konnte sogar die Vaterschaft an einem Kind anerkennen, das durch die weite Welt zog und ihn lauthals Papa nannte, auch wenn er es abstritt. Das Kind hieß *Die Verse des Kapitäns*.

Pablo wollte Kinder von Matilde haben. Und auch sie wollte welche . . . »Drei Kinder habe ich verloren«, sagt sie, »das letzte nach dem sechsten Monat. Ich lag fast die ganze Zeit im Bett, um es zu behalten. Da sagte Pablo zu mir, wir sollten es nicht mehr versuchen . . .« – »Ich würde das Kind hassen, wenn dir etwas passierte«, sagte er zu ihr.

Zu Ende war die Vorgeschichte einer Liebe, die in gewisser Weise 1946 begonnen und in Mexiko festere Formen angenommen hatte, als Neruda krank war. Seither hatten sie sich auf den Flughäfen vieler Länder getroffen und getrennt. Umgeben von fremden Sprachen, taten sie so, als kennten sie sich nicht. Immer trennten sie sich, um sich in den Straßen von Paris oder in Transsilvanien wiederzufinden, wo zu nächtlicher Stunde Fürst Drakulas Augen blitzten. Die Chillaneja war aus der Kreide von Ñuble gemacht, da er sie aber in so vielen Erdstrichen gesehen hatte, war sie für ihn nicht nur ein schwarzer Krug aus Quinchamalí, sondern auch eine Amphore aus Pompeji, der Stadt, die nach zweitausend Jahren unter dicker Lavaschicht freigelegt wurde und nicht weit von jenem Haus auf Capri entfernt lag, das ihnen ermöglichte, zum erstenmal und vor Überraschungen sicher unter einem gemeinsamen Dach zu wohnen, in jenem Winter des Jahres 1951.

Jetzt war die Heimlichkeit zu Ende, sie teilten ihr Leben zwischen La Chascona und Isla Negra. Sie waren glücklich. »Wenn dies auch niemanden interessiert: Wir sind glücklich. Wir verbringen viel von unserer gemeinsamen Zeit an der einsamen chilenischen Küste. Nicht im Sommer, denn dann wird der von der Sonne ausgedörrte Küstenstreifen gelb und wüstenähnlich. Aber im Winter, wenn er bei Regen und Kälte ein sonderbares Blütenkleid anlegt, grün und gelb, blau und purpurrot.«

Ein bewegter Lebensstil, angefüllt mit Reisen, täglichem Dichten und mitunter mit Krankheiten, die ihm sogar ein Redeverbot einbringen, es sei denn, er äußert sich brieflich. Am 19. Januar 1958 schreibt er mir einen Brief aus Isla Negra:

»Valentín, Du weißt bereits, daß der Arzt mir für zwei Monate Schweigen verordnet hat. Juvencio Valle wäre glücklich gewesen. Ich habe mich gefreut, denn man dachte an Schlimmeres. Ich habe ein Büchlein, in das schreibe ich meine Gedanken, wie zum Beispiel: Wann essen wir? Es ist ein Elend: So viel Stillschweigen verwehrt mir einen Besuch von Euch beiden, die wir erwarten. Sag Correa (Corvalán), daß es Ende März vielleicht besser wäre. Ob ich dann wieder hergestellt bin? Die Stimme. Tello wird mich in einem Monat untersuchen. Herzlich

P.«

Das verordnete Schweigen hindert ihn nicht am Schreiben. Am Tag, da in Chile kalendermäßig der Frühling beginnt, teilt er mir brieflich mit:

»Isla Negra, 21. März
Lieber Vol! Meiner Kehle geht es etwas besser, dank dem gummierten Papier, das mir die Patoja auflegt. Ivette (Joie) kommt am Sonntag aus Valparaíso, ich finde es schade, daß Ihr sie nicht mehr seht. Wenn Du kannst, schiebe eine Reise

ein. Wir sind hier bis zum Ende der Karwoche. Ich bin dabei, eines der Bücher zu beenden, ich bin zufrieden. Das von José ist eingetroffen. Erzähl unserem Freund davon und übergib es ihm von mir. Bald mache ich den Propagandaplan. Auch jenes Manifest.

Kein Mensch ist an der Küste. Herrlich. Etwas Graues, Feuchtes, das einen packt, wie die Sonne es nicht vermag. Keine Lust, in die Zivilisation zurückzukehren. Herzlich

P.«

In die Abgeschiedenheit von Isla Negra gelangen dennoch die Stimmen der Welt. Vorerst nur Worte auf Papier. Am 11. August schickt er mir einige handgeschriebene Seiten: »Lieber Val! Es waren ein paar gute Arbeitstage (nur Korrespondenz), von morgen an schreibe ich.« Mit Sorge und Empörung erfüllen ihn das ständige Wühlen gegen Kuba, die Machenschaften in der Organisation Amerikanischer Staaten. Davon spricht er in den folgenden Zeilen: »Brief an die OAS. Da Fidel nicht gekommen ist, bleibe ich hier bis zur Plenarsitzung. Aber diesen Brief habe ich geschrieben, und ich möchte, daß Du ihn Lucho zeigst. Wenn man mit seiner Veröffentlichung einverstanden ist, dann möglichst als Flugblatt, das jeder Delegation zugestellt werden sollte. Das Original, das ich Dir geschickt habe, soll Señor Mora und Carrera geschickt werden.« Wie die Delegationen, erhielt der Sekretär der OAS im Hotel Nerudas Plädoyer zur Verteidigung Kubas.

126

Titeltausch

Durchs Laub fallender Sonnenschein. Wir sitzen auf der zweiten grünen Ebene von La Chascona und führen in dem Bewußtsein, Zeit zu haben, ein gemütliches Gespräch. Neruda sagt zu mir: »Ich bin dabei, ein anderes Buch zu schreiben.« Ich frage ihn, ob er den Zyklus der *Oden* abgeschlossen habe. »Ich glaube, für den Moment – ja. Dieses wird ein philosophisches Buch, voller Fragen. Wie viele Tage haben zusammen im Montag Platz? Wieviel geschieht an einem Tag? Es ist das Buch über den Beginn des Herbstes, meines Herbstes . . .« Er schweigt. »Wie heißt es?« – »Es hat noch keinen Namen.« – »Hast du eine Vorstellung?« Er schüttelt unschlüssig den Kopf. »Ich weiß nicht recht. Aber es muß einen anderen Titel haben. Was würdest du mir empfehlen?« – »Ich? Mein Geschmack ist vielleicht konservativ. Mir gefällt der Name Morgen- und Abenddämmerungen.« – »Morgen- und Abenddämmerungen?« sagt er. »Ja. Morgen- und Abenddämmerungen eines extravaganten Buches.«

Kurz darauf erschien *Extravaganzenbrevier*, Vorläufer des *Buches der Fragen*: »Wie lange lebt, letzten Endes, der Mensch? / Lebt er tausend Tage oder einen einzigen? / . . . Was bedeutet ›Für immer?‹« Der Dichter ist zufrieden, aber er glaubt, »von Zeit zu Zeit . . . sollte man ein Todesbad nehmen«. Er definiert seinen zweiwertigen Stand: »Ich bin Professor des Lebens, / tastender Student des Todes.«

Unauslöschliche Bilder, Berlin im Winter, »plötzlich, geführt von einem Mann, / traten zehn Pferde in den Nebel hinaus. / Ihre Farbe Honig, Amber, Feuerglut . . . / Ich hatte den Winter jenes düstren Berlin vergessen. / Ich werde nicht das Licht der Pferde vergessen.«

Extravaganzenbrevier enthält viele Überraschungen und eine zwanglose Vielfalt. Es ist ein Buch mit freier Themenwahl. Es mischt Töne und Halbtöne. Signalisiert Mißliches. Zeigt Spuren von Streit. Bombardiert »die feindlichen Freunde«, die darauf warteten, ihn nicht zu erkennen. »Doch als die Gluten / einer geheimnisvollen Liebe mich quälten, / als vor Liebe und Mitleid / ich im Schlaf und Wachen litt, / löste sich die Karawane auf, / zogen sie mit ihren Kamelen davon.« Die Wunde war noch nicht vernarbt. Er stellt fest, daß sie sich vereint haben, ihn zu verwünschen, und mehrere Formen ausgedacht, ihn zu töten. »Sie entschieden sich für die Zunge.«

Dieser Neruda, der die Fünfzig vollendet hat, vergißt nichts. Weder Freunde noch Gegner. Der Halsstarrigste der

Letztgenannten ist ihm natürlich besonders deutlich in Erinnerung geblieben, der »lebenslängliche Barabbas, / immerdar hitzig und gärend ... Mir würde ein neues Buch / mit erdrückenden Argumenten gefallen, / das endlich Schluß macht mit mir.«

Buch des Ja und des Nein, »Unstadt« und »Santiagosang«, Münze mit den zwei Gesichtern der Hauptstadt, die »die trübsinnigen Konquistadoren ... / schnitten aus dem öden Lehmstein«.

Der Dichter verfaßt Dokumente für die Nachfolge im Falle seines Todes. Er beschließt das Buch mit einem »Herbsttestament«. Scheinbar trifft er Verfügungen für die Ewigkeit; aber da sind seine unvermeidlichen Augenblicksüberlegungen und -gefühle. Eindrucksvoll zeigt er seinen Feinden wieder die Faust, was beweist, daß, als er es schrieb, die Bißwunden noch frisch waren, die er aus dem durch seinen Ehebruch verursachten Kampf davongetragen hatte. »Ich bin in Stücke zerfetzt worden / von rachedürstenden Raubtieren, / die unbezwingbar schienen.« Er antwortet denen, die ihn fragen, »warum ich so dunkel schriebe ...«, und jenen »zwei Schurken, die ihn anfielen und ihn der Einfachheit ziehen«. Es fällt auf, daß er auf Dinge antwortet, die bestehen oder bestanden haben.

Er antwortet »einigen Wohlgesinnten«, er widmet seine Kümmernisse, verfügt über seine Freuden, spricht sich gegen den Haß aus. Seine testamentarischen Verfügungen gipfeln in Worten des »Entzückens an seine Geliebte«: »Du bist rot und bist prickelnd, / bist weiß und bist salzig / wie Zwiebelmarinade.« Im Stil des Quijote beendet der Dichter sein Buch, indem er von »seinen mannigfaltigen Verwandlungen spricht und seinen Glauben an die Poesie bekräftigt«.

Mitunter kam das Gespräch auf die Titel zurück. Nach kurzer Zeit erzählte er mir von einem neuen Werk, mehr in der Art der *Oden*. »Aber«, so sagte er, »ich will es nicht *Viertes Buch der Oden* nennen.« Wie immer war alles darin, aber auch Reisen, Wegfahren und Wiederkommen. »Dann nenne es doch *Schiffahrt oder Heimkehr*.«

Meinerseits erzählte ich ihm von dem Roman, den ich soeben über das Konzentrationslager Pisagua beendet hatte. »Sag mir einen Titel«, bat ich ihn. »Du als großer Titelerfinder.«

»*Das Durchsichtige Gefängnis*«, schlug er mir vor.

»Gefängnis? Nein«, sagte ich, »das ist zu deutlich.«

Mit der Zeit bereute ich es. Nach einigen Jahren kam ich zu dem Schluß, daß dies ein glücklicherer Titel gewesen wäre als *Saat im Wind.*

Obwohl sein Titelvorschlag nicht aufgegriffen worden war, schrieb er über das Buch ein paar wohlwollende Zeilen, die spanisch nie veröffentlicht worden sind. Sie erschienen lediglich im Jahre 1981, als Vorwort zu einer portugiesischen Ausgabe des Romans.

Wir machten uns einen Sport aus dem Erfinden von Titeln. Manche erschienen gedruckt, manche verschwanden so wie anderes, aus purer Freude Dahingesagte.

127
Neruda ja. Neruda nein

Mit Vorliebe machte Neruda, wie gesagt, Häuser, Bücher, Zeitschriften. 1955 erscheint unter seiner Leitung *La Gaceta de Chile.* Auch beging er gern in festlicher Form das Erscheinen eines Werkes, dazu versammelte er Freunde, um mit ihnen gemeinsam eine Widmung zu unterschreiben oder mit Wein und Pasteten Richtfest des Hauses zu feiern, das er zu bauen begonnen hatte. Noch in meinem Exil besitze ich ein Exemplar der *Gaceta de Chile*, es trägt die Unterschriften von Neruda, Matilde Urrutia, Blanca Hauser, Antonio Quintana (Toñita y Toñito) und andere Namen, die ich, da sie unleserlich oder verblichen sind, nicht entziffern kann.

Der Herausgeber richtete einen Brief an die Leser der *Gaceta.* Er dankt ihnen für das Händeschütteln. Kündigt an, daß Mariano Picón Salas und Miguel Ángel Asturias aus Caracas und Buenos Aires »uns edle Prosa schicken, die wir später veröffentlichen werden«.

Doch nie fehlt der Schlag des Feindes. Man muß mit ihm rechnen. Ein kleines Naziblatt zieht gegen das Erscheinen der *Gaceta* und gegen – Thomas Mann zu Felde. Der Artikel trägt die bezeichnende Unterschrift »Gestapo«.

Zu dieser »Zeitschrift für Kunst und Literatur, herausgegeben von Pablo Neruda«, gehört eine Beilage auf blattgrünem Papier, *Rosa de Poesía*. Hier kommen die jungen Dichter jener Jahre zu Wort. Er bringt eine Seite kraftvoller Poesie von Frauen aus Spanien und Amerika, darunter Gedichte seiner neuen Freundin aus Valparaíso, Sara Vial, die viele Jahre danach ein hübsches Buch über Neruda und Valparaíso schreiben wird. Natürlich widmet er die Hauptseiten dem hundertjährigen Jubiläum der *Grashalme*. Nicht zufällig hängt bei ihm zu Hause ein Bild, das den jungen Mann mit dem üppigen weißen Bart in voller Größe darstellt, Walt Whitman, der hundert Jahre früher mit *Salut au monde* sein Vorgänger war.

Er lernt das Glück kennen, seine Bücher in unverständliche Sprachen übersetzt zu erhalten. »Kannst du mir dieses Gedicht aus dem Persischen übersetzen?« fragt er mich scherzhaft. Weder aus dem Persischen noch aus dem Arabischen, Urdu oder Bengali, aus keiner der unzugänglichen Sprachen, die bei ihm eingehen.

Er schwärmt für schöne Ausgaben. Macht spielerisch das Gedicht zum Gegenstand. Ist hingerissen vom Sonderdruck der *Ode an die Typografie*. Und von der in Stockholm erschienenen Ausgabe von *Der große Ozean*. Ihn faszinieren kapriziöse Schriftzeichen, geschwungene Lettern, die Anmut atmen. Gern wäre er Drucker geworden. So war es seit je. Von frühester Jugend an entwarf er, in schönen Großbuchstaben, Schutzumschläge für eigene Werke, die nie erschienen sind. Diese Besessenheit führte ihn auch in die Druckerei, wo sein erstes Buch gesetzt wurde, um mit dem Verleger Formate, Schutzumschlaggestaltung, Typografie, Farben, Papierstärke, Umfang des Werkes, Titel zu beraten. Der gedruckte Buchstabe hat für ihn nie seinen verführerischen Zauber eingebüßt.

Überall will man ihn haben. Reisen faszinieren ihn. Sie

sind eine seiner Lieblingsbeschäftigungen und Teil seines Arbeitsprogramms. Da ist sein jüngst erschienenes Prosabuch. Es heißt *Reisen* (Viajes). In seinem Leben wird es immer wieder Aufbruch und Heimkehr geben. Er reist in die Sowjetunion und in andere sozialistische Länder. Nach China. Das Paar Neruda—Matilde reist gemeinsam mit dem Paar Amado—Zelia. Ihre chinesischen Dichterfreunde haben Sorgen. Sie sehen die Kulturrevolution als dunkle Flutwelle kommen, die alles in Nacht tauchen könnte.

Nach Uruguay zurückgekehrt, schreibt er mir am 7. November 1956: »Ich habe hier viel Erfolg gehabt. Der Einzelheiten sind es zu viele, um davon zu berichten. Am Mittwoch reise ich nach Rio ab. Jorge hat zu der Reise gedrängt und die Vorkehrungen getroffen. Von dort gehe ich nach Buenos Aires zu zwei Lesungen, und zu Monatsbeginn werde ich wieder bei Euch sein.« Aus seiner Korrespondenz weht immer die Luft, die er auf seinem Weg atmet. »Die Kriegsgefahr in Suez scheint vorüber zu sein und Ungarn sich gefangen zu haben. Hier herrscht ein Klima unaufhörlicher Provokation, mit Anti-Propaganda durch Flugzeuge und Lautsprecher.«

Die Behandlung im Ausland ist gut und manchmal schlecht. In ein und derselben Stadt kann alles geschehen. Am 30. Januar 1957 bringt *Losada* in Buenos Aires seine *Gesammelten Werke* als Dünndruckausgabe heraus. Mehrere tausend Seiten und Gedichte. Wir sind in der Zeit umfassender Bibliographien, dafür zuständig ist ein Sekretär von ihm, der unvergessene, langsam dahinwelkende Jorge Sanhueza, den ein jäher Tod früh dahinraffte. Dieses unentbehrliche Werk wird von Hernán Loyola fortgesetzt und mit einem umfangreichen Verzeichnis von Ausgaben, Antizipationen, Absätzen und Veröffentlichungen zu jedem Buch gekrönt. Es ist die Zeit, da Neruda in große wissenschaftliche Untersuchungen einbezogen wird. Er wird mit der Lupe seziert und analysiert von Exegeten, die manchmal eher kalt denn begeistert bei der Arbeit sind. Es ist die Zeit, da die »Nerudiana Dispersa« sich zu sammeln beginnt, Briefe, Vorworte, Reden, Artikel, Einladungskarten.

Schwerlich findet man einen Kritiker oder Spezialisten für chilenische Literatur, der nicht über Neruda geschrieben hätte. Und unmöglich ist es, hier sämtliche Namen zu nennen, denn sie sind Legion in unserem Land, und auch außerhalb. Neben den in diesem Buch bereits genannten ist Jaime Conchas ungemein kompetentes, gehaltvolles Werk zu erwähnen, darunter sein Buch *Neruda*, sowie die Doktorarbeit von Eugenia Neves und die Untersuchungen von Juan Loveluck und der Kritiker Juan Alazraki, Saúl Jurkiewitsch, Alfonso Carrasco Vintimilla, Emilio Miró, Frank Riess, María Magdalena Solá, Carlos Santander, Jaime Giordano und Luis Iñigo Madrigal.

Wir sagten auch, daß er mitunter schlecht behandelt wurde. Wenn man ihn in Italien und Frankreich festnehmen und ausweisen wollte – Freuden des kalten Krieges –, so wird er am 11. April 1957 in Buenos Aires verhaftet. Er verbringt anderthalb Tage im Nationalgefängnis. Neruda steht im Mittelpunkt der Polemik. Er gibt, nimmt und teilt abermals aus.

Es ist die Zeit, da der Dichter zum Lied übergeht. Seine »Romanze der Carreras« ist von Vicente Bianchi vertont worden, ebenso sein »Gesang für Bernardo O'Higgins«. Das patriotische Thema bringt ihn in die Kasernen. Zusammen mit dem »Lied für Manuel Rodríguez« gehören sie zum Repertoire von Soldatenchören.

Nascimento gibt 1957 eine *Neue Anthologie* von Pablo Neruda heraus, sie verursacht eine ganze Serie von Stürmen. Im Grunde ist es eine dritte Auflage der *Anthologie*, herausgegeben von Arturo Aldunate Phillips, Margarita Aguirre und Homero Arce, und enthält Gedichte aus den drei Odenbüchern und einigen späteren Büchern.

Das heftigste Gewitter wird von der Politik erzeugt.

Alone zitiert einen französischen Wissenschaftler, der zu dem mathematischen Schluß kommt, der Dichter erreiche seinen Schaffenshöhepunkt und produziere seine Meisterwerke jenseits der Sechsundfünfzig. Man muß die Präzision bewundern.

Nicht immer ist Alone Enthusiast. Und zwar dann nicht, wenn »die Botschaft« des Dichters ihm mißfällt.

In *La Nación* vom 23. Februar jenes Jahres untersucht Germán Sepúlveda in einem Kommentar zu ebendieser Anthologie, warum damals auch aus Europa mit schwerer Artillerie auf Neruda geschossen wird. Die Zeitschrift *Cuadernos* des »Kongresses für die Freiheit der Kultur« spezialisiert sich darauf, ihm durch Julián Gorkin, Javier Abril und Ricardo Paseyro kräftig vors Schienbein zu treten. Neruda meint dazu, diese leiden an, wie Max Scheller es genannt hat, »existentiellem Groll«, der spanische Mediävist Ramón Menéndez Pidal bezeichnet es als *Invidencia*, »Trübsal ob fremden Gutes«, gemeinhin Neid genannt. Er erinnert daran, daß bei dem Schriftstellertreffen in Concepción der Essayist Mario Osses die Ansicht vertrat, »Nerudas Größe besteht darin, daß man ihn unbegrenzt ›rupfen‹ kann«.

Ursache all dessen, der so organisierten und einträglichen Schmähungen, war noch etwas anderes. Seine politische Haltung.

Der »Kongreß für die Freiheit der Kultur« lädt ihn vor, und er lädt seine Feinde rücksichtslos aus. Er wird dem Druck des Feindes nie nachgeben. »Ich werde nie aufhören, Kommunist zu sein«, betont er in einer Ansprache im Teatro Municipal, am Sonntag, dem 15. Juni 1958. Im Namen der kommunistischen Intellektuellen spricht er bei der Beerdigung von Galo González, dem Generalsekretär der Partei, im März jenes Jahres. Im Mai wird er zum Präsidenten der Gesellschaft der Schriftsteller Chiles gewählt. Im selben Monat richtet er an Präsident Ibáñez einen Brief, in dem es um die ungeregelte staatsbürgerliche Stellung der aus den Wahlregistern gestrichenen Bürger geht, zu denen er selber gehört. Und am 3. August 1958 ruft er: »Sieg!« – in einem Artikel in *El Siglo* unter der Überschrift: »Dies sind ruhmreiche Tage: Das Vermaledeite Gesetz ist tot«.

Der Dichter hat kämpferischen Schneid. Zugleich sorgt sich niemand so wie er um die Schriftsteller und um außerliterarische Dinge, die mit dem Schicksal einer gefährdeten Welt zu tun haben. Er ist ein dichtender Kämpfer für den Frieden und auch für die Poesie.

In der letzten Nummer von *Ercilla* des Jahres 1953 reagiert er auf Leopoldo Paneros Buch *Persönlicher Gesang* (Canto personal), das in Titel und Stoff von A bis Z ein Anti-Neruda-Buch ist. Im September 1954 veröffentlicht er in Isla Negra sein »Willkommen für Gabriela Mistral«, die nach vielen Jahren vorübergehend in Chile weilt.

Im November 1955 liest er anläßlich der Beerdigung des Vaters des chilenischen Kreolentums, Mariano Latorres, einen Text bewegter Prosa.

Wann immer es möglich ist, entflieht er nach Isla Negra, doch auch dort verfolgt ihn das Stadtgetöse. »Valentín, Unbekannter, Ungreifbarer, Einfältiger, warum kommst Du nicht ans Meer? Wir haben miteinander zu sprechen«, schreibt er mir in einem Brief vom 17. Januar 1957. Er weist auf »niederträchtige, unanständige« Anspielungen eines gewissen Kritikers hin. Gibt zu erkennen, daß er angreifen wird. »Natürlich werde ich das auf meine Art tun, mit Oden, die ihm einige Jahre lang Juckreiz verursachen werden. Tod dem Regenschirm. Binnen kurzem wirst Du erleben, wie sie sich in ihrem eigenen Gift wälzen.«

Am 9. März kommt er noch einmal auf seine Einladung zurück. »Hier sind heitere Tage. Ich schreibe mehrmals täglich. Sei nicht so träge, komm am Sonnabend her, wir fahren dann am Montag gemeinsam. Der Kontinuität meiner Arbeit wegen habe ich beschlossen, das ganze Jahr über zwei Wochen hintereinander in Isla Negra und zwei Wochen in Santiago zu bleiben. So daß ich während der vierzehn Tage in Santiago an einer Unmenge von Versammlungen teilnehmen kann. Ich treffe am Montag, dem Achtzehnten, zur Mittags zeit ein. Ich würde dann zur Leitung der Gesellschaft mit Garantien gehen . . . Wenn wir uns sehen, frag mich nach Valparaíso.«

Immer wieder erhalte ich Briefe von ihm, die in weiter Ferne, im Ausland aufgegeben worden sind. Einen aus Paris, vom September 1957: ». . . so wären wir denn hier fast wieder zu Hause. Armenien, Ceylon, Indien, China und Moskau bieten vieles, worüber man sprechen kann. Aber das wird auf der Isla Noire am fruchtbaren Ozean geschehen.« Er erinnert an ein schreckliches Kind namens Claudio, das er den »Schraubenzieher« nennt, weil es von einem unbezähmbaren Drang beseelt ist, das Innere aller Dinge zu erkunden, indem es sie – auseinandernimmt.

Ein anderer Brief ist datiert Stockholm, 10. November. Er meldet, daß sie »an Bord der ›Bolivia‹ von der Johnson Line gehen. Dieses Schiff trifft Mitte Dezember in Valparaíso ein.« Bekanntlich liebte der Dichter Schiffe, lange Reisen, Monate währende Überfahrten, unter anderem, weil er von jeder mit einem an Bord geschriebenen Buch zurückkam. »Ich habe eine Art schmerzhaften Rheumatismus in einem Fuß. Deshalb schreibe ich diesen Brief mit der Hand der Patoja . . . Ich habe viel mit Dir zu bereden. Ich fahre direkt nach Isla Negra, wo ich Dich erwarte. Es sei denn, Du überraschst uns bei unserer Ankunft. Wäre nicht übel. Das Datum braucht außer denen, die es unbedingt wissen müssen, niemand zu erfahren.«

Er beteiligt sich an Salvador Allendes zweiter Präsidentschaftskampagne. Am 8. August 1958 wird sie von einer großen Zahl Intellektueller im Teatro Baquedano verkündet. Neruda sagt dort, »mit Allende sei das Beste der Vergangenheit, das Beste der Gegenwart und die ganze Zukunft«. Das sagte er fünfzehn Jahre vor Allendes und seinem eigenen Tod. Unserer Meinung nach irrte er nicht. Außer ihm sprachen dort ein narzißtischer Schriftsteller und Bilderstürmer, Benjamín Subercaseaux, was eine große Neuheit, und ich selber, was überhaupt nichts Neues war.

Wir brechen küstenwärts auf. Wie es scheint, nach Isla Negra. Aber kurz davor, in Cartagena, hält das Auto an einer

Ecke. Wir steigen aus; die Straßen sind verödet, zu dieser Jahreszeit macht der Badeort einen verlassenen Eindruck. Jemand führt uns durch die Dunkelheit der Winternacht. Still und heimlich betreten wir ein altes Holzhaus. Ich werde in ein Zimmer mit zwei Betten geführt. Eine Stunde später geht die Tür auf, und Neruda tritt ein, in seinem dicken Jersey und mit seiner Mütze, wie sie Matrosen auf Handelsschiffen tragen. Wir lachen. »Wir machen auf Illegalität!« sagt er. »Du weißt nicht, wer ich bin und wie ich heiße!« Wir müssen uns das halbverwahrloste Zimmer teilen.

Am folgenden Tag beginnt, in ebendem Haus, ein illegaler Parteitag der Kommunistischen Partei Chiles. Neruda spricht über die Notwendigkeit, Volk und Kultur zu vereinen, die Partei der Arbeiter müsse auch zur Partei der Intellektuellen werden. Etwas davon ist erreicht. Zehn Jahre nach dem Tod des Dichters nennen die chilenischen Kommunisten sich stolz Partei Recabarrens und Nerudas.

Die Politik ist in seinem Fall kein Hindernis für Herzensangelegenheiten. Je mehr er sich in öffentlichen Angelegenheiten engagiert, um so mehr gefühlvolle Gedichte schreibt er. Als wollte er die ohrfeigen, die behaupten, die üblen Kommunistenversammlungen hätten seine Seele ausgetrocknet, schreibt er nicht weniger als *Hundert Liebessonette*, sie gelten seiner heißgeliebten Frau Matilde Urrutia, der er sie in einem Vorwort mit dem Datum Oktober 1959 im Stil eines ritterlichen Pasticcios präsentiert. Er widmet ihr keine Reime, die nach »Juweliergeschäft, Glas oder Kanonenschuß« klingen, sondern »Sonette aus Holz, bearbeitet mit der Axt, dem Messer und dem Federmesser, kleine Häuser aus vierzehn Brettern, auf daß in ihnen deine Augen wohnen, die ich bewundere und besinge.«

Schon das vorherige Buch, *Seefahrt und Rückkehr*, scheinbar ein einziges Sammelsurium, war durch alle Gegenden der Erde gewandert und hatte auf so mancher Seite die Namen aus Venezuela gepriesen, von dem er sich, nachdem er es fünf Monate bereist, nur schwer hatte trennen können.

Er gewann seine Stimme wieder und kehrte 1958 zum tausendstenmal in seine kleine Heimat zurück. Vom Fenster des Zuges aus, der, wie einst in Kindertagen, durch die Provinz Cautín fährt, sieht er in den Holzdörfern keine Menschenseele. Regen schmiegt sich an die Wände wie Efeu und seidiges Moos. Die Seinen sind nicht mehr. Verschwunden die vertrauten Menschen, Dinge. Er fühlt, daß das wirklich Davongehen ist. Denn »Davongehen ist Wiederkommen, wenn nur der Regen, / nur der Regen wartet. / Und es gibt keine Türen mehr, es gibt kein Brot mehr. Niemand ist da.«

Er ist von den Seen des chilenischen Südens zum See von Rasliw gereist. »Ich sehe gern Lenin angeln in der Klarheit / des Rasliw-Sees . . .« Er empfindet ihn in gewissem Sinne als jemand, der ihm ähnelt, weil er auch träumte. Oder dem er gern geähnelt hätte. Man hüte sich vor einer Verwechslung. »Hütet euch, ihn mit einem kalten Ingenieur zu verwechseln, / hütet euch, ihn mit einem brennenden Mystiker zu verwechseln. / Seine Intelligenz brannte, ohne je zu Asche zu werden, / der Tod hat sein Feuerherz noch nicht gefrieren lassen.«

Ende 1959 erscheint im Eigenverlag und zum Bezug nur auf Bestellung *Hundert Liebessonette*. Das Buch des fünfzigjährigen Liebenden, der die Weisheit entdeckt hat, mit den vier Jahreszeiten des Lebens, dem Morgen, dem Mittag, dem Abend und der Nacht. »Ich warte, Liebe, Veilchen, mit Dornen gekröntes . . .« Denn es handelte sich um ein Verhältnis, durch das sich heftige Leidenschaft und heftige Eifersucht zog. Sie brannten in einem »schmerzlichen Feuer«. Bisweilen sieht es so aus, als kehrte er zum sengenden Glanz des *Schleuderers* zurück: »Mich hungert nach deinem Mund, nach deiner Stimme, nach deinem Haar . . ., vollkommene Frau, fleischiger Apfel, heißer Mond.«

Matilde ist nicht die Vecina. Sie beherrscht die Künste des Herzens wie die des Hauses. Sie ist auch des Bienenstockes Königin und Arbeiterin, die ihren Drohnenkönig nicht töten wird. Sie ist in der Welt der Küche die Soßenzubereiterin, Gewürzgeberin und Restauratorin, im häuslichen Reich entgeht ihr nichts. »Dein Haus dröhnt wie ein Zug am Mittag, / es summen die Wespen, singen die Kasserolen . . .« Das ist der häusliche Rahmen, in dem jeder Wochentag beim Klang der Stimme des Wassers und der Löwen abläuft. Mitunter »aufklimmt mit schweigsamen Schuhen Homer«, nicht der blinde Dichter der *Ilias*, sondern Nerudas Sekretär.

Dem Paar ist alles beschieden. Auch Schläge, die von außen kommen. Es ist stark. Und diese Pfeile scheinen ihm nicht viel auszumachen. Noch treiben sich einige in der Gegend herum, die diese Liebe bekritteln. Die Sonette blitzen hier und da wie Messer. An einer Stelle fragt der Dichter: »Matilde, wo bist du?« Sie fehlt ihm wie der große Winterregen des Südens. Er denkt daran, wie Diego Rivera ihr »zwei vulkanische Häupter, heiß entflammt« gemalt hat, und daran sind die Augen des Dichters heimlich hängengeblieben.

Die Nacht wird wiederum mit einem seiner Elemente, dem Tod, assoziiert. »Wenn ich sterbe, möchte ich deine Hände auf meinen Augen haben.«

129
La Sebastiana und Stiefel

Es war ein vergnügtes Richtfest – das von La Sebastiana, oben auf dem Cerro Florida in Valparaíso. Neruda–Matilde, Bewohner der oberen Etage, hatten Doktor Francisco Velasco und Mari Martner, die die untere beziehen würden, geladen. Es war ein ganz besonderes Gebäude. Das Haus konnte von der Straße nicht gesehen werden. Es stand hinter dem Teatro Mauri (so genannt nach Mauricio, dem Sohn des Eigentümers). Um zum Haus zu gelangen, mußte man den Callejón de los Meados überqueren. Im Unterschied zu Isla Negra, dem anderen Haus am Meer, war hier nahezu kein Raum. Man mußte ihn nach oben hin gewinnen, über die Wendeltreppe. Neruda begann mit dem Bau im Jahre 1958. Er tat es, der Notwendigkeit gehorchend, denn der Rohbau war schon fertig, seit zehn Jahren unvollendet und verlassen. Erst das Auge des Dichters entdeckte dort, wo Gespenster und Fledermäuse heimisch waren, jenes Haus, das er sich so sehr in Valparaíso gewünscht hatte. Er kaufte es den Erben eines spanischen Kaufmanns und Bauunternehmers, Sebastián Collados, ab, der aus Tamarit de Litera gebürtig war. Der Name des Geburtsortes des Verkäufers erinnerte ihn an Federico und den *Diwan des Tamarit*. Der Mann, der sein Glück gemacht hatte, war ein wenig ein Träumer gewesen. Er wollte eine Etage des Hauses als Voliere einrichten. Und oben auf dem Turm, auf der Terrasse, die zugleich das Kino abdeckte, wollte er, so sagte man, etwas damals sehr Ungewöhnliches anlegen, einen kleinen Hubschrauberstart- und -landeplatz. Als Neruda von diesen Geschichten erfuhr, war er begeistert. Er mußte diese Ruinen inklusive Phantome kaufen und den vor zehn Jahren verstorbenen spanischen Poeten ehren, der zwar keine Gedichte geschrieben, aber als Wohnsitz genau die Stelle auserkoren hatte, von der man ganz Valparaíso überblickt, weshalb er sich mit ihm geistig verwandt fühlte.

Aus architektonischer Sicht war das geplante Haus eigentlich ein Unsinn, denkbar unzweckmäßig. Keine wirkliche Bequemlichkeit. Bei jedem Aufstieg hatte man die Vorstellung, als stiege man den Hügel noch einmal hinan. Wasserprobleme. Außerdem würde der Turm beim ersten Erdstoß umstürzen. Wahrscheinlich hatte sich deshalb zehn Jahre lang niemand für das Haus interessiert.

Die Schriftstellerin Sara Vial war mit Sebastián Collados' Tochter befreundet, einer zierlichen Blondine mit keltischen Zügen. Diese erzählte ihr von dem Rohbau, der auf dem Käufermarkt gar keinen Schätzwert hatte. In Begleitung der Entdeckerin fuhr Neruda über die Ringstraße und die Avenida Alemania und sah das Haus bei Nacht. In der Dunkelheit erkannte er den Leuchtturm von Punta Ángeles in der Nähe des Felsens Piedra Feliz, an dem Verliebte sich zu treffen und von dem Selbstmörder sich in den Tod zu stürzen pflegen. Er sagte auf der Stelle zu.

Nach drei Jahren war der Bau fertig: hinsichtlich des Geländes ein kleiner Vetter von Isla Negra und ein Bruder, kein Zwillingsbruder, eines anderen Höhenhauses, La Chasconas. Oben die Bibliothek. Dorthin brachte er das Pferd seiner Kindheit, das aus einem Brand von Temuco gerettete und von Julio Escámez restaurierte. Ein kleines Schlafzimmer in der dritten Etage. Dem Himmel näher, haben wir etliche Male Silvester gefeiert und auf der Terrasse das Schauspiel der illuminierten Bucht genossen.

Bei dem Erdbeben von 1965 ist der Turm eingestürzt und die Galionsfigur des Seeräubers Morgan herabgefallen, die, einst Schrecken der Meere, im Speisezimmer präsidiert hatte.

Valparaíso war für Neruda einer der phosphoreszierendsten Punkte der Erde. In jener Nacht von Valparaíso, da er La Sebastiana kennenlernte, offenbarte sich ihm der Hafen »voller Licht und Lärm, Schaum und Huren«. Ihn interessierte das Geschick dieses Hafens, dem die Inbetriebnahme des Panamakanals den Verfall beschert hatte. Mehr als eine Stadt mit Geschichte war er ein Hafen mit Geschichten. Früher waren alle Schiffe, alle Fregatten, die am Kap Hoorn Stürmen und Zyklonen getrotzt hatten, über seine Reede gegangen. Die Bezwinger der Magalhãesstraße fanden dort den ersehnten Ankerplatz. »Auf irgendeinem Schiff kam ein Konzertflügel, auf einem anderen fuhr Flora Tristan, Gauguins peruanische Großmutter, auf einem dritten, dem ›Wager‹, kam Robinson Crusoe an, der erste, aus Fleisch und Knochen, unlängst in Juan Fernández aufgegriffen . . .«

Wie in *Spanien im Herzen*, wo er sich von Ruf und Klang der spanischen Ortsnamen faszinieren läßt, sind es hier die Namen der Hafenhügel, an denen er sich genießerisch erfreut: Cerro Alegre, Cerro Mariposa, Cerro de la Lobería, de las Jarcias, de las Alfaretas, de los Pequenes, de los Chercanes, del Arbol Copado, de la Cabritería, de don Elías, del Membrillo, del Buey und schließlich de la Florida, wo, wie er mit stolzer Zärtlichkeit sagt, »mein Haus steht«.

Stadt der Treppen. »Wenn wir alle Treppen Valparaísos begangen haben, sind wir um die Welt gereist.«

Valparaíso war für ihn eine Stadt, die er viele Male besucht, in der er aber nie zuvor gewohnt hatte. Er mußte schnell sein Milieu, einen Freundeskreis schaffen. Das war seine Art. Nicht lange, und er hatte im Hafen den »Club de la Bota«, den Stiefelklub, gebildet, genau am 3. Juni 1961, im »Restaurante Alemán« an der Plazuela Aníbal Pinto, wo sich in der Mitte des Brunnens Gott Neptun mit seinem Dreizack erhebt. Der Dichter steuerte zur Taufe des Freundeskreises einen großen Keramikstiefel und dazu passende Tonkrüge bei. Den Stiefel hatte er aus Mexiko mitgebracht. Man saß in einem Séparée, von den übrigen Gästen durch hölzerne Zwischenwände getrennt. Die Mitglieder des Vereins »La Bota« wurden *botarates* genannt. Neruda brachte ein Protokollbuch mit, in dem die Konstituierung des Vorstands festgehalten wurde, dieser setzte sich zusammen aus dem Unbekannten Soldaten, dem Geheimnisvollen Feuerwehrmann, dem Einsamen Seefahrer, dem Panther vom Cerro Alegre und anderen gleichermaßen angesehenen Mitgliedern. Mit von der Partie waren die trojanische Helena, Elena Gómez de la Serna, Großnichte von Ramón Gómez de la Serna, und Lorenzo der Großartige, der Maler Arturo Lorenzo, junge spanische Republikaner, Passagiere der »Winnipeg«, die mit diesem Schiff von Tromplout bei Bordeaux gekommen waren. Die beiden zukünftigen Botarates lernten sich dort kennen, das heißt Neruda hatte indirekt die Heirat der trojanischen Helena und Lorenzos des Großartigen vermittelt.

130

Der Festefeierer

Er dachte an die Feste, die er feiern wollte, schon lange vorher und auch, wenn er noch in weiter Ferne weilte. Er plante sie bis in die Einzelheiten. Uns gingen dann hochfliegende Mitteilungen zu, Vorläufer von *Ein Land, das schmeckt*.

»Wir möchten mit Euch am 1. Januar 1958 in Isla Negra essen. Phantasiemenü: Körnige Superbohnen. Maispastete und Antimaispastete. Feinste Cochayuyo-Algen. Tomatenhalbkugeln. Schnee von jungen Zwiebeln. Zum Schluß gebratener Seeaal. Elementare Fleischpasteten. Teufelsbraten. Nationaler Eintopf. Patriotisches Huhn.

Vor und nach dem Mittagessen werden verschiedene Sputniks getrunken.

Pablo–Matilde
Auf Hoher See, Nähe Curaçao, 5. Dezember 1957«

Es war nicht nur ein dichtender Gourmet und ein Lobpreiser der guten Tafel. Als er die »Ode an die Seeaalsuppe« schrieb, ein in die dritte Potenz der hohen Poesie erhobenes Küchenrezept, sprach dieser Brillat-Savarin in Versform von Gerichten, die er im praktischen Leben anzufertigen verstand. Er kennt selbstverständlich die kreolischen und weltweit verbreiteten Zwiebelgeheimnisse. Deshalb läßt er sich in einen italienisch-chilenischen Zweikampf oder Wettstreit mit berühmten europäischen Zwiebelköchen ein. Dieser Weise in der Komposition von Eßbarem – und eßbar ist nahezu alles in der Natur – vereint okkulte australe Wissenschaften mit den Stein- und Feuerzaubereien, die beim Curanto, dem chilenischen Mischgericht aus Muscheln, Fleisch und Gemüse, angewendet werden. Eines Abends lädt er uns nach Isla Negra zu einer Gartenplauderei ein. Zwischen dem Anker und dem an Land liegenden Boot, dem Lokomobil und der Glocke Meeresgetier, frisch aus der See. Er geht zu den Kiefern, reißt ein paar Nadeln ab, legt sie auf die Meerestiere und entzündet auf diesen ein funkensprühendes, nervöses Feuer. Ein Wunder! Die brennende Hand öffnet sie wie durch Zauber nach südlicher Art. Ihr Geschmack ist dreifach köstlich, so als vereinten sich darin der Duft des Meeres und der Kiefern und die Kraft des Feuers.

Eines Tages ist er bei uns zu Haus von einem Gericht begeistert, das er nicht kennt. Er ist überrascht. Fragt Eliana, wie es heißt. Seine theatralische Euphorie verdoppelt sich, als er erfährt, daß es einen Namen hat, den er in seine Poesie aufnehmen müßte. Es heißt *cordero azul*, Lamm blau.

Seit wenigstens zwanzig Jahren trägt er sich mit dem Plan eines Werkes, das er *Chiles Steine* nennen wird. Er war gerade damit beschäftigt, die Felslandschaft zu betrachten und sich Reproduktionen eines Meisterfotografen, Antonio Quintanas, anzuschauen, als er aus Frankreich ein Buch erhielt, das so war wie das, von dem er träumte, es stammte von Pierre Seghers und einer Venezolanerin, Fina Gómez, die Steine an der Küste des Atlantiks und des Mittelmeeres malte. Er wird die Steine einer anderen Küste besingen, einer wilderen, des Südens von Amerika, die fünftausend Kilometer Felsenküste des tiefgelegenen, kalten Landes. Die Steine sind die Knochen der Erde. »Meine Freundin Gabriela Mistral«, sagte er im Vorwort, »hat einmal gesagt, daß wir in Chile bald das Skelett sehen, so viel Fels haben wir in den Bergen und Wüsten. In ihren Worten steckt, wie immer, eine große Wahrheit. Ich bin im Jahre 1939 nach Isla Negra gekommen, und die Küste war mit herrlichen Steinbildern übersät, und die haben zu mir gesprochen, in einer Sprache, rauh und naß, einem Gemisch aus Meeresschrei und Urwarnung.« Dieses Zwiegespräch zwischen Mensch und Steingiganten ist das Rückgrat seines neuen Werkes.

In seiner Eigenschaft als Mitglied der Leninpreis-Jury muß er alle Jahre nach Europa reisen. 1960 besucht er wieder einmal die Sowjetunion. Er scherzt aus der Ferne, aus Jalta. Am 8. Mai nimmt er mich auf den Arm. Er kann nicht auf den Spaß verzichten. »Gefehlt haben Sie, Don Valentín, für eine weitere Zusammenkunft der Großen.« Danach Polen, Bulgarien, Rumänien, die Tschechoslowakei.

Ein paar Monate hält er sich in Paris auf. Pablo Picasso stellt sechzehn Radierungen her, die die französische Übersetzung des Gedichtes »Stiere« (»Da wurde der Stier geopfert«) begleiten werden, sie stammt von einem geschätzten Freund Nerudas, dem Dichter Jean Marcenac. Der hat auch seine *Hundert Liebessonette* (*La Centaine d'Amour*) übersetzt. Zusammen mit ihm und mit Matilde nahmen wir an der Neruda-Ehrung der UNESCO teil. Jetzt, da ich diesen Abschnitt schreibe, wird mir schmerzlich bewußt, daß auch Jeannot – so nannten ihn Neruda und alle seine Freunde – für immer gegangen ist. In den Versen, die Pablo ihm gewidmet hat, heißt es: »Der Ritter Marcenac / schläft jetzt in Saint-Denis. / In seinem Haus ist eine große Stille entstanden, / denn sein Kopf hat Ruhe nun.« Damals lebte Jeannot noch. Jetzt ist dieses Gedicht leider wahrer als zu der Zeit, da er es schrieb, mit einer kleinen Berichtigung, denn der Bewohner von Saint-Denis hat seine letzte Ruhe in seiner Heimat, Figeac, gefunden. Geblieben sind seine Gedichte und Memoiren, deren Titel Neruda mit einem komplizenhaften Lächeln gutgeheißen hätte: *Ich habe meine Zeit nicht vertan*, denn darin steckt die gleiche Idee wie in *Ich bekenne, ich habe gelebt.*

Danach brach er auf zum Gespräch mit Jeannot – so hielt er es fast allabendlich –, doch vorher hat er einen Brief mit viel Milieuschilderung an mich abgeschickt:

»Paris, 8. September 1960
Lieber Vol! Eine Querstraße weiter wohnt die Romanschreiberin, die üppiger ist, mit ihrem Mann, einem Turgenjewschen Helden, einem brummigen Herrn, der auf Jagd geht. Margarita (Aguirre) behauptet, daß sie, von subjektiver Sünde und realistischer Pflicht bedrängt, nicht arbeite. Ich habe zu ihr gesagt: Arbeite und erforsche sodann, zu welcher Schule du gehörst. Das hat sie sehr enttäuscht, denn sie liebt große Seelendebatten und besonders die literarischen. Im Grunde ist sie eine Unterirdische in einer Welt, die sich der Astronautik zuwendet.

Ein Stück weiter wohnen Álvaro Jara, Gattin, Kinder, noch weiter unsere Nachbarin Marta Colvin. Wenn Du hier wärst und die Quintanas, würden wir Orlando und den mysteriösen Hauptmann Aguirre holen und immerfort *boudin* essen, ein Gericht, das die Krone der *cuisine française* ist.

Wegen völligen Geldmangels fahren wir nicht nach Schweden, wo die chilenische Ausstellung sowieso auf unbestimmte

Zeit verschoben worden ist. Meine Reisen sind keine Launen. Wir haben vor, Kuba zu besuchen (am 2. November), und von dort geht es nach I. N., von wo ich für die ganze Küste über unseren künftigen Abgeordneten sprechen werde. Wenn wir früher nach Chile führen, müßten wir auf Kuba verzichten, weil unsere seefahrerischen Kräfte nicht ausreichen würden. Unsere Adresse hier wird sich nicht ändern, die in Havanna kennst Du.

Aragon hat soeben einen neuen Gedichtband abgeschlossen, der sehr gut zu sein scheint, und beginnt einen nächsten mit dem ganz neuen Titel *Elsas Narr* (Le Fou d'Elsa), dazu ein eigenes Vorwort von siebzig Seiten!

Alice folgt Gascar, er schreibt und schreibt, immer besser.

M. Otero ist ein paar Tage hier.

Paris wird langsam kalt, mit seinem alten Rauch, seinem ausgebeuteten Montmartre, seinen zahllosen Hundehaufen und seiner abstrakten Malerei, die diesen Exkrementen allmählich immer ähnlicher wird, das heißt, sie wird realistisch, ohne es zu merken.

Ich lese alle Deine Meldungen von der bevorstehenden Wahl und sehe Dich, wie Du bist: ein Grünschnabel, ein Typ der *nouvelle vague*. Sobald ich angekommen bin, fahre ich überallhin, aber es darf nicht vergessen werden, daß meine Knochen älter geworden sind. Wahrscheinlich wird das die letzte Kampagne. Abgeordnete wird es immer geben.

Es freut mich, daß meine karibischen Verse Anklang gefunden haben. Demnächst erscheint das Buch in Kuba, eine Art gereimter Meteor.

Dies hier ist die längste briefliche Leistung meines Lebens und ein schwacher Beweis der Dankbarkeit für das große Vergnügen, das mir Dein Brief bereitet hat. Wir mußten ihn im *Hôtel de Ville* abholen und dazu sogar den Taufschein vorlegen (schicke nie eingeschriebene Briefe nach Frankreich). Während wir über den Marché des Fleurs gingen, stritten die Patoja und ich uns um die zwei mageren, aber köstlichen Seiten Deines Briefes. Zerstreue Dich und zerstreue uns, indem Du schreibst, denn Du hast auf der Welt nicht wieder zwei solche Leser, nämlich Pablo und Matilde, die Dich lieben.«

Eine vergessene Heldin

Seit einiger Zeit fasziniert ihn eine Tote. »Ich schreibe an Vorträgen«, sagt er mir in einem Brief vom Januar 1958, er befindet sich an Bord der »Italia«, auf der Höhe von Balboa. »Und auch an einem langen Gedicht über Manuelita Sáez, Bolívars Geliebte. In Paita, woher die braunen Zuckerstangen stammen, ist sie im hohen Alter gestorben. Wir sind an Land gegangen, um ihr Grab aufzusuchen. Davon handelt mein Gedicht.«

Er erweist ihr die gebotene Achtung und Bewunderung in *Zeremonielle Gesänge*, dem Buch, an dem er seit einiger Zeit arbeitet. »Die Unbegrabene« beginnt wie eine Reisechronik, »von Valparaíso zur See«. Das Schiff fährt an der peruanischen Küste entlang. Und »in Paita fragen wir / nach ihr, der Verstorbenen: / zu berühren, anzurühren die Erde / der schönen Begrabenen. / Man weiß nichts. ... er wußte nicht, wo / Manuelita starb, / nicht, welches ihr Haus war, / nicht, wo nun der Staub / ihrer Knochen lag.« Da befragten sie das Meer. Ihr fehlt der Geliebte. Sie haben sie vergeblich gesucht. Der Dichter will sie aus dem Staub von Paita hervorholen. Er ruft sie an, damit sie wieder eine alte Tote, ein strahlender Name werde, damit wenigstens ihre Knochen einen Namen haben. »Der Geliebte in seinem Traum wird spüren, daß man ihn ruft«. Der Dichter hat die Molen von Paita, die verfaulten, mit ihren Kisten und Baumwollballen, verlassen. Das Schiff entfernt sich mehr und mehr. Nacht senkt sich auf das Land herab. Er spürt, daß sie ins Vergessen fahren.

Seebeben in seiner Kindheit

In Paris erhält er die Nachricht von der Katastrophe, dem Erdbeben von 1960, das seinen Süden verwüstet, sein Puerto Saavedra überrollt hat. Zorn der Vulkane, Reibung der Erdplatten. Das Meer hat die Uferstraße verschlungen und ist durch die Fenster eingedrungen. Herabgestürzte Türme, herabgestürzte Glocken. Die bebende Heimat muß neugegründet werden. In Europa macht er sich an die Aufgabe. Er wird Dichtung und Malerei aufbieten, um eine Mauer neuzubauen, eine Tür, ein Fleckchen von einem Dorf. Er erbittet und liefert Nachrichten. Am 6. August dieses Jahres bedauert er, daß wir uns in Europa nicht getroffen haben.

»Lieber Vol! Nichts weiß ich von Deinem Tun und Treiben, es sei denn von einer Deiner Reisen, von der ich erfuhr, als Du schon wieder abgereist und abermals aufgebrochen warst. Ich bin auf halber Rückreise, beruhige mich an der Seine. Wir haben Bücher erworben und zwei Wellensittiche, die wie Kongolesen in Freiheit schreien. Das Haus auf der Saint-Louis-Insel, das ich nicht verlasse, steht für Dich offen.

Ich gedenke, Ende des Jahres über Kuba nach Hause zu kommen. Ich ruhe vom Reisen aus und entwirre meine geheimen Veröffentlichungspläne. Matilde wäscht, fegt, kocht und kauft hin und wieder die komischsten Strandhüte. In Paris ist Sommer, eine ideale Jahreszeit. Die Kinos halb leer, man kriegt Taxis, im Café einen Platz, und die Buchhändler, bei denen ich Eugène Sue in sechzig Bänden kaufe und ein Pfand hinterlassen habe, haben einen Monat geschlossen, und ich brauche sie nicht zu bezahlen ... Bei Kafka bin ich Varas und Don Luis begegnet. ... Die Schwedin von Parra, Verschlingerin von *coeurs de poètes*, ist hier gewesen und hat *chez nous* gewohnt. Ein schönes spezialisiertes Tier. Mein Rheumaleiden hat mich nach Jalta geführt. Überhaupt vermerken es meine Knochen übel, daß seit Bildung meines Skeletts so unendlich viele Minuten vergangen sind. . . . Ich schicke Dir was aus meinem *Heldenepos*, dem Buch der Karibik, das ich auf dem Schiff beendet habe, als ich herkam. Wenn Du es dem *Siglo* gibst, einverstanden. Wahrscheinlich reisen wir am 10. September nach Schweden, um die Hilfswoche für Chile zu eröffnen.

Vorläufig soll in Paris ein Gedicht von mir als Luxusausgabe erscheinen (100 Exemplare mit Illustrationen von Picasso, Dalí, Tamayo, Miró, Matta, Portinari, Siqueiros, Lam, Zañartu, Poleo und einem Spanier, dessen Namen ich vergessen habe. Der Gesamterlös ist für die Geschädigten bei uns und den Wiederaufbau bestimmt. Es werden mehrere Millionen sein!

Ich mache nicht weiter, um Deine Antwort zu erhalten. Ruf bei Laurita an und fahre für einen Monat nach Isla Negra. Sei nicht so faul.

Einstweilen umarmen Matilde und ich Dich sehr herzlich und mit all dem Heimweh, das uns schon allmählich zu schaffen macht.

Leb wohl. P.

18, Quai de Béthune, Paris IV«

134

Die Bärtigen der Geschichte

Nachdem er so lange im Ausland umhergereist ist und mehrere Texte abgeschlossen hat, will er per Schiff langsam nach Hause kommen. Kurz vor dem Ablegen schickt er mir aus Marseille ein paar Zeilen.

»11. November 1960

Das Château d'If inmitten unliterarischer Wellen. Junge Hafendichter, alle von der Familie. Der Vieux Port voller Leinen und Segel. Ein herrlicher Hafen mit Monte Christo, dem ersten Bärtigen der Geschichte! Morgen laufen wir nach Kuba aus. Ich glaube, wir werden noch vor 1961 Gelegenheit haben, uns ausgiebig über den eventuellen Abgeordneten von Isla Negra zu unterhalten. Herzlichst

P. und M.

In Havanna am 3. Dezember. In Chile, so hoffe ich, verbringen wir das Jahresende in La Sebastiana!«

Am 12. April 1960, wenig mehr als ein Jahr nach dem Sieg der kubanischen Revolution, beendet Neruda an Bord des Passagierschiffes »Louis Lumière«, auf der Fahrt von Amerika nach Europa, das *Heldenepos*, er widmet es »Kubas Befreiern: Fidel Castro, seinen Gefährten und dem kubanischen Volk; allen, die in Puerto Rico und in der Karibik für die von Norden bedrohte Freiheit kämpfen«. Im Vorwort versichert er abermals, er übernehme mit Stolz seine »Pflichten als gemeinnütziger, das heißt reiner Dichter«. Er will etwas geben. »Unsere Völker haben so viel gelitten, daß wir ihnen sehr wenig gegeben haben werden, wenn wir ihnen alles gegeben haben.«

Diese Verse trug er an vielen Stellen des Kontinents vor. Neruda war stolz darauf, als erster Dichter der Welt der kubanischen Revolution ein Buch gewidmet zu haben, für die er, trotz schmerzlicher Mißverständnisse, sein Leben lang eingetreten ist.

Das Buch beginnt mit »Puerto Rico: reicher Hafen, armer Hafen«, angeregt, wie im ersten Teil erzählt wird, durch eine Erkenntnis, die ihn schon als jungen Mann, bevor er in den Fernen Osten ging, erschüttert hatte. Puerto Rico ist eine arme gefangene Insel. Das dritte Gedicht spricht von den Maden einer Dynastie, die in Nikaragua das Blut Sandinos und das Samenkorn Rubén Daríos entehren. Neruda war es nicht beschieden, den Sieg der Revolution in Nikaragua zu erleben, doch er hat ihn angekündigt, als er das »Geschlecht der rasenden Klinge« anrief. »Sandino war ein Turm mit Fahnen, / Sandino war ein Gewehr mit Hoffnungen.« Und es heißt: »Somoza der Verräter, / der Söldner, der Satrap, der Henker . . .« Es kam der wackere Rigoberto López und machte seinem Leben mit einem Feuerstoß ein Ende. Kämpfe und Kümmernisse Mittelamerikas. Mord in Guatemala. »In Salvador, der Tod«.

Im vierten Gedicht erscheint Kuba. Fidels Hand taucht auf. »Fidel Castro mit fünfzehn der Seinen, / und mit der Freiheit betrat er den Sand.« Er gedenkt des Mannes, den er von fern und von nahem gesehen hat, Kubas blühender Augen, Martís. Und an dessen Seite erkennt er, durch Jahre und Urwald hindurch, den Kapitän des Volkes.

Die Freiheit ist über Kuba nach Amerika gekommen. Die elfsilbige Romanze hat den Nachklang des heroischen Versmaßes der vorklassischen spanischen Poesie. Er kommt wieder auf Puerto Pobre zurück, spricht von Venezuela, von den Vögeln der Karibik, von den trostlosen Zusammenkünften der OAS, von der Explosion der »La Coubre« im Jahre 1960. Er richtet den Blick auf Panama und dessen Kanal, auf die Schändlichkeiten der freien Presse und auf jenen Tag, da »aus dem Bett in Buenos Aires ins Gefängnis mich brachte die Polizei«. Die »Presse« war vollauf mit der neuesten Scheidung in Hollywood beschäftigt und überging mit taktvollem Schweigen diese Verhaftung eines unbedeutenden Dichters. Er wird zu Wahrheit und Anstand zurückkehren, »mit den Negern tanzend, mit meinen schwarzen Brüdern von Havanna«.

Er fordert »eine Minute, für die Sierra Maestra gesungen, Betrachtung über die Sierra Maestra, mit dem Blick aufs Jahr 2000«.

> . . . zeigt in Kuba die gemeinsame Fahne
> der dunklen Hemisphäre, die endlich
> einen wahren Sieg erhoffte.

In seinem Buch *Ende einer Welt* kommt er auf Kuba zurück, indem er die Handvoll wirrhaariger Helden der Morgenröte ehrt: »Ehre und Trommelklang und Lob / den Vögeln des Pulvers und dem Profil der Aufständischen.«
Zu dem Problem, das Jahre später in dem von kubanischen Schriftstellern unterzeichneten Brief aufgeworfen wird, sagt

Neruda in *Ich bekenne, ich habe gelebt*: »Ein blinder Punkt, ein kleiner blinder Punkt in einem Prozeß hat keine große Bedeutung im Hinblick auf eine große Sache. Ich habe nicht aufgehört, die kubanische Revolution, ihr Volk und ihre edlen Hauptakteure zu besingen, zu lieben und zu achten.«

135

Der Spottvogel

Die Fabrik Neruda arbeitet an *Vollmachten*, die *Losada* im September 1962 herausbringen wird. Dieses Buch hat viel mit Valparaíso zu tun, mit dem Ozean, mit dem menschlichen Wort, das sich ihm bisweilen, infolge eines Kehlkopfleidens, verbietet. So ergreift er das Wort mit der Feder, das Wort, das Linien hat. Er steuert es liebevoll durch die Wasser der Sprache, spricht es still aus. Er erhebt einen Kelch auf das Wort.

Und einen anderen auf den Erbauer. Dieser Erbauer, der auf einer Chimäre baut, ist er selber. Die Chimäre könnte »La Sebastiana« heißen. Er hat sie zuerst aus Luft gebaut. Danach kamen Zement, Eisen. Er hat die billigsten Türen einbauen lassen. Etliche Male habe ich ihn zu Firmen begleitet, die sich von Trümmern abgerissener Häuser nährten, die von toten Häusern lebten und an Abrissen reich wurden. Mit diesen Abfallmaterialien baute er sein Vogelhaus. Alles, was fehlt, sagt er, wird blau. Das Haus wird jedenfalls blühen. »Und das ist Werk des Frühlings.«

Er liebt es, die Zeit zu messen und sich, ohne auf Stunden zu achten, dem Frohsinn hinzugeben. Letztlich Tribut an einen Chronometristen aus Valparaíso, Don Asterio Alarcón, den er jüngst kennengelernt hat und der die Minuten zählt wie eine Mensch gewordene Uhr.

Beiläufig, sehr beiläufig eine Ode an Acario Cotapos, den hervorragendsten Humoristen unter all den Freunden, die er je im Leben gehabt, den König surrealistischer Komik, nur Chaplin vergleichbar, obwohl beide so verschieden sind wie die Geige und die Lilie. Er dichtete »Der Spottvogel«. Dieser Vogel war er selber. Ein Spötter, verspielt und gutmütig. Acario hatte mehrere Monopole: er kannte das geheime Telefon der Katzen, stellte Raddampfer auf dem Mississippi dar, erzählte in altem Russisch Geschichten von Iwan dem Schrecklichen, ohne ein Wort der Sprache zu kennen, und sang, auf seine Art, die Rolle des Boris Godunow. Er spielte die Ankunft Hitlers bei der Trauerfeier für Hindenburg. Verkündete die Wahl des neuen Papstes. Intonierte als komische Oper eine bewegte Sitzung im französischen Abgeordnetenhaus. Mimte den Flug des gehörnten Wildebers, der, aufgeblasen wie ein Zeppelin, nach Brasilien fliegt, um über dem Amazonas niederzugehen. Und das alles mit voller Orchesterbegleitung, bei der er persönlich und ganz allein Flügel und Posaune, Flöte und Cello, Oboe und Harfe war, Vogel Acarín. Ein Verrückter ohnegleichen. Der einzige, der es mit Federico García Lorca aufnahm, welcher seinerseits sich vor diesem Zauberclown beugte, der mit den Nuancen des absoluten Gehörs sämtliche Glockentürme des Vatikans imitieren konnte, um die Hallelujas des weißen Rauchs zu verkünden. In Spanien schloß man mit ihm einen Vertrag darüber ab, daß er im Kino fettleibige Bischöfe darstellte, und wie kein anderer streckte er seine Rechte aus, damit die Gläubigen ihm die geheiligte Gemahlin küßten. Eines Tages erwacht er in Paris in seinem ärmlichen Souterrainzimmer, weil etliche unmusikalische Bohrer die Mauer aufstemmen und zwei Arbeiter, behelmt und staubbedeckt, mit französischer Fahne, auf den Lippen die »Marseillaise«, eintreten. Es waren zwei Arbeiter vom U-Bahnbau, die in der Nacht in Acarios Wohnung mit dem Ausschachten eines Tunnels fertig geworden waren.

Eine einzigartige Person in Nerudas Leben. Seine Feinde waren die Bakterien. Er gebrauchte desinfiziertes Isolierpapier, um Geldscheine nicht mit den Händen zu berühren. Aus Gründen der Hygiene gab er niemandem, mit Ausnahme von Dünnen, die Hand. Einmal war ich mit Pablo bei ihm. Er wollte ihm eine Freude machen, ihm, der (für die anderen) die Freude in Person war. Denn in den letzten Jahren war er, infolge eines Autounfalls, an den Rollstuhl gefesselt. In der Ode nennt er ihn »Lehrer, Gefährte . . . Jetzt / schreibe ich ein Buch von dem, was ich bin, / und in diesem Bin, Acario, bist du bei mir.«

Sein Freund bringt ihm die unvergleichlichen Geschichten des Herrn Puga Bornes und den Aufmarsch der kleinen Bolivianer in Erinnerung.

Auf diesen Seiten, Reverenz an das Lachen, die Liebe, die Welt, erschien ein zentrales Gedicht, das seine Idee von einer vielseitigen Persönlichkeit enthält, als deren Teil er sich fühlt, »Das Volk«. Ursprünglich war es datiert Isla Negra, März 1962. Er hatte es als Beitrag zum XII. Parteitag der Kommunistischen Partei Chiles geschrieben. Ich glaube, nur selten sind für den Kongreß einer politischen Partei so tiefgründige Dinge geschrieben worden. Für mich ist es ein klassischer Text, von so furchtbarer, schöner Wahrheit über diese mißachtete Menschheit, daß er auf allen kommunistischen Kongressen verlesen werden sollte. Von allen Revolutionären wenigstens einmal im Jahr gelesen werden müßte.

Der Dichter nimmt sich Vollmachten. Vollmachten zu reden, dessen er nie überdrüssig wird. Vielleicht weil: »die ich singe und die es wissen, sie werden stets neu geboren«.

136
Entwürfe

Sensation! Sensation! Wie ein Magnet zieht sie die an, die gern einen Blick ins Innere der VIP werfen. Achtung: Vom 16. Januar bis 1. Juli 1962 lüftet Neruda seine sieben Schleier an einigen Stellen. In der brasilianischen Zeitschrift *O Cruceiro Internacional* erscheinen zehn Beiträge von ihm unter dem Titel *Die Leben des Dichters*.

Ich bespreche sie mit ihm. »Sie sind nur ein Entwurf«, sagt er. »Ich habe die Absicht, meine Memoiren zu schreiben. Das hier ist kaum mehr als ein kleiner Vorschuß.« Jedenfalls zeigen diese autobiographischen Seiten sein Vorhaben an, in

Prosa das zu tun, was er seit je in seiner Dichtung getan hat: sein Leben erzählen. Titel und Reihenfolge dieser zehn Chroniken lassen erkennen, daß der Dichter willens ist, breit und chronologisch zu berichten: 1. Der junge Provinzler, 2. Verloren in der Stadt, 3. Die Wege der Welt, 4. Die östliche Straße, 5. Das Licht im Urwald, 6. In Ceylon, der leuchtenden Einsamkeit, 7. Sturm in Spanien, 8. Das Innere Amerikas, 9. Kampf und Exil, 10. Sprüche und Widersprüche zum Schluß. Diese Seiten sind eine Art erstes Gerüst seines postum erschienenen Buches *Ich bekenne, ich habe gelebt*.

137
Dichtung zu Lande und in der Luft

Da er ein Dichter des 20. Jahrhunderts ist, tut er etwas, was ihm allmählich zur Gewohnheit wird: während des Fliegens dichten. Im Flugzeug zwischen Iquique und Vallenar, am 19. Februar 1961, kritzelt er bei 800 km/h ein Gedicht zu Elías Laferttes Gedenken nieder. Er sagt es auf Rubén Daríos Art: »Jetzt, da dieser Mann aus Gold / sich endlich zur Ruhe begeben, / werdet ihr verstehen, daß, wenn ich nicht weine, / er es war, der mich nicht zu weinen gelehrt hat.« Dieser hatte Würde und Vornehmheit des Volkes, so wie Neruda sie auch bei Modesto fand, einer Figur aus dem Spanischen Krieg, mit dem er in einer Prager Bierstube seelenruhig, Stunde um Stunde in meinem Beisein plauderte. An jenem Tisch schreibt er dem anderen, eingekerkerten spanischen Dichter, Marcos Ana, der seit vierundzwanzig Jahren, seit seiner Knabenzeit, im Kerker ist. Das Zufallsthema schreckt ihn nicht ab. Im Leben gibt es viel Zufall und wenig Beständigkeit.

Der militante Neruda veröffentlicht in der Zeitschrift *Principios* vom Januar/Februar 1962 »Der Kommunistischen Partei Chiles zu ihrem vierzigsten Jahrestag«. Im März hält er seine Rede »Amerikas neue Helden« auf dem XII. Nationalkongreß der Partei.

Nach politischen Überlegungen – literarisches Nachsinnen, alles zusammen. Am 30. März empfängt die Philosophische Fakultät der Universidad de Chile Neruda als Akademiemitglied, es ist eine öffentliche Festveranstaltung im Ehrensaal, »in Anerkennung seiner großen dichterischen Leistung von Weltrang«. Die Begrüßungsworte spricht Nicanor Parra. In seiner Aufnahmerede, »Latorre, Prado und mein eigener Schatten«, geht Neruda auf verschiedene Strömungen der Literaturgeschichte des Landes ein und erläutert sein eigenes Bild.

Ein paar Jahre zuvor, am 11. November 1955, hatte er auf dem Hauptfriedhof Abschied von Mariano Latorre genommen. Viele Geschmäckler rümpften die Nase über diesen Autor, dessen Anliegen es vor allem war, in die Erzählung den chilenischen Bauern einzuführen, wie der in seiner Welt dem Mandat der Erde unterworfen ist. Neruda betont eingangs, daß er zu ihm, Mariano Latorre, keine persönliche Beziehung gehabt habe, und räumt dann ein, daß er ihn über den Verstand als »großen . . . Schriftsteller« schätzen gelernt habe. ». . . Ein wirklicher nationaler Schriftsteller ist ein allerreinster Held, und kein Land kann sich den Luxus leisten, ihn zu übergehen.« Latorre wurde nicht nur übergangen, sondern war Opfer »der Bösartigkeit, Subjektivität oder Oberflächlichkeit der Kritiker«. Neruda steht an anderer Stelle, sowohl literarisch als auch sozial, doch war jener für ihn ein Flechter der »Patrizierweidenruten unserer nationalen Wiege«, und das genügt, ihm seinen Platz zu sichern.

Pedro Prado, das andere Mitglied der Fakultät, auch dahingegangen, ist für ihn ganz anders. Ein Nicht-Provinzler in abgelegener, rückständiger Provinz, wie es Chile in den zwanziger Jahren war. Neruda, der aus der Stummheit kam, aus einer Gegend, in der Einsilbigkeit genügte, sieht sich in der Hauptstadt plötzlich einem übersprudelnden Gesprächspartner gegenüber, der immer wieder weit abschweift, wobei das Wort eine ständig laufende Maschine ist, die Ideen, mitunter von weither kommende, vermittelt. Er sprach aus dem Vergnügen heraus, das ihm ein jederzeit unter Hochspannung stehender Intellekt bereitete.

Prado schrieb als erster über *Morgen- und Abenddämmerungen* »eine meisterhafte, besinnliche Seite, bedeutungs- und ahnungsvoll wie ein Sonnenaufgang über dem Meer«. Doch die Unstimmigkeiten zwischen ihnen waren beträchtlich. Neruda war mehr Straße und Natur. Er fand es unerträglich, endlos über das Mysterium des Daseins nachzusinnen, ohne etwas für das reale Leben zu tun. Mitten in seiner Armut verwarf er strenge Anspruchslosigkeit. Er folgte jenem nicht in seinen immerwährenden metaphysischen Grübeleien. Pedro Prado bleibt von den Wogen der literarischen Revolution unberührt. Erst recht von der sozialen Revolution. Neruda hingegen ist von Apollinaire und zuvor von Stéphane Mallarmé so beeindruckt, daß er *Versuchung des unendlichen Menschen* ohne Punkt und ohne Komma veröffentlicht. Und er interessiert sich damals für ein noch gefährlicheres Individuum: Lenin.

Auf der Suche nach seinen Wurzeln geht Neruda weit zurück, bis zu »unserem ersten kreolischen Romancier«, paradoxerweise einem Dichter, Alonso de Ercilla. Später hat er Freunde gehabt, die ihn mit ihrem ins Extrem gesteigerten analytischen Verstand an Prado erinnerten: André Malraux, Louis Aragon, Ilja Ehrenburg, auch wenn sie tausendmal anders waren.

138

Mysteriöse Gleichzeitigkeit der Ideen

Vielsagende Gleichzeitigkeit der Bewegungen von 1810, die zur ersten Unabhängigkeit unserer lateinamerikanischen Nationen führten. »Überall ertönten Schüsse, von Texas und Kalifornien bis zu den Kordilleren des südlichen Amerikas. In aller Eile wurden die neuen Fahnen gestickt.« So das Thema, das er im März 1962 auf dem XII. Parteitag der Kommunistischen Partei Chiles behandelt.

Man will, daß der Dichter politisch abschwört. Eine Kampagne läuft in dieser Richtung. Man hat es nie erreicht.

Man habe damals, fügt er hinzu, die Schuld nicht Marx

und Lenin, nicht der Sowjetunion und Kuba geben können. Und heute nicht Nikaragua. Im Hintergrund stand die Geschichte. Und deren Agenten waren die Französische Revolution und Napoleons Einmarsch in Spanien. »Die Ideen flogen, wie der Pollen fliegt, und so als wären die Furchen gezogen und offen, wuchs die Saat der Befreiung, wurden die aus Europa verpflanzten republikanischen Ideen im ganzen amerikanischen Territorium zu kräftigen Bäumen . . .«

In bezug auf Bolívar sagte Neruda: »Er erwacht alle hundert Jahre, wenn das Volk erwacht. Mit dieser Prophezeiung wollte ich sagen«, erläutert er, »daß eine zweite Unabhängigkeit ihre neuen Väter des Vaterlands finden würde.«

Er berichtete, daß er vor zwei Monaten auf einer von der Universität Concepción veranstalteten Zusammenkunft von Schriftstellern und Akademiemitgliedern gewesen wäre. Dort hätte ein Professor aus den USA, der dem State Department nahestand, den Gedanken entwickelt, daß der Imperialismus ausschließlich aus Europa käme. »Philipp II. und Napoleon waren Imperialisten. Wir kennen keinen Imperialismus. Und damit er niemals an unsere Küsten komme, müssen wir uns in einem föderativen Regierungssystem zusammenschließen.« Ein junger mexikanischer Schriftsteller, den Neruda vor der Zusammenkunft noch nicht gesehen hatte, Carlos Fuentes, bat, unterbrechen zu dürfen, und fragte: »Mein Herr, was meinen Sie mit Föderalismus? Eine föderative Republik der lateinamerikanischen Nationen für sich allein oder zusammen mit den Vereinigten Staaten von Nordamerika? . . .« Stammelnd erwiderte der Professor von der Columbia University: »Ich meine einen Föderalismus des ganzen Kontinents unter Einschluß der Vereinigten Staaten.« Neruda berichtete, wie zwanzig Hände sich erhoben und ums Wort baten. Es waren die Hände unseres Kontinents. In den folgenden zwei Stunden zogen an der Tribüne sämtliche Anschläge vorüber, die der Imperialismus gegen unsere Länder verübt hatte. Washingtons Politik ist in unserem Amerika von jeher darauf gerichtet gewesen, Tyrannen, Reaktionären, Henkern Hilfestellung zu geben.

Auf diesem Parteitag berichtete der Dichter auch, daß

er drei Tage zuvor einen Brief von ebenjenem mexikanischen Romancier erhalten hätte, in dem dieser schrieb: »Was ich Ihnen von der Farce in Punta del Este sagen könnte, wäre wenig. Druckausübung, Erpressung und Stimmenkauf erfolgten im Licht der Öffentlichkeit, unter Püffen und Schreien der US-Senatoren, die den Auftrag hatten, die lateinamerikanischen Minister ›weichzuklopfen‹. Was für eine Tragikomödie! Man wußte nicht, ob man weinen oder lachen sollte über diese Komparserie aus betrunkenen, ungebildeten, uneinigen, feigen Guatemalteken und Salvadorianern, Nikaraguanern und Paraguayern, die sich hinter ihren hochtönenden Worten, wie Vorsehung, Göttlichkeit, Menschenrechte, Repräsentative Demokratie, verstecken. Ich dachte, als ich ihnen zuhörte, an unsere Begegnung in Concepción und an das traurige Schicksal, das unsere Völker immer noch daran hindert, mit ihren wahren Stimmen zu sprechen, sie zwingt, Mietlinge von Karneval und Würdelosigkeit zu sein. Wie leuchteten unter den Pygmäen die Männer aus Kuba!«

139

Dreiecksmensch

Weltreisender! Wie schön der Aufbruch! Wie wohltuend die Heimkehr! Üblicher Flug nach Europa: Sowjetunion, Bulgarien, Italien, Frankreich. Scherze über fünfzehntausend Kilometer hinweg, aus der Umgebung von Warna, beim Blick auf den goldenen Strand: »13. Mai 1962. Hier erinnern sogar diese Steine an Dich. Ich bin in Bulgarien verliebt. Im September sehen wir Dich in Isla Negra, der Vorläuferin des Schwarzen Meeres. Herzlichst Pablo–Matilde.«

Sein Leben – ein eiliges Hin und Her zwischen Politik und Literatur. Am 12. Oktober ist Santiago mit einem Plakat tapeziert: *Heute spricht Neruda.* Ins Caupolicán! Er hält eine Rede, die in einer zweiundvierzigseitigen Broschüre veröffentlicht wird: »Mit den Katholiken für den Frieden – Pablo Neruda antwortet den Bischöfen – Wir Katholiken und Nicht-Katholiken müssen gegen Elend und Erniedrigung ankämpfen«.

Der Dichter ist Gegenstand einer wahren Flut von Abhandlungen in den verschiedensten Sprachen. Nach Zeitungsmeldungen jenes Jahres, 1962, hat er gute Chancen, den Nobelpreis zu bekommen.

Das mit dem Nobelpreis wiederholt sich alljährlich im Oktober. Und alljährlich begibt sich Ricardo Paseyro, ein manischer Verleumder des Dichters, nach Stockholm. Jetzt veröffentlicht er einen »Offenen Brief an die Schwedische Akademie«. Die Zeitungen behaupten in einer Meldung: »Neruda, Sartre und Beckett – Kandidaten für den Literaturnobelpreis«. Von Ligeia Balladares interviewt, erklärt Pablo: »Ich lebe nicht mit der fixen Idee, den Nobelpreis zu bekommen.« Kritische Tage, in denen er sich in Isla Negra verschanzt, als wäre es eine belagerte Festung . . .

Er geht auf die Sechzig zu, und etwas treibt ihn zu umfassender Rückerinnerung. Er beendet seinen außerbiblischen Pentateuch, das umfangreichste, vollständigste Buch autobiographischer Poesie, das er je schreiben wird, *Memorial von Isla Negra*. Kurioserweise erscheint die erste Ausgabe in Italien, ein Meisterdruck von Alberto und von Bianca Tallone, einer Frau, die der Dichter liebt und verehrt. Aus Alpignano bei Turin erhält er eine Trauerbotschaft. Bianca schickt sie ihm: »Unser Alberto hat Deinen Brief nicht mehr lesen und auch Dein neues Buch nicht drucken können. Vor zwei Monaten ist er für immer von uns gegangen.«

Der italienische Literaturwissenschaftler Ignazio Delogu spricht später ausführlich mit Bianca. Der ungemein beschlagene und zudringliche sardische Frager, Hispanist und Lateinamerikanist, wittert und ergattert Geheimnisse. Ihre letzten Gespräche drehen sich unerbittlich um den Tod. Er wird sich beizeiten darauf vorbereiten müssen. Etwas Bleibendes hinterlassen.

Die sorgfältige Ausgabe des ersten Bandes, *Wo der Regen geboren wird*, erscheint nicht unter dem gemeinsamen Titel *Memorial von Isla Negra*, sondern als *Abrißfassung*.

Von La Sebastiana aus wird er 1962 den großen rück-blickenden Marsch antreten. Wird er die Zeitmaschine rück-wärts laufen lassen, die Vergangenheit zurückerobern. Als poetischer Zwillingsbruder von *Ich bekenne, ich habe gelebt* wird das Buch seinen Weg bis zum achtundfünfzigsten Le-bensjahr enthalten. Er aber wird am Anfang beginnen, den Rückwärtslaufhebel auf Kindheit stellen. Zwar hat er den Verlauf des Weges vergessen, aber wie die Indios im Wald Zeichen für den Rückweg angebracht. Viele sind ver-wischt, verschlungen vom Mund des Nebels. ». . . Und nach einer so langen Wanderschaft ist meine Kindheit, 1962 von Valparaíso aus gesehen, nur Regen und Feuchtigkeit . . .«

Wer mehr und Neues über den Dichter erfahren will, lese aufmerksam *Memorial von Isla Negra*. Ein direktes, klares Buch. Darin ist fast alles enthalten, woran er sich erinnert. Nicht das, was sich von selber verbietet.

Oft kommt er auf bereits behandelte Episoden zurück, aber der Blick ist anders, beladen mit Zeit, Abstand, Er-innerung und Nostalgie.

Er bekräftigt, was er ist. Nein, meine Herren. Die Herren sind seine Feinde. Wir verkaufen uns nicht. Ich ergebe mich nicht. Abermals verwünscht er Amerikas Tyrannen. Das Buch macht fast zweihundert Seiten seiner *Gesammelten Werke* aus. Und er ist noch nicht am Ende. Ihm bleiben zwölf Jahre. Was er natürlich nicht weiß. Aber er weiß, »Die Zukunft ist Raum«. Er schaut nach vorn. Wird alles, was ihm bleibt, voll ausleben. Fehler? Ja. ». . . somit häufe ich an die Irrtümer meines Gesangs«. Aber er möchte das tägliche Meer erfinden. Er hat einen Garten voller Blumen, der nicht existiert. Er ist entschieden triangulär.

Zwischen dem Türken und dem Spanier

Als kurz danach *Memorial von Isla Negra* bei *Losada* erscheint, erklärt er, er habe es unter anderem zu dem Zweck geschrieben, seine sechzig Jahre zu feiern. Als er sie vollendet, fügt er hinzu, daß er in diesem Buch absichtlich zu *Morgen- und Abenddämmerungen* zurückgekehrt sei, »zu einer Dichtung von Alltagsgefühl. Obwohl ein autobiographischer Faden darin steckt, habe ich in diesem umfangreichen, aus fünf Bänden bestehenden Werk nur den glücklichen oder bekümmerten Ausdruck des Alltags gesucht.«

Der vierte Band, *Der Wurzeljäger*, ist dem spanischen Bildhauer Alberto Sánchez gewidmet. Dies ist auch der neue Name an den hölzernen Stützpfeilern der Bardecke in Isla Negra, neben Hikmet. Nâzım war so ganz anders. Beide waren groß. Hikmet hatte einen imposanten Körperbau, in dem Europa und Asien und die blauen Augen zusammenflossen. Heiter war sein Gemüt. Ein Fest von Intelligenz und Güte. Alberto, groß und hager, mit ernsten Zügen, »war ein Bildwerk der Natur Kastiliens«. Dieser knochige Mann hatte etwas von einem Baum des kastilischen Hochlands. Er war Bäcker gewesen. Und vielleicht rührte daher seine Gewohnheit, den Dingen Form zu verleihen, wie sie nicht in den Skulpturensammlungen anzutreffen war, so zum Beispiel der »Vogel meiner Erfindung«. Dieser dunkelhäutige, aus Stein gehauene Kastilier hatte etwas Quijotehaftes an sich, er »mußte einfach«, so Neruda, »eine Frau aus dem klaren Geschlecht der Sanchas heiraten«. Und daher heiratete er Clara Sancha.

Seine Bildhauerkunst fand in Spanien Anfang der dreißiger Jahre nicht das mindeste Verständnis. Er war ein urwüchsiger Schöpfer – dieser toledanische Bauer. Er ließ das Althergebrachte hinter sich. Zusammen mit Pablo Picasso und Joan Miró gestaltet er den Pavillon des republikanischen Spanien 1937 in Paris. Dort stellte der Mann aus Málaga ein Gemälde vor, »Guernica« genannt, stand aber, wie

Neruda sich erinnert, offenen Mundes vor einem ganz und gar ungewöhnlichen Obelisken, einem arm- und augenlosen Quijote, dem Bild des damals um sein Leben ringenden Spaniens.

Alberto mußte seine Heimat verlassen. Er ging in die Sowjetunion. In Moskau schafft er nicht nur die Kulissen zu dem Film »Don Quijote«. Die Stimme, die in diesem Film alte Lieder singt, gehört Alberto.

Wenn ich in Moskau mit Neruda zusammentraf, pflegten wir Alberto in seinem nahe der Universität gelegenen Atelier zu besuchen, mitunter auch in seiner Wohnung. Als Neruda am 1. Februar 1964 die traurige Nachricht erhielt, schrieb er für *El Siglo* ein paar knappe, tiefem Gefühl entspringende Seiten, wie sie »dieses großen, festen und steinigen, knochigen und eisernen Alberto Sánchez« würdig waren.

Ich komme eines Tages wieder nach Toledo. Abermals der unumgängliche Besuch im Hause El Grecos. Vom Garten aus überblickt man nicht nur die einzigartige Stadt am Berghang, sondern die ganze Umgebung. In der Kirche von Santo Tomé verharren wir eine Weile vor dem »Begräbnis des Grafen de Orgaz«. Sodann gehen wir auf die Suche nach einem anderen Toledaner Museum, dem von Alberto Sánchez. Aber so wie er mit dem Leben nicht recht einig werden konnte und größtenteils als schwer auszumachender Fremder durchs Leben gegangen ist, stehen wir zu dieser Stunde, nachmittags um zwei, vor einer verschlossenen Tür. Heute ist dieser echte Revolutionär, dieser reinrassige, geheimnisvolle Künstler, »der Wurzeljäger«, der mit einer seiner Skulpturen Neruda den Titel für eines der Bücher des *Memorial von Isla Negra* geliefert hat, in Spanien eine Neuentdeckung.

Standesbeamter

An jenem 26. April 1964, an dem er in Isla Negra feierlich die Bar »Alberto Rojas Jiménez« eröffnete, ließ er dessen Namen – wie schon gesagt – mit spitzem Eisen neben den anderer großer verstorbener Freunde einritzen.

Aber Neruda wollte nicht, daß diese Stelle seines Heimes, an der die Freundschaft hochleben sollte, ausschließlich mit dem schwermütigen Gedanken an das Ende des Lebens verbunden wäre. Es galt, den Begriff von der Geburt hervorzuheben. Deshalb fiel jener Tag der Einweihung mit einer Taufe zusammen, der des Sohnes von Rubén Azócar und Práxedes Urrutia. Neruda amtierte als Johannes der Täufer. Der große Namengeber würde das Kind nicht im Jordan untertauchen, sondern im größten Becken der Welt, im Pazifischen Ozean. Dort erhielt das Kleine Ölung und Salbung des geweihten, wenn auch salzigen Wassers des Meeres. Der Dichter hatte sorgfältig wie ein antiker Schreiber die Urkunde entworfen, und sein Sekretär Homero Arce hatte sie mit der Kalligraphie eines Kirchbuchführers abgeschrieben, sie sagte aus, daß man zur Taufe des neugeborenen Knaben geschritten sei. Die Eltern wollten ihn Vicente nennen, doch der gelehrte Eingeborenenforscher Alejandro Lipschütz verlangte, daß man den Namen eines Kaziken hinzufügte, Lientur. Pablo dachte an seinen *Großen Gesang* und stimmte ihm bei. Mit ernster Miene beendete er den Text der Taufurkunde des »neuen Eingeborenen Lientur, Sohn von Azócar und Urrutia, Einwohner von La Reina, Gebiet des Kaziken Tobalaba. Das Salz des Großen Ozeans wird dem jungen Lientur Kraft und Schönheit geben und ihn seines kriegserfahrenen Vaters würdig machen.«

Der Dichter war auch ein – schon sprichwörtliches – Eheanbahnungsinstitut. Ohne daß jemand ihn beauftragte, hielt er Sprechstunden in Sachen Liebe ab. Gar zu gern stocherte er in Geheimnissen einsamer Herzen herum. Und spielte die Rolle Cupidos. Er brachte Paare zusammen und freute sich,

wenn sie heirateten. Sie durften dann kostenlose Flitterwochen an hervorragender, hoher, romantischer Stätte verbringen, im Turm von Isla Negra. Die Neuvermählten begannen
ihr gemeinsames Leben in jenem Bauwerk, das das Mittelalter imitierte, mit Meeresmusik, in einem Abenteuermilieu,
mit Bildern von Schiffen und Fischen an den Wänden und
jeder Menge Bücher für den Fall, daß sie Zeit zum Lesen
hätten.

Bisweilen, genauer, meistens, ignorierten die Zusammen-
geführten die Liebespläne, die der Dichter für sie schmie-
dete. Eine Freundin mit gutem Erinnerungsvermögen erzählt in einem zwanglosen, mit Neuigkeiten gespickten Werk,
Neruda in Valparaíso, wie dieser ihr eines Tages angetragen
habe, sie mit dem Verfasser dieses Buches zu verheiraten.
Er nannte ihr seine Gründe und schlug ihr einen Aktionsplan vor. Im Grunde wollte er nur, daß seine Freunde glücklich wären. Sarita dürfte ihm die kalte Schulter gezeigt haben. Ich habe es erst zwanzig Jahre später erfahren, als ich
ihr so lockeres und gewiß wahrheitsgetreues Buch las.

In anderen Fällen brachte er ein Hochzeitsfest zustande.
Daraus gingen manchmal beständige Ehen hervor, andere
zerbrachen an der nächsten Ecke.

142

Bleischwerer Ruhm

Todesfälle, Taufen, Hochzeiten, Krankheiten.

Die Krankheit eines berühmten Mannes hat ihre b-Moll-
Töne. Eines Abends sind wir bei Neruda in seinem Haus La
Chascona, er sitzt zurückgelehnt auf dem Sofa und spricht
wenig, denn er hat Fieber und kann kaum die Augen öffnen. Aber er will auch nicht, daß die wenigen anwesenden Freunde schon gehen. Zwischen uns herrscht still-
schweigendes Übereinkommen, nicht allzu laut zu sein, aber
wir wollen ihm Gesellschaft leisten, denn er möchte nicht
gern allein sein.

Plötzlich schneit ein junges Paar herein, venezolanische Dichter, begleitet von dem Schriftsteller Vicente Gervasi, damals Kulturattaché der Botschaft. Sie von beeindruckender, statuenhafter Schönheit. Beide eigens angereist, um Neruda kennenzulernen. Das Idol ist krank. Es fällt ihm schwer, die Lider zu heben, den Mund zu öffnen. Die Verehrerin setzt sich an seine Seite und beginnt, auf ihn einzureden, Worte, die sie sich vermutlich lange überlegt hat, wie sehr sie seine Dichtung verehre, wie innig sie die Sicht des Dichters verstehe, wie sehnlich sie wünsche, daß dieser sich eines Tages herbeilasse, eines ihrer Gedichte zu lesen und ihr sein Urteil zu sagen. Ihr Ton läßt deutlich erkennen, daß dies ein bedeutsamer Augenblick ihres Lebens ist. Sie spricht voller Leidenschaft. Ich vermeine jetzt noch, ihren glühenden Monolog zu hören. Der Dichter – zurückgelehnt, reglos wie ein Buddha, die Augen geschlossen. Vielleicht hört er etwas aus weiter Ferne und ist nicht imstande zu reagieren. Die Schöne fährt unterdessen in ihrem Selbstgespräch fort, das, da eine Antwort ausbleibt, immer verzweifelter wird.

Wir alle merken, was da vor sich geht. Schließlich raffe ich mich zu zaghaftem Einschreiten auf, indem ich ihr ins Ohr flüstere: »Pablo ist krank.« Ich befürchte nämlich, sie, die ihn nie zuvor gesehen hat, könnte glauben, er sei immer so, oder könnte diesen kataleptischen Zustand als Gleichgültigkeit, schlechte Kinderstube oder Ärger über das plötzliche Erscheinen der steinernen Gäste deuten.

Sie scheint nicht auf mich zu hören. Interessiert sich nur für Neruda. Redet weiter auf ihn ein, lange, erzählt ihm, wie das erste Buch von ihm, das sie gelesen, sie beeindruckt habe, eine Art Damaskus-Erlebnis, sie setzt ihm auseinander, wie sie mit beinahe religiöser Andacht seine gesamte Produktion verfolgt habe, wie sie seine Artikel und Gedichte aus *El Nacional* von Caracas ausschneide. Vielleicht will sie so sein Mißtrauen zerstreuen, ihm klarmachen, daß es sich bei ihr um eine treue Verehrerin und Kennerin seines Werkes handelt. Sie rezitiert auswendig ein paar Verse Nerudas. Der Dichter aber verharrt in seiner Stummheit und Abwesenheit. Wir alle, seine Freunde, wissen, wie es um ihn steht. Der Ehemann, ein Stück entfernt sitzend, wirkt ruhiger. Wir erklären ihm, daß Neruda Fieber hat. Er spricht mit seiner Frau. Im Tone abgrundtiefer Enttäuschung sagt sie: »Ich hätte nie gedacht, daß der Dichter so ist.«

Danach hat sie nur noch einen Wunsch, möglichst schnell aufzubrechen.

Wir sind betreten. Auf Neruda lastete der Ruhm bleischwer. Ein berühmter Mann darf nie krank werden. Er muß der »Ritter ohne Fehl und Tadel« sein, die legendäre Person, die zu seiner komischen Lebensauffassung gehört, die aber in diesem Fall eigentlich nicht so beschaffen war, daß man sich darüber totlachen konnte.

Happy-End: Jahre später reiste ein gesunder, munterer Neruda nach Venezuela und befreundete sich eng mit dem Dichterehepaar, das eines Tages überraschend in der Calle Márquez de la Plata aufgetaucht war und diese zutiefst ernüchtert verlassen hatte. In Caracas entspann sich das Verhältnis aus vergnüglichen Gesprächen. Sie waren glücklich und aßen Rebhuhn.

143

Bilanz und Selbstkritik

Neruda ist zwar der erste beim Feiern des eigenen Geburtstags, eine Gepflogenheit, die aus seiner Kindheit herrührt, sein sechzigster Geburtstag wird aber von halb Chile gefeiert, wenn auch ohne jene Atmosphäre einer fröhlichen Kirmes oder eines großen internationalen Konklaves, die die Feiern zu seinem fünfzigsten Geburtstag kennzeichneten. Sein sechzigster Geburtstag stand im Zeichen größerer Reife und einer profunderen Analyse seines Schaffens. Drei Zeitschriften brachten zahlreiche Sonderdrucke anläßlich des Ereignisses: *Mapocho, Aurora* und *Alerce*. In der Tageszeitung *El Siglo* vom 12. Juli 1964 beantwortete Neruda dreiundzwanzig Fragen und erklärte Raúl Mellado: »Für mich ist Dichten wie Sehen oder Hören.« Hernán Loyola kommentierte *Memorial von Isla Negra*. Der ausführliche

Jorge Sanhueza überreichte eine »Grundlegende Bibliographie von und über Pablo Neruda«.

Ich habe den Dichter auf etlichen Tagungen in der Nationalbibliothek begleitet, auf denen seine Poesie untersucht wurde. Ich hörte ihn reden, frei, ohne jegliches Manuskript, förmlich nur zu sich selber, oder, besser, als spräche er nur mit einem einzigen Partner. Ich befürchtete, seine Worte könnten nicht mitstenographiert werden, aber jemand hat gerettet, was unwichtig erscheinen konnte, denn der Dichter sagte es in einer Weise, als wollte er sich einer lästigen Pflicht entledigen. Später erschien es in der Zeitschrift *Mapocho* unter dem Titel *Einige zufällige Betrachtungen zu meinen Arbeiten*, ein Titel, der dem Thema und der Art seines dortigen Vortrags wirklich entsprach. Es ist lautes Nachdenken und Bilanzziehen zu einer Zeit, da er das Leben als ununterbrochene Spirale betrachtet, auf der jeder Punkt mit den anderen und mit dem Ganzen verbunden ist. Der sechzigjährige Dichter denkt an den Dichter, der noch nicht Zwanzig war. Das Buch, das er mit Neunzehn oder früher geschrieben hat, »ähnelt stark«, sagt er, »einem meiner reiferen Bücher«. Er kommt wieder auf die Kardinalidee seiner Dichtung zurück, die ein Tagebuch all dessen sei, was innerhalb und außerhalb seiner selbst vorgeht, das aber mit hohem Anspruch an ihn herantritt. Der Unterschied zwischen seiner frühen Dichtung und der späteren ist der, daß die Dichtung seiner Jugendzeit keine festumrissene Zielsetzung hatte. Später ist das Ziel in seine Dichtung eingegangen und hat seine Schritte gelenkt.

Mit *Morgen- und Abenddämmerungen* war er in eine Anpassungskrise geraten. Er wollte ein zyklischer Dichter sein, der von einem zentralen Punkt aus in alles eindringt und sich in ambitiöser Themenvielfalt äußert, in der so etwas wie seine Weltanschauung enthalten ist, auch wenn diese aus seinem halluzinatorischen Gefühl für das Geschlecht entspringt, das er soeben in seiner Vollendung entdeckt hat. Erster Versuch, das Leben von einem Urkern her zu erfassen, und auch, nach seinen eigenen Worten, der erste Fehlschlag. Dieser Fehlschlag heißt *Der begeisterte Schleuderer*.

Deshalb hält er seine Produktion zehn Jahre zurück. Er schreibt diese Gedichte förmlich im Zustand der Trance.

Ich vermeinte, den Zuhörern in der Bibliothek die Überraschung anzumerken, als Neruda sagte, er hätte jenes Gedicht, nämlich den *Schleuderer*, in einer ungewöhnlich stillen Nacht geschrieben, in Temuco, während des Sommers in seinem Elternhaus. »In diesem Haus bewohnte ich fast das ganze erste Stockwerk. Vor dem Fenster ein Fluß und ein Katarakt von Sternen, die sich, wie mir schien, bewegten. Ich schrieb jenes Gedicht in einem Taumel und fühlte mich wahrscheinlich, wie nur selten in meinem Leben, ganz von einer Art kosmischem Rausch gepackt. Ich glaubte, eines meiner ersten Ziele erreicht zu haben.«

Ungemein gerührt ist jenes Publikum von dem selbstkritischen Ton, mit dem der reife Mann von sich selber als Siebzehn-, Achtzehnjährigem spricht. In dem Briefwechsel, den er damals mit dem uruguayischen Dichter Sabat Ercasty führte, betonte er, daß seine knabenhafte Anmaßung ihn verdorben habe.

Sabat Ercasty antwortete, daß er im *Schleuderer* seinen Einfluß erkenne. »Meine maßlose Eitelkeit traf diese Antwort wie ein kosmischer Stein . . .« Er war völlig fassungslos, denn seine unerfahrene Jugend wußte damals nicht, daß es nicht in erster Linie darauf ankommt, nach Originalität zu trachten, sondern darauf, nach einem Ausdruck zu suchen, auf den verschiedenste Einflüsse eingewirkt haben.

Ausgehend von dieser Erfahrung, kehrt er zu einer intimen Ausdrucksweise zurück, das Ergebnis ist *Zwanzig Liebesgedichte und ein Lied der Verzweiflung*. Statistisch gesehen, ist dieses das populärste, meistgelesene Werk Nerudas. Dennoch hat sein Schöpfer es nicht so gefeiert wie der Leser, weil es nicht der Idee von großer Dichtung entsprach, die ihn quälte.

Neuer Anlauf, seinen Traum zu verwirklichen. Er schlug sich im *Versuch des unendlichen Menschen* nieder. Zweiter Fehlschlag innerhalb weniger Jahre. Der Titel – unzufrieden nennt der Autor ihn anmaßend – läßt erkennen, wie weit seine Wünsche und Sehnsüchte reichen. Dennoch hegt er für dieses Werk, das er für eines der am wenigsten geschätzten seiner Produktion hält, ein Wohlwollen, das er den *Zwanzig Liebesgedichten* versagt. *Versuch* hat nach seiner Meinung den Vorzug, daß es deutlicher den Weg zeigt, den er gehen wollte.

Er erwähnte, daß ihm in ebenjenen Tagen das Manuskript des uruguayischen Kritikers Emir Rodríguez Monegal in die Hände gekommen wäre, das später unter dem Titel *Der unbewegliche Reisende* erscheinen sollte. Dabei verwarf er die in dem Buch enthaltene Anmerkung, wo der chilenische Schriftsteller Jorge Elliot auf den Einfluß von Vicente Huidobros Buch, *Der hohe Falke*, hinweise. Neruda, der Huidobros Poesie nur unvollständig kannte, wußte damals nichts von der Existenz des *Hohen Falken*. Der konnte ihn nicht beeinflussen, unter anderem, weil die Charaktere beider Dichter zu verschieden und ihre Auffassungen von Poesie diametral entgegengesetzt waren. Neruda konnte und wollte nicht an der spielerischen Ausrichtung der Dichtung Huidobros teilhaben.

Die Höhen von Macchu Picchu ist ein Sieg der Hartnäckigkeit: Rückkehr zur zyklischen Konzeption, die sich am stärksten im *Großen Gesang* durchsetzt, wo er sich zum Gebrauch aller Techniken entschließt, sogar einer, die manche Puristen entsetzt: der Dichter als Erzähler seiner Epoche. Das riecht ihnen nach verstaubter Chronik. Warum die Aufregung über Staub, der zu Erde und Atmosphäre gehört wie der Regen? Er wird berichten, was in den Tagen des Menschen geschieht. Sich nicht schämen, dessen Reporter zu sein, noch streckenweise zum Mittel der direkten Poesie zu greifen.

In seinem mehr als vierzigjährigen Dichterdasein hat er krasses Unverständnis erlebt. Oft ist der Wandel des Dichters auf Ablehnung gestoßen. Zuerst wurde *Versuch* höhnisch verworfen, danach *Aufenthalt*, weil schwer und dunkel, verdammt, sodann der *Große Gesang* als unpoetisch abqualifiziert. Später rügte man an *Trauben und der Wind* mehr noch als die geographische Weitschweifigkeit den politischen Gehalt. Er weiß, daß die »unumgängliche und leidenschaftliche politische Parteinahme es für viele meiner Leser schwer akzeptabel macht. Ich habe mich beim Schreiben dieses Buches glücklich gefühlt.«

Und als er abermals mit seiner eigenen Form brach – neue Mißverständnisse, neue Verwünschungen.

Memorial von Isla Negra ist eine Rückkehr zu mannigfaltiger Empfindungspoesie, eine Rückkehr, die nie mit der Zeit übereinstimmt, zu der man zurückkehrt, denn die Zeit kommt nicht wieder. Sie schreitet immer nur in eine Richtung, in die Zukunft. Nur in der Erinnerung und mit dem Herzen kann man zurückkehren. Und das tut er. Trotzdem ist das eine Neuschöpfung, etwas anderes. Der Mann, der seine sechzig Jahre feiert, kann sich an den Jüngling von achtzehn erinnern, aber er kann nicht wieder der junge Mann von damals werden.

Soll man seine kommunistischen Gefährten schelten, die seine Geburtstage beinahe religiös zu begehen pflegen? Als er seinen Sechzigsten feierte, gaben sie ihm zu Ehren ein Essen, bei dem der Generalsekretär sprach, Luis Corvalán. Für diesen war er das Mitglied des Zentralkomitees. Und er sprach von seinen eigenen Erlebnissen als Zuhörer bei den populären Lesungen des Dichters. »Immer wenn ich ihn seine Verse habe vortragen hören, vor dem Volk, vor den Bergleuten von Lota oder den Textilarbeitern von Tomé, vor den Bauern von Ñuble oder den Mapuches von Ponotro, Trauco und anderen Reservationen, habe ich das Verstehen und das Vergnügen aufleuchten sehen, das seine Dichtung auch bei den Menschen hervorruft, die das Licht der Kultur nicht haben empfangen können.« Das klingt nach Profanierung in den Ohren derer, die an Poesie für Minderheiten glauben und an die unabänderliche Poesiefeindlichkeit derer von unten.

Sein Compañero William

In jenem Jahr, 1964, macht er sich zum Geschenk, einen Dichter zu übersetzen, den er über alles schätzt. 1964 war nicht so sehr das Neruda-Jahr als vielmehr das Shakespeare-Jahr. Um eines seiner Idole zu feiern, übernahm er die gefährliche Aufgabe, *Romeo und Julia* zu übersetzen. Als das Teatro Experimental ihm diesen Auftrag gab, fand er ihn sogleich verlockend. Er sagt, er habe bescheiden zugesagt. Er wollte zum Zeichen der Verehrung das Haupt vor seinem Kollegen beugen. Die Arbeit war eine ungeheuerliche Anstrengung. Später sagte er zu mir: »Auf so ein Unterfangen lasse ich mich nie wieder ein.«

Während er Wort für Wort eindrang, sah er die Liebe der unglücklichen jungen Menschen in neuem Licht. Aber hinter deren gewaltiger Leidenschaft und rührendem Opfer erkannte er, was unter der strahlenden Oberfläche der Liebe verborgen war: »die Verurteilung des nutzlosen Hasses«. Dieses Werk ist Verdammung des Krieges und Bitte um Frieden. Tybalt antwortet Benvolio: »Was? Ziehn und Friede rufen? Wie die Hölle haß ich das Wort.« Neruda verband diesen Ausspruch mit den Worten seiner Freundin Gabriela Mistral: »Der Friede, dieses lästerliche Wort.«

Neruda mußte in Chile das Shakespeare-Jahr eröffnen und ein paar Worte sprechen, bevor der Vorhang sich zu der herzzerreißenden Lektion der Liebenden von Verona hob. Vier Jahrhunderte später grüßte er seinen Dichterkollegen, den Autor und die Schauspieler mit Worten von gestern und heute: »Sei gegrüßt, Fürst des Lichts! Guten Tag, Wanderkomödianten. Wir haben deine großen Träume geerbt und träumen sie noch immer. Dein Wort ehrt den ganzen Erdball.«

Und leise würde er ihm noch ins Ohr sagen: »Hab Dank, Genosse.«

Die bläulichen Füße

Als sie in das Dorf kamen, herrschte dort helle Aufregung über die Nachricht, daß die Reste von Gabriela Mistral aus dem Grab geholt und auf einen Kinderspielplatz gebracht würden. Neruda sagte damals, daß die Reste in ihr Heimatdorf gebracht worden wären, denn dort hätte sie ihre letzte Ruhe finden wollen. Bei der Ausführung dieses ihres Willens legte sich die Gesellschaft der Schriftsteller ins Mittel, deren Präsident Neruda war. Und ebenjener Platz wurde gewählt, weil man von dort aus das ganze Tal überblickt. Das Grab an sich war nichts weiter als ein Stein mit erhabenen Lettern und ein paar Geranienstöcken. Am 29. Juli 1964 erinnerte Neruda daran, daß sie, wo immer er ihr begegnet wäre, ihm von ihrem Hügel erzählt hätte, von dessen Pappeln, vom Wasser, das in diesen steinigen Tälern fließt ... »Und als sie verstummt war, taten wir unsere Pflicht, sie an den Ort zu bringen, an dem ihr langer, von Sternen übersäter Weg begonnen hatte. Sie hatte auf die Füße der barfüßigen Kinder aufmerksam gemacht, die immer noch barfuß gehen.«

Neruda sagte das, während er mit Leib und Seele an der Präsidentschaftswahlkampagne von 1964 mitwirkte, in deren Verlauf der von ihm unterstützte Kandidat, Salvador Allende, Gegenstand einer in Chile vordem nicht gekannten Hetze war. Später wurde deutlich, daß diese zu einem internationalen Plan gehörte, hinter dem viel Geld steckte. Neruda hob vor allem die Notwendigkeit einer neuen Kulturpolitik hervor. Er tat dies zusammen mit Salvador Allende, als sie in den kleinen Ort Monte Grande gekommen waren, um Gabrielas Grab zu besuchen. Sie betonten, daß diese in ihrer Poesie gefordert habe, die Kinder zu schützen, ihnen Schulbildung und Wohlstand zu geben. Und ihre »vor Kälte bläulichen« Füßchen zu schützen. Sie sind noch immer blau.

Das Buch vom glücklichen Tisch

In jenem Jahr reist er wieder nach Europa. Als Mitglied der Jury erkennt er den Lenin-Preis dem Dichter Rafael Alberti zu. Vordem aber ist ihm der Titel eines Ehrendoktors der Philosophie und der Literatur der Universität Oxford verliehen worden, den damit zum erstenmal ein Südamerikaner bekommt.

Später, in Budapest, schrieb er zusammen mit Miguel Ángel Asturias, um ein früheres Schlemmer-Erlebnis zu verewigen, eines der appetitlichsten Bücher, die je zwei Große der Literatur gemeinsam geschaffen haben, mit dem unumwundenen Titel *Ein Land, das schmeckt*, es wird vom Verlag *Corvina* in Budapest gleichzeitig in fünf Sprachen herausgebracht. Der ungarische Vorwortautor, Ivan Boldizsar, erinnert daran, daß den Gedanken dazu beide hatten, als sie im Restaurant »Zum Hellebardier« aßen. Das, was sie in diesem Haus im gotischen Stil auf der anderen Seite des Flusses, im Budaer Festungsviertel, gespeist hatten, inspirierte sie so, daß Neruda an ein Gedicht dachte und Asturias daran, das Festessen zu wiederholen. Als sie am folgenden Abend in einer Schifferkneipe an der Donau saßen, wollte Asturias Verse schreiben, während Neruda sich angeregt fühlte, seine Erfahrung durch Prosa zu vermitteln. Allabendlich lernten sie Ungarn kennen, indem sie es aßen. Ein überraschender Fund folgte dem anderen.

So entstand das Buch vom *glücklichen Tisch* mit den Personen: Grauer Mönch, Tokayer, Stierblut. In dem Land des Wohlgeschmacks flossen Ají-Pfeffer und Paprika zusammen. Sie gaben einer berauschenden Fischsuppe die Ehre. Bemächtigten sich funkensprühender Gerichte. Vergnügten sich im Matthias-Keller und schrieben dort mit ihren Gabeln das Datum 17. August 1965. Sie stiegen zur Zitadelle hinauf. Intonierten eine kleine Ballade, da sie aus dem »Goldenen Hirsch« kamen. Hoben die Gläser in der »Brücke«. In einem Dialog – nicht *al alimón* wie der, den er zweiundzwanzig

Jahre früher in Buenos Aires mit Federico García Lorca geführt hat, sondern bei Fleischscheiben auf einem Lager aus Champignon-Reis – fragt Neruda halb epikureisch, halb nostalgisch: »Dieser Garten, dieser Tisch unter dem Nußbaum, dieser Walzer ›Über den Wellen‹, ruft er nicht die Erinnerung an die alten deutschen Landhäuser unserer Jugend wach, in denen wir Bier tranken und der Musik lauschten?« Asturias antwortet: »Die Atmosphäre, die Menschen, alles führt mich in mein altes Viertel zurück, in das vornehme Viertel der hochedlen spanischen Ritterstadt.« Sie trinken auf das Leben und auf den Tag, da an den Tischen der Welt Platz für alle sein wird.

Heterodoxes Buch, entstanden aus guter Tafel und aus der Freundschaft, aus dem Gespräch, so üppig wie Essen und Wein, bei den Klängen von Zigeunerfiedeln. Es mischt sich in ihm, was Auge und Ohr, Nase und Gaumen wahrnehmen, es mischt sich das literarische Experiment mit dem kulinarischen Probieren.

Übermütiges Rezeptabenteuer in Poesie und Prosa zweier Nobelpreisträger. Der »Ode an die Seeaalsuppe« oder der »Ode an die Zwiebel« verwandte Seiten unseres kulinarischen, Essen und Trinken liebenden, lyrischen, romantischen, materialistischen, gastronomischen, für Tradition wie für Neuerung aufgeschlossenen Dichters, des Hobby-Kochs, intellektuellen Schöpfers von Gerichten und Nachtischen, Liebhabers des volkstümlich Auserlesenen, der bei Csárdás und Anrufungen des Königs Matthias, beim Gulasch an den kreolischen Schmorbraten dachte, bei Paprika an den grünen Ají-Pfeffer, beim bacchischen Lied der Trauben an seine Kindheit.

Sie tranken die historischen, lieblich duftenden gelbgrünen Weine, die die Neuvermählten vor ihrer Hochzeitsnacht kosten müssen. Sie genossen alles, was auf den menschlichen Organismus angenehm wirkt und von den Ärzten bei Appetitlosigkeit und Schwäche empfohlen wird. Es stärkte sie das Stierblut von Eger und der Blaustengler von Badacsony, der den Blutkreislauf anregt.

Es war ein Buch, von dem sie sagten, sie hätten es mit

freudig erregten Geschmackspapillen, in leiblicher und see-
lischer Hochstimmung geschrieben und sich dabei Husa-
rentrupps, Muskateller- und Burgundertrauben aus Ungarns
und Mittelchiles Weingärten und Miguel Ángel vielleicht
duftende Kaffeeplantagen in Guatemala vorgestellt.

147
Drachen

Der Dichter, ein unverbesserliches großes Kind, ließ gern
Drachen steigen. An windigen Tagen stiegen in Isla Negra
Drachen, von seiner Hand gehalten, in die Luft, große bunte
Gebilde in Form von Adlern mit ausgebreiteten Flügeln.
Vor allem war das eine Art, in den Morgenstunden des
18. September den Nationalfeiertag einzuleiten.

Aber auch zu Weihnachten griff er zum Drachenpapier.
Darauf schrieb er: »Weihnachtsgruß für Chiles Mütter von
Pablo Neruda«. Drinnen lose ein Stück farbiges Einschlag-
papier für Zierkerzen, auf das er gezeichnet hatte. Mit der
Hand hatte er daraufgeschrieben: »Fröhliche Weihnachten
und ein besseres 1965, aber nur mit Volodia als Senator«.
Alles mutete an wie ein Spiel, ein vielleicht weniger heite-
res als das Drachensteigenlassen. Hochherzig warb er für
seinen Freund. Er leitete dessen Kampagne. Und als wäre
Pablo Neruda ein Unbekannter, fügte er zu seinem Namen
Titel hinzu, die seine Autorität erhöhten: ehemaliger Senator
der Republik, Literaturnobelpreisträger, Träger des Welt-
friedenspreises.

Er machte viele Zettel mit unterschiedlichen Aufschrif-
ten: »Gestatten Sie mir ein Wort . . . Ein Brief für Sie von
Pablo Neruda.«

Als die Kommunistische Partei überlegte, wen sie als Se-
natorkandidaten für Santiago nominieren sollte, sprachen
sich alle einhellig für Pablo Neruda aus. Als man es ihm antrug, lachte er laut. Um nichts in der Welt! Einmal genügt!
Das mache ich nie wieder! Soll Volodia es werden! Nach-

dem er seinen Freund in die Kampagne geschickt hatte, beteiligte er sich vergnügt an der Arbeit, indem er seine auf Drachenpapier geschriebenen Botschaften losschickte. Ich aber gehöre zu denen, die glauben, daß ihm ernst war mit seinem Spiel.

148

Der Verkleidungskünstler

Da er sein Lebtag unnütze Dinge gekauft hat, stehen bei ihm zu Hause Truhen, deren Inhalt ausreicht, ein ganzes Regiment oder einen Maskenball mit Kostümen auszustatten. Er öffnet sie an festlichen Abenden. Manche der Ankommenden sind auf den Karneval eingestellt. Andere, schüchterner oder ernster, läuten in makellosem Zivil. Ihnen wird man Hosen und Jackett ausziehen und nur Schuhe und Socken lassen, auf daß sie sich in arabische Scheichs, indianische Rothäute, Kokotten von 1900, Tiroler Sänger, buddhistische Priester vom Himalaja oder Pariser Ganoven verwandeln.

Zu Nerudas fünfzigstem Geburtstag tritt seine Freundin Teresa Hamel in die Runde, als Goldener Hahn verkleidet. Ein ungläubiger Freund will ihr die leuchtendste Schwanzfeder ausreißen. Der Brasilianer Thiago de Melo macht sich den Spaß, Alexander Puschkin darzustellen. Er tut sich auf den Erfolg seines neuen Ich viel zugute. Eine Zeitlang begleitet ihn zum Ball nicht seine Ehefrau, sondern die Heldin aus *Krieg und Frieden*, Natascha Rostowa, dargestellt von Anamaría Vergara, die die Rolle mit peinlicher Genauigkeit spielt. Als suchte er seine Opfer aus, geht auch Graf Drakula um. Carlos Vasallo ist Superman, und neben ihm kokettiert die sprühende Carmen in der Rolle der schmiegsamen Dalia.

Der große Verkleidungskünstler bedeckt seine weite Menschlichkeit mit einem Baschlik, dem anmutigen Wollumhang der kaukasischen Reiter, und krönt sich mit einer Karakulmütze.

Wir gehören zu den Verklemmten, die unverkleidet kommen. Pablo streckt die Hand aus und wühlt in der magischen Truhe. Eine Minute später holt er wie ein Zauberer einen anklebbaren Bart und einen Turban hervor, Eliana zieht einen Sari an und setzt eine Larve auf. Neruda malt ihr einen roten Punkt mitten auf die Stirn. Sie sieht aus, als käme sie aus dem Pandschab.

149
Der Zorn der »paparazzi« am Hochzeitstag

An einem Frühlingstag, der schon fast ein Sommertag war, kamen wir, eine Gruppe von Freunden, in Isla Negra zusammen. In dem Augenblick schien ein Glanz auf dem ganzen Haus zu liegen. Die hölzerne Madonna mit einem Kind auf dem Arm erwartete das Ereignis im Speisezimmer. Dort bereitete sich auch der Seeräuber Morgan, den Blick auf eine Kredenz mit bunten Trinkgläsern gerichtet, auf das Hochzeitsfest vor. Braut und Bräutigam hielten sich im Steinhaus auf. Funkelnde Leuchter, blitzende Steigbügel, Figuren aus Toconao und afrikanische Stücke. Wir sitzen wartend an den kleinen Bartischen. Eine Atmosphäre froher Spannung herrscht.

Isla Negra ist umzingelt. Unter den Belagerern haben sich etliche mit Fotoapparaten bewaffnet. Diese sind am dreistesten. Sie verlangen lautstark, man sollte sie eintreten und fotografieren lassen. Nicht so sehr das Haus, das die Kamera von jeher magnetisch angezogen hat, vielmehr wollen sie jetzt, an diesem 28. Oktober 1966, Matilde Urrutia und Pablo Neruda bei ihrer feierlichen Eheschließung aufs Bild bannen.

Draußen, wo sich eine Menschenmenge eingefunden hat, Stimmengewirr, das zum Gebrüll wird, als der Standesbeamte kommt, eine junge Frau, der schwarze Haarsträhnen über die Ohren fallen und auf den Wangen ein Fragezeichen bilden. Der Auflauf nimmt immer bedrohlichere Formen an. Einige sind durch den Zaun gestiegen, andere klettern über den niedrigsten Teil jenes ungeordneten Gebildes, das Bauteile verschiedener Epochen vereint, und dringen schon gewaltsam ins Haus ein. Neruda bittet mich, mit den Angreifern zu verhandeln. Ich trete hinaus.

»Was wollen Sie?« sage ich. »Das hier ist eine private Hochzeit, eine Feier im kleinsten Kreis. Respektieren Sie den Willen dieses Paares.«

»Dann soll er respektieren, daß die Presse das Recht hat zu informieren. Dann soll er nicht gegen die Freiheit handeln und gegen das heilige Recht eines jeden, ein Foto von der Hochzeit eines Mannes der Öffentlichkeit zu sehen.«

Manche gehen noch weiter. »Der mußte ja auch Kommunist werden.« Ein anderer fügt hinzu: »Er kann nicht verheimlichen, daß er ein totalitärer Dichter ist . . .«

Jemand lacht über diese Ausdrücke. Ich schlage ihnen einen Handel vor. »Sie wollen ein Foto vom Augenblick der Trauung. Sie sollen es kriegen. Ein guter Fotograf wird es machen, und Sie kriegen Abzüge.«

Sie sind, wie es scheint, beschwichtigt. Ich gehe wieder ins Hausinnere.

In diesem Augenblick fragt sie, die Standesbeamtin mit der fragezeichenförmig herabfallenden Locke, das Hochzeitspaar, ob sie sich als Mann und Frau mögen. Matilde trägt ein weißes Kleid, Neruda einen schwarzen Anzug, eine Blume im Knopfloch, in der oberen Jackentasche ein weißes Tüchlein. Links und rechts von ihnen die Cupidos, die sie miteinander bekannt gemacht und ihre ersten Treffen arrangiert haben. Pablos alte Freundin und Matildes Gesangslehrerin, Blanca Hauser, und der Gründer des Sinfonieorchesters von Chile, Armando Carvajal. Der große *cacciatore* Manuel Solimano drückt auf den Auslöser. Fängt den Augenblick ein. Die *paparazzi* werden nicht gänzlich leer ausgehen.

150

Der mythische Bandit

Er stürzt sich in zwei neue Abenteuer. An zehn aufeinanderfolgenden Sonntagen spricht er im Radio. Außerdem läßt
er sich, trotz des kalten Schweißes, den ihn die Übersetzung
von *Romeo und Julia* gekostet hat, offenbar nicht klug geworden, auf ein noch riskanteres Unternehmen ein, er will
ein Theaterstück schreiben: *Glanz und Tod des Joaquín
Murieta.*

Als man ihn in einem dieser Radiogespräche fragt, ob an
dem Gerücht etwas Wahres sei, bejaht er, wehrt aber zugleich ab. Er gibt zu, daß er früher bei dem Geständnis, ein
Theaterstück geschrieben zu haben, rot geworden wäre, weil
er nichts für Dichter übrig habe, die auf Allerweltskerl
machen und sich in allen Metiers betätigen. Die laufen Gefahr, nichts richtig zu machen. »Das Theater ist mir fremd,
und ich bin sicher, ein ungemein schlechtes Theaterstück geschrieben zu haben.«

Prompt darauf das Gegenargument des Journalisten: »Ungemein schlecht? Schön, warum haben Sie es dann geschrieben und wovon handelt es?« Neruda: »Es verhält sich folgendermaßen. Vor ein paar Jahren bat mich der große
französische Schauspieler und Regisseur Jean Louis Barrault,
ihm etwas zu schreiben, was er aufführen könnte. ›Ich bin
nur Dichter, und mich interessieren nur meine Verse. Und
außerdem wüßte ich gar nicht, wie man fürs Theater
schreibt‹, sagte ich zu ihm. ›Das ist dein Fehler‹, erwiderte
Barrault. ›Du schreibst deine Gedichte, und ich mache dir
daraus Theater.‹«

Dieser Mann aus dem chilenischen Süden, der sich selber
gern als Spätzünder bezeichnete, erwachte eines Tages und
fragte sich: Warum eigentlich nicht? Und er schrieb ein Gedicht über einen, wie er findet, romantischen Banditen, der
zum Volksmythos geworden ist. Es geschah zur Zeit des
Goldrauschs in Kalifornien. Joaquín Murieta war einer
von vielen Chilenen, die Mitte des 19. Jahrhunderts dorthin-

zogen, Gold zu finden, in Wirklichkeit fand er Verfolgung und den Tod.

Wie im Falle anderer Banditen wird dieser außerhalb des Gesetzes stehende Mann von verschiedenen Vaterländern beansprucht. Ein chilenischer Historiker, Eugenio Pereira, behauptet sogar, Murieta sei Mexikaner gewesen. Neruda, »Ritter des Aztekenadlers«, entmexikanisiert ihn. Im Jahre 1849, sagt er, war das Brot, das man in Kalifornien aß, aus chilenischem Mehl gebacken, es stammte aus Valparaíso. Dreitausend seiner Landsleute kamen nach San Franzisko, und einer der chilenischen Auswanderer gründete eine Stadt mit dem Namen Washington. Der Dichter trägt Hintergründe zusammen wie ein genauer Historiker. Joaquín Murieta will Schutz und Achtung für die Seinen in Zeiten der Gewinnsucht und des Rassismus, da sowohl Chilenen als auch Mexikaner als Farbige angesehen und nach dem Lynchgesetz behandelt werden. Der Epilog: Joaquín Murietas abgetrennter Kopf wird vom 12. August 1853 an in einem Marktschuppen in San Franzisko ausgestellt, Eintritt fünfundzwanzig Cent.

Der Autor plädiert für die Chilenität seiner Personen. Es ist aber vor allem sein Anliegen, dem tragischen Mythos des »tapferen, unglücklichen, umherirrenden« Landsmannes, in dem er den Kämpfer gegen die Ungerechtigkeit sieht, poetische und theatergemäße Form zu verleihen.

Wie es immer zu geschehen pflegt, veranlaßten Alltagsereignisse, sogar der Zufall Neruda, dem szenischen Versuch Form zu geben. In den Tagen, da er unter Gabriel González von Versteck zu Versteck zog, fand er in einem Glanzpapierexemplar des *National Geographic Magazine* die Reproduktion des Plakates, das ankündigte, daß Joaquín Murietas Kopf auf dem Markt ausgestellt würde; bis dahin hatte Neruda nichts davon gewußt. Als er Kalifornien besuchte, wandelte er auf Murietas Spuren und sammelte Material.

Entscheidend dafür, daß er die Person auf die Bühne brachte, war auch Matildes Meinung. Als sie in seinem damals noch unveröffentlichten Buch *Die Barkarole* (La Barcarola) ein Gedicht über Joaquín Murieta las, rief sie aus: »Aber das ist ja Theater, Pablo!« – »Sag das nicht«, versetzte er. »Das ist mir rein zufällig so geraten.« Damals beschloß er, es als Drama zu schreiben, und es entstand dieser Hybrid, den manche als Kantate oder Dramatisches Poem bezeichnen.

Kurz zuvor war in Santiago ein US-amerikanischer Film gelaufen, dessen Originaltitel *Murieta* lautete, der aber als *Die letzte Rache* gezeigt und mit haarsträubender Reklame angekündigt wurde: »Der Mann, der sein ganzes Dorf in Blut tauchte«, »In seine Seele eingeschrieben das Motiv, kaltblütig zu töten«, »Seine Frau vergewaltigt und ermordet!«, »Jetzt wird er ganz Kalifornien zerstören!«

Am Abend des 14. Oktober 1967, einem Samstag, versammelte sich ganz Santiago. Ein wenig ungeduldig saßen wir im Parkett des Theaters Antonio Varas, um die Welturaufführung durch die Truppe des Theaterinstituts der Universidad de Chile zu sehen. Gekommen waren ex profeso aus Buenos Aires Nerudas Verleger Gonzalo Losada, der Filmregisseur Leopoldo Torre Nilsson, die Romanschriftstellerin Beatriz Guido, die treue Margarita Aguirre, der Sänger Leonardo Favio.

In der einzigen Pause trug Víctor Jara Lieder mit Texten von Neruda und der Musik von Sergio Ortega vor. Die Sopranistin Matilde Broders sang »Barcarola«, ein traditionelles chilenisches Lied unbekannter Herkunft aus dem 19. Jahrhundert. Kerry Keller interpretierte ein Spiritual.

Regisseur Pedro Orthous und Bühnenbildner Guillermo Núñez hatten getan, was Jean Louis Barrault angeregt hatte. Nerudas Werk hatte Orthous allerdings mehr Mühe gekostet als die Inszenierung von Lope de Vegas *Fuenteovejuna*, Tschechows *Onkel Wanja*, Shakespeares *Sommernachtstraum*, Labiches *Florentinerhut*, Ibsens *Volksfeind* und Shaws *Heilige Johanna*. Hatte er doch die, man darf sagen, titanische Aufgabe übernommen, es zu einem chorischen oder kollektiven Theaterstück zu machen, wie er es schon bei *Fuenteovejuna* angestrebt hatte. Zu diesem Zweck bot er sämtliche Bühnenkünste auf: Theater, Tanz, Gesang, Pantomime. In

Neruda fand er einen Autor, bei dem sich jegliches Element, das das Werk theatergerechter machte, glatt einfügen ließ. Denn Neruda bat mündlich und schriftlich darum, bei der Inszenierung vor allem Phantasie walten zu lassen. Und so verwendete der Regisseur Elemente des griechischen Chors, der Music-hall und der Volksfeste von La Tirana.

Sergio Ortega, Autor von »El pueblo unido jamás será vencido« und »Venceremos«, der vom chilenischen Volk in der zweiten Hälfte des 20. Jahrhunderts am meisten gesungenen Lieder, und Komponist mit profunder Bildung, hatte die Musik zu Murieta geschrieben. Zum Schluß betrat er die Bühne, als Künstler gekleidet, in einem violetten burmesischen Anzug. Er hatte eine volkstümliche Musik geschaffen, manche Weisen rein folkloristisch, aus dem chilenischen Norden stammend. Außerdem hatte er anekdotenhafte und dramatische Lieder komponiert, stets darauf bedacht, den poetischen Text in den Vordergrund zu rücken.

Die Choreographie des Werkes, von Patricio Bunster, war durch eine Reihe ungleicher Sätze gekennzeichnet. Er fügte Frauenchöre ein, mit Anklängen an die griechische Antike, in krassem Gegensatz dazu Chöre der rassistischen US-amerikanischen Sekte »Die Windhunde«, Kabarettmusik, Folkloretöne und ein speziell fürs Ballett bestelltes Thema.

Das Werk wurde in vielen Ländern und in den verschiedensten Sprachen aufgeführt. Neruda erzählte mir mit leuchtenden Augen von einer Version, die er in Polen gesehen hatte. Er freute sich, daß die Inszenierungen den Anweisungen des Autors weitestgehend folgten, und zwar in dem Sinn, daß man alle Möglichkeiten ausschöpfte, um die Grundidee mit den Mitteln des Theaters hervorzuheben.

Diese Freiheit ist sehr weit geführt; von der Grundidee ausgehend, hat man die gewagtesten Versionen geschaffen, sie zur Rock-Oper oder zu einem ganz ungewöhnlichen Film gemacht, ein Unterfangen, dem der autorisierte russische Übersetzer Nerudas vorsteht, Pawel Gruschko, der, eingedenk der eingeführten Neuerungen, dem Titel *Glanz und Tod des Joaquín Murieta* die Erklärung hinzufügt: »nach einem Motiv von Pablo Neruda«.

Gewiß hätte das dem Vater des Stückes gefallen, denn er sagt: »Dies ist ein tragisches Werk, zum Teil aber auch als Scherz geschrieben. Es will ein Melodrama sein, eine Oper, eine Pantomime. Das sage ich zum Regisseur, damit er Zufallssituationen und -gegenstände, Kostüme und Bauten erfindet.«

So geht Joaquín Murietas umstrittenes Gespenst mit mehreren Gesichtern immer noch in Kalifornien und auf unterschiedlichen Bühnen um, mit Interpretationen, die, so frei, wie sie sind, den Autor, könnte er sie sehen, zweifellos freuen würden.

151

J. S.

Da war ein ungreifbares Wesen in Nerudas Umfeld, es huschte hin und her, sprach ein paar Sätze, oftmals rätselhafte, und verschwand wieder, so als löste es sich auf in etwas, was einer seiner Charakterzüge war: in das Gefühl der Abwesenheit. Dieses Wesen, klein von Wuchs, dunkelblondes Haar, helle, halb schüchtern, halb fragend blickende Augen, pflegte sich zu verflüchtigen, um seinen bekannten und unbekannten Obliegenheiten nachzugehen. Zu den bekannten gehörte die, Nerudas Sekretär zu sein, eine Arbeit, die dieser Mann übernommen hatte, weil er die Literatur liebte, dem Dichter ergeben war und in dessen Papiere und Bücher eine gewisse Ordnung bringen wollte. Als die Pablo-Neruda-Stiftung zum Studium der Poesie geschaffen wurde, versah er Dinge im Hintergrund, erarbeitete Inkunabeln-Listen, Chronologien des Dichters, bibliographische Karteien, Verzeichnisse von Zitaten in Zeitungen und Zeitschriften. Er war bisweilen unsichtbar, vermutlich träumte er in der Bibliothek stundenlang mit offenen Augen. Er verliebte sich in schöne, unerreichbare Frauen. Begleitete sie treulich, wenn sie an der Seite ihres Ehemanns einhergingen. Machte sich Sorgen wegen des Plans, lateinamerikanische Intellektuelle zu kaufen, der in einer Stadt am Río Potomac ausgeheckt wurde. Und schickte mir lange Berichte mit Angaben zu dem großen Spinngewebe.

Er wollte ein Buch über den Dichter schreiben. Vielleicht dachte er an Eckermann, der in Weimar auch jeden Tag mit einem Dichter gesprochen hatte. Jedoch starb Jorge Sanhueza, von fast niemandem bemerkt, mit dreiundvierzig Jahren, am 17. Juli 1968, in einem Krankenhauszimmer. Neruda sah in dessen Leben und Sterben so viel Diskretion, daß er es für übertrieben hielt, im Titel des ihm gewidmeten Gedichts seinen vollen Namen zu nennen, und deshalb gebrauchte er nur die Initialen. »Aus Zerstreuung ist Jorge Sanhueza gestorben ... Die Wahrheit war seine Abwesenheit.« Der Mann war rätselhaft. »Ob er sich zwischen Tür und Angel versteckt hat / im Halbmondschein der Nacht, oder / hinter einem dunklen Fenster steht, / uns glauben lassend, er existiere nicht mehr, / weiß ich nicht, weißt du nicht, und es ist so: / wir fahren fort in dem Spiel, es nicht zu wissen.«

152

Vielerlei Vögel

In der Zwischenzeit schreibt der Dichter Bücher über fliegende Objekte. Keine Untertassen. Keine Flugzeuge, keine Raumschiffe. Es sind große Vögel: Albatrosse, Adler, Pelikane, Kahlkopfibisse, Turmfalken, Schwäne, Wachteln, Kondore, Kormorane, Nachtigallen, Singspatzen, Kurzschnabelgirlitze, Sittiche, Diuca-Finken. Als Kind hatte er dort, wo der Ulmo doble, der immergrüne Riesenbaum, blühte, die Vision eines rosafarbenen Engels gehabt. Das war der Flamingo. Er staunte über den Reiher, der mit offenen Augen schlief. Über die Schwalbe, die ihm Briefe durch die Luft brachte, wenn sie im Frühling nach Isla Negra kam. Und immer hatte er seine treuen Sekretärinnen, die Möwen, im Blick.

Das Kind liebte den Stieglitz und den Soldatenstärling mit dem blutenden Herzen. Er dachte daran, daß man ihn als jungen Mann in Temuco *el Jote* nannte, den Raben. Sein schwarzer Umhang öffnete und schloß sich wie ein Regenschirm. Stets galt sein interessiertes Augenmerk dem emsig klopfenden Specht, den so verschiedenen Flugarten, dem Duft des Rebhuhns und dem Bussard, der an ein und derselben Stelle lauerte, um im nächsten Augenblick wie ein Stein herabzufallen. Seine Vorliebe galt dem Kolibri, dem Kiebitz, der langschwänzigen Spottdrossel und jener araukanischen Taube mit den roten Füßen, die er schon als Kind bewundert hatte.

Aber ihn interessieren auch andere Vögel, die Hieroglyphenvögel, der Verrücktflieger, der Vogel Sie (*Matildina Silvestre*), der Vogel Ich (*Pablo Insulidae Nigra*). Der Dichter sieht sich als Vogel.

Der Vogeldichter, populär und provinziell, fühlt sich als Vogel, der die Welt durchwandert. Er meint, seine Seele habe Flügel. Und ihn halte die Unbeweglichkeit nicht zurück. Er hat von Geburt an Vögel beobachtet. Vom Fenster in Isla Negra aus schaut er ihnen lange zu.

153

Das Haus mit der blauen Fahne

Er hat so viel in Isla Negra erlebt, daß er dem Anwesen wenigstens einen Band widmen muß. Er schreibt *Ein Haus im Sand* (Una casa en la arena). Achtzig oder neunzig Prozent Prosa. Dichtung nur der »Pottwalzahn« und »Liebe zu diesem Buch«.

Stets gedenkt er des Kaufhauses von Temuco, »La llave«, der Schlüssel, wo eine riesige Türöffnerin die Indios einwies. Dinge gehen verloren. Diesen Schlüssel hat er geraubt, doch ihm raubt der Ozean Dinge, auch wenn der Ozean ihm den Schlüssel des Hauses und den sandigen Hut zurückgegeben hat. In diesem Haus im Sand hat er sich gegen den Nobelpreis gewehrt, der nicht kam. Als er am Ende doch kam, bewohnte er ein Haus, das nicht ihm gehörte. Chiles dunkle Botschaft in Frankreich.

Er weiß noch, wie er das Haus in Isla Negra zum erstenmal sah. Sie ritten am einsamen Strand dahin. Don Eladio Sobrino voran. Das Delta von Córdoba durchwatend. Es war schon fast Abend, als sie ankamen. Don Eladio starb, und das Haus wuchs. Er schrieb dessen Namen an den steinernen Schornstein. Der republikanische Spanier Germán Rodríguez war der Architekt. Don Alejandro García – der Baumeister. Und Rafita der Dichter der Zimmermannskunst. In die Balken aus chilenischer Hartholzbuche schnitt Rafita mit den Schriftzügen des Dichters die Namen von dessen verstorbenen Freunden.

In dieses Haus wurden Medusen gebracht, Galionsfiguren von abgewrackten Schiffen. Eine, majestätisch, mit wehendem Gewand, erinnerte ihn an Gabriela Mistral in Temuco.

Im äußersten Süden fand er die an einem verrußten Schiff hängende »Sirene von Glasgow«, das Schiff war 1866 vom Stapel gelaufen und endete als Kohlentransporter im Süden Chiles.

Da ist, auf dem Flohmarkt gerettet, »María Celeste«, eine hölzerne Frau, die weint. Da ist »La Novia«, das Gesicht vom Nebel rissig. Und »La Bonita«, »mit ihrem furchtlosen Gesicht, ihren puppenhaften, gemütlosen Zügen«.

Kurz zuvor, 1964, kam die korpulente »Micaela«.

Der Dichter dünkt sich mehr als ein Kapitän. Wenn er in Isla Negra ist, verhält sich das Haus wie ein Regierungspalast, in dem der König oder der Präsident der Republik weilt. Man läßt dann die Fahne am Mast wehen. Nerudas Anwesenheit in Isla Negra zeigt eine blaue Fahne mit einem horizontalen Fisch in zwei Kreisen an.

Der Anker im Hof stammt aus Antofagasta. Statt auf dem Meeresgrund oder in der Wüste zu schlafen, ruht er im großen Anwesen Isla Negra. Vier Ochsen waren nötig, um ihn hereinzubringen.

Unweit vom Anker ruht die Lokomobile des Südens, sie hat einst wie eine Lokomotive geschnauft und auf den Getreidefeldern gearbeitet, die er als Kind aus dem Zug seines Vaters mit großen Augen betrachtete. Sie hat auf Tennen gedroschen, hat Wälder gerodet, dampfend, feuerspeiend. Neruda sagt, er mag die Lokomobile, »weil sie Walt Whitman ähnelt«.

Der Zaun, den die Nachrichtenjäger durchlöchern wollten, war ursprünglich zu dem Zweck errichtet worden, daß die beiden Hunde des Dichters, Panda und Yufú, nicht in gotteslästerlicher Weise in das benachbarte Priesterseminar von Punta de Tralca eindrangen und dort Schafe rissen. Dieser Zaun – das sieht man sogleich – ist nicht die Mauer einer mittelalterlichen Burg. Die Hunde aber könnten antiklerikal eingestellt sein.

154
Die schaukelnde Barkarole

Matilde gewidmet, »der duftenden Chillaneja«, erscheint *Die Barkarole*. Er denkt an die Tage, da der Kapitän, der Verse schrieb, sich hinter einer schwarzen Maske verbarg. An die Liebenden von Capri, die Träume, das Heimweh im Exil, die Heimkehr, an Alberto und Olga Mantaras, an die guten uruguayischen Freunde, die ihm in ihrem Haus an der Atlantikküste Zuflucht gewährten.

Sodann die Gedichte, die aus den vom Fernschreiber übermittelten Nachrichten entstanden sind: »Erdbeben in Chile«. Um Gespenster zu erschrecken, geht er auf die Rue de la Huchette hinaus, die klein ist wie eine Granate.

Eine andere Nachricht erreicht ihn, schlecht wie die vom Erdbeben: Rubén Azócar ist gestorben. Für ihn schreibt er »Ein Kranz des Archipels«. Er gedenkt in Liebe seines Seelenbruders, des leiblichen Bruders der spröden Albertina, und mit Verbitterung jenes Scharlatans, »der ihn als Geisel in einem miesen Hotel sitzenließ, ohne Geld und Kleidung, zu Ehren der Literatur«.

Wie auch andere Dichter, die ich gekannt habe, hörte Neruda wenig Musik. Zu meinem Erstaunen traf ich ihn eines Tages dabei an, wie er sich die beiden Seiten einer LP anhörte. Kein Orchester spielte. Es sangen weder Caruso noch Maria Callas. Es war das feierliche Glockenspiel von Rostow. Eine Platte, die aus weiter Ferne gekommen war. Am nächsten Tag schrieb er sein Gedicht »Die Glocken Rußlands«. Es waren Kriegsglocken, Friedensglocken, Hochzeitsglocken. Er war tief gerührt. Fühlte sich von deren Klang und Klöppeln gerufen. »Laßt uns Glocken weinen, Glocken tanzen, Glocken singen / auf die Ewigkeit der Liebe, auf Sonne und Mond, Land und Meer und den Menschen.«

Das Buch besingt sodann Lord Cochrande, den ersten Admiral der chilenischen Marine, Artigas, jenen, der ihn vor mehr als einem Jahrhundert interpretiert und einen schmerzlichen Ausspruch getan hat, den er liebte: »Bittere Arbeit – das Exil«.

Vom Morgengrauen des vorigen Jahrhunderts kommt er zum Morgengrauen der Zukunft, zum Astronauten.

155
»Trutruca« und Gaukler

Das neue poetische Jahr beginnt zeitig, am 10. Januar, mit einer Sternkonjunktion im Nataniel-Stadion von Santiago. Erdrückende Hitze. José Miguel Varas nimmt das Mikrofon und bittet um Ruhe. Jeder Dichter ist auf seinem Platz, versehen mit einem Glas Wasser und Lampen. Neruda sagt: »Eugenio, ich habe dich nicht zu einem Wildschweinturnier eingeladen, sondern einfach, um dein Knappe zu sein, Interpret deiner Dichtung.« Jewtuschenko liest das erste Gedicht, »Das Meer«, von Neruda übersetzt. Er ist Schauspieler, Rezitator, Mime zugleich, ein vollständiges Schauspiel an sich schon, das für uns ungewohnt ist und das Publikum von den Stühlen reißt.

Ein Vortrag, grundverschieden von dem Nerudas. Der Unsere drückt den Worten eine gemächliche, näselnde Kurve auf, wie Trutrucamusik. »Du bist aus dem armen Süden, woher meine Seele kommt . . .«

Jewtuschenko hingegen ist wie ein Gaukler oder Jongleur, doch alles an seiner Dichtung hat Sinn. Er rezitiert »Uninteressante Menschen gibt es nicht«, »Zärtlichkeit«, »Babi Jar«, »Messe in Simbirsk«, »Lenins Geburtsstadt« und andere. Und schließt mit »Hagel in Charkow«.

Die meisten Gedichte waren von Neruda übersetzt worden. Im Falle Jewtuschenkos, der ziemlich gut Spanisch kann, nach einer vom Autor selber angefertigten Rohfassung. Neruda war leidenschaftlicher Übersetzer. Meist übersetzte er aus dem Französischen und Englischen. Von Jugend an betätigte er sich auf diesem Gebiet. So hatte er ins Spanische Rainer Maria Rilke übertragen, James Joyce, William Blake, Walt Whitman. Später übersetzte er Gedichte seiner Freunde Nâzım Hikmet, Stephan Hermlin, Walter Löwenfels, Thiago de Melo. Und er kam auf die Klassiker zurück, ob es nun Adam Mickiewicz war oder Charles Baudelaire.

Er hat einen Verlag im Auge, der *J. M. C., der glücklose Husar* herausbringt, ein Buch, das dem Andenken Manuel A. Pueyrredóns gewidmet ist; Dichtung und Lieder, die von José Miguel Carreras Leben und Tod handeln. Seine Idee war, wenigstens zwanzig Titel zu publizieren, und zwar merkwürdige, vergessene Bücher, die mit Chile, dem Kontinent und der Poesie in Verbindung stehen.

156

Der Malakologe

Ein kollektives Phänomen breitet sich aus – Neruda ist nicht nur bei der literarischen Elite angesehen. Er ist Legende bei den Massen. Als er 1968 abermals nach Kolumbien reist, erinnert ein Journalist an einen auf Victor Hugo bezogenen Satz. Die Kraft seines Wortes sei mehr als ein Knurren der Menschheit. Es vertiefe in »uns das Vermögen, die Geheimnisse der Vergangenheit und die Rätsel der Zukunft zu spüren«.

Schlagzeile in den Zeitungen: »Apotheose bei Neruda-Lesung«. In Manizales drängt die Menge, die im Teatro Los Fundadores keinen Platz bekommen hat, so gewaltig, daß der Dichter hinter einem Lastwagen Schutz suchen muß. Das Publikum stürmt hinein und beschädigt die Glastüren des Hauses, dabei verletzen sie einen Angestellten und mehrere Zuschauer, die sich den Eintritt erzwingen wollen. Er beginnt mit »Ein Mann wandelt unter dem Mond« und endet mit dem Poem »Über meine schlechte Erziehung«.

In jenem Jahr, am 8. April, erhält er im Teatro Municipal von Santiago die Joliot-Curie-Medaille. Der Dichter sagt: »Der Name dieser Medaille ist breiter als meine Brust.«

In *Ercilla* schreibt er einen Artikel, *Zerstreutes Gekreuch*. Darin berichtet er von den Ergebnissen seiner privaten Forschungen in Isla Negra. Sein Auge entdeckte, wenn es durchs Mikroskop blickte, das Geringste in den Geheimnissen der Natur. Er forschte gern, vor allem am lebenden Wesen. Sein Sammeleifer entsprang nicht Raffgier oder Streben nach persönlichem Besitztum. Beweis dafür ist, daß er seine Sammlungen Institutionen schenkte, die er für gemeinnützig hielt.

Ich habe diese Fähigkeit Nerudas am deutlichsten vor Jahren wahrgenommen, als eines Abends zu ihm nach Michoacán der englische Wissenschaftler Julian Huxley kam, der damals Generalsekretär der UNESCO war. Er war größer als sein Bruder Aldous und ließ jene phlegmatische, formvollendete Art erkennen, die manche englische Intellektuelle charakterisiert. Präzise, als studiere er diesen sonderbaren Tiermenschen, der ihn in einem so merkwürdigen Haus empfing, sagte er beim Eintreten frei heraus: »Mich interessiert an Ihnen der Malakologe mehr als der Dichter.« Neruda führte ihm seine Schnecken und auch die leuchtenden Schmetterlinge vor. Ich hörte einen verblüffenden Dialog. Das war die Unterhaltung zweier Wissenschaftler, die von diesen Wesen des Meeres und der Luft alles wußten. Mit der größten Selbstverständlichkeit gebrauchten sie deren lateinische Namen. Ich entdeckte da an Neruda eine Gelehrsamkeit, die ich nicht vermutet hätte. Und kam zu dem Schluß, daß seine Bücher über Vögel, seine Kenntnis der Fauna des Landes und der Ozeane, seine Allwissenheit auf dem Gebiet der Pflanzen nicht pure dichterische Erfindung waren, sondern auf ernsthaftem Studium beruhten, auf leidenschaftlichem Beobachten und unerschöpflicher Lektüre.

In dieser Etappe seines Lebens ist die Versöhnung mit Vicente Huidobro, *in absentia*, uneingeschränkt. Sie waren Menschen und Dichter zweier Pole. Aber Neruda zieht den Hut vor dem, der die Fenster der chilenischen Dichtkunst für die Lüfte der Anmut geöffnet hat. Er sagt es in einem Artikel in der Zeitschrift *Ercilla* vom 7. Februar 1968. Und noch deutlicher in einem Vorwort, das er für einen Band mit Poesie Huidobros schreibt, dieser sollte in Belgien gedruckt werden, erschien aber erst nach Nerudas Tod.

157

Ein bißchen Philosophie

Zwischen großen und kleinen Reisen legt dieser Dichter, der im Auto, im Zug, im Flugzeug, am Tisch, hinterm Haus, im Bett schreibt und Poesie von Hand macht, voll Dankbarkeit ein neues Buch vor, *Die Hände des Tages* (Las manos del día), in dem er sich schuldig bekennt, keinen Besen mit den Händen gemacht zu haben, die Gott ihm gegeben. Denn er will alles machen. Bedauert, daß er an der Schaffung des Meeres keinen Anteil hat. Und möchte ein Leben, in dem alle das Recht auf einen Sitzplatz haben. Er findet, daß es negative Hände gibt: diejenigen, die nichts getan haben. Sogar die Kälte tue etwas. Sei Vater des Feuers. Vor allem aber verehrt er den Glöckner, den, der Fahnen macht, Eisenspachtel, Faßreifen. Er sorgt sich um die richtige Ausnutzung des Tages, des Leibes und auch des Wortes. Denn, du liebe Güte!, von Schreibern ist die Welt voll. Und es gibt so viele tote Bildnisse. Besser die Hände, die Dinge schaffen, Wein herstellen, ein Lied komponieren.

Voll Leidenschaft strebt er danach, gesellschaftlich nützlich zu sein. Als ein Journalist ihn fragt: »Welches der vielen Gebiete, denen Ihr Interesse gilt, ist für Sie das unterhaltsamste?«, lautet seine Antwort: »Das Bauen.« – »Wie sollte

Ihrer Meinung nach Ihr Leben künftig verlaufen?« – »So wie bisher und wie immer: Indem ich meine Gedichte schreibe.« – »Wenn Sie der Welt ein Geschenk machen dürften, wofür würden Sie sich entscheiden?« – »Das schönste Geschenk wäre die Wiederherstellung einer wahren Demokratie in den USA. Das heißt, daß in diesem Land die rückwärtsgerichteten Kräfte beseitigt werden, die die fernsten Gegenden in Blut tauchen. Ein großes Land wie dieses, seiner politischen und wirtschaftlichen Übermacht entkleidet, wäre ein bedeutendes Geschenk für die Welt.«

Jeglicher Anlaß zum Feiern ist gut, die mittleren Lebensjahrzehnte sind es auch. Anläßlich seiner fünfundsechzig Jahre wird er neue Bücher herausbringen. Die Chilenische Akademie für Sprache ernennt ihn, reichlich spät, zum Ehrenmitglied. Die Verzögerung hat unsinnige politische Hintergründe. Er hatte nie Interesse bekundet, Mitglied dieser Akademie zu werden. Da aber in diesem stillen Krieg Friede geschlossen worden sei, werde er versuchen, der Sprache »strahlenden Glanz« zu verleihen, sagte er mit einem halben Lächeln.

Neruda glaubte, anders als viele Schriftsteller, daß es literarischen Vorhaben zu Fluch und Verhängnis gereiche, wenn er vorher von ihnen spräche. Einmal hat er gegen diesen Hexenglauben verstoßen. Trotz Matildes Mahnung: »Pablo, nie hast du über das gesprochen, was du schreiben willst«, fuhr er fort, ohne auf die weise Warnung zu achten: »Wenn ich das Buch fertig habe, das zu meinem Geburtstag erscheinen soll, fange ich gleich das nächste an, ein poetisch-historisches. Darin werde ich einen Sklavenaufstand in Chile im 18. Jahrhundert behandeln.« Dieses Buch ist nie erschienen. Ein Fluch lastete für immer auf ihm. Es wäre ein Gegenstück zu Herman Melvilles *Benito Cereno* gewesen, das auf gleichen Fakten fußt.

Zu dieser Zeit liegt der Dichter in fünfzig Sprachen übersetzt vor, und die schriftlichen Arbeiten über ihn zählen nach Tausenden. Er ist ein lebender Klassiker. Als er Fünfundsechzig wird, fragt ihn der Journalist: »Welche Fehler, die Sie gemacht haben, bereuen Sie?«

»Ich habe ein paar Dummheiten geschrieben. Wenn ich kritisiert werde, dann zu Recht, aber ich lache darüber.«

»Die Gedichte auf einen Präsidenten, den Sie gewählt haben und der danach die Kommunistische Partei für illegal erklärte?«

»Auch. Der Mensch ist nicht unfehlbar.«

»Welches war die größte Genugtuung oder das größte Glück Ihres Lebens?«

»Meine Kampagne und meine Wahl als Senator für den Norden.«

»Nicht das Literarische und Gefühlsmäßige?«

»Nein. Jenes war eine einzigartige Erfahrung in meinem ganzen Dasein. Ich tauge nicht zum Senator, aber ich bin ein Mann des Südens, und als ich die trockene, tote Pampa entdeckte, mit ihren Menschen und deren Leiden, war das für mich ein Eindruck, den ich nie vergessen werde. Ich weiß nicht, ob es in der Welt Menschen gab, die noch verlassener waren. Wenn sie ihre Toten begruben, sangen sie, während sie über das tote Land dahinschritten. Nichts kommt dem Glück (und dem Schmerz) dieser Entdeckung gleich.«

Der Journalist fragt ihn, wie er die Philosophie seines Lebens definieren würde. »Man kann nicht glücklich sein, wenn man nicht für das Glück der anderen kämpft. Nie kann man die Gewissensbisse loswerden, wenn man etwas hat, was die anderen nicht haben. Der Mensch kann nicht eine glückliche Insel sein. Das ist natürlich nicht meine ganze Philosophie, aber das Wichtigste davon.«

Wenige Tage vor seinem fünfundsechzigsten Geburtstag, am 30. Juni 1969, interviewen ihn im Kanal 9 des Fernsehens vier Journalisten, Julio Lanzarotti, Augusto Olivares, Emilio Filippi und Carlos Jorquera. Dort sagt er, daß das Buch, das er sich zu seinem Geburtstag schenken werde, *Ende einer Welt* heißt. Als man ihn nach seiner Arbeitsmethode fragt, erwidert er: »Ich würde sagen, meine Arbeitsmethode ist weißes Papier und grüne Tinte. Aber Scherz beiseite: Ich arbeite nur vormittags. Nachmittags ist es für mich unmöglich, aber ich arbeite jeden Vormittag oder fast

jeden Vormittag, denn das habe ich mir auferlegt, als Gewohnheit oder Disziplin, wie immer Sie es nennen wollen.«

Er erklärt, sein Vorsatz sei, für die Poesie zu leben, denn
etwas anderes könne er nicht. Was das »von der Poesie leben« angehe, so sei das ein Zufall. In keinem Fall jedoch
sei die Verkaufshöhe seines Werkes mit der eines erfolgrei-
chen Romans zu vergleichen.

Als die obligate Frage gestellt wird, ob seine Mitglied-
schaft in einer politischen Partei ihn einenge, ihm die Flügel stutze oder den Weg vorzeichne, erwidert Neruda:
»Meine Partei hat mich nie angesprochen, um irgend etwas
zu bemängeln oder von mir zu verlangen, daß ich in einer
bestimmten Weise schreibe. Das ist nur eine Legende.«

Denen, die ihm vorwerfen, ein Bourgeois zu sein, der ein
recht bequemes Leben führe, und die seine kämpferische
Gesinnung in Zweifel ziehen, antwortet Neruda, ob sie sich
denn nicht vorstellen können, daß »die andere Seite oft versucht hat, einen parteilich engagierten Dichter wie ihn zu
verführen und zu korrumpieren«. »Wo bin ich wankelmütig
geworden?«

158

Bannerträger

Die Politik schickte sich an, ihn aus Isla Negra zu holen.
1969 herrschte in Chile bereits Wahlstimmung. Die Erkenntnis, daß ein Wandel not tat, hatte um sich gegriffen, aber
die Kräfte, die ihn anstrebten, waren ernstlich zersplittert.
Die Linke konnte sich nicht auf einen gemeinsamen Kandidaten für das Amt des Präsidenten der Republik einigen.
Mehrere Vorschläge lagen bereits vor. Einige der in Frage
Kommenden waren durchaus nicht abgeneigt, mit den Stimmen der Kommunistischen Partei zu rechnen, die ihrerseits
der Meinung war, die Einheit könnte in einer zweiten Phase
erreicht werden, die alle fortschrittlichen Schichten um einen
einzigen Bannerträger scharen würde. Unter diesen Umständen hielt man es für taktisch zweckmäßig, einen Namen

hochzuhalten, der, ohne daß er bis zu den Wahlurnen gelangte, den Zusammenschluß förderte und einer Einheitskandidatur den Weg bahnte.

Bei der Beratung in der Politischen Kommission dachten mehrere Mitglieder an mich als den wahrscheinlichen Präsidentschaftskandidaten der Partei. Das war, wie mir schien, aus vielen Gründen falsch. Es gab Genossen mit mehr Ansehen und Verdienst. Vor allem aber gab es einen, der für diese Situation wie geschaffen war. Er wäre der Traumkandidat, ein nationales Zeichen von stärkster Aussagekraft: Pablo Neruda. Wir vereinbarten, mit ihm zu sprechen. Seine Zusage würde nicht leicht zu bekommen sein. Ich selber wurde beauftragt, seine Meinung zu erkunden. So kam ich also in diesem Auftrag nach Isla Negra, entschlossen, das Bild so zu malen, wie es war: Es handelte sich um eine Kandidatur, die nicht ins Ziel, sondern nur bis zum Halbfinale gelangen sollte. Wir wußten, daß dies bedeutete, ihn aus seiner Arbeit herauszureißen und in einen Strudel zu werfen. Er aber sagte auf der Stelle zu, mit der Bereitschaft eines jungen Mannes, der eine schwere Pflicht auf sich nimmt, als wäre es ein überwältigendes Abenteuer.

Wenige Tage danach kam ich mit Luis Corvalán nach Isla Negra zurück.

Durch einmütige Zustimmung der fünfundsechzig Mitglieder des Zentralkomitees war Pablo Neruda zum Kandidaten der Kommunistischen Partei für das Amt des Präsidenten ernannt worden. Das Plenum war am Dienstag, dem 30. September, siebzehn Uhr, zusammengetreten. Der Stellvertretende Generalsekretär, Oscar Astudillo, unterbreitete namens der Politischen Kommission und der Nationalen Kontroll- und Kaderkommission den Vorschlag. Wer Bemerkungen oder Zweifel hatte, wurde aufgefordert, diese zu äußern. Achtzehn Uhr dreißig oblag es mir, den im Vestibül des Zentralkomitees, neben dem Sitzungssaal wartenden zahlreichen Funk-, Fernseh- und Zeitungsjournalisten sowie ausländischen Korrespondenten die Nachricht zu übergeben.

Die Straße – schwarz von Menschen. Fahnen, Wimpel,

bunte Federbüsche, Taschentücher wurden geschwenkt, Lampen, Feuerwerkskörper, Fackeln leuchteten auf. Víctor Jara sang das »Vaterunser an einen Bauern«. Patricio Manns »Die letzte Stunde«. Rolando Alarcón und Héctor Pávez traten auf, die Gruppe Aparcoa und die Gruppe Millaray mit Gabriela Pizarro.

Als die Kunde nach Valparaíso, Concepción und Temuco drang, wurden Umzüge veranstaltet, und immer wieder ertönte dabei der Ruf: *»Neruda, Neruda, el pueblo te saluda!«* Gleiches geschah in vielen anderen Städten und Dörfern Chiles.

Nicht alle stimmten in die Hochrufe ein. Ein Führer der Nationalen Partei bedauerte, um als Prophet zu gelten, die Ernennung: »Wir widmen uns entweder der Politik oder der Literatur.« Adolfo Ballas fügte hinzu: »Ich glaube fest, daß dieses Land seine beste Chance vertan hat, einen Nobelpreis zu bekommen.« Die Zeitung *La Nación* sprach davon, daß »Pablo Neruda ... seine gepflegte, elegante, bürgerliche Erscheinung wieder in die Gesellschaft eingeführt hat«. Sie nörgelte über »den duftenden Rauch, den die Pfeife des Kandidaten hinterläßt«, und versicherte, Neruda hätte eine »Gringostimme«.

Ende September verkündete der Generalsekretär der Partei in einer Rede vom ersten Stock des Hauses Teatinos 416 der versammelten Menge: »Das Zentralkomitee hat einstimmig beschlossen, einen Kämpfer der ersten Reihe zum Kandidaten auszurufen ... Groß als Persönlichkeit, ist Neruda der Kandidat für ein großes Unterfangen: den Wunsch der chilenischen Gesellschaft nach revolutionärem Wandel zu verkörpern ... Wir sagen nicht: Pablo Neruda oder keiner ... Wir erlauben uns, an die anderen Linksparteien und die anderen vier von den übrigen Volkskräften aufgestellten Kandidaten den Appell zu richten, sich mit uns allen auf diesen Boden zu stellen.«

Als Neruda sprach, bezeichnete er sich als Angehörigen einer Familie von Werktätigen. »Und als Chilene nicht nur durch Geburt, sondern aus Liebe und aus Pflicht ... Deshalb akzeptiere ich diese Kandidatur. Und ich möchte, daß meine leidenschaftliche Liebe sich durch die Einheit des Volkes gestärkt sieht . . . Deshalb wird diese Kandidatur nicht wie ein Juwel in einem Glaskasten aufbewahrt werden, vielmehr wird sie ungemein tätig sein, im ganzen Land umherziehen und zum Mandat werden, wenn das Volk sie in seine Hände nimmt, um die Unidad Popular in jeder Provinz, in jedem Bergarbeiter- oder Bauerndorf durchzusetzen.«

Zu Nerudas Kandidatur sagte ein christdemokratischer Senator: »So wie die Dinge bei den möglichen Präsidentenanwärtern liegen, glaube ich, daß mein Kandidat nicht Radomiro Tomic wird, sondern Claudio Arrau . . . Dieser Mann hat auf jeden Fall Finger zum Klavierspielen.« Neruda lachte über den Scherz, meinte aber, daß eine Sentenz aus *El Siglo* mehr nach seinem Geschmack wäre: »Recht so, daß die Poesie in die Moneda einzieht. Die bisherigen Regierungen waren reine Musik.«

Eine andere, ähnliche Frage: »Finden Sie es nicht absurd, daß in diesen Zeiten, wo Regieren nicht einfach ist, für die Präsidentschaft eines Landes, das modern sein will, ein Dichter als Kandidat aufgestellt wird?«

»Ich bin seit meiner Jugend ein politischer Mensch. Habe nie aufgehört, es zu sein. Auch habe ich nie außerhalb der Politik gestanden, wie manche behaupten. Ich war nur erst im ›Werden‹ begriffen.«

Er beruhigt den ängstlichen Journalisten, der fürchtet, politische Arbeit könnte Menge und Güte seiner Dichtung verringern.

»Sie wird alle Mühe und Arbeit, die ich bewältigen muß, überleben. Sie ist so etwas wie ein lebender Bestandteil meines Organismus, auf den ich nicht verzichten kann. Heute läßt sich unmöglich sagen, ob die Dichtung von morgen besser oder schlechter sein wird, aber ich bin sicher, daß ich welche schreiben werde.«

»Glauben Sie nicht, daß diese Präsidentschaftswahlkampagne eine unüberwindliche Klippe auf dem Weg zum Nobelpreis ist?«

»Ich weiß nicht, ob sie das sein kann. Der Mechanismus dieses Preises ist mir absolut unbekannt.«

»Sind Sie bereit, Ihre tägliche Siesta von zwei bis fünf nachmittags aufzugeben, eine jahrzehntealte, geheiligte Gepflogenheit?«

»Meine Siesta wird nicht angetastet. Wenn ich nicht geschlafen habe, bin ich für den Rest des Tages krank. Wenn Sie mal in der Geschichte Chiles herumstochern, werden Sie vielleicht sehen, daß man Präsident sein und seinen Nachmittagsschlaf halten kann. Zumindest hat Barros Luco es so gemacht.«

»Bedeutet das, daß Sie sich in bezug auf Siestas als konservativ und traditionsverhaftet bezeichnen?«

»Hm, möglich.«

159
Eine einzigartige Wahlkampagne

Am nächsten Tag ernannte das Zentralkomitee den Ausschuß für die Wahlkampagne und mich zu dessen Vorsitzenden. Im ganzen Land sollten Sekretariate gebildet werden.

Tage später begann die erste Wahlkampfreise in den Norden. Wir brachen in sehr kleiner Besetzung nach Arica auf, das am 14. Oktober wie leer gefegt war, weil jedermann Neruda hören, aber auch, weil die Bevölkerung die Einheit wollte. Am Donnerstag, dem Sechzehnten, in Iquique das gleiche euphorische Bild. Als wir am Neunzehnten in Antofagasta ins Hotel kamen, erhielten wir eine schlimme Nachricht: Der Chef des Militärbezirks, General Roberto Viaux, hatte sich offen gegen die Regierung des Christdemokraten Eduardo Frei erklärt. Viaux, in Antofagasta stationiert, stellte ultimative Forderungen an die Staatsmacht. Für uns gab es nicht den leisesten Zweifel, was zu tun wäre. Obwohl in der Opposition, würden wir uns an die Seite der verfassungsmäßigen Regierung stellen. Ein verängstigter christdemokratischer Senator bat um eine Unterredung mit mir. Seine Angst war so groß, daß er einen ganz geheimen Treffpunkt vorschlug, die Hinterstube eines Straßencafés. Ich ging hin, um ihm zu sagen, daß wir für die rechtmäßige Ordnung eintreten würden. Er schlotterte vor Angst und sagte Schreckliches über die Militärs. Dieser nervöse Senator mit Namen Juan de Dios Carmona begünstigte später den Putsch gegen den verfassungsmäßigen Präsidenten, Salvador Allende, und betätigte sich als Handlanger der Pinochet-Diktatur.

In der Stadt herrschte ein Klima der Unruhe, aber es galt mehr als je zuvor, die Wahlveranstaltung durchzuführen; diese fand im Stadtzentrum statt, in der Calle Latorre, und erstreckte sich über mehrere Häuserblocks. Dort rezitierte Neruda ein Gedicht, vor allem aber rief er dazu auf, die gesetzliche Ordnung gegen eine aufrührerische Bande zu verteidigen. Er erinnerte an seine spanischen Erfahrungen und verglich Francos Erhebung in Afrika mit der bedrohlichen Meuterei eines putschlüsternen Militärs, die Antofagasta an dem Tag erlebt hatte. Das sei ein Alarmzeichen.

Spät kehrten wir besorgt ins Hotel zurück. Die uns begleitende Journalistin von *El Siglo*, Ligeia Balladares, hatte den Mut gehabt, sich am Abend geradewegs zu dem aufrührerischen General zu begeben und mit ihm zu sprechen. Er hatte ihr vieles gesagt, das tief blicken ließ, in einen finsteren Abgrund. Neruda hörte zu und schrieb etwas auf eine Serviette.

Vielleicht, um seinem Herzen Luft zu machen, erging er sich in allerlei Abwandlungen des Namens Ligeia. Daraus wurde ein Gedicht, das die entfesselnde Kraft der Worte und Töne zeigt, eine Art freie Assoziation. Phantasievolles Verbinden der Buchstaben war für ihn eine Form der Entspannung, kurze Zwischenrast für einen Krieger nach kräftezehrenden Schlachten. Es ist das Sonett der Irrungen. Ligeia hat viele Namen: Ligenturia, Ligentina ... Licosigla, Ligenta, Liprofesa, Lichuga, Litemuca, Lilinares ...

Mit verschiedenen Genossen bereiste er einen großen Teil des Landes. Ich begleitete ihn ins Zentrum. Nach Parral und Chillán, den benachbarten Wiegen von Pablo und Matilde. Die längste Reise aber war die vom 18. Oktober nach Punta Arenas. Dort war alles anders, man fühlte sich in einen norwegischen Hafen oder nach Murmansk versetzt, wie auf einer Reise zum südlichen Polarkreis. Es war Frühling. Schnee gab es nicht. Bei der Veranstaltung im Theater spielte ein ungewöhnliches Orchester, ein gewaltiger Sturm. Und ein dem Dichter sehr bekannter Pianist: strömender Regen. Er trommelte als energische, lärmende Musik aufs Dach und übertönte den Redner im Saal. Und der hielt ein paar Augenblicke in seiner Ansprache inne, um galant der großen Dame der Familie, der großen Altistin seiner Kindheit, der Stimme des vom Himmel fallenden Wassers den Vortritt zu lassen.

Auf der Rückreise im Flugzeug setzte er sich ans Fenster. Wir durchflogen Turbulenzen, und als er sah, daß ich die Fäuste ballte und mich verkrampfte, empfahl er mir als alter Flughase: »Man muß das Gegenteil tun. Sich entspannen.« Danach vertiefte er sich in die Betrachtung der unendlichen, einsamen Landschaft Patagoniens, die anmutete, als hätte keines Menschen Fuß sie je betreten, mit Fjorden und Buchten, geheimnisvollen Seen, Tausenden von Inseln und verborgenen Tälern, wohin der Mensch sich im Fall einer weltweiten Katastrophe zurückziehen und dort eine neue Zivilisation gründen könnte. Darüber sprach er mit mir. Ich hörte ihm zu, als erginge sich da ein Träumer in großartigen, aberwitzigen Hirngespinsten. Ich irrte. Er schaute auf jenes zauberumwobene, jungfräuliche Land nicht hinab, um ein sinnloses Gespräch zu führen, sondern weil er an einer poetischen Utopie arbeitete, die ihm ein Herzensanliegen diktierte. Er traf Vorkehrungen für ein Buch und schaute nicht als Geograph auf die Erde hinab, sondern eher als Dramatiker, der den Geographen zu Rate zieht, weil er die Personen seines Werkes richtig plazieren will.

Nie zuvor hatte es in Chile einen so ungewöhnlichen Präsidentschaftskandidaten gegeben. Das Land verdiente einen Ersten Würdenträger, der ihm sein eigenes Sein entdeckt hatte und mehr als irgendein anderer dazu beitrug, in der Welt das Bild eines edlen Volkes zu verbreiten, in dem die großen Träume des Menschen Wirklichkeit werden konnten. Neruda hatte mit seiner Dichtung ein Nerudasches Chile geschaffen. Dieses Land lag in der Zukunft. Der Kandidat war seiner Zeit voraus. Aber es war nicht seine Stunde, um Präsident zu werden. Er hätte es wohl verdient, sollte es jedoch nicht erleben. Außerdem wußte er von Anfang an, daß er zur ersten Staffel eines großen Staffettenlaufes gehörte. Er wollte die Fackel dem Einheitskandidaten übergeben, sobald alle Konkurrenten auf der Bahn sich einig wären, den Kandidaten der vereinigten Linken zu unterstützen. Als dieser mühsame Prozeß seinen Höhepunkt erreichte, übergab Neruda voller Genugtuung die Fackel an Salvador Allende. Er zog sich nicht zurück als ein Mann, der eine Aufgabe erfüllt, sondern als einer, der eifrig für den Sieg des gemeinsamen Bannerträgers gefochten hatte.

160
Ein tauber Alter mit einem Akkordeon

Zeit der Erinnerung an Familienwurzeln. Neruda will lange leben. »Mein Großvater Don José Ángel Reyes hat gelebt / hundertzwei Jahre zwischen Parral und dem Tod. / Er war ein vornehmer Landmann mit wenig Land und zu vielen Kindern. / Als Hundertjährigen sehe ich ihn: schneeweiß / war dieser Alte, blau sein alter Bart, / und immer noch bestieg er die Züge, mich wachsen zu sehen, / in einem Waggon dritter Klasse, von Cauquenes in den Süden. / So kam der ewige Don José Ángel, der Alte, / um ein Glas zu trinken, das letzte mit mir: seine hundertjährige Hand hob / den Wein, der wie ein Schmetterling zitterte.«

Dieses Gedicht gehört zu einem neuen Buch, *Noch* (Aún). Warum *Noch*? Weil es den ewigen Unken antwortet, die den Verfall des Dichters verkünden, ihn zu einem Dichter erklären, der fertig sei und nichts Neues mehr zu sagen habe. *Noch* wird er ihnen zusetzen, *Noch* wird er schreiben, *Noch* wird er entdecken. Er möchte gern so lange leben wie sein Großvater José Ángel, damit er weiter an seinem Werk arbeiten kann.

Das Anfangsgedicht heißt »1971«. Es beginnt mit einem Rückgriff auf seine araukanische Kindheit. Er wird immer lästig fallen. Wenn im Wind ein verirrter Stein ist, dann ist

er es. »Wenn du an einem Weg / ein Kind findest, / das
Äpfel stiehlt, / und einen tauben Alten / mit einem Akkor-
deon, / denk dran, daß ich / das Kind bin, die Äpfel und
der Alte.« Er ist ein Mann, der sieht, wie das Alter ihm zu-
blinzelt, doch er will Ehre erweisen »dem frischen Tag, der
Jugend des Taus und dem Morgen der Welt«.

161
Der Dichter und das Jahrhundert

Die Verse sind unter Dach und Fach. Ein Buch ist soeben
fertig geworden. Da schweift er schon wieder durch andere
Gefilde, im Kampf mit den Schatten und mit sich selber.
Einen »gewaltigen Kraftakt« hatte dieser Band von zwei-
hundertachtzig Seiten ihm abverlangt, *Ende einer Welt*. Es
ist ein Gespräch mit dem 20. Jahrhundert. »Wohin es gehen
wird«. Zur vergötterten Revolution? Es ist das Jahrhundert
der Bombe (»verglühte Menschen, Fische, Insekten«). Ein
Jahrhundert der Kriege, der Verschwundenen. Doch in diesem Jahrhundert wird weiter geboren. Er ist einer seiner
Bürger gewesen. Und hat alles gesehen, was geschah. Hat
es genossen und hat es durchlitten. Ihn hat Che Guevaras
Tod geschmerzt. Er ist seine Wege gegangen. Hat ihre Einsamkeit, ihre Winde, ihre Wandlungen kennengelernt. Und
er, als ein Mensch dieses Jahrhunderts, von Beruf »Stern-
gucker«. Als Kind hat er gelernt, zerbrochene Flaschen zu
betrachten, hat er verbogene Nägel gesammelt, denn er
wollte das phosphoreszierende Glas, das rasende Metall
wecken. Doch am meisten gefielen ihm die Drachen mit zit-
terndem Schweif, die dem Himmel vermählten Kometen. Er
bezeichnete sich als tischlernden Dichter, der die Rose des
Kräutersammlers sucht, sich voller Neugier für Vieh, für
Hunde und Pferde interessiert. Dieses 20. Jahrhundert war
das der entfesselten Revolutionen und auch das der Revolutionen des entfesselten Geschlechts.
Er spricht von den Schriftstellern, die er verehrt. »Cortá-

zar singt seine Novene / eines ohnmächtigen argentinischen Schattens / in seiner Verbanntenkirche.« Verse gelten Juan Rulfo aus Anáhuac, Carlos Fuentes aus Morelia, Miguel Otero aus Orinoco. Auch Sábato, dem klaren, unterirdischen Onetti, dem vom Mond bedeckten. Roa Bastos aus Paraguay und natürlich García Márquez, einem Vulkan, der Träume spie, so wie Vulkane Feuer speien.

Es ist auch das unendlich traurige Jahrhundert der aus der Heimat Vertriebenen, der Exilanten. Er möchte hundert Jahre leben und auch fürderhin das Jahrhundert besingen.

162
Interdisziplinäre Verrückte

Neruda mochte Matta, und Matta mochte Neruda. In *Nikaragua – so gewaltsam sanft* schreibt Julio Cortázar, daß Matta, als er mit anderen zusammen ist und ihn kommen sieht, ausruft, damit es alle hören, auch er selber: »Hier kommt der Idiot!« Julio kann seine Verblüffung nicht verhehlen. Der respektlose Matta sagt noch einmal: »Ja. Der Idiot, der Idiot von Dostojewski, Fürst Mischkin, der reine Mensch, der mit dem tiefsten Verstand.« Matta schmäht, um zu rühmen, genauer gesagt, um eine große Wahrheit zu entdecken.

Neruda, der mit dem gleichen Strom schwamm, nannte ihn »Matto Matta«. Roberto Sebastián Matta spricht eine Mischung aus Chilenisch, Französisch und Italienisch. Daß der Dichter ihn auf italienisch einen Verrückten genannt hat, rechnet er sich sehr zur Ehre an.

Obwohl Neruda sich glücklich schätzte, daß er von Matta Illustrationen bekam, sagte der ihm ins Gesicht: »Dir gefällt mein Malen nicht.« Sprach's und erging sich in allerlei Possen. Matta pflegte uns alle in Doña Blancas Gasthaus in Isla Negra einzuladen. Seine Frau, die schöne Germana, machte Fotos auf Polaroid. An solchen Abenden fand der Festschmaus nicht nur mit Meeresgetier, mit Verrückten des

Meeres statt, sondern auch mit Verrückten der Erde, die irr-
sinnigsten Wortspiele entstanden. Höchst surrealistische
Wendungen, Kosmogonien und Obszönitäten wurden erson-
nen. Etwas Praktisches kam heraus. Dichter und Maler verstanden es trefflich, von Träumen zu Taten überzugehen.

Der Dichter hatte von jeher eine Vorliebe für Interdiszi-
plinäres. Ständig suchte er für seine Verse Sänger, Maler,
Leute von Theater, Film, Ballett und Fernsehen, Musiker,
Journalisten. Eng befreundet ist er mit Mario Carreño. Julio
Escámez nimmt für längere Zeit seinen Wohnsitz in Isla
Negra. Dieser Maler berichtet ihm seine Träume, niemand
träumt so phantastisch wie er. In nächtlicher Runde erzählt
er sie, lebendig, mit seiner diffusen Stimme: Grauen, Halluzination, Schlußszenen aus Stummfilmen der Kindheit, wo
Mauern zusammenrücken, um den Träumenden zu zermal-
men; und man kann kaum glauben, daß ein so anschaulich
geschilderter Traum literarische Erfindung des Malers ist.
Er zeichnet Vögel für das Buch des Dichters. Im Laubwerk,
wo sie hausen, schaut er sie sich an, auch in den großen Bild-
bänden des Ornithologen Neruda. Ángel Parra schreibt die
Musik, besingt die Vogelwelt.

Mario Toral illustriert eine Ausgabe von *Zwanzig Liebes-
gedichte und ein Lied der Verzweiflung.* Aquarelle im Sechs-
farben-Offsetdruck auf Glanzpapier, hundertachtzig Gramm.
Neruda hat um einen Text in Eusebius-Schriftart gebeten.
Die ornamentalen Vulcan-Lettern wurden J. B. Silvestres
Alphabet-Album entnommen. Die Typografie stammt von
Mauricio Amster, die Illustration von Mario Toral. Der
Dichter liebt Ledereinbände und Goldprägung. Einmal ist
er wegen dieser Leidenschaft für Einzelausgaben, möglichst
in quadratischem Großformat, kritisiert worden. Lange be-
trachtete er sich die Miniaturen in den mittelalterlichen *Stun-
denbüchern.* Die Zeit hatte die feine Arbeit jener Mönche
nicht zerstören können. Nicht zufällig hat der Dichter eine
»Ode an die Typografie« geschrieben. Der größte Teil seiner
Veröffentlichungen war durch den Buchmarkt und dessen
Gesetze bestimmt. Aber er fühlte sich verpflichtet, einen
Luxusdruck durch einen populären auszugleichen.

163

Die Kaiserstadt

Eines Abends lädt Neruda seine Freunde überraschend nach La Chascona zu einem Poesieabend ein. Drei Rezitatoren sind anwesend, María Maluenda, Roberto Parada und er selber. Mit ein paar Pausen lesen sie ein ganzes Buch, *Das brennende Schwert* (La espada encendida).

Als ich die ersten Worte höre, merke ich, warum Neruda auf jenem Rückflug von Magalhães so aufmerksam auf Patagonien hinuntergeschaut hat. Er greift den Mythos von der Kaiserstadt auf. Eine mythologische Stadt aus Silber, Gold und Edelsteinen, im Süden Chiles gelegen, an unbestimmbarer Stätte in den Anden. Es ist der Mythos von der Sonnenstadt Campanella, die Utopie vom glücklichen Volk, vom Urkommunismus, wo man außerhalb der üblichen Gesellschaftsordnung und ihren Problemen lebt. Es ist ein wenig die Rückkehr zum Begriff des »guten Wilden«. Im 16. Jahrhundert waren viele Konquistadoren aufgebrochen, sie zu finden. Manche waren nicht zurückgekehrt, manche kamen zurück und berichteten, sie hätten sie gesehen. Im 17. und 18. Jahrhundert wurden neue Expeditionen ausgerüstet, die die Kaiserstadt suchen sollten. Jemand hat sich auch im 19. Jahrhundert darum bemüht.

Der Dichter würde den Beitrag des 20. Jahrhunderts zu der Legende leisten, indes mit Varianten, die ihm sein eigenes Leben vorschrieb. Er beginnt mit einem Zitat aus der Genesis: »Als Gott den Menschen aus dem Garten Eden vertrieben hatte, setzte er ein ›brennendes Schwert‹ davor, das sich nach allen Seiten wandte, um den zum Baum des Lebens führenden Weg zu bewachen.« Dieser Pablo Neruda geheißene Bewohner des 20. Jahrhunderts, des Jahrhunderts, in dem die Atombombe geworfen wurde und das in der Gefahr lebt, daß weitere fallen, spinnt die poetische Fabel auch, um von einem zu erzählen, »der vor den großen menschheitsvernichtenden Verwüstungen flieht«. Gründer eines in den einsamen Weiten von Magalhães angesiedelten Reiches, beschließt er, der letzte Bewohner der Welt zu sein, bis in seinem Gebiet eine aus der goldenen Kaiserstadt entkommene Jungfrau erscheint. Das Schicksal, das sie zusammenführt, erhebt gegen sie das alte brennende Schwert des neuen, wilden, verlassenen Gartens Eden. Rhodo und Rosía sind die Helden dieser Neugründung der Menschheit. Hundertdreißig Jahre zählt Rhodo, der Alte. Rosía ist ein Steinchen ohne Alter. Das Zwiegespräch beginnt. Es ist wie die letzte Liebe des uralten Rhodo, inmitten von Vulkanen und von Schatten. Es ist wie ein letztes verzweifeltes Liebesgedicht. Und es enthält ein Rätsel aus dem Leben des Dichters. Gewiß eine unbekannte Liebesbeziehung zu einem jungen Mädchen, das als Modell für das Bild der Rosía dient. Doch der Dichter, der die aus der Kaiserstadt kommende Frau trifft, kann die Welt nur durch die Poesie neugründen.

164
Ihr Steine, wartet!

Neruda beteiligt sich an Allendes Präsidentschaftswahlkampagne, er begleitet ihn bei den Aktivitäten und erlebt jene stickige Atmosphäre, die durch von außen gelenkte Verschwörungen und Intrigen verpestet ist. Abends sieht man Neruda für gewöhnlich auf einer Versammlung sprechen, in der Hauptstadt oder in der Provinz.

Vormittags schreibt er. Nach *Chiles Steinen* kommt *Die Steine des Himmels* (Las Piedras del cielo). In Wahrheit sind es Steine der Erde, die bisweilen Flügel haben und wie geworfene Steine dahinfliegen, manchmal allerdings wie Meteore herabfallen. Es gibt besondere Steine, so die unübertrefflichen Smaragde aus Kolumbien. Man hat einen für ihn geschliffen, und der Himmelsstein ist durch die Luft entwichen, wie ein Schmetterling aus der Provinz Muzo. Steine des Himmels sind für ihn natürlich der seeblaue Achat, der goldene Topas, aber auch der Stein, auf dem die Flechte wächst, der Stein, der vom Gebirge herabrollt oder den das

Wasser transportiert. Wo aber gibt es mehr Steine als in den Anden? Dicht bei seinem Haus ist das Felslabyrinth von Trasmanán, zwischen dem Felsen von Tralca und den ersten Häusern von Quisco Süd. Er achtet auf den Stein mit Wasser vom Diamanten, auf den Glanz des Amethysts, aber auch auf den Würfel des Salzes. Eines Tages, so hofft er, wird er Stein sein. »Ich komme schon, ich komme schon, ihr Steine, wartet.«

Der Dichter, dem Passanten auf dem gegenüberliegenden Fußweg schon prophezeit haben, daß die Politik ihn zum Verstummen bringen werde, schreibt an manchen Tagen mehrere Gedichte und spricht mit Wirklichkeit und Erinnerung, mit Stoffen und Geistern. Er spricht mit der Sonne von Valparaíso. Hält Selbstgespräche. Möchte nie von sich selber Abschied nehmen, doch das Wort Lebwohl schlüpft ihm über die Lippen. Wenn er aufgehört hat, Federico und Miguel Hernández und Alberto Sánchez zu sehen, warum, so fragt er sich, sieht er nicht José Caballero, der in Spanien ist und eine blutige weiße Rose malt.

Er zieht landauf, landab, um seinen Freund, den Kandidaten der Unidad Popular, vorzustellen. Er sieht gefällte Baumstämme auf einem Lastwagen, der aus Lonquimay kommt. Er spürt das Leid der sterbenden Wälder, die das kalte Laubwerk seiner Kindheit waren. Zu einer Wahlkampagne in Chile gehören viele Reisen. Er ist »immer unterwegs«. Zwischen Metrenco und Villarrica ist es bewölkt. Am Morgen ist sein Herz bewölkt. Er macht eine Reise zu den fernen Inseln, auf denen nachts Statuen gebaut wurden. Er lädt mich ein, ihn auf die Osterinsel zu begleiten. Ich kann nicht, sage ich zu ihm. Er reist ab und kommt mit der *Abgetrennten Rose* (La rosa separada) zurück.

Hier endet der chilenische und polynesische Teil der *Unfruchtbaren Geographie* (Geografía infructuosa).

Das Buch wird für eine Weile unterbrochen. Er wird seinen Aufenthalt auf Erden wechseln.

165

Mitternächtliche Ansprache und morgendliche Aussprache

Es ist die Ansprache in der Nacht vom 4. zum 5. September 1970. Salvador Allende spricht vom Balkon des Studentenverbands vor einer Menge, die die Alameda de las Delicias von der Plaza Italia bis zur Universidad de Chile bevölkert. Er ist durch Stimmzettel zum Präsidenten gewählt worden. Wir strahlen, andere sind wütend. So sehr, daß ihnen in Chile die sechzig seltsamsten Tage bevorstehen, Tage einer mörderischen, von außen und innen auf die Sekunde genau manipulierten Ungewöhnlichkeit.

Jener Divisionsgeneral, der gegen die zivile Staatsmacht rebelliert hatte, am Tag, da wir mit Neruda nach Antofagasta kamen, um ihn als Kandidaten vorzustellen, hatte sich danach in die Hauptstadt begeben, um im Regiment Tacna das gleiche, aber im größeren Rahmen, gegen Präsident Frei zu inszenieren. Wieder gingen die Werktätigen, die Kommunisten und natürlich Neruda auf die Straße, um diese Regierung zu verteidigen, die nicht die ihre war, die aber für eine unentbehrliche Legalität stand. Der Dichter, hellhörig durch seine spanischen Erfahrungen, fragte mich, und es klang, als fragte er sich selber: »Ist Viaux ein Sanjurjo oder ein Franco?«

Wir wußten nicht, daß er alsbald Hauptakteur bei noch schrecklicheren Szenen sei, daß er die mit dem Tod des damaligen Oberkommandierenden des Heeres, General René Schneider, endende Entführung leiten würde. Als im Barrio alto von Santiago der Angriff der Verschwörer – unter ihnen mehrere junge Leute aus guter Familie – losbrach, sagte der Dichter zu mir: »Hier stimmt doch was nicht.«

Später hat man eine bedrückende Erkenntnis gewonnen: Alles lief nach einer blutigen Orchestrierung ab, bei der die ehrwürdige CIA den Taktstock schwang, um auf jeden Fall zu verhindern, daß Salvador Allende vom Gesamtkongreß zum verfassungsmäßigen Präsidenten gewählt würde. Einige Zeit danach hat die Church-Kommission im US-Senat den ganzen wüsten Schwindel offiziell aufgedeckt. Doch am 3. November wurde Salvador Allende zum Präsidenten der Republik Chile ausgerufen, daraufhin zog er mit sauberem, legitimem, demokratischem Anspruch in die Moneda ein. Neruda hatte dabei das Bewußtsein, daß er und die Seinen zu diesem Sieg beigetragen hatten, daß aber das Schwierigste noch bevorstand. Er wollte dort mitarbeiten, wo es seiner Meinung nach am nützlichsten war.

Am folgenden Sonntag gehe ich vormittags zu ihm nach La Sebastiana. Matilde schimpft mit ihm, halb im Scherz, halb im Ernst. Behandelt ihn als Jubelgreis. Lachend verweist sie ihm das und jenes. Alles scheint gut aufgelegt. In diesem Augenblick kommt sein Verleger, Gonzalo Losada. Neruda schlägt vor, einen Bummel durch Viña del Mar zu machen. Auf der Plaza sehen wir das typische Sonntagmorgenbild. Leute, die zur Elf-Uhr-Messe gehen. Ein paar Kutschen mit ihren alten Pferden, die auf das Touristenpaar warten, mit dem sie durch die Stadt trotten könnten. Neruda sagt zu Matilde: »Unterhalte du dich mit Gonzalo. Ich habe mit Volodia was zu besprechen.« Wie es seine Gepflogenheit ist, kommt er gleich zur Sache.

»Ich muß Abstand gewinnen. Eine Weile rausgehen, aber im Dienst des Staates. Ich glaube, ich sollte Botschafter in Frankreich werden. Besprich es doch mal mit den Genossen. Und wenn sie einverstanden sind, sollen sie es Salvador vorschlagen.«

So geschah es. Und Allende fand, daß Chile keinen besseren Botschafter in Frankreich haben könnte als Pablo Neruda. Die Ernennung wurde umgehend ausgesprochen. Außenminister Clodomiro Almeyda unterrichtete den Senat, der diesmal ohne Schwierigkeiten zustimmte. Neruda war in Aufbruchstimmung und trat die Reise wenige Tage später an.

Ein Teil der Nacht ist auch tagsüber beim Menschen, besonders, wenn dieser ein so feines Gehör hat, daß er den Donner vernimmt, bevor er den Blitz sieht. So als hätte Neruda einen Pakt mit dem vorerst noch Verborgenen geschlossen, wirkte er, als wir zum Flughafen fuhren, ihn zu verabschieden, nicht froh und zufrieden, obwohl bis dahin alles gut gegangen war. Man sah ihm eine gewisse Beklommenheit an, einen Hauch von Besorgtheit. Da ihm alles Pathetische widerstrebte, würde er keine Szene machen. Aber er reiste beunruhigt ab und ließ eine latente Krise hinter sich. Er hielt sich nicht für eine die Republik schützende Gottheit. Keines Menschen Kraft würde reichen, diese zu retten. Er wollte keine Ratschläge erteilen; aber wir würden das, was sich in der Ferne zusammenbraute, nur bannen können, wenn es eine breite Einheit gäbe, wenn wir wüßten, wer uns gegenübersteht, wenn keine Dummheiten begangen würden. Er sprach diesmal in Bildern, suchte aber auch nach apokryphen Metaphern. An die Stelle der stereotypen, abgedroschenen Bezeichnung »amerikanische Schweiz« würde ein anderer, zutreffenderer Gemeinplatz treten: Chile als erdbebengeschütteltes, vulkanisches Land. Diesmal würden sich keine Erdplatten verschieben. Würden nicht die Anden und auch nicht die Gefilde der Poesie und Sprache erzittern. Aber es könnte ein politisches Erdbeben geben, bei dem mehr Menschen umkommen würden als bei seismischen Erschütterungen. Ausgelöst würde es von einem unerbittlich herrschenden System, das er bereits in seiner »Aufforderung zum Nixonzid« angeklagt hatte. Alle Mittel wären ihnen recht, um den einmaligen Versuch zunichte zu machen, der mit dem Einzug Salvador Allendes in die Moneda begonnen hatte, dieses Streben, das Los des Unterdrückten durch mehr Demokratie und mehr Freiheit zu wandeln, ein Streben, so rein wie frisches Quellwasser, das aus den Tiefen der Erde käme. Das alles flüsterte er bei einem Abschied, der nicht froh sein konnte. Sein Barometer kündigte Sturm an. Es war nicht mit sternklarem Himmel zu rechnen. Er ging ohne Begeisterung, aber bereit, sich ganz der neuen Funktion zu widmen. Er vertraute darauf, daß sich seine Gesundheit, die Symptome von Zerrüttung zeigte, wieder stabilisieren würde, damit er voll und ganz der Aufgabe gerecht werden könnte, Freunde für Chile zu finden, das einer neuen Gesellschaftsordnung, wie er sie erträumte, den Weg ebnete.

VIII

Die Ballade vom alten Seemann

166

Beunruhigende Nachrichten

Mitten im französischen Winter, im November 1970, trifft er als Botschafter Chiles ein. Zieht einen Frack an. Das Auto der Botschaft fährt durch den Faubourg Saint-Honoré auf den kiesbestreuten Hof des Regierungspalastes. (Der Kies erinnert ihn an seinen Vater und den Schotterzug.) Er steigt gewichtig aus und überreicht Präsident Georges Pompidou sein Beglaubigungsschreiben. Die unvermeidbaren Fotos werden gemacht. Er schickt mir einen Abzug. Pompidou steht ihm politisch fern, hat aber eine Anthologie französischer Poesie herausgegeben. Neruda beobachtet ihn, als wollte er Pompidous poetische Seite entdecken. Offenbar findet er sie nicht. Und so kehrt er in das große, alte Gebäude mit Gespenstern und Selbstmordgeschichten zurück, in dem die Botschaft Chiles in Paris untergebracht ist. Dieser düstere, wuchtige Bau in der Rue de la Motte-Picquet, unweit des Hôtel des Invalides, harmoniert nicht mit seinem Architektursinn und seinem Verlangen nach Licht. Er fühlt sich darin von Anfang an wie in einem dunklen Käfig.

Er muß an Versammlungen teilnehmen, die ihm unverständlich sind und in ihm die Erinnerung an sein Grauen vor der Mathematik wecken, das ihn seit dem zartesten Kindesalter verfolgt. Er findet sich in einem Gremium von Wirtschafts- und Bankfachleuten, Club de Paris genannt. Darin sind die Gläubiger vereint, denen Chile schwindelerregende Summen schuldet. Es geht um eine Umschuldung der durch die vorigen Regierungen eingegangenen Auslandsverbindlichkeiten. In seiner Eigenschaft als Botschafter steht Neruda der chilenischen Delegation vor. Was hilft's!

Zahlen sind nicht alles. Er hat Tage ohne Verse. Um seine Gesundheit steht es schlecht. Um sie zu stabilisieren, verschreibt er sich eine Therapie mit Poesie. *Unfruchtbare Geographie* wird in Frankreich fortgesetzt. Ans Ende setzt der Dichter eine erläuternde Anmerkung: »Das Jahr 1971 hat meine Verhältnisse verändert. Deshalb und um nicht ohne triftigen Grund rätselhaft zu wirken, spreche ich von Reisen, Krankheiten, Freud und Leid, unterschiedlichen Klimaten und Gegenden, die in diesem Buch abwechseln. Etwas ist zwischen Isla Negra und Valparaíso und auf anderen Straßen Chiles geschrieben worden, fast immer im Auto, wobei ich die vorbeirollende Landschaft eingefangen habe.

Ebenfalls im Auto sind viele andere Gedichte im Herbst und im Winter auf den Straßen der französischen Normandie entstanden.«

Monate später kommen beunruhigende Nachrichten von seinem Gesundheitszustand. Ich erhalte einen Brief, der datiert ist Paris, 11. Juli 1971, in dem er mir von Krankheiten berichtet: »... nachdem Matilde, die vor Gesundheit strotzt, mir zu essen gebracht und mich gestützt hat, damit ich, der ich zum erstenmal nach vier Tagen aufgestanden bin, ins Bad gehen kann (zehn Meter, zehn Minuten), erlaubt sie mir auch, das Diktat zu beenden. Ich leide an irgendwas, mehrere Tage Penizillin, möglicherweise bringt das mich wieder ins Büro zurück, das heißt ins obere Stockwerk, einen der reizendsten Orte dieser an Reizen nicht armen Stadt. Ich habe Fieber, aber das hat nichts zu sagen, doch morgen ist mein Geburtstag, was auch nichts zu sagen hat...«

Sodann erzählt er mir von den Schwierigkeiten mit der Handelsabteilung und von der ungemein schlechten Bezahlung der Sekretärinnen. Dann ein trauriger, selbstironischer Pinselstrich zu seinem Leben in dem Augenblick: »Hier ist alles beim alten, in dieser Katakombe, ich sehe weder ein Museum noch Freunde, von Zeit zu Zeit gehen wir ins Kino, wozu ich allen Willen aufbieten muß, so als führen wir von Isla Negra nach Valparaíso. Von meiner Dichtung spreche ich nicht, weil ich noch nicht wieder angefangen habe...

Wenn ich Matilde weiter diktiere, stecke ich sie noch mit meinem Fieber an. Alles Liebe Euch dreien von uns zweien. Übrigens, ich habe nie zuvor so viele chilenische Bummler in Europa gesehen; wir fertigen sie sorgfältig ab, trotzdem beunruhigt uns die ungewöhnliche Zunahme des Tourismus. Dagegen habe ich gebeten, daß Graham Greene eingeladen wird, und nach tausendfältiger Nachfrage habe ich immer noch keine Antwort, er wird auf jeden Fall kommen, und wenn es auch möglich ist, daß er die Fahrkarte zurückweist, so möchte ich doch, daß wir uns den Luxus leisten, ein wenig für einen großen Mann auszugeben. Wenn Du helfen willst, so ist noch Zeit, er will in der zweiten Septemberhälfte dort sein. Ich muß Fieber messen. Bis bald.«

Unsere Befürchtungen beschwichtigend, kommen, drei Tage später, datiert 14. Juli, von ihm ein paar Worte in scherzhaftem Ton: »Als Breitschwanztaube gekleidet, aus dem Élysée-Palast zurück, liebe Grüße an Euch zwei $+$ an das Marinemädchen. Es lebe hoch. Pablo, Matilde, Laura Reyes, Enrique Bello.«

Wieder bange Ahnungen. Am 30. September schickt er mir einen Brief mit beigelegten Fotografien vom Achtzehnten, »der zum erstenmal in dieser Botschaft volkstümlichen Charakter hatte. Etwa tausend Chilenen mit ein paar geladenen Gästen waren da. Es war kein offizielles Volksfest, weil die Regierung das wegen des Erdbebens verboten hatte, darum gab es auch keinen Diplomatenempfang, es war nur ein Fest für die Chilenen, das zum größten Teil und mit viel Begeisterung von den Jüngsten der Kolonie organisiert worden war.«

Das Beklemmende kommt ein Stück weiter unten: »Ich schreibe Dir aus der Klinik, wo ich untersucht werde, und davon bin ich schlapp und deprimiert, ich brauche einen netten Brief von Dir, der mir wieder Mut macht.

Mitte Oktober kommt Doktor Raúl Bulnes nach Chile zurück. Ich habe ihn gebeten, unseren Freunden meine gegenwärtigen Beschwerden und medizinischen und chirurgischen Aussichten zu schildern. Er wird Dich bei seiner Rückkehr anrufen oder Dir eine Nachricht hinterlassen.

Ich umarme Euch beide, einschließlich Marina, der ich einen klinischen, völlig sterilisierten Kuß schicke. Herzliche Grüße. Pablo Neruda.«

Als Doktor Bulnes zurückkommt (erinnern wir uns: Er war, zusammen mit Eladino Sobrino und Pablo Neruda, einer der drei Gründer von Isla Negra), habe ich mit ihm eine lange Unterredung. Als Arzt war er zugegen, als im Hospital Cochin in Paris der chirurgische Eingriff bei Neruda vorgenommen wurde. Dieser Raúl ist unendlich feinfühlig. Er erzählt mir beinahe alles, sagt mir aber nie genau, von welcher Art das Übel ist. Vielleicht läßt er sich von dem Grundsatz leiten, daß bei einem, der rasch begreift, wenige Worte genügen. Da ich schwer von Begriff bin, hoffe ich weiter.

Ich berichte von der Unterredung. Es wird beschlossen, daß ich ihn besuche. Bevor ich abreise, muß geklärt werden, ob Neruda nach Chile kommen kann, wofür sich alle aussprechen, nachdem er den Nobelpreis erhalten hat.

167
Der schwedische Urteilsspruch

Die Ankündigung der schwedischen Akademie, die in der alten Börse von Stockholm tagte, um ihren Beschluß zu fassen, begann mit ein paar scherzhaften Bemerkungen des Sekretärs, Karl Ragnar Hierow. Er erinnerte daran, daß er an den vorangegangenen Abenden im Fernsehen mit Olof Palme diskutiert habe, der der Meinung gewesen sei, das beste wäre, alle Preise an Botschafter zu verleihen, damit es in der Stunde des Überreichens keine Schwierigkeiten gäbe. Dieses Eingeständnis war ungewöhnlich, aber die Tatsache bestand nun einmal. In den letzten zehn Jahren hatte die Akademie 1960 den Preis Saint John Perse verliehen, 1962 dem Jugoslawen Ivo Andrić, 1964 dem Griechen Georgios Seferis, 1967 Miguel Ángel Asturias, alle waren Diplomaten.

Vor den verblüfften Journalisten sagte der Sekretär der Schwedischen Akademie lächelnd, daß man an jenem Tag der Anregung Olof Palmes gefolgt wäre. Und fügte hinzu: »Botschafter Neftalí Ricardo Reyes Basoalto ist als Preisträger auserkoren worden.« Nach einer Pause ergänzte er: »Bekannter unter dem Pseudonym Pablo Neruda.«

Der Wortlaut der offiziellen Bekanntgabe beginnt ein wenig barsch: »Der diesjährige Nobelpreis für Literatur ist einem streitbaren Autor zuerkannt worden, der nicht nur selber diskutiert, sondern auch von vielen angegriffen wird. Diese Diskussion hat die letzten vierzig Jahre über angehalten, was beweist, daß sein Beitrag unbestreitbar ist.« Der Text bleibt bei rühmenden und ätzenden Tönen. Neben jenen berühmten Einführungsworten zu García Lorca: »Dem Tode näher als der Philosophie«, enthält er auch deren Kehrseite, und zwar mit Worten eines anderen Dichters seiner Sprache, ebenfalls eines Nobelpreisträgers, Juan Ramón Jiménez, der, wie man sich erinnern wird, gesagt hat, Neruda wäre ein »großer schlechter Dichter«.

Die Schwedische Akademie stellt fest, daß die Poesie Nerudas eine überwältigende Fülle berge. Die Frage sei erlaubt, so fügt sie hinzu, ob es in der Geschichte der Poesie ähnliches gegeben habe. Sie führt Statistisches an. 1962 habe er zweitausend Seiten Poesie geschrieben. Zwei Jahre später seien fünf neue Gedichtbände unter dem Titel *Memorial von Isla Negra* erschienen. Der Akademiesprecher gebraucht sehr freie Wendungen, als er von der Größe des Werkes spricht. »Zu versuchen, aus dieser Welt ein Poem oder eine Sammlung vorzustellen, wäre lächerlich, es wäre so, als wollte man ein Schiff von fünfzigtausend Tonnen mit einem Teelöffel ausschöpfen. Wir vermögen nicht, Pablo Nerudas Werk zusammenfassend zu beurteilen, das hat nicht einmal er selber geschafft.

Daß diese ganze gigantische Produktion auf ein und demselben Niveau stünde, wäre schlechthin undenkbar. Wer die schwache Seite in Nerudas Poesie finden will, braucht nicht lange zu suchen. Wer ihre starke Seite finden will, braucht überhaupt nicht zu suchen. Von seinem ersten literarischen

Erfolg an bis zu seinem letzten Werk können wir sagen, daß wir sie in unermeßlichem Reichtum finden. Das Bemerkenswerteste ist allerdings, daß seine Inspirationen mit den Jahren offensichtlich zugenommen haben. Es verhält sich damit wie mit einem jener Flüsse auf Nerudas Kontinent: ein Strom, dessen Ufer das Auge nicht sieht, der immer breiter und gewaltiger wird, je näher er seiner Mündung kommt.«

Die Erklärung vermerkt, daß dieser lange Marsch unter dem Zeichen ständigen stilistischen Wandels gestanden habe, bei ständiger Erneuerung der Motive, Veränderung der Ideen und Austausch der Gefühle.

Streckenweise gebärdet sich die Urkunde als europäischer Lehrer, der seinem abseits sitzenden Schüler mangelnde Gewissenhaftigkeit vorhält und, angesichts der Schroffheit der angehäuften Metaphern, in ihm einen allzu eifrigen Jünger europäischer surrealistischer Poesie sieht, die er sich aus Lehrbüchern und Aufsätzen angelesen hat. Sodann meint sie, dies sei vielleicht darauf zurückzuführen, daß seine Phantasie, »in unmittelbarer, geheimnisvoller Verbindung mit der Erschaffung der Sprache selber und des bildlichen Ausdrucks«, anders als die europäische reagiere.

Die Untersuchung der Schwedischen Akademie kann nicht daran vorbeigehen, daß der Dichter Schöpfer eines überwältigenden Zukunftstraums und zugleich ein der Gegenwart verhafteter Revolutionär ist. Sie zitiert seine eigenen Worte, um ihre Behauptung zu untermauern: »Und da hörte ich auf, Kind zu sein, denn ich hatte erkannt, daß man meinem Volk das Leben nicht zugestand und ihm das Grab verweigerte.« Dieses Moment und die Charakteristik, die er von seinem »seit dem Tage der Konquistadoren vergewaltigten, unterdrückten Land« gebe, dürften nicht übersehen werden. Er selber sei immer wieder niedergeworfen und verfolgt worden, habe indes nie aufgegeben. Die Gemeinschaft der Unterdrückten finden wir allerorts. Das sei es, was er unausgesetzt gesucht und was ihn »zum Dichter der vergewaltigten Menschheit« gemacht habe.

Die Ansprache, die später im Radio verlesen wurde, verrät eine in Nerudologie bewanderte Hand. Sie gehört dem

Schutzengel, den der Dichter in der Akademie hatte. Einem Engel mit Schwert, dem berühmten schwedischen Dichter und Altersgenossen Nerudas und Experten in lateinamerikanischer Literatur, der den gleichen Einflüssen der ästhetischen Revolution ausgesetzt gewesen ist. Zwanzig Jahre lang ist Artur Lundkvist dafür eingetreten, daß Neruda der Preis zuerkannt werde. Er war 1946 in Chile gewesen, im Mai – da klingt der Herbst aus, und es regnet viel –, und er hatte, um zu Nerudas Haus zu gelangen, über die im nassen Gras ausgelegten Steine gehen müssen, wie er in seinem Buch *Elegie auf Pablo Neruda* erzählt. Damals stellte Neruda ihn mir vor. Danach habe ich ihn noch einmal im Hotel Crillón in Santiago besucht. Lundkvist kam 1957 wieder nach Chile. Er sah den Dichter inmitten seiner Sammlungen, und ihm schien, dieser sammelte in Form der Dinge, die er in aller Welt zusammentrug, vor allem menschliche Erfahrungen, Gesichter, Schicksale.

Dieses schwedische Akademiemitglied hat lange Jahre innerhalb der konservativen, achtzehn Mitglieder zählenden Institution gearbeitet, bis er den Preis für seinen Freund, den er für den größten Dichter hielt, erwirkt hatte.

168
Stunde der Magnesium-Blitze

In der Rue de la Motte-Picquet klingelte das Telefon. Der schwedische Botschafter ersuchte um eine Unterredung für vormittags neun Uhr. Eine Wolke von Journalisten drang in den großen Saal. Sie lauerten auf Erklärungen und Gesten von Neruda. Doch der ließ sich nicht blicken. Zwei Stunden warteten sie. Die Presse blieb hartnäckig. »Der Botschafter erwartet eine offizielle Bestätigung, bevor er mit Ihnen spricht«, lautete die gleichbleibende Antwort. Schließlich erschien er, begleitet von Matilde und dem französischen Dichter Louis Aragon. Blitzlichter, eiliges Hin und Her, ein Kreuzfeuer von Fragen. Der Dichter machte es sich langsam in einem Sessel bequem. Ihm zur Seite seine Frau in einem maßgeschneiderten blauen Kostüm. Eine Flut von Fragen. Aragon, in schwarzem Anzug und mit rosafarbener Krawatte, plauderte, während es Fragen hagelte, mit dem chilenischen Dichter. Die Artillerie verstummte für einen Augenblick, als ein Botschaftsangestellter laut zu diesem sagte: »Präsident Allende ist am Telefon und fragt nach Ihnen.«

Die meisten der interviewten Schriftsteller sagten, daß die Preisverleihung gerechtfertigt wäre, auch wenn es einigen das Herz abschnürte. Aragon bekundete, daß Neruda zu den Dichtern gehörte, die er am meisten verehrte, und daß er ihn allen anderen der Welt vorzöge. In Vallauris vermerkt Pablo Picasso das Zusammentreffen seines 90. Geburtstags mit der Verleihung des Literaturnobelpreises an seinen Freund und Namensvetter.

In Spanien wurde eine Schnellumfrage veranstaltet. Vicente Aleixandre, Jahre später ebenfalls Nobelpreisträger und mit Rafael Alberti der bedeutendste lebende Dichter der 28er Generation, sagte, und alle Kleinlichkeit lag ihm fern: »Als Schriftsteller der spanischen Sprache beglückwünsche ich mich zur Verleihung des Nobelpreises an Pablo Neruda, und als alter Freund des überragenden Dichters schließe ich mich der allgemeinen Genugtuung an, die im Bereich der hispanischen Literaturen herrschen wird.«

Eine Freundin Nerudas, die ihm sehr nahestand, die Romanschriftstellerin Anna Seghers, schickte ihm aus der Deutschen Demokratischen Republik eine in sehr persönlichen Worten gehaltene Botschaft. Sie wolle ihren Brief schreiben, damit man erkenne, »was Du darstellst«. Sie sitzen mit Jorge Amado, Louis Aragon und Ilja Ehrenburg um einen Tisch, und man diskutiert über einen der rätselhaftesten Schriftsteller in der Literaturgeschichte: Bruno Traven. Nur sie beide wissen, wer er war, und bewahren das Geheimnis. Wenn in der Friedensbewegung Schriftsteller wären, sagten sie, so wäre man moralisch verpflichtet, jeden Appell »zu einem kleinen Kunstwerk zu machen«. Anna Seghers erinnert an Szenen unter Feuer. Zum erstenmal hatte sie Neruda im Spanischen Krieg gesehen, als das chilenische Konsulat mitten im bombardierten Madrid geöffnet blieb. Sie erinnert daran, daß Neruda mit seinen Versen damals vielen Personen Ziel und Richtung gegeben habe, »denn es ist etwas Großes, wenn man den Menschen aus seiner Einsamkeit reißt, einer Einsamkeit, die wie die Isoliertheit in einer Zelle sein kann . . .«

Er hatte von Kindheit an darum gekämpft, nicht einsam zu sein. Jetzt spürte er, wie viele Gefährten er hatte.

169

Freude zu Hause

Am Donnerstag, dem 21. Oktober, fahre ich morgens in den Senat. Plötzlich höre ich im Autoradio die Nachricht: »Stockholm. Der chilenische Dichter Pablo Neruda ist heute hier mit dem Nobelpreis ausgezeichnet worden.« Danach erfuhren wir, der Preisträger habe den Journalisten anvertraut, daß »die Dichter an Wunder glauben, und diesmal ist ein Wunder geschehen«. Die Nachricht besagte, die Schwedische Akademie habe den Preis verliehen für »eine Dichtung, die mit der Wirkung einer Naturkraft das Schicksal und die Träume eines Kontinents aufleben läßt«. Die Information war ausführlich und verschwieg auch nicht die Höhe des Geldbetrags: 450 000 Schwedenkronen, das waren 88 000 Dollar. Sie fügte hinzu, daß der gegenwärtige Botschafter seines Landes in Frankreich nach der Dichterin Gabriela Mistral, die den Preis 1945 bekommen hatte, der zweite Chilene sei, der den Nobelpreis für Literatur erhalte. Ein anderer lateinamerikanischer Dichter, hieß es, der Guatemalteke Miguel Ángel Asturias, habe die gleiche Auszeichnung vor mehreren Jahren bekommen. Die Meldung kündigte an, daß der Preis am 10. Dezember von König Gustav Adolf VI. persönlich überreicht werde, im Rahmen einer Feierlichkeit in der Philadelphia-Kirche von Stockholm, da der Musikpalast, in dem die Preise traditionsgemäß alljährlich überreicht werden, wegen Reparaturarbeiten geschlossen sei.

Ich ändere die Richtung und fahre zum Haus der Partei. Von überall gehen Reaktionen ein, das ganze Land ist wie elektrisiert. Allende spricht im Radio zu dem Ereignis: »Dieser Preis, der einen Mann von uns unsterblich macht, ist ein Sieg Chiles und seines Volkes und, darüber hinaus, Lateinamerikas.«

Das Zentralkomitee der Kommunistischen Partei tritt zu einer außerordentlichen Sitzung zusammen und beschließt, Neruda eine Grußbotschaft zu senden. »Alle Mitglieder der Partei Recabarrens und Laferttes, die der Dichter besungen hat, wie er seine Nationalhelden besungen hat, Lautaro, Caupolicán, Bernardo O'Higgins, Carrera, Manuel Rodríguez und Balmaceda, sind stolz auf diese Entscheidung der Schwedischen Akademie . . .«

Freudenfeste in den Armenvierteln. In einem Viertel mit ungepflasterten Straßen, die die Namen von Buchtiteln des Dichters tragen, im Viertel Pablo Neruda, hing an allen Häusern die Nationalfahne.

Um sechzehn Uhr gelang es dem Fernsehen, dem Journalisten Augusto Olivares, mit Neruda zu telefonieren.

»Ich war glücklich beim Aufstehen, aber dann hat mich das Glück überwältigt. Gerührt habe ich erfahren, daß Isla Negra voller Fahnen ist.«

Luis Corvalán schrieb in *El Siglo* einen Artikel, »Das Vorbild Pablo«, in dem er sagt: »Wir alle wissen, daß er alles besungen hat, die Liebe, die Vögel, die Steine, den Regen des Südens, das wilde Pazifische Meer, die Araukanische Tanne, den Kaktus, die Luft, den Löffel, die Zwiebel, den rosafarbenen Seeaal, alles, was er mit seinen Dichteraugen und -gefühlen gesehen und gespürt hat. Und zugleich den Menschen, die Helden des Vaterlands, unsere araukanischen Vorfahren, den Bergmann, den Eisenbahner, den Bäkker, den Arbeiter jeglichen Gewerbes, die großen Epopöen unserer Zeit. Für seine Partei hat er aufrüttelnde Verse geschrieben, Gedichte aus Liebe für sein Volk und aus Feuer gegen den Feind.«

Am 6. November 1971 erhalte ich einen Brief von Matilde, in dem sie mir sagt, daß ihr ein wenig bange davor sei, für einen Monat nach Chile zu kommen. Pablo müßte in Santiago mehrere Tage im Hotel bleiben, aber das wäre jetzt, wo das mit dem Preis ist, ganz unmöglich, denn er wäre dann für jedermann erreichbar. »Ich finde«, sagt sie, »wir müssen ihn ein wenig beschützen. Pablo ist noch sehr geschwächt, seine Genesung geht nur langsam voran. Mit diesem Erdbeben, dem Nobelpreis, hat er viel Arbeit. Er möchte ja gern nach Chile, aber ich frage mich, ob das sinnvoll ist.«

Schließlich sieht Neruda ein, daß er im Augenblick nicht reisen darf. Er teilt es mir in einem Brief vom 20. Dezember mit. »Lieber und ferner Vol! Es ist zwecklos, daß ich Dir schreibe, Du bist im Antworten noch schlechter als ich. In Stockholm habe ich Luchos Telegramm erhalten. Ich bin froh, daß mir diese Reise nach der Strapaze mit dem Price erspart bleibt. Aber ich möchte mehr von der Angelegenheit erfahren. Du könntest mir vielleicht (Information) schicken durch einen der vielen, die hierherkommen; die Bernsteins etc. wirbeln Wolken mit ihrem Flügelschlagen auf.«

Nach dem Nobelpreis gab es eine Lawine nichtautorisierter Ausgaben seines Werkes. »Und das«, sagt er mir, »fällt in den Bereich Losadas, der großzügig und liebenswürdig gegen mich gewesen ist. Alle wollen diese Genehmigungen von ihm haben . . . Kurzum, mir ist es bei diesem zunehmenden Raub an meinen Büchern ziemlich schlecht gegangen. Du wirst mir viel von Deinen Reisen und Touren zu erzählen haben. Wenn Du doch einmal herkommen und ausruhen könntest. Was soll ich mit dem machen, was ich für Deine Familie hier habe? Schicken? Aufheben? Dein Schweigen nehme ich Dir wirklich übel. Das muß doch einen Grund haben. Einstweilen alles Liebe von uns an Eliana und Marina. Sei herzlich gegrüßt und sei versichert, daß ich Dich gern einmal sehen würde. P.«

Ihn tötet »das alte Mausoleum« (so nennt er das Botschafts-
gebäude) in der Rue de la Motte-Picquet. Als erstes will er
sich vom Nobelpreis ein Landhaus kaufen, die Stadt verlassen, zur Natur zurückkehren. Er hat lange danach gesucht
und schließlich eines gefunden. Er wird jenen Wohnsitz in
der Normandie erwerben. »Von dem Preis, auch wenn es
mich ihn fast zur Gänze kostet, denn alles ist teuer in diesem
süßen Frankreich. Auf jeden Fall werde ich noch etwas für
unsere gemeinsame Verwandtschaft mitbringen. Das Haus
liegt anderthalb Stunden von Paris entfernt, hat Wasser und
Wald. Morgen werden wir zum erstenmal darin schlafen,
immer noch, ohne etwas zu bezahlen (der Preis macht alles
möglich). Das Haus ist traumhaft schön, hat noch keinen
Namen. Hoffentlich kommst Du einmal mit Deinem An-
hang, um von Veranstaltungen und Wahlen auszuruhen.«
    Wieder spricht er von einer Reise nach Chile. »Ich möchte
den Monat Januar in Chile verbringen, mit der Patoja und
möglichst wenig Aktivitäten. Wie das bewerkstelligen? Vielleicht nur eine einzige Massenveranstaltung. Entscheiden
müßt letztlich Ihr. Unter uns: Ich bin immer noch schwach
und benötige etliche Transfusionen. Rote Blutkörperchen;
nur drei Millionen. Und zum erstenmal zeigt das Herz Müdigkeit, und ich habe den Kardiologen und auch Mittel gebraucht. Ruhen Sie, sagt man mir. Aber wie? Wann?
    Über den Preis habe ich mich natürlich für mich selber
gefreut, zugleich aber auch für unsere geliebte Partei. Pic-
quet sagte mir, daß er zum erstenmal auf einen vom ZK eines
Landes entfallen wäre. Ich bin glücklich, daß ich so viel
Pack veranlasse, seinen Antikommunismus mit dieser herrlichen roten Pille hinunterzuschlucken. (Unter anderem Telegramm und Gratulation des US-Botschafters [!] in Paris,
was, wenn auch ermüdend, erlebenswert war.)«
    Er bleibt bei der Idee, daß seine Dichtung alle erreichen
und eine umfassende Volksausgabe erscheinen müsse. »Er
(Losada) schlägt mir eine kleine Anthologie vor (ohne Gewinn für ihn und Tantiemen für mich) für Schüler oder Gewerkschaften, das heißt, sie soll gratis verteilt werden. Wenn
den Genossen diese Idee zusagt, könnte man das mit meiner

Ankunft koordinieren und eine größere Menge – vielleicht eine Million – verteilen, aber die Partei soll sie zum Beispiel dem Ministerium für Bildung und Erziehung unterbreiten. Ein Herausgeber? Loyola? Wenn etwas gemacht wird, muß es auf jeden Fall *kostenlos* sein, eine Bedingung, die über all den kommerziellen Anträgen steht, welche Losada zum Neurastheniker machen.

Ich weiß nicht, was ich Dir noch sagen könnte, es sei denn, daß ich alle Genossen vom ZK, Lucho und Lili umarme, und für Eliana, Marina und Dich das (müde?) Herz Deines alten Bruders

Pablo

Ich wüßte nicht, wann ich je einen so langen Brief geschrieben habe!«

171

Offenbarung

Nachdem ich diese Reise aufgrund der schwierigen politischen Situation mehrmals habe aufschieben müssen, kann ich sie endlich antreten. Als ich mit Pablo zusammentreffe, geht er seinen üblichen Geschäften nach. Sein Gesicht ist aufgedunsen, vermutlich vom Kortison. Wir sprechen nicht von Krankheiten. Er lebt noch immer in der Euphorie des Nobelpreises. Erzählt mir, daß vier Tage vor der Nachricht Artur Lundkvist, aus Stockholm kommend und unterwegs zu den Balearen, in der chilenischen Botschaft logiert habe. Intensive Gespräche zwischen den zwei alten Freunden. Sie sprachen von allem, nur nicht von dem Preis, auch wenn Neruda in den Worten des anderen gewisse kabbalistische Elemente wahrzunehmen glaubte. Der kam nämlich geradewegs aus den Debatten der Schwedischen Akademie, die beschlossen hatte, ihm den Preis zu verleihen. Sein Freund aber gebärdete sich tatsächlich so, als wüßte er von nichts. Und Neruda hatte den Eindruck, daß man ihm den Preis auch in diesem Jahr nicht geben würde.

Ich schlafe im maurischen Schlafzimmer der Botschaft.

Gegenüber logieren für ein paar Tage der Romancier José Donoso und seine Frau. Zum Mittagessen kommen meist Miguel Ángel Asturias und seine Frau, Blanca de Mora y Araujo. Alles scheint in Ordnung zu sein – im Augenblick. Abends gehen wir drei ins Kino. Am nächsten Tag besuchen wir um die Mittagszeit eine Gemäldegalerie. Neruda will eine Ausstellung renommierter Künstler als Zeichen der Solidarität mit der Regierung Chiles veranstalten. Abends bummeln wir an der Seine entlang. Neruda geht langsam, gern betrachtet er die Antiquariate. Seine Rede dreht sich um das Geschehen in unserem Land. Zu späterer Abendstunde kommen Louis Aragon, Jean Marcenac, hohe Funktionäre der Französischen Kommunistischen Partei, darunter Jacques Duclos, in die Botschaft. Dabei erklärt Neruda, daß Chile eine Art stilles Vietnam sei, und bittet um Unterstützung.

Am nächsten Abend bekomme ich eine Einladung hinter vorgehaltener Hand: Matilde flüstert mir ins Ohr, sie wolle mit mir in einem Café sprechen. Wir entfernen uns mehrere Straßenzüge von der Botschaft. Als ich sitze, sagt sie unvermittelt: »Pablo hat Krebs. Er ist operiert worden, aber die Krankheit geht weiter. Die Ärzte sagen, es könne mehrere Jahre dauern, vorausgesetzt, es kommt zu keinem verhängnisvollen Zwischenfall. Ich kann mit niemandem darüber sprechen, aber du sollst es erfahren, damit es der weiß, den es angeht. Pablo weiß es nicht, und ich muß alle Tage die Komödie von der glücklichen Ehefrau spielen.«

»Und er ahnt nichts?«

»Das weiß ich nicht. Er sagt mir nichts. Und ich kann ihn nicht fragen.«

172

Ein Nebelschloß

Ein schwarzer Glockenturm einer winzigen Kirche, »so als sollte eine Taube darin beten«. Auf der Fahrt von Paris zu seinem Haus in der Normandie läßt er das Auto am Straßenrand halten, um mir den Glockenturm von Authenay zu zeigen. Dieser macht ihn froh und auch ein wenig wütend auf sich selber. Diesen Glockenturm, der einen Hahn in den Himmel hält, hätte er bauen können.

Wir fahren weiter nach Condé-sur-Iton. Matilde sitzt am Steuer. Neruda, neben ihr, schreibt: »Ich lebe jetzt in einem Land, so sanft / wie die Herbsthaut der Weintrauben . . .« Ich sitze hinten. Weiß, daß es dem Dichter gesundheitlich nicht gut geht, und sehe, wie er die Gesichter der Wahrheit entdeckt. Die hintere Scheibe ist bereift.

Wir steigen aus. Er schlägt mir vor, das Schloß des Herzogs von Rohan zu besichtigen, das die chilenische Rechte und ein internationales Pressenetz, das überall die gleichen Gerüchte ausstreut, als sein Eigentum hinstellen. Mittagsstunde in einem diffusen Licht. Wir schreiten über den feuchten Boden, ringsum eine Atmosphäre wie gemalt. In der Ferne behäbiges Glockengeläut. Aus entlaubten Bäumen taucht plötzlich, wie eine Erscheinung, das Schloß mit seinem hohen Turm auf. Wir überqueren den Graben. Ein paar Arbeiter sind mit Reparaturen beschäftigt, im Auftrag der wahren Eigentümerin, einer amerikanischen Multimillionärin, die gern die Herzogin von Rohan wäre.

»Jetzt kannst du im Senat sagen, daß du das Schloß mit eigenen Augen gesehen hast und daß ich hier nicht mit Fanfarengeschmetter als neuer Schloßherr begrüßt worden bin. Das Schloß bevorzugt Dollar-Multimillionärinnen.«

Das Haus, das ihm wirklich gehört, liegt in der Nähe. Ein altes Nebengebäude des Schlosses. Früher eine Werkstätte mit dumpfer Luft, in der Leibeigene des Herzogs Dachschiefer spalteten. Danach Pferdestall. »Aber ich kann doch nicht dafür«, ruft Neruda aus, »wenn manche Chilenen der Meinung sind, für mich sei zuviel, was für die Pferde eines Grafen bestimmt war!« Senator Bulnes redete dummes Zeug von dem *château*. Als man es Pablo erzählte, erwiderte er: »Ich habe versucht, das Schloß von Versailles zu kaufen, aber man hat es mir ja nicht verkaufen wollen.« Diese Pferdeställe sind ihnen ein Dorn im Auge.

Auch Alone gibt seinen Senf zu der *château*-Angelegen-

heit. Drei Tage nach der Nobelpreiszuerkennung veröffentlicht er im *Mercurio* einen Artikel, in dem er behauptet, höher als die Schönheit stehe bei Neruda der Wandel. Vier
Monate später veröffentlicht Alone wieder einen Artikel,
Beweis dafür, daß er selber auch dem unausweichlichen
Prinzip des Wandels anhängt. Er unterschreibt diesen nicht
mit dem Pseudonym, unter dem er bekannt ist, sondern
mit zwei Initialen, die nur Eingeweihte verstehen, H. D.,
sie entsprechen seinem wirklichen Vor- und Familiennamen,
Hernán Díaz. Er wärmt alle möglichen Spekulationen über
die Verwendung der zum Preis gehörenden und dem Konto
des Dichters gutgeschriebenen Geldsumme auf. Ob diese
in die Parteikasse fließe, damit die antikapitalistische Propaganda verstärkt werden könne? Wie es aussehe, nein.
».. . Die Nachricht, daß Pablo Neruda in Frankreich ein
Schloß gekauft hätte, war wie eine Bombe eingeschlagen.«
Diese Meldung (Falschmeldung) sei in der ganzen Welt verbreitet worden. Und H. D. erklärt auch, warum. »Es handelte sich nämlich nicht um irgendein Schloß, sondern um
eines, das der romanhaftesten historischen Familie des Hoch-
adels, der der Herzöge von Rohan, gehört; einer ihrer höchsten Vertreter, Fürst und überdies Kardinal, hatte die Gunst
Marie Antoinettes erlangen wollen, indem er ihr ein Dia-
mantenhalsband schenkte. So sagt es Alexandre Dumas.« Zu
diesem Herrenland gehörte der Adelstitel. Und deshalb
werde Neruda, da weder Fürst noch Kardinal, Herzog von
Rohan. Auch könne er es nicht auf Marie Antoinette abgesehen haben. Man ließ nur eine winzige Kleinigkeit außer
acht: die Französische Revolution, die nicht nur die Königin enthauptet, sondern auch das feudale Eigentum abge-
schafft hatte.

So spukte im abgelegenen, plebejischen Chile Pablo Nerudas angebliches Schloß durch die Phantasie seiner Feinde
so wie in den Romanen des von ihm so verehrten Autors von
Das Halsband der Königin und *Der Vicomte von Brage-
lonne*. Man sieht, Dichter haben einen Geheimpakt mit den
Fabeln geschlossen.

Bald stürzte das Schloß ein. Es war ein alter, vornehmer

Pferdestall. Der im Senat ausgeheckte böse Zauber zerstob. Denn diese ganze Sensationsmache kam aufs Tapet, als in einem Gesetzentwurf die Absicht bekundet wurde, die Stelle, das überaus bescheidene, verfallene Häuschen, in dem der Dichter in Parral geboren worden war, zu kaufen, um daraus ein Museum zu machen.

H. D. bedauerte, daß die Sache so unschön, ohne Zauberschloß ausging. Pferdeställe sind platte Prosa. Aber er wettete, daß das Nerudasche Schloß trotz der grauen empirischen Beweise als Legende fortbestehen würde.

So war es in der Tat, freilich nicht als Legende, sondern als Verleumdung. Als ich aus Europa zurückkam, las ich in der Tagespresse jeder südamerikanischen Hauptstadt, in der das Flugzeug zwischenlandete, dieselbe von derselben Agentur fabrizierte Geschichte: vom roten Dichter, der sich in Frankreich das Schloß des Herzogs von Rohan gekauft habe.

Als Augenzeuge übernahm ich es, im Senat das Schloß, das heißt »die Pferdeställe« zu erläutern. Ein Architekt hatte sie zum Landhaus umgebaut. So kam es, daß aus der Fabrikationsstätte für mittelalterliche *ardoises* eine Art Hangar ohne Flugzeug wurde. In eine Ecke stellte Neruda ein geschnitztes Regal mit Büchern, einen Schreibtisch und ein Stück weiter einen gemütlichen Eßtisch. Der Raum war so weitläufig, daß man im Hause wandern konnte. Dann führte eine phantastisch geschwungene Treppe ins obere Stockwerk, wo außer dem Schlafzimmer der Eheleute ein Gästezimmer war. Der Fluß Iton umschlang das kleine Anwesen. Vom Fenster aus sah ich die robusten normannischen Frauen ihre Wäsche im Fluß schlagen, ein Bild wie aus dem 17. Jahrhundert. Eines Tages machte ich mit Pablo einen kleinen Spaziergang zum nahen Wald hinüber, der ganz in Nebel gehüllt war, was ihm ein gespenstisches Aussehen gab. Die Landschaft war literarisch. Oder ließ an Mantel- und Degenstücke denken. Man erinnerte sich an die Abenteuer aus Alexandre Dumas' Romanen. Aber wir waren keine Musketiere. Und Nerudas Gang wirkte unsicher. Dennoch war er froh, daß er sich dort ergehen und die reine, frische Luft atmen konnte, an deren heilende Wirkung er glaubte.

Als wir zurückkamen, klingelte an seiner Tür ein Paar von stattlicher Größe, das soeben aus einem Citroën gestiegen war. Es waren Julio Cortázar und Ugné Karvellis. Der Abend verging bei angeregter, liebenswürdiger Unterhaltung. Sie waren an dem Sonntagabend nicht gekommen, um zu polemisieren, sondern um einen kranken Freund aufzusuchen, von dessen Krankheit nicht gesprochen werden durfte. Als ich aber zu vorgerückter Nachtstunde mit auf die Dorfstraße hinaustrat, sie zu verabschieden, fragte Cortázar mich leise: »Wie steht's um seine Gesundheit?«

Kurz darauf erfuhr ich, daß Neruda klammheimlich nach Moskau gefahren war, um sich untersuchen zu lassen. Die gleiche Diagnose. Es gab keine andere Behandlung als die verschriebene. Als Dolmetscherin begleitete ihn Ella Braginskaja. Melancholische Gespräche mit den Freunden. Manche sind schon dahingegangen. Für sie schreibt er ein Buch, das er provisorisch *Moskauer Elegie* (Elegía de Moscú) nennt. Vorgriff auf eigenes Geschick.

173
Die Schwester des Futurismus

Während unseres Aufenthalts in Paris verabredeten wir, uns im März 1972 in Mailand zu treffen. Wir beide sind eingeladen, am 13. Kongreß der Italienischen Kommunistischen Partei teilzunehmen. Ich komme, von London her, ein wenig früher am Flughafen Linate an. In der Tasche ein Telegramm von Neruda, es kündigt mir an, daß er mit Matilde drei Stunden später eintrifft. Somit habe ich Zeit, ins Konsulat von Chile zu fahren und mit einem Angestellten zurückzukommen, der den Botschafter empfängt. Als dieser den Grenzbeamten mitteilt, er erwarte Pablo Neruda, ertönt sofort der Ausruf: der D'Annunzio unserer Zeit! Als wir Neruda erzählen, welche Wertschätzung er bei jenem Grenzbeamten genießt, nimmt er es nicht übel. Er kennt sämtliche Unterschiede, kann aber nicht vergessen, daß ihn in seiner

Jugend der große Egozentriker aus Pescara in gewissem Sinne beeinflußt hat.

Von einem gegenüber dem Dom gelegenen Hotel betrachtet Neruda diese einzigartige Kathedrale. Ihm gefallen die Steinrosetten. Wir gehen gemächlichen Schrittes (zu jener Zeit kann er schlecht gehen) und setzen uns nicht weit entfernt in ein Café in der Galeria Centrale. Nebenan, in den Schaufenstern der Akademiebuchhandlung, große Fotografien von ihm, die gleichzeitige Ausgaben ankündigen: *Neruda, le grandi opere, Tre Residenze sulla Terra, Canto generale e Fin del Mondo.*

Um neunzehn Uhr vereint der Festsaal der Akademie den Mailänder Neruda-Fan-Club, mit Mädchen aller Altersgruppen. Man bittet ihn um Autogramme, als wäre er der König der Beatles.

Danach ihm zu Ehren Empfang in einem Restaurant. Anwesend ist sein Freund, der Maler Guttuso. Auch eine mir unbekannte Frau, der ich gefesselt lausche. Sie spricht mit Neruda von ihrem Vater, dem Koffein-Dichter Europas, der die literarische Romantik töten wollte, das Reich der Schnelligkeit ausrief und den Krieg als Hygiene der Welt rühmte. Armer Papa! flüsterte jene Italienerin mit den großen Augen. »Er ist ein Opfer des Krieges und seiner Worte geworden.« Sie ist die Schwester des Futurismus. Ihr Vater – der rabiate Dichter Marinetti.

174
Das Albatros-Land

Ein Monster erscheint auf der Bildfläche und droht ihm mit einer modernen Garrote, dem *stand-by*. Im April 1972 soll er, vom New-Yorker Pen Club anläßlich des 50. Jahrestags von dessen Gründung eingeladen, einen Vortrag über Walt Whitman halten. Sein Auftritt verblüfft, war er doch in »der mysteriösesten aller Sitzungen, an denen teilzunehmen ich je gezwungen war«. Er saß dort auf der Schuldnerbank, umgeben von den großen Gläubigern der Welt, denen sein Land eine Unmenge Geld schuldete. Er spürte an der Kehle eine würgende Hand mit scharfen Krallen, die des Internationalen Währungsfonds.

Er erläutert den US-amerikanischen Schriftstellern: »Es ist in dieser Sache wichtig zu wissen, was wir einander schulden. Fortwährend müssen wir die innere Schuld neu aushandeln, die auf uns, den Schriftstellern aus aller Welt, lastet. Wir alle schulden unserer eigenen intellektuellen Tradition etwas und dem, was wir vom Schatz der ganzen Welt verbraucht haben.«

Als guter Zahler weist er darauf hin, daß er bald Siebzig sei, als er aber gerade Fünfzehn geworden, habe er seinen größten Gläubiger entdeckt, Walt Whitman. Er hebt hervor, daß Chile einen revolutionären Wandel erlebe und es daher viele Leute gebe, die glauben, ihnen geschehe Unrecht.

In der Versammlung mit den Gläubigern rezitierte er die Ballade »Der alte Seefahrer«. Samuel Taylor Coleridges Gedicht geht von einem Geschehnis in Chiles äußerstem Süden aus, das Shelvocke in seinen Reiseerinnerungen erwähnt. Sein Land habe die Form eines langgestreckten Albatrosses. Die Gläubiger einer so wucherhaften, astronomischen Auslandsverschuldung, die Lateinamerika nicht tilgen kann, sollten daran denken, daß jene Geschichte vom getöteten Albatros, wie sie die Ballade »Der alte Seefahrer« erzählt, damit endet, daß der Seefahrer dazu verdammt wird, den Leichnam des Vogels der Stürme zeitlebens am Hals mit sich herumzutragen.

Die Krankheit greift wieder an. Am 27. Juni 1972 schickt er mir ein paar Zeilen: ». . . ich erwarte meine Hinrichtung. Morgen früh werde ich ausgeätzt. Ich umarme alle. Pablo.« Und ein schmerzerfüllter Zusatz: »Der Hingang des Kleinen betrübt uns sehr.« Er meint unseren gemeinsamen Freund, den Fotografen von *Chiles Steinen*, Antonio Quintana.

175

Pläne und Rückfälle

Nach mehreren Monaten bricht wieder ein Reisender auf, ihn zu besuchen. Es ist Sergio Insunza, Justizminister Salvador Allendes. Wir haben von einem Rückfall erfahren. Am 5. August 1972 schreibt er mir aus La Manquel (dies ist der araukanische Name seines vielumstrittenen Hauses in der Normandie): »Sergio wird Dir von diesen Genesungstagen in La Manquel berichten. Es war so schön, ihn hier zu haben, und auch sehr nützlich. Er wird Dir von meinen Überlegungen und Plänen berichten. Ich schicke Dir mein letztes, ziemlich melancholisches Buch, Resultat von Krankheiten und Exilen. Schön wäre es, wenn eine Seite mit diesen Versen, die niemand kennt, erschiene.« Er meint *Unfruchtbare Geographie*, darin bittet der Kranke die Kälte, ihm seinen Kelch voll Energie zurückzugeben, und nennt sich selber den Überlebenden, der die Vögel grüßt. In diesem Brief spricht er abermals von den Schwierigkeiten, vom Wenn und Aber des Zurückkommens. »Sergio wird Dir erzählen, daß an unsere Reise unmöglich vor November zu denken ist, bei meinem Gesundheitszustand, der sich erst bessern muß, damit ich mich bei Ankunft und Rundreise auf den Beinen halte. Fürs erste hat mir die Ruhepause in La Manquel sehr gut getan, mehrmals habe ich mich allerdings so gefühlt, als stünde ein Rückschlag bevor.« Er hat einen Trost: »Homero ist als Brieftaube in La Manquel gelandet. Wir arbeiten täglich an den Memoiren. Es heißt den Text vom *Cruzeiro* so vervollständigen, daß er ein gültiges Buch abgibt. Homero und ich haben viel Spaß miteinander, wir freuen uns und sind voller Begeisterung.«

Wenige Wochen später beschließen Neruda und Matilde die Heimkehr. In einem Brief erklärt er mir, wie es seine Gewohnheit ist, alles bis ins letzte. Ein spanischer Dichter erzählte einmal, er hätte ein paar eigene Verse gleichzeitig García Lorca und Neruda gezeigt. Jener hätte ihm eine Strukturbeurteilung nach Inhalt und Form gegeben. Neruda hingegen hätte konkret auf Worte geachtet, vor allem Adjektive, und vorgeschlagen, die auszumerzen, die ihm nicht ausdrucksstark genug zu sein schienen, gemäß der Ansicht Rubén Daríos, daß das Adjektiv, wo es nicht Leben spendet, tötet. Nerudas Briefe waren immer so, konkret und ins einzelne gehend. Ich glaube, er tat gut daran. Er mißtraute unserer Desorganisation. Ging immer auf Nummer sicher.

»Reise. Matilde und ich haben den Termin für unsere Reise festgelegt, und Du bist der erste, der ihn erfährt. Wir reisen am 31. Oktober mit dem italienischen Dampfer ›Eugenio C.‹. Dieses Schiff ist am 12. November in Buenos Aires, wo wir zwei, drei Tage bleiben könnten. Den Ankunftstermin könnt Ihr festlegen und Euch unter Margaritas Anschrift mit mir in Verbindung setzen. Ich meine, die Ankunft und das, was ich dabei zu tun habe, muß rechtzeitig überlegt und uns mitgeteilt werden, damit wir uns darauf einstellen. Wie wir schon besprochen, haben wir die Termine gewählt, um die Wahlkampagne zu unterstützen. Diese Unterstützung muß wohldurchdacht sein, damit sie wirksam ist und mich nicht übermäßig anstrengt. Die Reise in den Süden würde ich gern nutzen, um ein paar Tage in waldiger Gegend zu verbringen und wieder Kontakt zur Erde zu bekommen. Der Termin meiner Rückkehr sollte von Euch ebenfalls beraten werden, aber ich glaube, er sollte vor der Wahl liegen.

Ich habe alle internationalen Einladungen ausgeschlagen. Mein Körper erlaubt mir nicht, gerüttelt und ausgestellt zu werden. Trotzdem glaube ich, daß die Rundreise der Kampagne förderlich sein kann, zumal mir deren wahrscheinlicher Ausgang große Sorgen macht. Hoffentlich schreibst Du mir zu diesem Punkt, in dem ich bis jetzt noch keine Perspektiven sehe.

Matilde und ich umarmen Dich, auch Eliana und Marina. Dies gilt auch für Lucho und Familie und die Genossen der Leitung. Bis bald. P.«

Er fügt noch andere konkrete Angaben zur Reise hinzu. Und was noch wichtiger ist, er möchte unbedingt mit Salvador

Allende zusammentreffen. Muß persönlich mit ihm sprechen. Deshalb schreibt er am 15. August, besorgt und beunruhigt, daß er ihn nicht antreffen könnte.

»Hier hat in einer Zeitung gestanden, daß Salvador Allende Ende Oktober ins Ausland reist. Wie du weißt, reisen wir zu der Zeit nach Chile ab und sind zum 12. November in Buenos Aires. Einesteils finde ich, sollte ich nach Chile kommen, wenn der Präsident nicht auf Reisen ist, andererseits würde ich gern wissen, ob er nach Paris kommt, denn in diesem Fall muß ich ihn in der Botschaft empfangen.

Tu mir den Gefallen und bring das in Erfahrung und antworte mir möglichst telegraphisch übers Außenministerium oder per Eil- und Luftpost.«

Er diktiert weiter seine Memoiren.

Mit Datum vom 7. September 1972 bekomme ich einen neuen Brief, beigelegt ist die Kopie einer Mitteilung an Allende, den er »Mein lieber Präsident Allende« anredet. Darin schlägt er vor, daß der Staat eine volkstümliche Anthologie seiner Dichtung in einer Auflage von einer Million Exemplare herausbringt. Er kündigt an, daß Verleger Losada (der Inhaber der Rechte) und der Autor auf Gewinn beziehungsweise Tantiemen verzichten, sofern die gesamte Auflage den Schulen, den Gewerkschaften und (o Ironie!) den Streitkräften geschenkt wird. Er bittet den Präsidenten, ein Vorwort für das Buch zu schreiben oder, falls das nicht möglich ist, die Botschaft abzudrucken, die Allende ihm anläßlich der Verleihung des Nobelpreises geschickt hat. In dem an mich gerichteten Brief spricht er auch von diesem Problem, fügt aber den Vorschlag hinzu, eine andere, gleichfalls volkstümliche Anthologie herauszubringen, die »zum Kioskpreis« verkauft werden sollte. Er sagt, die Einladungen nach Deutschland, Belgien, Jugoslawien und anderen Ländern habe er nicht angenommen. Nur nach Oxford werde er fahren, wo sein Freund, Professor Pring-Mill, leidenschaftlicher Neruda-Anhänger und versierter Spezialist, mit neuen Überraschungen seiner harre. Und er legt einen dritten Brief bei, an den Präsidentenberater Antonio Benedicto. Darin wird die Genauigkeitsliebe des Dichters zu nahezu angelsächsischer Präzision. Er wiederholt die genauen Angaben, die bei der Herstellung der Anthologie beachtet werden sollen. Bittet, daß die Empfehlungen genau eingehalten werden, namentlich diejenigen, die sich auf orthographische Zeichen beziehen. »Ich betone das so, weil ich aus Erfahrung weiß, wie rechthaberisch die Korrektoren sind. Auf den Umschlag darf keine Fotografie, keine Zeichnung kommen. Mir kann einzig und allein eine klare, leuchtende Schrift gefallen.«

Wieder hat der Teufel seine Hand im Spiel. Am 18. Oktober 1972 erhalte ich einen Brief, in dem er mitteilt, daß er seine Pläne zeitlich verschiebt.

»Zu den Aufregungen, die uns die Lage in Chile und das Kupferembargo verursachen, muß ich Dir noch eine andere schlechte Nachricht geben. Ich habe einen heftigen Rückfall des bewußten Leidens gehabt, ich bin nun wieder zu vielen Tagen Sonde und Injektionen und Antibiotika verurteilt. Wie der Arzt sagt, muß jetzt wieder vorgenommen werden, was sie ›eine Säuberung‹ nennen und was in Wirklichkeit eine Operation unter Vollnarkose ist.

Außerdem hält der Arzt eine Schiffsreise für gefährlich, für den Fall nämlich, daß Komplikationen eintreten, und rät mir zum Flugzeug.

Außerdem kann ich nicht sofort ins Krankenhaus gehen, denn ich muß, auch wenn ich mich nur schleppe, bei den Kupfergeschichten und der UNESCO-Konferenz dabeisein, wo ich am 19. Oktober sprechen soll.

Am Sechsundzwanzigsten dieses Monats werde ich von Pompidou empfangen, um ihm unsere Situation angesichts des Kupferembargos zu schildern.

Morgen abend muß ich mich zum Gericht schleppen, denn dann beginnen die Plädoyers.

Ich habe daher den Siebenundzwanzigsten gewählt, den Tag nach dem Treffen mit Pompidou, um ins Krankenhaus zu gehen und in den Operationssaal.

Heute morgen habe ich Dir ein Telegramm geschickt,

in dem ich um Verlegung der Veranstaltung im Stadion auf
den 2. Dezember bitte. Das läßt mir Zeit für die postopera-
tive Phase und für einen Flug mit zweitägiger Verschnaufpause in Buenos Aires.

In der Hoffnung, daß sich das alles verwirklichen läßt,
bitte ich Dich außerdem, zu berücksichtigen, daß ich von
Pudahuel direkt nach Isla Negra fahren möchte, um mit Homero, der mit mir reist, meine Ansprache auszuarbeiten.
Wichtig ist natürlich, daß von meiner Krankheit nichts bekannt wird. Jetzt muß darüber striktes Stillschweigen bewahrt werden.

Ohne es zu sagen, habe ich Dich Lügen gestraft, als ich
sagte, ich würde nicht zurücktreten. Die hiesige Presse hat
mir gesagt, ohne die Quelle zu verraten, daß man in Chile
meint, ich sei zurückgetreten. Diese Nachricht zum jetzigen
Zeitpunkt hat meiner Autorität für die komplizierten Tages-
geschäfte, selbst innerhalb der Botschaft, Abbruch getan. Ich
will diesen Brief nicht länger ausdehnen, er soll Dir nur das
Angezeigte mitteilen. Es heißt, der Krankenhausaufenthalt
werde eine Woche dauern.
Mit einem Gruß Pablo.«

176

Araukanischer Stein

Mühsam entsteigt er dem Flugzeug. Die Journalisten stürzen auf ihn zu und wollen wissen, was er hat. »Die Gicht, die
Krankheit der vornehmen Engländer«, versucht er zu scherzen. Eine große Menge erwartet ihn, obwohl seine Ankunft
nicht bekanntgegeben worden ist. Doch er ist das geheiligte
Monster, das, weltweit geweiht, nach Hause zurückkehrt.
Der Dichter ist nicht zum Feiern aufgelegt. Ein Auto steht
bereit, um ihn nach Isla Negra zu bringen, auf geradem Wege,
nicht über Santiago, was unter diesen Umständen schrecklich
wäre. In der Empfangsszene schwingt, ohne daß man ihm
wehren kann, ein verhalten-trauervoller Ton mit.

Wir besuchen ihn in Isla Negra. Im Bett liegend, diktiert

er den Text für die Ansprache, die er im Nationalstadion bei der öffentlichen Begrüßung halten soll. Allende ist im Ausland unterwegs. Begrüßen wird ihn namens der Volksregierung und des Landes der Vizepräsident der Republik und Oberkommandierende der Armee, General Carlos Prats.

Im Land sind die Kampagne zur Destabilisierung, der schwarze Markt, die Auslandsflucht der Devisen, der psychologische Krieg in vollem Gange. Die Rechte ist zuversichtlich, daß die Parlamentswahlen vom ersten Märzsonntag des Jahres 1973 der Opposition die notwendigen zwei Drittel einbringen, um den Präsidenten der Republik verfassungsmäßig abzusetzen. Es handelt sich um den »weißen Putsch«, das Schachmatt, das die Schachspieler des Weißen Hauses planen, in dessen Ovalem Salon Präsident Richard Nixon in Gegenwart von Henry Kissinger dem Chef des CIA, Richard Helms, den Auftrag gegeben hat, Allende mit allen Mitteln zu stürzen. Viele Millionen Dollar werden eingesetzt, um Zeitungen, Parlamentarier, Generäle zu kaufen. Schon haben sie bei dem Unternehmen, Verwirrung zu stiften, unter der von den Zeitungen der Edwards-Kette täglich wiederholten Losung: »Haß ansammeln!« einen beachtlichen Erfolg erzielt.

Dieses Klima macht sich bei der Begrüßung Nerudas im Nationalstadion bemerkbar. Es sind nicht die Hunderttausend gekommen, die man erwartet hat. Auf den Rängen sieht man leere Plätze. Die Grüne Truppe der Carabineros ist im Einsatz, und später tauchen auf dem Platz Polizeihunde auf, ein schlechtes Omen: Noch vor Jahresfrist ist dieses Nationalstadion in ein Konzentrationslager verwandelt.

Der Vizepräsident leitet die Veranstaltung mit einer Rede ein, die nicht nur Kenntnis des Dichters und seines Werkes zeigt, sondern auch Achtung vor einem Mann, der wie nur wenige das kulturelle und patriotische Gut der Nation bereichert hat.

Pablo Neruda hält eine Ansprache, deren Originaltext, vor dem Brand vom September 1973 gerettet, in meinem Besitz ist. Warnende Worte. Er hat Spaniens Tragödie erlebt und will keinen Frankismus für Chile. Bei der Rückkehr hat er die über Chile liegende Atmosphäre der Gefahr gespürt. Die Luft ist nicht rein. An diesem Morgen hat ihn der Seedonner von Isla Negra geweckt. »Bei dem Fest mit Trommeln und Pfeifen habe ich mich, so scheint mir, wieder einmal mit meiner Heimat vermählt. Und glaubt nicht, dies sei eine Zweckehe. Hier spielt nur die Liebe eine Rolle, die große Liebe meines Lebens.«

Die Veranstaltung hinterläßt bei uns allen ein Gefühl der Kälte. Der Dichter ist krank, und das Land hat man krank gemacht, indem man ihm von außen tonnenweise tödlichen Groll eingespritzt hat.

Voller Sorge über die Situation geht er nach Isla Negra, um zu arbeiten. Er wird auf die Poesie als Waffe zurückgreifen.

Zum Jahresende schickt er mir eine Karte mit seinem Exlibris, dem Fisch in den zwei Ringen, auf der das bekannte Dekret steht: »Am 31. 1972 erwarten wir in La Sebastiana, Valparaíso, gemeinsam den 1. 1973.« Als zur mitternächtlichen Stunde im Hafen das Sirenengeheul anhebt, sind wir, Nerudas Freunde, darunter zwei aus Venezuela, María Teresa Castillo und Miguel Otero Silva, wieder auf dem großen Flachdach vereint, das nach Sebastián Collados Traum eines Tages zum Hubschrauberstart- und -landeplatz werden sollte. Unsere Gedanken eilen nicht so weit voraus. Was wird 1973 geschehen?

Als der Neujahrsmorgen graut, gibt er mir ein jüngst fertiggestelltes Vorwort für mein Buch *Der Beruf des Staatsbürgers* (El Oficio Ciudadano). Ein Vorwort, das seinen Gemütszustand widerspiegelt. Es basiert auf einem Artikel, der am Sonntag, dem 17. Dezember 1972, in *El Mercurio* stand und E. F. unterschrieben war. Neruda zitiert eingangs einen Absatz, der kennzeichnend für jene Geisteshaltung ist, die alles daransetzt, die Geschichte des Landes zurückzudrehen. »Es war in den Jahren der schnurrbärtigen Fords, der Gentlemen mit Stock und Gamaschen und der Damen mit Federhüten. Da die Feuer des Krieges gelöscht waren, den man für ›den letzten‹ hielt, atmeten die Menschen unbeschwert, voller Illusionen, ohne innezuwerden, daß der Friede mit dem bolschewistischen Krebs behaftet geboren war, der die Trägen, die Wankelmütigen, die Unfähigen, die Flegel, die Bösewichte, die Meckerer, die Gescheiterten, die Neider und die Gewalttätigen infizieren sollte. Die negative Minderheit des Menschengeschlechts, sein Totgewicht, traf Anstalten, sich mit dem ungeheuerlichen Vorsatz zu erheben, die Welt zu lenken.«

Seine Antwort – sehr direkt: »Unter diesen Behafteten, Flegeln, Bösewichten, Unfähigen und Gescheiterten waren oder sind Kommunisten wie Maxim Gorki, hervorragende Gestalten wie Gagarin und die ersten Kosmonauten, Flugzeugkonstrukteure wie Tupolew, Wissenschaftler wie Joliot-Curie, Maler wie Pablo Picasso, Henri Matisse, Fernand Léger, geniale Teppichkünstler wie Lurçat, ergreifende Sänger wie Paul Robeson, Schriftsteller wie Anatole France, Henri Barbusse, Wladimir Majakowski, Louis Aragon, Paul Éluard, Bertolt Brecht, Mariátegui, César Vallejo, Politiker wie Lenin, Georgi Dimitroff, Antonio Gramsci, Ho Chi Minh, Luis Emilio Recabarren. In aller Bescheidenheit gehöre auch ich zu den vom *Mercurio*-Chronisten so genannten Behafteten.«

Tage später stehe ich gegen elf Uhr zusammen mit Luis Corvalán wartend auf einem freien Platz in Isla Negra, auf dem Kinder und Ortsansässige Fußball zu spielen pflegen. Ein Donnern kommt vom Himmel herab. Der Hubschrauber hört auf zu schnauben und setzt sacht auf, wie jemand, der sich behutsam niederläßt. Der Präsident steigt aus. Wir schlagen die Richtung zu Nerudas Haus ein. Nach einem ausgelassenen Gespräch und ein paar zwanglosen Aufnahmen setzt Neruda sich an einen kleinen Tisch und beginnt mit der merkwürdigsten Lesung seines Lebens, vor einem ungewöhnlichen Publikum, nur drei Personen, angefangen bei Salvador Allende. Er liest in Gegenwart des Präsidenten einen Aufruf vor, einen anderen Präsidenten zu töten. Jedes Wort des langen Titels kostet er aus, *Aufforderung zum Nixoncid und Lob der chilenischen Revolution.*

Die Stimme spielt mit dem Stoff. Der Ton – sicher, dem

Takt gemäß: »Dies ist Aufforderung zu einer beispiellosen Tat: Ein Buch, dazu bestimmt, daß wir alten und modernen Dichter, anwesende Erloschene, einen kaltblütigen, wahnsinnigen Völkermörder an die Wand der Geschichte stellen.«

Das hingerissen lauschende Trio vernimmt von Neruda, daß dieses Werk, ebenso wie der erste der kubanischen Revolution gewidmete spanischsprachige Gedichtband, *Heldenepos*, »nicht ehrgeizig nach dem feinsinnigen Ausdruck und der bräutlichen Unnahbarkeit eines meiner metaphysischen Bücher trachtet«. Er bezeichnet sich als Menschen, der sich von Zeit zu Zeit »als Blasebalgtreter, Schäfer, Baumeister, Bauer, Gasinstallateur oder einfacher Regimentsclown, der sich handgreiflich mit einem anderen anlegt oder sogar aus den Ohren Feuer speien kann«, betätigen muß. Das heißt, als gemeinnütziger Barde tätig sein. Ihm bleibt keine andere Wahl, und gegen die Feinde seines Volkes schleudert er sein Lied, »offensiv und hart wie ein araukanischer Stein . . . Und jetzt, stillgestanden, denn ich schieße.« Er bittet den alten Walt Whitman gegen den Völkermörder im Weißen Haus um Unterstützung. Unterwirft diesen seinem Urteil.

Der Dichter ist in diesem Fall kein Orakel, er ist – außer Dichter – nur Barde. Er sagt voraus, was kommen wird, das *impeachment* und, zum erstenmal, die Absetzung eines Präsidenten der USA mit Namen Richard Nixon, der die Verschwörung gegen Chile lenkte, nicht nur die Watergate-Affäre. Man kann sagen, daß seine *Aufforderung zum Nixoncid* von den Nordamerikanern gehört, aufgegriffen und auf deren Art in die Tat umgesetzt worden ist, wir wissen nicht, ob unter geheimer Mittäterschaft des alten Whitman. Sie haben Nixon nicht getötet, wohl aber aus dem Amt gejagt.

Auf diesen Seiten begleicht Neruda alte Rechnungen mit Nixon: das Kupferembargo, Vietnam, die Verschwörung des CIA, das von dessen Agenten so gut organisierte Chaos in Chile. »Eine vulgäre Geschichte« ermöglicht ihm, von der Aktion seines Mannes Viaux zu sprechen, von denen, die hinter den Kulissen den Putsch vom Elften vorbereiten.

Kuba immer! Sein letzter Gruß gilt dem ermordeten General Schneider, und damit reproduziert er laut die Atmosphäre drohender Gefahr, die bleischwer auf dem Land lastet.

Wenn er mit seinem alten Bruder Whitman begonnen hat, so endet er jetzt mit einem edelgesinnten Gefährten, Don Alonso de Ercilla, denn »der gleiche alte, glanzreiche Kampf / kommt aus der Tiefe Araukaniens . . . Chile, fruchtbare, gezeichnete Provinz, in der berühmten antarktischen Region . . ., und auch keiner fremden Herrschaft unterworfen.«

Als die Lesung zu Ende ist, schweigen wir, verblüfft ob der Leidenschaft des verwundeten Kämpfers. Allende bricht als erster das Schweigen.

»Pablo, das ist ein bewegendes Poem. Es sagt, was wir fühlen, es spricht oder singt für Millionen Chilenen . . .« Er macht eine Pause. Dann fügt er hinzu: »Aber ich möchte dich was fragen.«

»Was, Präsident?«

»Pablo, glaubst du, daß du nach Erscheinen dieses Buches weiter Botschafter sein kannst?«

»Genau darüber, Salvador, wollte ich mit dir sprechen. Ich bitte dich, mich von dem Amt zu befreien. Ich will und muß in Chile sein.«

Auf Ersuchen der *New York Times* schreibt er in Isla Negra, am 28. Juni 1973, einen Artikel mit der Überschrift *Watergate: Von welchem Skandal ist die Rede?* »Nicht, daß ich den Amerikanern dreihundertfünfundsechzig Watergates im Jahr wünsche. Aber wenn sie sich Mühe geben, haben sie sie.«

Unter Reagans Präsidentschaft hat man von *Debategate* gesprochen, und viele Skandale sind ans Tages- oder Dämmerlicht gekommen. Chiles Watergate, das heißt die *non sancta* Schuld des Herrn Präsidenten der Vereinigten Staaten an der Vergewaltigung der Menschenrechte in Chile, geschah zu Nerudas Lebzeiten und wiederholt sich weiter Tag für Tag, Jahr für Jahr.

177

Der Traum von Cantalao

Neruda schreibt Kampf-, aber auch intime Poesie. Mitten im Wind, der ihn schüttelt, schreibt, plant und baut er wie eh und je. Er kommt zu dem Schluß, daß er die Seeluft mit der Kordillerenatmosphäre verbinden müsse. Beginnt mit dem Bau eines neuen Hauses, östlich von Santiago, an den Andenhängen, genauer in Lo Curro, das später ein Diktator mit Hitlerkomplex als geeignete Stelle für die Errichtung eines schloßartigen Bunkers wählen wird. Neruda wird in dieser Höhe reichlich Sauerstoff bekommen und nicht mehr in Volieren wohnen, zu denen man nur über anstrengende Stufen hinaufgelangt. Es wird ein geräumiger Flachbau werden. In der Nacht wird er die Sternbilder am Himmel betrachten können, an dem er auch den letzten Stern kennt. Und zu seinen Füßen das Lichterbabylon spüren, das er mag und nicht mag, das er aber braucht, unter anderem, weil dort seine Ärzte wohnen.

Er wird dieses Haus vornehmlich für sich bauen, aber außerdem eine Siedlung für Dichter errichten, der er den aus *Der Bewohner und seine Hoffnung* entnommenen Namen Cantalao gibt. Er kauft das Gelände unweit von Isla Negra, wo er dieses Dorf für Künstler gründet, die arm an Geld und reich an Träumen sind. Mit dem Entwurf des fachgerechten Bebauungsplans beauftragt er einen bekannten Architekten, einen grundanständigen Mann, den Rektor der Katholischen Universität von Santiago, Fernando Castillo Velasco.

Eines Morgens führt der Weg uns drei über steil zum Ozean abfallende Hügel bis über Punta de Tralca hinaus. Wir verweilen auf einer grasbestandenen Hochfläche. Hier hat Neruda im voraus ein kleines Holzhaus für die Baumaterialien hinstellen lassen. Als wir ankommen, sehen wir inmitten dieser Einsamkeit, daß es zerstört worden ist. Vandalismus derer, die Dichtersiedlungen nicht mögen und den Dichter hassen, der sie bauen will. Nach Hause zurückgekehrt, schreibt Neruda darüber ein Gedicht, in dem er aus seinem Kummer kein Hehl macht.

Die Anschläge auf seine Träume von Cantalao schmerzten und entmutigten ihn, mehr noch aber waren es für ihn Glokkenschläge, die schlechte Zeiten ankündigten. Wem konnte dieses Projekt letztlich schaden? Was er für sich geschaffen hatte, eine Wohn- und Arbeitsstätte am Meer, sollten nach seinem Willen auch seine Schriftstellerkollegen haben. Und so liebäugelte er mit der utopischen Idee, Gründer einer einzigartigen Siedlung zu werden. 1970 hatte er das Gelände abbezahlt, auf dem sie stehen sollte, auf der felsigen Höhe von Punta de Tralca, das ist ein araukanischer Name und bedeutet »Spitze des Donners«, denn die Wellen brechen sich an dieser Stelle der Küste tosend und kommen bis zu hundert Meter herauf. Er selber pflegte lange Stunden hierherzuwandern, um in dem Häuschen, das er als rustikalen Vorposten angelegt hatte, zu arbeiten oder zu ruhen. Dort hat er ein ganzes Buch geschrieben. Einmal waren Diebe eingedrungen und hatten eine zerrissene Hängematte, zwei Gläser und drei Bücher mitgehen heißen. Auf die erste Seite hatte er ein Gedicht geschrieben, das »jetzt«, wie er mit wehmütigem Humor kommentiert, »nur die Diebe lesen werden«.

Aber jener Diebstahl von liebgewordenen Büchern und alten Gegenständen wog nichts im Vergleich zu dem Schmerz, den er empfand, als politische Plünderer sein Haus überfielen, die großen Fenster zerschlugen und auf dem Fußboden blaue, grüne, rote Glasscherben verstreuten. Es war wie eine Probe im kleinen zu dem, was sie später, an seinem Todestag, mit dem Haus La Chascona machen würden.

Hat Neruda den Traum von Cantalao, die Schriftstellersiedlung, für immer ins Land des Wahns mitgenommen?

Einstweilen, unter einem Regime, das Isla Negra als staatsgefährdend beschlagnahmt hat, bleibt die Idee des Dichters im Archiv. Vielleicht wird sie eines Tages Wirklichkeit.

Doch der unverbesserliche Dichter und Bürger arbeitet gleichzeitig an einer anderen Aufgabe, er will Isla Negra umgestalten, mit Park und Platz ausstatten. Der Park soll die

Anmut der Achate haben, der vom Auge Nerudas und Mari Martners entdeckten einfarbigen und bunten Steine. Eine Kommission unter Sergio Insunzas Leitung wird gebildet, in ihr arbeiten mit Carlos Matus, Flavián Levine, Gonzalo Martner, die Architekten Fernando Castillo Velasco, Miguel Lawner, Federico Wong, Sergio González, Carlos Martner und Raúl Bulnes C. Auf einer Sitzung wird beschlossen, daß man das Angebot der Gesellschaft für Zeitgenössische Kunst, eine Skulptur von Marta Colvin für den Platz zu spenden, akzeptieren wird. Neruda übernimmt die finanzielle und administrative Seite. Er mutet an wie ein Zwanzigjähriger, der laut plant, oder wie ein Vierziger, der mehr leistet als ein Top-Manager modernsten Zuschnitts, und dabei doch nie seine spielerische Ungezwungenheit ablegt.

178
Tapisserien des Armen

Neruda setzte bei der Regierung Allende den Bau des Kulturhauses von Isla Negra durch, dort sollten als Dauerausstellung Arbeiten von Weberinnen zu sehen sein, die wir eines Sonntagmorgens im Rathaus von Quisco besichtigten, zu dem der Wohnsitz Nerudas verwaltungsmäßig gehörte. Er wollte, daß diese Arbeiten aus anspruchslosem Sackleinen durch die ganze Welt gingen. Ihm gefiel deren plastisches Aussehen, das nicht von glatter, blasser Seide herrührte, vielmehr war dies das von einer Bauernlampe ausgehende Strahlen, eine natürliche Schöpfung der Armut, und hineingewebt hatten die Notleidenden Wünsche und Träume, all das, was ihnen unerreichbar war. Nach dem Putsch fand diese Kunst der Verfolgten in den Armensiedlungen auf dem Lande wie in der Stadt große Verbreitung. Im wimmelnden Babylon der Armenviertel konnten die alten Volksfresken nicht mehr gemalt werden. Verboten waren die Wandmalereien der Brigade Ramona Parra; doch im Nebel, den die Blutströme hinterließen, in den verschlossenen Räumen der Illegalität gab es Hände, vor allem Frauenhände, die diese verbotenen Stoffstücke hervorholten und bereicherten, indem sie mit Fadenresten die Sehnsucht nach der verlorenen Freiheit webten, die Geschichte der Tragödie, die sie erlebten. Ein Kunsthandwerk, unter dem Eindruck der Gewalt entstanden, ohne jegliche bukolische Note. Sackleinen der Nacht. Sie verwenden die Farben des Blutes, denn ringsum fließt es in Strömen. Und sie erzählen alles, wechselndes Schicksal und Not. Sie halten fest. Sie denken zurück. Auf manchen Stücken sind Allende und Neruda zu sehen. Im unentwirrbaren Dickicht am Stadtrand mit seinen Hunderten von Märtyrer- und Rebellenhütten war der Traum des Dichters entstanden, dieses Sackleinen als Botschaften in alle vier Himmelsrichtungen zu versenden, auf daß die Welt Bescheid wüßte.

Über Tod und Hunger hinaus haben sie sich als anklagende Dokumente der furchtbaren Zeit vervielfacht. Sie imitieren nicht die Luxusteppiche alter Schlösser. Sie sind handgefertigt von einem bekümmerten Herzen, das festhalten und Zeugnis ablegen will, indem es die gebrauchten Fäden einer alten, vom Zahn der Zeit zerschlissenen, abgelegten Weste miteinander verknüpft. So reproduzieren sie den gesammelten Ausdruck des Unglücks, das sich nicht unterkriegen läßt. Die Bewohner des Vororts hüten dieses bescheidene Rechteck, eine lebendige Schilderung der Greuel, mit einem Vers des Dichters versehen, der ihnen stets hilft, ihre Fahne hochzuhalten und ihren Unmut über ihre mißhandelte Welt zum Ausdruck zu bringen. Jener Traum Nerudas, die Sackleinenstücke überall zu zeigen, wird unerwartet Wirklichkeit, indem eine Massenbewegung entsteht, an der kämpfende Dichtung, Malerei, plebejischer Gobelin und strahlendes, aus der Not geborenes Gewebe beteiligt sind.

Korrigierte Widmungen

Nach Santiago kam Neruda vornehmlich, um sich untersuchen zu lassen. Aus Isla Negra gab er dann einem seiner Freunde Bescheid, daß er an dem und dem Tag bei ihm Mittag essen und seine Siesta halten würde. Mitunter kam er auch zu mir. Er benötigte diese Ruhe mehr als je zuvor, um der Müdigkeit Herr zu werden und die Nacht zu verlängern, die für ihn stets die Zeit war, da er sich dem Zauber der Unterhaltung hingab, auf die jetzt allerdings ein Nieselregen aus Melancholie fiel, der ihm aber nicht sein kleines chaplineskes Lachen nahm.

García Márquez berichtet, daß er Neruda bei sich zu Hause in Barcelona die Ehebetten zur nachmittäglichen Ruhe angeboten habe. Der Autor der *Hundert Jahre Einsamkeit* besitzt ein Buch von Neruda mit korrigierten Widmungen. Die erste lautet: »Für Merceditas, aus ihrem Bett«. Sein Freund Gabo erzählt, daß Pablo, nachdem er sie noch einmal gelesen, gesagt habe: »Nein, das ist nicht schön.« Und er fügte hinzu: »Für Merceditas und Gabo in ihrem Bett«. Er überlegte einen Augenblick und kam zu dem Schluß, daß es sich mit dem Hinzugefügten noch schlechter ausnähme. Und er korrigierte abermals: »Für Merceditas und Gabo in ihrem Bett, herzlich«.

Vorabend

Das Besondere an der Verschwörung war, daß sie nicht nur im Schatten, sondern auch am hellichten Tage vorbereitet wurde. Neruda versucht, Alarm zu schlagen. In Chile erscheint an den Mauern ein Plakat von ihm, einen Meter hoch, datiert Isla Negra, 20. Mai 1973, die Überschrift in großen roten Lettern. *An die Künstler und Intellektuellen.* Es ist ein vorletzter Aufruf, sich des nahenden Dramas bewußt zu werden. »Die Signale sind eindeutig und müssen ernst genommen werden.« Er legt einen Aktionsplan vor. Er bittet die Intellektuellen, besonders die Dichter, in die Städte und Dörfer zu gehen, in Industriebetriebe, Unternehmen, Schulen, Armenviertel, um aller Welt zu erklären, was da im Halbdunkel ausgeheckt wird. Er appelliert an Theaterautoren und -schauspieler, Interpreten von Ballett und Volkslied, an Komponisten, Maler, Graveure, Bildhauer und Modellierkünstler, an die Angehörigen der freien Berufe und an die Handwerker, mit ihrer Arbeit dazu beizutragen, daß das Land vor einer Katastrophe bewahrt werde. Er appelliert an befreundete Künstler, Intellektuelle, Autoren Lateinamerikas, der USA und Kanadas, der europäischen, asiatischen, afrikanischen und ozeanischen Länder, uns ihre Hilfe zu geben, ihre Stimme, ihre brüderlichen Empfindungen.

Man sieht, der Dichter war nicht still und tatenlos. Trotz seiner Beschwerden war er teuflisch rege, um das Schlimmste zu verhindern.

Das Ergebnis der Parlamentswahlen vom 4. März 1973 läßt den »weißen Putsch« scheitern. Die Unidad Popular hat durch Stimmzettel einen Erfolg erzielt, der die Erwartungen weit übertrifft. Die Verschwörung muß ihren Plan, den Präsidenten der Republik abzusetzen, fallenlassen. Sie erklärt den legalen Weg für abgeschrieben. Entscheidet sich für den bewaffneten Aufruhr. Alles muß diesem Ziel untergeordnet werden. Sie nimmt Kontakte zu Generälen auf, trifft Putschvorkehrungen auf dem Gebiet der Politik, der Wirtschaft, der Massenkommunikationsmittel. Sie werden unerbittlich sein. Vor nichts haltmachen. Nicht vor Blutbad, Folter, dem Verschwinden-Lassen von Menschen und der Exilierung von einer Million Chilenen zurückschrecken. Der Plan läuft. Neruda nimmt ihn deutlicher wahr als andere. Denn der Dichter hat Antennen, die ihm oft helfen, unsichtbare Elemente einzufangen, die in der Luft umherschwirren oder im Rücken der Gesellschaft heimlich am Werk sind.

Er verhehlt keinem, welche Gefahren er sieht. Das Haus bleibt verschanzt – angesichts des Ansturms von Journalisten, die aus der ganzen Welt kommen, ihn zu interviewen.

Eines Tages bin ich im Studio einer Radiostation, um ein Programm aufzunehmen, da kommt der hispano-mexikanische Journalist Luis Suárez und bittet mich, mit Neruda zu sprechen, damit der ihn empfängt. Ich darf es nicht. Aber ich merke, es handelt sich um etwas, was die Mühe lohnt. Ich rufe Neruda an. Ein paar Stunden später läutet Luis Suárez die an einem Balken über der dicken Bohlentür hängende Glocke. Er findet Neruda in der Bibliothek, in einem Sessel sitzend, die Füße auf einem Hocker, dicht am Kamin, in dem ein Holzfeuer brennt. Er trägt einen grauen Pullover. Und schreibt ein Gedicht in ein Heft. Er unterbricht die Arbeit, als der Journalist eintritt. Neben ihm ist ein Tischler mit Reparaturarbeiten beschäftigt. Der Journalist möchte vom Nobelpreis sprechen, Neruda aber von Chile. Das Hämmern des Tischlers läßt ihn nicht recht verstehen. Der Journalist setzt sich auf die andere Seite.

Neruda spricht von seiner *Aufforderung zum Nixoncid* ... »Es ist ein poetisches und pamphletistisches Buch, das in vielem das Tüpfelchen aufs i setzen soll ... Ich bin mein Leben lang«, fügt er hinzu, »alles andere als sektiererisch gewesen und bin der Antidogmatiker par excellence. Ich glaube an den Realismus und den Irrealismus, und das sind zwei grundlegende Gesetze im künstlerischen Schaffen. Wer den Realismus unterdrückt, entfernt sich vom Leben und wird zu seinem schwebenden Gespenst, und der Künstler, der auf Träume und Geheimnis verzichtet, erleidet mitten auf der Straße Schiffbruch.«

181

Die Joppe

Am 12. Juli 1973 fahre ich mit den Abgeordneten Gladys Marín und Rosendo Huenumán nach Isla Negra, um Neruda zum 69. Geburtstag zu gratulieren. In früheren Jahren ging es an diesem Tag im Haus immer hoch her, man war guter Dinge, scherzte und verkleidete sich. Ganz anders jetzt. Der die Lustbarkeiten sonst veranstaltete, liegt im Bett. Wir überreichen ihm das Geschenk der Partei, und er lenkt das Gespräch sogleich auf das, was ihn am meisten beschäftigt, die politische Situation. Danach spricht er, im Liegen, lange mit Huenumán, dem Mapuche-Dichter. Neruda hat einen Plan, und er meint, dessen Verwirklichung müßte eines der Werke der Volksregierung sein, nämlich eine araukanische Universität zu gründen, an der die Sprache der Eingeborenen gelehrt wird, wo man deren Literatur und Kultur eine Schriftform gibt. Die Eingeborenen haben ein Recht, als Nationalität geachtet zu werden. Das Thema fesselt ihn. Ich staune, mit welchem Feuer sich der krank darniederliegende Mann für dieses neue Projekt einsetzt. Kurz danach stellt sich Gonzálo Losada junior ein, mit einem großen Paket, das er sorgfältig auswickelt. Zum Vorschein kommt eine große argentinische Joppe mit patagonischem Lammfell gefüttert.

»Die schickt Ihnen mein Vater, Pablo, Sie sollen in diesem Winter nicht frieren.«

Der junge Losada breitet sie in ihrer ganzen Größe aus. Mit liebenswürdigem, traurigem Lächeln sagt Pablo: »Vielen Dank, ein wunderschönes Geschenk.«

Knapp eine Woche später kommt plötzlich Nerudas Auto zu mir nach Santiago in die Calle de Matta Oriente 394. Ich sitze am Schreibtisch und bin verblüfft, als ich hinausblicke und es erkenne. Ich sehe Manuel Araya, den Chauffeur, mit einem Paket hereinkommen. Er übergibt mir einen Brief, den ich mit stockendem Atem lese.

»18. 7. 73

Lieber Valentín! Ich glaube, dieser Mantel (Losadascher Herkunft) würde Dir gut zustatten kommen und sieht jugendlicher aus als Deine dunkle Soutane. Vielen Dank, wenn Du ihn annimmst; ich werde im Winter im Bett liegen, und er macht sich nicht gut zwischen der Bettwäsche. Ich umarme Dich. Komm doch mal her.

P.«

Man brauchte nicht schnell von Begriff zu sein, um diese wenigen Worte zu verstehen. Das war nicht der Mantel von

Gogol. Der verschenkte Mantel enthielt eine Metapher, die Metapher seines Abschieds. Es war eine ahnungsvolle, außertestamentarische Spende, von Todes wegen. Vom Tod hat er mit mir nie unter Benutzung dieses Wortes gesprochen, denn dieser gütige Mann, den manche fälschlich für schwach hielten, war im Leben stark. Und als der Tod ihn zu umkreisen begann, stellte er sich ihm mit einem so kraftvollen, schöpferischen Stoizismus, wie ich es noch nie erlebt hatte. Ich sage das so, weil der Dichter bei jener Szene, da Gonzálo Losada junior ihm die große Joppe überreichte, sofort mit einem anderen Geschenk, vielleicht einem Geschenk an sich selber reagierte. Denn gleich darauf kam Matilde mit mehreren Mappen. Es waren acht unveröffentlichte Bücher, die Neruda in unserem Beisein offiziell dem Verleger übergab. Der fragte ihn: »Sollen sie sofort herausgebracht werden?«

»Nein«, erwiderte Pablo. »Das sind Geschenke, die ich mir selber zu meinem siebzigsten Geburtstag mache. Sie sollen in der ersten Hälfte 1974 erscheinen.«

Das war auch eine Antwort an den Tod, der ihm zuzwinkerte, von der Tür oder von dem großen Fenster her, das aufs Meer schaute, in diesem Zimmer, in dem er gern die Vögel singen hörte und in dem er einen großen Käfig mit goldgrünen, singenden Kanarienvögeln hatte aufstellen lassen.

182

Postumes Werk

Diese unveröffentlichten Bücher sollen postum erscheinen, um allzeit die unbändige Lebensliebe des Mannes zu besingen, der sie geschrieben hat.

Als ich 1974 mit Matilde in Europa bin, überreicht sie mir die – inzwischen gedruckten, mit Widmungen versehenen – Bücher, deren Originalmanuskripte Neruda, im Bett liegend, in jener Mittagsstunde des 12. Juli 1973, seines Geburtstags, in unserer Gegenwart Gonzálo Losada junior gegeben hat. Ich nehme sie in die Hand, überwältigt von der

Willenskraft dieses Mannes, der sie, im Bett liegend, geschrieben hat, als der Tod ihn schon ausspähte und ihm allnächtlich sagte, daß er auf ihn wartete.

Sie sind eine Quelle von Erinnerungen.

Jene Fahrt zur Osterinsel, zu der er mich in einem weit zurückliegenden Januar eingeladen hatte und auf der ich ihn nicht begleiten konnte, ist die Rückkehr zum Thema der unbekannten Ursprünge des alten Rapa Nui und auch eine philosophische Betrachtung. Ein Kontrapunkt zwischen den Menschen, stumpfsinnigen Passanten, und dem kleinen, vom Wind Melanesiens geschmiedeten Eiland. Der Dichter sucht die Gesichter der Ewigkeit. Er vermeint sie dort zu finden, in den harten, aus dem Herzen der Stille herausgearbeiteten Masken.

Wenn die Menschen auf den Kontinent zurückkehren, werden sie zu längst dagewesenen Diskussionen zurückkehren, zu Kriegen, zu aggressiver Musik, zu falschem Lachen, zu all dem, was so ganz anders ist als die von Ozeanlicht und -salz gebadete Reinheit der Statuen, die in der *Abgetrennten Rose* leben.

Die Situation in Chile dringt in den im Bett Liegenden durch alle Wände des Hauses, durch alle seine Poren ein. »Diese Monate schleppen die Schrillheit / eines unerklärten Bürgerkrieges.« Das Heulen des Wolfs ist am Garten zu hören. Sein Leben – ein *Wintergarten* (Jardín del invierno), in dem als Erinnerung die vergangenen Jahreszeiten vorüberziehen, Frauen, Leidenschaften. Er läßt ihn an Quevedo denken. Im Zimmer gibt es keinen Frühling. Da gibt es Krankheiten. Der Frühling ist draußen. Er möge ihn nicht quälen, indem er ihm so viele verloschene Frühlinge ins Gedächtnis rufe.

Er hat das Meer vor sich. Er geht in diesem Sommer nicht ans Meer, fährt nicht aufs Meer hinaus. »Ich bin eingeschlossen, eingeschlossen, und in dem langen Tunnel, der mich gefangennimmt, höre ich von fern einen grünen Donner.« Es ist der Ozean, der ihn erwartet.

Damals starben am selben Tag zwei sehr verschiedene Schriftsteller, beide Träger des Nationalpreises für Literatur, Manuel Rojas und Benjamín Subercaseaux. Er nimmt die

Nachricht liegend entgegen. Sie klingt für ihn wie ein persönliches Signal. »Sie starben im Abstand von Stunden, / einer eingehüllt in Santiago, der andere in Tacna, / zwei Einzigartige, einander ähnlich nur / jetzt, einmalig, weil sie gestorben sind.« Salvador Allende und ich hatten einmal an einem Märzmorgen den besucht, der da in Santiago gestorben war, Manuel Rojas. Da war er, wie Pablo ihn sah, ohne ihn zu sehen, als er sich anschickte, ihm zu folgen, »schlau und souverän, / barsch, von rauhem Wesen, / weit mehr der Stille hingegeben«. Der andere, Benjamín, »Feuerzentriker mit einem schönen, in Abständen strahlenden Leuchtturm«, war in weiter Ferne. Aber beide, still geworden, gewöhnten sich an den dunklen Raum. Er wußte nicht, wann er es ihnen gleichtun würde.

In seinem Herzen registriert er jeden bekannt werdenden Tod, so als führte er innerlich Buch über jeden Schlag des Metronoms von jenem alten Uhrmacher aus Valparaíso, Asterio Alarcón, dem er ein Gedicht gewidmet hat. Eigentlich hat er es der Zeit gewidmet, die das Leben ist, aber auch – o mein Gott! – der Tod, der sich bei dir meldet, wenn er von der Liste Manuel und Benjamín abruft.

»2000« ist ein Versuch zu leben, bis das Jahrhundert und das Jahrtausend das Blatt wenden, und ein Votum dafür, daß »die alte, exkrementfarbene Erde« und »das verfluchte Geschlecht, das das Licht der Welt erzeugt«, überleben.

Seine Frage ist ganz offen:

Und wir, die Toten, die in der Zeit
    Gestaffelten,
auf Friedhöfen, nüchternen und anmaßenden,
    Gepflanzten,
oder in Beinstätten armer Bolivianer Gefallenen,
wir, die Toten von 1925, 26,
33, 1940, 1918, neunzehnhundertfünf,
neunzehnhunderttausend, kurzum, wir,
gestorben vor dieser dummen Zahl,
in der wir nicht mehr leben, was wird aus
    uns? (W. P.)

Wir wissen zumindest, was aus ihm wird, etwas, was er in einem Vers vorausgesagt hat: »Es geschieht, daß ich zu leben beginne.«

Er spricht ohne Umschweife von seinem Skelett, von dem Jahr, das ihn mit sich nahm und »statt Lied oder Zeugnis / ein unbändiges Skelett aus Worten hinterließ«. Skelette sind hart, sie widerstehen der Zeit. Überleben sogar Tausende von Jahren.

Das gelbe Herz (El corazón amarillo) ist eines seiner surrealistischsten Werke. Der Mensch widersetzt sich dem Sterben. Er weiß, daß manche ihn für gestorben halten. »Die Journalisten richteten / ihre ausgefallene Maschinerie / gegen meine Augen und meinen Nabel, / damit ich ihnen Dinge erzählte, / als ob ich gestorben wäre . . .«

Nicht der Herbst ist das Kennzeichen des unkonventionellen Humors dieser Poesie. »In meiner Kindheit entdeckte ich / mein verworfenes Herz, / das mich ins Meer fallen / und zum U-Boot werden ließ.« Frische Phantasie. Mehr als mit einem gelben Herzen ist er mit dem gelben U-Boot der Beatles verschwägert.

Dieser Galileo Galilei hat nicht widerrufen und bleibt bei einem »Und ich bewege mich doch«. Man lese dieses der Brüder Marx würdige Buch, es ist das vorletzte Lachen dessen, der die Welt und ihr Treiben mit dem Auge der Extravaganz betrachtet und weiß, daß ihm nicht viel Zeit bleibt.

Es ist der Abschied von »uns Helden und armen Teufeln, / Schwachen, Großtuern, Unvollkommenen / und zu allem Unmöglichen Fähigen«, so daß man sogar »seine Lorbeeren, seine Medaillen, seine Titel, seine Namen gestohlen hat«, wie es mit einem Namen wie dem seinen geschehen konnte, sobald er die Augen geschlossen hatte, in einem Land, in dem alles geschehen konnte.

Im *Buch der Fragen* ist der Mensch, der den Tod erwartet, auf dem Bett liegend, wie eine Poesiefabrik arbeitend, ein Werk aus lauter Fragen schreibend, eine jede in zwei Versen enthalten. Fragen des Kindes und des Mannes, des Dichters und des Bürgers. »Sag mir, ist die Rose nackt / oder hat sie nur dieses Kleid? . . . Warum konnte Christoph Ko-

lumbus / nicht Spanien entdecken? . . . Hatte jener feierliche
Senator, / der mir ein Schloß zuschrieb, / mit seinem Enkel
schon verschlungen / die Torte des Mordes? . . . Gibt es etwas Dümmeres im Leben, / als Pablo Neruda zu heißen? . . .
Ob der Tod nicht letztlich / eine endlose Küche ist? . . .
Welches ist die Zwangsarbeit / Hitlers in der Hölle? Streicht
er Wände an oder Leichen? / Riecht er das Gas seiner Toten?«

Eines seiner Bücher gab Neruda mir als Manuskript, damit ich ihm meine Meinung sagte. Wie konnte mein Urteil
lauten? Es war ein schönes, schwermütiges Werk. Meine Sekretärin hat es vor den verschiedenen Überfällen auf mein
Haus und Überprüfungen meiner Bibliothek gerettet. An
den Punkten, über die eine Korrespondenz lief, die nicht direkt den Namen des Empfängers nennen konnte, hat jemand
von diesem Buch eine Kopie gemacht. Alsbald erschien ein
Raubdruck, der Matilde sehr verdroß. Es ist das Buch mit
dem Titel *Elegie* (Elegía) auf seine Freunde, die vor ihm
dahingegangenen, aber es ist auch im Ansatz eine Autoele-
gie. Wenn er Nâzım Hikmets gedenkt, seines Übersetzers
Ovadi Sawitsch, Ilja Grigorjewitsch Ehrenburgs mit den zer-
knitterten Anzügen und den unbequemen Ansichten, wenn er
eine Träne für Sjoma Kirsanow weint, dann weint er sie
auch für den Freund dieser Freunde, für Pablo Neruda. Für
diesen Pablo, der Alberto mochte, den Fabulierer aus Toledo, den mythischen Bäcker, Formenerfinder, dem es nicht
beschieden war, nach Spanien zurückzukehren. Er bereitet
sich auf den Tod vor, wo er mit jenem Puschkin vereint sein
wird, dessen Denkmal sich die Tauben melancholisch streitig machen und auf dem sie herumpicken. Und mit jenem
Kollegen Majakowski, der, wie er selber, eine Vorliebe für
Dichterlesungen vor großem Publikum hatte. Es ist ein Lebwohl an den Arbat, an das Restaurant »Aragvi«, an das Hotel National, weil er weiß, daß er sie nicht wiedersehen wird.
Es ist ein »Salve, Moskau, unter den Städten«. Es ist eine
Elegie auf die, die dahingegangen sind, und auf ihn, der in
einer Septembernacht dahingehen wird, jedoch um zurückzukommen, wann immer es nötig ist.

In *Das Meer und die Glocken* (El mar y las campanas) steht er zwischen der Glocke, die den Besucher von Isla Negra ankündigt, zwischen allen Glocken, die er im Leben gehört hat, und dem Meer, das er von seinem Bett aus vor dem Fenster sieht. Sind Meer und Glocken einander widersprechende Elemente? Die Glocken sind Bild des Lebens. Ist das Meer dann Symbol des Todes? In seinem Bett schreibt er: »Nichts bleibt mir als der harte Mittag des Meeres, und eine Glocke.« Aber er will beide Elemente immer noch als Darstellung des Lebens sehen. »Es lebt das Meer. Da sind die Glocken.« Er fühlt sich im Besitz vieler Tode von Profil, die ihn suchen und ihn noch nicht finden. Vielleicht, weil er immer noch Glocken läuten läßt. Und weiter das Meer befährt. Ein sowjetisches Schiff befährt die Fluten der Welt und trägt den Namen Pablo Neruda. So setzt der alte Ozeantrotter seine Seefahrt und Rückkehr fort.

Zuweilen spricht er in testamentarischem Ton: »Ich deklariere vier Hunde: / einer ist schon im Garten begraben, / zwei andere überraschen mich, / und eine zottige Hündin / fern.« Er spricht von der gesprungenen Glocke, die trotzdem singen will. Er ist es selber. Von draußen kommt zu ihm der Lärm eines in Aufruhr befindlichen Landes. Und eindringlich sagt er den Seinen: »Ja, Genossen, es ist Gartenzeit, / und es ist Kampfeszeit . . .«

Er möchte auch noch einmal die liebevolle Dankbarkeit bekunden, die er für Matilde empfindet: »Es war so schön zu leben, da du lebtest.«

Ausgewählte Mängel (Defectos escogidos) ist eine Form von Selbstironie, die an jenes spöttische Bild erinnerte, das der Dichter von sich selber gegeben hat:

»Was mich betrifft, so habe ich, oder glaube zu haben, eine harte Nase, kleine Augen, spärliches Kopfhaar, einen immer dicker werdenden Unterleib, lange Beine, breite Sohlen, eine gelbe Gesichtsfarbe, ich bin großzügig in der Liebe, eine Null im Rechnen, habe einen verworrenen Ausdruck, eine zärtliche Hand, einen langsamen Gang, ein nichtrostendes Herz, bin Liebhaber der Sterne, Gezeiten, Seebeben, Be-

wunderer des Skarabäus, Sandwanderer, bin unbeholfen im
Umgang mit Institutionen, Chilene in Ewigkeit, Freund meiner Freunde, stumm gegen meine Feinde, Vogelfreund, zu
Hause schlecht erzogen, in Salons schüchtern, allein mutig,
grundlos reuig, ein miserabler Amtswalter, Seefahrer mit
dem Mund, Kräutersammler mit der Tinte, zurückhaltend
unter Tieren, glücklich unter Sturmwolken, Forscher auf
Märkten, dunkel in den Bibliotheken, melancholisch in den
Kordilleren, unermüdlich in den Wäldern, langsam im Antworten, schlagfertig nach Jahren, vulgär das ganze Jahr über,
glänzend mit meinem Heft, von monumentalem Appetit,
ein Tiger im Schlafen, still in der Freude, Inspektor des nächtlichen Himmels, unsichtbarer Arbeiter, hartnäckig unordent-
lich, notgedrungen mutig, makellos feige, aus Berufung
schlafsüchtig, liebenswert zu Frauen, tätig aus Leiden, Dichter aus Fluch und saudumm.«

183
Memoiren und Unveröffentlichtes

Im März 74 erschienen seine Memoiren, der Tod hatte
verhindert, daß sie fortgesetzt wurden.

Ich bekenne, ich habe gelebt fand sofort ein weites Echo
und erschien in zahlreichen Nachauflagen und Übersetzungen. Später, 1977, erschien *Denn, geboren zu werden*, eine
Sammlung von Prosatexten aus sieben Heften: »Es ist sehr
früh«, »Reisebilder«, »Feuer der Freundschaft«, »Segeln im
Dunst«, »Gedanken aus Isla Negra«, »Kampf um Gerechtigkeit«, »Pablo Neruda spricht«.

Als ich später einmal mit Matilde im Flugzeug saß, erzählte sie mir von einem neuen Buch mit unveröffentlichten
Gedichten und Artikeln aus Nerudas Jugend, die erste literarische Schritte recht gut erkennen ließen. Sie gehören zu
Das Ende der Reise (El fin del viaje), das im Oktober 1982
als postumes Werk erscheint. Es enthält eine Reihe vermisch-
ter, gesammelter gültiger Texte aus verschiedenen Zeiten.

Da gibt es einen Dialog zwischen Pablo Neruda und Herman Melville, Grundlage für ein Drehbuch, aus dem nie ein Film wurde. Der Chilene polemisiert, wie gesagt, mit dem US-amerikanischen Schriftsteller gegen *Benito Cereno*. Der Titel jenes unvollendeten Werkes ist *Beginn für einen Rebellen* (Comienzo para un rebelde), es gehört zum Drehbuch des Films *Babo*. »Wer ist Babo . . . Babo ist vor einem Jahrhundert gestorben. Er wurde in Concepción de Chile gehenkt.«

Es gibt eine »Elegie zum Singen« für die Sängerin: »Als du geboren warst, wurdest du als Violeta Parra getauft: / der Priester hob die Trauben / über dein Leben und sagte: / Parra bist du und zu Wein wirst du werden. / Zu heiterem Wein, zu spitzbübischer Heiterkeit, zu Volkes Lehm, zu schlichtem Gesang, / Santa Violeta, du bist geworden / zu Gitarre mit Blättern, die leuchten / im Schein des Mondes, / zu wilder, verwandelter Pflaume, / zu wahrem Volk, / zu Feldtaube, zu Opferstock.«

Am 3. Mai 1963 – es war Matildes Geburtstag – schenkte er ihr in La Sebastiana einen Globus: »Ein Jahr mehr, zerhackt in Wochen / durch Gott, den Kardinal und Kompanie, / ein Jahr mehr, souveräne Patoja, für deine mangelhafte Orthographie . . . Du bist ein Jahr jünger geworden, mein Herz.«

Der kleine Band fügt einen kostbaren Schatz hinzu, den lange zurückliegenden Text »Taube im Innern«, der bis dahin unveröffentlicht geblieben war. Sein herausragender Wert besteht, wie schon gesagt, darin, daß die Verse von Pablo Neruda und die Zeichnungen von Federico García Lorca sind. Jenes einzige Exemplar, im Besitz der Blonden, Sara Tornú de Rojas Paz, erschien zum erstenmal im Dezember 1982.

Matilde sagt mir, daß immer noch Schriften von Neruda nicht in Buchform erfaßt sind. Ich weiß von etlichen.

Abschied

Neruda bat mich, ihn zu besuchen, und ich tat es, wann immer ich konnte. Das letzte Mal am 30. Juli. Am nächsten Tag sollte ich nach Europa reisen, was ich schon viele Male verschoben hatte. Präsident Allende hatte mich beauftragt, dort die Situation Chiles zu schildern und alle nur denkbare Unterstützung für seine Regierung zu erbitten, damit ein Zusammenbruch der demokratischen Institutionen und ein Blutbad verhindert würden.

Neruda, in ständiger Sorge, da er sah, daß der Abgrund binnen kurzem erreicht sein würde, legte mir nahe, möglichst schnell zurückzukehren, weil er mit mir zu sprechen hätte. In seinen Augen las ich die Angst, er könnte nicht mehr sein, wenn ich zurückkäme. Ich sagte, daß ich in Europa viel zu tun hätte, aber so bald wie möglich zurückkommen würde. Er wiederholte seine Bitte. In unserem Gespräch blieb manches ungesagt, doch seine Augen, das, was zwischen seinen Worten stand, sagten alles, Unruhe nicht nur wegen seines Gesundheitszustands, sondern Angst, weil er ein großes Unheil nahen sah, das das ganze Land bedrohte.

Ich umarmte ihn und wußte nicht, daß es das letzte Mal war.

Luis Corvalán besucht ihn mit seiner Frau elf oder zwölf Tage vor dem Putsch. Nerudas Sorge gilt dem, was er kommen sieht. Er glaubt sogar, daß, wenn die Aufrührer siegen, sie mit ihren Gewalttätigkeiten nach Isla Negra kommen. Corvalán versucht, ihn zu beruhigen. »Ja«, sagt er zu Neruda, »es kann einen Putsch geben. Aber dich, Pablo, können sie nicht anrühren. Du bist zu groß, als daß sie das wagen würden.«

Nerudas Antwort – ruhig und überzeugt.

»Du irrst«, sagt er. »García Lorca war der Fürst der Zigeuner, und du weißt ja, was sie mit ihm gemacht haben.«

Der Tod inmitten des Todes

Als sich der Putsch am 11. September ereignet, fliege ich gerade von Rom nach Moskau. Am Abend soll ich nach Santiago fliegen, um meinen Obliegenheiten in Chile wieder nachzugehen. Ich habe vor, am Tag nach meiner Ankunft nach Isla Negra zu fahren und Pablo zu besuchen. Als ich ins Hotel komme, ein paar Stunden bevor das Flugzeug mich nach Santiago bringen wird, fragt mich ein kubanischer Genosse, Blas Roca, ob ich die neuesten Nachrichten aus Chile kenne. »Es hat einen Aufstand des Militärs gegeben. Valparaíso ist eingenommen. Allende hat sich in die Moneda begeben . . .«

»Valparaíso ist eingenommen.« Nerudas ganzer Leidensweg begann am 11. September, als der Dichter das Radio auf dem Nachttisch einschaltete und merkte, daß außer Radio Magallanes keine andere Station sendete. Und er hörte mit geballten Fäusten Salvador Allendes im Bombenhagel gesprochene letzte Botschaft: ». . . werde ich mit meinem Leben für meine dem Volk gehaltene Treue büßen . . .« Danach – die große Stille.

Verzweifelt sucht Neruda eine Stimme. Bekommt auf Kurzwelle Radio Mendoza. Es berichtet die ganze Tragödie.

Matilde versucht, ihn zu beruhigen, aber es ist unmöglich. Er klebt förmlich am Radio. Will alles hören, alles erfahren, auch wenn es ihn tötet. Matilde ruft Doktor Vargas Salazar an. »Machen Sie Radio und Fernseher kaputt, ziehen Sie den Stecker raus. Wenn er erfährt, was vor sich geht, ist das für ihn ein tödlicher Schlag.«

»Aber, Herr Doktor, wie kann ich Radio und Fernseher kaputtmachen, wenn Pablo reinweg verrückt danach ist, zu erfahren, was geschieht?« (Im europäischen Sommer 1974 verbringe ich zwei Wochen mit Matilde an der See. Sie braucht Ruhe nach so vieler Prüfung. Für mich ist es ein großes Wiedersehen. In den vierzehn Tagen berichtet sie mir nach und nach, was in jener Zeit geschah.)

Als Neruda Allendes letzte Rede hörte, wußte er, daß alles aus war. Um ihn zu beruhigen, sagte Matilde: »Vielleicht ist alles gar nicht so schlimm.« – »Doch«, erwiderte Pablo. »Das ist der Faschismus.« In der Nacht stieg das Fieber. Im Fernsehen hatte er sechsmal den Angriff auf die Moneda gesehen. Über Radio Mendoza die Nachricht von Allendes Tod vernommen.

Der Arzt empfahl, ihn nach Santiago zu verlegen, weil weder er noch die Krankenschwester, die in San Antonio wohnte, sich bei der Ausgangssperre ungehindert bewegen konnten. »Bringen Sie ihn im Krankenwagen in ein Krankenhaus.« Unterwegs wurde das Auto zweimal von Soldaten durchsucht. Sie stellten die Trage senkrecht. Zum erstenmal sah Matilde ihn weinen. »Patoja«, bat er, »wisch mir das Gesicht ab.« Nichts half es, daß Matilde sagte: »Das ist Pablo Neruda.« Es hätte höchstens noch schlimmer werden können. Das wußte sie, denn zuvor war das Haus in Isla Negra nach Waffen durchsucht worden. Neruda hatte keine Waffen, aber als die Soldaten ins Haus kamen, diktierte er Matilde gerade die letzten Seiten seiner Memoiren, die er für unentbehrlich hielt – als Zeugnis und Anklage:

»Ich schreibe diese raschen Zeilen für meine Memoiren drei Tage nach den empörenden Ereignissen, die zum Tod meines großen Gefährten, des Präsidenten Allende, führten. Seine Ermordung wurde vertuscht; er wurde heimlich begraben; nur seine Witwe durfte den unsterblichen Toten begleiten. Die Version der Angreifer lautet: Sein Leichnam wurde mit sichtlichen Zeichen des Selbstmords gefunden. Die im Ausland veröffentlichte Fassung lautet anders. Gleich nach dem Luftbombardement traten Panzerwagen in Aktion, viele Panzerwagen, um furchtlos gegen einen einzigen Mann zu kämpfen: den Präsidenten der Republik Chile, Salvador Allende, der sie in seinem Arbeitszimmer erwartete, ohne weitere Gesellschaft als sein großes Herz, umgeben von Rauch und Flammen.

Sie mußten eine so schöne Gelegenheit nutzen. Sie mußten ihn mit Maschinengewehrfeuer niedermähen, weil er nie seinen Posten aufgegeben hätte. Sein Leichnam wurde irgendwo heimlich beerdigt. Dieser Leichnam, der zur Beerdigung fuhr, begleitet von einer einzigen Frau, die allen Schmerz der Welt in sich trug, diese ruhmreiche tote Gestalt war durchlöchert und zerfetzt von den Kugeln der Maschinengewehre der Soldaten Chiles, die Chile wieder einmal verraten hatten.«

Konnte er ahnen, daß er Wochen danach selber in irgendein Grab gelegt würde?

Im Tod seines Freundes, des Präsidenten, sah er einen Teil seines eigenen Schicksals voraus. Er enthielt eine Warnung für ihn.

Der Präsident Mexikos, Luis Echeverría, entsandte ein Sonderflugzeug, das Neruda nach Mexiko holen sollte. Botschafter Martínez Corbalá überreichte ihm in der Klinik Santa María die Einladung. Neruda lehnte dankend ab. Danach machte der Botschafter noch einen Vorstoß. Diesmal erzählte Matilde, daß das Haus La Chascona vor kurzem überfallen und verwüstet worden war, indem man den Graben umgeleitet und das Haus unter Wasser gesetzt hatte. Der Botschafter machte ihm eindringliche Vorstellungen: »Bei uns erhalten Sie bessere medizinische Betreuung als hier. Sie kehren gesund heim.« Neruda willigte in die Reise ein. Er hielt es für ungemein wichtig, die Memoiren in Sicherheit zu bringen, vor allem die letzten Seiten. Sie wurden als Diplomatengepäck außer Landes gebracht. Er beendete sie persönlich mit Allendes Worten und der Schuld der Putschisten.

Matilde fuhr nach Isla Negra, um Wäsche für die Reise und ein paar Bücher zu holen, die sie verschlossen hielt. Als sie zurückkam, fand sie ihn in großer Unruhe vor. Nachts, im Fieber, sagte er: »Sie erschießen sie.« Tagsüber kamen Freunde zu ihm. Sie gingen zeitig, um vor Beginn der Ausgangssperre zu Hause zu sein. In der Nacht, in seinen wirren Träumen, sagte er wieder: »Sie erschießen sie, sie bringen sie um.« Der Dichter war in dem Krankenhauszimmer isoliert. Nachts hörte er die Hubschrauber fliegen.

Er wußte, was vor sich ging. Zwischen dem Tag des Putsches und Nerudas Tod brachten Pinochets Leute ... zigtausend Chilenen um. Er fühlte jeden einzelnen Tod. Matilde hielt seine Hand und spürte plötzlich, wie ein Schauer durch diese lief. Sein Herz stand still, gebrochen. Die Schwester kam und begann, seine Brust zu massieren, doch dann kam der Arzt, und der sagte: »Hören Sie auf, lassen Sie ihm die Ruhe.«

Es war der 23. September 1973, halb elf Uhr abends.

186
Der wandernde Sarg

Matilde öffnete den Koffer, den sie für die Reise nach Mexiko gepackt hatte. Entnahm ihm seine karierte Lieblingsjacke und ein Schottenhemd und band Neruda ein rotes Seidentuch um den Hals. Der Arzt hatte gesagt, daß, wenn nichts Unvorhergesehenes einträte, er noch fünf, sechs Jahre leben könnte. Teruca Hamel half Matilde, ihn vollständig anzukleiden. Denn er war mit Schuhen an den Füßen gestorben. Die beiden Frauen verließen dann den Raum, um die Todesnachricht telefonisch weiterzugeben. Als sie zurückkamen, war Pablo nicht mehr da. Sie liefen los. Suchten ihn im Erdgeschoß. Auch dort fanden sie ihn nicht. Sie gingen in den Keller. Sahen ein Schild, »Kapelle«. Drinnen Dunkelheit, kein Mensch. Augenblicke später Räderrollen, Metallgeschepper, sie sahen, daß er den Korridor entlanggefahren und in die Kapelle gebracht wurde, ein Pfleger sagte: »Señora, es ist verboten, hier drin zu bleiben.« Matilde schrie sie an: »Sie können ja gehen! Sie haben hier nichts zu tun!« Sie beugte sich über Pablos Kopf. Jemand trat auf Zehenspitzen ein. Es war Laurita. Nicht in einem Zimmer, sondern in einem dunklen Korridor hielten sie bei ihm Wache.

Um Mitternacht hatte ein Sprecher im Radio gemeldet: »Der Dichter Pablo Neruda liegt im Sterben, und es wird angenommen, daß er die Nacht nicht überlebt. Es besteht ein absolutes Verbot, ihn in der Klinik Santa María, in der er sich befindet, zu besuchen.«

Am nächsten Tag, als die Ausgangssperre zu Ende war und sich Journalisten und Fotografen einfanden, beschloß die Direktion der Klinik, den Toten aus dem Korridor zu entfernen. Sie stellten ihn in eine Halle. Er war ein VIP.

Ein Schwarm von Fotografen betätigte die Auslöser. »Bitte keine Aufnahmen mehr«, sagte Matilde. Die Freunde kamen, Homero Arce, Graciela Álvarez, Juvencio Valle, Francisco Coloane, Aída Figueroa, Enrique Bello, Juan Gómez Millas und einige andere.

Neruda lag auf einem Tisch, eingehüllt in weißes Leichentuch, das Gesicht unbedeckt. Er lächelte, ein schwer vorstellbarer Ausdruck, wenn man bedenkt, daß seine Sterbestunde in die Herrschaft von Schakalen fiel. Als der Sarg kam, entfernte man die Tücher und bettete ihn in den Sarg um. Coloane knöpfte ihm den Hemdkragen zu. Der Sarg wurde verschlossen und verplombt. Aufbruch nach La Chascona. Als man dort ankam, konnte man nicht hinein. Die Treppe, die zum Haus führte, mit Wasser, Schlamm und Trümmern bedeckt. Nirgendwo Platz für den Sarg. Die Junta-Leute hatten ganze Arbeit geleistet. So beschloß der Leichenzug, den hinteren, auf den Hügel hinausgehenden Eingang zu benutzen. Dort stellten sich ein paar Jugendliche neben den Sarg und brachen das Schweigen: Sie reckten die Fäuste, und einer sagte laut, als riefe er ihn: »Genosse Pablo Neruda!«

»Hier!«

»Jetzt . . .«

»Und allezeit!«

»Jetzt . . .«

»Und allezeit!«

Selbstmörderische Rufe. Erstes Aufbegehren, nachdem vor zwei Wochen das große Morden begonnen hatte und jeder Tag Tausende von Opfern kostete.

Dort standen sie eine Weile und versuchten, durch die Hintertür ins Haus zu kommen, doch auch das gelang nicht.

Die Abgesandten der Junta hatten den oberhalb des Hauses verlaufenden Graben umgeleitet und so einen Wasserlauf geschaffen, der diesen Teil des Hauses abriegelte. Außerdem hatte es geregnet. Der Ort glich einem Sumpf. Die Träger setzten den Sarg für eine Weile ab, um auszuruhen und zu beraten, was zu tun wäre. Eine Stimme wurde laut, die vorschlug, Neruda zur Gesellschaft der Schriftsteller zu bringen.

Matilde versetzte scharf: »Pablo wollte in sein Haus. Wir werden ihn nicht woanders hinbringen.«

Aída Figueroa wagte leise eine andere Lösung vorzuschlagen: »Willst du ihn nicht zu mir nach Hause bringen lassen?« Matilde erwiderte: »Glaubst du nicht, daß Pablo sich um so wohler fühlt, je schlimmer es im Haus aussieht?«

Nebenan, in einem offenen Schuppen, lagerten Baumaterialien, Bohlen, Rundhölzer. Jemand gewahrte sie und regte an, einen Steg zu bauen. Enrique Bello ergriff eine Bohle. Alle anderen taten es ihm nach. Ein paar Minuten später war der Steg fertig. Sie hoben den Sarg auf die Schultern und stiegen den steilen Hang hinauf. Je näher sie dem Haus kamen, um so deutlicher erkannten sie das Ausmaß der Zerstörung. Unter den Füßen knirschte Glas, denn der Weg war mit Splittern übersät. In Aschehäufchen verwandelt – die Dinge, die Pablo gesammelt hatte. Man sah halbverkohlte Bilder und Bücher, zerbrochene Fächer, in den Schlamm geworfene, leuchtend bunte Vogelfedern. Es war ein eiskalter Frühlingstag, die Fenster aber hatten keine Scheiben. Das Eßzimmer sah aus, als wäre eine Bombe eingeschlagen. An der Wand ein zerfetztes Gemälde. Auf dem Fußboden Lampenreste.

Im Wohnzimmer Stiefelspuren. Ein paar der Freunde begannen, mit den Händen die Glasscherben einzusammeln. Matilde verwies es ihnen. »Nein, Pablo hätte gewollt, daß ihr alles so laßt, wie es die Einbrecher hinterlassen haben.« Der Sarg wurde abgestellt, Matilde legte einen Strauß roter Nelken nieder. Dann erschien Botschafter Harald Edelstam mit einem Kranz. Er legte ihn ans Fußende des Sarges. Daran eine lange gelbblaue Schleife mit der Aufschrift: »Dem großen Dichter und Nobelpreisträger Pablo Neruda. Gustav Adolf, König von Schweden«.

Das Haus in Isla Negra war nicht geplündert worden, wohl aber hatten die Marineinfanteristen La Sebastiana in Valparaíso ausgeraubt.

Enrique Bello ging, um den Todesfall zu melden und die Beerdigungserlaubnis einzuholen. Das Standesamt war geschlossen. Die Beamtinnen hatten die Bücher zugeklappt. In jenen Tagen kamen so viele Menschen ums Leben, daß sie in den Büchern gar keinen Platz mehr fanden. Als die beiden jungen Mädchen vernahmen, wer der Verstorbene war, bekundeten sie still ihre Solidarität, denn wortlos schlugen sie die Bücher auf. Dann fragten sie, wo die Beerdigung stattfinden sollte.

»In der Begräbnisstätte von Carlos Ditborn, Calle de O'Higgins Central, zwischen Limay und Los Tilos, Hauptfriedhof«, sagte Bello.

Da Neruda nicht, wie es sein wiederholt geäußerter Wille gewesen war, in Isla Negra beerdigt werden konnte, hatte Adriana Ditborn die Begräbnisstätte ihrer Familie angeboten.

Im Haus erschienen ein paar junge Kommunisten, sie arbeiteten im nahegelegenen Verlag *Quimantú*, in dem die Truppe in diesen Augenblicken Millionen von Büchern guillotinierte. Sie sagten: »Bitte keine Fotos. Wir wollen eine Gedenkveranstaltung für Neruda mit Ehrenwache abhalten.« Und während der Feier fotografierte tatsächlich keiner. Als sie aber zu Ende war, forderte Schwedens Botschafter die Journalisten laut auf: »Machen Sie Fotos, Fotos über Fotos von all der Zerstörung, damit es die Welt erfährt.«

Am Eingang der Calle Márquez de la Plata stand ein Bus mit Carabineros. Man rief beim Kommissariat an. Matilde sprach. Der Offizier gab zur Antwort: »Señora, das ist zu Ihrer und Señor Nerudas Sicherheit.«

Immer noch kamen Menschen. Man sah die Botschafter Mexikos und Frankreichs über Schlamm und Wasser springen, Hindernisse überwinden, um zu dem beispiellosen Bild zu gelangen, das dieses Zimmer bot, in dem die sterblichen Reste des Dichters aufgebahrt waren. Es wirkte wie eine im Krieg gedrehte Szene. Plötzlich sah jemand einen alten Mann – hagere, sehnige Figur, dunkle Brille, schwarzer Anzug, scheu und verstohlen blickte er um sich, so als begriffe er nichts von dem, was hier vorging. Er hatte dem neunzehnjährigen Neruda Geld geliehen, damit der sein erstes Buch herausbringen konnte, und war in seinen Artikeln für den Sturz Allendes eingetreten, denn er haßte alles, was nach »Kommunismus« roch. Alone aber sah gleichsam betreten zu, was hier vorging. Vielleicht war es nicht der Triumph, den er erhoffte.

Aída Figueroa entdeckte den Sänger und Schriftsteller Patricio Manns. Sie fragte ihn, warum er sich auf diese Weise in Gefahr bringe, denn sie dachte an Víctor Jaras Geschick, der ein paar Tage zuvor ermordet worden war. Es war eine Zeit allgemeinen Todes. Und diejenigen, die ihm entkommen waren, mußten sich verbergen.

Über Pfützen hinwegspringend, kamen Radomiro Tomic, Máximo Pacheco, Flavián Levine.

Virginia Vidal, die als Journalistin bei der Verleihung des Nobelpreises zugegen gewesen war, betrachtet Neruda durch das Glasfensterchen im Sarg. Die Augenlider sind geschlossen, doch auf den dicken Lippen zeichnet sich ein Lächeln ab. Sie denkt an die Fragen, die die Journalisten stellten, als er in Stockholm das Flugzeug verließ. »Was ist Ihr liebster Gegenstand?« – »Alte Schuhe.« – »Was ist Ihr Lieblingswort?« – »Das Wort Liebe.« Jetzt liegt er da, umgeben von Ruinen und Menschen, die ihr Leben aufs Spiel setzen, um bei ihm zu sein. Der Baum des Lebens, jenes Wunder mexikanischer Volkskunst, ist in Stücke geschlagen. Virginia nimmt davon eine kleine Madonna aus Ton. Die Bilder der chilenischen Primitiven sind von den Wänden des Speisezimmers verschwunden. Später wird man sie im Graben finden, vom Wasser verdorben.

Die fremden Besucher kommen bis ins Schlafzimmer. Dort ist der Zerstörung als einziges der Kamin mit der Bronzeglocke und den eingravierten, verschlungenen Buchstaben P und M entgangen. Das Bett haben sie zertrümmert. Auf der zerschlitzten, schlammbesudelten Matratze haben Militärstiefel ihre Muster hinterlassen.

Im zweiten Stockwerk, wo die Bibliothek und Nerudas von Astwerk verdunkeltes Arbeitszimmer lagen, riecht alles nach verbranntem Papier. Roberto Parada nimmt einen losen, angekohlten Buchumschlag zur Hand und liest den Titel: Miguel de Unamuno, *Das tragische Lebensgefühl*. Er glättet das Papier, Tränen in den Augen. Steckt es in die Tasche. Auch die Uhr, von Menschengröße, auf ihrem antiken Podest, ist verletzt worden. Pendel und Gewicht sind abgerissen. Die Zeiger fehlen.

Durch die scheibenlosen Fenster dringt Kälte ein. Die Nachbarin Queta Quintana bietet Matilde an, ihr bei sich etwas Warmes zu essen zu machen. »Nein.« Sie wird hier bleiben, das ist ihr Posten. Der Septemberabend ist kühl. Plötzlich sagt Matilde: »Da kommen sie. Ich empfange sie nicht.« Sie geht die Treppe hinauf, die in ihr Schlafzimmer führt und verschließt laut die Tür. Zuvor aber hat sie zu Aída Figueroa gesagt: »Sprich du mit ihnen.« Und so kommen sie. Das Gelände ist für Militärparaden und Stechschritte nicht geeignet. Aber es kommen sowohl Uniformierte als auch Zivilisten herein, Militärs und Carabineros. Sie nehmen Helme und Mützen nicht ab. Einige tragen Tarnuniformen, Hosen und Jacken mit großen Flecken, das, was die Kubaner metaphorisch Kleidung der Gusanos, der Verräter, getauft haben. Einer stellt sich als Adjutant von General Pinochet vor. »Ich möchte Witwe und Angehörige des großen Dichters Pablo Neruda sprechen, des Ruhmes der nationalen Literatur, um ihnen das Beileid . . .« Er stockt. Dann fragt er: »Wo ist die Witwe? Wo ist ein Angehöriger von Señor Neruda?«

Chela Álvarez' gewaltige Stimme antwortet: »Wir alle hier sind Angehörige Nerudas. Wir verlangen Respektierung unserer Trauer!«

Der Adjutant wiederholt fast wörtlich, was er schon gesagt hat. Er verlangt, die Witwe zu sprechen.

Aída Figueroa sagt: »Die Witwe ruht und empfängt Sie nicht.« Bittet sie ins Speisezimmer. Sie stolpern über die Reste von Büchern, Bildern, Petroleumlampen, Drehorgeln. Der als Chef fungiert, sagt abermals: »Wir kommen, um der Witwe unser Beileid auszusprechen.«

Der militärische Sprecher ist betroffen.

»Das haben nicht wir gemacht.«

»Merkwürdig«, sagt Aída, »aber nichts ist gestohlen.«

Sodann führt sie sie in Nerudas Arbeitszimmer. Zeigt ihnen die verunstaltete Uhr: die Intarsien durchlöchert, Gewichte und Pendel abgerissen. Die alte Dame auf einem Gemälde hat einen Messerstich ins Auge bekommen, von dem ein Schlitz seinen Lauf nimmt. Danach zeigt man ihnen einige Dinge aus dem Graben, sie bilden allmählich einen kleinen Berg. Der Offizier hebt wieder zu seinem Kehrreim an: »Wir wollen unser Beileid . . .«

Chela Álvarez sagt zu ihnen: »In diesen Ruinen, die Sie hinterlassen haben, halten wir bei Neruda Wache. Wir wollen Achtung und Ruhe, um ihm die letzte Ehre zu erweisen, und die Garantie, daß wir in dieser Nacht in Frieden gelassen werden.«

Der Offizier erwidert, daß »Chiles Armee nationale Ruhmestaten achtet«.

Aus dem Graben werden weiter Dinge geborgen: Tabletts, Keramikgegenstände, zerstörte Gemälde, Geschirr.

Der Offizier verkündet, daß die Regierung wegen des Todes des Dichters eine, vom Todestag an gerechnet, dreitägige Staatstrauer anordnen werde. Die offizielle Mitteilung kommt am Tage der Beisetzung. Somit endet die Trauer, da mit dreitägiger Rückwirkung angeordnet, schon wenige Stunden nach der offiziellen Bekanntgabe. Niemand lacht. Niemand schreit. Niemand weint. Alle schauen sie wie versteinert an. Sie ziehen davon wie verprügelte Hunde.

Nahezu gleichzeitig mit der Bekanntgabe der Staatstrauer wird auch amtlich bekanntgegeben, daß eine Bande von Kindern, angeführt von einem Zehnjährigen, schuld sei an der Zerstörung des Hauses des Dichters Pablo Neruda.

188

Der Trauerzug

Der Beginn der Ausgangssperre rückt näher, und die Menschen müssen aufbrechen. Als Wache bleiben nur neun Personen zurück: Matilde, Laura Reyes, ein Ehepaar Cárcamo, Verwandte von Matilde; Aída Figueroa, Elena Nascimento, Juanita Flores, Queta Quintana und Hernán Loyola, der zu sich nach Hause gegangen war, um ein paar Decken zu holen, und vor zwanzig Uhr zurück ist, das heißt vor Beginn der Ausgangssperre. Im Haus nichts Wärmendes. Ein echtes Haus des Todes. Und dennoch strahlt es Würde aus.

Matilde versucht, eine Weile zu schlafen. Noch ehe zwei Stunden vergangen sind, ist sie wieder auf den Beinen. Bleibt für den Rest der Nacht bei Neruda, schaut ihn an.

Am nächsten Morgen, mit Ende der Ausgangssperre, kommen Schriftsteller, Politiker, Studenten, Arbeiter, ärmlich gekleidete Frauen, in ihren Zügen malt sich das Drama.

Man muß zum Friedhof aufbrechen. Abermals stellt sich die Frage: Wie den Sarg hinausbringen? Man versucht es über die Einfahrt. Ein Manöver, das viel Mühe und Überlegung erfordert. Als sie in die Calle Márquez de la Plata kommen, werden sie von den ersten Rufen des Tages empfangen. Eine Stimme ruft: »Genosse Pablo Neruda!« Und alle anderen antworten im Chor: »Hier!«

Es ist ein Ruf von Arbeitern und Studenten, aber da sind auch andere Leute, die gehässige Mienen hinter dunklen Brillen verbergen. Als der Trauerzug den Platz am Fuß des San-Cristóbal-Hügels erreicht – er liegt etwa fünfzig Meter von Nerudas Haus entfernt –, steht dort eine Handvoll Leute, die sich dem Zug anschließen.

In dem Augenblick wurde der Trauerzug zum kleinen, unglaublichen Aufmarsch, denn alle diese Menschen forderten den Tod heraus, der sie umkreiste, beäugte, von den Lastwagen voller Soldaten her, die ihre Maschinenpistolen im Anschlag hielten. Niemand im Zug schaute zur Seite. Alle blickten nach vorn. An der Ecke stießen sie auf eine weinende Frau. Sie bedeckte den Kopf mit einem schwarzen Tuch und reihte sich ein. Die Polizei rückte bald hierhin, bald dorthin, sichtlich verwirrt und überrascht, daß man gewagt hatte, eine Marschsäule zu bilden. Die Carabineros auf Motorrädern taten so, als wollten sie in den Zug hineinrasen, sie fuhren weg und kamen zurück. Als der Weg an einem Elektrizitätswerk vorüberführte, standen sie plötzlich Auge in Auge einer Kompanie »Schwarzmützen« gegenüber, und die richteten ihre Gewehre auf den schon zur Menge angeschwollenen Trauerzug.

Wenn die Teilnehmer über die mit Soldaten besetzten Lastwagen hinwegblickten, zu den Fenstern hinauf, sahen sie Augen, die sie erstaunt musterten. Und diese starren Pupillen waren ein Akt der Präsenz, ein Beweis von Mut. Wie es auch eine sich bewegende Gardine war, die verriet, daß da jemand dem Trauerzug zusah. An manchen Fenstern der Calle Purísima oder der Avenida Perú war die Demonstration deutlicher: eine grüßende Hand oder ein winkendes Taschentuch. Dann wieder eine kleine Geste. Als der Zug durch die Calle Santos Dumont kam, stiegen manche Leute aus dem Auto und reihten sich ein. Jemand schlug ein Buch von Neruda auf, wie ein Priester, der in der Messe die Bibel aufschlägt, und begann laut zu lesen: »Generäle / Verräter: / seht mein totes Haus, / seht mein zerbrochenes Spanien ... Schakale, widerwärtig für einen Schakal ...« Es war *Spanien im Herzen*, in Händen hielt es der Vorsitzende der Gewerkschaft Quimantú. Andere brauchten in kein Buch zu schauen. Sie kannten Nerudas Gedichte auswendig und rezitierten sie.

Als der Zug die Avenida La Paz erreicht, wagt auf einmal jemand, zaghaft die ersten Töne des verbotenen Liedes anzustimmen: »Wacht auf, Verdammte dieser Erde, die stets man noch zum Hungern zwingt...« Eine andere Stimme fällt ein. Dann erstirbt das Lied. Doch an verschiedenen Stellen in der Marschkolonne lebt der Gesang wieder auf. Und bald scheinen alle murmelnd zu singen. Ein lahmender junger Mann rezitiert plötzlich laut Verse von Neruda. Der Zug ist zur Menschenansammlung geworden. Viele Frauen bringen Blumen. Als er am Leichenschauhaus vorbeikommt, das bis oben mit unbekannten Leichen voll ist, stehen da viele Wartende.

Im Zug eine Frau von hohem Wuchs, braun das Haar, blaue Augen, bleiche Züge, unsicherer Schritt, von zwei Freundinnen gestützt. Eine von ihnen ruft aus vollem Hals, und es klingt wie eine Stimme schaudernden Grauens.

»Genosse Víctor Jara...«

»Hier!«

»Genosse Víctor Jara...«

»Hier!«

»Genosse Víctor Jara...«

»Hier!«

»Jetzt...«

»Und allezeit!«

Die Frau, die gestützt wird, bleibt stumm. Es ist die Tänzerin Joan Turner de Jara, Víctors Witwe, die ihren Mann selber aus diesem Leichenschauhaus herausgeholt hat, an dem sie in diesem Augenblick vorübergeht.

Rings um den kleinen Platz vor dem Hauptfriedhof sind Panzerwagen und Jeeps mit Soldaten aufgefahren. Am Tor des Friedhofs wird der Sarg auf einen flachen Wagen gestellt. In dieser Minute singen alle die »Internationale«. Mehr als Gesang ist es ein Weinen, ein großes Schluchzen. Einer, dem dieses Weinen nicht gefällt, öffnet ein Buch von Neruda und spricht trotzig: »Hier habt ihr / wie einen Berg aus Schwertern / mein Herz, zum Kampf bereit.«

Als der Zug das Friedhofsportal passiert, ruft einer eine erwartete Losung, einen Namen: »Salvador Allende...!«

Und alle antworten im Chor: »Hier!«

Die Stimmen prallen gegen die Kuppel und kommen als Echo zurück: »Hier!«

Wieder singen die Menschen die »Internationale«, mit erhobenen Fäusten, bar aller Vorsicht. Alle singen sie, auch diejenigen, die sie nie zuvor gesungen haben, die sie nicht kennen, sie begleiten sie summend. Selten nur ist diese Hymne so bebend intensiv gesungen worden wie jetzt, da ringsum der Tod lauert. Es ist ein Gesang auf das Leben und eine Hymne des Protests gegen all das, was geschieht.

Die Soldaten schauten verblüfft und betroffen drein. Sie trauten ihren Ohren nicht. In der Menge glaubte so mancher, im nächsten Augenblick würde eine Salve krachen.

Wieder die Stimme: »Genosse Pablo Neruda ...« Und die Antwort: »Hier!«

Plötzlich aber ein anderer Ruf. Man hörte: »Genosse Víctor Jara!« Und aller Antwort hieß: »Hier!«

Ein Augenblick der Stille trat ein, und dann rief der Sprecher mit Stentorstimme: »Genosse Salvador Allende ...!«

Ihm antwortete ein kollektiver Schrei, ein »Hier!«, in dem die ganze Liebe zu dem gefallenen Präsidenten, der ganze Zorn auf die Mörder, die ganze Sehnsucht nach Gerechtigkeit, die ganze Erschütterung des Augenblicks, die ganze Trauer um Pablo und alle Toten, die ganze Angst, selber zu fallen, enthalten waren. Es war die Minute, da es galt, Furcht und Schrecken zu überwinden. Und deshalb sangen und weinten sie abermals die »Internationale«. Vielleicht fühlten sie sich unbestimmt sicher, da mehrere Botschafter und ausländische Journalisten anwesend waren.

189

Bis bald!

Auf dem Friedhof mußte der Zug halten. Es war von Formalitäten die Rede. Dann ging es weiter, die von Bäumen und Gräbern gesäumten Friedhofswege entlang. Der Journalist Luis Alberto Mansilla trat auf Professor Alejandro Lipschütz zu, den Pablo als »den wichtigsten Mann von Chile« bezeichnet hatte. Der Gelehrte hatte jüngst sein neunzigstes

Lebensjahr vollendet. Und war gekommen, Abschied von seinem Freund zu nehmen, mit dem er Blumen und Gedichte ausgetauscht und dem er Übersetzungen von Ovid geschickt hatte, die er direkt aus dem Lateinischen anfertigte. Leise vertraute er Mansilla an: »Gestern abend hatte ich unerwarteten Besuch.«

Sein Haus in der Calle Hamburgo war durchsucht worden. Die ganze Nacht war er in einem Zimmer eingesperrt gewesen, zusammen mit seiner Frau Rita, an derem Geburtstag er gern daran zu erinnern pflegte, daß sie älter war als ihr Mann. Im Haus war das Unterste zuoberst gekehrt worden. Sie suchten Waffen und vor allem Luis Corvalán. Das Haus hatte einen großen Park, so groß wie der seines Beinahe-Nachbarn Pablo Neruda, als der in Los Guindos wohnte, jedoch weit gepflegter, und zwar von der Hand der schönen Gärtnerin Doña Margarita. Mit Stöcken und Schaufeln wurde alles umgewühlt. Dann gingen sie in die Bibliothek hinauf, eine der reichsten von Chile. Zerrissen Schriftstücke, stahlen Reliquien.

Professor Lipschütz sah aus wie ein mittelalterlicher Nekromant, und als Mann, der alle Erfahrungen der Welt gemacht hatte und einen sehr wachen Sinn für die Lehren der Geschichte besaß, sagte er: »Diese Leute sind nicht ewig . . . Ich habe viel erlebt. Der Faschismus hat Gleiches in Europa gemacht, und man sieht ja, wie es geendet hat.«

Plötzlich schlug der Trauerzug Laufschritt an. Es war eine ungeordnete Menge, in der jeder möglichst nahe am Grab stehen wollte, um die Beerdigung mit eigenen Augen zu sehen. Und so setzten sich eben alle, auch Matilde, fast unbewußt in Trab. Auch die den Sarg Tragenden beschleunigten ihren Schritt. Alle waren von Eile gepackt.

An dieser Abschiedsfeier war nichts Geplantes. Jemand rezitierte ein paar Verse aus dem *Großen Gesang*. Ein junger Arbeiter las ein Gedicht vor, das er gewiß nachts zuvor verfaßt hatte. Bilder, die verzweifelt zu sagen suchten, was nicht nur er empfand, sondern alle Menschen, ob bei der Beerdigung anwesend oder nicht. Chela Álvarez, eine alte Schauspielerin, erhob von neuem ihre Stimme und rezitierte

Verse, die sie zu Lebzeiten des Dichters, sogar in dessen Beisein, gesprochen hatte.

Vor der Menge eine hohe Begräbnisstätte, groß wie ein
Haus, auf dem Dach zahlreiche Fotografen, die jeden einzelnen fotografierten. Alle glaubten, daß das Auge der Polizei
sie unweigerlich aufnähme.

Zum letztenmal wird die »Internationale« gesungen, als
der Sarg in der Begräbnisstätte aufgestellt wird. Eine stil-
lere Hymne, in der Trennung und Abschied mitklingen.

Sodann hieß es überlegen: Wie den Friedhof, der zur
Falle werden könnte, verlassen? Das Gerücht ging um:
»Draußen wird verhaftet.« Ratschläge: »Man muß hinten
raus. Zur Calle Recoleta hin. Und schnell gehen, nicht am
Tor stehenbleiben.« Die ausländischen Journalisten teilten
mit, daß sie als erste gingen, um zu sehen, ob Festnahmen
erfolgten. Spontan bildeten sich, zum erstenmal nach dem
zwei Wochen zurückliegenden Putsch, kleine Schutzgruppen
für die am meisten gefährdeten Personen.

Auf dem Rondell vor dem Friedhof Lastwagen mit Soldaten, die die Maschinenpistolen im Anschlag hielten. Sie
beobachteten den Abmarsch der Leute, rührten sich aber
nicht.

Dieses Begräbnis war die erste Manifestation in Chile
nach dem Putsch vom 11. September 1973. Ein weiteres Verdienst des Dichters. Er kämpfte noch im Tode.

190
Es geschieht, daß ich zu leben beginne

Neruda blieb nicht lange im Ditbornschen Familienbegräb-
nis. Das Regime drohte und übte Druck aus. Und so wiederholte sich an ihm die Geschichte, die er in der »Schale Blut«
erzählt, als sie, auf dem Friedhof von Temuco, den Vater
umbetten mußten. Jetzt hieß es diesen Sarg herausnehmen,
auf dem sich Pilze abzuzeichnen begannen, aus dem aber
nicht jene Hektoliter Regenwasser liefen, wie aus dem Sarg

oder Leib des Vaters, als dieser seine letzte Ruhestätte wechselte. Matilde und ein paar Freunde nahmen den Grabwechsel vor. Neruda bekam eine bescheidene Nische in der Mauer der Septembertoten. Letztlich stand sie ihm zu. Dort war er vereint mit seinen bekannten oder schlicht namenlosen Genossen. Aber alle waren im selben Monat und aus dem gleichen Grund gefallen.

Die Junta erließ einen Beschluß, in dem Isla Negra zur Gefahr für die nationale Sicherheit erklärt wurde. Und ordnete die Beschlagnahme an. Aufgrund der weltweiten Empörung und einiger Stimmen, die im Lande selber laut wurden, fügte sie noch einen Satz hinzu. Der Besitz ging zwar in Staatseigentum über, Matilde Urrutia durfte ihn aber auf Lebenszeit nutzen. Kein Wort zu dem in verschiedenen seiner Bücher bekundeten Willen des Dichters, in Isla Negra begraben zu werden.

Nerudas Fahne nahm Matilde Urrutia in ihre Hände. Sie beschloß, ihr Leben einem einzigen Gesetz unterzuordnen: dem Geist dieses Mannes treu zu sein, in jeder Situation zu überlegen, was er, wäre er noch am Leben, getan hätte, und vollen Anteil an den Dingen zu nehmen, die die ihres Mannes waren. Sie hat es mit viel Mut und regem Verstand getan. In Chile ist sie Symbol eines von Millionen geteilten Gefühls. Denn letztlich ist Neruda nicht allein Neruda. Er ist all das, wofür er bis zum letzten Tag seines Lebens gekämpft hat.

Matilde, Tante von Verschwundenen, kettet sich zusammen mit Angehörigen von Verschwundenen ans Gitter des Nationalkongresses und fragt: Wo sind sie? Sie wird stundenlang auf finsteren Polizeirevieren festgehalten und nimmt, obwohl ihre Gesundheit zerrüttet ist, an sämtlichen Veranstaltungen teil, arbeitet im Mapocho-Kulturzentrum, ist maßgeblich an der Schaffung der Demokratischen Volksbewegung beteiligt.

In viele Länder der Welt wird sie eingeladen. Zwei Tage im Jahr sind ihr heilig, an denen reist sie nicht gern außer Landes, der 12. Juli und der 23. September, Pablos Geburts- und Sterbetag.

Nach Isla Negra kommen Karawanen junger und nicht

ganz junger Leute. An seinem Geburtstag ist der Zaun zu Straße und Weg hin mit Inschriften bedeckt. Botschaften und Grüße an den Dichter, Gespräche mit ihm. Isla Negra ist ein Wallfahrtsort.

Am 23. September bevölkert sich der Hauptfriedhof mit Menschen und Nelken. Auch mit Polizisten. Sie dringen auf die Menge ein, greifen an, versuchen, sie zu zerstreuen. Matilde ist immer da, Bezugspunkt für die unverwüstliche Lebenskraft des Dichters.

Die Theater weigern sich beharrlich, Gedenkveranstaltungen für Neruda durchzuführen. Aber am 22. Oktober 1983 fand im Teatro Caupolicán anläßlich von Nerudas zehntem Todestag eine dreiteilige Veranstaltung unter dem Motto »Chile grüßt seinen Dichter« statt, in einem Land, in dem die Nationalen Protesttage einen großen Fortschritt im Kampf für Freiheit und Demokratie darstellen. Die ganze chilenische Kultur, das chilenische Volk nahm daran teil. Eine Unmenge von Solidaritätsbekundungen gingen ein, darunter von Bengt Goeransson (Kulturminister von Schweden), Claudio Arrau, Rafael Alberti, Gabriel García Márquez, Ernesto Sábato, Alberto Moravia, Mario Benedetti, Juliette Gréco, Bernardo Bertolucci, Federico Fellini, Renzo Rossellini, Ettore Scola, Gian Maria Volonté, Mónica Vitti, Vittorio Gassman, Claudia Cardinale, Hortensia de Allende, José Venturelli, Gustavo Becerra, Harald Edelstam, Mikis Theodorakis, Melina Mercouri, Paco Ibáñez, Pierre Galand, Roberto Matta, Miguel Orozco. Ihre Mitarbeit erklärten die Chilenische Kommission für Menschenrechte, die Gesellschaft der Schriftsteller, der Kulturkoordinator. Und dieses Spektrum erweiterte sich noch, als des achtzigsten Geburtstags des Dichters gedacht wurde.

Ich traf mit Matilde zusammen, als sie noch einmal nach Capri gekommen war, der Stätte, an der *Die Verse des Kapitäns* illegal entstanden waren. Ich hörte sie in Neapel sprechen, bei einer Veranstaltung zu Nerudas fünfundsiebzigsten Geburtstag, zu der sie der Bürgermeister der Stadt, Maurizio Valenzi, eingeladen hatte. Matilde gedachte jener glücklichen Tage. Dort hatte er auch *Die Trauben und der*

Wind zu schreiben begonnen, ebenso den ersten Teil der Oden, *Der unsichtbare Mensch,* aus dem jetzt sämtliche chilenischen Dichter rezitieren, und man kann sich denken, sagte sie, warum.

Ich sah sie in Frankfurt am Main wieder, bei einer Zusammenkunft von Exilschriftstellern. Dort bestiegen wir beide das Flugzeug nach Stockholm. Im Dramat Teatr fand eine Veranstaltung anläßlich des zehnten Jahrestages der Verleihung des Literaturnobelpreises an Neruda statt. Matilde überraschte das Publikum an der Arbeitsstätte Ibsens und Ingmar Bergmans mit ihren persönlichen Reminiszenzen aus jenen längst vergangenen Tagen, die so schön gewesen waren, so ganz anders als das Drama, das der Dichter und das ganze Volk ein Jahr später erleben sollten. Mir kam es zu, ein paar gerechte Worte über diese Frau zu sagen, die das Banner Nerudas, den Fisch Nerudas mitten in der Nacht hat wehen lassen.

1983 ehrte die höchste Kulturorganisation, die UNESCO, in ihrem Theater Pablo Nerudas Persönlichkeit und Poesie. Marcel Marceau, der universelle Pantomime, der aus Prinzip bei seinem Spiel nie redete, brach sein Schweigen und sprach ein paar Sätze, die der neben mir sitzende UNESCO-Vertreter mit den getuschelten Worten kommentierte: »Das ist ein Ereignis von Weltrang. Marcel Marceau hat noch nie auf der Bühne gesprochen.« Dieser sprach einige wenige Worte: »Vor ein paar Jahren habe ich in Chile in Nerudas Gegenwart gespielt. Jetzt spiele ich vor seiner Witwe. Ich möchte ein Werk aufführen, das für Nerudas und Matildes Land von gewisser Bedeutung ist: *Der Käfig.*« Und darin, sagt er, ohne den Mund zu öffnen, alles, was der gefangene Mensch tun muß, um aus dem Gefängnis herauszukommen.

Matilde wurde auf der Bühne, inmitten des dunklen Saals, zu einer lichten Gestalt. Sie berichtete von dem Neuen, das sich in Chile zutrug, und wie Neruda und die Poesie glänzende Waffen in den Händen einer immer größer werdenden Masse waren. Ein Riese auf dem Platz neben mir erhob sich langsam in seiner ganzen Größe, stieg die Stufen zur Bühne hinauf und sprach über »diesen lächelnden Krieger«. Es war sein Freund, derjenige, der bei seinem Besuch in La Manquel mich gefragt hatte: Wie steht es mit Pablos Gesundheit? Ich fragte an jenem Abend den nahezu zwei Meter großen Mann mit dem gutmütigen Kindergesicht nicht, wie es um seine eigene Gesundheit stünde. Ich hatte danach ein paar Worte zu sprechen. Und kehrte auf meinen Platz zurück. Mit einer herzlichen Umarmung verabschiedete ich mich von dem Hünen mit den blauen Augen und der straffen Haut. Und wußte nicht, daß ich den bewundernswürdigen, großherzigen Julio Cortázar zum letztenmal sah.

Am nächsten Tag wird Matilde im Élysée-Palast vom französischen Präsidenten und Madame Mitterrand empfangen. Man bittet sie, in Begleitung von vier Freunden zu kommen. Sie setzt mich auf die Liste. Somit habe ich Gelegenheit, den Ausdruck erstaunten Interesses zu sehen, mit dem die Gastgeber vernehmen, wie ein Dichter weiterlebt, was in Chile geschieht, Böses und Gutes. Und wie der Widerstand wächst.

Matilde reist nach Chile zurück. Stets erfüllt sie ihre Aufgabe: Sie hält das Erbe Nerudas am Leben, indem sie es jeden Tag von neuem in die Wirklichkeit übersetzt.

191
Nachtrag

Hernán Loyola hat seine Untersuchung *Pablo Neruda, der Gründerraum* (Neruda, el espacio fundador) dem Andenken Laura Reyes' gewidmet, der Schwester, die seit der Kindheit die Schulhefte des Dichters aufbewahrte und stets bei ihm war, von der regenreichen Provinz bis zu jener letzten Sekunde, da er sagte: »Ich gehe, ich gehe.« Sie hat ihn nicht lange überlebt. Ihr Daseinsgrund war mit seinem Tod förmlich erloschen.

Lange überlebt hat ihn Delia del Carril. Als man Nerudas achtzigsten Geburtstags gedachte, wurde sie Hundert.

In ihrem Rollstuhl bewegte sie sich immer noch durch das Haus von Los Guindos, zwischen riesenhaften Pferden, mit Gedächtnisschwund und -lücken, versunken im Nebelreich der Arteriosklerose, in einer Senilität, die lichte Perioden und glückliche Momente aber nicht ausschloß, in denen sie glaubte, Pablo lebte noch und wäre bei ihr. Hinsichtlich des ersten hatte sie in gewisser Weise recht.

Was mich angeht, so habe ich mit jener Joppe Nerudas bislang elf aufeinanderfolgende Ausgaben des grimmigen russischen Winters überstanden. Die lange, mit patagonischem Lammfell gefütterte *dubljonka* bewährt sich immer noch. Sie ist alt geworden, will aber noch nicht in Rente gehen. Sie weigert sich, zum Museumsstück zu werden wie der, der sie mir zum Abschied geschenkt hat.

Neruda lebt, solange seine Poesie lebt. Aber nach dem, was man weiß, nach der ganzen, nunmehr geschilderten Odyssee und Parabel, dürfte der Schluß gerechtfertigt sein: Er hätte nicht zu bekennen brauchen, daß er gelebt hat, denn das war ein offenes Geheimnis.

12. Juli 1984

192
Sechs Monate danach

Bücher haben ihr Schicksal und manchmal ihre Abenteuer.

Obwohl dieses Buch nicht nach Chile eingeführt werden durfte, mußte es unbedingt nach Santiago gelangen, auf einer odysseeartigen Reise, unter anderem, weil es mit einer Sterbenden verabredet war.

Sobald die erste Auflage erschienen war, im November 1984, schickte ich von Madrid aus drei Exemplare an Matilde Urrutia, die als Konterbande in ihre Hände kommen mußten, über verschiedene geheime, persönliche Kanäle. Es war ein Rennen gegen den Tod. Ich wußte, sie war unheilbar krank.

Ein zwischen Liebenden wirkendes, schwer definierbares Gesetz war hier am Werke. Wie auch Pablo wurde sie rasch vom Krebs verschlungen. Ich wollte ihr so gern eine letzte kleine Freude bereiten – mit diesem Buch über den Dichter, der unlösbar zu ihr gehörte.

An jedem Tag, der verging, ohne daß Nachricht von ihr eintraf, die fünfzehntausend Kilometer von mir entfernt von Krankheit aufgezehrt wurde, versuchte ich, etwas über ihren Zustand in Erfahrung zu bringen, und fragte mich, ob die auf heimlichen Wegen beförderten Bände die Adressatin erreicht hatten. Und wenn, dann entstand sogleich die zweite Frage: Würde das fortgeschrittene Übel ihr erlauben, das Buch zu lesen oder wenigstens einen Blick hineinzuwerfen?

Die Nachricht von ihrem Tod erhielt ich durch einen Anruf, der über eine europäische Hauptstadt ging. Mit ihrem Hinscheiden schloß sich abermals ein Kreis Nerudascher Leben.

Eine Woche zuvor hatte Matilde die Schauspielerin und ehemalige Botschafterin in Vietnam María Maluenda und ihre Freundin Quena Horwitz rufen lassen, diese und deren Mann hatten sie begleitet, als sie in Paris ins Hospital Cochin ging. Sie war nur noch Augen, nichts als Augen. Alles andere – Haut und Knochen. Was wollte sie ihnen sagen? Sie kam gleich auf ihr Anliegen zu sprechen: Sie wollte wie Pablo sterben und ein nützliches Begräbnis haben. Sie betonte das Wort: wir.

María wollte das Gespräch auf ein anderes Thema lenken, fragte sie, ob sie das Buch *Neruda* kenne. Bemüht, von allem anderen, nur nicht vom Tod zu sprechen, erzählte sie ihr, daß sie ein unvollständiges Exemplar, eines mit Blanko-Bogen gelesen habe. Es gehörte Claudio, der zusammen mit den Verlegern und mit mir an einem sonnigen Januarmorgen in einem kleinen Auto von Madrid nach der Ortschaft Fuenlabrada gefahren war, wo sich die Druckerei befand. Als wir ankamen, wurde die Auflage gerade gedruckt, und zwei Meister im Arbeitsanzug bemühten sich, die gemischten Einbandfarben richtig zu treffen. Da Eile geboten war, wurde ein unvollständiges Exemplar zusammengestellt, mit unlakkierten Einbanddecken und frischem Leim, denn Claudio wollte noch am Abend aus Spanien abreisen und das Buch mitnehmen. In Chile gelangte es in die Hände von María und Roberto, die in diesem Buch förmlich zu Hause sind.

Matilde antwortete mit bejahender Geste.

»Ich habe hier ein vollständiges Exemplar.« Sie lieh es María als Erkennungszeichen.

»Komm wieder zu mir«, fügte sie hinzu. »Und dieses Buch möge dir die Türen öffnen. Zeige es unten vor, dann weiß man, daß du ungehindert reindarfst.«

Ein paar Abende später kam ein junger Sekretär von Matilde, der Dichter Gustavo Becerra, bestürzt zu María und Roberto.

»Sie liegt im Sterben«, flüsterte er.

Quena Horwitz wollte sogleich nach La Chascona aufbrechen. Aber binnen kurzem begann die Ausgangssperre.

»Warten wir bis morgen früh«, sagte María. Als sie hinkamen, brauchten sie das Buch nicht als Erkennungszeichen vorzuzeigen. Matilde war bereits verschieden. Am frühen Morgen war sie gestorben. Im Haus waren ihre Schwester Ángela, eine Nichte, Hausangestellte. María rief Radio Chilena an. Dort bedankte man sich für die Erstbenachrichtigung. Es war zehn Uhr.

Drei Tage später rief mich ein gemeinsamer Freund aus Paris an. Er hatte Matilde an ihrem letzten Mittwoch gesehen. Sie hatte ihm erzählt, daß sie die drei Exemplare auf getrennten Wegen erhalten hatte. Ich glaube, dies war das letzte Buch, das sie gelesen hat. Dann sagte sie: »Ich hätte Valentín noch vieles mehr erzählt . . .« Dennoch hat sie ihre Geheimnisse nicht mit ins Grab genommen. In den Tagen, da sie mit dem Tode rang, schrieb sie, mit der Kraft, die ihr die Verzweiflung verlieh, ihre Memoiren, in denen sie vor allem vom Intimen ihrer großen Liebe berichtet.

Ihr, die taktvolle Menschlichkeit war, ihr, die schlank war und deren Beine nicht krumm waren, hatte er Spitznamen gegeben, von denen einer alle anderen verdrängte: Patoja, die Krummbeinige. Mal schrieb Neruda für seine Patoja: »Zwei glückliche Liebende machen ein einziges Brot, / einen einzigen Tropfen Mond im Gras, / werfen im Gehen zwei Schatten, die sich vereinen, / lassen eine einzige leere Sonne im Bett zurück.«

Und so zerbrach dem Dichter am Sonnabend, dem 5. Januar 1985, um drei Uhr morgens, in La Chascona sein Pferdchen aus schwarzer Kreide, flog seine Dämmerungstaube auf der Einbahnstraße davon, ging ihm seine Sparbüchse voller Tränen entzwei und verschüttete diese über die Welt. Sie ging davon, neben ihm zu schlafen, in einer der seinen benachbarten Nische, Nummer 44, des Patio México auf dem Allgemeinen Friedhof von Santiago. Sie hatte uns allen Lebwohl gesagt, Matilde Patoja, seine Vielgeliebte. Wahrscheinlich nur ihm nicht. Hatte Neruda etwa nicht geschrieben: »Zwei glückliche Liebende haben weder Ende noch Tod . . ., sie haben die Ewigkeit der Natur«?

12. Januar 1985

Inhalt

ERSTER TEIL
Aus dem Regen in den Krieg

I Kind des Grenzlands

II Junger Mann der Dämmerung

ZWEITER TEIL
Passion und Tod

V Seine Entdeckung Amerikas

VIII Die Ballade vom alten Seemann